知识产权法官论坛

数字网络知识产权司法保护

Judicial Protection for Digital Network Intellectual Property

◎石必胜 著

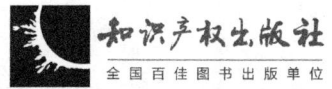

知识产权出版社
全国百佳图书出版单位

图书在版编目（CIP）数据

数字网络知识产权司法保护/石必胜著. —北京：知识产权出版社，2016.11
（知识产权法官论坛）
ISBN 978-7-5130-4538-4

Ⅰ.①数… Ⅱ.①石… Ⅲ.①数字技术—影响—知识产权保护—研究—中国 ②互联网络—影响—知识产权保护—研究—中国 Ⅳ.①D923.404

中国版本图书馆CIP数据核字（2016）第256397号

内容提要

数字技术和网络技术的发展对知识产权司法保护的影响已经涉及著作权、商标权、专利权和不正当竞争等多个领域，现阶段数字网络环境下知识产权法律保护研究具有紧迫性与必要性。本书紧密结合作者长期从事知识产权审判工作时亲自参与审判、关注的多个案例和法律文件，以其深厚的理论功底为支撑，全面梳理了其对数字网络技术相关知识产权司法保护焦点问题的思考与论证。全书共8章，主要内容涵盖电子商务、作品数字化技术、网络传播技术、计算机字体、网络不正当竞争纠纷等多方面知识产权司法保护问题，还涵盖网络服务提供者的知识产权注意义务、网络著作权损害赔偿数额的确定、知识产权诉讼中的鉴定范围等内容。

读者对象：知识产权法官、律师、知识产权管理人员、知识产权教学研究人员、网络媒体工作者等。

责任编辑：汤腊冬　王　岩	责任校对：潘凤越
文字编辑：王　岩	责任出版：刘译文

数字网络知识产权司法保护

石必胜　著

出版发行：知识产权出版社有限责任公司	网　址：http://www.ipph.cn
社　址：北京市海淀区西外太平庄55号	邮　编：100081
责编电话：010-82000860转8108	责编邮箱：tangladong@cnipr.com
发行电话：010-82000860转8101/8102	发行传真：010-82000893/82005070/82000270
印　刷：北京中献拓方科技发展有限公司	经　销：各大网上书店、新华书店及相关专业书店
开　本：880mm×1230mm　1/32	印　张：12.625
版　次：2016年11月第1版	印　次：2016年11月第1次印刷
字　数：316千字	定　价：49.00元
ISBN 978-7-5130-4538-4	

出版权专有　侵权必究
如有印装质量问题，本社负责调换。

前 言

笔者在整理近几年发表的论文时,发现很多文章都有一个共同特征,那就是所涉案件都是因为数字技术和网络技术的发展引发的纠纷。细细一想,这种现象不是偶然的,它反映了数字技术和网络技术的发展对社会生活的重要影响已经体现在知识产权纠纷案件的审理之中。2005年笔者从海淀区人民法院经济审判庭调到知识产权审判庭之后,网络相关的著作权案件就开始成倍增长。2007年,网络相关的商标侵权纠纷和不正当竞争纠纷案件开始大量出现。2010年笔者被遴选到北京市高级人民法院知识产权审判庭之后,与数字技术和网络技术相关的专利授权确权案件似乎也"随风潜入夜"。在见证知识产权案件数字网络化的过程中,笔者对数字网络技术发展给知识产权保护带来的问题进行了一些思考,也撰写了一些文章,将这些文章归纳整理起来,就形成了本书。本书的内容表明,数字网络技术对知识产权司法保护的影响是全面的,不仅涉及著作权,还涉及商标权、专利权和不正当竞争等各个领域。

笔者曾试图将全书的内容体系化,但完成繁重的工作是首要任务,囿于时间和理论水平,对基本理论和上位概念的提炼还很不足。本书记录了笔者担任法官时对数字网络技术相关知识产权司法保护问题的思考，其中很多问题和观点都具有阶段性。希望本书能够为法学理论界提供一点启发，能够为司法实务界提供一点素材，能够为数字网络技术相关知识产权问题的系统化研究提供一个引子。

略 语 表

本书涉及的相关法律文件及相关术语、名称的缩略语：

北京市海淀区人民法院	北京海淀法院
北京市第一中级人民法院	北京一中院
北京市第二中级人民法院	北京二中院
北京市高级人民法院	北京高院
知识产权审判庭	知识产权庭
世界知识产权组织	WIPO
世界贸易组织	WTO
《中华人民共和国专利法》	《专利法》
《中华人民共和国商标法》	《商标法》
《中华人民共和国著作权法》	《著作权法》
《中华人民共和国著作权法实施条例》	《著作权法实施条例》
《中华人民共和国侵权责任法》	《侵权责任法》
《中华人民共和国反不正当竞争法》	《反不正当竞争法》

《中华人民共和国反垄断法》	《反垄断法》
《中华人民共和国消费者权益保护法》	《消费者权益保护法》
《中华人民共和国合同法》	《合同法》
《中华人民共和国民事诉讼法》	《民事诉讼法》
《最高人民法院关于审理侵害信息网络传播权民事纠纷案件适用法律若干问题的规定》	《信息网络传播权司法解释》
《最高人民法院关于适用〈中华人民共和国民事诉讼法〉的解释》	《民事诉讼法解释》
《北京市高级人民法院关于确定著作权侵权损害赔偿责任的指导意见》	《北京高院损害赔偿意见》
《北京市高级人民法院关于审理涉及网络环境下著作权纠纷案件若干问题的指导意见（一）（试行）》	《北京高院网络著作权指导意见（一）》
《北京市高级人民法院关于视频分享著作权纠纷案件的审理指南》	《北京高院视频分享审理指南》

《北京市高级人民法院关于审理电子商务侵害知识产权纠纷案件若干问题的解答》	《北京高院电子商务解答》
《世界知识产权组织版权条约》	WCT
《世界知识产权组织表演和录音制品条约》	WPPT
《与贸易有关的知识产权协议》	TRIPs 协议
《保护文学和艺术作品伯尔尼公约》	《伯尔尼公约》

目　录

第一章　网络服务提供者的知识产权注意义务 …………… 1

第一节　确定网络服务提供者法律责任的基本思路 … 1
一、侵权认定的基本步骤 ……………………………… 2
二、事前应知公开传播事实的认定 …………………… 6
三、事后应知公开传播事实的认定 …………………… 8
四、事前应知侵权性质的认定 ………………………… 8
五、事后应知侵权性质的认定 ………………………… 10
六、是否及时采取必要措施的认定 …………………… 12
七、相关法律规范的理解和适用 ……………………… 13

第二节　网络服务提供者的事前知识产权
　　　　　注意义务 ……………………………………… 15
一、一般不进行事前审查的原因 ……………………… 16
二、"黄赌毒审查"与知识产权注意义务 …………… 19
三、直接获得经济利益与事前审查 …………………… 20
四、特定服务模式与事前审查 ………………………… 22
五、改变信息内容与事前审查 ………………………… 24
六、对事前审查两种标准的评价 ……………………… 25
七、著作权纠纷中的事前审查标准 …………………… 27

第二章　电子商务知识产权司法保护 ……………… 31

第一节　电子商务知识产权纠纷的程序问题 ………… 31
一、管辖相关问题 …………………………………… 32
二、电子商务交易主体的确定 ……………………… 35
三、被告的确定 ……………………………………… 36
四、诉的合并与分离 ………………………………… 38
五、对重复侵权的处理 ……………………………… 40
六、证据规则 ………………………………………… 41

第二节　电子商务知识产权纠纷的实体问题 ………… 43
一、电子商务知识产权纠纷的主要实体问题 ……… 44
二、是否承担赔偿责任的关键因素 ………………… 49
三、确定注意义务的基本原则 ……………………… 51
四、负事前注意义务的情形和标准 ………………… 53
五、对价格过滤措施的合理性分析 ………………… 57
六、事后注意义务的三种标准 ……………………… 58
七、高度盖然性标准的具体适用 …………………… 62

第三节　苹果应用程序商店的事前注意义务 ………… 66
一、案件基本事实 …………………………………… 66
二、一审判决和上诉意见 …………………………… 68
三、二审判决意见 …………………………………… 70

第三章　作品数字化技术与著作权司法保护 ………… 75

第一节　作品传播新技术的著作权合法性 …………… 75
一、作品传播新技术是否会发展作品类型 ………… 76
二、作品传播新技术是否会增加作品传播利益 …… 77

三、作品传播新技术是否会减损或转移旧有作品传播利益…… 80
　　四、作品网络传播新技术的合法性分析 ……………………… 82
　　五、小结 ……………………………………………………… 86
　第二节　作品数字化著作权纠纷的主要原因 …………………… 87
　　一、案件基本特点 …………………………………………… 88
　　二、学位论文数字化纠纷的主要原因 ……………………… 88
　　三、图书数字化纠纷的主要原因 …………………………… 93
　　四、期刊数字化纠纷的主要原因 …………………………… 97
　　五、作品数字化纠纷的其他原因 …………………………… 98
　第三节　作品数字化著作权纠纷的问题和建议 ………………… 100
　　一、学位论文的著作权归属问题 …………………………… 100
　　二、杂志社对期刊是否享有著作权的问题 ………………… 101
　　三、图书馆使用数字作品的公益性问题 …………………… 103
　　四、关于著作权授权合同的解释问题 ……………………… 107
　　五、数字作品的传播与信息网络传播权 …………………… 108
　　六、避免作品数字化著作权纠纷的主要建议 ……………… 109
　第四节　作品数字化与合理使用的认定 ………………………… 113
　　一、首例谷歌数字图书著作权纠纷案引发的问题 ………… 114
　　二、传播行为是否属于合理使用的一审观点 ……………… 115
　　三、传播行为是否属于合理使用的综合评价 ……………… 118
　　四、复制行为是否属于合理使用的一审观点 ……………… 120
　　五、复制行为是否属于合理使用的综合评价 ……………… 123
　　六、小结 ……………………………………………………… 125

第四章　网络传播技术与著作权司法保护 ………………………… 127
　第一节　定时在线播放侵权的法律适用 ………………………… 128
　　一、对WCT第8条的正确理解 ……………………………… 129

二、"选定的时间和地点"与交互性 …………………… 131

三、信息网络传播权的立法目的 …………………………… 134

四、信息网络传播权的缺陷及修改建议 ………………… 135

五、立法目的解释视角下的定时在线播放问题 ………… 139

六、社会效果视角下的定时在线播放问题 ……………… 142

七、文义解释视角下的定时在线播放问题 ……………… 145

八、小结 ……………………………………………………… 147

第二节 侵害信息网络传播权的法律逻辑 ……………………… 148

一、侵害信息网络传播权的主要法律逻辑 ……………… 148

二、不同法律逻辑的论理过程 …………………………… 150

三、侵害信息网络传播权与《侵权责任法》的适用 …… 153

四、区分积极权能与消极权能的合理性 ………………… 159

五、《著作权法》第10条与第48条的适用关系 ………… 163

第三节 链接不替代原则 ………………………………………… 164

一、下载链接的利益格局 ………………………………… 165

二、下载链接的社会成本 ………………………………… 168

三、下载链接的经济分析 ………………………………… 170

四、链接不替代原则视角下的加框链接问题 …………… 171

五、链接不替代原则视角下的搜索链接问题 …………… 173

六、链接不替代原则的法律逻辑 ………………………… 175

第五章 计算机字体著作权司法保护 …………………………… 179

第一节 汉字字库中单字字形的独创性 ………………………… 179

一、汉字字库的主要制作过程 …………………………… 180

二、原始字稿的形成过程及独创性 ……………………… 182

三、修字的具体过程和要求 ……………………………… 186

四、单字是否体现修字设计师的个性 …………………… 189
　　五、原始字稿作者与汉字字库中单字的关系 …………… 191
　　六、原始字稿作者是否有独创性贡献的决定因素 ……… 193
　　七、小结 …………………………………………………… 195

第二节　汉字字库计算机程序的著作权属性 ……………… 196
　　一、汉字字库的计算机语言的构成 ……………………… 196
　　二、代码化指令序列的计算机程序属性 ………………… 203
　　三、轮廓指令序列的独创性分析 ………………………… 205
　　四、显示控制指令的作用 ………………………………… 209
　　五、全局显示控制指令序列的独创性 …………………… 211
　　六、单字显示控制指令序列的独创性 …………………… 214
　　七、单字字形与显示控制指令的关系 …………………… 216
　　八、小结 …………………………………………………… 217

第六章　网络不正当竞争纠纷的司法规制 ………………… 219

第一节　非公益必要不干扰原则的起源和含义 …………… 219
　　一、互联网竞争的四项基本原则 ………………………… 220
　　二、非公益必要不干扰原则的含义 ……………………… 222
　　三、插标纠纷的不正当竞争分析 ………………………… 224
　　四、修改搜索框提示词纠纷的不正当竞争分析 ………… 230
　　五、小结 …………………………………………………… 235

第二节　网络不正当竞争中的公共利益考量 ……………… 236
　　一、公共利益的三个层次 ………………………………… 237
　　二、是否应当考虑三个层次的公共利益 ………………… 239
　　三、需要保护的公共利益的范围 ………………………… 243

四、不同层次的公共利益如何协调 …………………… 246
　　五、可以引入公共利益的法律规范 …………………… 248
　　六、可以引入公共利益的法律适用方法 ……………… 250
第三节　网络不正当竞争纠纷的激励分析 ………………… 253
　　一、激励分析的含义及特点 …………………………… 253
　　二、激励分析的可行性和必要性 ……………………… 255
　　三、激励分析与非公益必要不干扰原则 ……………… 259
　　四、激励分析在搜索结果插标纠纷中的应用 ………… 260
　　五、激励分析在广告过滤纠纷中的应用 ……………… 262
　　六、激励分析在新技术使用纠纷中的应用 …………… 264
　　七、小结 ………………………………………………… 266
第四节　自律公约对认定网络不正当竞争的影响 ………… 267
　　一、公认的商业道德的判断依据 ……………………… 268
　　二、是否需要对自律公约的约定进行甄别 …………… 270
　　三、如何对自律公约的约定进行甄别 ………………… 271
　　四、自律公约是否具有合同效力 ……………………… 273
　　五、小结 ………………………………………………… 275
第五节　非公益必要不干扰原则的理解和适用 …………… 276
　　一、应当如何讨论非公益必要不干扰原则 …………… 276
　　二、如何理解"公益" ………………………………… 282
　　三、对公益优先原则的评价 …………………………… 285
　　四、如何理解"干扰" ………………………………… 287
　　五、如何认定"干扰" ………………………………… 291
　　六、如何理解"恶意" ………………………………… 293
　　七、如何认定"恶意" ………………………………… 295

第七章 网络著作权损害赔偿数额的确定 …… 299

第一节 损害赔偿的实践难题与基本目标 …… 299
一、赔偿原则和计算方法 …… 300
二、实践中的难题 …… 302
三、著作权的三种交易方式 …… 303
四、赔偿损害的基本目标 …… 303

第二节 损害赔偿方案的经济分析 …… 305
一、交易成本与损害赔偿方案选择 …… 305
二、理想方案的应用示例 …… 308
三、追诉成功概率与交易成本 …… 310
四、市场失灵与交易成本 …… 312

第三节 对《北京高院损害赔偿意见》的评价 …… 315
一、损害赔偿原则与交易成本 …… 315
二、作品类型与交易成本 …… 316
三、过错程度与交易成本 …… 317

第四节 以司法标准为参照的现实赔偿方案 …… 318
一、文字作品的赔偿标准 …… 319
二、摄影作品的赔偿标准 …… 320
三、影视作品的赔偿标准 …… 321
四、音乐作品的赔偿标准 …… 324
五、合理开支 …… 325

第八章 知识产权诉讼中的鉴定范围 …… 326

第一节 确定鉴定范围的基本思路 …… 326
一、鉴定的性质 …… 326

二、鉴定的必要性 ……………………………………… 327
　　三、鉴定范围的判断方法 ………………………………… 328

第二节　著作权侵权纠纷中的鉴定范围 ……………………… 330
　　一、是否具备独创性的认定 ……………………………… 330
　　二、是否抄袭的认定 ……………………………………… 331
　　三、计算机软件侵权的认定 ……………………………… 333

第三节　专利权纠纷中的鉴定范围 …………………………… 335
　　一、专利权保护范围的认定 ……………………………… 335
　　二、是否落入专利保护范围的认定 ……………………… 336
　　三、专利创造性的判断 …………………………………… 338

第四节　商业秘密侵权纠纷中的鉴定范围 …………………… 338
　　一、是否构成商业秘密的认定 …………………………… 338
　　二、是否存在侵权行为的认定 …………………………… 341

附　录 ……………………………………………………… 344

　　附录一　《信息网络传播权保护条例》 ………………… 344
　　附录二　《信息网络传播权司法解释》 ………………… 354
　　附录三　《北京高院网络著作权指导意见（一）》 …… 359
　　附录四　《北京高院电子商务解答》 …………………… 368
　　附录五　《北京高院视频分享审理指南》 ……………… 374
　　附录六　《北京高院损害赔偿意见》 …………………… 377
　　附录七　本书相关论文 …………………………………… 386

第一章　网络服务提供者的知识产权注意义务

在涉及网络的知识产权侵权纠纷案件中，网络服务提供者是否应当承担法律责任尤其是赔偿责任是最为常见的争议焦点。对于网络服务提供者的侵权责任，有多种法律逻辑可以对其进行分析，例如直接侵权、间接侵权的分析思路等。但是，无论哪一种分析进路，都离不开最核心的问题，即网络服务提供者对于知识产权合法性的注意义务。在具体案件中，如果认为网络服务提供者应当承担赔偿责任，那就意味着立法者希望网络服务提供者不实施被诉侵权行为，进而意味着网络服务提供者要承担相应的注意义务从而避免侵权的发生。从注意义务的角度来分析网络服务提供者在网络知识产权纠纷中的法律地位，具有非常重要的意义。本章就以网络服务提供者的注意义务为主题对相关问题进行研究。

第一节　确定网络服务提供者法律责任的基本思路

当前，对在审理网络环境下的著作权纠纷案件和电子商务知识产权纠纷案件等侵害知识产权纠纷案件的过程中如何理解和适用《侵权责任法》第36条、《信息网络传播权保护条例》第22条等规定，存在不同的意见，影响了此类案件裁判标准的统一。归纳审判实践中的做法以及《信息网络传播权司法解释》的相关规定可以发现，此类案件的审理实际上可以遵循大致相同的基本思路。下文分析审理此类案件的基本思路，以促进对《侵权责任法》第 36 条和《信息网络传播权司法解释》的统一适用。

一、侵权认定的基本步骤

在司法实践中，认定网络服务提供者是否侵害知识产权的第一步是区分网络服务提供者的涉案行为是技术服务行为还是内容服务行为。在网络环境下，网络服务提供者一般只对利用其网络传播的信息的合法性负责，这些信息在著作权纠纷中可能体现为作品、录音录像制品、表演，在电子商务知识产权纠纷中可能体现为商品或服务的交易信息。首先区分涉案行为是提供被控侵权信息内容的行为还是为被控侵权信息的公开传播提供网络技术服务的行为，是我国法院在审判实践中的普遍做法。例如，2010 年《北京高院网络著作权指导意见（一）（试行）》第 15 条规定："提供信息存储空间、搜索、链接、P2P（点对点）等服务的网络服务提供者构成侵权应当以他人实施了直接侵权行为为前提条件。"该规定表明在司法实践中应当区分提供被控侵权信息的直接侵权行为和帮助实施侵权行为的网络技术服务行为。《信息网络传播权司法解释》对提供被控侵权信息的直接侵权与构成帮助、引诱侵权的间接侵权也进行了区分，❶ 实际上就是对内容服务行为和技术服务行为的区分。《信息网络传播权司法解释》的这种思路也具体地反映在第 4 条和

---

❶ 王艳芳："《关于审理侵害信息网络传播权民事纠纷案件适用法律若干问题的规定》的理解与适用"，载《人民司法》2013 年第 9 期，第 18 页。

第 6 条的规定中。

内容服务行为与技术服务行为的区分具有重要意义。在网络环境中的著作权保护规则中，网络技术服务提供者往往能够享受所谓的"避风港"。"避风港"不针对内容服务提供行为而针对技术服务行为。内容服务行为和技术服务行为的区分与直接侵权和间接侵权的区分相对应。直接侵权与间接侵权的二分法非常重要，它是建构网络环境下著作权保护规则体系的基石。❶ 内容服务与技术服务的区分主要是个事实问题，取决于在案的证据。《信息网络传播权司法解释》第 6 条的规定表明了这一点。该条规定，如果网络服务提供者主张其只是提供技术服务，则应当对该主张承担结果意义上的举证责任。内容服务与技术服务的区分取决于在案证据，也体现在具体判例中。在大百科全书出版社诉苹果公司案的一审中，苹果公司作为 App Store 的经营者，没有证明涉案电子图书来源于第三方，因此一审法院依证据规则认定涉案应用程序中的电子书来自苹果公司。❷

如果认定被告只是提供技术服务的网络服务提供者，接着就需要认定其是否有过错。在中国侵权法上，究竟采用何种归责原则体系，学者存在分歧，❸ 但无论在理论上还是在司法实践中，当事人对承担停止侵权的法律责任不需要考虑过错的做法并无争议，实践中的争议焦点往往在于网络技术服务提供者是否有过错，是否应当赔偿损失。❹ 对于如何认定网络服务提供者有过错，根据《侵权责

---

❶ 孔祥俊："论信息网络传播行为"，载《人民司法》2012 年第 7 期，第 59 页。
❷ 参见北京市第二中级人民法院（2011）二中民初字第 10500 号民事判决书。
❸ 王成："侵权法的基本范畴"，载《法学家》2009 年第 4 期，第 68 页。
❹ 石必胜："电子商务知识产权审判中的程序问题"，载《电子知识产权》2012 年第 6 期，第 50 页。

任法》第36条第3款的规定，网络服务提供者知道网络用户利用其网络服务侵害他人民事权益，未采取必要措施的，与该网络用户承担连带责任。这表明为了认定网络服务提供者是否有过错，需要认定其是否知道侵权事实。

在司法实践中，认定网络服务提供者是否知道侵权事实，实际上又可以分为两个步骤：认定网络服务提供者是否知道被控侵权信息利用其网络服务公开传播；认定网络服务提供者是否知道被控侵权信息的侵权性质。另外需要注意的是，只是一般性地知道可能有侵权信息的传播并不能成为认定网络技术服务提供者应当知道特定的被控侵权信息存在的理由。在 Tiffany 诉 eBay 案中，美国法院认为，一般性地意识到电子商务交易平台上有侵权商品销售并不足以认定 eBay 具有过错，具体地知道某个侵权行为的存在才能认定 eBay 有过错，❶ 这实际上是要求网络服务提供者具体地知道特定信息公开传播的事实。

知道包括明知和应知。明知与否是个事实问题，主要依据个案具体证据及证据规则来认定。应知与否主要是个法律问题，具有一定的裁量空间。是否应知被控侵权信息公开传播的事实的认定，以及是否应知被控侵权信息侵权性质的认定，需要法官进行自由裁量，在行使裁量权时应当遵循两项基本原则：一是利益平衡原则，❷ 根据《信息网络传播权司法解释》第1条的规定，要兼顾著作权人、网络服务提供者及社会公众的利益；二是合理预防原则，网络服务提供者应当承担必要的合理的预防成本，但不应承担过高的预

---

❶ Tiffany Inc. v. eBay Inc., 576 F. Supp. 2d 463（S. D. N. Y. 2008），600 F. 3d 93（2d cir. 2010）.

❷ 孔祥俊："论网络著作权保护中利益平衡的新机制"，载《人民司法》2011年第17期，第53页。

防成本。❶ 正如《北京高院电子商务解答》第 2 条第 2 款所规定的："电子商务平台经营者应当承担必要的、合理的知识产权合法性注意义务。能够以更低的成本预防和制止侵权行为的权利人或电子商务平台经营者应当主动、及时采取必要措施，否则应当承担不利后果。"

从两个方面认定被告是否知道侵权事实的基本思路已经充分体现在《北京高院视频分享审理指南》和《北京高院电子商务解答》的相关规定中。《北京高院视频分享审理指南》第 6 条规定："网络服务提供者同时符合以下条件的，可以认定其有合理的理由应当知道网络用户利用其视频分享服务提供涉案作品、表演、录音录像制品系侵犯他人信息网络传播权的行为：（1）能够合理地认识到涉案作品、表演、录音录像制品在其存储空间传播；（2）能够合理地认识到网络用户提供涉案作品、表演、录音录像制品未经权利人的许可。"《北京高院电子商务解答》第 6 条中对于认定电子商务平台经营者"知道网络卖家利用其网络服务侵害他人知识产权"的要件规定为："同时符合以下情形的，可以认定电子商务平台经营者知道网络卖家利用其网络服务侵害他人知识产权：（1）明知或应知被控侵权交易信息通过其网络服务进行传播；（2）明知或应知被控侵权交易信息或相应交易行为侵害他人知识产权。"

如果已经认定网络技术服务提供者知道侵权事实，下一步就需要认定其是否及时采取必要措施。按照常理，如果知道被控侵权信息侵害他人合法权益，网络服务提供者应当及时采取必要措施制止侵权。在被控侵权信息公开传播前，及时采取必要措施意味着以积

---

❶ 石必胜："电子商务交易平台知识产权注意义务的标准"，载《法律适用》2013 年第 2 期，第 103 页。

极行为防止被控侵权信息的公开传播。在被控侵权信息公开传播后,及时采取必要措施意味着对已经公开传播的信息采取删除、屏蔽、断开链接等手段制止其传播。《侵权责任法》第 36 条第 2 款对被控侵权信息公开传播后的必要措施进行了规定。《信息网络传播权司法解释》第 7 条第 3 款通过界定帮助侵权也明确了未及时采取必要措施的法律责任,规定对于未采取必要措施的,应当认定其构成帮助侵权行为。

二、事前应知公开传播事实的认定

一般情况下,网络技术服务提供者事前不对信息的知识产权合法性承担主动审查义务,因此不应认定其应知被控侵权信息的存在,此即各国普遍接受的"避风港"原则。《信息网络传播权司法解释》第 8 条第 2 款的规定体现了这一基本原则:"网络服务提供者未对网络用户侵害信息网络传播权的行为主动进行审查的,人民法院不应据此认定其具有过错。"一般不负事前审查义务的根本原因是效率,因为事前进行知识产权合法性审查的成本实在太高。如果网络技术服务提供者要承担这个成本,其会将成本转嫁给网络用户,从而损害公共利益。事前审查还会损害网络的即时性,影响互联网的正常使用,因此可能会损害公共利益。

但在以下几种情况下,应当认定网络技术服务提供者应当对信息的知识产权合法性进行审查,并认定其在事前就应当知道被控侵权信息公开传播的事实。第一种情形,从被控侵权信息传播中直接获得经济利益。《信息网络传播权司法解释》第 11 条规定直接获得经济利益的网络服务提供者负有较高的注意义务。这里所说的负有较高的注意义务,应当高到足以推定其应当知道被控侵权信息公开传播的事实。《北京高院电子商务解答》第 7 条的规定明确表达了此观点。根据该条规定，如果电子商务平台经营者从被控侵权交易信息的网络传播或相应交易行为中直接获得经济利益，且应当知道被控侵权交易信息通过其网络服务进行传播，则可以推定电子商务平台经营者在被控侵权交易信息公开传播前明知或应知。第二种情形，提供网络技术服务的网络服务提供者与内容提供者合作经营。如果与直接提供商品或服务的网络用户合作经营，或者从特定的交易行为中直接获得经济利益，实际上应当与直接提供商品或服务的网络用户处于相同的法律地位，应当知道被控侵权信息的存在。例如，在司法实践中，如果团购网站经营者从特定团购活动中直接获得经济利益，则法院认定其"应当承担的审查义务与销售者的审查义务相同"❶。第三种情形，应当对相关信息的知识产权合法性进行审查的特定经营模式。在某些特定商业模式下，网络技术服务提供者可能并不明知侵权事实，但在这种特定的经营模式中，公开传播的信息侵权可能性较大，而且网络服务提供者从这些侵权可能性较大的信息公开传播中获得了利益，应当要求网络技术服务提供者和内容服务提供者一样对信息合法性进行审查。根据《信息网络传播权司法解释》第7条的规定，网络服务提供者以言语推介、技术支持、奖励积分等方式诱导、鼓励网络用户实施侵害信息网络传播权行为的，人民法院应当认定其构成教唆侵权行为。第四种情形，如果网络服务提供者对被控侵权信息的内容进行了实质性改变，这种改变行为本身即能够证明网络技术服务提供者明知被控侵权信息的内容，从而具有知识产权合法性事前审查义务。

---

❶ 参见北京市高级人民法院（2012）高民终字第3969号民事判决书。

三、事后应知公开传播事实的认定

由于一般情况下不要求网络技术服务提供者对信息的知识产权合法性进行事前审查,因此在被控侵权信息由网络用户提供的情况下,不认为网络技术服务提供者明知或应知特定被控侵权信息在公开传播。但在下列情况中,可以认定网络技术服务提供者应当知道被控侵权信息公开传播的事实。第一种情形,网络技术服务提供者明显可见被控侵权信息的情形。例如《信息网络传播权司法解释》第12条规定的三种情形。第二种情形,网络技术服务提供者事后对被控侵权信息进行了人工编辑、选择或推荐。根据《信息网络传播权司法解释》第10条的规定,网络服务提供者在提供网络服务时,对热播影视作品等以设置榜单、目录、索引、描述性段落、内容简介等方式进行推荐,且公众可以在其网页上直接以下载、浏览或者其他方式获得的,可以认定其应知相关信息利用其网络服务进行公开传播的事实。第三种情形,权利人的通知足以使技术服务提供者知道被控侵权信息通过其网络服务进行传播。《北京高院电子商务解答》第8条归纳了上述三种情形,明确规定在上述三种情形中可以认定网络服务提供者知道被控侵权信息公开传播的事实。

四、事前应知侵权性质的认定

如果网络技术服务提供者在被控侵权信息发布前就知道被控侵权信息公开传播的事实,其不得再以"对海量信息进行合法性审查成本太高"为由拒绝对被控侵权信息知识产权合法性进行审查。此时,真正值得讨论的问题是,网络技术服务提供者应当对特定信息的知识产权合法性审查到什么程度。

在司法实践中,被控侵权信息的类型不同,信息发布前对知识产权合法性的审查难度也不相同。例如，根据《北京高院视频分享审理指南》第8条的规定，有以下情形之一的，可以推定网络服务提供者"能够合理地认识到网络用户提供涉案作品、表演、录音录像制品未经权利人的许可"，但有相反证据的除外：①网络用户提供的是专业制作且内容完整的作品、表演、录音录像制品，或者处于档期或者热播、热映期间的作品、表演、录音录像制品；②网络用户提供的是正在制作过程中且按照常理制作者不可能准许其传播的作品、表演、录音录像制品；③其他情形。《信息网络传播权司法解释》第10条的规定实际上也强调了网络服务提供者在对影视作品以设置榜单、内容简介等方式进行推荐前，应当知道该影视作品是否有侵权性质。

网络技术服务的类型不同，对信息知识产权合法性的判断难度也不相同。例如，提供自动接入、自动传输服务是一种"传输管道"服务，这种网络技术服务提供者几乎不可能知道在其系统或网络传输的信息的内容，因此在认定其是否应当知道被控侵权信息的侵权性质时，应当严格掌握。❶ 但对于视频分享网站、百度文库等网络存储空间服务提供者，网络技术服务提供者容易接触到信息的内容，尤其在其进行了人工编辑或接到权利人通知后，是比较容易知道被控侵权信息的侵权性质的。

在著作权纠纷中，根据《信息网络传播权司法解释》第9条的规定，在判断是否知道被控侵权信息的侵权性质时，既要考虑被控侵权信息的类型，又要考虑技术服务的类型，包括网络服务提供者提供服务的性质、方式及其引发侵权的可能性大小，传播的作品、

---

❶ 陈锦川："网络服务提供者过错认定的研究"，载《知识产权》2011年第2期，第56页。

表演、录音录像制品的类型、知名度及侵权信息的明显程度等因素。

五、事后应知侵权性质的认定

事后是否应知侵权性质的认定，关键在于网络技术服务提供者在知道特定信息公开传播的事实后，对信息进行知识产权合法性审查应当遵循什么标准。如果达到审查标准后仍不能发现侵权性质，则不应认定其知道侵权事实。从逻辑上讲，可能有三种标准：只要有可能侵权，就采取必要措施；侵权可能性较大才采取必要措施，即高度盖然性标准；排除合理怀疑标准，只有在侵权事实绝对确定的情况下才采取必要措施。为了平衡权利人、网络用户、技术服务提供者和公众的利益，应当采用第二种审查标准。❶ 第二种审查标准也符合法律经济学对效率的要求。第二种审查标准要求网络技术服务提供者在判断被控侵权信息侵权可能性较大的情况下才采取必要措施，既不能简单地只要有权利人的通知就删除，也不能非要等到侵权事实被确认无误才删除，因此需要自己进行判断，承担一定的审查成本。尤其是在电子商务中，第二种标准要求电子商务平台经营者承担的审查成本可能比另外两种标准的审查成本更高。但作为营利组织，其承担这样的审查成本并不是过于苛刻的要求。

《北京高院电子商务解答》第9条的规定反映了这种事后审查的标准。该条规定："符合以下情形之一的，可以推定电子商务平台经营者在被控侵权交易信息公开传播后'明知或应知被控侵权交易信息或相应交易行为侵害他人知识产权'：（1）交易信息中存在

---

❶ 石必胜："电子商务交易平台知识产权注意义务的标准"，载《法律适用》2013年第2期，第103页。

明确表明未经权利人许可的自认,足以使人相信侵权的可能性较大;(2)知名商品或者服务以明显不合理的价格出售,足以使人相信侵权的可能性较大;(3)权利人的通知足以使人相信侵权的可能性较大;(4)电子商务平台经营者在交易信息公开传播后明知或应知被控侵权交易信息或相应交易行为侵害他人知识产权的其他情形。"上述几种情形都强调了"侵权可能性较大"要件。

  由于商标权人对商品的流通方式没有控制权,只要商品本身合法,商标权人就没有权利限制商品的流通方式。而且,在电子商务中,信息流与物流分离,电子商务纠纷中虚假或错误通知的情况也比较突出,随意采取措施制止商品的网络销售容易损害网络卖家的合法权益。因此,在被指控侵害他人商标权时,在仅依据被控侵权信息难以判断是否侵权的情况下,不应当认定技术服务提供者应当知道被控侵权信息的侵权性质。如果权利人主张侵害发明或者实用新型专利权,网络服务提供者依据交易信息很难确定产品的技术方案,更难以认定该技术方案是否落入相关专利权的保护范围,在一般情况下就不能认定网络技术服务提供者知道被控侵权信息的侵权性质。在刘某某诉双剑公司、阿里巴巴(中国)公司侵犯专利权纠纷案中,法院认为:"其是否属于专利侵权因涉及专业技术判断,具有不确定性,阿里巴巴网站并不具有相应的判断能力,也无须承担相应的注意义务。"❶ 在电子商务知识产权纠纷中,需要强调在侵权可能性较大的情况下,电子商务交易平台提供者才有义务采取措施阻止被控侵权交易信息的公开传播。

---

❶ 参见杭州市中级人民法院(2006)杭民三初字第93号民事判决书。

六、是否及时采取必要措施的认定

在司法实践中，在认定网络服务提供者是否及时采取必要措施时容易产生争议的是，网络服务提供者采取的措施是否及时、是否必要。网络服务提供者采取的措施是否及时的第一个问题是权利人的通知是否合格。在司法实践中，网络服务提供者对于没有及时采取措施的主要抗辩理由就是权利人的通知不合格。如何判断权利人的通知是否合格，实际上可以从过错认定的基本要件的角度来分析。如果权利人的通知足以使网络服务提供者知道被控侵权信息利用其网络服务公开传播，并且足以使其知道被控侵权信息的侵权性质，就应当认定权利人的通知是合格的。在这种情况下，网络服务提供者再以权利人的通知不合格作为不采取必要措施的抗辩理由就不能得到支持。

在权利人通知合格的情况下，如何判断网络服务提供者是否及时采取了必要措施，《侵权责任法》第36条并没有具体的规定，因此在司法实践中是常见的争议焦点。在《信息网络传播权司法解释》征求意见过程中，曾经有人提出以网络服务提供者接到通知后的某个固定期限来判断采取措施是否及时，但这种意见的难点在于，每个案件中的具体情况并不相同，难以确定什么样的固定期限是合理的。在这种情况下，由法官根据个案的具体情况确定网络服务提供者采取措施是否及时比较合理。《信息网络传播权司法解释》第14条最终没有规定固定的期限，但强调了在判断是否及时的过程中应当考虑的主要因素，其中包括权利人提交通知的形式、通知的准确程度、采取措施的难易程度、网络服务的性质、所涉作品、表演、录音录像制品的类型、知名度、数量等因素。

网络服务提供者采取的措施是否必要，是司法实践中的另一个常见争议焦点。对于这个问题的认定，应当遵循的基本原则是，必要措施应当与侵权情节相适应，应当足以制止被控侵权行为，但也仅限于制止被控侵权行为，不能任意采取不必要的措施损害网络用户的合法权益。否则，应当对不必要的措施给网络用户造成的损害承担赔偿责任。是否必要，需要对个案进行具体分析。在电子商务知识产权纠纷中，需要注意的是，如果交易信息本身合法但实际交易行为不合法，例如，按合法交易信息交付了侵害他人商标专用权的商品，不一定需要删除或屏蔽交易信息。如果只是在合法商品销售过程中夹杂着侵权商品，交易信息本身并非专门用于侵权，只需要制止交付侵权商品行为就足以制止侵权。交易信息并非专用于销售侵权商品，应当按照技术中立的原则处理。但如果网络用户利用该交易信息主要或全部销售侵权商品，则应当将其交易信息一并予以删除或屏蔽。

七、相关法律规范的理解和适用

《信息网络传播权保护条例》第 22 条规定了为服务对象提供信息存储空间的网络服务提供者不承担赔偿责任的五项条件："（一）明确标示该信息存储空间是为服务对象所提供，并公开网络服务提供者的名称、联系人、网络地址；（二）未改变服务对象所提供的作品、表演、录音录像制品；（三）不知道也没有合理的理由应当知道服务对象提供的作品、表演、录音录像制品侵权；（四）未从服务对象提供作品、表演、录音录像制品中直接获得经济利益；（五）在接到权利人的通知书后，根据本条例规定删除权利人认为侵权的作品、表演、录音录像制品。"

对于这五项条件是归责条件还是免责条件，曾经有争议。本节的分析表明，违反其中之一，并不一定同时具备过错的两个基本要件，例如，违反第22条第（1）项只与区分技术服务行为和内容服务行为有关，与是否具有过错无直接关联，不能因为违反第22条第（1）项而当然地承担赔偿责任，因此此项不是归责条件。如果同时符合五项条件，必然不能同时具备构成侵权的基本要件，因此也必然不承担赔偿责任。从这个角度来说，《信息网络传播权保护条例》第22条规定的五项条件可以认为是免责条件。只符合《信息网络传播权保护条例》第22条规定的部分条件，是否能够进入"避风港"而免除赔偿责任，还应当回到侵权认定的基本思路上来。总之，《信息网络传播权保护条例》第22条规定的五项条件只是对网络技术服务提供者的正面要求，对其中任意一项的违反并不必然导致网络技术服务提供者承担赔偿责任。因此，《信息网络传播权保护条例》第22条的规定对于审判实践中网络技术服务提供者赔偿责任的认定并不能提供直接的指导。

有学者主张，《侵权责任法》第36条第2款是事后知道的一种情形，而第3款是事前知道。❶但从法条的文字表述来看，第3款既能够涵盖事前知道的情形，又能够涵盖事后知道的情形。在司法实践中，《侵权责任法》第36条的可操作性不强，具体适用中面临以下问题：第一，没有区分直接提供信息内容的行为与提供网络技术服务的行为；第二，第3款在文字含义上可以作为认定网络技术服务提供者过错的一般规定，但不适用于网络内容服务提供者；第三，没有明确规定认定是否知道的两个基本要件，不利于在司法实践中的适用。为了在司法实践中正确适用《侵权责任法》第36条，建议确定以下四个具体适用规则。

---

❶ 王胜明主编：《中华人民共和国侵权责任法解读》，中国法制出版社2010年版，第185页。

（1）关于内容服务行为与技术服务行为的区分：直接提供被控侵权信息的网络用户或网络服务提供者是网络内容服务提供者，为网络用户直接提供的被控侵权信息的公开传播提供网络技术服务的是网络技术服务提供者。如果不能证明被控侵权信息由网络用户直接提供，则推定由网络服务提供者直接提供。

（2）关于内容服务行为的过错认定：内容服务提供者应当知道其直接提供的被控侵权信息公开传播，应当知道被控侵权信息是否侵害他人民事权益。如果被控侵权信息侵害他人民事权益，则推定其有过错。

（3）关于技术服务提供者事前是否有过错的认定：一般情况下，网络技术服务提供者在公开传播前不必对利用其网络服务进行传播的信息进行合法性审查。但在被控侵权信息公开传播前，如果网络技术服务提供者知道被控侵权信息利用其网络技术服务进行传播，而且知道被控侵权信息侵害他人民事权益，应当及时采取必要措施阻止被控侵权信息的传播，否则应当与网络用户承担连带责任。

（4）关于技术服务提供者事后是否有过错的认定：在被控侵权信息公开传播后，如果网络技术服务提供者知道被控侵权信息利用其网络技术服务公开传播，而且知道被控侵权信息侵害他人民事权益，应当及时采取必要措施阻止被控侵权信息的传播，否则应当对其知道之后的损失与网络用户承担连带责任。

第二节　网络服务提供者的事前知识产权注意义务

在网络环境下的侵害知识产权纠纷案件（包括网络环境下的侵

害著作权纠纷案件、电子商务侵害知识产权纠纷案件等）的审理过程中，对于只提供网络技术服务并不提供被控侵权信息（在网络环境下，网络服务提供者一般只对利用其网络传播的信息的合法性负责，这些信息在著作权纠纷中可能体现为作品、表演、录音录像制品，在电子商务知识产权纠纷中可能体现为商品或服务的交易信息）的网络服务提供者的侵权责任认定，关键在于其是否有过错。过错认定中常见的争议点包括：视频分享网站事前按照相关规定进行了合法性审查，是否可以因此认定其知道侵权信息的存在；电子商务平台经营者是否应当采取价格过滤措施；网络服务提供者在被控侵权信息公开传播前（即事前），在什么情况下应当审查其知识产权合法性；事前对知识产权合法性的审查应当达到什么程度，才算尽到合理注意义务。上述问题可以归纳为如何界定网络服务提供者的事前知识产权注意义务，本节拟对该问题进行系统梳理，以为审判实践提供帮助。

一、一般不进行事前审查的原因

一般情况下，网络技术服务提供者在事前没有义务对其网络传播的信息的知识产权合法性进行主动审查，此即各国普遍接受的"避风港原则"。《美国千禧年数字版权法》第512条和《欧盟电子商务指令》第15条都规定网络技术服务提供者不负有对非法行为的一般性事前审查义务。我国《侵权责任法》第36条和《信息网络传播权司法解释》第8条也体现了这一基本原则，根据这两条规定，网络服务提供者未对网络用户侵害信息网络传播权的行为主动进行审查的，人民法院不应据此认定其具有过错。

一般不负知识产权合法性事前审查义务的基本原则并非天然正当、理所当然，美国法院在最早的信息存储空间著作权纠纷案，即花花公子诉 Frena 案 1 中，就强调对权利的保护而要求网络技术服务提供者承担严格责任，❶ 这实际上是要求网络服务提供者承担知识产权合法性的事前审查义务。一般不负事前审查义务的根本原因并非公平，因为公平是相对的，对网络服务提供者的公平就可能是对权利人的不公平。一般不负事前审查义务的根本原因是出于对效率和经济理性的考虑，因为事前进行知识产权合法性审查的成本往往过高。事前审查成本较高的第一个原因是利用网络进行传播的信息往往数量巨大，逐一审查难度太高。正如早在《大学生》杂志社诉北京京讯公司案中，我国法院就认为："由于目前网络上存在和传输的信息量巨大，内容多样，权利来源复杂，要求提供物质设备的网络服务商对所传输的全部信息内容是否存在权利瑕疵及时作出判断，是比较困难和不现实的。"❷

事前审查成本较高的第二个原因是知识产权合法性的审查本身难度较大。网络服务提供者不可能掌握所有的知识产权权利信息，而且知识产权侵权与否的判断专业性强，难以通过机器或软件自动完成，需要具有专业知识的员工进行人工审查，因此事前审查的执行成本太高。如果让网络技术服务提供者承担这个成本，其势必将成本转嫁给网络用户；事前审查还会损害网络的即时性，影响互联网的正常使用，这些都会提高社会成本，不符合经济理性和利益平衡原则。网络环境下的利益平衡原则主要是指，网络环境中网络技术服务提供者、权利人和社会公众之间的利益应当平衡。❸ 正如最

---

❶ 1. Playboy Enterprises v. George Frena, 839 F. Supp. 1552, 1559（M. D. Fla. 1993）.
❷ 参见北京市第二中级人民法院（2000）二中知初字第 18 号民事判决书。
❸ 孔祥俊："论网络著作权保护中利益平衡的新机制"，载《人民司法·应用》2011 年第 17 期，第 53 页。

高人民法院在《信息网络传播权司法解释》第 1 条中所规定的那样，人民法院审理侵害信息网络传播权民事纠纷案件，在依法行使裁量权时，应当兼顾权利人、网络服务提供者和社会公众的利益。

从经济理性的角度来分析网络服务提供者应当承担的预防成本，美国联邦第二巡回上诉法院的汉德（Leaned Hand）法官 1947 年在 Carroll Towing 案中所确定的汉德公式能够提供重要的指引。汉德法官认为，如果预防的成本（B）小于事故导致的损害（L）与事故发生的可能性（P）的乘积，则认定被告未采取预防措施就存在过失，用公式表示就是当 B＜PL 时就具有过失，上述规则被称为汉德公式。❶ 汉德公式隐含了这样的原则：应该将风险分配给能够以更低成本进行预防的一方，对于无法预防的风险则应配置给能够以更小成本进行预防的一方，从而为侵权的有效预防提供恰当的激励，实现社会损失的最小化。虽然汉德公式具有功利主义的道德立场，用于过错界定也存在种种问题，❷ 但却比较适合知识产权这种本身就功利性较强的制度，也比较适合网络这种强调效率的环境。汉德公式道出了一条真理：并非只要有风险就应当预防，只有风险不合理时才须预防，从而否定了只要有风险可预见就须预防的主张。虽然信息网络中传播的任何信息都有侵权的可能，却不能要求网络技术服务提供者在信息发布前对所有信息的合法性都进行审查。

汉德公式的要求是，虽然一般不负事前知识产权合法性审查义务，但网络服务提供者在事前还是应当采取必要的、合理的预防侵

---

❶ United States et al. v. Carroll Towing Co., Inc., et al., 159 F. 2d 169 (2d. Cir. 1947).

❷ 冯珏："汉德公式的解读与反思"，载《中外法学》2008 年第 4 期，第 512 ~ 532 页。

权的措施。如果事前采取预防成本较小的措施就可以有效预防侵权行为的发生，其不采取预防成本较小的合理的预防措施应当被认定为有过错。正如《信息网络传播权司法解释》第 9 条第（4）项的规定的隐含意见，网络服务提供者应当积极采取合理的预防措施，预防侵权的发生。《北京高院电子商务解答》第 2 条也强调：电子商务平台经营者应当承担必要的、合理的知识产权合法性注意义务。能够以更低的成本预防和制止侵权行为的权利人或电子商务平台经营者应当主动、及时采取必要措施，否则应当承担不利后果。

二、"黄赌毒审查"与知识产权注意义务

在我国，所有的网络服务提供者，不论是视频分享网站还是电子商务平台经营者，都应当按照相关管理要求对网络上的信息进行"黄赌毒"等违法性审查（以下简称"黄赌毒审查"），这些审查往往需要以人工方式进行。既然进行了人工审查，网络存储空间服务提供者是否因此而应当知道其中传播的所有信息是否侵害知识产权？目前主要有两种意见。一种意见认为，是否侵害著作权是容易识别出来的，既然进行了人工审查，就应当认定所有的网络存储空间服务提供者（包括视频分享网站）事前就知道所有信息的存在。如果这些信息违法，视频分享网站等网络存储空间服务提供者就是明知侵权，如果没有采取必要措施，就具有过错。但是，网络存储空间服务提供者人工审查的重点在于相关部门规定的违法性，其中并不包括信息的知识产权合法性。

前述意见的关键错误在于没有认识到"黄赌毒审查"与知识产权合法性审查对审查主体、审查程序和审查时间的要求是不一样的，后者需要付出更多的审查成本。如果要求网络存储空间服务提供者不仅要审查相关部门规定的内容，还要审查知识产权合法性，

则需要提高人工审查人员的知识和技能,放慢人工审查的速度,提高人工审查的成本。由于我国所有网络服务提供者均要进行人工审查,如果认为人工审查应当包括知识产权合法性审查,就意味着我国所有的网络服务提供者都进入不了"避风港",这实际上是与世界普遍认可的网络技术服务提供者不负一般性的事前审查义务相违背的。

《北京高院电子商务解答》第5条的规定明确地体现了上述观点,该条规定强调:"不能仅因电子商务平台经营者按照相关管理要求进行交易信息合法性的事前监控,或者客观上存在网络卖家利用其网络服务侵害他人知识产权的行为,就当然认定电子商务平台经营者知道侵权行为存在。"《信息网络传播权司法解释》第8条和《北京高院视频分享审理指南》第5条也隐含地支持上述观点,并未将"黄赌毒审查"作为认定网络服务提供者明知或应知被控侵权信息利用其网络服务进行传播的依据。

三、直接获得经济利益与事前审查

虽然提供网络技术服务的网络服务提供者一般不负事前知识产权合法性审查义务,但归纳我国司法实践中的具体做法可以发现,某些情形下,网络服务提供者应当主动审查利用其网络传播的被控侵权信息的知识产权合法性。网络服务提供者从被控侵权信息的公开传播中直接获得经济利益,是其中的一种情形。为什么直接获得经济利益就应当审查知识产权合法性?因为从特定信息传播中直接获得经济利益者负担知识产权合法性审查义务,符合权利义务对等原则,也符合效率的要求。对于何为直接获得经济利益,在著作权纠纷中,《信息网络传播权司法解释》第11条第2款规定:"网络服务提供者针对特定作品、表演、录音录像制品投放广告获取收益，或者获取与其传播的作品、表演、录音录像制品存在其他特定联系的经济利益，应当认定为前款规定的直接获得经济利益。网络服务提供者因提供网络服务而收取一般性广告费、服务费等，不属于本款规定的情形。"另外，《北京高院网络指导意见（一）（试行）》第25条第1款规定："网络服务提供者因提供信息存储空间服务，按照时间、流量等向用户收取标准费用的，不属于《信息网络传播权保护条例》第二十二条第（四）项所称的'从服务对象提供作品、表演、录音录像制品中直接获得经济利益'。"

上述规定的合理性在于，只是按照时间和流量收取标准费用，不需要接触信息的内容，就不应当要求网络服务提供者知道特定的被控侵权信息的内容及其公开传播的事实；如果仅仅因为按照时间和流量收取了标准费用，就应当对信息内容进行合法性审查，则网络服务提供者要承担的成本相对于收益来说过高，不符合利益平衡原则和汉德公式。从相反的角度来看，如果获得经济利益需要使网络服务提供者知道被控侵权信息的内容和公开传播的事实，这种经济利益就是直接经济利益。这时，网络服务提供者面对的不再是海量信息，其对已经知道内容的具体信息的知识产权合法性进行审查，并不会使其负担过高的审查成本，无论是从汉德公式的角度还是从利益平衡的角度来看，要求其承担知识产权合法性审查成本，都是合理的。总之，直接获得经济利益与知道特定信息的内容是一个问题的两个方面，某种获得经济利益的方式表明其应当知道内容，则这种获得经济利益是"直接"的；既然知道了具体信息的内容，审查其知识产权合法性就不再是过高的要求。《北京高院电子商务解答》第7条第（2）项体现了上述观点，根据该条的规定，如果电子商务平台经营者从被控侵权交易信息的网络传播或相应交易行为中直接获得经济利益，且应当知道被控侵权交易信息通过其网络服务进行传播,则可以推定电子商务平台经营者在被控侵权交易信息公开传播前"明知或应知被控侵权交易信息通过其网络服务进行传播"。

司法实践中有判例支持了上述观点。在迪桑特公司诉今日都市公司和走秀公司团购侵害商标权纠纷案中,法院查明,今日都市公司与走秀公司签订的推广合同中约定:"由今日都市公司提供嘀嗒团网站为被控侵权运动鞋的限时团购平台,今日都市公司在网站上发布被控侵权商品的团购信息,包括图片、文字介绍等信息,消费者在网上确认购买。消费者确认参加团购后,通过网上支付将货款支付给今日都市公司,今日都市公司在扣除技术服务费后,余款划至走秀公司账户。"在该案中,今日都市公司从被控侵权商品的每一笔交易行为中直接获得经济利益,因此二审法院认定其应当对被控侵权商品及相应交易行为的合法性进行事前审查。[1]

四、特定服务模式与事前审查

在某些特定的网络技术服务模式中,网络服务提供者也应当主动审查利用其网络传播的被控侵权信息的知识产权合法性。在某些特定网络技术服务模式下,网络技术服务提供者有可能并不明知侵权事实,但在这种特定的经营模式中,公开传播的信息的侵权可能性较大,而且网络服务提供者从这些侵权可能性较大的信息的公开传播中也获得了利益。按照权利义务对等原则,应当要求网络技术服务提供者如同内容服务提供者一样对信息合法性进行审查,如果被控侵权信息利用这种技术服务模式公开传播,就应当认定网络服务提供者应当知道被控侵权信息公开传播的事实。

---

[1] 参见北京市高级人民法院(2012)高民终字第3969号民事判决书。

《信息网络传播权司法解释》第 10 条的规定体现了这种观点，该条规定："网络服务提供者在提供网络服务时，对热播影视作品等以设置榜单、目录、索引、描述性段落、内容简介等方式进行推荐，且公众可以在其网页上直接以下载、浏览或者其他方式获得的，人民法院可以认定其应知网络用户侵害信息网络传播权。"在上述情形下，网络服务提供者都需要人工处理相关信息，而人工处理这些信息例如内容简介时，就必然知道被控侵权的信息的内容是什么，在已经知道特定信息内容的情况下，要求其对知识产权合法性进行审查，符合利益平衡原则和汉德公式。

《信息网络传播权司法解释》第 10 条实际上准确地总结了已有司法判例的做法。例如，早在 2004 年的新力唱片公司诉世纪悦博公司案中，被告世纪悦博公司因提供 MP3 音乐链接服务被诉侵犯录音制作者权，二审法院就认为：被告设置链接的行为为侵权录音制品的传播提供了渠道和便利，使用户得以下载侵权的录音制品，从而使被链接网站的侵权行为得以实施、扩大和延伸，在这种情况下，被告应当知道其帮助传播的信息的存在，而且应当对所链接的信息的合法性进行审查。❶ 又如，在 2007 年环球唱片诉阿里巴巴侵犯录音制作者权纠纷案中，被告在其 MP3 音乐搜索提供了一个音乐"榜单"，事先对搜集的歌曲、音乐信息进行整理、分类，按歌曲风格、流行程度、歌手性别等标准制作不同的分类信息，并将这些分类信息制作成"新歌飙升""影视金典""欧美经典"等 18 个栏目。在这种情况下，法院就认为：被告在搜集、整理、分类的基础上，对相关的音乐信息按不同标准制作了相应的分类信息，应当知道这些信息的内容；被告向用户提供专业的音乐搜索服务并从中

---

❶ 参见北京市高级人民法院（2004）高民终字第 1303 号民事判决书。

营利，因此被告应当对这些信息的合法性进行审查。❶

五、改变信息内容与事前审查

如果网络服务提供者在被控侵权信息公开传播前改变了其内容，也应当对被控侵权信息的合法性进行事前审查。如果对被控侵权信息的内容进行了实质改变，这种改变行为本身即能够证明网络技术服务提供者明知被控侵权信息的内容，在其已经知道特定信息的内容的情况下，网络服务提供者就不能以其不知道特定信息公开传播的事实、不应当对其知识产权合法性进行审查为由进行抗辩。《北京高院网络著作权指导意见（一）（试行）》和《信息网络传播权司法解释》第13条都规定了内容改变者负有事前知识产权注意义务。根据《北京高院网络著作权指导意见（一）（试行）》第24条的规定，下列行为不应视为对服务对象提供的作品、表演、录音录像制品进行了"改变"：①仅对作品、表演、录音录像制品的存储格式进行了改变；②对作品、表演、录音录像加注数字水印等网站标识；③在作品、表演、录音录像之前或结尾处投放广告以及在作品、表演、录音录像中插播广告。上述规定的情形恰恰是不需要知道特定信息的内容就可以实施的行为，在并不知道特定信息内容的情况下，就不能要求其对特定信息的合法性进行审查。上述规定实际上从反面解释了什么是内容改变行为。内容改变行为以知道信息内容为前提，这种改变导致其承担合法性审查义务；如果内容改变行为并不以知道信息的内容为前提，则不会导致其承担审查义务。根据《北京高院网络著作权指导意见（一）（试行）》第24条的规定，如果在作品、表演、录音录像之前或结尾处投放的广告或

---

❶ 参见北京市高级人民法院（2007）高民终字第1188号民事判决书。

在作品、表演、录音录像中插播的广告跟该特定信息的内容紧密相关,甚至专门针对该特定信息的具体内容来设计,就很容易认定加入这些信息是以知道其内容为前提,从而为要求网络服务提供者承担知识产权合法性审查义务打下了基础。

六、对事前审查两种标准的评价

如果网络技术服务提供者在被控侵权信息发出前就应当对其知识产权合法性进行审查,随后需要讨论的问题是,其对被控侵权信息的合法性审查应当达到什么程度。在确定审查标准后,如果按照这个标准来审查就能够认识到被控侵权信息的侵权性质,网络服务提供者就应当知道侵权事实存在,就应当采取必要措施,否则就应当按照《侵权责任法》第36条第3款的规定认定其在事前存在过错。如果按照这个标准仍然无法认识到被控侵权信息的侵权性质,就不能认定网络服务提供者知道侵权行为,其没有采取必要措施阻止被控侵权信息的公开传播,也不能认定其在事前即有过错。在事前没有过错的情况下,需要权利人通知才能认定其知道侵权事实,在通知后没有及时采取必要措施阻止侵权行为,只需按照《侵权责任法》第36条第2款的规定对因此扩大的损失部分承担连带责任。根据《北京高院电子商务解答》第7条的规定,如果电子商务平台经营者在被控侵权交易信息公开传播前"明知或应知被控侵权交易信息通过其网络服务进行传播",且被控侵权交易信息或相应交易行为侵害他人知识产权,可以推定电子商务平台经营者"知道网络卖家利用其网络服务侵害他人知识产权"。此规定中的"推定"是可以被推翻的,只要电子商务平台经营者事前进行知识产权合法性审查的程度达到了相应的标准仍然不能认识到侵权性质,就不能认定其"知道网络卖家利用其网络服务侵害他人知识产权"。因此,事前审查知识产权合法性应当达到的程度,是确定事前知识产权注意义务的重要问题。

无论是著作权纠纷还是电子商务知识产权纠纷,网络技术服务提供者事前对被控侵权信息的知识产权合法性审查的程度,在司法实践中可能有两个标准:第一个标准是排除合理怀疑标准。在诉讼中权利人往往会主张,网络技术服务提供者应当确保信息不侵权才能发布,只要有侵权的可能就不能发布。按照这个标准,只要被控侵权信息在结果上具有侵权性质,就能够认定网络服务提供者未尽审查义务。第二个标准是权利义务对等标准,即根据获利情况具体确定事前审查义务的标准。

显然,第一个标准过于严格。即使是直接提供信息内容的网络内容服务提供者,如果直接提供内容的行为并非落入专用权保护范围的行为,即使被控侵权信息构成侵权,也要考察网络内容服务提供者是否有过错。例如,视频分享网站直接提供电影作品的行为虽然落入该电影作品的信息网络传播权的保护范围,但该直接提供行为并不落入据以改编该电影作品的小说的演绎权的保护范围。即使该电影作品因非法改编自某部小说而侵害了该小说作者的著作权,视频分享网站对此侵权也不具有过错。作为内容服务提供者,视频分享网站原则上只能审查该电影的信息网络传播权的授权链条是否完整、合法,而不能审查该电影作品是否侵害他人小说的著作权。要求提供网络技术服务的网络服务提供者绝对确保特定信息的知识产权合法性不符合汉德公式的要求。按照权利义务对等原则,网络技术服务提供者应当承担的事前审查成本应当与其获得的利益对应,不应承担过重的审查义务。

在按照获利情况来确定审查义务的标准时,因个案事实不同而具有一定的裁量空间。法官在结合个案具体事实进行裁量时,应当遵循利益平衡原则和汉德公式所隐含的合理预防原则的要求。❶ 被控侵权信息的类型不同，信息发布前对侵权可能性的审查难度也不相同；网络技术服务的类型不同，对被控侵权信息侵权可能性的审查难度也不相同。在著作权纠纷中，如果被控侵权信息为音乐作品、影视作品，其侵权性质相对容易判断。但如果是文字信息发布平台，文字信息的侵权可能性就比较难以判断。在电子商务纠纷中，如果涉及商标权，侵权可能性的审查难度较小，如果涉及专利权，侵权可能性的审查难度就比较大。在司法实践中，《信息网络传播权司法解释》第 9 条规定的部分考量因素具有一定的指导意义，例如其中第（2）项规定的"传播的作品、表演、录音录像制品的类型、知名度及侵权信息的明显程度"。

七、著作权纠纷中的事前审查标准

在著作权纠纷中，如果网络技术服务提供者没有参与信息内容的制作，也不从信息内容的制作中直接获得经济利益，而只是从他人提供的信息的公开传播中直接获得经济利益，则由于只是提供网络技术服务行为，只需要对特定信息的信息网络传播权是否合法进行审查。在大百科全书出版社诉苹果公司案中，❷ 苹果公司的行为不同，其应当承担的事前知识产权合法性审查义务也可能有以下几种情况。

---

❶ 石必胜："电子商务交易平台知识产权注意义务的标准"，载《法律适用》2013年第 2 期，第 103 页。

❷ 参见北京市第二中级人民法院（2011）二中民初字第 10500 号民事判决书。原告大百科全书出版社以 App Store 中销售的应用程序《中国百科全书》侵害其著作权为由起诉要求苹果公司承担侵权责任，苹果公司辩称其并非 App Store 的经营者，而且被诉侵权的应用程序并非由其开发，因此不应承担侵权责任。

（1）如果该案证据证明苹果公司在 App Store 中销售的电子书的内容由苹果公司创作，则无论苹果公司是否提供了网络服务，因为其作为电子书的作者享有电子书的完整著作权，按照权利义务对等原则，也应当确保电子书的所有著作权权项的合法性。如果该图书构成抄袭，苹果公司应当承担法律责任。

（2）苹果公司没有参与图书内容的创作，但直接将电子书上传至 App Store 上，则由于其直接提供电子书而可能构成对信息网络传播权的直接侵权。在这种情况下，苹果公司应当在事前对该电子书的信息网络传播权的合法性进行实质审查，只要该电子书的公开传播侵害他人信息网络传播权，苹果公司就应当承担侵权责任。相对于第一种情况，苹果公司在第二种情况下审查的程度相对较低。例如，该电子书是否会因为抄袭而侵害他人著作权，不属于苹果公司进行知识产权合法性审查的范围。在这种情况下，假设被控侵权信息是一款游戏软件，如果权利人主张该软件因为抄袭源代码而构成侵权，而且主张苹果公司在事前应当注意到该侵权事实，则法院不应当予以支持，因为苹果公司的审查程度不应当如此严格。

（3）苹果公司没有参与图书内容的创作，电子书也由第三方提供，苹果公司只是因为经营 App Store 而为电子书的公开传播提供了技术服务，并从电子书的销售经营中得到固定分成，则苹果公司与第三方实际上以分工合作的方式共同经营，因此应当与第三方承担相同的知识产权合法性审查义务。若电子书侵害他人信息网络传播权，则苹果公司与第三方共同承担连带责任，二者的内部责任分配应当按照其有效的合同约定来处理。《信息网络传播权司法解释》第 4 条的规定可以印证上述分析的合理性，该条规定："有证据证明网络服务提供者与他人以分工合作等方式共同提供作品、表演、录音录像制品，构成共同侵权行为的，人民法院应当判令其承担连带责任。"

（4）电子书由第三方提供，苹果公司没有从电子书的销售中得到分成，只是通过吸引网络用户来提高其广告费标准。苹果公司逐层设置了具体的栏目来引导第三方上传电子书，例如以"武侠——香港——金庸"来引导第三方将金庸先生的小说放在对应的栏目中，则苹果公司应当对该栏目中由第三方提供的所有电子书的知识产权合法性进行事前审查。在这种情况下，按照权利义务对等原则，苹果公司应当在形式上审查电子书的信息网络传播权的授权环节。如果直接提供电子书的第三方向其提交的授权合同等权属证据在形式上没有瑕疵，能够形成完整的授权环节，则应当认定苹果公司尽到了审查义务。如果第三方伪造了授权证据，但在形式上不能看出是伪造，也不应认定苹果公司未尽审查义务。另外，需要注意，在这种情况下，苹果公司与传统书店中的图书销售者所承担的形式审查义务并不相同，因为传统书店的图书销售者并不行使该作品的信息网络传播权，因此不需要审查信息网络传播权的合法性，而苹果公司形式审查的重点就是信息网络传播权的合法性。

前面的分析表明，虽然所谓的"避风港"原则并不要求网络服务提供者进行事前知识产权合法性审查，但在司法实践中网络服务提供者是否应当进行事前审查却是常见的争议焦点。要正确审理此类案件，需要正确地分析网络技术服务提供者一般不履行事前审查义务的深层次原因。汉德公式有利于正确地理解一般不进行事前审查的规则所隐含的经济理性，也有利于帮助我们认识到，在预防成本很低就能够有效预防侵权行为的情况下，不主动采取必要的、合理的预防措施而放任侵权信息的公开传播，也会被认定为有过错。

本节结合司法解释和司法实践中的判例归纳了事前应当对知识产权合法性进行审查的几种情形，并且探讨了事前审查应当达到的程度，最终揭示的却是这样一个信息：无论对事前是否应当进行知识产权合法性审查的认定，还是对事前进行知识产权合法性审查的程度的认定，都具有裁量空间，法官在个案中应当结合该案件事实和利益平衡原则、合理预防原则，具体问题具体分析。

第二章 电子商务知识产权司法保护

电子商务近几年有迅猛发展，无论是 B2B、B2C 还是 C2C，[1]都通过大幅度地降低信息传递成本进而降低了交易成本。电子商务不仅使交易成本降低，还可能对工商业产生其他"预料不到的技术效果"。例如，电子商务可以让生产者或服务者更加直接地获取消费者的需求信息，甚至可以直接获取消费者的个性需求信息，使商品或服务更容易满足消费者的需求。而消费者需求的更大满足，就是社会福利的增加。电子商务的快速发展，也产生了一些问题，尤其对知识产权保护提出了很多新的挑战。如何在符合知识产权制度基本目的的前提下，促进电子商务产业发展，是知识产权理论界和实务界共同关心的问题。本章将结合司法实践，对电子商务知识产权司法保护中的主要程序和实体问题进行研究。

第一节 电子商务知识产权纠纷的程序问题

在电子商务知识产权案件中，比较集中的争议焦点在于电子商

---

[1] B2B 是 Business–to–Business 的缩写，是指企业与企业之间通过专用网络或 Internet，进行数据信息的交换、传递，开展交易活动的商业模式。B2C 是 Business–to–Customer 的缩写，是通常说的直接面向消费者销售产品和服务商业零售模式。C2C 是 Customer–to–Customer 的缩写，是个人与个人之间的电子商务。

务交易平台的过错认定。但是，由于电子商务本身具有的一些特点，使得电子商务知识产权案件的审理程序也呈现出一些特点和难点。笔者在收集、分析现有电子商务知识产权案件裁判文书的基础上，对电子商务知识产权案件的管辖、诉讼主体、审理范围、证据规则等几个方面的程序问题进行了全面的实证分析，并针对存在的问题提出了处理建议，以期能够为此类案件的审理提供帮助。

一、管辖相关问题

电子商务知识产权案件的审理首先遇到的程序问题就是管辖问题。由于电子商务涉及互联网，而且电子商务本身具有商品信息与商品物流分离、交易主体虚拟化等特点，使得此类案件的被告住所地、侵权行为地难以确定，而且可能导致涉及管辖等几个方面的问题。

被告住所地是确定案件管辖的主要考虑因素。如果电子商务活动中的交易主体没有经过实名认证，则无论发生知识产权合同纠纷还是侵权纠纷，都有可能因为无法确定交易主体的真实身份，导致被告住所地难以认定，进而无法依据被告住所地确定管辖。因此，电子商务知识产权纠纷中被告住所地难以确定的难题，实际上是由被告真实身份的确认难题导致的。一旦作为被告的交易主体的真实身份得以确定，其住所地也就容易确定。本节将在后面对如何确定电子商务交易主体真实身份进行讨论，以解决这个难题。

《民事诉讼法》中的侵权行为地包括侵权行为实施地和侵权行为结果地。就侵权行为地而言，电子商务可能会涉及多种地点，包括商品的生产地点、商品的存储地点、商品的中转地点、商品的交付地点、服务的提供地点、电子商务交易平台的网络服务器所在地、交易者的计算机终端设备所在地、原告发现侵权行为的计算机终端设备所在地等。上述哪个地点才是侵权行为的实施地或者侵权行为的结果地,在实践中存在争议。

第一种观点认为,上述任何一个地点都可以作为侵权行为地。支持第一种观点的主要理由为以下两点:第一,从电子商务的特点来看,上述地点或者是电子商务的实施地,或者是电子商务的结果地,从词语的含义上来讲,电子商务的侵权行为实施地和侵权行为结果地应当涵盖上述地点。第二,原告往往是知识产权的权利人,从有利于维权的角度来讲,应当允许原告在《民事诉讼法》规定的侵权行为地的相关地点中选择对其有利的地点作为确定管辖的依据。

第二种观点认为,应当在上述地点中选择与侵权纠纷有密切联系的地点确定管辖。支持第二种观点的主要理由为以下两点:第一,《民事诉讼法》规定侵权纠纷应当由被告住所地或者侵权行为地法院管辖,并未规定由原告住所地法院管辖,这是因为被告住所地法院管辖有利于判决的执行。第二,原告可以选择任何一个电子商务物流能够到达的地点作为商品交付地点,任何一个地点都可能成为管辖地,这样可能导致电子商务知识产权纠纷的管辖过于宽泛,增加当事人的诉讼成本,不利于判决的执行。

根据2006年修正的《最高人民法院关于审理涉及计算机网络著作权纠纷案件适用法律若干问题的解释》第1条的规定,对难以确定侵权行为地和被告住所地的,原告发现侵权内容的计算机终端等设备所在地可以视为侵权行为地。这一规定对涉及互联网的侵权行为地作了比较宽泛的解释,似乎对第一种观点有利。这一规定已经失效,不能作为正式依据。法释〔2015〕5号《民事诉讼法解释》第24条规定:"民事诉讼法第二十八条规定的侵权行为地,包括侵权行为实施地、侵权结果发生地。"第25条规定:"信息网络侵权行为实施地包括实施被诉侵权行为的计算机等信息设备所在地，侵权结果发生地包括被侵权人住所地。"这里明确规定连被侵权人住所地都属于侵权结果发生地，那么按照该规定的精神，侵权结果发生地应当可以包括第一种观点所述的各种地点。因此，第一种观点得到了2015年《民事诉讼法解释》的支持。

互联网具有无国界的特点，只要物流没有障碍，在电子商务中，无论是B2B、B2C还是C2C，都有可能其中一方是外国主体，这会使电子商务知识产权纠纷的管辖面临涉外案件的管辖问题。根据《北京市高级人民法院关于涉外知识产权民事案件法律适用若干问题的解答》第6条的规定，只要具备当事人为外国人，或者法律事实发生在外国，或者诉讼标的物在外国这三个因素之一，即为涉外民事案件。因此，即使双方当事人均为我国公民、法人或者其他组织，但侵犯知识产权的行为发生在外国，或者受到侵害之权利标的位于外国的，属于涉外知识产权民事案件。上述传统涉外因素的判定标准容易受到电子商务以下几方面特点的挑战：其一，电子交易可能并不依附于任何有形的实体，因此法律事实发生地难以确定；其二，电子交易可能与传统媒介毫无关联，因此法律关系的客体难以准确定位；其三，电子交易的对象由于网络的不可视性而难以界定，法律关系主体因具有随意性和流动性而难以识别。[1] 一旦我国的电子商务物流可以跨越国界，就需要针对电子商务的涉外管辖出现的问题进行专门研究。法释〔2015〕5号《民事诉讼法解释》第25条规定："信息网络侵权行为实施地包括实施被诉侵权行为的计算机等信息设备所在地，侵权结果发生地包括被侵权人住所

---

[1] 谢新胜："电子商务视角下的涉外民事协议管辖制度——以我国《民事诉讼法》第244条的修改和完善为中心"，载《西南政法大学学报》2006年第1期，第71页。

地。"该条明确规定实施被诉侵权行为的计算机等信息设备所在地属于侵权行为实施地,而且被侵权人住所地属于侵权结果发生地,这实质上是对管辖放得比较宽,按照该规定的精神,跨国电子商务的任何一个连结点都容易成为中国法院对相关纠纷具有管辖权的依据。

二、电子商务交易主体的确定

在解决管辖问题后,电子商务知识产权案件的审理遇到的第二个问题就是诉讼主体问题。电子商务具有交易主体虚拟化、信息电子化等特点,容易导致诉讼主体难以确定,因此下文结合现有的实际案件分析诉讼主体确定中面临的以下问题。

目前电子商务交易平台对交易主体的身份认证有不同的做法,一般对购买者并不进行身份核实,而对销售者会进行不同程度的身份核实。司法实践中的问题在于,电子商务交易平台是否都应当验证销售者的真实身份信息。有判决认为,电子商务交易平台负有验证销售者真实身份信息的义务。在德国彪马公司诉淘宝网、陈某某侵犯商标权纠纷案中,法院认为,网络服务商必须对网络商店的身份进行审查,掌握其真实的身份情况,因此法院对该项义务的合理性予以确认。❶

在发生纠纷后,知识产权权利人是否可以要求电子商务交易平台提供交易主体的身份信息?如果可以,则能够解决交易主体的身份确认问题。在荣乐公司、梵欧公司诉淘宝网侵犯商标权纠纷案中,原告荣乐公司、梵欧公司要求淘宝网提供涉案卖家的真实信息,而淘宝网拒绝提供卖家包括身份证号码在内的真实信息,法院

---

❶ 参见广东省广州市中级人民法院(2006)穗中法民三初字第179号民事判决书。

最终判决淘宝网提供涉案的九家淘宝卖家的身份证号码等真实身份信息。❶

由于网络中信息的提供者和使用者不易识别，在没有严格要求网络实名制的情况下，也可以要求电子商务交易平台经营者提供被告的注册资料以尽量确定其真实身份。如果从注册资料中也难以获得被告的真实身份，则只能通过其他交易信息如被告的经营地点、银行账户、联系电话等相关信息获得被告的身份信息。

三、被告的确定

在民事诉讼中，原、被告均应为2012年《民事诉讼法》第48条、第119条规定的合格诉讼主体，即所谓的当事人适格。在电子商务侵犯知识产权纠纷中，直接侵权行为人的被告主体资格容易确定，但技术或交易服务提供者是否应当成为共同被告，司法实践中往往会有争议。对这个问题可以从两个方面分析。第一，被告是否适格，在立案和审理的初期只是形式审查，并不能保证最终的审理结果会使所有被告都承担侵权责任。第二，根据《侵权责任法》第36条的规定，只要原告主张电子商务交易平台经营者或相关的网络技术服务提供者知道侵权行为，而且提供了初步的证据，在立案和审判的初期，就难以否定其适格性。

在司法实务中，有的权利人因为不清楚C2C交易主体的真实身份，或者认为电子商务交易平台更有能力承担侵权责任，因此有可能仅仅将电子商务交易平台起诉到法院。

一种观点认为，由于直接侵权人没有作为被告参加诉讼，无法确定直接侵权是否成立，也就无法认定电子商务交易平台是否应当

---

❶ 参见浙江省杭州市西湖区人民法院（2009）杭西知初字第71号民事判决书。

承担连带责任。因此，电子商务交易平台与作为电子商务交易主体的网络用户是必要共同诉讼被告的关系，单独起诉电子商务交易平台，法院不应当受理。

另一种观点认为，在有的案件中，虽然作为电子商务交易主体的直接侵权人没有参加诉讼，但如果原告提供的证据足以证明电子商务交易主体利用电子商务交易平台侵犯了知识产权，法院按照《侵权责任法》第36条规定就只需要认定电子商务交易平台是否有过错。如果电子商务交易平台存在过错，在直接侵权可以确认的情况下，直接侵权人不参加诉讼，也可以直接认定其承担侵权责任。但这种观点可能存在一些问题。首先，在直接侵权人没有参加诉讼的情况下，直接侵权人没有机会提出抗辩就被认定侵权，其诉讼权利没有得到保障，利益可能受到损害。其次，如果原告在对电子商务交易平台的诉讼中胜诉，并在前一案件的判决生效后再对直接侵权人提起诉讼，而在该案中直接侵权人提交了前一案件中没有提交的能够形成有效抗辩的证据，例如，主张并证明了其间接地获得了权利人的许可，则法院会面临两难的境地。若支持原告的诉讼请求，则与本案认定的法律事实不符，若驳回原告的诉讼请求，又可能与前一案件结论相矛盾。而且，在电子商务的商品信息与商品并不对应的情况下，仅凭电子商务交易平台上的商品信息还难以认定实际商品是否必然侵权。

理论上讲，将直接侵权人追加为被告能够解决上述问题，但在司法实务中还要考虑追加被告的可操作性。如果原告同意追加直接侵权人参加诉讼，当然更好。如果原告坚持不同意追加直接侵权人，则法院依职权追加会导致原告对追加的被告没有任何诉讼请求的尴尬境地，也会导致对不被要求承担任何法律责任的被告的主体适格性的疑问。

综上所述,在司法实务中,应当尽量将直接的电子商务交易主体即直接侵权人作为被告起诉,如果原告坚持只起诉电子商务交易平台而不同意追加直接侵权人,则可以在被告只有电子商务交易平台的情况下进行实体审理。如果原告确实能够证明直接侵权行为存在,而且能够证明电子商务交易平台应当承担《侵权责任法》第36条规定的连带责任,则可以直接判决其承担侵权责任。但对于实际销售的商品可能存在并不侵权的可能性的,则应当认定原告关于直接侵权成立的主张证据不足,驳回其诉讼请求。

四、诉的合并与分离

在诉讼主体确定后,电子商务知识产权案件常见的程序问题就是由于被告不同而带来的审理范围的确定问题,这需要分析电子商务案件中诉的合并与分离。电子商务活动自身的特点,还带来了重复侵权的审理程序问题,以下将分别予以分析。

在电子商务知识产权案件中存在这样的问题:权利人在电子商务交易平台的其中一家购买一件侵权商品,案件的审理范围是整个电子商务交易平台的相同商品还是仅限于该网店?一种观点认为,本案只能就该商品涉及的销售者是否侵权进行审理,对电子商务交易平台是否知道该销售者的侵权行为并采取合理措施,可以合并予以审理,但对于其他销售者的侵权行为,则与本案不属于同一法律关系,不应在本案中合并审理,应当另案起诉。另一种观点认为,原告主张被侵犯的商标权等知识产权为同一权利,在同一电子商务交易平台上的所有侵权行为都可以归纳为对该权利的侵犯,虽然不同的销售者的行为相互独立,但电子商务交易平台却与上述行为都有关联,因此,可以在一案中合并审理,不必分案。

如果原告只是针对一家网店的侵权行为同时起诉电子商务交易

平台和网店，则不涉及电子商务交易平台上其他网店的侵权行为。如果原告在追究其中一家网店及电子商务交易平台的侵权责任的同时，还要求电子商务交易平台承担其他网店侵犯相同权利的侵权责任，则法院可以要求其另案起诉。根据《侵权责任法》第36条的规定，电子商务交易平台与网店是连带责任，因此，不同网店对同一知识产权的侵权行为是相互独立的，不同网店的侵权商品都不相同，分别属于不同的法律关系，应当在不同的案件中处理。当然，法院为了诉讼方便，也可以在一案中合并审理本可以分案审理的纠纷，但在具体案件中是否这样做，还取决于法院的选择。

如果原告在追究其中一个网店及电子商务交易平台的侵权责任的同时，还要求电子商务交易平台就其他网店侵犯相同权利承担责任，即使合并在一案中审理，也可能因为难以在实体上查明事实而得不到法院的支持。在德国彪马公司诉淘宝网、陈某某侵犯商标权纠纷案中，一审法院就表示，在这些网络商店没有作为本案被告参加诉讼并对原告的侵权指控进行抗辩的情况下，法院无权也无法对它们的行为是否构成侵权作出认定，因此认定原告关于第一被告协助这些网络商店侵权的指控不能成立。❶

如果原告只是起诉电子商务交易平台，要求电子商务交易平台对该交易平台上的所有侵犯同一知识产权的行为承担连带责任，但并不起诉任何一家网店，是否应当一并审理？例如，原告起诉淘宝网，要求淘宝网将网站上所有销售价格低于300元的某种商品全部屏蔽，并要求赔偿损失，理由是正常情况下该商品的销售价格不可能低于300元，而且原告多次通知并要求淘宝网删除相关低价销售的侵权商品的信息，但淘宝网没有采取任何措施，因此造成了原告

---

❶ 参见广东省广州市中级人民法院（2006）穗中法民三初字第179号民事判决书。

的损失。诉是由当事人、诉讼标的和案件事实构成的，判断是一个诉还是几个诉，可以结合具体案件事实从诉的主体、诉的标的和诉的实体内容来判断。在前述情况下，诉的主体相同，案件事实具有同一性，并不是几个诉而是属于一个诉，在程序上不能要求原告按照涉案店家的数量分别起诉淘宝网。

虽然在程序上可以立案，但前面的情况在实际审理过程中却面临事实认定的难题。在荣乐公司、梵欧公司诉淘宝网侵犯商标权纠纷案❶中，原告荣乐公司、梵欧公司提出的诉讼请求还包括：清理并撤除淘宝网上销售"梵洁诗"系列品牌产品的商家链接、相关网页、删除被诉商品信息，屏蔽相关网站链接，不再允许其他企业或个人在淘宝网上销售"梵洁诗"品牌的系列产品……法院认为，上述诉讼请求能够在实体上得到支持的前提是，直接侵权人侵权行为成立和淘宝网帮助侵权行为成立。但原告荣乐公司、梵欧公司目前并未起诉直接侵权人并就上述请求提交相关证据，故上述诉讼请求法院不予支持。因此，程序上能够受理，并不等于实体上能够支持。在宝健公司诉淘宝网侵犯商标权纠纷案中，法院也持相同意见，认为在网店经营者的商标侵权责任尚无法判定的情形下，被告作为信息服务平台的提供者因没有过错而无需承担侵权赔偿责任。❷

五、对重复侵权的处理

电子商务知识产权审判实务中出现了这样的情况：在淘宝网上某一网店已经因销售侵犯商标权的商品被判决停止侵权，但原告在判决作出后不久又发现该网店在销售侵犯相同商标权的商品。已经

---

❶ 参见浙江省杭州市西湖区人民法院（2009）杭西知初字第71号民事判决书。
❷ 参见浙江省杭州市西湖区人民法院（2009）杭西知初字第11号民事判决书。

判决处理的侵权行为再次发生，原告应当申请执行已经生效的判决还是另案起诉？

2012年《民事诉讼法》第124条第（5）项排除了当事人就同一案件的再起诉权，也即"一事不再理"原则在我国《民事诉讼法》中的体现。主流观点认为，只有当事人、事实和理由、诉讼请求三部分完全一致，才属于《民事诉讼法》第124条第（5）项规定的重复起诉。最高人民法院民一庭对于"重复起诉"的认定采取的识别标准是："对于重复起诉的当事人，人民法院不能一概驳回起诉或者不加分析一概予以受理。如果当事人两次起诉的具体诉讼请求相互不能涵盖和替代，则应当认定为不属于重复起诉。"[1]

在电子商务知识产权纠纷中判断原告是否构成重复起诉，关键还是要看当事人两次起诉的具体诉讼请求相互是否能涵盖和替代。在前述情况中，如果该网店被判决停止侵权后销售的是相同的侵权商品，则属于已经判决处理的侵权行为的继续。在已经有生效判决书判决停止侵权的情况下，继续侵权行为，属于对生效判决的拒绝执行，原告可以依据已经生效的判决要求强制执行以达到制止侵权的目的。在前述情况下，如果该网店被判决停止侵权后销售了侵犯原告其他商标权的商品，或者以其他方式侵犯了原告的商标权，则不能依据前一生效判决制止侵权行为，而且损害的后果也完全不相同，因此，可以另行提起诉讼。

六、证据规则

在包括电子商务知识产权案件在内的所有民事案件中，证据规

---

[1] 奚晓明主编：《最高人民法院二审民事案件解析（第6集）》，法律出版社2008年版，第168页。

则是最重要的程序问题之一。由于电子商务本身具有商品信息电子化、网络化且商品信息与商品物流相分离的特点，因此在电子商务知识产权案件审理过程中应当重点注意证据形式和举证责任两个问题。

由于电子商务与互联网紧密相关，交易信息主要以电子信息的形式表现出来，因此在电子商务知识产权纠纷中，电子证据成为重要的证据形式。电子证据具有变化快、容易修改等特点，因此在实务中，公证和勘验是最为常见的电子证据固定形式。

对电子证据进行公证时，需要注意以下几个问题：①尽量不在公证处以外的地点办理网页公证保全；②详细记载上网方式和具体过程；③准确记录公证时间、网页的显示时间等信息；④制作网络公证时，应保存被公证页面的电子文档，以便查看代码。❶公证书中的一些瑕疵是否影响公证的效力往往会成为电子商务知识产权纠纷中当事人争议的焦点，对公证书的常见瑕疵可以参见《北京市高级人民法院关于知识产权民事诉讼证据适用若干问题的解答》分别情况进行处理。

在电子商务交易平台知识产权纠纷中，勘验是法院可能采取的网上证据查验方式。勘验一般依当事人的申请进行，但有时法官也会根据案件的审理情况对当事人争议的事实主动进行勘验。需要注意的是，勘验最大的缺点就是只能对勘验当时的情况进行确认，并不能对勘验前尤其是纠纷发生时的情况进行确认，因此一旦互联网上的信息有修改，勘验就不能达到预期的目的。

根据2012年《民事诉讼法》第64条的规定，当事人对自己

---

❶ 靳学军、宋鱼水主编：《互联网的理性与秩序》，人民法院出版社2006年版，第53页。

提出的主张,有责任提供相应的证据。这一规定被称为"谁主张谁举证"。在电子商务知识产权侵权纠纷中,原告应当证明以下事实:原告享有合法有效的知识产权;直接侵权人实施了侵权行为;电子商务交易平台知道电子交易主体利用其网络服务侵害他人民事权益;电子商务交易平台并未采取必要措施。电子商务交易平台应当对其抗辩理由的成立承担举证责任,可能涉及的理由有:电子交易主体的直接侵权不成立;不知道电子交易主体利用其电子商务交易平台实施侵权行为;知道侵权行为后采取了合理的措施。

电子商务具有商品信息与商品实物不对称的特点,有时仅凭电子交易平台上的商品信息难以确定商品本身是否侵权。例如,在宝健公司诉淘宝网侵犯商标权纠纷案中,法院就表示:"现有证据不能证明网上销售的涉案商品不是原告生产的或者该商品的商标属于假冒、伪造或擅自制造。"[1] 在这种情况下,原告有必要通过公证购买的方式取得商品实物。公证购买的商品实物本身是否侵权,能不能仅仅因作为权利人的原告否定其合法性,就必然认定其侵权?这一问题可能会引发争议,需要具体问题具体分析,既要考虑不同的权利类型,也要考虑不同的商品类型。

第二节 电子商务知识产权纠纷的实体问题

前文对电子商务知识产权纠纷中的主要程序问题进行了研究,下文则对电子商务相关侵害知识产权纠纷案件的主要实体问题进行研究。

---

[1] 参见浙江省杭州市西湖区人民法院(2009)杭西知初字第11号民事判决书。

一、电子商务知识产权纠纷的主要实体问题

人民法院审理的有关电子商务知识产权纠纷案件逐年增多，在全国各地的电子商务知识产权纠纷中，电子商务知识产权侵权纠纷案件又占了多数。我国法院审理的电子商务知识产权案件的基本情况有以下几个方面。

（1）标的不高但社会影响较大。此类案件的标的额大多在数万元至数十万元之间，其中数万元的案件比例较高。目前，最高标的额的案件为欧米茄、浪琴、雷达等公司在2011年3月于北京一中院、北京二中院起诉淘宝网及卖家的数件侵犯注册商标专用权纠纷案，标的额均为200万元。虽然涉案标的额普遍不高，但此类案件引发了广泛关注。引发关注的原因主要有以下几个。①对于众多的权利人来说，这些诉讼为"试水"性质的诉讼，矛头直指电子商务平台经营者和服务提供者，一旦针对电子商务平台经营者的诉讼成功，那么对于其他权利人而言无疑具有重大的示范效应，维权的成本、执行的难度将大大降低，而收益将大大增加。②对于电子商务行业而言，在这类案件中可谓寸土必争，因为其担心法院在个案中对其不利的判决，会引发潜在的维权诉讼的爆发，从而危及行业的生存和发展。③在国际上，中国政府面临的知识产权保护压力空前巨大，而这些案件的审判结果，在国际上引起了较大反响。

（2）案件主要分布在经济发达地区和省份。我国涉及电子商务平台经营者的知识产权侵权案件，主要集中在东部沿海以及内陆经济发达省、市，这主要是因为被告的住所地、经常经营地或居住地多位于这些经济活跃地区。在部分案件中，权利人基于诉讼成本、结果的考虑，希望以网上购买地确定管辖，从而达到选择管辖的目的，但这些案件均由于被告（主要是电子商务平台经营者）提出管

辖权异议，而被移送至被告住所地法院管辖。

（3）案件主要类型为侵犯著作权和注册商标专用权纠纷。在涉及电子商务平台经营者的知识产权侵权案件中，绝大多数案件的案由为侵犯著作权、注册商标专用权纠纷，二者的比例大致相当，其中侵犯注册商标专用权纠纷案件比例略高。而侵犯专利权、企业名称权、知名商品特有包装装潢等知识产权的纠纷较少。从影响面而言，侵犯注册商标专用权的案件影响最大，受关注的程度最高，其中，与普通知识产权案件相比，涉及国际知名品牌的案件比例较高，其中不乏国际商业巨头，以及国际奢侈品牌权利人。

（4）被告主要是 B2C 和 C2C 电子商务平台经营者。根据涉诉案件中电子商务平台经营者的业务模式，可以将电子商务平台经营者分为以下几类：①直接参与商品或服务销售的 B2B、B2C 平台服务模式；②不直接参与商品或服务销售的 B2B、B2C 平台服务模式，或者团购平台服务模式；③进行了推荐、竞价排序的 C2C 平台服务模式；④C2C 交易平台服务模式。目前在国内外的司法实践中，涉案的主要主体是 B2C 和 C2C 的电子商务平台经营者。在国内，淘宝网作为被告的案件占到了多数。

（5）主要争议焦点为电子商务平台经营者的审查义务如何界定，以及其是否承担赔偿责任。在绝大多数起诉电子商务平台经营者的知识产权侵权纠纷案件中，被侵权人同时将电子商务平台经营者和卖家作为共同被告予以起诉，在其中绝大多数案件中，法院均认定卖家侵权成立，应当承担停止侵权、赔偿损失等民事责任，各方对此均无太大争议，但案件审理的难点和争议焦点在于，电子商务平台经营者除了停止为卖家提供涉案商品的网络服务之外，是否需要与卖家承担全部或部分的连带赔偿责任。这个问题的核心在于，如何界定电子商务平台经营者的知识产权注意义务。

归纳而言，近年各地法院在审理此类案件中基本上确定了以下主要裁判规则。

（1）电子商务平台经营者一般不负事前主动审查义务。多数案件中，作为权利人一方的原告，在起诉中往往主张电子商务平台经营者应当承担平台上销售的商品的合法性审查义务，或者承担设置价格过滤等"侵权"信息屏蔽义务，而由于平台在实践中未履行相应的义务，因此主观上存在过失，应当与平台卖家承担连带责任。但到目前为止，上述主张均未获得法院的支持。法院一般赞同平台经营者应当承担事前卖家资质审查、事后采取补救措施等义务，但不同意平台经营者在海量的商品信息面前，应当对每一项商品承担合法性审查的义务，法院实际上借鉴和参照了《信息网络传播权保护条例》中关于信息存储空间等网络服务提供者侵权责任豁免的"避风港"原则。

（2）主要依据《侵权责任法》第36条认定侵权责任。电子商务平台经营者属于《侵权责任法》第36条所规定的网络服务提供者之一，且该条所规范的侵权行为包括但不限于知识产权的侵权行为。在我国目前的审判实务中，网络用户利用电子商务平台实施的侵犯知识产权的侵权行为，以及网络用户、网络服务提供者的侵权责任主要适用此条规定。

（3）电子商务平台经营者一般不承担损害赔偿责任。在绝大多数案件中，由于被侵权人未完全履行构成有效通知的义务，或者电子商务平台经营者满足"避风港"原则的构成要件，电子商务平台经营者不需承担损害赔偿的侵权责任。也就是说，除权利人发出有效通知后，电子商务平台经营者存在懈怠的情形外，权利人很难证明平台服务商在未发出通知、或者发出通知但积极删除侵权商品信息的情况下，存在主观上的过错，换言之，法院在绝大多数案件中对于平台服务商的注意义务界定得并不高。

在对上述裁判规则基本达成共识的情况下，各地法院在审判实践中还面临以下主要难题。

（1）电子商务各方主体的利益平衡难以把握。电子商务的快速发展使其在社会经济中的地位和影响越来越大，其中涉及的利益冲突也越来越激烈，知识产权权利人、电子商务企业和社会公众之间的利益也越来越难以平衡。如果强调权利保护，可能会提高电子商务产业发展的成本，影响电子商务产业的发展。如果强调产业发展，可能会损害知识产权权利人的合法权益。法院总要在两难之间选择，这可以从各国电子商务案件的判决中看出来。被告同是eBay、案情大致相同的案子，美国的法院认定被告没有过错，判决eBay不承担侵权责任，而法国的法院则认定被告有过错，判决eBay承担侵权责任。同样是在法国，有法院认为eBay应当承担责任，但也有法院认为eBay不应承担责任。❶ 在具体案件的裁判过程中，如何兼顾权利人、电子商务企业和社会公众的利益，成为司法实践中的难题。

（2）电子商务平台经营者的事前审查义务缺乏统一、明确的界定。在电子商务知识产权纠纷案件中，争议焦点往往集中在电子商务平台经营者的过错认定上，而过错认定又往往取决于对电子商务平台经营者事前和事后的知识产权注意义务的界定。虽然电子商务平台经营者事前一般不承担审查义务，但在审判实践中也认为在有些情况下电子商务平台经营者应当承担审查义务。电子商务的商业模式多种多样，而且不断发展变化，如何界定在哪些情况下应当承

---

❶ See SCT/24/4, Trademarks and the Internet, Annex I, pp. 1 - 5, available at http://www.wipo.int/edocs/mdocs/sct/en/sct_24/sct_24_4.pdf.

担事前审查义务,事前审查到什么程度,各国法院的观点也不一致。认为 eBay 在个案情况下应当承担事前审查义务的有法国的法院和英国的法院。比利时的法院则明确表示,eBay 可以享受《欧盟电子商务指令》第 12 条 ~ 第 15 条的责任豁免。❶ 2011 年,欧盟法院(ECJ)在 L'Oreal 诉 eBay 案的判决中对《欧盟电子商务指令》的适用作了解释,并认为应当根据电子商务平台经营者的不同作用来确定其承担赔偿责任的条件。❷

(3)电子商务平台经营者是否应当采取价格过滤措施争议较大。2011 年,我国的电子商务知识产权案件出现新的争议焦点,有权利人要求电子商务平台经营者采取价格过滤措施以预防侵权商品的销售。❸ 价格过滤措施的合理性在于:生产者和销售者在不违反法律的情况下有权利根据市场规律自由确定价格;侵权商品的价格往往明显低于正常水平,在侵权行为比较普遍的情况下,采取价格过滤措施能够有效预先屏蔽侵权商品信息,预防侵权行为。但价格过滤措施也存在一些问题,例如可执行性差等。在审判实践中,是否应当支持权利人的这种诉讼主张,还需要进行深入的分析。

(4)电子商务平台经营者的事后审查义务难以界定。在被控侵权交易信息已经公开传播后,在有些情况下电子商务平台经营者应当知道被控侵权交易信息通过其网络服务进行传播,而且也应当知

---

❶ See SCT/24/4, Trademarks and the Internet, Annex I, pp. 1-5, available at http://www.wipo.int/edocs/mdocs/sct/en/sct_24/sct_24_4.pdf.

❷ Lilian Edwards, Role and Responsibility of the Internet Intermediaries in the Field of Copyright, p. 59, available at http://www.wipo.int/copyright/en/doc/role_and_responsibility_of_the_internet_intermediaries_final.pdf.

❸ 雷达表有限公司、浪琴钟表有限公司、欧米茄有限公司分别起诉浙江淘宝网络有限公司侵犯商标权纠纷案,北京市第二中级人民法院(2011)二中民初字第 8433 号、第 8434 号、第 8435 号,三案均以调解方式结案。

道被控侵权交易信息或相应的交易行为可能侵权，电子商务平台经营者是否应当采取必要措施，在满足什么条件时应当采取必要措施，是电子商务知识产权纠纷案件中的常见争议焦点之一。如果电子商务平台经营者应当采取必要措施而没有及时采取，则具有过错，应当承担赔偿损失等法律责任。因此，事后审查义务的情形和审查义务的程度的确定对于审理电子商务知识产权纠纷案件非常重要。但在司法实践中，对于什么情况下应当认定电子商务平台经营者应当进行审查，什么情况下应当认定其已经尽到审查义务，还存在一些争议，因此有必要进行深入研究。

（5）通知删除规则缺乏具体适用规则。正如前面的分析所表明的那样，虽然电子商务平台经营者一般不承担主动审查义务，在交易信息公开传播后一般需要权利人通知才有义务采取删除等必要措施，但在个案中，如何具体认定权利人正确地发送了通知，电子商务平台经营者正确地处理了通知并及时采取了必要措施，仍然没有定论。而且，笔者通过调研发现，实践中有些电子商务网站还确定了通知与反通知的规则，这些规则是否会影响电子商务平台经营者过错的认定，也需要进行深入的分析。

二、是否承担赔偿责任的关键因素

电子商务平台经营者的知识产权侵权责任认定在不同国家有不同的法律逻辑。在我国的司法实践中，电子商务平台经营者是否侵犯知识产权主要有两种法律逻辑。

第一种法律逻辑是适用《侵权责任法》第36条的规定。根据《侵权责任法》第36条的规定，如果知识产权权利人通知之前，电子商务平台经营者就已经知道侵权事实而未采取必要措施，则应当承担侵权责任；如果之前不知道，但权利人通知之后电子商务平台经营者仍未采取必要措施，也应当对扩大部分的损失承担侵权责任。这里的通知，应当是使电子商务平台经营者知道侵权行为存在的通知。在我国的司法实践中，当事人对于明知侵权行为而未采取必要措施应当承担侵权责任没有争议，主要的争议在于，在权利人通知前后，电子商务平台经营者是否应知侵权行为而未采取必要措施。因此按照第一种法律逻辑，电子商务平台经营者是否有过错的认定关键在于认定其是否应知侵权行为而未采取必要措施。

第二种法律逻辑是认定是否构成直接侵权和间接侵权。按照这种逻辑，电子商务平台经营者只是提供交易平台，并不直接销售商品，电子商务平台经营者只有在作为网络用户的网络卖家构成直接侵权而且电子商务平台经营者有过错的情况下才承担侵权责任。我国有法院2006年时就认为，在网络卖家构成"直接侵权"的情况下，电子商务平台经营者才可能因为未尽到合理的审查义务而承担"帮助侵权责任"。❶ 在区分直接侵权和间接侵权的美国，是否构成间接侵权也取决于行为人在知道或者应当知道侵权行为后是否继续提供帮助。❷ 因此，按照第二种法律逻辑，电子商务平台经营者构成间接侵权也以过错为前提，这里的过错是指明知或应知侵权行为而未采取必要措施。

电子商务平台经营者是否明知侵权行为而未采取必要措施属于事实问题，如何认定取决于当事人的证据和证据规则。在我国的司法实践中，很少有案件对电子商务平台经营者是否明知而未采取必要措施有争议，多数案件的争议焦点在于是否应当知道侵权行为而

---

❶ 湖南金峰音像出版社诉浙江淘宝网络有限公司、浙江支付宝网络科技有限公司侵犯邻接权纠纷案，参见浙江省杭州市中级人民法院（2005）杭民三初字第135号民事判决书。

❷ Inwood Labs., Inc. v. Ives Labs., Inc., 456 U.S. 844, 854 (1982).

未采取必要措施。是否应当知道的判断,并非单纯的事实认定,前提是界定电子商务平台经营者应当承担的知识产权注意义务。在界定了审查义务后,如果认定电子商务平台经营者违反了其应当承担的知识产权注意义务,就应当认定其有过错。因此,无论是第一种法律逻辑还是第二种法律逻辑,在我国的司法实践中,电子商务平台经营者的知识产权侵权责任认定的关键都集中在其是否违反知识产权注意义务上。知识产权注意义务的界定,本质上是一个法律解释和适用问题。法律的解释和适用就是判断,而判断的核心则是裁量和政策选择。❶ 因此,电子商务平台经营者的知识产权注意义务的界定应当全面考虑公平和效率等各方面因素。

三、确定注意义务的基本原则

为了正确地界定电子商务平台经营者的知识产权注意义务,有两个基本原则应当遵守:第一,强调公平的利益平衡原则;第二,强调效率的合理预防原则。

所谓利益平衡原则,是指网络技术服务提供者、权利人和社会公众之间的利益应当平衡。传统著作权保护主要涉及著作权人与社会公众之间的利益平衡,而网络著作权保护则涉及著作权人、网络服务提供者及社会公众三者利益之间的平衡,网络服务提供者成为利益衡量的重要环节。其中,就后两者而言,对于网络服务提供者的利益考量涉及互联网产业的发展,对于社会公众利益的考量涉及网络资源的公共使用、公共创新空间、言论自由等公共利益。❷ 正

---

❶ 孔祥俊:《司法理念与裁判方法》,法律出版社 2005 年版,第 289~290 页。
❷ 孔祥俊:"论网络著作权保护中利益平衡的新机制",载《人民司法(应用)》2011 年第 17 期,第 53 页。

如《信息网络传播权司法解释（2012年4月22日征求意见稿）》第1条中所规定的那样，人民法院审理网络服务提供者侵害知识产权民事纠纷案件，在行使裁量权时应当确保权利人、网络服务提供者和社会公众的利益平衡。例如，如果网络技术服务提供者从被控侵权信息的网络传播中直接获得了经济利益，则应当承担保证被控侵权信息不侵害他人合法权益的义务，对被控侵权信息的知识产权合法性进行审查。

所谓合理预防原则，集中体现为汉德公式所隐含的规则。在1947年的Carroll Towing案中，美国联邦第二巡回上诉法院的汉德法官对侵权法上的过失进行了新的界定。汉德法官认为，如果预防的成本小于事故导致的损害与事故发生的可能性的乘积，则认定被告未采取预防措施就存在过失。❶ 上述规则被称为汉德公式。汉德公式的基本原则是：当行为人采取预防措施的成本小于预期事故造成的损害时，法院应当判决侵权行为人承担损害赔偿责任，这样可以促使处于相同地位的所有行为人采取必要的预防措施以减少损害的发生。汉德公式的推论是：应该将风险分配给能够以更低成本进行预防的一方，对于无法预防的风险则应配置给能够以更小成本进行预防的一方，从而为侵权的有效预防提供恰当的激励，实现社会损失的最小化。

应用于网络环境下的知识产权保护，合理预防原则的第一个要求是：网络服务提供者采取的预防措施必须是必要的、合理的，基于效率的考虑，不能要求网络服务提供者承担过重的或不必要的预防成本。例如，在一般情况下，不能要求网络技术服务提供者在信

---

❶ United States et al. v. Carroll Towing Co., Inc., et al., 159 F. 2d 169 (2d. Cir. 1947).

息发布前对所有信息都进行合法性审查，因为这样做的成本过高。除了《美国千禧年数字版权法》第512条的"避风港"原则外，❶立法方面的典型例证还有《欧盟电子商务指令》第15条的规定，即网络技术服务提供者不负有非法行为的一般性事前审查义务。❷再例如，如果网络服务提供者没有采取同行业普遍采取的预防侵权的技术措施，则可能被认定为有过错；如果网络服务提供者针对相同信息的重复侵权行为没有采取相应的合理措施，也可能被认定为有过错。合理预防原则的第二个要求是：无论是权利人还是网络技术服务提供者，如果能够以更低的预防成本预防具体案件中的特定侵权行为，则应当将不利后果分配给该行为人，从而有利于激励该行为人采取社会成本最小的预防措施。在网络技术服务提供者的著作权侵权责任认定中，"避风港"原则的实质是，由于网络技术服务提供者事前预防著作权侵权的成本太高，因此不应要求网络技术服务提供者承担事前审查义务。而与"避风港"原则配套的通知删除规则，实际上是要求权利人分担一定的预防成本，即搜索并提供有效的通知。"避风港"原则的广泛确立表明合理预防原则实际上已经普遍贯彻在网络环境下知识产权保护的立法原则和司法实践中。

四、负事前注意义务的情形和标准

虽然电子商务平台经营者不负有一般性的知识产权事前审查义务，但在有些情况下仍然可能与网络卖家承担相同的知识产权注意义务。如果电子商务平台经营者直接从交易中获得经济利益，按照

---

❶ 17 USC 512.
❷ Directive on electronic commerce, Directive 2000/31/EC.

利益平衡原则和合理预防原则，也应当对其直接获得经济利益的特定交易信息进行事前审查。对于什么是直接获得经济利益，在实践中需要个案具体分析，但基本原则是，这种"直接获得经济利益"应当是足以使其知道特定交易信息的内容的"直接"，是跟特定交易信息的内容挂钩的"直接"。换句话说，如果经济利益与被控侵权信息内容相联系，就要求网络技术服务提供者应当知道被控侵权信息的内容；如果经济利益并不与特定内容相联系，就不要求其应当知道。相关规则可以参照《北京高院关于网络著作权指导意见（一）（试行）》第25条的规定。

如果电子商务平台经营者与网络卖家合作经营，直接从特定交易行为中获得利益，也应当对特定交易信息承担知识产权注意义务。如果与直接提供商品或服务的网络用户合作经营，或者从特定的交易行为中直接获得经济利益，实际上与直接提供商品或服务的网络用户处于相同的法律地位。按照权利义务对等原则，电子商务平台经营者在这两种情况下应当进行事前审查，承担权利瑕疵担保义务。在实践中，合作的主要模式是一方直接提供商品或服务，电子商务平台经营者提供交易平台。既然合作是与被控侵权信息的内容挂钩，网络技术服务提供者就应当知道被控侵权信息的内容，因此进行事前审查的成本也不会太高。

在电子商务平台经营者在交易信息发布前就应当知道被控侵权信息的内容的情况下，其应当对该交易信息进行知识产权合法性审查。此时，电子商务平台经营者的法律地位等同于网络卖家，如果被控侵权信息侵害他人知识产权，应当推定其有过错。为什么是推定？如果电子商务平台经营者确实能够证明其已经尽到审查义务，则可以认定其没有过错。至于审查义务的标准，还应当结合利益平衡原则和合理预防原则，以及具体案件的情况具体分析。

电子商务平台经营者对交易信息的知识产权合法性进行审查的程度，在司法实践中可能有两个标准。第一个是权利人主张的标准，权利人通常主张，电子商务平台经营者应当确保信息绝对不侵权才能发布，只要有可能侵权就不能发布。按照这个标准，只要交易信息在结果上构成侵权，就认定电子商务平台经营者有过错，这一标准使电子商务平台经营者承担了过高的预防成本，不符合合理预防原则和利益平衡原则。第二个标准是如果电子商务平台提供者从特定的交易行为中获得直接经济利益或者与网络卖家合作经营，其也只承担销售者的审查义务。

对于销售者的知识产权注意义务，根据我国《著作权法》第53条的规定，复制品的出版者、制作者不能证明其出版、制作有合法授权的，复制品的发行者不能证明其发行的复制品有合法来源的，应当承担法律责任。根据《商标法》第56条第3款的规定，销售不知道是侵犯注册商标专用权的商品，能证明该商品是自己合法取得的并说明提供者的，不承担赔偿责任。根据《专利法》第70条的规定，为生产经营目的使用、许诺销售或者销售不知道是未经专利权人许可而制造并售出的专利侵权产品，能证明该产品合法来源的，不承担赔偿责任。《专利法》《商标法》和《著作权法》的相关规定都表明，销售者只承担与其获利相对应的形式审查义务，如果其不知道侵权事实，而且在诉讼中提供了合法来源，就应当免除其赔偿责任。这表明即使负有事前审查义务的电子商务平台经营者，也只是承担类似于销售者的形式审查义务。如果非要对电子商务平台经营者的审查义务标准归纳一个上位概念，似乎可以确定为高度盖然性标准或"不侵权的可能性较大"标准。审查达到了这个标准，即使交易信息或交易行为最终被认定为侵权，也不能认定电子商务平台经营者事前应当知道侵权事实。

归纳起来，在电子商务侵害知识产权纠纷中，涉及事前审查义务主要分为以下几种情况。①如果电子商务平台经营者参与交易信息内容的制作，从交易信息的制作和传播中直接获利，参与交易，接触实际交易过程中的商品和服务，同时从交易行为中直接获利，则应当对交易信息和交易行为的合法性都要进行实质审查。②如果只是参与交易信息的制作，从交易信息的制作和传播中直接获利，但不接触实际交易过程中的商品和服务，不从交易行为中直接获利，则需对交易信息合法性进行实质审查，对交易行为合法性进行形式审查。③如果不参与交易信息的制作，也不直接接触实际交易过程中的商品和服务，只是从交易信息的公开传播中间接获利，则不需要对交易信息和交易行为的合法性进行形式审查。

在迪桑特公司诉今日都市公司和走秀公司团购侵害商标权纠纷案中，虽然今日都市公司并不参与制作被控侵权运动鞋的图片、文字介绍等交易信息，也不直接接触实际交易的运动鞋，但是从传播交易信息的行为中直接获得经济利益，因此，其应当承担与直接销售商品的走秀公司相同的事前知识产权注意义务，对交易信息和交易行为的合法性进行实质审查。但在该案中，今日都市公司上诉主张，其已经审查了走秀公司提供的两份《证明》，因此已经尽到了相应的审查义务，没有过错。但是，被控侵权运动鞋使用了株式会社迪桑特申请注册的第2000475号商标，而今日都市公司审查的走秀公司提供的两份《证明》只是商标在外国的授权证明，既不能证明涉案商标在中国大陆的商标权归属，也不能证明被控侵权商品使用涉案商标的行为得到合法授权。因此二审法院判决认为："在两份《证明》在形式上明显不能证明被控侵权商品的商标权合法性的情况下，应当认定今日都市公司并未尽到合理审查义务。今日都市公司未尽合理审查义务而发布被控侵权商品的团购信息，具有过错，应当承担相应的法律责任。"❶ 在该案中，如果团购网站经营者今日都市公司并不从被控侵权的团购活动中直接收取费用，只是将该团购信息置于首页或其他明显可见的位置，则其不应承担与直接销售被控侵权商品的走秀公司相同的事前知识产权注意义务，其虽然同样要进行事前的知识产权合法性审查，但只需要审查交易信息而不需审查交易行为合法性，而且，其对交易信息的审查只是形式审查。

五、对价格过滤措施的合理性分析

2011年，在电子商务侵害知识产权纠纷案件中关于网络服务提供者的事前知识产权注意义务提出了新的问题：商标权人是否可以要求电子商务平台经营者采取价格过滤措施以预防侵权商品的销售。❷ 价格过滤措施的合理性在于：生产者和销售者在不违反法律的情况下有权利根据市场规律自由确定价格；侵权商品的价格往往明显低于正常水平，在侵权行为比较普遍的情况下，采取价格过滤措施能够有效预先屏蔽侵权商品信息，预防侵权行为。

但价格过滤措施也存在一些问题。①如何确定某种商品在电子商务平台上的合理价格是一个难题。由生产者单方确定，还是由生产者与电子商务平台经营者协商确定，网络卖家是否有权参与确定？如果是协商确定，应当考虑哪些因素？②价格过滤技术的局限性使价格控制难以达到目的。目前的过滤技术主要使用在文字上，

---

❶ 参见北京市高级人民法院（2012）高民终字第3969号民事判决书。
❷ 雷达表有限公司诉浙江淘宝网络有限公司侵犯商标权纠纷案，参见北京市第二中级人民法院（2011）二中民初字第8433号民事调解书。

并不能把图片上的价格信息过滤掉。③价格过滤措施可能会成为滥用知识产权、阻碍电子商务产业发展的工具。为了维持传统的商品销售模式，权利人有可能将电子商务平台上的价格定得较高，阻碍电子商务产业发展。电子商务的主要优势之一在于能够有效降低交易费用从而降低商品价格，因此，电子商务平台上的价格应当低于传统销售渠道的价格，但应当低到什么程度，应当如何确定，仍然有很多困难。④价格过滤措施会挤压本身具有合法性的二手商品的交易。⑤在国外低价购买的合法商品在国内通过电子商务平台二次销售，可能受到价格过滤措施的影响。

即使合理设计具体实施方案可以解决上述部分问题，但在现有经营模式和技术条件下，价格过滤措施要求电子商务平台经营者承担的包括价格确定成本、管控技术成本在内的执行成本仍然太高。认为电子商务平台经营者的事前审查义务包括采取价格过滤措施，并不符合利益平衡原则和汉德公式。只有在网络服务提供者没有采取同行业普遍采取的预防措施的情况下，才可以依据汉德公式认定其有过错。

六、事后注意义务的三种标准

根据《侵权责任法》第36条的规定，权利人发现侵权行为后，有权向电子商务平台经营者发出通知。电子商务平台经营者对通知的审查包括对权利真实性、合法性的审查和侵权可能性的审查。除了通知外，在交易信息发布后，如果因为交易信息非常明显以至于其应当意识到交易信息的内容，电子商务平台经营者也应当对这些信息的知识产权合法性进行审查。如果发现侵权，应当及时予以删除。在这一点上，电子商务平台经营者与网络著作权纠纷中的网络技术服务提供者一样，"不能对非常明显的侵权事实采取不闻不问的态度"❶。这种观点已经体现在电子商务知识产权纠纷的判例中了，早在2005年我国就有法院表示，电子商务平台经营者应当"对于一些明显的侵权信息及时进行删除"❷。

按照侵权可能性的程度，电子商务平台经营者的审查标准可以分为三种：第一种标准，不管是否有侵权可能性，只要有通知就应当采取屏蔽、删除等必要措施；第二种标准，侵权可能性应当达到高度盖然性标准，即民事诉讼证明标准，电子商务平台经营者才应当采取必要措施；第三种标准，侵权可能性应当达到刑事诉讼的证明标准，即排除合理怀疑的标准，电子商务平台经营者才有义务采取必要措施。

按照第一种审查标准，只要知识产权真实、合法，通知足以使电子商务平台经营者具体定位商品信息，电子商务平台经营者无需审查通知中所指控的侵权信息是否真实，必须立即采取必要措施。采用此标准界定电子商务平台经营者的事后审查义务，在司法实践中比较容易认定其是否存在过错，但目前尚无判例支持这种观点。

事后审查义务如果采用第一种标准，权利人和电子商务平台经营者都只需要负担较低的预防成本，但却将错误采取必要措施的不利后果转嫁给了网络卖家，容易导致对知识产权的滥用。一方面，有些权利人可能出于恶意发出错误的通知，扰乱网络卖家的正常经营活动；另一方面，即使权利人善意地发出通知，仍然有可能错误地将网络卖家的合法行为指控为侵权。在现实中，我国已经大量出

---

❶ 陈锦川：《网络服务提供者过错认定的研究》，载《知识产权》2011年第2期，第56页。

❷ 湖南金峰音像出版社诉浙江淘宝网络有限公司、浙江支付宝网络科技有限公司侵犯邻接权纠纷案，参见浙江省杭州市中级人民法院（2005）杭民三初字第135号民事判决书。

现权利人为了限制电子商务销售渠道、维持传统销售渠道而恶意投诉的情况。

值得讨论的是，权利人错误发出通知产生的社会成本是否能够完全转嫁给权利人。因错误投诉受到损害的网络卖家能够对权利人提起诉讼要求赔偿，如果网络卖家向权利人索赔的成本很低，而其能够得到及时的、全面的赔偿，实际上会将错误通知的不利后果转嫁给权利人，产生所谓的外在性内化的效果，最终实现利益平衡。但在现实中这个前提并不成立。首先，受到损害的网络卖家在现实中的索赔风险和索赔成本较高；其次，采用通知即删除标准可能导致网络卖家产生其他难以计算的损失，例如持续的销售带来的信用评价、店铺等级等无形的商业利益会因为被采取必要措施而遭受难以弥补的损失。由于现实中权利人错误通知的损失往往由网络卖家承担，因此客观上会激励权利人将通知作为维持传统销售渠道或不正当竞争的手段。

即使在网络著作权侵权认定规则中，网络技术服务提供者的事后审查义务也没有采用第一种标准。《美国千禧年数字版权法》第512条在规定"通知与移除规则"的同时，还规定了"反通知与恢复规则"，[1] 这表明网络技术服务提供者并没有只要收到权利人通知就应当立即"移除"的法定义务。[2] 因此，同样是网络技术服务提供者，电子商务平台经营者也不应当在接到权利人通知后不论侵权可能性如何都必须立即采取必要措施。

第三种标准要求权利人必须确定无疑地证明侵权行为的存在，

---

[1] 17 USC 512（g）。

[2] 王迁："荒谬的逻辑无理的要求——评2008年度美国〈特别301报告〉要求我国政府对网络服务商施加的'强制移除义务'"，载《中国版权》2008年第3期，第56页。

例如有生效的法律文书予以确认，电子商务平台经营者才能采取必要措施。只要网络卖家有不侵权的可能，电子商务平台经营者就不应采取必要措施。这一标准实质上排除了电子商务平台经营者错误采取必要措施的可能，将错误采取必要措施的后果分配给了权利人。

事后审查义务如果采用排除合理怀疑标准，权利人需要负担较高的预防成本，而电子商务平台经营者则负担较低的预防成本。由于商品信息流与物流分离，知识产权权利人要排除合理怀疑地认定网络卖家从事了侵权行为，需要证明商品实物本身是侵权商品。为了达到排除合理怀疑的标准，权利人往往需要通过公证等方式对交易过程进行证据保全，甚至需要通过诉讼来证明侵权行为的确定性。权利人除了负担搜寻侵权商品信息的成本外，还需要负担更高的证明成本。相对而言，电子商务平台经营者的审查成本却能明显降低。这可能导致原本由电子商务平台经营者负担较低预防成本即可制止的侵权行为，却需要权利人负担更高的预防成本去制止，这对电子商务平台经营者的过错认定过于宽松，并不符合利益平衡原则和合理预防原则，也不符合促进电子商务发展的产业政策。

采用第二种审查义务标准，知识产权权利人与电子商务平台经营者均要负担一定程度的预防成本。电子商务平台经营者要不被认定有过错，需要对权利人的通知进行实质审查以确定侵权可能性是否较大。由于电子商务平台上的商品数量较多，进行实质审查相对比较复杂，需要一定数量具有专业知识的人员对投诉进行事后审查，因此相对于采用第一种和第三种审查义务标准，电子商务平台经营者要负担更高的审查成本。

对权利人而言，不仅要在电子商务平台上搜寻侵权信息，在信息流与物流分离的电子商务活动中还需进一步收集证据，因此，权利人要负担的预防成本也比采用通知即删除标准要高。从利益平衡原则的角度来看，电子商务平台经营者应当负担一定程度的预防成本的理由是，电子商务平台经营者最终从电子商务交易中获得了经济利益，其承担的经营成本应当包括保护知识产权的投入。从实际效果来看，淘宝网目前基本上采用的是第二种审查标准，相对于其巨大的交易量和较大的市场份额而言，其被提起诉讼的案件数量和最终承担赔偿责任的案件数量较小，这表明其实际执行的事后审查机制基本上是有效的，淘宝网的发展也并未因为采取这种审查标准而受到影响。

高度盖然性标准的合理性在于，电子商务平台上侵权行为的预防成本不应当由权利人或电子商务平台经营者一方承担，而应当由双方分担；如果权利人的通知已经足以使电子商务平台经营者认识到有较大的侵权可能性，电子商务平台经营者就应当采取必要措施，否则就应认定其有过错，而不是不讲效率地继续要求权利人提高预防成本，这符合利益平衡原则和合理预防原则的要求。高度盖然性标准的合理性还体现在，法院采取诉讼禁令与电子商务平台经营者采取必要措施有类似的效果，因此二者似乎可以适用基本相同的审查标准，而法院采取诉前禁令，也应当具备侵权可能性较大、损失难以弥补、双方利益基本平衡等条件。

七、高度盖然性标准的具体适用

为了审查侵权可能性是否达到高度盖然性标准，需要通知与反通知规则。如果权利人的通知能够证明其是适格的权利人或利害关系人，而且指明了足以使电子商务平台经营者定位的侵权商品信息，电子商务平台经营者就可以要求被指控的网络卖家提交反通知。如果网络卖家在合理期限内不提交反通知，可以推定侵权可能性较大，电子商务平台经营者可以直接采取必要措施。如果网络卖家及时提交了反通知，则应当对网络卖家的反通知及证据进行进一步审查。如果权利人有证据优势，电子商务平台经营者应当及时采取必要措施。如果根据双方提交的证据仍然无法确定是否侵权，参照民事诉讼证据规则，应由权利人承担不利后果，对存在侵权的主张不予采信，对其要求采取必要措施的主张不予支持。

早在2006年，我国就有法院在判决中适用了类似的规则，认为："只有商标权人指出网络商店的侵权事实，并提交相应的证据证实，第一被告才有义务删除相关的信息。原告虽然指出包括第二被告在内的网络商店侵权，但其三次致函都没有提交侵权方面的证据，而且在第一被告要求其提交这些证据的情况下明确答复暂不提交，第一被告在此情况下没有删除其指定的信息并不违反事后补救义务。"❶ 德国也有法院持类似的观点，认为电子商务平台经营者只负担对较为容易识别的侵权行为进行监控的义务。❷ 美国Tiffany诉eBay案的法院也认为，只是一般性地意识到电子商务平台上有侵权商品销售并不足以认定eBay具有过错，只有具体地知道某个侵权行为的存在才能认定有过错，但美国联邦第二巡回上诉法院没有明确指出具体地知道应当达到什么程度。❸

专利权的侵权判断普遍具有较高难度，无论是外观设计是否相

---

❶ 德国彪马公司诉浙江淘宝网络有限公司、陈某某侵犯商标权纠纷案，参见广东省广州市中级人民法院（2006）穗中法民三初字第179号民事判决书。

❷ Mary Bagnall, David Fyfield, Constantine Rehag, Michael Adams, Liability of Online Auctioneers: Auction Sites and Brand Owners Hammer it Out, *INTA Bulletin* Vol. 65 No. 1 (2010).

❸ Tiffany Inc. v. eBay Inc., 576 F. Supp. 2d 463 (S.D.N.Y. 2008), 600 F. 3d 93 (2d cir. 2010).

近似的判断，还是实用新型和发明专利的技术方案是否落入专利权保护范围的判断，都具有很强的专业性。某些方式的知识产权侵权成立与否的判断也有较高难度，例如作品是否实质性相同、商品是否类似、商标是否近似。对于权利人主张的上述侵权，电子商务平台经营者往往处于两难境地，如果支持权利人的主张采取必要措施，由于错误的可能性较大，容易导致网络卖家向其索赔；如果听从网络卖家的意见拒绝采取必要措施，又可能导致权利人就扩大的损失要求其承担连带赔偿责任。

按照高度盖然性的侵权可能性审查标准，电子商务平台经营者在上述情况下应当暂不采取必要措施，等到能够确认侵权可能性较大的时候再采取措施，在这种情况下电子商务平台经营者尽到了事后审查义务，不应被认定有过错。这样处理的合理性在于，既然权利人的通知和证据不能证明侵权的可能性较大，就应当由负有结果意义上的证明责任的一方承担不利后果。由于权利人应当对侵权行为的存在负有结果意义上的证明责任，因此在事实真伪不明的情况下，应当由权利人承担不利后果，法院对存在侵权行为的事实主张不予采信。

事实上，我国有大量判例已经适用了上述规则。在 2006 年的一起专利侵权纠纷案中，法院认为："其是否属于专利侵权因涉及到专业技术判断，具有不确定性，阿里巴巴网站并不具有相应的判断能力，也无须承担相应的审查义务。"❶ 在 2009 年的一起商标侵权纠纷案中，法院认为："为被告设定审查义务，要求其对涉案商

---

❶ 刘某某诉余姚市双剑电器有限公司、阿里巴巴（中国）网络技术有限公司侵犯专利权纠纷案，参见浙江省杭州市中级人民法院（2006）杭民三初字第 93 号民事判决书。

品是否构成商标侵权作出专业性判断，缺乏法律依据的支撑。"❶在 2011 年的一起商标侵权及反不正当竞争纠纷案中，法院认为："作为网络技术服务提供者的被告一没有能力判断其他被告的企业名称中的'德兰仕'三字是否构成对原告的不正当竞争。"❷

如果不考虑各种执行成本，既能有效保护知识产权又能保护电子商务平台经营者和网络卖家利益的最理想方案是高度盖然性标准与类似于财产保全和诉讼禁令的担保制度配合使用。在权利人与网络卖家争议较大，但电子商务平台经营者确实难以判断侵权是否成立的情况下，如果权利人提供了担保，则可以采取必要措施；但如果随后网络卖家也提供了反担保，则应当及时解除必要措施。

国内外司法实践的主流观点和本节的分析都表明，电子商务平台上知识产权侵权的预防成本不应完全由电子商务平台经营者负担，而应当由权利人与电子商务平台经营者共同负担。至于权利人与电子商务平台经营者之间如何分担预防成本，则可以按照利益平衡原则和合理预防原则进行具体分析。在现有商业模式和技术条件下，电子商务平台经营者一般不承担包括价格过滤措施在内的知识产权事前审查义务，但对于只需较低预防成本就可以预防的明显侵权，也应当主动采取预防措施。电子商务平台经营者的事后审查义务应采用高度盖然性标准，其采取必要措施的前提是认识到侵权可能性较大。本节的研究表明，目前司法实践中的多数做法是符合利益平衡原则和合理预防原则的。

采用利益平衡原则和合理预防原则确定审查义务符合互联网环

---

❶ 宝健（中国）日用品公司诉浙江淘宝网络有限公司侵犯商标权纠纷案，参见浙江省杭州市西湖区人民法院（2009）杭西知初字第 11 号民事判决书。
❷ 上海慧禧贸易有限公司诉北京铭万智达科技有限公司侵犯商标权及反不正当竞争纠纷案，参见北京市朝阳区人民法院（2011）朝民初字第 16770 号民事判决书。

境下的知识产权保护所具有的特点。随着技术和商业模式的发展，知识产权权利人和电子商务平台经营者的预防成本会不断变化，因此即使界定审查义务的基本规则不变，过错认定的结论也可能不断变化。

第三节　苹果应用程序商店的事前注意义务

根据前文对电子商务平台经营者知识产权注意义务的分析，下文结合笔者审理的中文在线公司诉苹果公司、苹果商贸公司、艾通思公司侵害信息网络传播权纠纷案❶，对电子商务平台经营者的知识产权事前注意义务如何在具体案件中影响其法律责任进行分析。

一、案件基本事实

侣海岩（笔名海岩）是《便衣警察》《一场风花雪月的事》《永不瞑目》《你的生命如此多情》《拿什么拯救你我的爱人》《玉观音》《平淡生活》《深牢大狱》《河流如血》《五星大饭店》的作者。周梅森是《国家公诉》的作者。凌解放（笔名二月河）是《康熙大帝》《雍正皇帝》《乾隆皇帝》的作者，上述三部作品由长江文艺出版社出版。上述作品简称为涉案作品。上述作者将涉案作品的信息网络传播权独家授权给中文在线公司。

中文在线公司提交的公证书表明：网络用户可以通过 iTunes 中的苹果应用程序商店 App Store 购买和下载名为"《五星大饭店》海岩作品精选［简繁］"的应用程序，售价人民币 12 元，标明的开发商为"Zongyuan Liu© epublish.com"，该应用程序中还包含了《便

---

❶ 参见北京市高级人民法院（2015）高民知终字第 3535 号民事判决书。

衣警察》《一场风花雪月的事》《永不瞑目》《你的生命如此多情》《拿什么拯救你我的爱人》《玉观音》《平淡生活》《深牢大狱》《河流如血》等作品。购买和下载类似的应用程序的网络用户,在打开应用程序后可以阅读涉案作品的全部具体内容。

苹果公司在其官方网站（www.apple.com）上发布的《App Store 审核指南》中记载:"1.1 作为一个应用商城的应用开发者,你要受你和'Apple'之间的该计划许可协议、用户界面规约和其他许可或者合同的条款的规约。8.5 使用受保护的第三方资料（商标、版权、商业秘密,其他的专利内容）时需要一个文件式的权利证明书,此证明书必须按要求提供。11.11 通常你的应用越贵,我们就会审核得更彻底。11.12 提供订阅的 APP 应用程序必须使用 IPA,如同前述《开发者计划许可协议》中规定的一样,'Apple'将和开发者按照 3∶7 的比例分享此类商品的订阅收入。"《App Store 审核指南》下方标注有"© Apple,2011"等字样。

网络用户在注册苹果网络账户时可以选择接受或者拒绝关于应用商店的条款和条件,如用户同意该条款和条件,可以选择点击"同意",如果用户不同意这些条款,则可以选择不点击"同意",从而不能使用应用商店。条款有关于:"您使用 App Store……以及从有关商店购买……许可的行为受您与 iTunes S.A.R.L. 之间的本法律协议的管辖";"iTunes 是有关商店的提供商";"iTunes 从其在卢森堡的办公地点运行"等记载,该条款的署名处记载为苹果公司的英文名称,即"Apple, Inc."。

App Store 中供用户购买的应用程序有两种来源,一是苹果公司自行开发的,二是第三方应用程序开发商开发的。第三方应用程序开发商要开发应用程序并在 App Store 销售,首先须在苹果公司官方网站（www.apple.com）注册开发商账号并与苹果公司签订《已注册的 Apple 开发商协议》，取得开发商注册账号。随后须在苹果公司的官方网站同意并签署《iOS 开发商计划许可协议（包括附表1）》，并填写含有信用卡账号、电子邮箱地址、申请人签名等内容的《订购表格》，并将其传真至苹果公司在美国的指定传真电话，苹果公司从开发商信用卡中扣款 99 美元，开发商在线同意并签署《iOS 开发商计划许可协议（附录 2）》，方可获得在 App Store 发布收费应用程序的资格，并可通过 iTunes Connect 上传和设定应用程序的发布情况。

艾通思公司注册成立于卢森堡大公国，系苹果公司的全资子公司，注册资本为 12 500 欧元。苹果公司提交了艾通思公司出具的声明，该内容是由发布人开发的第三方应用程序。发布人可以选择对应用程序的内容收取费用，也可以免费提供。发布人收取费用时，艾通思公司则作为其代管人收取费用，并保留相当于最终用户支付费用的 30% 作为艾通思公司的标准佣金，将剩余的 70% 返还发布人。在苹果公司将本案相关投诉转告艾通思公司之前，艾通思公司从未收到任何关于涉案应用程序的侵权投诉通知。基于以上证据，苹果公司主张其并非 App Store 的运营者。艾通思公司认可上述声明内容。

二、一审判决和上诉意见

中文在线公司认为苹果公司侵害其对涉案作品享有的著作权，因此起诉要求被告承担停止侵权、赔偿损失等法律责任。北京二中院认为：在无相反证据的情况下，确认中文在线公司依法享有上述涉案作品的信息网络传播权，可以认定涉案应用程序应为侵害涉案作品信息网络传播权的侵权应用程序。苹果公司为涉案应用商店的经营者和运营商，应当就其所提供的网络平台服务承担相应的法律责任。苹果公司通过收费下载业务获取了可观的直接经济利益，故对于涉案应用程序商店提供下载的应用程序，应负有较高的注意义务。苹果公司未适当履行其注意义务，故对于涉案应用程序的侵权，应承担相应的法律责任。关于具体的经济损失数额，应综合考虑侵权情节等因素予以确定。综上，北京二中院判决："一、苹果公司停止涉案侵害中文在线公司对涉案作品享有的信息网络传播权的行为；二、苹果公司赔偿中文在线公司经济损失人民币四十万元及因诉讼支出的合理费用人民币二千元；三、驳回中文在线公司的其他诉讼请求。"❶

苹果公司不服原审判决提起上诉，请求撤销原审判决第1项、第2项，驳回中文在线公司的全部诉讼请求，其上诉理由为："一、网络用户与涉案应用程序商店之间的合同主体是艾通思公司；开发人与涉案应用程序商店之间的合同主体也是艾通思公司；网络用户购买应用程序支付费用的收款人是艾通思公司。综上，在案证据能够证明涉案应用程序商店的经营者是艾通思公司，不是苹果公司，苹果公司不应对涉案应用程序商店的经营行为承担法律责任，原审判决对经营主体的认定是错误的。二、涉案应用程序商店的经营者提供的是网络技术服务；虽然对应用程序具备技术上的管理和控制能力，但并不实际管理和控制应用程序的具体内容；涉案应用程序商店的经营者收取30%服务费的对价是技术服务，与应用程序的具体内容无关；涉案应用程序商店经营者要求第三方开发者不得侵害他人知识产权，对于侵害知识产权的行为也有惩罚措施；涉案应用程序商店经营者与在线销售图书的亚马逊等网络服务提供者的法律地位基本相同，不应当对其销售商品的知识产权合法性进

---

❶ 参见北京市第二中级人民法院（2014）二中民初字第4933号民事判决书。

行审查。综上,涉案应用程序商店的经营者在提供网络服务时,没有帮助第三方涉案应用程序开发者即涉案开发者实施侵权行为,没有从侵权行为中直接获得经济利益,不应当承担较高的注意义务。原审判决认定涉案应用程序商店经营者承担法律责任是错误的。三、苹果公司提供了涉案开发者收取费用具体数额的证据;苹果公司提供了涉案应用程序的下载次数和评价情况;中文在线公司拒绝提交其许可他人使用涉案作品的许可费标准。综上,中文在线公司未能举证证明其实际损失,苹果公司提交了用以证明涉案开发者获利情况的证据,原审判决未采信苹果公司提交的证据,确定了高额的赔偿数额,缺乏事实依据。"中文在线公司、艾通思公司服从原审判决。

三、二审判决意见

(一) 苹果公司是否为涉案应用程序商店的经营者

《民事诉讼法解释》第 108 条第 1 款规定:"对负有举证证明责任的当事人提供的证据,人民法院经审查并结合相关事实,确信待证事实的存在具有高度可能性的,应当认定该事实存在。"

苹果公司为 iTunes 程序的开发者并提供该程序的免费下载;涉案应用程序商店的运行界面上标注有苹果公司版权所有或保留所有权利等字样;苹果公司的网站上发布了涉案应用程序商店的应用程序开发指南;网络用户在涉案应用程序商店中购买应用程序后,电子收据上的落款是苹果公司。上述事实结合起来,表明苹果公司是涉案应用程序商店经营者的事实具有高度可能性。因此,原审判决认定苹果公司为涉案应用程序商店的经营者,并无不当。

即使网络用户与涉案应用程序商店之间的合同主体是艾通思公司,开发人与涉案应用程序商店之间的合同主体也是艾通思公司,网络用户购买应用程序支付的费用的收款人仍是艾通思公司，也不排除苹果公司作为涉案应用程序商店的经营者委托艾通思公司从事上述行为，或者苹果公司与艾通思公司合作经营涉案应用程序商店的可能性。因此，苹果公司上诉主张其并非涉案应用程序商店的经营者，证据不足，应不予支持。

（二）涉案应用程序商店经营者是否应当承担法律责任

《侵权责任法》第36条规定："网络用户、网络服务提供者利用网络侵害他人民事权益的，应当承担侵权责任。网络用户利用网络服务实施侵权行为的，被侵权人有权通知网络服务提供者采取删除、屏蔽、断开链接等必要措施。网络服务提供者接到通知后未及时采取必要措施的，对损害的扩大部分与该网络用户承担连带责任。网络服务提供者知道网络用户利用其网络服务侵害他人民事权益，未采取必要措施的，与该网络用户承担连带责任。"

根据上述规定，涉案应用程序商店的经营者明知或应知第三方开发者利用其网络服务侵害他人著作权，未及时采取必要措施的，应当与第三方开发者承担连带责任。如果涉案应用程序商店经营者只需要以较低的成本即可以预防和制止其中的应用程序侵害他人合法权益，而且涉案应用程序商店的经营者承担该成本对应于其从涉案程序的公开传播中获得的收益是合理的，则涉案应用程序商店经营者应当承担这样的预防成本以预防和制止相应侵权行为，否则，其就违反了《侵权责任法》第36条第3款的规定，应当依法承担连带责任。

在本案中，在判断涉案应用程序商店经营者是否采取合理预防措施，是否应当知道侵权事实从而应当与涉案开发者承担连带责任时，应当考虑以下因素。

（1）从涉案应用程序的内容介绍中可以看出，该应用程序不同于一般的应用程序,该应用程序实质上就是相关作品的电子数据形式,而作品的公开传播需要得到著作权人的许可,这是涉案应用程序商店经营者应当认识到的。

(2)涉案作品均为已经公开发表的作品,均有各自的作者,网络用户可以直接阅读涉案作品的内容,涉案应用程序商店的经营者在对涉案应用程序进行技术性审查时,很容易知晓涉案应用程序的内容是他人享有著作权的作品,不是涉案开发者享有著作权的作品。

(3)涉案应用程序商店经营者在应当知道涉案应用程序的公开传播是对他人享有著作权的作品的信息网络传播行为,会侵害他人著作权的情况下,并未要求涉案开发者提供其享有涉案作品的信息网络传播权的证据,明显没有尽到合理注意义务。

(4)涉案应用程序商店经营者可以从涉案作品的信息网络传播行为中直接获得经营利益,或者说,其可以从侵害他人著作权的信息网络传播行为中直接获得经营利益,因此其应当对涉案作品的著作权合法性承担较高的注意义务,但是其并未采取与其应当承担的注意义务相匹配的预防措施,因此可认定其应当知道涉案应用程序侵权的事实。

综上,原审判决认为涉案应用程序商店经营者应当承担较高注意义务,而其未尽到合理注意义务,在应当知道涉案应用程序的公开传播侵害他人著作权的情况下,没有采取相应措施预防和制止涉案应用程序在其应用程序商店上公开传播,违反了《侵权责任法》第36条的规定,应当与涉案开发者共同承担连带责任。苹果公司上诉主张其不应承担法律责任,缺乏事实和法律依据,应当不予支持。

（三）苹果应用程序商店经营者与图书在线销售者的区别

苹果公司在上诉中还主张，其与通过电子商务平台在线销售图书的网络服务提供者的法律地位基本相同，都只是图书商品的销售者，不应当对其所销售图书的著作权合法性进行审查。但是，网络服务提供者通过电子商务平台销售图书商品而非图书具体内容的行为，与涉案应用程序商店销售涉案作品具体内容的行为并不相同。首先，在电子商务平台上传播的是图书商品的交易信息，并非图书的具体内容，电子商务平台经营者只是实施了图书交易信息的信息网络传播行为，没有实施图书具体内容的信息网络传播行为，而涉案应用程序商店传播的是涉案作品的具体内容，实施的是涉案作品具体内容的信息网络传播行为。其次，电子商务平台经营者是基于图书商品交易信息的公开传播而获得经济利益，而涉案应用程序经营者和涉案应用程序商店经营者是从涉案作品具体内容的公开传播中获得经济利益。因此，在能够接触作品具体内容，并且通过作品具体内容的公开传播而直接获得经济利益的情况下，涉案应用程序经营者和涉案应用程序商店经营者应当对相关作品内容的著作权合法性承担合理的注意义务。当通过电子商务平台在线销售的不是图书商品而是图书的具体内容时，该电子商务平台经营者事实上已经实施了作品内容的信息网络传播行为，也应当对该作品内容的著作权合法性尽到合理注意义务。苹果公司的该项上诉主张，缺乏事实和法律依据，应当不予支持。

（四）赔偿数额是否合理

《著作权法》第49条规定："侵犯著作权或者与著作权有关的权利的，侵权人应当按照权利人的实际损失给予赔偿；实际损失难以计算的，可以按照侵权人的违法所得给予赔偿。赔偿数额还应当包括权利人为制止侵权行为所支付的合理开支。权利人的实际损失或者侵权人的违法所得不能确定的，由人民法院根据侵权行为的情节，判决给予五十万元以下的赔偿。"

在本案中，苹果公司虽然提供了涉案开发者收取费用具体数额的证据，以及用以证明涉案应用程序的下载次数和评价情况的证据，但是，收费主体与涉案开发者姓名并不相同，没有其他证据证明二者系同一主体；关于下载次数的证据，中文在线公司不认可其真实性，也没有其他证据佐证其真实性；关于评价情况的证据并不能直接证明下载次数。因此，苹果公司提交的在案证据并不能确定侵权人的违法所得。虽然中文在线公司没有提交苹果公司所认为的可以证明许可费标准的合同，但是，权利人并没有义务提供用以证明许可费标准的证据，在权利人提交的证据不足以证明其损失的情况下，可以依法认定权利人损失不能确定。由于在案证据既不能充分证明权利人实际损失，也不能充分证明侵权人违法所得，所以原审判决综合考虑涉案作品相关情况和侵权情节，酌定赔偿数额，并无不当。苹果公司关于赔偿数额的相关上诉主张，缺乏事实和法律依据，应当不予支持。

综上，原审判决认定事实清楚，适用法律正确，应当予以维持。苹果公司的上诉理由和上诉请求，缺乏事实和法律依据，应当不予支持。北京高院判决："驳回上诉，维持原判。"

第三章 作品数字化技术与著作权司法保护

近十几年来，数字技术和网络技术的发展，对著作权保护提出了前所未有的挑战。其中一个重要原因在于，作品传播新技术的发展，包括作品的数字化技术和作品网络传播技术的发展，对作品传播利益产生了深远影响。作品传播利益是著作权人的最根本利益，数字网络传播技术应用于作品传播，对作品传播利益的分配格局产生了重要影响。著作权法理论和实践如何应对这些挑战，是知识产权理论界和实务界普遍关心的问题。这些问题集中起来，可以分为三个方面：第一，如何认定作品传播新技术的在著作权法视角下的合法性；第二，如何处理作品数字化技术引发的纠纷；第三，如何处理网络传播技术引发的纠纷。

第一节 作品传播新技术的著作权合法性

要深入讨论如何面对数字网络技术给著作权保护带来的挑战，有必要简要分析一下数字网络传播技术如何具体地影响了作品传播利益，然后再从著作权法立法目的来分析新传播技术的合法性。下文从四个方面来分析数字网络技术对作品传播利益的影响，以及对作品传播新技术合法性的评价：① 数字网络传播技术的发展是否会发展作品类型；② 数字网络传播技术是否会增加作品传播利益；

③ 数字网络传播技术是否会减损或转移著作权人旧有的作品传播利益；④ 如何看待作品传播新技术的合法性。

一、作品传播新技术是否会发展作品类型

从历史来看，作品传播新技术的发展，也同时会拓展新的作品类型，数字网络传播技术的出现，更是催生了大量新类型的作品。例如，电影和类电影作品是基于电子技术发展而新出现的作品类型，网络游戏是数字网络传播技术拓展出来的新作品类型，计算机字库也是计算机数字化技术拓展出现的新作品类型。作品是人类思想的有独创性的表达。新技术对人类思想的表达手段的发展，必然会拓展表达形式的类型。

数字网络传播技术对作品新类型的发展，也会带来著作权保护的新问题。有些作品新类型超出了旧有《著作权法》立法者对作品的想象力，也超出了旧有《著作权法》对作品的界定，可能会给新类型作品的著作权保护带来一些新问题，这些作品新类型也成为引发网络著作权纠纷的重要原因之一。例如，在 2015 年北京知识产权法院审理的 MT 手机游戏著作权纠纷案❶中，涉及著作权的争议包括游戏的名称、其中的人物以及呈现特定人物的头像、服饰等是否可以受到著作权保护。再如，计算机字库和计算机字体的著作权保护，也引发了一些纠纷，其中包括方正诉宝洁案❷、方正诉暴雪案❸等案件。司法实践中的争议包括：计算机字库是否构成作品，是哪一种作品类型；其中的单字字形是否构成作品，是哪一种作品

---

❶ 参见北京知识产权法院（2014）京知民初字第 1 号民事判决书。
❷ 参见北京市海淀区人民法院（2008）海民初字第 27047 号民事判决书。
❸ 参见最高人民法院（2010）民三终字第 6 号民事判决书。

类型。❶ 在这些案件中，对于因为数字技术新产生的作品表现形式是否应当受到保护、应当如何保护，产生了很多的争议。最高人民法院最终通过对著作权法立法目的的解释，认为计算机字库中具有独创性的单字字形可能构成作品，受到著作权法保护。❷ 这实际上是对技术发展所创造的新作品类型的认可。再如，由于数字网络技术的发展，在互联网上新出现的网页是否构成作品、是否受到著作权法保护，曾经引发过著作权纠纷，其中最早的案件是"瑞得在线"网页著作权纠纷案❸。该案的争议焦点在于网页这种新事物是否构成作品，是否受到著作权法保护。在该案中，法院最终认为具有独创性的网页构成作品，受到著作权法的保护，非法复制网页构成侵权。该案实际上也是法院对数字网络技术发展产生的新作品类型的认可。这些案件中的关键问题都是作品传播新技术拓展的作品类型带来的著作权保护问题。

二、作品传播新技术是否会增加作品传播利益

作品传播新技术的发展，可能增加作品传播利益。作品传播利益的增加是指，作品的类型虽然是旧有的，但新的作品传播技术增加了使用现有作品类型的形式，新的作品使用形式会使现有作品的传播产生新的利益，这种新的利益是在旧有作品传播技术条件下无法产生的。例如，作品的数字化技术使得作品可以以数字化的方式被复制，使得作品可以被大量低成本地用电子设备传播，通过电子设备复制和传播作品的新方式，将会产生新的利益。例如，电子书

---

❶ 石必胜："汉字字库中单字字形的独创性"，载《电子知识产权》2013年第5期。
❷ 参见最高人民法院（2010）民三终字第6号民事判决书。
❸ 参见北京市海淀区人民法院（1999）海知初字第21号民事判决书。

阅读器使得电子图书可以进行销售。而电子图书的销售产生的新利益在没有作品数字化技术之前是不会产生的。再如，互联网传播技术使得作品可以通过互联网快速、广泛地传播，也会使作品的传播和使用过程中产生一些新的利益，其中最为重要的利益就是通过作品内容吸引网络用户的注意力，进而可以要求网络用户付费，或者通过向网络用户做广告而产生利益。互联网经济常被称为"眼球经济"或"注意力经济"，就是因为作品内容传播过程中会吸引网络用户的注意力，而在此基础上可以产生新的利益增长点。

作品传播新技术的发展对作品传播利益的增加也会带来一些问题，其中的核心问题在于：这些新产生的作品传播利益应当如何分配，哪些应当分配给著作权人。尤其是，当《著作权法》立法跟不上作品传播新技术发展步伐时，就会产生各种网络著作权纠纷。例如，我国 1990 年《著作权法》尚未规定信息网络传播权，在 1999 年的王某诉世纪互联公司案❶中，被告认为在《著作权法》没有明文规定的情况下，一审法院将著作权人的专有权延伸至网络传播是对法律的扩大化解释，过分地支持了著作权人的权利扩张。但该案的二审法院认为，按照当时《著作权法》第 10 条第（5）项的规定，著作权人对作品享有的专有使用权包括了对作品在互联网上的传播行为的专有权，因此，被告在网络上传播作品的行为属于当时《著作权法》第 10 条第（5）项规定的行为，应当取得著作权人的许可。该案的二审法院认为，被告在网络上使用该作品时，没有依法取得著作权人的许可，因此被告侵害了涉案作品的著作权。在该案中，法院实质上对《著作权法》的立法目的和价值取向进行了分

---

❶ 参见北京市海淀区人民法院（1999）海知初字第 57 号民事判决书；北京市第一中级人民法院（1999）一中知终字第 185 号民事判决书。

第三章 作品数字化技术与著作权司法保护

析，认为按照当时的《著作权法》的立法目的，互联网技术对作品的传播而产生的新利益应当归属于著作权人，不应当分配给网络服务提供者。

由于作品传播新技术而产生的作品传播利益，是否属于著作权专有权项下的利益，是否必然分配给著作权人，一直存在较大争议，也因此成为引发网络著作权纠纷的重要原因之一，谷歌数字图书著作权纠纷就是其中之一。谷歌数字图书主要具有两个功能，一是检索，二是片段浏览。谷歌数字图书一方面方便了网络用户查询图书中含有特定内容的相关片段，有利于社会公众的利益，另一方面也通过使用图书片段查询这种新的图书传播技术，而以在网页上发布广告的方式获得经济利益。❶ 谷歌数字图书著作权纠纷案件中的重要争议点之一就在于，对于谷歌数字图书这样使用作品而产生的利益，是否应当分配给著作权人。在笔者承办的中国的首例谷歌数字图书著作权纠纷案件❷中，由于谷歌公司一直在强调中国法院对本案没有管辖权，并没有就被诉复制和信息网络传播行为是否构成合理使用提交相关证据，因此法院没有支持其认为被诉行为构成合理使用的主张。北京高院在二审判决中认为，合理使用的认定应当采用"有罪推定"的原则，❸ 除非作品使用人充分地、明确地证明其使用行为构成合理使用，否则应当推定其构成侵权。在谷歌公司并没有提交任何用以证明被诉行为构成合理使用的证据的情况下，北京高院认为谷歌公司主张被诉行为构成合理使用，证据不

---

❶ 参见北京市第一中级人民法院（2011）一中民初字第1321号民事判决书；北京市高级人民法院（2013）高民终字第1221号民事判决书。

❷ 同上。

❸ 石必胜："合理使用认定的有罪推定——评国内首例谷歌数字图书著作权纠纷案"，载《中国版权》2014年第3期，第19页。

足。美国的谷歌数字图书著作权纠纷在美国也引起了很大争议,美国社会各界也有多种观点。2015年,美国联邦第二巡回上诉法院在判决中认为,虽然谷歌数字图书使用他人作品具有商业性,但是谷歌的商业动机不能否定其构成合理使用。由于谷歌数字图书对作品展示有限制性,片段显示不构成对图书的显著市场替代,而且考虑到谷歌数字图书可以促进公众对知识的获取,对公众是有利的,因此,法院认定谷歌数字图书对作品的使用行为构成合理使用。❶美国社会各界以及欧洲社会各界对谷歌数字图书著作权纠纷的热烈讨论表明,在法学理论界和司法实务界,对于谷歌数字图书的检索和片段显示行为所产生的商业利益应当归属于著作权人还是谷歌,存在很大的争议。对于作品传播新技术产生的作品传播利益如何分配,是作品传播新技术引发的著作权纠纷中最为重要和关键的问题。

三、作品传播新技术是否会减损或转移旧有作品传播利益

有些作品传播新技术只是给作品传播利益做加法,不会替代现有技术的传播行为,也不会减损现有作品传播行为产生的利益,但是,有些作品传播新技术却会限制或替代旧有的作品传播行为,因此会减损旧有作品传播方式带来的利益,或者将旧有传播方式的利益转移到新的作品传播方式中。例如,随着电子书阅读器的推广,电子图书的销售可能减少或替代纸质图书的销售,纸质图书的一部分发行利益可能会转移到电子图书的销售利益中。再如,互联网传播视频技术的发展,使得很多网络用户通过互联网在线观看电影和

---

❶ Author's Guild v. Google. Inc., No. 13-4829 (2d Cir. 2015).

电视剧，这会对影院或电视传播影视作品产生正反两个方面的影响：一方面，有些消费者通过网络观看影视作品后，不愿意再去影院或通过电视观看影视作品，影视作品的网络传播技术吸收了基于影院和电视传播影视作品而产生的利益；另一方面，由于通过网络传播影视作品而扩大了影视作品的影响，因此也可能会促使更多消费者通过影院或电视观看影视作品。对于某些影视作品来说，第一个方面的影响大于第二个方面的影响，网络传播技术转移了影院或电视传播影视作品的利益；但对于某些影视作品而言，第二个方面的影响可能大于第一个方面的影响，网络传播技术反而增加了影院或电视传播影视作品的利益。

由于作品传播新技术对旧有传播方式的利益的减损或转移，引发了大量的网络著作权纠纷。在此类纠纷中，作品传播新技术对作品传播利益的转移，以及对旧有传播技术使用者利益的减损，是引发纠纷的根本原因。此类纠纷的争议点在于：如何对待作品传播新技术对传播利益格局的影响；在新的传播利益格局中，如何协调和平衡著作权人、旧有传播技术使用者、新传播技术使用者、网络用户等各方的利益。例如，深度链接尤其是不进入被链网站即可获得作品全部内容的替代链接，能够将被链网站传播作品原来可以得到的流量利益和广告利益转移至设链网站，并因此引发了一些纠纷。典型案件例如最高人民法院审理的泛亚公司诉百度公司案[1]。在该案中，百度提供的 MP3 搜索能够使网络用户在不进入被链接网站的情况下即可获得音乐作品的全部内容。这客观上会使被链接网站得不到网络用户的访问，不能从百度对音乐作品的传播新方式中获得访问流量等传播利益，进而客观上使著作权人无法获得作品在互

---

[1] 参见最高人民法院（2009）民三终字第 2 号民事判决书。

联网上传播的利益。再如,移动互联网技术广泛应用之后,大量网络用户逐渐习惯通过手机获得作品内容,其中包括通过手机应用程序获得作品内容,手机应用程序传播作品的技术被广泛运用之后,著作权人通过旧有作品传播方式可以获得的作品传播利益就会转移到手机应用程序经营者那里。例如,在大百科全书出版社诉苹果公司案❶中,法院认为苹果公司经营的 App Store 中销售的手机应用程序在未经著作权人许可的情况下,公开传播涉案图书的内容,获得了作品传播利益,损害了著作权人的合法权益,因此构成对著作权的侵害。法院的判决实质上是在对新的传播利益格局进行调整。

四、作品网络传播新技术的合法性分析

前文分析了数字网络传播技术尤其是移动互联网技术的发展给著作权保护特别是著作权司法保护带来的一些挑战,怎么看待网络传播技术的发展,如何评判作品网络传播新技术的合法性,笔者觉得可以从三个关键词来分析:法律、利益和方法。

第一个关键词:法律。法律的角度又分为三个部分。法律角度的第一点,现在关于互联网传播技术对著作权保护带来的挑战,有很多的观点,归结起来主要有两种:一是从立法论的角度分析,二是从法律解释论的角度分析。立法论角度的观点认为,数字网络技术的发展应当使我们思考著作权制度的重新设计。有些学者和专家认为,在现今的网络传播技术下,不需要固守旧的著作权制度,应当允许先使用后授权。这个问题确实值得讨论,但不是司法工作者和企业法律工作者应该考虑或者主要考虑的问题,这一点需要特别注意。实务工作者主要考虑的应该是法律具体适用,更加关注对现

---

❶ 参见北京市第二中级人民法院(2011)二中民初字第 10500 号民事判决书。

有法律、行政法规的适用和解释的问题。讨论问题时，要分清楚是立法论还是法律解释论角度的观点，不要把两者混为一谈。法官和企业可以呼吁改变立法，但是更要尊重法律，在现有法律规则之下行动。

法律角度的第二点，说到法律，当前最重要和直接的就是《著作权法》关于信息网络传播权的规定以及适用的问题。理论界和实务界有关网络著作权问题的观点比较复杂，可以将复杂问题简单化。例如，信息网络传播权里最重要的一个关键词是"提供"。关于怎样界定"提供"行为，有很多的回答。很多学者和实务工作者提到服务器标准等标准，其实司法解释并没有完全采用服务器标准，只是有一部分判决或者法官有这样的看法。司法解释应该如何适用，相关制定者在相关文章和著作中有非常清楚的解释，不是服务器标准，而是在学理上被称为专有权标准或法律标准的标准。❶现在的网络企业发现实践中很多问题按照服务器标准解决不了，让人感到很困惑，但如果按照司法解释的规则来理解信息网络传播权，就不会那么困惑了。

法律角度的第三点，也是在法律层面上非常重要的一点，就是《侵权责任法》第 36 条的适用。对于一个法官来说，《侵权责任法》第 36 条非常重要，因为它高度概括，而且非常直接地切中要害。在司法实践中，可以考虑用民法或者侵权责任法的基本规则来解决诸多问题，比如很重要的原理——权利与义务对等原则下的注意义务的程度问题。网络服务提供者在作品传播过程中得到了什么利益，可能就要承担《著作权法》规定的相应义务。比如，网络服

---

❶ 孔祥俊："论信息网络传播行为"，载《人民司法（应用）》2012 年第 7 期，第 59 页。

务提供者获得了《著作权法》规定的作品传播的利益，就可能要承担取得许可并支付相应对价的义务，这是非常朴素的道理。根据《侵权责任法》第36条的规定，如果网络服务提供者（指网络技术服务提供者）知道他人利用其网络服务来侵权，就应该及时地采取必要措施。这里面很重要的一个词是"知道"，对"知道"的理解在理论界和实务界是有基本共识的，"知道"包括"应知"，这个"应知"❶在法理上可以转化为"注意义务"的问题，而"注意义务"在司法实践中是裁量性规范。在确定要不要承担注意义务的时候，权利义务对等和利益平衡的原则就可以引入进来了。现在的网络著作权纠纷案件，在结合《侵权责任法》第36条进行审理的过程中关键是要抓住问题的本质，也就是获得著作权人才能享有的作品传播利益的网络服务提供者要承担《著作权法》的相关义务。

第二个关键词：利益。法律规则的本质是什么？对于知识产权法这一大类功利性的法律制度来说，就是利益。信息网络传播权在早年王某诉世纪互联公司案❷时还没有被立法规定，现在根据立法机关的说法，作品信息网络传播的利益应该归到著作权人那里去，所以给了著作权人这个权利。这样来理解信息网络传播权，就能够抓住问题的本质：作品的信息网络传播利益应当归属于著作权人。现在很多观点，往往忽略了最本质的东西，陷入了过于技术化和细枝末节的地方。关于作品传播利益，作品在网络上传播的最大利益，除了直接收费获得的收益，就是吸引网络用户的眼球而产生的相关利益。现在的一些著作权相关纠纷，应当关注谁从作品内容在

---

❶ 王胜明主编：《中华人民共和国侵权责任法解读》，中国法制出版社2010年版，第185页。

❷ 参见北京市海淀区人民法院（1999）海知初字第57号民事判决书；北京市第一中级人民法院（1999）一中知终字第185号民事判决书。

网络上传播获得了网络用户注意力的利益,因为这一主体应该承担相应的义务。抓住这个问题的本质,很多复杂问题都可以简单化。很多具体的著作权纠纷,包括深度链接问题,就要看谁获得了作品传播产生的利益。笔者曾经提出过链接不替代原则❶,其中的核心观点是,如果网络用户在获得作品内容过程中产生的注意力、流量访问等传播利益被某个网络服务提供者得到,那么这个网络服务提供者传播作品的行为原则上应当取得许可,或者承担著作权合法性的审查义务。如果链接使网络用户不进入被链接的网站,就能得到这个作品的全部内容,即设链者而不是被链者得到了作品传播利益,那么设链者就要承担传播作品的成本,或者著作权合法性的审查义务。这个规则从常识来说比较简单,对于经营著作权的人而言是最朴素的道理。通过《侵权责任法》第36条的"知道"中的"应知",进而引入注意义务,这个规则就能引入法律分析,得到具体适用。如果网络服务提供者获得了作品传播利益,就应该获得著作权许可,或者对作品的合法性进行审查,如果没有审查或者审查得不够,就要承担法律责任。

第三个关键词:方法。网络不正当竞争、网络著作权纠纷案件,有很多比较新颖,涉及的技术事实比较复杂,在现有法律和旧有案例规则中找不到能够直接适用的规则,实务工作者面临着法律适用难题。在这种情况下,不论是法官、律师还是企业的法务,掌握一种分析方法很重要。笔者一直强调的方法是激励分析法或者说后果分析法,❷ 这种方法可以适用于新类型案件的分析。侵权纠纷

---

❶ 石必胜:"论链接不替代原则——以下载链接的经济分析为进路",载《科技与法律》2008年第5期,第62页。

❷ 石必胜:"网络不正当竞争纠纷裁判规则的激励分析",载《电子知识产权》2014年第10期,第51页。

中必然有诉争行为或者被控侵权行为，按照激励分析法，法官应当考虑，这样的行为如果被允许或者禁止，它会产生什么样的后果，这个后果是否符合《著作权法》的立法目的和价值取向，是否有利于整体社会福利的增加。例如，在谷歌数字图书的著作权纠纷中，一方面被诉行为对权利人有一定的利益限制，但另一方面也会带来社会收益，我们应该站在更高更远的角度来看，允许诉争的行为，对整个社会来说，是利大于弊，还是弊大于利，要对社会成本和社会收益进行比较和分析。不管是网络不正当竞争的案子还是网络著作权的案子，在规则不是很明确的情况下，决定诉争的行为应该被允许还是禁止，真正的理由应当是允许或禁止这个行为是否符合立法目的和价值取向。对法官来说，真正决定判决结果的，应该是经过这种分析之后所得出来的结论。

五、小结

前文的分析表明：① 近年来在著作权纠纷案件中占到百分之六七十的网络著作权纠纷，主要是因为数字网络传播技术的应用对作品传播利益的影响而产生。作品传播技术可能会增加，也可能会转移或减损作品传播利益。作品传播利益格局的变化，很容易引发著作权纠纷。在司法实践中，要认识到这些著作权纠纷的本质，即传播新技术所引发的作品传播利益之争。② 要正确处理作品传播新技术带来的作品传播利益纠纷，关键在于合理地界定哪些基于作品传播新技术产生的新利益应当归属于著作权人，并在此基础上，在著作权人、网络用户和网络服务提供者之间合理分配作品传播利益。作品传播新技术带来的新的作品传播利益，在著作权法没有明确规定的情况下，到底如何分配，需要根据《著作权法》的立法目的和价值取向进行分析。要紧紧围绕《著作权法》《侵权责任法》

等现有法律来处理纠纷。③要正确看待技术中立原则。虽然技术本身往往是中性的,但技术使用行为却并不都是中性的,有些技术使用行为可能会侵害著作权。判断作品传播新技术的使用是否构成侵权,要看该技术使用行为是否会损害著作权人基于专有权行使而产生的利益,是否会破坏法律规定的作品传播利益分配格局。④由于作品传播新技术引发的著作权纠纷类型较新,缺乏现成的裁判规则,往往需要法官立足于《著作权法》的立法目的和价值取向灵活适用法律。法官要正确运用激励分析方法处理新类型著作权纠纷案件,按照《著作权法》的立法目的和价值取向来分析作品传播新技术的合法性。

第二节 作品数字化著作权纠纷的主要原因

文字作品数字化技术的发展,以及网络传播的便利性根本性地改变了作品的主要传播方式,因作品数字化和网络化技术而引发的著作权纠纷带来了一些比较新的问题。2008年起,北京法院审理的因作品数字化而引发的著作权纠纷案件大量增加。笔者在海淀法院工作时,该院就组织课题组专题研究了"数字图书馆"著作权司法保护问题。❶虽然从2009年起涉及数字化作品行为的著作权纠纷数量有所下降,但该类纠纷中存在的问题仍然值得研究。下文对作品数字化引发著作权纠纷的主要原因,以及相关法律问题的处理规则进行分析,基于审判实务中遇到的相关问题提出建议,并对作品

---

❶ 该课题所指的"数字图书馆"著作权纠纷是指因作品数字化而引发的著作权纠纷。该课题组成员为宋鱼水、石必胜(执笔人)、王丞宏、陈坚、曹丽萍。该课题的研究成果被评为2008年北京市海淀区重点调研课题一等奖,以及2010年第二届"北京政法高层次人才论坛"课题一等奖。

数字化及其传播行为的合理使用的认定进行分析。

一、案件基本特点

因作品数字化而引发的著作权纠纷主要呈现出以下几个特点。

（1）被告比较集中。作品数字化著作权纠纷案件在2008年前后主要涉及国内几家主要的经营数字图书的公司，包括世纪超星公司、书生公司、维普公司、同方公司、方正阿帕比公司和万方公司。多数案件中，数字作品经营公司是以被告身份被诉至法院的，少量案件中书生公司、超星公司等也以原告身份起诉其他数字作品经营公司。

（2）涉案作品以文字作品为主，学术论文占了较大比重。数字图书案件涉及的作品类型往往因数字作品经营公司的经营侧重不同而不同。当然，一些数字图书公司的经营内容有重叠，涉及的作品类型也趋同，由此引发的公司之间的竞争也是近年来此类案件增加的重要原因。具体而言，引发纠纷的数字图书涉及的作品主要为文字作品，包括硕士博士论文、各类图书及文章、期刊版式等。

（3）侵权方式因数字作品经营公司的营销模式不同而不同。涉案的数字图书侵权模式多样，其中包括：未经著作权人许可，将作品收集制作成数据库销售给学校、机关、企业供其在局域网内使用；未经著作权人许可，将作品提供至自己企业的数据库网站，公众支付价款后可在线浏览或下载。

二、学位论文数字化纠纷的主要原因

因学位论文的数字化而引发的著作权纠纷主要有以下几个方面的原因。

（1）数字化行为和传播行为未取得任何授权。典型案件1为胡某某诉《中国学术期刊（光盘版）》电子杂志社、同方公司侵犯著作权纠纷案❶。原告胡某某在北京化工大学的硕士毕业论文被被告收入"中国优秀硕士学位论文全文数据库"对外销售，并通过互联网提供"中国优秀硕士学位论文全文数据库"的收费在线阅读和下载服务。原告认为被告侵犯其著作权，诉请法院判令被告停止侵权，赔礼道歉，赔偿经济损失。因被告未取得任何授权，法院最终判决被告承担侵权责任。典型案例2为陈某诉万方公司侵犯著作权纠纷案❷。原告陈某诉称，其创作完成了博士论文《森林资源灾害应急机制及应急智能决策系统构架初步研究》，但万方公司未经其许可，即擅自将论文收入"中国学位论文全文数据库"，并将数据库出售给国家图书馆以及高等院校图书馆等用户，用户则可在自己的局域网提供在线浏览或者下载论文的服务。陈某认为万方公司侵犯了其对论文享有的发表权、复制权、汇编权、信息网络传播权等项著作权。故诉至法院，要求万方公司立即停止侵权，在《法制日报》和网站上致歉，并赔偿经济损失、精神损失、公证费、律师费等共计67 231.2元。被告辩称，其数据库仅销售给大学和公共图书馆，使用具有公益性，虽然未取得授权，但也不应承担侵权责任。法院最终认定万方公司构成侵权。

（2）数字化行为和传播行为仅取得学校授权，无学生授权。典型案例1为董某某诉万方公司侵犯著作权纠纷案❸，原告董某某在中国农业大学的博士论文《Bt棉氮素代谢特征与丰产性抗虫性协同表达的化学调控》（以下简称《Bt》文）被万方公司收入"中国学位论文全文数据库"中进行销售并在互联网上提供收费阅读和下

---

❶ 参见北京市海淀区人民法院（2008）海民初字第12095号民事判决书。
❷ 参见北京市海淀区人民法院（2008）海民初字第9921号民事判决书。
❸ 参见北京市海淀区人民法院（2008）海民初字第9920号民事判决书。

载服务。万方公司辩称,董某某在创作学位论文期间曾接受多方支持和帮助,故学位论文的著作权不应完全归属于董某某,董某某的学位授予单位中国农业大学曾同意将其所拥有的包括《Bt》文在内的全部学位论文收入"中国学位论文全文数据库",故我公司据此有权在学位论文数据库中收录《Bt》文。法院认定原告董某某为著作权人,万方公司无权依据中国农业大学之授权将原告论文收入学位论文数据库。典型案例2是袁某诉《中国学术期刊(光盘版)》电子杂志社、同方公司侵犯著作权纠纷案❶。原告袁某在西北大学的硕士学位论文被收入"中国优秀硕士学位论文全文数据库"进行商业性使用,故原告起诉被告侵权。被告曾与西北大学签订过《CNKI共建中国优秀博硕士学位论文数据库(CDMD)西北大学博硕士学位论文数据库协议书》,约定学校向《中国学术期刊(光盘版)》电子杂志社选送硕士学位论文供杂志社使用。但被告未提供原告与西北大学签订的许可使用协议。法院最终判决认定被告构成侵权。

(3)当事人对学生和学校的授权有争议。在这类纠纷中学生与学校签有授权协议,学校与被告也签有授权协议,但双方对授权协议内容有争议。争议一般有以下三种情况。① 学生与学校的授权协议是否成立。典型案例为王某诉《中国学术期刊(光盘版)》电子杂志社、同方公司侵犯著作权纠纷案❷。原告王某在东北大学的硕士论文被收入"中国优秀硕士学位论文全文数据库"进行商业性使用,故原告起诉被告侵权。被告提供了学校与被告的授权协议,并提供了原告提交毕业论文时的"独创性声明"以证明原告曾给予

---

❶ 参见北京市海淀区人民法院(2008)海民初字第12083号民事判决书。
❷ 参见北京市海淀区人民法院(2008)海民初字第12096号民事判决书。

学校授权。"独创性声明"下方印有"学位论文版权使用授权书",其主要内容为:"本人完全了解学校有关保留、使用学位论文的规定;学校有权保留论文的复印件,允许论文被查阅和借阅;学校可以将论文的全部或部分内容编入有关数据库进行检索、交流。""学位论文版权使用授权书"下方的括号里注明"如作者和导师不同意网上交流,请在下方签名;否则视为同意"。原告及其导师未在下方签字。"独创性声明"是否能够证明原告向学校授权,双方各执一词。被告的主张是,原告应当能够看到同一页下方的"学位论文版权使用授权书","学位论文版权使用授权书"下方明确注明如果作者不签字则视为同意,原告在看到上述内容后,并未在"学位论文版权使用授权书"下方签字,因此,被告主张原告同意"学位论文版权使用授权书"的内容,法院应予以支持。原告则主张,授权应当以签字等明示方式作出,不签字不能视为同意授权。法院最终判决支持被告意见。② 学生是否授权以数字化方式使用论文。典型案例为吴某诉《中国学术期刊(光盘版)》电子杂志社、同方公司侵犯著作权纠纷案❶。原告吴某2002年从中国科学院研究生院博士研究生毕业,博士论文被被告收入"中国优秀博士学位论文全文数据库",故原告起诉被告侵权。被告辩称学校给过被告授权,而且原告与学校也签有授权协议。法院查明,2002年,原告吴某向中国科学院计算技术研究所出具授权书,授权书主要内容为:"研究所有权处理、保留送交论文的复印件,允许论文被查阅和借阅;研究所可以公布论文的全部或部分内容,可以采用影印、缩印或其他复制手段保存论文。"诉讼中,双方当事人对授权书的内容有争议。原告吴某认为授权书并不包含以数据库方式使用论文的授

---

❶ 参见北京市海淀区人民法院(2008)海民初字第12089号民事判决书。

权,因此认为被告侵权。法院最终驳回了原告吴某的全部诉讼请求。③ 学生给学校的授权范围应如何理解。这一问题主要涉及两个方面的争议。争议一,学校是否可以转授权。凡学生与学校签有授权协议的,提起诉讼的学生并不认可学校可以转授权他人使用。争议二,授权是否包含商业性使用。典型案例为曹某某诉万方公司侵犯著作权纠纷案❶。原告曹某某在中国农业大学的博士论文被收入"中国学位论文全文数据库",故原告起诉要求被告承担侵犯著作权的法律责任。法院查明,原告曹某某曾于2006年6月20日向其博士学位授予单位中国农业大学书面声明,称其了解中国农业大学有关保留、使用学位论文的规定,即学校有权保留送交论文的复印件和磁盘,允许论文被查阅和借阅,可以采用影印、缩印、扫描等复制手段保存、汇编学位论文,并同意中国农业大学以不同方式在不同媒体上发表、传播论文等。中国农业大学研究生院曾于2004年4月23日与中信研究所签订共建学位论文数据库的协议书,双方约定中国农业大学研究生院同意汇集其所拥有的全部硕士、博士学位论文并提交中信研究所进行全文电子化处理,且同意中信研究所将全部学位论文以有偿许可的方式收入学位论文数据库,进行数字化处理汇编并通过网络进行交流传播,以及以电子出版物的形式出版发行;中信研究所享有学位论文数据库的整体版权。中信研究所与万方公司曾于2003年12月22日签订关于开发学位论文数据库的协议书,委托万方公司开发学位论文数据库,学位论文数据库的著作权由其与中信研究所共同享有。诉讼中,双方对万方公司是否据此取得授权发生争议,本案争议集中在以下几点:第一,学校是否可以转授权中信研究所;第二,学生给学校的授权是否包括商

---

❶ 参见北京市海淀区人民法院(2008)海民初字第9945号民事判决书。

业性使用。法院最终驳回了原告曹某某的全部诉讼请求。

三、图书数字化纠纷的主要原因

在司法实践中，涉及图书的著作权纠纷主要存在以下几个原因。

（1）未经权利人授权而数字化和传播图书。这一点又包括以下几种情形。① 作者直接起诉。典型案例如张某某诉书生数字公司、书生网络公司侵犯著作权纠纷案❶。原告张某某是小说《隐形伴侣》的作者，被告未经许可将该书收入书生之家数字图书馆系统，并销售给北京师范大学等院校，提供在线阅读、下载，故原告起诉要求被告承担侵权责任。② 继受权利人起诉。典型案例如书生网络公司诉方正阿帕比公司侵犯著作权纠纷案❷。原告书生网络公司诉称，何某某是《文化展痕》一书的作者，作者于2005年10月将该书内容的信息网络传播权的专有使用权授予书生网络公司。2007年6月，书生网络公司发现北京理工大学网站的Apabi电子图书馆系统中提供该书电子版全文的在线阅读和借阅服务，书生网络公司对此进行了公证。而Apabi电子图书馆系统由被告进行销售和维护。故原告认为被告的使用行为侵犯了原告对涉案一书享有的信息网络传播权。

（2）未经出版社授权数字化图书。典型案例如人民卫生出版社诉书生电子公司侵犯著作权纠纷案❸。原告人民卫生出版社出版了图书《中西医学差异与交融》，对该书享有专有出版权及版式设计

---

❶ 参见北京市海淀区人民法院（2008）海民初字第2504号民事判决书。
❷ 参见北京市海淀区人民法院（2007）海民初字第22932号民事判决书。
❸ 参见北京市海淀区人民法院（2008）海民初字第15301号民事判决书。

权,以及电子版本出版、发行的专有使用权。被告未经许可,在其经营的读吧网站提供该书的收费在线阅读、下载。原告以被告侵犯其对图书享有的专有使用权和版式设计权为由诉至法院,要求被告停止侵权、赔偿经济损失、消除影响。

(3)数字化行为仅有出版社授权,未获得作者授权。典型案例1为王某某诉世纪超星公司侵犯著作权纠纷案❶。原告王某某选编的《古史辨伪与现代史学——顾颉刚集》一书,被被告收入其经营的超星数字图书馆,使该书可以在网址为 www.sslibrary.com 的超星数字图书馆网站被浏览或者下载。原告以被告侵犯其信息网络传播权等著作权为由,诉请法院判令被告停止侵权、赔礼道歉、赔偿损失。被告辩称,世纪超星公司曾与《古史辨伪与现代史学——顾颉刚集》的出版者上海文艺出版社签订合同,约定世纪超星公司为上海文艺出版社建立数字图书专卖店,将上海文艺出版社已出版图书免费制作为数字图书并放入超星阅览器平台及相关网站,世纪超星公司以原版方式在网上展示图书并享有资料的网络使用权等,故世纪超星公司使用《古史辨伪与现代史学——顾颉刚集》并不构成侵权。典型案例2为李某某诉深圳南山图书馆、方正阿帕比公司、北大方正电子公司侵犯著作权纠纷案❷。原告李某某是汇编作品《国际通行职业资格认证考试指南》一书的作者。出版该书的西南财经大学出版社与方正阿帕比公司签订协议,取得方正 Apabi 软件产品使用许可,使用该软件制作电子图书,由方正阿帕比公司负责销售,双方按比例分成。出版社将《国际通行职业资格认证考试指南》一书授权方正阿帕比公司进行销售,方正阿帕比公司将该

---

❶ 参见北京市海淀区人民法院(2007)海民初字第 18093 号民事判决书。
❷ 参见北京市海淀区人民法院(2007)海民初字第 8265 号民事判决书。

书上传至深圳南山图书馆，通过方正阿帕比公司提供给该图书馆的方正 Apabi 电子图书管理系统对外实现浏览和借阅功能。原告李某某认为，因西南财经大学出版社从原告处取得的针对《国际通行职业资格认证考试指南》一书的权利不包括信息网络传播权，故方正阿帕比公司、西南财经大学出版社等各方使用图书的行为侵犯了原告李某某对《国际通行职业资格认证考试指南》一书的信息网络传播权。

（4）对作者是否重复授权有争议。典型案例 1 为社会科学文献出版社诉世纪超星公司侵犯著作权纠纷案❶。原告社会科学文献出版社诉称，《苏联历史档案选编》（以下简称《选编》）第 1 卷至第 34 卷系翻译作品，《选编》编辑委员会成员对 34 卷《选编》共同享有翻译作品著作权。沈某某作为 34 卷《选编》的执行总主编，其代表 34 卷《选编》的全体著作权人授权社会科学文献出版社独家享有 34 卷《选编》的信息网络传播权。世纪超星公司未经原告许可，即擅自将 34 卷《选编》电子版收入超星数字图书馆，提供有偿浏览或者下载服务。世纪超星公司侵犯了原告对 34 卷《选编》所享有的信息网络传播权。被告世纪超星公司则辩称，社会科学文献出版社并未举证证明沈某某授权原告独家享有 34 卷《选编》的信息网络传播权已经全部编辑委员会成员同意，且沈某某、姚某、徐某某、丁某、吴某、杨某某等 6 位编辑委员会成员已授权世纪超星公司对其个人作品进行信息网络传播，故社会科学文献出版社无权起诉世纪超星公司。世纪超星公司亦曾与社会科学文献出版社签订合同，约定社会科学文献出版社同意世纪超星公司将其已出版图书进行免费制作并放入超星阅览器平台及相关网站，世纪超星公司

---

❶ 参见北京市海淀区人民法院（2007）海民初字第 8321 号民事判决书。

有权以原版方式在网上展示图书并享有资料的网络使用权等。综上，世纪超星公司不同意社会科学文献出版社之全部诉讼请求。法院查明，34卷《选编》的执行总主编沈某某曾向世纪超星公司进行过个人作品授权，此后其亦曾向社会科学文献出版社出具授权书，且作为数卷《选编》本卷主编的姚某、徐某某、丁某等5人亦曾先后向世纪超星公司进行过个人作品授权。故就34卷《选编》而言，谁是该作品的著作权人或者谁有权进行授权以及授权范围如何确定系解决本案争议的关键，也是双方认识不统一导致纠纷发生的原因。典型案例2为书生网络公司诉方正阿帕比公司侵犯著作权纠纷案[1]。原告书生网络公司诉称，书生网络公司经作者授权享有《花雕》一书的信息网络传播权的专有使用权。2007年4月，书生网络公司发现被告擅自在其网站上提供该作品的在线阅读服务，认为该行为侵犯了书生网络公司对该书内容享有的信息网络传播权的专有使用权，故诉请法院要求判决被告承担侵权责任。法院查明，海某是《花雕》一书的作者，其将该书的专有出版权及电子出版物出版权等项权利授予学林出版社，又将该书含信息网络传播权的数字形式的各项权利的专有使用权和再许可权授予原告书生网络公司。电子出版物出版权和信息网络传播权都是文字作品数字化权利的表现形式，因此海某对出版社及原告的授权是否有重合之处，是引发纠纷的重要原因。

---

[1] 参见北京市海淀区人民法院（2007）海民初字第12693号民事判决书。

四、期刊数字化纠纷的主要原因

在司法实践中,涉及期刊的数字化著作权纠纷主要存在以下几个原因。

(1)数字化行为有杂志社授权,无作者授权。典型案例如刘某诉《中国学术期刊(光盘版)》电子杂志社侵犯著作权纠纷案❶。原告刘某诉称,其和张某合作创作《流动"磨房"赚钱快》(以下简称《磨房》)一文,于2005年发表在《农业知识》第10期上。《中国学术期刊(光盘版)》电子杂志社未经刘某许可,未向刘某支付报酬,以营利为目的在其经营的中国知网(www.cnki.net)的中国期刊全文数据库上使用了《磨房》,侵犯了刘某和张某的著作权。张某在本案中明确放弃著作权,故刘某诉请法院判令《中国学术期刊(光盘版)》电子杂志社停止侵权、公开赔礼道歉、支付稿酬30元并赔偿经济损失2万元。被告《中国学术期刊(光盘版)》电子杂志社辩称,其在中国知网上确实使用了《磨房》,但其已经依据与山东《农业知识》杂志社签订协议书,通过山东《农业知识》杂志社取得了作者授权,并已经通过《农业知识》杂志社向刘某支付了著作权使用费。因此,不同意刘某的诉讼请求。法院认为,刘某并不认可已经通过《农业知识》杂志社向其授权,而《农业知识》杂志社并非著作权人,《中国学术期刊(光盘版)》电子杂志社也未证明《磨房》的著作权人授权《农业知识》杂志社许可他人在互联网上使用《磨房》。因此,被告辩称其获得授权,法院不予支持。

(2)杂志社是否享有著作权有争议。典型案例如《中国科学》

---

❶ 参见北京市海淀区人民法院(2007)海民初字第19319号民事判决书。

杂志社诉维普公司、钢铁研究总院侵犯著作权纠纷案❶，原告《中国科学》杂志社诉称，该社为《中国科学 A 辑》《科学通报》等学术期刊的编辑出版单位，对上述期刊享有著作权及版式设计专有使用权。维普公司未经许可，采用扫描录入方式对上述期刊进行复制、汇编，制作成中文科技期刊数据库，并通过镜像站点、包库和个人阅读卡等方式进行销售，侵犯了该社的合法权利。钢铁研究总院作为维普公司阅读卡的销售商，应对该公司的侵权行为承担连带赔偿责任。被告维普公司与被告钢铁研究总院共同辩称，《中国科学》杂志社只是上述期刊的出版单位，在没有得到著作权人授权的情况下，该社对其出版的刊物并不享有著作权；维普公司只是摘选了期刊中的各篇作品，未对期刊进行整体使用，故并未侵犯《中国科学》杂志社的版式设计权。因此两被告不同意原告诉讼请求。

五、作品数字化纠纷的其他原因

作品数字化纠纷还有其他类型，如数字作品经营者起诉同业经营者破坏技术措施，典型案例如世纪超星公司诉书生数字公司不正当竞争及侵犯著作权纠纷案❷。原告诉称，其制作了电子图书数据库，其中有中央音乐学院图书馆独家准许其扫描复制的《我学习音乐的经过》一书，后来原告发现被告的"书生之家"电子图书数据库中也有此书，原告认为，被告通过破解了原告数据库的技术措施后复制图书内容至"书生之家"电子图书数据库，侵犯了原告的著作权，构成不正当竞争。

从深层次来看，作品的数字化不断引发著作权纠纷的主要原因

---

❶ 参见北京市海淀区人民法院（2007）海民初字第 9922 号民事判决书。
❷ 参见北京市海淀区人民法院（2008）海民初字第 25755 号民事判决书。

有以下几点。

（1）著作权人维权意识增强。近年来，随着知识产权保护法律制度的健全和知识产权保护意识的增强，越来越多的权利人开始了维权之旅。在通过协商等方式难以达到其目的时，就会到法院提起诉讼。在海淀法院审理的数字作品著作权纠纷案件中，有相当多的案件是作者起诉至法院的，而且，有的案件还体现出作者集体维权的趋势。例如，2008年出现了张某某、张某等几位作家一起向法院起诉书生公司侵犯其著作权的案件。在这类案件中，律师也起到了推进权利人维权的作用，在一些群体性案件中担当了组织角色。例如，五百多件硕士、博士起诉万方公司的案件，以及五十多件硕士、博士起诉同方公司的案件，原告各不相同，但原告的代理律师都是相同的。

（2）同业竞争。据预测，由图书馆等机构用户采购带来的电子书、数字报的销售规模将达到20亿元；由网民和手机用户带动的电子书、数字报内容销售及广告收入将达到50亿元。由于数字作品具有巨大的潜在市场，各数字作品经营者都纷纷抢占市场。世纪超星公司、书生公司和方正公司都经营图书，万方公司和同方公司都经营学位论文，万方公司、同方公司和维普公司都经营期刊，这些公司相互之间存在竞争关系。有的案件，是由这些公司之间相互起诉引起的。有的案件，原告虽然是以个人名义起诉数字图书经营者，但代理人却是另一个数字图书经营者的员工，这表明诉讼的发起有另一数字图书经营者的参与。有的案件，原告直接就是获得授权的数字图书经营者，被告也是数字图书经营者。这些案件，往往难以调解结案，原告往往想要法院作出判决，然后用这些判决在市场竞争中制约竞争对手。

第三节　作品数字化著作权纠纷的问题和建议

一、学位论文的著作权归属问题

在数字作品著作权纠纷中，有的数字作品经营者以研究生学位论文的著作权不属于学生为由进行抗辩。学位论文相对于一般的文字作品，有其特殊性，因此如何认定学位论文的著作权归属，对于解决此类纠纷有重要意义。典型案例如鲁某某诉万方公司侵犯著作权纠纷案❶。原告鲁某某诉称，《棉铃虫 Helicoverpa armigera (Hüber) 性信息素季节性变异规律的研究》一文（以下简称《棉》文）系其博士学位论文，万方公司未经许可擅自将《棉》文收入其制作的"中国学位论文全文数据库"，并出售给国家图书馆以及高等院校图书馆等用户，侵犯了原告的著作权。被告万方公司则辩称，学位论文作为文字作品具有其特殊性，因鲁某某在创作学位论文期间曾接受多方支持和帮助，故学位论文的著作权不应完全归属于作者，故万方公司对鲁某某系《棉》文著作权人持有异议。法院审理后认为，在鲁某某系《棉》文之作者。《棉》文作为学位论文文字作品有其特殊性，鲁某某在创作《棉》文期间曾接受其学位授予单位以及导师等多方支持和帮助，但《著作权法》明确规定作品之著作权原则上属于作者，且职务作品之著作权亦原则上由作者享有，万方公司亦未举证证明《棉》文系主要利用法人或者其他组织的物质技术条件创作且由法人或者其他组织承担责任的工程设计图、产品设计图、地图、计算机软件等职务作品，或者《棉》文系

---

❶ 参见北京市海淀区人民法院（2008）海民初字第9919号民事判决书。

法律、行政法规规定著作权由法人或者其他组织享有的职务作品，或者鲁某某与其学位授予单位之间对于《棉》文著作权归属存在特别约定；故法院依据现有证据确认鲁某某对《棉》文享有著作权。万方公司辩称学位论文的著作权不应完全归属于作者，缺乏事实与法律依据，法院不予采信。笔者认为，该案判决所确定的规则，即无相反证据应认定研究生学位论文的作者为著作权人，是符合《著作权法》立法宗旨的。

二、杂志社对期刊是否享有著作权的问题

在实践中，期刊上的署名情况往往比较复杂，除了杂志社外，还有编委会等，这些主体对期刊是否享有权利，也同样需要明确界定。与此问题相关的典型案例为《中国科学》杂志社诉维普公司、钢铁研究总院侵犯著作权纠纷案❶。该案简要案情如下：原告《中国科学》杂志社诉称，该社为《中国科学 A 辑》《中国科学 B 辑》《中国科学 C 辑》《中国科学 D 辑》《中国科学 E 辑》《中国科学 F 辑》《中国科学 G 辑》和《科学通报》等学术期刊的编辑出版单位，对上述期刊享有著作权及版式设计专有使用权。维普公司未经许可，采用扫描录入方式对上述期刊进行复制、汇编，制作成中文科技期刊数据库，并通过镜像站点、包库和个人阅读卡等方式进行销售，侵犯了该社的合法权利。被告维普公司与被告钢铁研究总院共同辩称，相关刊物的版权页显示，《中国科学》由中国科学院和《中国科学》编辑委员会编辑，《科学通报》由中国科学院和《中国科学》编辑委员会编辑，《中国科学》杂志社只是上述期刊的出版单位，在没有得到著作权人授权的情况下，该社对其出版的刊物

---

❶ 参见北京市海淀区人民法院（2007）海民初字第 9920 号民事判决书。

并不享有著作权。

　　本案的一个争议点为编委会和杂志社、期刊的关系。根据我国现行《著作权法》第11条的规定，享有著作权的民事主体有三类，即公民、法人和其他组织；由法人或者其他组织主持，代表法人或者其他组织意志创作，并由法人或者其他组织承担责任的作品，法人或者其他组织视为作者。根据《最高人民法院关于适用〈中华人民共和国民事诉讼法〉若干问题的意见》❶第40条的规定，《民事诉讼法》第49条规定的其他组织是指合法成立、有一定的组织机构和财产，但又不具有法人资格的组织。因此，作为著作权的主体必须能够独立享有权利并承担义务。而本案中，无任何证据表明相关期刊中所注明的"中国科学院《中国科学》编辑委员会"符合法律有关法人或其他组织的要求，故该编辑委员会不能成为享有著作权的民事主体。另外，国务院2001年12月25日公布的《出版管理条例》❷第9条第1款、第2款规定："报纸、期刊、图书、音像制品和电子出版物等应当由出版单位出版。本条例所称出版单位，包括报社、期刊社、图书出版社、音像出版社和电子出版物出版社等。"第16条第1款规定："报社、期刊社、图书出版社、音像出版社和电子出版物出版社等应当具备法人条件，经核准登记后，取得法人资格，以其全部法人财产独立承担民事责任。"由此可知，取得法人资格的出版单位系其所出版期刊的民事责任承担者，根据民事权利与义务相对应的原则，该出版单位亦应是其期刊的权利人。本案中，涉案期刊分别由科学出版社和《中国科学》杂志社出版，而科学出版社又将其对相应期刊所享有的著作权转让给

---

❶ 已失效，但当时的判决适用该条。
❷ 同上。

了《中国科学》杂志社,故在无相反证据的情况下,法院认定《中国科学》杂志社为涉案期刊的权利人。期刊由多篇文章组成,每篇文章的原始著作权都归属于各自的作者,杂志社对期刊中的文章并不享有著作权,但享有汇编作品著作权和版式设计专有使用权,因此,如果被告的使用方式涉及期刊的汇编作者,则构成侵权。

此案另一个争议点是,杂志社对期刊享有何种权利,是否有权要求数字作品经营者赔偿。杂志社对期刊进行编辑和版式设计,因此享有汇编作品著作权和版式设计专有使用权,如果被告的使用方式涉及期刊的汇编和版式设计,则可能侵犯杂志社的权利,如果被告只是单独地使用每篇文章,而且不同于期刊原有版式,则不构成对杂志社的权利的侵犯。

三、图书馆使用数字作品的公益性问题

在司法实践中,很多案件涉及图书馆使用数字化作品,在此类案件中,常见的争议是图书馆使用数字作品是否具有公益性,是否构成合理使用,主要问题有以下几个方面。

(1)公益性图书馆使用数字图书馆是否构成侵权。典型案例为陈某诉万方公司侵犯著作权纠纷案❶。被告万方公司辩称,学位论文数据库的服务对象仅限于国家图书馆以及高等院校图书馆等图书馆用户,社会公众并非学位论文数据库的服务对象,万方公司向图书馆用户提供学位论文数据库系为促进科研成果在有限的科研学术群体范围内交流使用;且万方公司仅向学位论文数据库用户收取每篇学位论文2元的开发成本费,而并未以学位论文数据库进行营利

---

❶ 参见北京市海淀区人民法院(2008)海民初字第9921号民事判决书。

性商业活动；故万方公司开发建设学位论文数据库具有促进国家科技事业高速健康发展的公益性目的。万方公司已与图书馆用户约定其仅可在内部局域网的 IP 范围内使用学位论文数据库，故万方公司已对《森林资源灾害应急机制及应急智能决策系统构架初步研究》（以下简称《森》文）传播范围予以必要限制，读者并不能在其个人选定的时间和地点获得《森》文。

除《著作权法》关于传统图书馆的合理使用规定外，我国目前关于高校数字图书馆合理使用的直接规定主要见之于 2006 年 7 月 1 日起施行的《信息网络传播权保护条例》。该条例第 7 条规定："图书馆、档案馆、纪念馆、博物馆、美术馆等可以不经著作权人许可，通过信息网络向本馆馆舍内服务对象提供本馆收藏的合法出版的数字作品和依法为陈列或者保存版本的需要以数字化形式复制的作品，不向其支付报酬，但不得直接或者间接获得经济利益。当事人另有约定的除外。"由此可见，《信息网络传播权保护条例》对高校数字图书馆的合理使用规定的范围极小，并且合理使用的适用条件也相对较为严格：首先，复制是为了陈列或保存版本的需要；其次，提供数字化作品被限制在本馆馆舍内；再次，不得直接或者间接获得经济利益。因此，该条例规定图书馆可以通过网络向本馆馆舍内服务对象提供部分数字化作品，但图书馆合理使用的空间范围仅限于图书馆内的内部网络，如果将作品数字化后上载于互联网进行传播，无疑超出该条例所规定的数字图书馆合理使用的范围，不会受到现行法律的保护。

法院认为，虽然万方公司已通过技术措施限制学位论文数据库用户仅可在内部局域网的 IP 范围内使用该数据库，但仍不排除公众通过学位论文数据库用户内部局域网获得相关论文的可能性，万方公司对相关论文传播范围之限制并未达到使得公众不能在其个人选定的时间和地点获得相关论文之程度，故学位论文数据库并不同于传统图书馆，万方公司对相关论文的商业性使用不属于《著作权法》所规定的图书馆合理使用作品之范畴。万方公司将相关论文收入"中国学位论文全文数据库"，并向用户提供该数据库以使用于用户内部局域网，已涉及对相关论文的复制、汇编和信息网络传播，且如果相关论文尚未发表，万方公司此举亦已涉及对相关论文的发表，故万方公司应取得相关论文著作权人的许可。

有学者提出，应当将高校数字图书馆作为传统高校图书馆服务在网络上的延伸来考察其法律性质，不应否认其所具有的强烈公益性质，其对作品的使用在某些情况下应当获得对信息网络传播权的合法限制。❶高校数字图书馆的作用是通过信息的传播为学生和老师服务，进而为创造和传播知识服务。高校数字图书馆对合理使用范围的要求显然远远超出现行《著作权法》及《信息网络传播权保护条例》所规定的范围。特别是高校教育数字图书馆的资源建设、文献服务、馆际交流及网络教育资源的传播，对将合理使用拓展至数字复制和网络传播方面具有更为迫切的需求。因此，有必要对现行著作权立法进行反思和修正，寻求建立更适合我国现状的、针对公益性数字图书馆，特别是高校数字图书馆的合理使用制度，将非营利教育机构的校园网、课程教学网，有条件地纳入合理使用的范围，以使高校数字图书馆更好地发挥信息传播作用，成为知识的创造和传播的源泉。

（2）公益性图书馆的法律责任。在大学图书馆购买的数字图书馆中有侵权作品的情况下，大学是否构成著作权侵权，是否应当承

---

❶ 殷凌云："高校数字图书馆合理使用之思考"，载《知识产权》2007年第7期，第44页。

担赔偿责任,成为数字作品著作权纠纷中常遇到的重要问题。典型案例为李某某诉北京理工大学侵犯著作权纠纷案❶。原告李某某诉称,其享有《国际通行职业资格认证考试指南》一书的著作权,2003 年 4 月该书由西南财经大学出版社出版。2007 年 5 月 30 日,李某某发现被告未经允许,在其图书馆网站上免费提供在线阅读、下载涉案图书的电子版。原告李某某认为被告的行为侵犯其享有的信息网络传播权,故诉请法院判决被告承担侵权责任。被告辩称,北京理工大学是涉案电子图书的最终用户,不是制作者和销售者。北京理工大学在向方正阿帕比公司购买涉案图书时,对版权问题尽到了合理的审查义务,主观上不存在侵权的故意。在接到原告的起诉书后,北京理工大学通知方正阿帕比公司立即到该校删除。北京理工大学作为最终用户,主观上不存在过错,客观上也没有实施侵权行为,且涉案图书已经删除,故请求法院驳回原告的诉讼请求。法院认为,被告校内图书馆中对涉案图书提供阅读和下载属传播行为,但学校本身亦为 Apabi 数字图书馆系统及电子图书用户,其注意义务低于出版社和方正阿帕比公司,发生侵权时其主要义务是停止侵权,删除涉案作品。

(3) 数字作品经营者的法律责任。经营者往往以其数据库主要销售给高等院校和国家图书馆为由,主张其对论文的使用属于合理使用。但法院在鲁某某诉万方公司侵犯著作权纠纷案❷中明确表示,万方公司与中信研究所签订协议后将中信研究所提供的学位论文复制、加工、汇编为学位论文数据库,并向用户提供该数据库以使用于用户内部的局域网,尽管用户主要为国家图书馆以及高等院校图

---

❶ 参见北京市海淀区人民法院(2007)海民初字第 21102 号民事判决书。
❷ 参见北京市海淀区人民法院(2008)海民初字第 9919 号民事判决书。

书馆，但万方公司系采取出售方式向用户提供该数据库，法院结合学位论文数据库宣传资料所载内容，认为万方公司在学位论文数据库中收录相关论文系对相关论文的商业性使用。法院的核心意见为：最终用户是否为公益性使用并不能给经营者的行为提供合理性，关键在于经营者的数据库制作和销售行为是否为营利性的。

四、关于著作权授权合同的解释问题

关于著作权授权合同的解释，司法实践中遇到的主要问题有以下几点。

（1）作者与出版社、杂志社的授权合同的解释。他们之间经常发生纠纷的原因主要有以下几个方面。① 作者给出版社的授权是否包含信息网络传播权。例如，2001年前作者与出版社签订授权协议时，《著作权法》尚未明确规定信息网络传播权，合同中一般会规定"电子出版权"等条款。问题在于，如何解释这些合同条款，是否应当将其解释为包括信息网络传播权。② 杂志社是否取得文章的信息网络传播权。如果杂志社在期刊上作出声明，一旦投稿，则视为作者同意杂志社可将稿件的电子版提供给某个数据库，在这种情况下，作者投稿是否可以认定为接受了声明，授予杂志社信息网络传播权？

（2）学生与学校签订的授权协议的解释问题。主要的争议点有两个方面：第一，学校是否可以对论文进行商业性使用；第二，学校是否可以转授权他人使用。发生上述争议的根本原因在于授权协议中并没有明确的相关意思表示。例如，前述的曹某某诉万方公司侵犯著作权纠纷案❶中，双方对万方公司是否据此取得授权发生争

---

❶ 参见北京市海淀区人民法院（2008）海民初字第9945号民事判决书。

议。法院的意见是,曹某某曾在提交学位论文的同时向其学位授予单位中国农业大学作出声明,同意中国农业大学以不同方式在不同媒体上发表、传播诉争学位论文,该声明并未对中国农业大学发表、传播诉争学位论文的方式予以限制,故中国农业大学据此声明有权以将诉争学位论文收入数据库之方式发表、传播。同时该声明并未明示中国农业大学有权进行转授权,但因中国农业大学并非从事发表、传播作品工作的媒体,其对诉争学位论文进行发表、传播需通过授权他人之方式,故法院认为该声明应解释为曹某某并未禁止中国农业大学转授权。中国农业大学已授权中信研究所将其所拥有的全部学位论文以有偿许可方式收入学位论文数据库,故万方公司依据其与中信研究所所签合同在学位论文数据库中收录诉争学位论文并向用户提供该数据库,法院认为万方公司之行为已经曹某某之合法授权。

(3)解释授权合同的考量因素。当前国内的中文数字作品经营尚处起步阶段。大量中文作品的数字化还需要进一步产品化。在这个过程中,降低取得作者授权的交易成本对于鼓励企业发展有重要意义。因此,对于授权合同的解释在考虑到权利保护的同时,还应当考虑对数字作品经营者的适当支持,以促进作品的传播,以利于实现《著作权法》的立法宗旨。

五、数字作品的传播与信息网络传播权

经营者销售数据库给企业、学校、图书馆等,这些单位将数据库放在内部的局域网中向局域网的用户提供在线阅览、下载或既下载又阅览服务产生的纠纷。在这些案件中,被告在局域网中使用作品是否构成对信息网络传播权的侵犯,存在一些争议。这一问题涉及对信息网络传播权的理解。

《著作权法》将"信息网络传播权"定义为"以有线或者无线方式向公众提供作品,使公众可以在其个人选定的时间和地点获得作品的权利"。根据"以受控行为定义专有权利"的基本原则,可以推出受"信息网络传播权"控制的行为是"以有线或者无线方式提供作品,使公众可以在其个人选定的时间和地点获得作品的行为"。通过网络提供作品的下载和阅览,都构成了行使"以有线或者无线方式提供作品,使公众可以在其个人选定的时间和地点获得作品的权利",唯一的问题是,局域网中使用作品,是否符合向"公众"提供作品这一要件。在鲁某某诉万方公司侵犯著作权纠纷案❶中,法院的意见是,虽然万方公司已通过技术措施限制学位论文数据库用户仅可在内部局域网的 IP 范围内使用该数据库,但仍不排除公众通过学位论文数据库用户内部局域网获得相关论文之可能性,万方公司对相关论文传播范围之限制并未达到使得公众不能在其个人选定的时间和地点获得相关论文之程度。因此,法院认定万方公司的行为使得受众具有了公众性,构成对信息网络传播权的行使。

六、避免作品数字化著作权纠纷的主要建议

近年来,著作权人的维权意识越来越强,很多著作权人都选择对侵犯著作权的行为提起诉讼,但在诉讼中,有的著作权人的一些做法存在问题,影响了其合法权益。针对审判实践中发现的著作权人通过诉讼进行维权的过程中存在的问题,笔者给著作权人提几点建议。① 著作权许可和转让合同纠纷案件中大都存在权利范围约定不明,双方当事人各执一词,法院难以凭字面含义确定当事人真实意思的情况,建议著作权人在许可他人使用作品时或转让著作权

---

❶ 参见北京市海淀区人民法院(2008)海民初字第 9919 号民事判决书。

时应当明确约定权利种类，避免因为约定不明发生纠纷。② 针对互联网著作权侵权纠纷案件中大量存在著作权人错误选择被告、错误选择管辖法院的情况，建议著作权人在面对互联网著作权侵权时，应做好诉讼前期准备工作，尽量弄清域名注册者、网站声明的权利人、ICP 备案登记者与侵权行为之间的关系，正确选择管辖法院，避免在诉讼中变更管辖法院、追加被告等诉累。③ 针对很多案件中著作权人主张的赔偿数额过高，著作权人胜诉后仍然不满意判决结果的情况，建议著作权人应对侵权赔偿数额有合理预期，不能过高估计侵权者的赔偿责任，可以通过上网查询类似案例评估较为合理的求偿数额。④ 针对一些著作权人对诉讼结果期望过高，在诉讼中过多投入精力和财力扩大了损失，胜诉后其损失难以得到完全补偿的情况，建议著作权人在发现侵权行为后应当将损失控制在合理范围内，在诉讼中适当控制相关诉讼支出费用，避免付出不必要的公证费和明显过高的律师费，因为过高的诉讼开支并不能得到法院的完全支持。⑤ 针对著作权纠纷专业性较强，一些当事人诉讼能力较弱，不能有效维护其合法权益的情况，建议著作权人在聘请律师时应当聘请有著作权纠纷处理经验的专业律师，因为缺乏专业知识和经验的律师往往不能帮助法官整理当事人的诉辩意见和证据材料，非专业律师如果错误选择了诉讼策略，也会损害著作权人的合法权益。

从司法实践中遇到的问题来看，数字作品的经营者应当注意以下几个问题。① 对于数字化学位论文的经营者，应当明确学生与学校授权协议的内容。主要应当明确的内容有：学生的授权范围应当包括数字图书馆的使用方式，学校有权转授权他人使用。② 对于数字化期刊的经营者，应当严格审查杂志社与作者的授权，在杂志社没有获得完整授权的情况下，不能仅凭杂志社的授权就使用作品。促使杂志社取得作者授权，然后从杂志社取得授权，能够降低交易成本。③对于数字化图书的经营者,应当理顺作者、出版社、数字图书经营者之间的授权关系。在出版社已经取得图书的信息网络传播权的情况下,经营者可以通过与出版社签订协议取得授权。在出版社尚未取得信息网络传播权的情况下,经营者应当直接从作者处取得授权。出版社与作者签订的出版合同及相关授权协议中的授权内容不明确的,经营者应当与出版社和作者进行核实,确保授权的合法性。

关于同业竞争,笔者建议成立行业协会,建立公平竞争秩序。行业协会是指,由同行业的企业按照自愿原则,自下而上组织起来的民间组织的通称。概括来看,行业协会主要有三大特征:组织上的自治性;目的非营利性;利益上的关联性。行业协会可以通过开展沟通、协调工作,促进行业内部、行业与行业之间、行业与政府之间进行信息交流,协调各种大量存在且不可避免的利益关系和矛盾冲突。行业协会在协调这些关系并为其自身的总体利益营造有利的市场竞争环境方面发挥着重要作用。如果数字作品经营者能够成立行业协会,一方面,行业协会约束会员的活动,可以使会员遵守竞争规则并运用自治权对违反竞争规则的行为进行规范;另一方面,行业协会为了实现会员利益的最大化常常会在会员之间进行调解和周旋,避免彼此之间的无序竞争,从而实现行业的有序竞争。

对行政管理部门,基于司法实践中遇到的问题提出以下建议:①继续重视知识产权保护。切实加强知识产权保护工作,综合运用法律的、经济的和行政的手段,引导企业、科研院所和高等学校采取有效措施,切实保护自己的知识产权,充分尊重他人的知识产权,推动全社会树立尊重和保护知识产权的良好风尚,为公民和企事业单位的发明创造、文学艺术创作以及对外科技、经济、文化合作与交流创造良好的环境和条件。②促进文字著作权集体管理组织的成立。数字图书馆解决著作权问题的最佳合法途径还是和著作权人一对一协商。事实上，我国目前有几家数字图书馆也是这样做的，例如超星数字图书馆已经取得很多作者直接授权，同意该图书馆使用其作品。由于数字图书馆通常收录作品较多，显然，要取得如此之多的作者授权并非易事，但如果通过代表权利人利益的法律中介组织，集中向作品的使用者发放许可，并将收取的使用费按照规定发放给各权利人，则既可解决权利人无暇行使其权利之忧，又可解决使用者海量协商签约之苦。在这种情况下，著作权集体管理制度就显得十分必要。

著作权集体管理制度在国外已有100多年的历史，1992年，我国成立了首家（至今也是唯一一家）著作权集体管理组织——中国音乐著作权协会。2005年3月1日起开始施行的《著作权集体管理条例》为数字图书馆使用作品授权难的问题提供了解决方案。根据《著作权集体管理条例》第2条的规定，著作权集体管理，是指著作权集体管理组织经权利人授权，集中行使权利人的有关权利并以自己的名义进行的下列活动：与使用者订立著作权或者与著作权有关的权利许可使用合同；向使用者收取使用费；向权利人转付使用费；进行涉及著作权或者与著作权有关的权利的诉讼、仲裁等。依照《著作权集体管理条例》第4条的规定，我国《著作权法》规定的表演权、放映权、广播权、出租权、信息网络传播权、复制权等权利人自己难以有效行使的权利，可以由著作权集体管理组织进行集体管理。此条虽是采取列举的办法指明集体管理的权利种类，但"等"字表明著作权的其他权利人亦可授权给集体管理组织。❶

---

❶ 孙国瑞、张辉：“从郑成思案看数字图书馆的著作权问题”，载《法律适用》2005年第6期，第73页。

《著作权集体管理条例》的颁布和实施给数字图书馆的权利取得带来了希望，但我们同时必须要看到，目前我国的著作权集体管理组织发展尚需时日，还需要有关部门、行业协会和企业的努力。

第四节　作品数字化与合理使用的认定

在网络环境下如何认定合理使用，是网络环境下的著作权纠纷案件的常见争议点之一。对于合理使用，理论上有两种观点。一种观点认为，我国《著作权法》中没有出现合理使用的用语，学理上的合理使用在《著作权法》上属于第四节"权利的限制"的一种。我国的《著作权法》与欧洲很多国家的立法体例相同。由于《著作权法》规定的被认为构成合理使用的具体情形，已经被排除在著作权人的专有权之外，所以这些具体情形是不可能构成侵权的。另一种观点认为，虽然从逻辑和理论上来说，构成合理使用的具体情形本身就已经因为权利的限制而被排除在专有权范围之外，可以认为这些情形不构成侵权，但是，在理论上也可以转换为另一种逻辑，即构成权利限制的具体情形首先是有可能构成侵权，只不过因为构成规定的特别情形，或者符合法律规定的合理使用构成要件，而被排除在侵权行为之外。合理使用在美国《著作权法》中的地位比较接近第二种观点。从司法实务的角度来看，第二种观点具有一定的可操作性。下文在第二种观点的基础上结合谷歌数字图书著作权纠纷对合理使用的具体认定规则和步骤进行分析。

围绕谷歌数字图书计划，知识产权界对合理使用的认定进行了较为深入的探讨。虽然2013年11月美国的判决认定谷歌数字图书构成合理使用,❶ 但围绕谷歌数字图书的争议还在进行。笔者作为二审承办法官审理了王某诉谷翔公司、谷歌公司侵害著作权纠纷案❷,该案为国内首例作家诉谷歌数字图书著作权纠纷案。在该案中,一、二审判决对如何认定合理使用进行了比较详细的论述,而且对有些问题有不同认识,为研究相关问题提供了较好的素材。本节对该案一、二审判决的相关论述进行了整理,并以此为基础对合理使用的认定规则进行简要分析。

一、首例谷歌数字图书著作权纠纷案引发的问题

笔名为棉棉的王某是《盐酸情人》一书(以下简称涉案作品)的作者。2009年10月,王某的委托代理人登录谷翔公司经营的域名为http://www.google.cn的"Google谷歌"网站(以下简称谷歌中国网站),在图书搜索栏目页面键入"棉棉"关键词可以搜索到涉案作品的内容片段。王某以谷歌公司电子化扫描涉案作品、谷翔公司在谷歌中国网站上显示涉案作品片段的信息网络传播行为构成侵权为由,向北京一中院提起诉讼,要求被告停止侵权、赔偿损失1 000万元。一审法院认为,谷翔公司实施了涉案信息网络传播行为,但该行为构成合理使用。谷歌公司进行电子化扫描的涉案复制行为不构成合理使用,构成侵权,应当承担停止侵权、赔偿损失的法律责任。一审法院判决:谷歌公司立即停止侵权行为;谷歌公司赔偿王某经济损失人民币5 000元,诉讼合理支出人民币1 000元;驳回王某的其他诉讼请求。

谷歌公司不服一审判决向北京高院提起上诉,请求驳回王某的

---

❶ Author's Guild, Inc. v. Google Inc. 2013 WL 6017130 (S. D. N. Y.).
❷ 参见北京市高级人民法院(2013)高民终字第1221号民事判决书。

全部诉讼请求。其上诉理由为：① 一审法院存在程序问题。首先，一审法院未对谷歌公司提出的管辖权异议作出裁定。其次，涉案的复制行为发生在美国，被诉的侵权结果发生地也在美国，因此中国的法院对本案无管辖权。② 一审法院法律适用错误。首先，因被诉侵权行为发生在美国，因此本案应当适用美国法律。其次，一审法院对提供作品的表述错误，谷歌公司并没有提供行为。再者，谷歌公司的复制行为构成合理使用，并不构成侵权。③ 一审判决确定的赔偿责任是错误的。谷歌公司的行为并没有造成损害，不应当赔偿。一审确定的赔偿数额没有事实和法律依据。王某、谷翔公司服从一审判决。

本案二审阶段的主要争议点为：① 涉案复制行为和被诉信息网络传播行为的实施主体是谁，与之相关的是涉案侵权行为的实施地点和管辖问题；② 涉案复制行为是否构成合理使用；③ 涉案信息网络传播行为是否构成合理使用；④ 一审确定的赔偿数额是否合理。在上述争议点中，最值得深入研究的问题，是如何具体认定合理使用，涉案的行为是否构成合理使用。下面分别对涉案信息网络传播行为和复制行为是否构成合理使用进行分析。

二、传播行为是否属于合理使用的一审观点

2000年3月，上海三联书店出版了涉案作品，总字数为130千字，其中包含11篇文章。该书著者署名为"棉棉"。在案证据表明，棉棉与王某系同一民事主体。为证明谷歌中国网站上公开传播了涉案作品，王某提交了（2009）京方圆内经证字第18828号公证书，该公证书表明，2009年10月30日，王某的代理人登录谷歌中国网站，进行了以下操作：① 进入其中图书搜索栏目页面，在搜索框中键入"棉棉"关键词进行搜索。在搜索结果中位于第一位的

即为涉案作品。② 点击该搜索结果，进入下一页面。该页面中显示有涉案作品的图书概述、作品的片段、常用术语和短语、作品的版权信息等内容，上述页面均在谷歌中国网站页面下，未显示其他网站网址。③ 在该页面下，选择前一页面中常用术语和短语中所列明的相应关键词进行搜索，可以看到相关的作品片段，但整个过程仍在谷歌中国网站页面下，未显示其他网站网址。

一审庭审中，王某指出，因上述过程中始终处于谷歌中国网站页面下，并未跳转到其他网站页面，故应认定涉案作品系由谷歌中国网站所提供，该网站经营者谷翔公司实施的是信息网络传播行为。谷翔公司对此不予认可，认为上述行为并非信息网络传播行为而是搜索行为。对于为何整个搜索过程中均未脱离谷歌中国网站页面这一问题，谷翔公司称该情形系由其新型的图书搜索模式所决定的，在这一图书搜索模式下，网页不会跳转到其他网站中。但其同时指出，因这一事实属于客观上难以证明的事实，故无法提交相关证据佐证。

一审法院认为谷翔公司的信息网络传播行为构成合理使用，其主要理由为以下两点。❶

第一，涉案信息网络传播行为并不属于对涉案作品的实质性利用行为，尚不足以对涉案作品的市场价值造成实质性影响，亦难以影响涉案作品的市场销路。涉案作品为文字作品，王某创作涉案作品的根本目的在于通过文字表述向读者传递其思想感情，因此，对于无法使读者相对完整地获知作者思想感情的使用行为，较难认定其属于对涉案作品的实质性使用行为。谷翔公司对涉案作品的使用系片段化的使用，其所提供给网络用户的既不是"连续"的作品章

---

❶ 参见北京市第一中级人民法院（2011）一中民初字第1321号民事判决书。

节,亦不是作品的"整个"段落,而仅是作品中的片段,每一片段一般为两三行或三四行,且各个片段之间并不连贯。这一使用方式使得网络用户在看到上述作品片段后,较难相对完整地知晓作者所欲表达的思想感情。因此这一行为尚未构成对涉案作品的实质性利用行为。同时,谷歌中国网站的这一片段化提供行为客观上亦较难满足网络用户对此类作品的基本需求。用户如欲阅读该作品,通常会依据网页中所提供的涉案网页中已载明的涉案作品名称、作者名称以及相关出版信息等信息采用购买的方式获得这一作品。谷翔公司实施的涉案行为客观上尚未对涉案作品的市场销售起到替代作用,不足以对涉案作品的市场价值造成实质性影响,亦难以影响涉案作品的市场销路。

第二,涉案信息网络传播行为所采取的片段式的提供方式,及其具有的为网络用户提供方便快捷的图书信息检索服务的功能及目的,使得该行为构成对涉案作品的转换性使用行为,不会不合理地损害王某的合法利益。由谷歌中国网站所采取的片段式的提供方式可以看出,其对于涉案作品的传播行为并非为了单纯地再现原作本身的文学艺术价值或者实现其内在的表意功能,而在于为网络用户提供更多种类、更为全面的图书检索信息,从而在更大范围内满足网络用户对更多图书相关信息的需求。鉴于保护著作权人利益以及促进作品的传播一直以来就是《著作权法》并行不悖的两个基本原则,《著作权法》为著作权人所提供的保护范围及程度不应影响公众对作品以及作品信息的合理需求,故在涉案片段式使用行为并未实质性地再现涉案作品表意功能,且又在较大程度上实现了相应图书信息检索功能的情况下,这一行为已构成对涉案作品的转换性使用,不会对王某对其作品的正常使用造成影响,亦不会不合理地损害王某的合法利益。

三、传播行为是否属于合理使用的综合评价

按照 1990～2010 年的《著作权法》第 22 条的规定,在某些情况下使用作品,可以不经著作权人许可,不向其支付报酬,但应当指明作者姓名、作品名称,并且不得侵犯著作权人依照本法享有的其他权利。除上述法律规定的具体情形外,在司法实践中,某些行为也可能被认定构成合理使用。判断某一行为是否构成合理使用,在美国《著作权法》第 107 条规定的四个要素和 TRIPs 协议第 13 条及《著作权法实施条例》第 21 条规定的"三步检验法"基础上,根据我国法律规定的实际情况,一般应当考虑以下因素:① 使用作品的目的和性质,是否为商业目的或非营利教育目的;② 受著作权保护的作品的性质;③ 所使用部分的质量及其在整个作品中的比例;④ 使用行为对作品现实和潜在市场及价值的影响。上述因素中涉及的事实问题,应当由使用者承担举证责任。在法律规定的具体情形之外认定合理使用,应当从严掌握认定标准,将合理使用情形控制在少数特殊情况下。❶ 除非使用人充分地、明确地证明其使用行为构成合理使用,否则应当认定其构成侵权。

谷翔公司主张涉案信息网络传播行为构成合理使用,但涉案信息网络传播行为并不属于《著作权法》第 22 条规定的情形,因此在判断其是否构成合理使用时,应当考察该行为是否属于符合相关要件的合理使用情形。在相关要件的认定过程中,涉案复制行为的目的和性质、使用行为对作品现实和潜在市场及价值的影响等因素的认定,需要以相关事实问题的认定为基础。谷翔公司主张涉案信

---

❶ 陈锦川:《著作权法审判:原理解读与实务指导》,法律出版社 2014 年版,第 327 页。

息网络传播行为构成合理使用，应当对该主张承担证明责任，应当提交充分证据证明相关事实问题。与在美国的作家协会诉谷歌案中谷歌公司提交大量证明构成合理使用的证据不同，在本案中，谷歌公司和谷翔公司只提交了用以证明中国法院对本案无管辖权的证据，并没有提交涉案使用作品的行为是否构成合理使用的相关证据。本案的二审法院认为，谷翔公司虽然主张涉案侵权行为构成合理使用，但并未针对相关事实提交证据。因此谷翔公司主张涉案信息网络传播行为构成合理使用，证据不足，应当不予支持。

一审法院认为，涉案信息网络传播行为并不属于对涉案作品的实质性利用，尚不足以对涉案作品的市场价值造成实质性影响，亦难以影响涉案作品的市场销路。对此笔者认为，虽然涉案信息网络传播行为只能使网络用户看到涉案作品的片段，而且各个片段并不连贯，因此不能使网络用户完整地知晓作者要表达的思想感情，但是，对涉案作品的使用行为是多种多样的，对作品的有些使用行为，例如对文字特定信息的查询，已经被涉案的信息网络传播行为所实现。对于网络用户而言，如果涉案信息网络传播行为能够实现其特定的、有限的使用目的，其就不需要再购买涉案作品的全部内容。总之，涉案信息网络传播行为有可能满足网络用户对作品的特定使用目的，从而对涉案作品的市场销售产生替代作用。当然，由于涉案信息网络传播行为有利于网络用户检索涉案作品的相关信息，因此此行为有可能会促进网络用户对涉案作品全部内容的进一步了解，从而促进涉案作品的销售。综合来看，涉案信息网络传播行为对于涉案作品的市场销售既可能有消极的影响，也可能有积极的影响。对于著作权人而言，有可能消极的影响大于积极的影响，也有可能相反。事实到底如何，需要证据来证明，而且这个问题本质上是个利益平衡问题。涉案信息网络传播行为对涉案作品是否构成实质性利用、是否足以对其市场价值造成实质性影响、什么样的利用是"实质性利用"、什么样的影响是"实质性影响",都需要以事实为基础才能进行判断。在本案中,谷翔公司均没有就相关事实提交证据,在信息不完整的情况下,一审法院的上述认定是否有充分的事实基础,还值得商榷。

一审法院认为,涉案信息网络传播行为所采取的片段式的提供方式,及其具有的为网络用户提供方便快捷的图书信息检索服务的功能及目的,使得该行为构成对涉案作品的转移性使用行为,不会不合理地损害王某的合法利益。对此笔者认为,首先需要明确的是,虽然涉案信息网络传播行为方便了网络用户对涉案作品的检索,表面上有利于直接实现公共利益,但该行为并非毫无商业目的的单纯公益行为,该行为有利于行为人吸引网络用户、增加访问流量,还有可能使行为人通过在相关网页上做广告获得直接经济收益,因此,该行为可能属于营利性经营活动的一个部分。在网络服务提供者从作品的该项传播行为中获得商业利益的情况下,原则上应当要求网络服务提供者事前得到著作权人的同意并支付相应的对价。网络服务提供者不经许可、不支付对价即以该方式使用作品,有可能损害著作权人的合法权益。在本案中,由于谷翔公司并未提交证据证明与涉案信息网络传播行为的目的和性质、使用行为对作品现实和潜在市场及价值的影响等因素相关的事实,因此一审法院在缺少证据和事实的情况下认定该行为不会不合理地损害王某合法权益,还值得商榷。

四、复制行为是否属于合理使用的一审观点

为证明涉案复制行为的实施主体是谷歌公司,实施地点在美国,中国法院对本案无管辖权,谷歌公司提交了《情况说明》。谷

歌公司的《情况说明》，对涉案作品的扫描行为说明如下："《盐酸情人》由 Google. Inc 于 2008 年 3 月 14 日在美国进行了扫描。Google. Inc 根据与位于美国的斯坦福大学的协议获得了涉案作品的纸件版本，并根据美国法律对该图书合法地进行了数字化扫描，涉案作品的数字化扫描的电子版本仅保存于 Google. Inc 在美国的服务器中。""谷翔公司、谷歌信息技术（中国）有限公司从未获得、持有该书的扫描后的复制品，其服务器中未以任何形式保存该书的扫描后的版本……，亦未以任何形式参与扫描事务。"

对于涉案作品向社会公众提供的形式，谷歌公司称："Google. Inc 通过其图书搜索计划将所扫描的图书的很少部分内容（亦即'片段'）开放给 google. cn 搜索引擎，从而使其搜索结果中出现少量的'片段'……用户可以通过搜索结果中出现的'片段'来判断该书是否是自己正在找的书，并可决定是否购买该书等事项。用户在没有购买或未得到授权的情况下，无法通过 www. google. cn 图书搜索下载或阅读受著作权保护的整部作品。"

一审庭审中，王某对谷歌公司声称涉案扫描行为发生在美国的主张不予认可。谷歌公司并未进一步提交证据证明涉案扫描行为在美国实施。此外，谷歌公司明确认可其对涉案作品进行的是"全文扫描"，但认为这一扫描行为在美国具有合法性。

本案中，王某主张的主要侵权行为包括：谷歌公司将涉案作品进行电子化扫描；谷翔公司将涉案作品向公众进行信息网络传播。谷翔公司的涉案侵权行为实施地和结果发生地均在中国，因此中国法院依法对本案有管辖权。二审法院认为，即使本案中的被告只有谷歌公司，因涉案作品在中国通过谷歌中国网站进行传播，谷歌公司很有可能在中国对涉案作品进行了电子化扫描，王某对谷歌公司声称涉案扫描行为发生在美国的主张不予认可，谷歌公司也未证明扫描行为确实在美国实施，故二审法院依证据规则对谷歌公司的主张不予采信。而且，涉案电子化扫描行为的侵权结果发生地在中国。因此，二审法院认为中国法院依法对本案享有管辖权。

一审法院认为，谷歌公司明确认可其实施了全文电子化扫描行为，该行为属于复制行为，且未取得著作权人许可，故该复制行为是否侵犯王某复制权的关键在于该行为是否构成合理使用。一审法院认定，该复制行为并不构成合理使用，主要理由如下：

（1）就行为方式而言，这一"全文复制"行为已与王某对作品的正常利用方式相冲突。著作权人对于作品的正常利用方式以《著作权法》第11条中规定的具体利用方式为限，其中最为基本亦最为重要的一种方式即为复制行为。根据《著作权法》的规定，如果他人希望复制著作权人的作品，则其有义务向著作权人支付"许可费"，该许可费即为复制权为著作权人所带来的经济利益，而发放许可亦即属于对作品的正常利用方式。当然，并非"任何程度"的复制行为均会与著作权人对作品的正常利用方式相冲突，否则将不会存在针对复制行为的合理使用情形。但无论如何，复制程度最高的"全文复制"行为，显然应属于此种情形。如果全文复制行为亦不被认定与著作权人对作品的正常利用方式相冲突，则必将使得著作权人对于复制行为的控制缺乏实质意义，亦使得《著作权法》中对于复制行为的规定形同虚设。鉴于此，在谷歌公司所实施的是全文复制行为，而该行为必然影响到王某对作品的复制行为收取许可费的情况下，该行为已与王某对作品的正常利用相冲突。

（2）就行为后果而言，这一全文复制行为已对涉案作品的市场利益造成潜在危险，将不合理地损害王某的合法利益。王某虽无证据证明谷歌公司除全文复制行为外，亦同时实施了其他后续传播行为，但这一全文复制行为却会在以下两个方面对王某的市场利益造成潜在危险：① 这一全文复制行为会为谷歌公司未经许可对涉案作品进行后续利用提供很大程度的便利。本案中，谷歌公司之所以对作品进行全文复制，其目的并不仅仅在于复制行为本身，而在于为用户提供相应作品，也就是说，其复制的目的在于对作品的"后续利用"。虽然谷歌公司主张后续的利用行为系以与权利人合作为前提，但很显然，王某对于谷歌公司是否会在后续利用作品之前取得其许可并无控制能力，考虑到在全文复制的情况下，谷歌公司对涉案作品的后续使用行为显然更加容易，谷歌公司这一全文复制行为会给王某的利益带来很大的潜在风险。② 这一全文复制行为亦会为他人未经许可使用涉案作品带来较大便利。虽然谷歌公司所复制的涉案作品系保存于谷歌公司的服务器中，但就现有技术而言，他人通过破坏技术措施等方法获得谷歌公司存储在其服务器中的涉案作品，并非不具有可操作性，因此，谷歌公司这一全文复制行为不仅有利于其本身对涉案作品的后续利用，亦会对他人未经许可利用涉案作品带来便利。

基于上述原因，一审法院认为该复制行为并不构成合理使用行为。此外，就涉案复制行为是否构成合理使用，一审判决还着重强调了以下两点。① 谷翔公司的信息网络传播行为是否构成合理使用，与谷歌公司的全文复制行为是否构成合理使用，并无必然联系。② 是否存在对复制件的后续使用或传播行为，原则上不影响对复制行为本身是否构成合理使用的认定。即便不存在后续的使用及传播行为，单独的复制行为本身亦属于对作品的正常使用方式。

五、复制行为是否属于合理使用的综合评价

根据《著作权法》第 47 条的规定，未经著作权人许可，复制其作品的，应当根据情况，承担停止侵害、赔偿损失等民事责任，

本法另有规定的除外。复制,即以印刷、复印、拓印、录音、录像、翻录、翻拍等方式将作品制作一份或者多份的行为。将涉案作品进行电子化扫描,构成对涉案作品的复制。一审法院认为,谷歌公司和谷翔公司未经王某许可,复制其涉案作品,构成对其复制权的侵害,应当依法承担停止侵害、赔偿损失等民事责任。

谷歌公司上诉主张涉案复制行为构成合理使用,但涉案复制行为并不属于《著作权法》第22条规定的几种具体情形,因此涉案复制行为是否构成合理使用,取决于其是否构成前面所述具备相关要件的合理使用行为。在前面所述的几个要件中,涉案复制行为的目的和性质、使用行为对作品现实和潜在市场及价值的影响等因素的认定,需要以相关事实的认定为基础。谷歌公司和谷翔公司主张涉案复制行为构成合理使用,应当提交充分证据证明相关事实要件成立。在本案中,谷歌公司虽然主张涉案侵权行为构成合理使用,但并未针对相关事实提交证据。因此,谷歌公司主张涉案复制行为构成合理使用,证据不足,二审法院不予支持。

根据《著作权法》第47条的规定,未经著作权人许可,复制其作品的,除非法律另有规定,应当承担停止侵害、赔偿损失等民事责任。《著作权法》并未规定复制行为要对作品的市场利益造成现实的或者潜在的损害才构成侵权。因此,只要不属于法律另有规定的情形,一旦未经著作权人许可复制其作品,就应当认定构成侵权,并不考虑该复制行为是否造成了经济利益的损害,也不考虑复制的内容是全部还是部分。《著作权法》之所以规定未经许可的复制构成侵权,并非因为单纯的复制行为会损害著作权人的经济利益,而是因为使用作品在多数情况下需以复制为前提,禁止他人未经许可复制作品,能够有效地禁止他人未经许可实际使用作品。一审判决认为,《著作权法》之所以规定复制行为原则上构成侵权,根本原因在于单独的复制行为会对著作权人的经济利益造成损害，值得商榷。

虽然未经许可的复制原则上构成侵权，但在法律规定的合理使用的情形中，有些合理使用行为的实施需要以复制为前提。在这种情况下，专门为了合理使用而进行的复制，应当与后续使用行为结合起来作为一个整体看待，不应当与后续的合理使用行为割裂开来看。换言之，如果是专门为了后续的合理使用行为而未经许可复制他人作品，应当认定为合理使用行为的一个部分，同样构成合理使用。在本案中，为了实现对作品全文中任意内容的检索，需要对作品全文的复制，如果涉案的信息网络传播行为构成合理使用，专为实现该行为而进行的复制也可能构成合理使用。一审判决认为，谷翔公司的信息网络传播行为是否构成合理使用，与涉案复制行为无关，即使后续的信息网络传播行为构成合理使用，前面专门为其复制涉案作品的行为也不构成合理使用，值得商榷。

六、小结

结合对谷歌数字图书著作权纠纷案件的上述分析，笔者认为可以得出以下结论。❶ ① 合理使用的认定，除了《著作权法》第 22 条规定的情形，还可以有例外，但应当严格掌握条件。原则上来说，只要实施了《著作权法》规定的应当由著作权人实施的行为，都应当进行有罪推定，认定其构成侵权，然后再围绕著作权法的目的根据合理使用的构成要件和在案证据来认定该行为是否构成合理使用。② 如果使用行为构成合理使用，以使用为前提的复制行为

---

❶ 石必胜："合理使用认定的有罪推定——评国内首例谷歌数字图书著作权纠纷案"，载《中国版权》2014 年第 3 期，第 19 页。

应当与该使用行为作为一个整体来看待,该复制行为也应当认定为合理使用,不能与其后的合理使用行为割裂来看。③谷歌数字图书有利有弊,是否应当给予合理使用的法律地位,应当综合考虑各种因素进行判断。网络著作权保护涉及著作权人、网络服务提供者及社会公众三者利益之间的利益平衡。利益平衡的基本态度是著作权人与网络服务提供者之间的利益的统筹兼顾、相互协调和相互平衡。❶在利益平衡的判断过程中,判断者需要的信息应当足够完整。作品使用者有义务承担举证责任,提交充分证据帮助判断者在完整的信息基础上认定合理使用是否成立。否则,使用者应当承担不利后果。④在本案中,虽然一、二审法院对是否构成合理使用有不同意见,但一、二审判决都对相关事实和法律问题进行了比较深入的分析,因此本案的一、二审判决对相关案件的审理还是有一定的借鉴作用的。

---

❶ 孔祥俊:《知识产权法律适用的基本问题》,中国法制出版社2013年版,第550页。

第四章 网络传播技术与著作权司法保护

在我国法院审理的全部知识产权民事案件中，著作权民事纠纷案件至少占到60%，❶ 在全部著作权民事纠纷案件中，涉及侵害信息网络传播权的纠纷大约占到70%。这表明，信息网络传播权的适用无疑是当前著作权审判实践中最重要的问题之一，信息网络传播权适用过程中的相关法律问题应当得到重视和深入研究。

2001年和2010年《著作权法》第10条第1款第（12）项规定："信息网络传播权，即以有线或者无线方式向公众提供作品，使公众可以在其个人选定的时间和地点获得作品的权利。"信息网络传播权的适用主要有两个方面的法律问题。① 如何理解信息网络传播权的内涵和外延。这个问题包括：如何理解"有线或者无线的方式"，如何理解"个人选定的时间和地点"。在司法实践中的具体问题包括：局域网中的传播是否可能侵害信息网络传播权，定时在线播放是否可能侵害信息网络传播权。② 认定是否侵害信息网络传播权的法律逻辑❷是什么。第二个问题与第一个问题相互交叉，而且以第一个问题为前提。第二个问题包括：依据什么具体法

---

❶ 参见《中国法院知识产权司法保护状况（2013年）》。
❷ 法学理论界对于什么是法律逻辑存在争议，此处的法律逻辑主要是指，形式逻辑在法律适用中的应用，主要表现为认定是否侵害信息网络传播权的论理过程，其中包括：依据什么法律规定和具体标准，按照什么顺序、步骤和逻辑来认定是否侵害信息网络传播权。

律规定，按照什么具体标准及对应的步骤、顺序和逻辑来认定是否侵害信息网络传播权。在司法实践中的具体问题包括：在论述是否侵害信息网络传播权时，应当依据《侵权责任法》还是《著作权法》，应当依据《著作权法》第10条第1款第（12）项还是《著作权法》第48条第（1）项；应当采用服务器标准、用户感知标准还是专有权标准；不同标准对应的论理过程是什么。

第一节 定时在线播放侵权的法律适用

随着网络技术的发展，出现了被称为"网络电视"的影视传播方式。"网络电视"按照网站确定的时间表播放电视剧和电影，引发了一系列著作权侵权纠纷。海淀法院审理的成功多媒体公司诉时越公司侵犯著作权纠纷案，是"网络电视"侵犯著作权纠纷第一案。[1] 该案中，原告是电视连续剧《奋斗》信息网络传播权的独家被许可人，被告通过其网站对《奋斗》进行24小时逐集轮播，故原告诉被告侵犯其信息网络传播权。被告辩称，其对《奋斗》的使用不属于信息网络传播权规定的使用范围，因为网络用户不能在其选定的时间观看《奋斗》的任意一集，而只能看到网站定时播放的那一集。一审法院认为，只要网络用户通过网络在其选定的时间可以获得作品的部分内容，就构成"使公众可以在其个人选定的时间和地点获得作品"，从而认定被告侵犯了原告的信息网络传播权。二审法院维持原判。但在其后的类似案件中，有的法院则认为"网络电视"侵犯的是广播权或其他权利，而非信息网络传播权。例

---

[1] 参见北京市海淀区人民法院（2008）海民初字第4015号民事判决书；北京市第一中级人民法院（2008）一中民终字第5314号民事判决书。

如，在北京市东城区人民法院审理的乐视公司诉时越公司、悠视公司侵犯著作权纠纷案中，❶法院认为，时越公司使网络用户可以"在该网站确定的时间"观看涉案影片，侵犯了原告对该影片享有的通过有线和无线方式"按照事先安排之时间表"向公众传播的权利。

于是，对如何理解和适用信息网络传播权，出现了较大分歧。有学者提出，信息网络传播权针对的是交互式传播行为，"网络电视"不具有交互性，因此不侵犯信息网络传播权。❷下文笔者拟通过对立法目的和社会效果的考察，对此问题进行分析，以利于信息网络传播权的正确适用。

一、对 WCT 第 8 条的正确理解

我国《著作权法》第 10 条第 1 款第（12）项规定："信息网络传播权，即以有线或者无线方式向公众提供作品，使公众可以在其个人选定的时间和地点获得作品的权利。""信息网络传播权的定义，直接来自于世界知识产权组织版权条约第 8 条的表述"，❸因此，对信息网络传播权的理解，不能脱离 WCT 第 8 条。为了正确理解 WCT 第 8 条，应当以 WIPO 的官方文件为依据。

最能直接表述 WCT 第 8 条制定目的的是《WCT 基础提案》❹

---

❶ 参见北京市东城区人民法院（2008）东民初字第 6196 号民事判决书。

❷ 王迁："论信息网络传播权的含义——兼评'成功多媒体诉时越公司案'一审判决"，载《法律适用》2008 年第 12 期。

❸ 胡康生主编：《中华人民共和国著作权法释义》，法律出版社 2002 年版，第 56 页。

❹ Basic Proposal for the Substantive Provisions of the Treaty on Certain Questions Concerning the Protection of Literary and Artistic Works to be Considered by the Diplomatic Conference——prepared by the Chairman of the Committees of Experts on a Possible Protocol to the Berne Convention and on a Possible Instrument for the Protection of the Rights of Performers and Producers of Phonograms, §10.14, http: //www. wipo. int/edocs/mdocs/diplconf/en/crnr_ dc/crnr_ dc_ 4. pdf, 最后访问时间：2009 年 7 月 6 日。

第 10.1 ~ 10.6 条，这几条归纳起来的主要意思是，《伯尔尼公约》对向公众传播的权利规定得比较散，分散在其第 11 条和第 14 条的相关条款中，没有涵盖文学作品（literary works）；并且技术发展导致不同于传统方式的新的传播方式出现，因而有必要补充、澄清某些《伯尔尼公约》中的权利义务，以扩展向公众传播的权利，全面覆盖向公众传播的作品种类和传播方式。《WCT 基础提案》第 10.5 条所谓的技术发展主要是指数字网络传播技术的发展，这可以通过以下三份 WIPO 官方文件得到证实。

从 WIPO 国际局起草的《遵守 WCT 和 WPPT 的益处》❶ 中可以看出，WCT 和 WPPT 是针对数字网络传播而制定的。该文件"总则"部分的表述为，WCT 和 WPPT 都是为了解决当今的数字技术带来的挑战，特别是著作权保护的材料在以互联网为例的数字网络（digital networks）中的传播。因此，WCT 和 WPPT 又经常被称为"互联网条约"（internet treaties）。该文件的"条约主要基础"（main elements of the treaties）部分的表述为，两个条约都阐明现有的权利继续适用于数字环境中，同时，它们还制定了新的网络权利。

WIPO 国际局起草的《WCT 和 WPPT》❷ 第 18 条的表述为，在 TRIPs 协议之后的预备工作期间，有一点更为明确了，即 WIPO 委

---

❶ The Advantages of Adherence to the WIPO Copyright Treaty (WCT) and the WIPO Performances and Phonograms Treaty (WPPT) ——Document prepared by the International Bureau of WIPO, http：//www.wipo.int/export/sites/www/copyright/en/activities/wct_wppt/pdf/advantages - wct - wppt.pdf，最后访问时间：2009 年 4 月 5 日。

❷ The WIPO Copyright Treaty (WCT) and the WIPO Performances and Phonograms Treaty (WPPT) ——Document prepared by the International Bureau of WIPO, http：//www.wipo.int/export/sites/www/copyright/en/activities/wct_wppt/pdf/wct_wppt.pdf，最后访问时间：2009 年 4 月 5 日。

员会和最终的外交会议的最重要和最急迫的任务就是阐明已经存在的规范和在必要情况下制定新的规范以应对数字技术特别是互联网引起的问题。该文件"结论"部分第 118 条更是强调 WCT 和 WPPT 是为了适应数字技术特别是像互联网这样的全球数字网络所导致的环境而制定的。

WIPO 的《知识产权手册：政策、法律和应用》❶ 第 5.221～5.271 条都是用以解释说明 WCT 第 8 条的，而它们的共同题目是"数字网络传播"（transmission on digital networks）。该文件第 5.221 条明确表示，制定 WCT 第 8 条是为了将作品在互联网和类似网络中传播的权利规定为作者专有权。

以上文件充分表明，WCT 第 8 条的制定目的是将作品的公众传播权全面地纳入到著作权中，尤其是将数字网络传播方式中的作品传播权纳入到著作权中。这一点在美国知识产权界得到了普遍认可。❷ 由于互联网是当时最为主要的数字网络传播方式，因此在 WIPO 的官方文件中时常以互联网来指代数字网络传播方式。

二、"选定的时间和地点"与交互性

虽然出发点是针对数字网络传播，但实际制定出来的 WCT 第 8 条已经扩展了其外延，将非数字化的传播方式也涵括其中，只是在后半部分将数字网络传播作为特例进行了强调。究其原因，系美国和欧洲对于如何具体规定作品在数字网络中传播的权利有不同意

---

❶ Intellectual Property Handbook: Policy, Law and Use, http://www.wipo.int/about-ip/en/iprm/pdf/foreword.pdf, 最后访问时间：2009 年 4 月 5 日。

❷ Dr. Mihaly Ficsor, The WIPO "Internet Treaties": The United States as the Driver; The United States as the Main "Source of Obstruction—as Seen by an Antirevolutionary Central European, 6 J. Marshall Rev. Intell. Prop. L. 17 (2006).

见。美国早在1995年公布的《知识产权与国家信息基础设施》❶中就认为，网上传播是复制和发行的结合，是同时行使了复制权和发行权，因此希望拓展发行权的外延，而将数字网络传播也纳入其中。而欧盟则提出了"向公众传播权"的概念，以反映版权人对作品在网上传播的控制，所以希望以"向公众传播权"来涵盖数字网络传播方式。❷ 双方争执不下，而在既有的国际公约中也难以找到合适的解决方案。《伯尔尼公约》中的向公众传播权（Communication to the Public）和发行权（Distribution）都难以满足 WCT 第8条的制定目的，因为这两项权利并不能全面覆盖网络传播权：前者并不扩展到某些种类的作品，而后者被认为只能覆盖一类作品，即所谓的电影作品（cinematographic works）。❸ 最终各国代表团采取了一种折中的解决办法：数字化的网上传输行为应当以不带有任何色彩的方式来描述，而不必带有具体的法律特征；这种描述既不应当是具体技术的，又应当在某种意义上反映出数字化传输的交互性（interactive nature），即当公众成员在不同地点和不同时间访问作品时，也应视为向公众提供了作品；这种专有权利的法律特征，即到底选择哪一项或哪几项权利，则完全留给各国的立法机关去决定。❹ 这种解决办法被称为"一揽子解决方案"（umbrella solution）。WCT 第8条最后虽然名为"向公众传播的权利"（Right of Communication to the Public），但同时又以举例的方式强调了数字网络传播方式。WCT 第8条的正式条文为："在不损害《伯尔尼公约》第11条第

---

❶ Intellectual Property and National Information Infrastructure, http://www.uspto.gov/go/com/doc/ipnii/ipnii.pdf，最后访问时间：2009年4月5日。
❷ 李明德：《美国知识产权法》，法律出版社2003年版，第238页。
❸ Intellectual Property Handbook: Policy, Law and Use，第5.222条。
❹ 同上书。

(1)款第（ⅱ）目、第11条之2第（1）款第（ⅰ）和（ⅱ）目、第11条之3第（1）款第（ⅱ）目、第14条第（1）款第（ⅱ）目和第14条之2第（1）款的规定的情况下，文学和艺术作品的作者应享有专有权，以授权将其作品以有线或无线方式向公众传播，包括将其作品向公众提供，使公众中的成员在其个人选定的时间和地点可获得这些作品。"❶

前文表明，制定条约时，数字网络传播与传统传播方式的区别特征被普遍地用交互性来描述。除了《知识产权手册：政策、法律和应用》第5.225条以交互性来限定数字化传输外，WIPO国际局起草的《遵守WCT和WPPT的益处》中"遵守的益处"部分在"促进电子商务"题目之下有这样的内容："数字技术使受著作权和相关权利保护的材料以数字形式在交互式网络中的传播和使用成为可能。"《WCT基础提案》第10.11条明确表示，WCT第10条（即后来的WCT第8条）后半段的主要目的之一就是明确具有交互性的按需传播属于此条的范围内。

虽然WCT第8条没有明文规定"数字网络传播"或"交互性"，但为了强调具有交互性的数字网络传播，第8条后半段专门举例说明该项权利"包括"了数字网络传播，并用"选定的时间和地点可获得这些作品"来表述数字网络传播的交互性。❷ 因此，在理解WCT第8条时必须看到，WCT第8条的基本目的是要涵盖数字传播方式，"选定的时间和地点"只是用于说明数字网络传播具有交互性特征，不能脱离数字网络传播方式来理解"选定的时间和地点"。

---

❶ 参见WCT官方中文版本，http://www.wipo.int/treaties/zh/ip/wct/，最后访问时间：2009年4月5日。
❷ Intellectual Property Handbook: Policy, Law and Use, 第5.225条。

三、信息网络传播权的立法目的

2001年，时任国家新闻出版总署署长、国家版权局局长石宗源向全国人大常委会所作的"关于《中华人民共和国著作权法修正案（草案）》的补充说明"明确表示，《著作权法》的修改有三个方面的考虑，除了人大常委会的修改意见和适应加入WTO的需要之外，还有"根据信息技术迅猛发展的新情况，增加关于网络环境下著作权保护的原则性规定"。❶ 他还提出："因此，草案对现行《著作权法》第10条规定的著作权中的财产权增加了一项传播权，即通过互联网络向公众提供作品，使公众可在其个人选定的时间和地点获得作品的权利（第4条）。"❷

2001年10月17日《全国人大法律委员会关于〈中华人民共和国著作权法修正案（草案）〉审议结果的报告》提出："修正案草案第二次审议稿第10条第11项、第37条第6项、第41条规定了信息网络传播权。有的委员提出，为保护著作权人在计算机网络传播中的合法权益，规定信息网络传播权是必要的，但对该权利的保护还应规定具体办法。"❸

由以上官方文件可知，规定信息网络传播权的根本目的是保护著作权人在计算机网络这种传播方式中的合法权利。由于互联网是当时数字网络传播的主要形式，所以立法文件中的互联网可以理解为数字网络。信息网络传播权的定义直接采用了WCT第8条后半

---

❶ 胡康生主编：《中华人民共和国著作权法释义》，法律出版社2002年版，第265页。

❷ 同上书，第268页。

❸ 同上书，第276页。

段的表述,❶ 其意并不在于排除一部分数字网络传播方式,而是以为"选定的时间和地点"要件能够充分表述数字网络传播的交互性。此外,《著作权法》第37条第1款第（6）项、第41条第1款规定了邻接权人的信息网络传播权,却并未以"选定的时间和地点"为条件,这从另一个角度印证了立法的本意在于涵盖以互联网为代表的数字网络传播方式,并不刻意强调"选定的时间和地点"而将部分数字网络传播方式排除在此项权利之外。

四、信息网络传播权的缺陷及修改建议

我国信息网络传播权的形式缺陷在于,将作为传播结果的"选定的时间和地点"规定为著作权权项的要件。按照《著作权法》的规定,信息网络传播权需同时具备三个要件：一是利用有线或无线的设备或方式,二是作品面向公众提供,三是使公众在个人选定的时间和地点获得作品。信息网络传播权的构成要件表现为"作品传播方式+传播对象+传播结果"的模式。如果按照这种模式去规定著作权权项,则《著作权法》中的其他权项将会变得混乱。例如,《著作权法》第10条第1款第（13）项中的摄制权在"以摄制电影的方法或以类似摄制电影的方法将作品固定在载体上"之后,加上"并且借助适当装置放映或者以其他方式传播",再加上"使个人在影院或家庭自由选择时间观看"。❷ 显然,加上这些传播结果要件,它已经不是"摄制权"了。著作权权项与用什么方式传播有关,但与作品是否被人欣赏无关。因此,在信息网络传播权中

---

❶ 胡康生主编：《中华人民共和国著作权法释义》,法律出版社2002年版,第56页。

❷ 乔生："信息网络传播权立法评价与完善",载《中国法学》2004年第4期。

规定作为传播结果的"选定的时间和地点"要件,不符合对著作权权项立法的形式要求。

信息网络传播权的实质缺陷在于,"选定的时间和地点"要件并不能准确表述数字网络传播的交互性,容易导致对信息网络传播权的错误理解。数字网络传播与传统的模拟信号传播的交互性的区别,可以从以下方面来理解。①在数字网络中,数字信号是双向传输的,数字信号的接收者同时也可以是数字信号的发送者;而在模拟信号通道中,信号是单向传输的,信号的接收者不能同时通过接收信号的同一通道向发送者发出信号。②在数字网络中,数字信号是发送者和接收者之间的点对点传输;而在模拟信号通道中,模拟信号是发送者同时面向多个接收者的点对多传输。③在数字网络中,接收者向发送者发出信号请求后,数字信号才会向该接收者传输,数字信号在网络上的传播由接收者触发;而模拟信号的传播由发送者触发,接收者只能选择是否接收已经存在于信号通道中的信号。❶《著作权法》的修改没有准确理解 WCT 的制定意图,将 WCT 第 8 条举例强调的情形作为独立权项予以规定,致使"选定的时间和地点"成为信息网络传播权的构成要件。但是,"选定的时间和地点"并不能准确表述上述交互性特征,因此不能准确描述包括互联网在内的数字网络传播的特点,容易导致人们对该要件的机械理解,进而错误适用信息网络传播权,使本来针对数字网络传播方式

---

❶ 关于交互性的含义,相关资料参见 http://en.wikipedia.org/wiki/Interactivity; http://google.com/search? hl = en&newwindow = 1&defl = en&q = define: interactive&ei = laRQSu7QBYPW7A0u05CABA&sa = X&oi = glossary_ definition&ct = title,最后访问时间: 2009 年 7 月 4 日。关于模拟信号与数字信号的区别,相关资料参见 http://electronics.howstuffworks.com/question7.htm; http://www.wisegeek.com/what - is - the - difference - between - analog - and - digital.htm,最后访问时间: 2009 年 7 月 4 日。

制定的权项反而不能适用于"网络电视"等数字网络传播方式，最终使信息网络传播权的立法目的无法实现。

既然信息网络传播权的形式缺陷和实质缺陷都源自"选定的时间和地点"要件，就应当考虑删除或修改该要件。但是，如果删除"选定的时间和地点"要件，信息网络传播权就变为"以有线或者无线方式向公众提供作品的权利"，而我国《著作权法》第10条第1款第（11）项规定的广播权为"以无线方式公开广播或者传播作品，以有线传播或者转播的方式向公众传播广播的作品，以及通过扩音器或者其他传送符号、声音、图像的类似工具向公众传播广播的作品的权利"，本来相互之间边界就很不清晰的广播权与信息网络传播权将更加难以区分。这就进一步提出一个问题，即这两项权利是否可以合并。

笔者认为，合并信息网络传播权和广播权完全具有可行性。WCT第8条就是合并信息网络传播权和广播权的立法例。WCT第8条规定的是在不损害《伯尔尼公约》第11条和第14条相关条款情况下的"向公众传播权"。WCT第8条包含了《伯尔尼公约》第11条和第14条相关条款中的相关权利，广播权也涵盖其中，这一点能够得到《WCT基础提案》第10条的印证。根据WIPO《WCT和WPPT的条款适用调查》❶"概况"部分第7条，在2003年4月1日，有39个成员国加入了WCT和WPPT，其中有19个国家通过制定涵盖了广播权与信息网络传播权的"向公众传播权"来实施WCT第8条。

---

❶ Survey on Implementation Provisions of the WCT and the WPPT, Standing Committee on Copyright and Related Rights, Ninth Session Geneva, June 23 to 27, 2003, Prepared by the Secretariat, http://www.wipo.int/edocs/mdocs/copyright/en/sccr_9/scer_9_6.pdf，最后访问时间：2009年4月5日。

合并信息网络传播权和广播权也具有必要性。①形式上的必要性在于，合并这两项权利有利于简化现有《著作权法》中的著作权权项，便于法律适用。著作权权项规定得越细致和复杂，相互之间的边界就越难以厘清，理解和适用起来也越容易出现偏差。美国的著作权法仅规定了复制、演绎、发行、表演、展览五项权利，[1]并没有影响著作权人行使权利或法官审理案件，反而更具有生命力，可以用于解决各种新的传播方式中的纠纷。因此，在修改信息网络传播权时，合并广播权可以扩大外延而简化权项，使新的权利范围更宽泛，也更有生命力。②合并两项权利实质上的必要性有两个方面。第一，合并能克服两者之间边界不清的问题。虽然"选定的时间和地点"要件能够在一定程度上区分广播权与信息网络传播权，但在一些新的传播方式中，两者的界限仍比较模糊。例如，在无线上网以及数字有线电视的点播和直播两种情况下，应当适用广播权还是信息网络传播权，有时难以区分，还可能会涉及《著作权法》第10条第1款第（17）项规定的其他权利。在合并两项权利后，两项权利之间的重叠和空隙问题都能得到解决。第二，合并会使新的权项具有更宽泛的外延，更具有适应性，可以适用于很多新的传播方式。无论技术如何发展，只要是通过包括数字网络和模拟信号网络在内的新的信息网络传播的作品，都可以享有新的信息网络传播权。例如，正在全面推广的数字网络手机在传播作品时可能出现的各种问题，都可以适用修改后的信息网络传播权予以解决。

综上，建议在信息网络传播权中删除"选定的时间和地点"要件，将广播权合并其中，并将法律条文修改为："信息网络传播权，即以有线或者无线方式向公众传播作品的权利。"这就确立了包含

---

[1] 17 U.S.C. §106.

数字网络和模拟信号网络等各种信息网络传播方式的真正意义上的信息网络传播权。当然，在此之前，即使现有法律规定有缺陷，也应当正确理解信息网络传播权，使之得到正确的适用。

五、立法目的解释视角下的定时在线播放问题

制定 WCT 第 8 条是为了将数字网络中的作品传播权纳入到著作权中，"使公众可以在其个人选定的时间和地点获得作品"是用以表征数字网络传播与模拟信号传播相比所具有的交互性特征。我国《著作权法》中信息网络传播权的立法目的与 WCT 第 8 条相同。因此，就立法目的而言，既然各种数字网络传播具有交互性，也就应当符合用以表征交互性的"选定的时间和地点"要件。成功多媒体公司诉时越公司案中的"网络电视"也属于一种数字网络传播方式，因此必然符合"选定的时间和地点"要件，应当适用信息网络传播权。

有学者虽然也认为"选定的时间和地点"要件是用于表征交互式传播的，但没有进一步指出其所谓的交互式传播其实就是指数字网络传播。离开立法目的，就会导致对交互性和"选定的时间和地点"要件的机械理解。但即使按照该学者对交互性的理解，"网络电视"也符合"选定的时间和地点"要件。该学者认为，与传统的传播模式相对应，交互式传播在技术上有两个突出特征。①信息内容的传输是由受众而非传播者的行为直接触发的。受众可以自主地选择信息内容以及接收信息的时间和地点。正因为如此，交互式传播也被称为"按需传播"。②信息内容的传播采用"点对点"的模式，受众是点播内容的特定个人。笔者认为，成功多媒体公司诉时越公司案中的"网络电视"恰恰是符合这两个技术特征的。首先，时越公司将作品上传至向公众开放的网络服务器之后，用户即

可在任何一台联网的计算机上（个人选定的地点）在任何一个时间点（个人选定的时间）点击该作品进行在线欣赏。虽然上传作品的时越公司才是传播者，但只有等到特定用户发出启动传输的数字信号后，数字信号从服务器向用户计算机的传输过程才会开始，是用户的点击行为触发了作品的数据信息向用户电脑的实际传输。这完全符合第一个技术特征，即网站开始向用户电脑传输《奋斗》的数字信号是由用户而非时越公司直接触发的。其次，在时越公司提供的"网络电视"中，对特定电视剧《奋斗》的传输也是在某个特定用户和服务器之间发生的，特定用户与服务器之间的数据传输是两个"点"之间的传输，受众是点播了《奋斗》的那些特定用户，而不是所有观看"网络电视"的用户。即使多个用户同时观看《奋斗》，并且服务器与特定用户之间的传输内容相同，他们的传输行为仍是相互独立的。所以，成功多媒体公司诉时越公司案中的"网络电视"也属于"窄播"而非"广播"。

在论证成功多媒体公司诉时越公司案中的"网络电视"并非交互式时，该学者提出了两点理由。该学者的第一个理由是，时越公司的"网络电视"是"点对多"而非"点对点"，因此不是交互式。但笔者以为，"网络电视"恰恰是"点对点"而非"点对多"。"网络电视"是数字网络传播方式，数字信号的传输是"点对点"而非"点对多"。即使是多个用户同时玩一个网络游戏，中心服务器与每个用户之间的数据交流都是独立的。即使有多个上网用户同时观看"网络电视"中播放的《奋斗》，且他们与主服务器之间的数据流是相同的，但他们与服务器之间的数据信号仍是各自独立的，其中一个终止传输并不影响其他继续传输，因此是多个"点对点"的集合，而不是"点对多"。该学者正确地指出了数字网络传播的特点是"点对点"而非"点对多"，但却忽略了最重要的前提，即数字网络传播本身。因此，就"网络电视"这种具体的数字网络传播方式，他错误地认为其不属于"点对点"而属于"点对多"。

该学者的第二个理由是，如果受众无法在个人指定的时间选择《奋斗》中的任何一集加以欣赏，交互性就无从谈起。也就是说，只有受众能够在个人指定的时间在网络上欣赏《奋斗》的任何一部分内容，才符合交互性特征。笔者认为此观点不妥。①从立法目的上讲，交互性根本上是用来表征数字网络传播与模拟信号传播的区别，因此其在此语境中的含义应当是指数字网络中数字信号的发送者同时也是数字信号的接受者，数字信号可以同时在二者之间进行双向传输。该学者认为交互性体现为使受众能够随时获得作品的任何一部分信息，没有论据支持，也不符合 WCT 第 8 条信息网络传播权的立法目的。②即使是并不准确地表述交互性的"选定的时间和地点"要件（members of the public may access these works from a place and at a time individually chosen by them）也不能够读出该学者所说的这层意思，因为只要使得公众可以获得（access）作品就可以了，从中并不能解释出要使公众获得作品的全部或任何部分这一含义。③符合该学者要求的网络传播方式现在恐怕还很少，目前主要的影视网络传播方式都不符合该学者的要求。其中一种传播方式需要从网络下载并储存在用户本地磁盘后再播放。在下载过程中，用户并不能观看到作品的任何内容，只有完全储存在用户本地磁盘后才能播放。按照该学者的观点，下载过程不能使公众在选定的时间观赏到影视的任何内容，下载似乎就不应当属于信息网络传播行为。另一种传播方式是通过视频分享网站上的视频点播观看或者通过网站提供的在线播放服务观看影视作品。在现有技术条件下，缓冲需要时间，网络用户也不能随心所欲地拖动进度条观看作品的任何一部分内容。按照该学者的观点,这些网络播放影视作品的方式都不符合"选定的时间和地点"要件,这样信息网络传播权能够适用的机会恐怕就很少了。因此,认为"网络电视"不具有交互性,其理由并不充分。

六、社会效果视角下的定时在线播放问题

立法目的解释并不是得到答案的唯一途径。一部法律或一个法条究竟有没有贯穿其始终的原意或目的,本身就是有疑问的。立法时,立法者们对一个问题以及如何处理这个问题的法律措施及措辞往往有不同的看法,有时甚至针锋相对。即使假定一个立法机关或者一个立法者有一个统一的意图,还必须注意,许多法律文本都是由众多的作者逐渐完成,谁的目的可以作为最终正确的目的呢?语言的非精确性以及与立法者直接对话的困难,都使得目的解释可能"仁者见仁,智者见智"。在某种意义上,对法律文本的立法目的考察是为了排斥某些解释,接受另一些解释,使解释得以正当化,获得某种合法性,而不是真正想探寻出立法者的原意或目的。司法中的所谓"解释",根本就不是一个解释的问题,而是一个判断的问题。所有的解释方法背后的理由并不是智识性的,而是政治性或功利性的。司法的根本目的并不在于搞清楚文字的含义是什么,而在于判断什么样的决定是比较好的,是社会可以接受的。[1] 因此,在当前中国的语境下,除了探寻立法目的之外,更重要的是要考察对信息网络传播权的解释哪种是比较好的,是社会可以接受的。

在考察法律解释的社会效果时,首先应当考虑的是哪些人的利

---

[1] 苏力:"解释的难题——对几种法律文本解释方法的追问",载《中国社会科学》1997年第3期。

益与此法律条文的解释密切相关。信息网络传播权如何解释，最直接的利害关系人是许可和转让信息网络传播权的合同当事人。例如，在成功多媒体公司诉时越公司侵犯著作权纠纷案中，成功多媒体公司是从《奋斗》的原始著作权人那里继受取得信息网络传播权的，如果合同的相关条款明确规定授予成功多媒体公司的权利仅为《著作权法》中的信息网络传播权，而没有在合同中对信息网络传播权作特殊的界定，那么对法定信息网络传播权的解释就直接决定了成功多媒体公司是否有权就时越公司的行为提起诉讼。因此，法院在解释信息网络传播权时，应当重点考虑签订信息网络传播权许可或转让合同的相关行业大多数人对信息网络传播权是如何理解的。只有法院的解释符合多数人的理解，才能使此类合同发生纠纷的可能性降到最低，社会成本降到最低。如果法院的解释与相关行业大多数人的理解相悖，则会增加此类合同发生纠纷的可能性，也会增加著作权的交易成本和纠纷解决成本等各种社会成本。

相关公众是如何理解信息网络传播权的呢？下面以法院审理的几个典型的涉及侵犯影视作品信息网络传播权的案件为样本来分析相关行业的多数人对信息网络传播权的理解。例一，在乐视公司诉时越公司和悠视公司侵犯著作权纠纷案中，橙天智鸿公司于2008年1月29日将电影《我叫刘跃进》在"中国大陆地区的信息网络传播权"独家授予乐视公司，双方在合同中约定，信息网络传播为"有线或无线方式"，包括了点播、直播和轮播，而且包括网吧中的传播。例二，在成功多媒体公司诉时越公司侵犯著作权纠纷案中，鑫宝源公司于2007年6月29日将《奋斗》在"中国大陆地区的独家信息网络传播权（包括转授权及打击网络盗版的权利）"授予成功多媒体公司。例三，在中凯公司诉亨特尔公司侵犯著作权纠纷案中，[1]中国电影集团公司、二十一世纪盛凯公司、融建公司、Moonstone Entertainment Inc. 于 2005 年 11 月 25 日将《无极》在中国大陆地区的音像制品著作权和"基于互联网（包括但不限于广域网、局域网、有线和无线通讯网络）的图像和声音的传播和公开传播销售的权利独家授予原告，附带其他权利还包括：适用于基于互联网传播的高清电视（IPTV）、数字播放器终端所对应的节目形式的业务，为配合 VOD 业务的发展而配套的无线通讯网络的使用授权，终端消费方式包括：点播、广播和下载"。例四，在网尚公司诉搜狐公司侵犯著作权纠纷案中，[2]骄阳公司于 2007 年 12 月 6 日将《蝴蝶飞》的相关权利独家授予光线公司，授权内容为"网络信息传播权：基于互联网（包括但不限于广域网、局域网、有线和无线通讯网络）的影视节目传播和公开播映销售的权利，基于互联网传输的高清电视（IPTV）、NVOD，适用于除电视机以外的其他数字化终端设备等"。例五，在成功多媒体公司诉时越公司侵犯著作权纠纷案[3]中，华视公司于 2007 年 8 月 15 日将《荣归》的独家信息网络传播权及转授权与打击网络盗版的权利授予成功多媒体公司，"独家信息网络传播权包括但不限于 IPTV、网络点播、网络直播及网络下载"。

从以上案例相关资料可以看出：①从授权主体上看，成功多媒体公司、中凯公司、中国电影集团公司、网尚公司在影视行业中具有较强的代表性，它们对信息网络传播权的理解也具有较强的代表

---

[1] 参见北京市海淀区人民法院（2008）海民初字第 33400 号民事判决书。
[2] 参见北京市海淀区人民法院（2008）海民初字第 17183 号民事判决书。
[3] 参见北京市海淀区人民法院（2008）海民初字第 13754 号民事判决书。

性。②从授权内容上看，上述合同都以数字网络传播方式来限定信息网络传播权，强调信息网络传播包括了点播、直播、轮播、下载，而弱化了"选定的时间和地点"要件的限制。相关行业大多数人的理解其实是符合立法目的的。为了满足社会效果的需要，也应当将信息网络传播权正确适用于数字网络传播。如果对"选定的时间和地点"进行机械解释而将那些都属于数字网络传播的互联网传播方式排除在信息网络传播权之外，将致使在相关公众中本来清晰的权利边界变得模糊，甚至引发交易秩序的动荡。

七、文义解释视角下的定时在线播放问题

即使在文义上，数字网络传播方式也能够解释为符合"选定的时间和地点"要件。下文以"网络电视"为例进行说明。传统电视的多种信号已经存在于通道之中，受众只能选择决定接收哪一种信号。而"网络电视"的信息并不预先存在于信息网络中，数字信号什么时候开始在信息网络中传播，是由受众启动的。作品的数字信息的传播，根本上由受众在其个人"选定的时间和地点"启动。因此，从文义上解释，"网络电视"也符合"选定的时间和地点"要件。

如果数字网络中的影视节目按照固定时间表播放，是否就不能满足"选定的时间和地点"要件呢？在成功多媒体公司诉时越公司案中，《奋斗》在"网络电视"中是24小时轮播，公众可以随时看到正在播放部分的内容，因此可以说公众能够在其选定的时间获得作品。但如果固定时间表并不是24小时轮播，而是像电视节目一样只在晚上8点~10点之间才连续播放两集，那么公众就不能够"随时"获得作品了。在这种情况下，正如时越公司所辩称的那样，是不能使公众在个人选定的"任何"时间获得作品的。但关键问题

在于,"使公众可以在其个人选定的时间获得作品"是否应解释为"使公众可以随时获得作品"。笔者以为不能。假设因为线路故障,提供《奋斗》的网络点播的网站服务器每天会与互联网断开两个小时,客观上使公众并不能在那两个小时获得《奋斗》。这种情况下,事实上被告并不能使公众随时获得作品,但认定被告侵犯了信息网络传播权恐怕并不会有争议。这个例子表明,"个人选定的时间"不能理解为"随时"。客观上讲,由于种种条件的限制,并不存在绝对能够使公众"随时"获得作品的情形。"个人选定的时间"应当解释为在客观条件准许的前提下。例如,在被告的服务器存有作品并允许接入的情况下,个人有权自由决定是否在某个时刻开始"点对点"的传播。

如果按照字面含义机械解释"选定的地点"要件,有两类案件中的传播行为也难以认定为符合此要件。第一类案件是网吧播放电影引发的纠纷。典型案例如梦通公司诉吴瀚时空公司侵犯著作权纠纷案。❶ 在该案中,被告把其他公司向其提供的影视库储存在本地服务器上,并在网吧电脑桌面上设置了"本地电影"图标,供上网用户观看包括涉案影片《贞观长歌》在内的影视作品。原告主张被告侵犯了其继受取得的《贞观长歌》的信息网络传播权。在此类案件中,因为只有在网吧的电脑上才能获得作品,所以并不是"任意地点"都能使公众获得作品。第二类案件是局域网中的"数字图书馆"引发的纠纷。这里所说的"数字图书馆",是指一些公司为了营利而制作的收集大量数字化图书的数据库。国内经营此类数据库的企业有世纪超星公司、方正阿帕比公司、同方公司、维普公司、书生公司等,它们都有两种经营方式:一是通过互联网提供"数字

---

❶ 北京市海淀区人民法院(2007)海民初字第25154号民事判决书。

图书馆"中作品的在线阅览或下载,二是向机构用户销售"数字图书馆",由机构用户将"数字图书馆"放在局域网中供用户在线阅览或者下载。在第二种经营方式中,❶只有接入局域网的电脑用户才能获得涉案作品,而非公众在个人选定的"任何"地点都能够获得作品。实际上,各地法院对上述两类案件的判决都认定被告侵犯了原告的信息网络传播权。❷由于当事人没有争议,尚无判决对上述两种情形是否符合"选定的地点"要件进行过详细论述。但在上述两种情形中,由于用户可以在网吧或局域网的任一电脑上获得作品,而具体使用哪一台电脑,用户可以进行选择,因此,即使从文义上解释,上述两种情形也符合"选定的地点"要件。法院在这个问题上的实际处理规则表明,法院更重视数字网络传播方式,而对"选定的地点"要件进行相对灵活的解释。这种处理既符合立法目的,也符合相关行业多数人的理解,体现了司法的智慧。

八、小结

前文的分析表明,信息网络传播权是否适用于定时在线播放,根本上是个法律解释问题。除了要正确理解立法目的,更重要的是要考察法律适用的社会效果。本节的分析表明,无论是 WCT 第 8 条的制定,还是我国《著作权法》的修改,都是为了将作品在数字网络中的传播权交给著作权人,而"选定的时间和地点"要件之所

---

❶ 典型案例如徐某诉北京书生数字技术有限公司、北京书生网络技术有限公司侵犯著作权纠纷案。参见北京市海淀区人民法院(2008)海民初字第 2506 号民事判决书;北京市第一中级人民法院(2008)一中民终字第 10042 号民事判决书。

❷ 例如,江苏省扬州市中级人民法院作出(2007)扬民三初字第 47 号民事判决书,就广东梦通文化发展有限公司诉扬州市广陵区易谈网吧侵犯《贞观长歌》信息网络传播权案支持了原告的诉讼请求。

以出现,是为了表征数字网络传播的交互性。既然如此,就不能机械地解释"选定的时间和地点"要件而排除对部分数字网络传播方式适用信息网络传播权。对"选定的时间和地点"要件的理解,不仅应当符合立法目的,而且应当符合相关行业中多数人的理解。在相关行业多数人对信息网络传播权的理解符合立法目的时,即应当按照这种理解适用法律。在数字网络传播中,由于数字网络中数据是否开始向特定受众传输根本上是由受众"在其个人选定的时间和地点"决定的,因此即使从文义上解释,包括"网络电视"在内的数字网络传播也符合"选定的时间和地点"要件。现有争议源于现行立法不当地直接采用了 WCT 第 8 条的后半段。为弥补立法缺陷,根本的解决办法是修改立法,删除"选定的时间和地点"要件,将广播权合并其中,确立名副其实的以信息网络传播方式为区别特征和必要特征的信息网络传播权。

第二节 侵害信息网络传播权的法律逻辑

一、侵害信息网络传播权的主要法律逻辑

当前,深层链接、内容聚合等新类型的网络传播方式引发的信息网络传播权的法律适用问题引起了理论界和实务界的大量讨论。至今为止,司法实务界和法学理论界对于按照什么样的标准和逻辑来认定是否侵害信息网络传播权,仍然存在较大争议。对于适用什么样的法律逻辑来认定侵害信息网络传播权的研究既有理论意义也有实践价值。笔者拟对这个问题的相关意见进行整理和评述,以期为统一认定是否侵害信息网络传播权的标准和逻辑提供帮助。下文将讨论两个问题:第一,认定侵害信息网络传播权的具体标准及法

律逻辑主要有哪些；第二，具体认定标准及其法律逻辑的不统一表明哪些问题有必要进行研究。

在司法实践中，认定侵害信息网络传播权的具体标准及对应的法律逻辑的差异，主要出现在被诉行为并非直接将作品上传至服务器的纠纷中。为了简要展示认定是否侵害信息网络传播权主要有哪些具体标准及法律逻辑，下面以 2004 年由北京高院终审的新力唱片公司诉世纪悦博公司案❶为基础，为以后的讨论提供共同的事实前提。在本案中，新力唱片公司是《站站舞》等 11 首涉案歌曲的录音制品制作者，新力唱片公司发现网络用户在世纪悦博公司经营的网站（www.chianmp3.com）上可以下载涉案歌曲，因此诉至法院要求世纪悦博公司承担侵权责任。世纪悦博公司辩称涉案歌曲并非存储在被诉网站，而是在其他网站的服务器上，被诉网站只提供了涉案歌曲的链接，不应当审查涉案歌曲的合法性，因此不构成侵权。法院经审理查明，被诉网站对涉案歌曲进行了选择和推荐，并以逐层递进的菜单形式引导用户选择要下载的歌曲。网络用户在点击涉案歌曲的链接之后，可以在被诉网站完成涉案歌曲的下载，下载过程中不需要访问被链网站。在本案中，北京一中院和北京高院均认定被诉行为构成对新力唱片公司的录音制品制作者权的侵害，因此判决世纪悦博公司承担侵权责任。❷

假设本案发生的时间不是 2004 年而是 2014 年，那么 2006 年的《信息网络传播权保护条例》、2010 年的《侵权责任法》和 2012 年的《信息网络传播权司法解释》均可以适用于本案。在本案上述事实基础上，可以进一步讨论认定被诉行为是否侵害信息网

---

❶ 参见北京市高级人民法院（2004）高民终字第 714 号民事判决书。

❷ 同上。

络传播权时，可能存在哪些主要的具体标准和对应的法律逻辑。

二、不同法律逻辑的论理过程

（1）服务器标准。服务器标准隐含了三个基本前提：第一，主要依据《著作权法》而非《侵权责任法》来认定是否侵害信息网络传播权；第二，主要依据《著作权法》第10条第1款第（12）项关于信息网络传播权的定义来判断是否侵害信息网络传播权；第三，侵害信息网络传播权可以分为直接侵权和间接侵权，直接侵权对应于信息网络传播行为，间接侵权以过错为前提。在此基础上，服务器标准认为，只有将作品（在本节中包括作品、表演、录音录像制品）上传至向公众开放的网络服务器的行为，才是受信息网络传播权控制的网络传播行为，也才有可能构成对信息网络传播权的直接侵权。❶

按照服务器标准，法官可能会对本案中被诉行为是否侵害信息网络传播权进行以下论述：首先，上传作品构成受信息网络传播权控制的网络传播行为。❷ 在本案中，世纪悦博公司并没有将涉案作品上传至网络服务器，将涉案作品上传至网络服务器的是案外人，因此，被诉设链行为并不构成受信息网络传播权控制的网络传播行为，不构成直接侵权。其次，虽然世纪悦博公司不构成直接侵权，但是，如果世纪悦博公司有过错，仍可能构成间接侵权。在本案中，需要进一步认定世纪悦博公司是否存在过错，是否构成间接侵权。

（2）用户感知标准。用户感知标准隐含了服务器标准遵守的前

---

❶ 王迁：“网络环境中版权直接侵权的认定”，载《东方法学》2009年第2期。
❷ 王迁：“再论'信息定位服务提供者'间接侵权的认定——兼比较'百度案'与'雅虎案'的判决”，载《知识产权》2007年第4期。

两个基本前提,但用户感知标准对信息网络传播行为的理解与服务器标准不同,用户感知标准以用户是否感觉到网络服务提供者提供了作品作为是否实施信息网络传播行为的标准。

按照用户感知标准,本案中法院认定世纪悦博公司是否侵害信息网络传播权的法律逻辑为:虽然世纪悦博公司仅仅对第三方网站中的内容设置了深层链接,但如果网络用户感觉到涉案作品直接来自于被诉网站,也可以认定世纪悦博公司未经许可提供了涉案作品,构成对信息网络传播权的直接侵害。本案的关键在于,在本案现有证据基础上,是否可以认定网络用户感知到涉案作品直接来自于被诉网站。

(3)专有权标准。专有权标准(也可称为法律标准)对于信息网络传播行为的界定与服务器标准和用户感知标准都不相同,其核心观点为:首先,应当区分作品提供行为与网络服务提供行为;其次,是否属于作品提供行为,应当以是否构成对于著作权专有权的行使或者直接侵犯为标准进行判断,不能按照服务器标准和用户感知标准来判断;再次,基于前面对作品提供行为的内涵的界定,可以将作品提供行为的外延扩展到除了直接上传至服务器的行为之外;最后,《著作权法》第10条第1款第(12)项从正面规定了著作权人的专有权,该规定界定了此项专有权的范围和特征,从积极权能即权利人主动行使权利的角度界定信息网络传播权,而对于消极权能即排斥他人侵权的权利的规定,则主要通过侵权责任的规定体现出来,《著作权法》第48条第(1)项、第(3)项、第(4)项规定的是排斥他人的消极权能。❶ 2012年的《信息网络传播

---

❶ 孔祥俊:"论信息网络传播行为",载《人民司法(应用)》2012年第7期,第59页。

权司法解释》采用了专有权标准。❶

按照专有权标准,本案中认定被诉行为是否为侵害信息网络传播行为的法律逻辑为:被诉行为中的设链行为明显不是上传作品至服务器的行为,因此,接着需要考虑的是,被诉行为中的设链行为是否属于专有权标准下的其他作品提供行为。虽然上传至服务器的行为是"最初"将作品置于网络中的行为,被诉设链行为似乎并不属于"最初"将作品置于网络中的行为,但是,根据《信息网络传播权司法解释》第5条的规定,如果被诉设链行为使得世纪悦博公司"实质替代其他网络服务提供者向公众提供相关作品的,人民法院应当认定其构成提供行为"。因此本案争议焦点之一可能在于被诉设链行为是否构成《信息网络传播权司法解释》第5条规定的实质替代型提供行为。如果被诉设链行为可以构成实质替代型提供行为,则可以认定为直接侵害信息网络传播权;如果被诉设链行为不可以构成实质替代型提供行为,则应当进一步认定被诉设链行为是否构成信息网络传播行为,行为人是否有过错,是否构成间接侵权。

(4)法律逻辑混乱的原因。在理想状态下,司法实践中认定是否侵害信息网络传播权的法律逻辑应当是统一的,起码不应当有如此大的争议。认定是否侵害信息网络传播权的法律逻辑之所以如此混乱,是因为对以下问题的看法既不明确又缺乏共识。①《侵权责任法》与《著作权法》在适用过程中如何协调。认定是否侵害信息网络传播权的过程中,是必须适用还是可以适用《侵权责任法》第36条?哪些情况下应当适用或可以适用《侵权责任法》第36

---

❶ 王艳芳:《〈关于审理侵害信息网络传播权民事纠纷案件适用法律若干问题的规定〉的理解与适用》,载《人民司法(应用)》2013年第9期,第14页。

条?②《著作权法》第10条第1款第（12）项与《著作权法》第48条第（1）项、第（3）项、第（4）项的关系如何协调。认定是否侵害信息网络传播权时，是否可以单独适用《著作权法》第10条，还是必须与《著作权法》第48条结合？进一步的问题是，著作权是否可以像商标权的专用权和禁止权一样分为积极权能和消极权能？③如何评价服务器标准、用户感知标准和专有权标准及其适用过程中的法律逻辑。这三个标准是否合理合法？适用这三个标准及对应的法律逻辑是否会产生问题？④如何看待直接侵权与间接侵权。直接侵权与间接侵权之说是否有法律依据？在认定侵害信息网络传播权的过程中，是否要使用直接侵权和间接侵权的概念？直接侵权与间接侵权之说与《侵权责任法》如何协调？⑤不同认定标准及相应法律逻辑的争论的本质是什么。当前围绕深层链链、内容聚合等新的网络传播方式的各种争议到底在争什么？是法律概念和法律逻辑之争，还是价值判断标准和利益分配规则之争？

三、侵害信息网络传播权与《侵权责任法》的适用

在《侵权责任法》实施之后，司法实践中很多认定是否侵害信息网络传播权的判决书开始援引《侵权责任法》的相关规定，尤其是《侵权责任法》第36条的规定。笔者注意到，有些判决书只援引了《侵权责任法》或者《著作权法》，有些判决书对二者都进行了援引。不同法律依据的援引，当然对是否侵害信息网络传播权的法律逻辑产生重要影响。由此产生了一个问题，对于认定是否侵害信息网络传播权，《侵权责任法》与《著作权法》在适用过程中如何协调？为了规范法律适用和统一法律逻辑，本节拟从以下几个方面对该问题进行分析：第一，认定侵害信息网络传播权是否必须适用《侵权责任法》；第二，是否有必要适用《侵权责任法》；第三，

哪些情况不适用《侵权责任法》；第四，是否可以单独适用《侵权责任法》。

（1）是否必须适用《侵权责任法》，尤其是《侵权责任法》第36条？有观点认为，必须要适用《侵权责任法》。因为《侵权责任法》规定的民事权益包含了著作权，认定是否侵害信息网络传播权必须要适用《侵权责任法》，相对于《著作权法》，《侵权责任法》是基本法律；而且，根据《最高人民法院〈关于裁判文书引用法律、法规等规范性法律文件的规定〉》第2条的规定，并列引用多个规范性法律文件的，"同时引用两部以上法律的，应当先引用基本法律，后引用其他法律"，这似乎表明基本法律应当优先适用。笔者认为，这种观点值得商榷。

2015年《立法法》第88条规定："法律的效力高于行政法规、地方性法规、规章。行政法规的效力高于地方性法规、规章。"这表明，法律适用应当遵守上位法高于下位法的原则。但与此同时，2018年《立法法》第94条第1款规定："法律之间对同一事项的新的一般规定与旧的特别规定不一致，不能确定如何适用时，由全国人民代表大会常务委员会裁决。"这表明，同位阶的法律适用地位是平等的。虽然《侵权责任法》第2条规定的民事权益包括著作权，《侵权责任法》相对于《著作权法》可以称为基本法律，但是，《著作权法》与《侵权责任法》都是全国人大常委会制定的法律，不存在谁的效力更高的问题，二者的位阶是相同的，对于侵害信息网络传播权的纠纷，不存在《侵权责任法》与《著作权法》哪一个应当优先适用的问题，更不存在必须要适用《侵权责任法》的理由。因此，前面所述的观点是错误的。

（2）是否有必要适用《侵权责任法》？虽然从法理上来说，认定是否侵害信息网络传播权时可以适用《侵权责任法》，但也有观点认为，没有必要适用《侵权责任法》。这种观点的主要理由是，根据《著作权法》《信息网络传播权保护条例》和《信息网络传播权司法解释》足以认定是否侵害信息网络传播权，而且，在《侵权责任法》实施之前，已经有大量对是否侵害信息网络传播权案件进行的认定，所以《侵权责任法》的相关规定对于是否侵害信息网络传播权的认定并无影响。笔者认为，这种观点值得商榷。

虽然在《侵权责任法》实施之前，人民法院依照《著作权法》《信息网络传播权保护条例》《信息网络传播权司法解释》可以认定是否侵害信息网络传播权，但是，如果《侵权责任法》对某些问题作出了更为具体的规定时，应当适用《侵权责任法》的具体规定。虽然《最高人民法院〈关于裁判文书引用法律、法规等规范性法律文件的规定〉》等规范性文件没有对此作出规定，但可以从《立法法》中找到相应的依据。2015年《立法法》第92条规定："同一机关制定的法律、行政法规、地方性法规、自治条例和单行条例、规章，特别规定与一般规定不一致的，适用特别规定；新的规定与旧的规定不一致的，适用新的规定。"上述规定表明，法律适用应当遵守体现在2015年《立法法》第92条规定中的特别规定优于一般规定的原则。而从这个原则出发，似乎可以推断出，在位阶相同的情况下，相对于有一般规定的法律，应当优先适用有具体规定的法律。作为与《侵权责任法》同位阶的法律，对于间接侵权和通知删除规则等情形，《著作权法》并没有具体规定，而《侵权责任法》第9条和第36条却有具体规定。在这种情况下，按照具体规定优于一般规定的原则，也应当适用《侵权责任法》的具体规定。当涉及通知删除规则时，或者当涉及间接侵权的认定时，《著作权法》没有具体的法律规定，这时认定是否侵害信息网络传播权，应当需要适用有相应具体规定的《侵权责任法》第9条或第

36条第2款。关于间接侵权中的帮助侵权和教唆侵权,《侵权责任法》第9条第1款规定:"教唆、帮助他人实施侵权行为的,应当与行为人承担连带责任。"

有观点认为,虽然《侵权责任法》对通知删除规则没有规定,但是《信息网络传播权保护条例》有相关规定,这是否意味着没有必要适用《侵权责任法》呢?笔者认为,这个时候,恐怕又要注意法律适用的另一个原则,即上位法效力高于下位法的原则。在上位法有相关规定的时候,下位法只能作为补充性依据,不能代替上位法,因此,在上述情形下,应当适用《侵权责任法》,《信息网络传播权保护条例》如果有更为具体的规定,还可以起到补充作用,与《侵权责任法》结合起来适用。

(3)哪些情况不适用《侵权责任法》?如果被诉行为是直接上传作品的行为,当然需要适用《著作权法》第10条第1款第(12)项和第48条的规定,而这种情况下是否有必要再适用《侵权责任法》第36条呢?笔者认为,没有必要。虽然《侵权责任法》第36条第1款的规定非常概括:"网络用户、网络服务提供者利用网络侵害他人民事权益的,应当承担侵权责任",这一规定可以将所有侵害信息网络传播权的情形都概括进去,适用该规定并不存在法律适用错误,但是,在决定是否应当适用该规定时,似乎应当考虑以下两个问题。①法律适用应当遵守具体规定优于一般规定的原则。具体法律问题的具体处理规则可能符合很多法律的一般规定,在法律的具体规定可以满足具体法律问题的处理的情况下,应当适用针对性最强的具体规则,没有必要再将能够将该具体规定概括进来的所有一般规定都引入。否则,就会造成法律适用的不准确和不必要重复。②判决书援引法条应当简化。如果要求在判决书中援引能够将具体规则概括进来的所有一般性规定,将会对真正起作用的具体规定或特别规定产生"稀释"作用，反而让人搞不清楚到底是什么法律规定产生了实际作用。因此，判决书对法条的援引应当尽量简化。

除了被诉行为是直接上传作品的行为之外，按照前文所述的规则，如果其他被诉行为是否侵害信息网络传播权能够在《著作权法》里找到充分的法律依据，或者不需要在《侵权责任法》中寻找相应法律依据，同样不必适用《侵权责任法》。

（4）是否可以单独适用《侵权责任法》。有观点认为，《侵权责任法》可以适用于所有民事权益的侵权纠纷，《侵权责任法》第36条更是较为具体地规定了网络环境下的侵权纠纷，因此对于侵害信息网络传播权的案件，可以单独适用《侵权责任法》，不必再适用《著作权法》。笔者认为，这样的观点是错误的。《侵权责任法》第36条第1款规定："网络用户、网络服务提供者利用网络侵害他人民事权益的，应当承担侵权责任。"这一条文只是规定"应当承担侵权责任"，并没有对如何才能认定侵害他人民事权益作具体规定。因此，对于是否侵害信息网络传播权的争议，应当依据《著作权法》第10条第1款第（12）项和第48条的具体规定进行认定。

《侵权责任法》第36条第2款规定："网络用户利用网络服务实施侵权行为的，被侵权人有权通知网络服务提供者采取删除、屏蔽、断开链接等必要措施。网络服务提供者接到通知后未及时采取必要措施的，对损害的扩大部分与该网络用户承担连带责任。"第36条第2款虽然规定了被侵权人有权通知和网络服务提供者应当及时采取必要措施的义务，但是，这些权利和义务的基本前提是"网络用户利用网络服务实施侵权行为"。这个基本前提是否成立，单独从《侵权责任法》中是找不到法律依据的，需要适用《著作权法》才能具体认定网络用户是否实施侵权行为。

《侵权责任法》第36条第3款规定："网络服务提供者知道网络用户利用其网络服务侵害他人民事权益，未采取必要措施的，与该网络用户承担连带责任。"第36条第3款的具体适用，同样需要一个前提，即"网络用户利用其网络服务侵害他人民事权益"，而在《侵权责任法》中，缺乏具体认定网络用户是否侵害他人信息网络传播权的法律依据。因此，同样需要适用《著作权法》才能具体认定他人是否实施侵权行为。

前文的分析表明，对于侵害信息网络传播权，《侵权责任法》没有能够据此认定直接侵害信息网络传播权的法律依据，只有《著作权法》第10条第1款第（12）项才能作为认定是否直接侵权的法律依据。在这种情况下，无论依据《侵权责任法》第36条第1款的规定认定网络用户和网络服务提供者是否直接侵权，还是依据第36条第2款、第3款的规定认定网络服务提供者是否间接侵权，都需要与《著作权法》的相关规定结合起来适用。因此，不能单独依据《侵权责任法》认定是否侵害信息网络传播权。

本节的分析表明，对于侵害信息网络传播权的纠纷，不存在《侵权责任法》与《著作权法》哪一个应当优先适用的问题，更不存在必须要适用《侵权责任法》的理由，因此，认为必须适用《侵权责任法》的观点是错误的。当涉及通知删除规则时，或者当涉及间接侵权的认定时，《著作权法》没有具体的法律规定，这时需要适用有相应具体规定的《侵权责任法》第9条或第36条第2款。除了被诉行为是直接上传作品的行为之外，按照前文所述的规则，如果其他被诉行为是否侵害信息网络传播权能够在《著作权法》里找到充分的法律依据，或者不需要在《侵权责任法》中寻找相应法律依据，同样不必适用《侵权责任法》。无论依据《侵权责任法》第 36 条第 1 款的规定认定网络用户和网络服务提供者是否直接侵权，还是依据第 36 条第 2 款、第 3 款的规定认定网络服务提供者是否间接侵权，都需要与《著作权法》的相关规定结合起来适用。因此，不能单独依据《侵权责任法》认定是否侵害信息网络传播权。

四、区分积极权能与消极权能的合理性

在认定是否侵害信息网络传播权的论理过程中，面临的一个重要问题是，《著作权法》第 10 条和第 48 条可以单独适用还是必须共同适用。司法实践中存在以下三种观点：观点一，可以单独适用《著作权法》第 10 条认定是否侵害信息网络传播权；观点二，可以单独适用《著作权法》第 48 条认定是否侵害信息网络传播权，正如可以单独适用 2013 年修正的《商标法》第 57 条来判断是否侵害商标权；观点三，《著作权法》第 10 条与第 48 条必须共同适用。围绕上述争议，下文拟对以下几个问题进行分析：著作权是否可以分为积极权能和消极权能；这样的区分是否与著作权法定主义相冲突。

（一）著作权是否可以分为积极权能和消极权能

有学者认为，著作权关于信息网络传播权的规定有积极权能和消极权能之分。《著作权法》第 10 条第 1 款第（12）项从正面规定了著作权人的专有权利，该规定从积极权能即权利人主动行使权利的角度界定了信息网络传播权，而对于消极权能即排斥他人侵权的权利的规定，则主要体现在对侵权责任的规定方面，即《著作权法》第 48 条第（1）项、第（3）项、第（4）项的规定中。❶ 把

---

❶ 孔祥俊："论信息网络传播行为"，载《人民司法（应用）》2012 年第 7 期，第 59 页。

著作权区分为积极权能和消极权能，将会对认定侵害信息网络传播权的论理即法律逻辑产生影响，因此有必要对此进行分析。笔者认为，著作权可以分为权利人主动行使的积极权能和权利人排斥他人侵权的消极权能，主要理由有以下三个方面。

（1）积极权能与消极权能之分符合知识产权法的基本理论。理论上，"知识产权，尤其是其中的工业产权的专有性，还反映出完全不同于有形财产权的'排他性'"。❶ 进一步说，知识产权不仅体现为权利人可以主动行使的自用权或专有权或专用权❷，同时还体现为排斥他人使用的排斥权或禁止权。在很多情况下，知识产权要解决的主要问题并不是知识产权人能不能使用知识产权，而是能不能禁止他人使用知识产权，因此，作为消极权能的排斥权或禁止权有时更能体现知识产权的特点。例如，在著作权法中，非法演绎他人作品的人如果得不到原作品著作权人的许可，不得合法行使演绎作品的著作权，但却可以依法禁止他人使用其演绎的作品；在专利法中，在他人专利技术方案基础上改进获得的专利权，未经基础专利权人同意，不得实施改进后的专利技术方案，但却有权禁止他人实施改进后的专利技术方案；在商标法中，商标权人不得在商标核定使用的商品或服务类似的商品或服务上使用近似的商标，但却有权禁止他人在类似商品或服务上使用近似商标。

---

❶ 郑成思：《知识产权论（第三版）》，法律出版社2003年版，第68页。

❷ 请注意，专用权或专有权中的"专"字本身已经有排斥或禁止他人的意思，因此也有学者将著作权专有权或商标专用权界定为包括了权利人自己使用的权利和禁止他人使用的权利两个方面。但有些学者却将商标专用权界定为商标权人自己的使用权，而不包括禁止他人使用的权利，这样一来，商标专用权与禁止权是并列的概念，商标权就包括商标专用权和禁止权。在本节中，笔者采用第二种思路来定义著作权，即著作权专有权不包括禁止权，将著作权专有权界定为权利人自用权，而将著作权界定为著作权专有权和禁止权。

（2）积极权能与消极权能之分符合我国《著作权法》的实际规定。我国《著作权法》第 10 条的规定，很明显是在规定著作权人主动行使的专有权或自用权，规定的是积极权能，而《著作权法》第 47 条和第 48 条规定各种侵权行为，对应的是禁止他人行为的消极权能。从法律规定来看，著作权的积极权能与消极权能并不完全对应，《著作权法》第 47 条和第 48 条所禁止的行为，并不完全对应于著作权专有权规定的权利人自己实施的行为。例如，构成间接侵权的帮助侵权或教唆侵权行为，并不是《著作权法》第 10 条规定的著作权人可以实施的行为。再如，第 48 条第（6）项规定的故意避开或者破坏权利人的技术措施和第 48 条第（7）项规定的故意删除或者改变权利管理电子信息，并不是完全对应于《著作权法》第 10 条规定的专有权允许的行为，消极权能禁止的行为比积极权能允许的行为范围更大。

（3）积极权能与消极权能之分要因法而异，不能因为商标法、专利法上的消极权能与积极权能不同于著作权法上的消极权能与积极权能就否定著作权的积极权能与消极权能之争。必须明确，虽然著作权分为积极权能和消极权能，但著作权的积极权能与消极权能与商标权的商标专用权与禁止权之分并不完全相同，与专利权的积极权能与消极权能也不相同。这些不同是由多种原因导致的，例如，工业产权与文艺科学作品相关权利性质不同，权利产生的、消灭的条件不同，等等。因此，要注意区分专利法、商标法中与著作权法中的积极权能与消极权能，既要看到它们的相同之处，也要看到它们的不同之处。认识到它们的联系与差异，有利于避免使用商标权、专利权的积极权能与消极权能的特点来否定著作权的积极权能与消极权能之区分。

(二）区分积极权能、消极权能是否与著作权法定主义相冲突

有学者认为，著作权具有法定性，即著作权的权项和每个权项的具体边界都是由法律规定。❶ 因此围绕本节所述的法律适用问题，有人可能会认为，虽然我国《商标法》第 48 条和第 57 条分别明确规定了积极权能与消极权能，可以单独适用《商标法》第 57 条认定是否侵权，但是，《著作权法》却没有像《商标法》一样明确规定积极权能与消极权能，因此著作权分为积极权能与消极权能不符合著作权法定主义。笔者认为，这种观点值得商榷。

(1) 著作权法定主义本身也应当放在特定语境中去理解，如果超出其语境，认为著作权的所有权利范围和边界都是由法律规定的，也值得商榷。例如，《著作权法》第 10 条第 1 款第（17）项规定的应当由著作权人享有的其他权利，并没有具体规定该权利的范围和边界，到底算法律规定的权利还是法律没有规定的权利，还值得讨论。而且，法官在法律具体适用过程中确定的权利范围和边界，是完全来自于法律规定，还是有所突破，到底是原旨主义还是非原旨主义，有时候很难说清楚。

(2) 正如前文所述，虽然《著作权法》对著作权专有权和禁止权的区分没有《商标法》那么明显，但客观上《著作权法》第 10 条规定的就是专有权，《著作权法》第 47 条和第 48 条规定的就是禁止权，因此可以说著作权分为积极权能和消极权能本身就是符合著作权法定主义的。因此，著作权法定主义与著作权分为积极权能和消极权能没有直接冲突，二者的内涵并无矛盾，不能用著作权

---

❶ 陈锦川：“信息网络传播行为的法律认定”，载《人民司法（应用）》，2012 年第 5 期。

法定主义来否定积极权能与消极权能之分。

五、《著作权法》第 10 条与第 48 条的适用关系

基于前文的分析，下文可以对本节"四、区分积极权能与消极权能的合理性"第 1 段中提到的三个观点进行评述。观点一隐含地认为没有积极权能与消极权能之分，《著作权法》第 10 条规定的专有权反过来看就是禁止权，因此可以单独依据第 10 条第 1 款第（12）项认定是否侵害信息网络传播权。这种观点没有明显错误，但是，既然《著作权法》第 10 条主要是从积极权能的角度来规定著作权，《著作权法》第 48 条又已经规定了消极权能，而是否侵害信息网络传播权主要是对消极权能的判断，因此，单独依据积极权能的规定来判断是否侵权，显得依据并不充分。所以，观点一并不合适。

观点二认为可以单独适用《著作权法》第 48 条来认定是否侵害信息网络传播权，前提是认为著作权关于积极权能与消极权能之分与商标权关于积极权能与消极权能之分相同，消极权能相对于积极权能更加独立。但正如前文所述，著作权的积极权能与消极权能之分在理论上和制定法上都不同于商标权的两项权能的区分，因此不能以《商标法》第 57 条可以单独适用于认定侵权为由推论《著作权法》第 48 条也可以单独适用于认定是否侵害信息网络传播权。而且，《著作权法》第 10 条具体界定了信息网络传播权，如果认定被诉行为构成对信息网络传播权的直接侵害，那么必须要依据第 10 条的定义进行认定；如果认定被诉行为构成间接侵权，那么又必须以直接侵权的存在为前提。因此，无论是认定直接侵权还是间接侵权，都需要以直接适用《著作权法》第 10 条第 1 款第（12）项的规定为前提。因此，观点二并不合适。当然，如果当事人在诉讼中对是否直接侵害信息网络传播权没有争议，法院在论理过程中并不

需要援引《著作权法》第10条关于信息网络传播权的定义对是否直接侵权进行分析。为了简化对法条的援引，不引用第10条的规定，似乎也没有错误。

相对而言，笔者认为观点三更为合理，这是因为：①《著作权法》第10条与第48条的规定并不是平行的或者冲突的，并不存在共同适用的障碍。②直接侵权和间接侵权都需要建立在信息网络传播权定义的基础上，直接侵权的认定需要适用《著作权法》第10条第1款第（12）项，间接侵权也需要以直接侵权为前提，同样需要适用《著作权法》第10条第1款第（12）项。③两个法条的共同适用有利于法律逻辑的完整。虽然单独适用《著作权法》第10条再配合著作权专有权不可侵害的法理可以认定是否侵权，因此单独适用《著作权法》第10条也不算有错。但是，如果法律有具体规定能够代替法理把法律逻辑补充完整，则应当优先适用具体法律规定而不是通过法理来完善法律逻辑。因此，共同适用这两个条款，更有利于完善法律逻辑的链条，也更符合法律适用规则。

第三节　链接不替代原则

链接技术的发展和使用给著作权保护带来很多挑战。几个著名的互联网著作权纠纷案件，如新力唱片公司诉世纪悦博公司案❶、步升传播公司诉百度网讯公司录音制作者侵权纠纷案❷、泛亚公司

---

❶ 原告新力唱片（香港）有限公司诉被告北京世纪悦博科技有限公司侵犯录音制品制作者权纠纷案，参见北京市第一中级人民法院（2004）一中民初字第428号民事判决书；北京市高级人民法院（2004）高民终字第714号民事判决书。

❷ 原告上海步升音乐文化传播有限公司诉被告北京百度网讯科技有限公司录音制作者侵权纠纷案，参见北京市海淀区人民法院（2005）海民初字第14665号民事判决书。诉讼双方在二审中达成调解协议。

诉百度在线公司、百度网讯公司侵犯著作权纠纷案❶都与链接有关。这些案件虽然基本案情相近，但判决结果却各不相同。究其原因，除了具体案情有差异外，链接应当遵守的合理规则在法律中尚无明确规定，❷虽然《信息网络传播权司法解释》第4条涉及链接，但并非专门针对链接进行规制，法学理论界和司法实务界对链接的具体规则亦有不同看法。当前的各种观点，或者围绕对"网络侵权归责原则""信息网络传播权"等法律概念的演绎展开，或者从对"提供""上传""通道"等技术细节的探究出发，各执一词。正如波斯纳所说："我们对于知识产权的非经济学理论是否具有更强的解释力或者规范意义表示怀疑。"❸法律经济学认为，知识产权法以效率（社会财富最大化❹）为价值基础。因此，链接的合理边界完全可以从经济学的视角分析。本节试图绕开难以达成共识的对法律概念的演绎和对技术细节的探究，以经济分析方法来探讨链接应当遵守的合理规则，从而为相关案件的裁判提供思路。

一、下载链接的利益格局

依据不同标准，对链接可以进行不同分类。例如，根据链接技

---

❶ 原告浙江泛亚电子商务有限公司诉被告百度在线网络技术（北京）有限公司、北京百度网讯科技有限公司侵犯著作权纠纷案，参见北京市第一中级人民法院（2006）一中民初字第6273号民事判决书；北京市高级人民法院（2007）高民终字第118号民事判决书。

❷ 我国《信息网络传播权保护条例》《美国千禧年数字版权法》《德国信息与通讯服务法》和《欧盟与电子商务有关的法律问题的指令的建议草案》等，均未明确对链接的合理规则作出规定。

❸ ［美］威廉·M.兰德斯、理查德·A.波斯纳：《知识产权法的经济结构》，金海军译，北京大学出版社2005年版，第5页。

❹ ［美］理查德·A.波斯纳：《法律的经济分析》，蒋兆康译，林毅夫校，中国大百科全书出版社1997年版，第19页。

术的不同,链接可以分为普通链接、深层链接、埋置链接及加框链接。在审判实践中,有一种链接经常引发著作权纠纷,本节称之为下载链接。从技术角度看,下载链接应属于深层链接。所谓下载链接,是指设置此种链接时,用户点击设链网页上的链接标志,可以在不进入被链网站、不点击被链作品❶所在网页的情况下,将被链作品的数字格式储存到用户本地磁盘(本节称之为下载)。需要说明的是,对下载链接作如此界定,仅是为了本节分析的需要。

与链接有关的著作权纠纷一般涉及四个主体:著作权人、用户、设链网站(经营者)、被链网站(经营者)。在设链网站设置普通链接时,作品的互联网传播利益归属于作品所在网站(被链网站)。所谓普通链接,是指设链网站只向用户指明作品所在网址,用户要获得作品的具体内容,需在点击设链网页上的链接标志后,进入到该作品所在网站,按照被链网站的要求进行操作。普通链接对需要被链作品内容的用户提出了两个要求,一是点击被链网站的网页,二是按照被链网站设置的程序进行操作(可能设有增值服务),而这两个方面都能给被链网站传播作品带来利益。互联网经济被喻为"注意力经济",一个经营性网站所吸引的访问者越多,其获得的相关经济利益就越大。普通链接能保证被链网站被点击的利益。如果被链网站利用作品从事增值服务,或者要求获得作品内容的用户成为会员或者交纳费用,则被链网站还能从作品的传播中直接获得利益。

在设链网站设置下载链接时,作品的传播利益从被链网站转移

---

❶ 互联网传播的信息,包括数字形式的各类作品、表演、录音录像制品,这里主要围绕网络著作权进行讨论,故此处包括数字化形式的作品的信息都以作品代称,权利人都以著作权人代称。

到设链网站。由于下载链接能使用户直接从设链网站获得被链作品的具体内容（将作品下载），因此将减少用户对被链网站的点击，并减少被链网站从事增值服务的机会。被链网站在互联网上传播作品的利益会因下载链接而减少。由于用户在设链网站上能直接获得作品内容，设链网站就成了作品的替代提供者，设链网站的点击量和其他收益因此而增加。原本属于被链网站的作品传播利益转移到了设链网站。

当设置下载链接的是搜索网站时，互联网上的作品传播利益几乎完全被设链网站（搜索网站）截取。绝大多数用户都习惯于通过搜索网站寻找其需要的作品信息。用户在搜索网站上利用关键词搜索到其需要的作品后，如果发现直接点击搜索网站上的链接标志就可以将作品储存到本地磁盘，将不会再进入作品所在被链网站。作品所在被链网站由于搜索网站的下载链接，既不能被用户点击，又丧失了让用户按照其要求进行操作的机会，故其在互联网上传播作品的利益几乎完全被搜索网站截取。

在新力唱片公司诉世纪悦博公司案中，一、二审法院均敏锐地指出了下载链接导致的这种利益格局的变化。一审法院认为，"从被告网站的工作状态来看，用户只需通过被告的网站，而无须通过被链网站，即可满足其搜索和下载的需求"，并认为"被告以其网站的名义，帮助用户选定了下载的网站，并控制着被链网站的资源"。❶ 该案二审法院维持了一审的判决结果，并认为"从网络用户查询信息直到下载的整个过程及实际效果看，用户无须通过其他途径寻找储存音乐文档的网站，而是根据世纪悦博公司提供的服务，就可以从其网站上获得所有相关信息并可直接得到涉案歌曲；

---

❶ 参见北京市第一中级人民法院（2004）一中民初字第 428 号民事判决书。

其服务完全起到直接向用户提供涉案歌曲下载的作用和效果，与把涉案歌曲的档案文件储存在其自身服务器中进行下载没有任何区别，同时，世纪悦博公司却可以节省大量服务器硬盘资源"。❶ 虽然，该案判决的最重要法律逻辑在于，被告对其链接作品的合法性有较低的审查成本而未尽到合理审查义务，具有过错，但一、二审判决书中都对下载链接导致的利益分配格局的变化进行了大量论述，表明法院判决时实际上也重点考虑了被链网站与设链网站之间的利益平衡。

二、下载链接的社会成本

下载链接的第一个社会成本，是将会减少上传到互联网的作品的数量。下载链接将作品的互联网传播利益从被链网站转移到设链网站，会对被链网站传播作品的成本收益产生影响。对合法使用作品的被链网站而言，无论是普通链接还是下载链接，其传播作品的成本是固定的，都需要负担作品的部分创作成本（如支付作品许可使用费）、作品上传成本、作品储存成本等。普通链接可以使其获得作品传播收益（点击收益、增值服务收益），而下载链接却不能使其获得作品传播收益。因此，下载链接使被链网站的作品传播成本无法回收，对其上传作品产生反向激励。换言之，如果允许下载链接的存在，合法地将作品上传至互联网的网站无法获得作品在互联网上传播的利益，最终会减少上传到互联网的作品的数量。

下载链接的第二个社会成本，是对作品创作产生反向激励。下载链接帮助用户不经权利人许可就获得作品内容，使作品在互联网的传播脱离了权利人的直接控制或间接控制，这可以从以下两个方

---

❶ 参见北京市高级人民法院（2004）高民终字第 714 号民事判决书。

面来分析。①下载链接可以使用户避开被链网站设置的操作程序下载作品,而这些程序可能包括要求用户支付对价。在被链网站合法使用作品时,设链网站客观上帮助用户未经权利人许可获取作品内容,最终导致作品在互联网上的传播脱离了权利人的控制。②在被链网站侵权使用作品时,下载链接减少了用户获得侵权作品的环节,降低了用户使用侵权作品的交易成本,但是损害了著作权人的利益,也最终损害了用户的利益。

根据被链作品的权利状况,下载链接分为三种:一是被链网站经营者是被链作品的著作权人;二是被链网站经营者并非著作权人,但在网站上使用作品经过著作权人合法授权;三是被链网站经营者并非著作权人,在网站上使用作品也没有经过授权,系侵权使用作品。在第一种情况下,利益转移直接损害著作权人在互联网上传播作品的利益;在第二种情况下,利益转移使被链网站分担的部分创作成本无法收回,付费使用作品的网站无利可图,也会损害著作权人在互联网上传播作品的利益;在第三种情况下,由于下载链接有助于用户获取侵权作品,导致侵权作品传播范围更广、传播途径更便捷,当然会损害著作权人在互联网上传播作品的利益。进一步分析表明,下载链接根本上使得作品的互联网传播利益从著作权人转移到设链网站。

"虽然在知识产品上没有任何财产权,也会有大量的知识财产被创造出来",❶ 但在当前,作品创作的产业化(尤其是音乐、电影等作品)趋势使得作品的创造大量依赖于投资。如果作品的投资者不能收回其投入的成本,具有社会有利性的投资(所产生的社会

---

❶ [美]理查德·A.波斯纳:《法律的经济分析》,蒋兆康译,林毅夫校,中国大百科全书出版社1997年版,第27页。

收益超过其社会成本的投资）就会受到遏制。作品在互联网上的传播收益已经成为新技术环境下回收作品创作成本的主要渠道，下载链接导致的利益转移，必然会对作品的创作产生反向激励。

三、下载链接的经济分析

但是应当注意，下载链接也产生社会收益。下载链接的社会收益是通过降低用户获得作品的成本来扩大作品在互联网上的传播产生的。

当下载链接同时产生社会成本和社会收益时，如何决定规制它的态度呢？从法律经济学的效率标准（社会财富最大化）来看，如果下载链接的社会收益大于社会成本，法律或法院的裁判应当允许下载链接存在；如果下载链接的社会成本大于社会收益，法律或法院的裁判就应当制止下载链接。

下载链接的社会成本与其社会收益之间的比较，实质上是讨论是否给予著作权人控制其作品在互联网上传播的权利，即考察赋予著作权人此项权利产生的社会收益更大，还是社会成本更大。信息技术的发展使得大多数作品可以被数字化而成为信息产品。信息产品有两个显著的特征：巨大的初始固定生产成本和几乎为零的边际复制成本。例如，制作一部影片的成本可能耗资数亿元，而这部影片的数字化格式在计算机上复制的成本几乎为零。信息产品的消费具有非排他性和非竞争性，因而在经济学上，它属于一种公共产品。❶ 知识产权的经济分析表明，著作权的动态社会收益是"接触与激励"之间的交换：对一个公共产品的消费收取费用就减少了对

---

❶ 张军、姜建强："信息产品的共享及其组织方式"，载《经济学（季刊）》2002年7月第1卷第4期，第937页。

它的接触（一种社会成本），使之人为地变得稀缺，但增加了最先创造出该产品的激励，而这是一种可能用于抵销的社会收益。❶各国著作权立法都规定，互联网上传播作品需经著作权人授权并支付报酬，这种普遍的立法规则本身就从经验上被证实，给予著作权人控制作品在互联网上传播的权利产生的限制作品接触的社会成本，小于因此激励著作权人创作作品的社会收益。因此，下载链接的社会收益小于其社会成本，下载链接对于社会财富的最大化，其负面影响大于正面影响。

当然，下载链接的社会成本与社会收益之间更细致的比较，还依赖于统计学和经济学的具体分析。正如一百多年前霍姆斯法官所说："理性地研究法律，时下的主宰者或许还是'白纸黑字'的研究者，但未来属于统计学和经济学的研究者。"❷

四、链接不替代原则视角下的加框链接问题

由前文的分析可推论，凡是能够使用户在设链网站上获得被链作品具体内容的链接，包括能使用户完成作品下载的下载链接，都会导致作品传播利益的无效率分配。本节将这些无效率链接统称为替代链接。之所以这样指称，是因为这些链接使设链网站替代了被链网站向用户提供作品内容，进而使设链网站截取了被链网站在互联网上传播作品的利益。本节认为，不准设置替代链接，应当成为链接应遵守的基本原则，此原则在本节称为链接不替代原则。链接不替代原则的目的在于，保证互联网上传播作品的利益直接归属于

---

❶ ［美］理查德·A.波斯纳：《法律的经济分析》，蒋兆康译，林毅夫校，中国大百科全书出版社1997年版，第26页。

❷ Oliver Wendell Holmes, The Path of the Law. 10 Harvard Law Review 457（1987），p.469. 转引自苏力：《波斯纳及其他》，法律出版社2004年版，第54页。

直接上传作品的网站而不是设置链接的网站,通过维护上载作品的网站的利益而维护著作权人的作品在互联网上传播的利益,从而激励作品创作、丰富网上作品数量。

网页技术允许制作者将显示页面分割成几个独立显示区域,每个区域可以同时显示不同来源、不同内容的文字和图像,并可以单独改变部分区域的内容而不影响其他区域。使用加框链接的网站可将他人网站上的某部分内容显现在自己网页的某一特定区域内,而该网页其他区域显示的设链网站上的内容(包括网址、广告、菜单条)等保持不变,这样,用户在浏览时常常不知道其浏览的实际上是另一网站的内容。加框链接绕过了被链网站的网页,或者使用框架将被链网页上自己不需要的内容遮盖,并标注自己的相关商业信息。当加框链接使设链网站替代被链网站提供作品内容时,破坏了被链网站希望用户点击其网页获取作品的预期,并破坏了被链网站引导用户在浏览内容过程中接收广告信息、选择其提供的增值服务等商业计划,导致被链网站预期的作品传播利益落空。此种加框链接违反了链接不替代原则,应当予以制止。但是,当加框链接向用户提供的仅为作品的部分信息,并不能使被链网站向用户提供作品内容的地位被替代时,不违反链接不替代原则。

已有的加框链接判例,实际上暗合了链接不替代原则,也表明经济思考在审判实践中实际上得到了广泛应用。鸿宇昊天公司诉沈某不正当竞争纠纷案[1]中,被告网站利用加框链接技术将原告上载至其网站上的四篇文章的内容分别显现在被告的四个网页的中间区域内,而其他区域所显示的则是被告相关内容(如地址、电子信箱、联系电话、菜单条等),用户在进行搜索或浏览内容时,并不

---

[1] 参见北京市海淀区人民法院(2004)海民初字第19192号民事判决书。

知晓其浏览的实际上是原告网站的相关内容。该案中,法院认为被告将原告的劳动成果据为己有,"如果允许这种投入的结果被他人无限制地随意使用,不仅对作出投入的经营者是不公平的,从长远看,也会对互联网业的健康发展造成危害,因此必须对互联网上的链接行为进行合理、适当的规范。"法院认定被告构成不正当竞争。在该案判决中,法院明显考虑了替代链接对利益分配格局的影响及不利后果。

五、链接不替代原则视角下的搜索链接问题

搜索链接是指搜索网站在搜索结果上设置的链接。在本节开头提到的几个案件中,被告作为搜索网站在搜索结果上都设置了深层链接,使用户在搜索网站上能够完成作品的本地储存,客观上使作品的传播利益由被链网站转移到设链网站(搜索网站),依链接不替代原则,此类链接应当制止。

有观点以技术中立为由,认为对搜索结果设置深层链接是搜索引擎服务技术的一部分,应适用"避风港"原则,只有在通知后仍不断开链接的情况下才承担赔偿责任。在步升传播公司诉百度网讯公司录音制品制作者侵权纠纷案中,被告就辩称:"通常搜索引擎会在这些链接下提供相应的摘要信息,以帮助用户判断此网页是否含有自己需要的内容。"被告还称:"答辩人的搜索引擎服务系统依据技术规则对搜索结果自动生成链接列表,答辩人没有对任何被链网站(页)进行非技术性的选择与控制。"在泛亚公司诉百度在线公司、百度网讯公司侵犯著作权纠纷案中,一审法院在论及被告提供的搜索引擎服务链接第三方网站并提供涉案歌曲下载是否侵犯原告著作权时认为,被链歌曲并非直接来自被告网站,下载涉案歌曲的行为发生在用户与上载作品的网站之间,在国家及行业对搜索引

擎的商业模式的定位及功能设置均没有明确的技术规范和标准的情况下，由没有识别和判断能力的搜索引擎服务商承担下载作品的行为可能产生的侵权责任，没有法律依据。

但是上述观点有一个明显漏洞。虽然搜索并链接到被搜索结果系自动按照技术安排实现的，但是，在搜索结果上设置普通链接还是能下载作品的下载链接，完全是搜索网站的人为安排，并非自动的技术安排。下载链接的下载功能与搜索引擎的本质作用"查询并定位"没有任何关系。制止在深层链接基础上产生的下载功能，并不对搜索引擎的技术进步产生任何影响。步升传播公司诉百度网讯公司录音制品制作者侵权纠纷案中，一审法院清醒地认识到这一点，在判决中表示："尽管被告以其为一家中立的搜索服务提供商，没有提供涉案歌曲的下载服务等辩称否认侵权，但其行为已经超出了其所定义的'给出查询结果、提供相应的摘要信息'的搜索引擎服务范围，其行为不是在介绍涉案歌曲的艺术价值并提供查询信息，而是直接利用 MP3 文件营利。"

美国关于"拇指"图片的两个判例，表明美国法院实际上也遵循了链接不替代原则。Leslie A. Kelly v. Arriba Soft Corporation 案❶中，联邦巡回上诉法院认为在搜索引擎中对"拇指"图片的制作和使用是一种合理使用，但是搜索引擎中展示大图的行为，则侵犯了原告所享有的公开展示其作品的排他权利。联邦巡回上诉法院的理由是，一个经过改变的作品对原来作品的潜在市场的不利影响远比那些仅仅是版权作品的替代品的要小，被告在"拇指"图片中使用

---

❶ Leslie A. Kelly v. Arriba Soft Corporation，［280F. 3d934；2004U. S. App. LEXIS1786；61U. S. P. Q. ZD（BNA）1564.］. 转引自仲春："信息网络传播权利限制的学理分析"，载《甘肃政法学院学报》2005 年第 1 期，第 63 页。

原告的图片,并没有损害原告图片的市场价值。当用户在显示"拇指"图片的网页上输入和原告的图片相关的词语时,这个搜索引擎会引导用户到原告的网站上而不是避开原告的网站。由此可见,美国联邦巡回上诉法院着重考虑"拇指"图片是否替代了原告图片的市场价值,并考虑了被告是否截断了用户对原告网站的访问。在 Perfect 10 v. Google Inc. 一案中,一审法院判决认定 Google 并非合理使用,其中最重要的理由是:在 2006 年,小分辨率的手机可以直接使用"拇指"图片,因此 Google 通过链接向用户提供"拇指"图片会损害 Perfect 10 的市场利益,亦即是说,Google 的链接替代了 Perfect 10 向用户直接提供作品内容。

六、链接不替代原则的法律逻辑

网络服务商分为网络技术服务商和网络内容服务商。美国于 1998 年 10 月通过的《美国千禧年数字版权法》对网络技术服务商规定了与网络内容服务商不同的著作权法律义务和责任。我国在《信息网络传播权保护条例》中也作了类似规定。因此,在网络侵权案件中对被告法律地位的定性往往被认为非常重要。

有学者从技术分析的进路出发,认为深层链接设置者不是内容服务商而是技术服务商。主要理由是,即使用户误以为深层链接设置者在传播被链作品,但不能仅凭链接的虚拟效果来判断链接的法律意义。从技术上看,设链者没有把作品"拉进"自己的网站,实际传播设链作品的不是设链者,而是被链作品所在网站自己。[1]

从法律经济学的进路出发,本节认为,虽然单纯从技术上讲,

---

[1] 薛虹:"超文本链接引起的版权侵权责任",载《著作权》2000 年第 4 期,第 13 页。

深层链接设置者的服务器确实没有储存被链作品,而且被链网站决定了作品在互联网上的去留,但是讨论深层链接是否为网络内容服务,目的在于讨论深层链接设置者是否要承担作品内容直接提供者的注意义务和法律责任,并非单纯是从技术上或语义上讨论网络内容服务商这个概念的外延。如前所述,从利益分配的效果上来看,符合替代链接特征的深层链接设置者实际上替代了被链网站向用户提供作品内容,享受了作品传播的利益,按照权利义务对等原则,此类深层链接设置者应当承担网络内容服务者的注意义务。在新力唱片公司诉世纪悦博公司案中,二审法院持此观点,认为"被告的服务完全起到了直接向用户提供涉案歌曲下载的作用和效果,与把涉案歌曲的档案文件储存在其自身服务器中从事下载没有任何区别",并因此认为被告应承担网络内容服务者的注意义务。❶

从不同的权利人角度看,替代链接者应承担不同的法律责任。当合法使用作品的被链网站向替代链接者主张权利时,替代链接者因为截取了本应属于被链网站的作品传播利益而构成不正当竞争。当著作权人主张权利时,由于替代链接根本上使作品的传播利益从著作权人转移到设链网站,因此替代链接者应当承担侵权责任。具体来说,当替代链接的作品是合法上传到被链网站时,由于著作权人仅许可了被链网站在其网站上传播作品,而替代链接者没有以权利人直接或间接许可的方式将作品提供给用户,因此替代链接者未经著作权人直接或间接许可传播作品,应属侵权;当替代链接作品是非法上传到被链网站时,替代链接者帮助用户获得侵权作品,同样构成侵权。

不过,替代链接是直接侵权还是间接侵权、是否侵犯信息网络

---

❶ 参见北京市高级人民法院(2004)高民终字第714号民事判决书。

传播权，理论界和实务界对此尚未达成共识。❶ 在新力唱片公司诉世纪悦博公司案中，一、二审法院均认为被告的替代链接行为直接侵犯了原告的信息网络传播权；在步升传播公司诉百度网讯公司录音制品制作者侵权纠纷案中，一审法院认为被告侵犯了原告的合法权益，但未明确认定是否侵犯信息网络传播权；在金牌娱乐公司诉百度网讯公司侵犯信息网络传播权纠纷案❷中，一审法院认为被告对搜索结果设置深层链接并不侵犯原告的信息网络传播权；在 EMI 公司诉阿里巴巴公司侵犯著作权邻接权纠纷案❸中，一审法院认为被告帮助被链网站侵犯原告的信息网络传播权。笔者认为，法律经济学强调裁判效果而不纠缠于概念，只要最终结果制止了替代链接，从实体法中寻找何种依据，也许并不特别重要。

前文的分析表明，链接纠纷确实涉及一些比较复杂的技术问题，其相关法律规制问题成为知识产权司法实务界和法学理论界的难点。前面的分析仅提供分析链接合理规则的一个视角，相应的论述和观点只求自圆其说，并不意图排斥其他进路的分析和相应的观点。但不应否认的是，即使抛开对法律概念的演绎和技术细节的探究，链接规则完全可以从另一种进路来讨论。一种法理学上的依据在于，法律不是自给自足的，法律规则的真正理由存在于法律之外。经济分析可以为某些问题的分析提供新的思路，并能够增强某些观点的解释力和说服力。

---

❶ 王迁："论'网络传播行为'的界定及其侵权认定"，载《法学》2006 年第 5 期，第 61 页。

❷ 原告金牌娱乐事业有限公司诉被告北京百度网讯科技有限公司侵犯信息网络传播权纠纷案，参见北京市第一中级人民法院（2005）一中民初字第 7965 号民事判决书。

❸ 原告 EMI 集团香港有限公司诉被告北京阿里巴巴信息技术有限公司侵犯著作权邻接权纠纷案，参见北京市第二中级人民法院（2007）二中民初字第 2621 号民事判决书。

前文的分析还表明，链接相关案件的判决都很重视经济分析的实际应用，法院的裁判往往暗合经济理性。法官应当关注真正决定裁判结果过程中的经济思考，应当明确自己给社会开出的是一份怎样的价格清单，并思考潜在的当事人在面对这样的价格时会作出什么样的反应。

第五章　计算机字体著作权司法保护

第一节　汉字字库中单字字形的独创性

汉字计算机字库（以下简称汉字字库）的著作权保护问题包括以下两个方面：第一，汉字字库是否可以用著作权法来保护；第二，汉字字库中单字的具体形状（以下简称字形）的著作权属性。关于第一个问题，有的国家排除了对字库中单字字形的著作权保护，认为其不属于文学艺术科学领域的作品而属于工业设计，应以工业设计来保护。❶ 但是，我国法律并未明确排除著作权法对汉字字库的保护，而且文学艺术科学领域的作品与工业设计之间的界限也并不清晰，有些国家和地区的判例也认为汉字字库中单字字形可以成为著作权法保护的客体，我国最高人民法院也认为字形可以受到著作权法保护。❷ 因此，将单字字形作为著作权法保护的客体并无法律障碍，故本节只着重讨论第二个问题。第二个问题的关键在于：汉字字库中单字的字形是否具有独创性，是否构成著作权法保护的作品。对这个问题还有一些关键问题需要深入分析：什么是独

---

❶ Mazer v. Stein, 347 U. S. 201 (1954).
❷ 参见最高人民法院（2010）民三终字第 6 号民事判决书。

创性？在汉字字库制作过程中，有没有人、在什么环节作出了独创性贡献？贡献在哪里，保护到哪里？只有搞清楚字库制作过程中有没有独创性贡献，才能对汉字字库及其单字的著作权属性作出准确的认定。本节笔者拟在具体分析汉字字库制作细节的基础上来研究单字字形是否具有独创性。

一、汉字字库的主要制作过程

汉字字库的制作过程有哪些环节，其中有没有独创性的贡献，这是分析问题基础。不了解这个前提，就是无的放矢，言而无据。根据方正公司提供的资料可以发现汉字字库的制作主要包括以下过程：①制作字稿。原始字稿包括手写的字稿，还包括设计师直接在计算机上创作的字稿。②数字化拟合。如果是手写的字稿，需要将其转换为数字格式输入到电脑。③修字。由设计师对每个字形进行精细的设计，包括统一风格，调整笔画粗细，使其相互协调，使每个字都有美感。④质检。由主创设计师或原始字稿作者对每个字形的结构、笔形、粗细提出修改意见，包括检查字形轮廓是否光滑、结构是否合理、粗细是否均匀等。⑤编程。使用 TrueType 或 PostScript 语言编写每个字的指令序列。⑥测试。对汉字字库的完整性、适用性、合理性、兼容性、连续性等各个方面进行测试。在完成上述步骤后，汉字字库才能商品化。

独创性是著作权法的最重要概念之一，是正确认定汉字字库及其单字是否属于著作权法保护的作品的基本前提。在不同的独创性判断标准之下，不可能对汉字字库的独创性作出一致的分析，因此有必要对其进行简要的界定。在不同国家，独创性有不同的标准。具体而言，以英国为代表的标准是作者必须投入劳动、技巧或判断，而不要求作品具有创造性；以法国为代表的大陆法系多采取作品必须反映作者的个性的原则；美国的标准则介于英、法两国中间，只要求少量的创造性。❶ 虽然独创性标准并不统一，但深入分析各国的独创性标准可以将对独创性的正确理解归纳为：作者独立创作而不是复制的、与公有领域的作品相比具有普通人能够识别的、由作者个性决定的差异。

遵照上述独创性标准，可以简要分析汉字字库制作过程中可能存在独创性贡献的环节。纯技术上字形的数字化输入过程完全可以由机器自动完成，而且其目的是准确地将原始字稿中的字形转换为电子数据，因此不存在体现制作者个性的空间，制作者不可能产生独创性贡献。与之基本相同的是，质检、编程、测试基本上都不会使字形产生可以识别的差异，因此不会影响单字字形表达上的独创性。当然，编程即形成字库的计算机程序的过程，有可能存在创作空间，由程序员的个性决定的可识别差异可能体现在代码化指令序列所对应的符号化语句序列的文字表达上，这是一个复杂的问题，在本节中不进行分析。

比较明显的是，原始字稿的创作，以及修字的过程，都有可能体现原始字稿作者和修字设计师的个性，至于原始字稿作者和修字设计师的个性在多大程度上影响表达形式，是否会产生普通人可以识别的表达上的差异，则需要进一步的具体分析。前文的分析表明，汉字字库及其单字的作品属性，取决于对这两个制作环节的细致分析。没有对汉字字库制作过程的详细分析，就笼统地认定汉字字库及其单字是否构成作品，可能会因为缺乏针对性而过于主观。

---

❶ 姜颖："作品独创性判定标准的比较研究"，载《知识产权》2003 年第 3 期，第 8 页。

二、原始字稿的形成过程及独创性

原始字稿可能有以下几种情形。第一种情形，原始字稿包括了制作汉字字库时国家标准所需要的 6 763 个字。第二种情形，原始字稿由主创设计师模仿已有书法作品书写（或直接在电脑上制作）而成，例如模仿《兰亭序》书写原始字稿。方正北魏楷书字库的原始字稿是方正公司的主创设计师模仿北魏《墓志》《造像》直接在电脑上制作而成。主创设计师制作的原始字稿可能只有几百个字，其余的字由创作团队的其他设计师按照原始字稿的风格和主创设计师的要求制作。为制作汉字字库而书写的原始字稿与一般的书法作品的书写情况不同，必须要在固定的方格上写字，字与字之间不能有呼应，要考虑到任何字之间都可能组合在一起。根据书写工具，原始字稿中的字又分为三种情况：第一种情况，毛笔所写；第二种情况，钢笔或签字笔所写；第三种情况，不用笔，直接用鼠标和键盘在电脑上写。

书法之所以能够成为作品，是因为汉字的起始是象形的，素有"书画同源"之说，故汉字具有较大的造型空间，尤其是毛笔运用在书写技法方面有更多的余地。问题是，钢笔或签字笔写的字稿，以及电脑上直接创作的字算不算书法作品，有没有独创性。对于钢笔或签字笔所写的字稿的独创性，美国联邦最高法院的霍姆斯法官在 1903 年在 Bleistein 案的论述具有启发意义。在该案中，霍姆斯法官指出："个性包含了某种独特的东西。即使在笔迹中它也能够表现出其独特之处，独立完成的一件水平极低的艺术品中也存在某些不可削减的东西。"❶ 霍姆斯法官的这段话表明，他认为硬笔英

---

❶ Bleistein v. Donaldson Lithographing Co., 188 U. S. 239, 251 (1903).

文书写的笔迹中也体现了作者的个性。既然作者个性能够使硬笔所写的字稿具有可识别的差异，就应当认定其具有独创性，构成著作权法所保护的作品。由于文字作为交流工具被广泛使用，钢笔或签字笔书写的字相对于毛笔书写的字变量较少，创作空间较小，如果只是很少量的字，或者是笔画过于简单的字，不同的人独立书写但表达相同的可能性较大。在这种可能性较大的情况下，按照高度盖然性的民事诉讼证明标准，一旦被告主张独立创作就应当支持其主张，转而由原告证明被告是复制原告"作品"而非独立创作，客观上导致原告"作品"得不到保护。即使因为正确适用证据规则可以在结果上排除对比较简单的表达的著作权保护，只要简单的表达上存在着著作权，就使其他独立创作但表达相同的人处于可能被诉的危险之中，因此会产生较高的社会成本。因此，在钢笔书写的"作品"中，如果可以观察到的变量较少，与公有领域的钢笔字相比创作空间很小，从而导致可以被区分出来的书写者的个性并不明显的情况下，应当认定其不具有独创性，直接能够将一些不必要的纠纷从根本上予以消灭。在这种基本原则下，具体案件中的结论还需要结合事实进行具体分析。

　　对于直接在电脑上"书写"的字是否有独创性的分析，核心问题是创作工具是否影响独创性的判断。独创性的核心在于人的个性对表达的影响，至于通过什么手段或工具对表达产生影响并不重要。如果手段或工具的变化致使人与表达之间的联系被割裂，例如固定位置的安全摄像头的录像，其结果不再受人的意志和个性的影响，就不再属于作品的范畴。这一基本原则在现实中可以从多个角度来阐释。例如，用纸和笔书写的小说与用电脑写的小说都是对作者思想的表达，都可能体现作者的意志和个性，因此都是作品，创作的工具并不影响作品的属性。

在原则上确认原始字稿具有独创性的情况下，下一步需要分析是否有人对汉字字库中的单字作出了独创性贡献。这个问题可以分为几步进行：第一步，分析原始字稿的作者对汉字字库整体上是否有独创性贡献；第二步，分析原始字稿的作者对汉字字库中的单字是否有独创性贡献；第三步，分析修字设计师对汉字字库中的单字是否有独创性贡献。

由于汉字有几千年的使用历史，原始字稿中所有的字所共同体现的特点可以分为几个层次。第一个层次，书法作品的大类。书法作品在整体上可以分为五大类：篆、隶、草、行、楷。第二个层次，同一大类之下的书法作品的风格。例如所谓的颜筋柳骨，所谓启功风格。第三个层次，相同风格书法作品的个人特点。作者个性决定的区别于公有领域的风格，即同一个作者在一段时间内所书写的不同作品的共同特点。至楷书形成，"此后中国文字再也没有出现什么新的字体，书法家进一步的努力，只能在现有字体的规范下，寻求个性风格的开拓……"❶。这里所说的现有字体的规范包括第一个层次和第二个层次的特点。字是要学习才能写出来的，写出有美感的字更不是天生的能力，更需要练习。练习就是模仿，模仿就涉及前人的字形，任何书写者都只能在第三个层次上开拓自己的风格。第三个层次的风格实际上是由书写者的个性决定的。原始字稿的作者对汉字字库整体上的贡献，实际上就是第三个层次的特点，因为它是多个具体作品的共同个性的集合，可以被抽象成一些规则，例如倩体的特点可以抽象为"横的细、竖的粗"，因此这种共同的个性可以称之为抽象个性。前面的分析表明，原始字稿作者

---

❶ 郑晓华：《翰逸神飞——中国书法艺术的历史与审美》，中国人民大学出版社2000年版，第91页。

对汉字字库整体上的贡献是否有独创性,可以归结为抽象个性是否属于著作权法所保护的个性。

抽象个性不属于具有独创性所需要的个性,并不能受到著作权法的保护,主要有以下三个理由。

(1) 只要不是刻意模仿,同一个书写者在不同时间书写的同一个字,即使具有很多共同性,具有相同的抽象个性,也不能被认定为相同的作品,而不同作品共同具有的抽象个性应当属于思想而不属于表达。

(2) 汉字是一种最基本的交流工具,他人仿照原始字稿的抽象风格而书写的字,出于保护公共利益的司法政策考虑,也不能认定为侵犯原始字稿作者的著作权。

(3) 在原则上,书法作品应当保护相同而不保护实质性相似。这就需要分析实质性相似可能构成侵权的根本原因。在创作空间很大,表达非常复杂,原告与被告都分别独立创作的情况下不可能出现实质性相似的结果,如果被告的表达与原告的表达实质性相似,表明被告复制原告表达的可能性极大。所以必须明确,实质性相似只能在创作空间很大、变量很多的情况下才能适用。只有在相互独立的创作结果不可能实质性相似的情形下,才能适用实质性相似标准来认定侵权。由于汉字的字形结构变化有限,又作为一种交流工具被广泛、长期书写,所以即使是独立创作的结果实质相似的可能性也比较大。因此,书法作品原则上只能采取保护相同而不保护相近似的原则,除了对字体的拉伸、缩放、旋转或颜色改变之外,只要对字形有了实质性改变,都不构成侵权,否则,会对汉字的正常使用产生不利影响。在方正诉宝洁案中,一审法院敏锐地认识到这一点,明确地指出:"如他人使用相近字体即认为构成侵权,难以辨别其中的单字演绎自字库字体还是现实中的字体,也构成对经典字体的垄断。"❶ 无独有偶，日本东京地方法院于 1989 年 11 月 10 日在"动书第二案"的平元第 1330 号判决中也认为，如果相似字形也落入到保护范围，这种宽泛的权利范围可能导致文字本身的书写规则也构成作品，因此，相似不能认定为复制。❷ 上述分析表明，原始字稿的作者对汉字字库整体上的贡献是思想上的贡献而不属于表达上的独创性贡献。

在方正诉宝洁案中，方正公司认为倩体与黑体的区别在于："黑体横竖一样粗，倩体是横的细、竖的粗，独创性就体现在此。"❸ 这实际上是主张字库的抽象个性应当受到著作权法的保护。在方正诉宝洁案中，一审法院认为"受到保护的应当是其整体性的独特风格"，"方正倩体字库字体具有一定的独创性，符合我国《著作权法》规定的美术作品的要求，可以进行整体性保护"，实际上是认为字库整体上的风格应当受到保护。但是，在黑体、宋体、仿体、楷体之外的字库，整体上的特点和风格确实是原始字稿作者的贡献，但这种贡献是抽象个性而非具体到每个字的具体个性。但前文的分析表明，著作权法上的独创性是指具体个性而非抽象个性，因此作为抽象个性的汉字字库整体风格不应当受到著作权法保护。汉字字库整体上是否构成作品，取决于其中的单字字形是否构成作品。

三、修字的具体过程和要求

汉字字库是一组字体风格、大小、格式相同而字形不同的字符的集合，是设计师在原始字稿基础上不断修字的结果。修字过程

---

❶ 参见北京市海淀区人民法院（2008）海民初字第 27047 号民事判决书。
❷ 黄武双等：《计算机字体与字库的法律保护：原理与判例》，法律出版社 2011 年版，第 140 页。
❸ 参见北京市海淀区人民法院（2008）海民初字第 27047 号民事判决书。

中，不断放大看、缩小看，不断修边角，最后汉字字库中的字与原始字稿中的字相比会有一些差异。修字时受到的限制性条件有以下四个方面。

（1）技术参数的要求，不能超出方框，规定重心位置，规定笔画间距等。工艺要求的一个重要方面就是：字形轮廓中填充的色度是相同的。汉字字库中的字与原始手稿中的字相比，既无干湿浓淡之谓，亦无力度强弱之别。毛笔书写的"飘"字与汉字字库中的"飘"字相比，笔画中间不存在空白，如图5-1所示。

毛笔书写的"飘"字

汉字字库中的"飘"字

图5-1　毛笔书写的"飘"字与汉字字库中的"飘"字

（2）风格的要求，即抽象个性的要求。在原始字稿有完整的6 763个字时，这个抽象个性由原始手稿作者来统一。在原始手稿没有完整的6 763个字时，由作为主创设计师的原始手稿作者通过对修字质量进行控制来统一。作为抽象个性的风格，在北魏楷书体现为："横竖挺拔刚健，撇捺飘逸灵动，钩和点严整饱满，笔画的起始及转折处斩钉截铁，如刀削玉，给人以沉着痛快之感。"❶ 北

---

❶　（清）康有为著，孙玉祥、李宗玮解析：《广艺舟双辑》，北京图书出版社2004年版。

巍《墓志》中的"永"字与方正北魏楷书的"永"字都有相同的抽象风格，如图5-2所示。

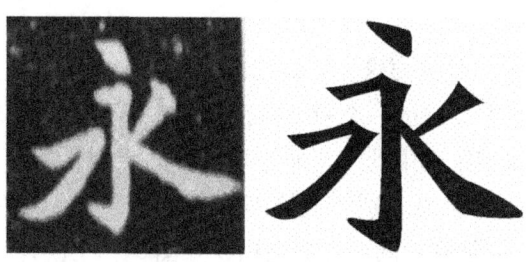

图5-2 北巍《墓志》中的"永"字与方正北魏楷书"永"字

（3）字与字之间的协调。汉字字库中的单字彼此孤立，究竟使用者会组织成什么样的文本是无法预知的，字与字之间的协调要求所有可能形成组合的字放在一起，让人觉得是协调的。这种协调除了原始字稿作者在书写过程中注意之外，个别不协调的地方还需要修字设计师进行调整，修改原始字稿中单字的某些突出的个性，使之与其他字相适应。汉字字库中的每个字放在一起的时候整体上都具有协调性和美感，如图5-3所示。

图5-3 方正藏意汉体字库中单字的协调性

为了协调，单字的突出个性需要修改。如图5-4所示，可口可乐公司的商标中的"可口可乐"四个字放在一起是协调的，但放在汉字字库中的时候,由于汉字字库使用者可能将"可"字与其他多个字组合在一起使用,而不仅仅是与"口"字或者"乐"字放在一起使用。因此"可口可乐"中的任何一个字都不能原封不动地放进汉字字库中去,故不可能存在"可口可乐"四个字之间的呼应、容让等整体编排。相反,汉字字库设计不允许特定字与特定字之间存在照应关系,因为这样才能让任意两个字显示在一起而不影响美观。

图 5-4　商标标志中的"可口可乐"

(4) 美感。字与字之间协调可以带来美感。除了协调之外,每个字也要求有美感。为了达到此目的,应当要求修字的设计师具有较高的书法修养,不要因为对原始字稿的修改而破坏其美感。

四、单字是否体现修字设计师的个性

在修字的各种限制条件下,修字设计师的个性发挥空间较小,不同设计师最后修改出来的字形在结果上应当是基本相同的。而且,如果汉字字库是由不同设计师分别修改的,则最后还要由主创设计师总体上进行修改,以协调不同设计师的不同具体个性,不同设计师的具体个性将基本上被消除。因此从这个角度来看,汉字字库里的单字基本上不体现修字设计师的具体个性。

而且,正如美国联邦第二巡回上诉法院在 Arnstein 案中所强调的那样,独创性所要求的个性应当体现为普通人的观察能力(ordinary observer test）能够识别的差异。❶ 即使是在著作权侵权纠纷中,法院也应采用普通人的观察能力作为判断作品是否实质性相似的基准。❷ 在独创性判断中,单字字形的差异应当限于普通人能够识别的差异,不能过分强调字形的细微差异,不能以设计师在修字过程中过分放大后的显示效果来作为判断依据,更不要说通过放大镜来观察字形的变化。

也就是说,如果因为修字设计师的个性而使得修字结果具有了普通人可以识别的差异,则可以认为修字设计师对修过的字具有独创性贡献。在国内,不同汉字字库制作者制作的仿宋字库都依据相同的原始字稿。在此基础上制作的字库的单字如果有了普通人可以识别的差异,就可以认为修字的设计师对修字具有独创性贡献。以方正仿宋简体字库和 Word 自带的仿宋字库中的两个"飘"字为例,仔细观察可以发现,二者还是有很多细微差异的,如图 5-5 所示。但是,这两个仿宋"飘"字之间的细微差别,从普通人的观察标准来看,并不构成可以识别的差异,这表明在原始字稿相同的情况下,汉字字库中的单字很难体现修字设计师的个性。

图 5-5 方正仿宋的"飘"字与 Word 自带仿宋的"飘"字

---

❶ Arnstein v. Porter, 154 F. 2d 464 (2d Cir. 1946).
❷ Laureyssens v. Idea Group, Inc., 964 F. 2d 131 (1992).

但在黑体中，不同设计师的具体个性却能够被普通人所识别。字号相同的两个"飘"字，微软雅黑中的上边界明显比方正黑体简体中的上边界要高，而下边界明显比方正黑体简体中的下边界要低，如图5-6所示。而且，"飘"字中的"风"的形状有比较明显的区别。这种可以识别的差异事实上并非修字设计师的个性差异导致，而是原始字稿不相同导致的。微软雅黑是方正公司根据微软公司的要求在不同的原始字稿基础上制作的，与方正黑体简体的原始字稿并不相同。

图5-6 方正黑体简体的"飘"字与微软雅黑的"飘"字

上述分析表明，在原始字稿相同的情况下，修字设计师的个性差异并不导致汉字字库中单字在表达上产生具有可以识别的差异。换言之，修字设计师修字过程中所体现的个性的程度太低，达不到具有独创性贡献的程度。虽然汉字字库中的字相对于原始字稿中的字可能具有了普通人的观察能力可以识别的差异，不再是完全相同的"作品"，但这种变化更多是技术上的要求所导致的，而不是修字设计师的个性所导致的。

五、原始字稿作者与汉字字库中单字的关系

对于原始字稿中单字与汉字字库中的单字的关系，可能有以下

三种意见。第一种意见,汉字字库中的单字与原始字稿中的字是相同的作品;第二种意见,汉字字库中的单字是原始字稿中的单字的演绎作品;第三种意见,汉字字库中的单字与原始字稿中的单字是相互独立的作品。

修字不同于临摹,不以接近原始字稿中单字为最终目标和最高境界。为了达到技术上的要求,有些字的形状要进行微调。原始字稿中笔墨的浓淡、干湿、枯润和力度等具体个性必然被抹杀,即使是直接在电脑上写的原始字稿,其具体形状也会发生一些变化。有学者认为,印刷字体的发展是一个"去书法化"的过程。❶ 修字的过程是消除书写的随意性的过程,从这个角度来看,这种观点有一定的道理。在方正诉暴雪案中,最高人民法院就准确地论述了这一点,认定"字库中的每个汉字的字型与其字形原稿并不具有一一对应关系,亦不是字形原稿的数字化"。❷ 前文的分析表明,修字后字形一般会发生普通人的观察能力能否识别的差异,因此第一种意见难以成立。

虽然汉字字库中的字与原始手稿的字不是相同的"作品",但比较难以回答的问题是,原始字稿作者对汉字字库中的单字是否有著作权法意义上的独创性贡献。目前有以下两种观点:第一,汉字字库中的单字与原始手稿中的单字在表达上有联系,是类似于演绎作品的关系,因此原始字稿作者对汉字字库中的单字有独创性贡献;第二,汉字字库的单字与原始字稿的单字的相同之处是思想而不是表达,因此原始字稿作者对汉字字库中的单字没有独创性贡献。

---

❶ 李琛:"计算机字库中单字著作权之证伪",载《知识产权》2011年第5期,第28页。

❷ 参见最高人民法院(2010)民三终字第6号民事判决书。

要搞清楚这个问题，就需要搞清楚二者之间的具体联系在哪里。二者的第一个共同之处是整个汉字字库的抽象个性。例如，所有倩体都是横的细、竖的粗。前文已经分析过了，这种共同之处并不能导致二者具有相同的表达，不具有著作权法上的意义。二者的第二个联系是汉字字库的单字是在原始字稿的单字的基础上修改而形成的。原始字稿中单字的具体字形是形成汉字字库中单字的基础，可以说没有原始字稿中的单字就没有汉字字库中相同的单字。从这个角度来看，二者的联系不仅仅是思想（抽象个性）上的，而且是表达上的，认为汉字字库的字与原始字稿的字是"演绎作品"，有一定的事实基础。

但这个问题还可以从两个更深入的角度来分析。首先，原始字稿中的字必须进行修改才能符合汉字字库的技术要求。正是由于满足技术上要求以及整体协调要求所作的修改，字的形状可能产生了普通人可以识别的差异，不再是相同的"作品"。其次，如果原始字稿中的字足够多，其中的每一个单字都不是不可缺少的，缺少的那些字可以根据其他的字来制作。一旦原始字稿的抽象风格和制作规范基本确定，在原始字稿中没有的字，修字设计师也能制作出来，而且与在原始字稿的字的基础上修成的字，在视觉效果上不会有太大差异。从上述角度来看，即使汉字字库中的单字确实从原始字稿中的单字修改而来，其与原始字稿中的单字也已经脱离了表达上的联系而变为了思想上的联系。因此，从前面两个角度的分析来看，认为汉字字库中的单字字形与原始字稿中的单字字形是相互独立的"作品"的理由也较为充分。

六、原始字稿作者是否有独创性贡献的决定因素

除了原始字稿中单字与汉字字库中单字的上述两个联系之外，

还要考虑原始字稿作者对字库中单字制作的影响。在修字过程中，如果原始字稿的作者是字库制作公司的员工，一般都担任该字库的主创设计师，在其他设计师修字过程中，主创设计师通过质检等方式不断对字形的最终形成产生影响。即使原始手稿作者不是字库制作公司的内部人员，在修字过程中也会因为对修字质量的监督而对最终字形产生影响。换言之，原始字稿作者除了通过原始字稿影响汉字字库中的字形外，还在汉字字库制作过程中对字形起到决定作用。因此，字库中的单字字形在两个方面都可能受到原始字稿作者的个性的影响。

原始字稿作者对汉字字库中的单字字形是否有独创性贡献，汉字字库中的单字是否体现原始字稿作者的具体个性，并不存在可以量化的指标来进行精确计算，也不存在量化的标准来衡量。说到底，原始字稿作者对汉字字库中的单字的独创性贡献，不是有没有的问题，而是到什么程度的问题。一旦涉及程度的问题，由于并不存在定量分析工具，就很难有标准答案。而且，个案事实各不相同，程度问题的结论也是可以因个案情况而不断变化的。由于存在裁量的空间，法官可以将自己的利益衡量和价值选择结论用于影响判断结果。因此，这个问题的判断，可以成为司法政策分析的切入点，可以有不同的答案。

在我国台湾地区和日本，相关判例为字形的著作权保护设定了较高的独创性标准。我国目前的多数判决认为汉字字库中的单字字形可以构成作品，在方正公司诉文星公司案[1]的一、二审中，在中易中标公司诉微软公司案的一审中，在汉仪公司诉笑巴喜公司案[2]

---

[1] 参见北京市第一中级人民法院（2003）一中民初字第4414号民事判决书。
[2] 参见江苏省南京市中级人民法院（2011）宁知民初60号民事判决书。

的一审中，在方正诉暴雪案❶的一、二审中，法院均确认单字的字形受著作权法保护。目前只有在方正诉宝洁案中，一审法院认为汉字字库中的单字并不具有独创性，不构成作品。无论是哪一种观点，虽然判决书中不一定详细表述，但是实际上背后都有大量关于利益平衡和价值衡量的思考。这一点在方正诉宝洁案的一审判决书中体现得非常明显。❷

本部分的分析表明，严格按照著作权法的独创性判断标准来看，原始字稿作者对汉字字库中的单字有独创性贡献的可能，但是否能够认定有独创性贡献，其决定因素却不在法律逻辑之内，而在于司法政策。换言之，这需要从后果来看：给汉字字库中单字以著作权保护可能给字库制作者和使用者造成哪些影响？认定汉字字库中的单字构成作品的好处和坏处都有哪些？从外观设计或反不正当竞争角度来保护是否更好？❸ 这些问题都还需要非常细致的专题研究。

七、小结

以上分析表明，原则上，原始字稿中的单字字形体现了作者的个性，应当认定其具有独创性，构成书法作品。在经历了汉字字库制作过程后，汉字字库中的单字与原始字稿中的单字已经产生了差异，这种差异并非修字设计师的个性所决定的，而是汉字字库制作

---

❶ 参见北京市高级人民法院（2007）高民初字第1108号民事判决书。
❷ 参见北京市海淀区人民法院（2008）海民初字第27047号民事判决书。
❸ 在美国，字库中单字字形不受著作权法保护，但可以作为外观设计受到保护，参见《美国联邦法规》[37 C. F. R. s202.1（e）（1992）]；在欧洲，平面设计可以获得外观设计保护，参见《欧共体外观设计保护指令》（Directive 98/71/EC）和《欧共体外观设计条例》[Council Regulation（EC）No 6/2002]。

的技术因素决定的,因此不体现修字设计师的独创性贡献。这种差异的程度是否能够否定原始字稿作者对汉字字库的独创性贡献,具有裁量空间,取决于政策分析的结果。由于独创性是个裁量规范,而且汉字具有语言工具的特殊性,汉字字库中的单字是否构成作品,需要法官结合个案事实通过对司法政策的考量给出答案。

第二节 汉字字库计算机程序的著作权属性

在知识产权理论界和实务界,汉字字库的著作权问题是一个热点,其中的一个问题是,汉字字库的计算机语言是否属于计算机程序,是否属于著作权法保护的计算机软件作品。❶ 现有的司法判决和学术研究中有两种观点,一种观点认为汉字字库的计算机语言既是计算机程序,也是著作权法保护的计算机软件作品;另一种观点认为汉字字库的计算机语言不是计算机程序,不属于著作权法保护的计算机软件作品。无论哪一种观点,现有的文献都缺乏对汉字字库计算机语言的内容和形式的详细分析,因此缺乏说服力。本节拟对汉字字库的计算机语言内容及形式进行深入解剖,并以此为基础来研究汉字字库的计算机程序在著作权法上的属性。❷

一、汉字字库的计算机语言的构成

根据我国《计算机软件保护条例》第 2 条的规定,计算机软件

---

❶ 例如,中国科学院倪光南院士认为:"中文字库当属计算机软件的范畴,应该得到著作权法的保护。"参见管晶晶:"计算机字体应该怎样保护?",载《科技日报》2012 年 6 月 12 日。

❷ 本节有关中国字库计算机程序的技术信息,主要来自于北京北大方正电子有限公司字库业务部总经理张建国、技术总监唐英敏、工程师夏立宁提供的资料和说明,在此表示感谢!

是指计算机程序及其有关文档。在技术层面上,计算机程序是指为了得到某种结果而可以由计算机等具有信息处理能力的装置执行的代码化指令序列,或者可以被自动转换成代码化指令序列的符号化指令序列或者符号化语句序列。同一计算机程序的源程序和目标程序为同一作品。所谓目标程序,是指以机器语言的形式出现的代码化指令序列,最为彻底的机器语言是由 0 和 1 组成的二进制语言。所谓源程序,是指以与人类语言比较接近的语言形式出现的符号化指令序列或符号化语句指令序列,常见的 C 语言、PASCAL 语言等即为与人类语言比较接近的计算机高级语言。源代码或高级语言可以自动编译成机器能够直接处理的机器语言或目标代码。同一计算机程序既可以表现为机器能够直接处理的代码化指令序列,也可以表现为代码化指令序列自动转换而成的人类容易理解的符号化指令序列或符号化语句序列如图 5-7 所示。

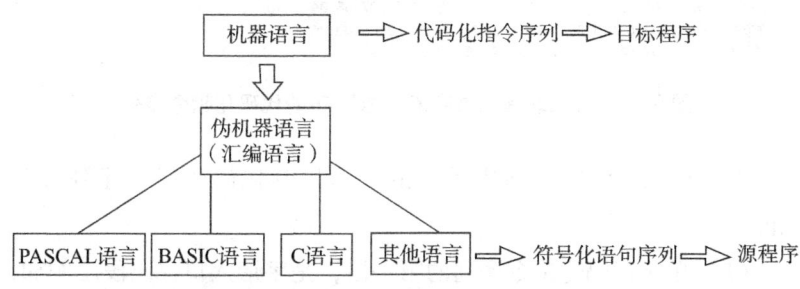

图 5-7 计算机语言相关术语的关系

汉字字库的主要制作过程包括:制作字稿;数字化拟合;修字;质检;编程;测试。在汉字字库制作过程中,程序员在编程时使用 TrueType 或 PostScript 指令来描述字的各种信息,汉字字库中的每个字不再以图像的形式存在于计算机语言中,而是以相应的坐标数据和相应的函数算法存在,在输出时经特定的指令及软件调用、解释后，还原为相应的字形图像。程序员在编写程序的时候虽然参照了 TrueType 语言及对应的十六进制代码，但为了节省空间，一般汉字字库制作者并不保留 TrueType 语言编写的源程序，直接以十六进制的代码来表示汉字字库中单字的各种指令和参数。以方正北魏楷书字库中的"永"字为例，其在字库中的十六进制代码如图 5-8 所示。

```
000000: 00 03 00 06 FF E9 00 FA 00 CC 00 35 00 45 00 53//指令接口（0x0000 - 0x0011）
000010: 00 00 37 16 17 06 07 16 17 36 37 16 17 06 07 06//代码段（0x0012 - 0x0065）存放
000020: 07 16 17 16 17 16 17 16 07 06 27 06 27 26 27 26//针对字形的显示需要的指令代码
000030: 27 06 17 16 17 16 07 26 27 26 37 36 17 16 37 36//
000040: 37 36 27 06 07 26 27 36 37 16 17 16 07 16 07 06//
000050: 27 36 37 06 07 26 27 36 37 16 17 16 07 16 07 06//
000060: 27 26 27 26 37 36 74 0B 11 07 03 06 06 1F 0B 0B
000070: 0D 0A 18 12 09 02 05 1D 0D 1B 12 05 01 01 06 1F//数据段（0x0066 - 0x010D）,
000080: 12 09 20 0D 05 01 02 00 00 01 07 0F 1B 04 01 00//存放了字形轮廓坐标点的数据
000090: 06 14 03 02 01 02 00 0C 09 05 29 01 0A 10 05//其中，0x0066 - 0x00B9 为 X 坐标
0000A0: 10 20 11 14 12 37 1B 12 1C 08 07 2C 22 12 13 03
0000B0: 01 00 02 02 04 16 0B 02 00 01 99 0A 02 09 19 05//0x00BA - 0x010D 为 Y 坐标
0000C0: 06 19 18 0D 08 03 0F 0B 05 03 05 20 04 0C 0B 03
0000D0: 03 03 00 01 05 03 30 13 07 0F 2B 05 03 30 01 04
0000E0: 16 04 02 02 01 04 04 07 39 39 05 06 04 02 01 04
0000F0: 23 0B 03 03 16 2A 0B 0E 10 14 37 04 0B 05 09 04
000100: 6C 02 07 05 0D 05 02 01 02 0F 0D 03 01 02
```

图 5-8 方正北魏楷书字库"永"字的代码化指令序列

按照构成，汉字字库中单字的十六进制代码化指令序列分为三段。

（1）单字代码化指令序列的第一段，是字形入口代码段。例如，方正北魏楷书字库中的"永"字，相关指令的地址为 0x0000 ~ 0x0011，见表 5-1。

表 5-1 方正北魏楷书字库中"永"字的字形代码接口表

指令地址	参数	指令说明
0000	0x00 0x03	表示这个字形中有 3 个闭合指令
0002	0x00 0x06	图像缓冲区的左边界为：6

续表

指令地址	参数	指令说明
0004	0xFF 0xE9	图像缓冲区的上边界是：-23
0006	0x00 0xFA	图像缓冲区的右边界是：250
0008	0x00 0xCC	图像缓冲区的下边界是：204
000A	0x00 0x35	第一个闭合指令的指针是：53
000C	0x00 0x45	第二个闭合指令的指针是：69
000E	0x00 0x53	第三个闭合指令的指针是：83
0010	0x00 0x00	特殊字形调整的指令：0（没有）

第一段的字形入口代码中又包括三个部分。

第一部分，上下左右的边界参数。需要注意的是，左右边界相当于"永"字在X坐标上最左边和最右边的点的坐标；上下边界相当于"永"字在Y坐标上最下边和最上边的点的坐标。由于此坐标系采用英文大写字母的坐标系，因此汉字最下边的边界往往低于Y坐标，最下边的边界值往往为负值。例如"永"字，最下边的边界值为-23。

第二部分，闭合指令的指针。闭合指令的指针表示该字有几个闭合回路，每个闭合回路在哪个点上闭合。方正北魏楷书字库中的"永"字有三个闭合回路，第一个闭合回路的闭合指针的坐标参数是第53个数值（十六进制的代码表示为0x35），第二个闭合回路的闭合指针的坐标参数是第69个数值（十六进制的代码表示为0x45），第三个闭合回路的闭合指针的坐标参数是第83个数值（十六进制的代码表示为0x53）。"永"字的三个回路及其顺序，如图5-9所示。

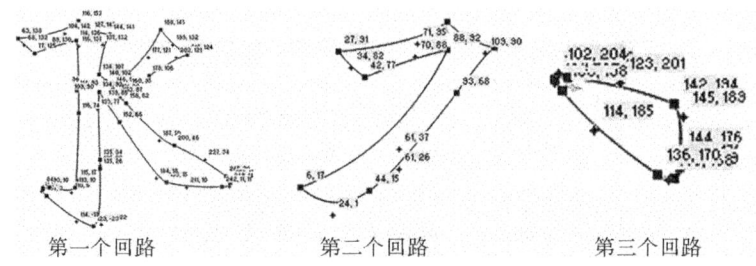

图 5-9 方正北魏楷书中"永"字的三个回路

第三部分，单字显示控制指令，是为了提高某些特殊字形在特殊情况下尤其是屏幕分辨率较低时具有更好显示效果的控制指令。"永"字的笔画比较简单，即使在屏幕分辨率低时显示的笔画也是完整的，因此没有设计单字显示控制指令。在方正倩体字库中，"飘"字比较复杂，在一些情况下不能准确显示所有笔画，因此设计了单字显示控制指令，以确保其字形能够准确地显示。

（2）单字代码化指令序列的第二段，是轮廓指令的代码段。方正北魏楷书字库中的"永"字，相关地址为 0x0012～0x0065，其中存放了针对字形轮廓的显示需要的指令代码。

（3）单字代码化指令序列的第三段，是 X 坐标和 Y 坐标的数据段。方正北魏楷书字库中的"永"字，相关地址为 0x0066～0x010D，其中存放了字形轮廓的各个控制点的坐标数据。轮廓指令与坐标数据相结合，其运行结果就是"永"字的轮廓。每个字的实际显示过程可以分为三个步骤：字符（编码）转换为汉字库内的字形索引；根据字形索引定位字形指令及数据；根据字形数据及相关指令构建字形轮廓。运行过程中，轮廓指令起到的作用，见表 5-2 和图 5-10（其中省略了部分运行过程）。

第五章 计算机字体著作权司法保护

表5-2 方正北魏楷书"永"字的指令、对应参数及执行结果对照

指令地址	指令操作码	指令含义			指令说明	坐标参数		执行结果
		垂直移动方向	水平移动方向	画线开关		X坐标	Y坐标	
0012	0x37	YDual	XDual	On	沿X、Y正向移动点到指定坐标	116	153	
	0x16		XDual	Off	沿X正向、Y负向移动点,数据压栈	11	10	
	0x17		XDual	On	沿X正向、Y负向移动点,画曲线	17	2	
0045	0x26	YDual		Off		9	7	
	0x27	YDual		On	沿X负向、Y正向移动点,画曲线	5	6	
	0x36	YDual	XDual	Off	沿X、Y正向移动点,数据压栈	41	4	
000A	0x35			Close	闭合路径,画曲线			
0063	0x26	YDual	XDual	Off		2	1	
	0x37	YDual	XDual	On	沿X、Y正向移动点,画曲线	0	2	
	0x36		XDual	Off	沿X正向、Y负向移动点,数据压栈	1	204	
000E	0x53			Close	闭合路径,画曲线			

```
000000: 00 03 00 06 FF E9 00 FA  00 CC 00 35 00 45 00 53//指令接口（0x0000 — 0x0011）
000010: 00 00 37 16 17 00 00 17  ← 起始的指令，X和Y坐标的参数在后面  x0065）存放
000020: 07 16 17 06 07 06 07 06  ...                                  的指令代码
000030: 27 16 17 16 07 26        27 26 37 36 17 16 37 36//
000040:                   26 27 36  07 16 17 06 07 06 07 06//  中间的指令
000050: 
000060: 27 26 26 37 36 ← 最后的指令，闭合指
000070: 0D 0A 12 09 02 05 1D 0D   针53在指令接口部分  (0x0066 — 0x010D)
000080: 12 09 20 0D 05 01 02 00  00 01                字形轮廓坐标点的数据
000090: 16 03 02 01 00 02 19     1C 05 19 12 10 05//其中，0x0066 — 0x00E9为X坐标
0000A0: 10 20 11 14 12 37 1B 12  1C 08 07 2C 22 12 13 03
0000B0: 01 00 02 02 04 16 0B 02  00 01 99 0A 02 09 19 05//0x00EA — 0x010D为Y坐标
0000C0: 06 19 18 0D 08 03 0F 0B  05 03 05 20 04 0C 0E 03
```

图5－10 方正北魏楷书"永"字的执行结果相应的指令和参数

按照结构，汉字字库的全部计算机语言包括单字的代码化指令序列和全局显示控制指令。单字的代码化指令序列的位置按照国家标准确定的位置码来排列，❶ 单字的代码化指令序列之间是相对独立的，在运行过程中，互不干涉。单字代码指令序列分为指令和参数，指令又可以分为轮廓指令序列和显示控制指令序列两部分，见表5－3。轮廓指令序列负责根据设备指定的坐标参数生成字形的轮廓。汉字字库中单字字形一般是高精度可缩放的轮廓数据，但显示结果是点阵图像。显示设备的精度往往会限制字形的精细表现，存在失真的现象。为了能更好地显示字形，需要用显示控制指令进行调整。

显示控制指令又分为全局显示控制指令和单字显示控制指令。全局显示控制指令集中了所有单字可能需要的显示控制指令的主要指令序列。综合来看，字库质量的高低主要取决于两个因素，一是修字水平的高低，决定字形的质量，二是显示控制指令的好坏，影响显示效果。假设方正电子公司、中易中标公司和汉仪公司都以北魏《墓志》《造像》中原始字稿为基础开发北魏楷书字库，对最终

---

❶ 例如中华人民共和国国家标准汉字信息交换用编码（GB2312编码）、《汉字内码扩展规范》（GBK编码）等。

汉字字库产品产生决定作用的人是修字的设计师和编写显示控制指令的程序员。

表5-3　汉字字库计算机语言的结构

汉字字库的计算机语言	单字的代码化指令序列	指令	轮廓指令序列
			单字显示控制指令序列
		参数	
	全局显示控制指令		

二、代码化指令序列的计算机程序属性

在我国目前涉及汉字字库计算机软件属性的案件中，争议焦点在于汉字字库的计算机程序是否构成著作权法保护的作品。在司法实践中，主要有两种观点：一种认为其不构成著作权法保护的作品，另一种认为其构成作品，但目前两种观点都没有准确地说明理由。例如，在方正公司诉文星公司案中，二审法院认为："字库中对数据坐标和函数算法的描述并非计算机程序所指的指令，并且字库只能通过特定软件对其进行调用，本身并不能运行并产生某种结果，因此，字库不属于《计算机软件保护条例》所规定的程序。"[❶]这样的论述存在以下两个问题。①认为自身能够运行的代码化指令序列才属于计算机程序。但事实上，只要不是操作系统，所有的计算机程序都需要操作系统的调用才能运行。因此，不能由自身是否运行来判断其是否为计算机程序。只要其中的代码化指令序列能够被计算机执行并产生某种结果，就属于计算机程序。②认为汉字字库中对数据坐标和函数算法的描述并非计算机程序所指的指令。但

[❶] 参见北京市高级人民法院（2005）高民终字第443号民事判决书。

在技术层面上，指令是指为了得到某种结果而可以由计算机等具有信息处理能力的装置执行的一个或一组特定操作的代码。而汉字字库中单字的计算机语言中事实上存在能够使计算机执行特定操作并产生某种结果的各种指令。例如，TrueType 语言中的指令 PUSHB，十六进制的代码是"B0"，功能是"压入一个参数到栈中"。与此类似的各种指令均为能够使计算机执行特定操作并产生某种结果的指令。

表 5-4 TrueType 语言的部分指令

指令	操作码	从 IS 中取值	压入
AA [ ]	0x7F	P	—
ABS [ ]	0x64	n	[n]
ADD [ ]	0x60	N1，n2	(n1 + n2)
ALIGNPTS [ ]	0x27	P1，p2	
ALIGNRP [ ]	0x3c	P1，P2，…，Ploop	
AND [ ]	0x05A	E1，e2	(e2 and e1) 布尔值

汉字字库中每个单字的轮廓动态构建指令（以下简称轮廓指令）序列包含了大量能够被计算机执行并得到字形显示效果的指令，有些单字的代码化指令序列中还存在能够被计算机执行并对字体的显示效果产生影响的显示效果控制指令，见表 5-4，因此，汉字字库中单字的计算机语言属于计算机程序。在方正诉暴雪案中，二审法院正确地认识到了汉字字库的计算机语言符合技术层面上的计算机程序，认为："本案中，诉争字库中的字体文件的功能是支持相关字体字型的显示和输出，其内容是字型轮廓构建指令及相关数据与字型轮廓动态调整数据指令代码的结合，其经特定软件调用后产生运行结果，属于计算机系统软件的一种，应当认定其是为了

得到可在计算机及相关电子设备的输出装置中显示相关字体字型而制作的由计算机执行的代码化指令序列。"[1]

三、轮廓指令序列的独创性分析

我国《计算机软件保护条例》第 2 条对计算机软件采用了广义的定义，即除了计算机程序外，还包括相关的文档。在分析汉字字库的计算机程序的著作权属性之前，有必要简要讨论一下什么是著作权法意义上的计算机软件作品。计算机程序之所以被作为文学作品来保护，是因为其符号化语句序列在表达形式上与文学作品十分相似。计算机程序之所以可能具有独创性，主要是因为不同程序员可以以不同的符号化语句序列实现相同目的，符号化语句序列在表达上能够体现程序员的个性。根据我国《著作权法》第 3 条的规定，作品包括计算机软件。按照我国《著作权法实施条例》第 2 条的规定，作为作品的一种的计算机软件也应当具有独创性。《计算机软件保护条例》有一个隐含的前提：虽然在技术上所有能够由计算机等具有信息处理能力的装置执行并得到某种结果的代码化指令序列都是计算机程序，但在法律上只有具有独创性的计算机程序及有关文档，才属于著作权法保护的计算机软件。

由于《计算机软件保护条例》中隐含的前提容易被忽略，在实践中，往往会混淆技术上的计算机程序和著作权法上的计算机程序，认为只要是能够被计算机执行并产生某种结果的计算机程序就必然受到著作权法保护。例如，在方正公司诉文星公司案中，一审法院认为，由于各个文字的坐标数据和指令构成的字库可以被计算机执行，因此属于我国《计算机软件保护条例》规定的计算机软

---

[1] 参见最高人民法院（2010）民三终字第 6 号民事判决书。

件，受该条例的保护。❶

为了深入分析汉字字库的计算机语言的著作权法属性，首先需要简要讨论一下什么是独创性。独创性是著作权法的基本概念，但鲜有立法对其进行定义。各国著作权法司法实践中的独创性标准并不相同。具体而言，按照从严格到宽松的顺序排列，有代表性的独创性标准可以分为五类，分别是：欧盟的标准，要求作品体现个性化的智力创造成果；美国 Feist 案的标准，要求作品体现少量的创造性；美国 Alfred Bell 案的标准，要求作品体现可以识别的而不是细微的差异；加拿大 CCH 案的标准，要求作品体现并非机械和琐碎的技能和判断；英国的标准，要求作品体现技能和劳动。❷ 鉴于篇幅限制，本节不详细讨论独创性的准确界定，只是归纳各国普遍认可的基本规则：独创性取决于人，作品应当体现因为作者不同而导致的普通人可以观察到的差异，即体现作者的个性。下文在此基础上分析汉字字库计算机语言的独创性。

在汉字字库制作过程中，字的数字化体现在以下两个方面。①数字化拟合。数字化拟合的目的是把字稿中的字形准确无误地以数字形式输入到计算机中，这个工作可以由相应的设备自动完成，但往往还需要人工修整。同样的字形，制作者不同，结果也会有所差异，做得好的选择的点少，数据量就小；做得差的选择的点多，数据量就大。但制作者导致的这种差异是技术上差异。这个制作过程并不产生有形的表达。②编程。使用 TrueType 或 PostScript 指令编写每个字的轮廓指令序列，其目的是准确、客观地使用计算机语

---

❶ 参见北京市第一中级人民法院（2003）一中民初字第 4414 号民事判决书。

❷ Elizabeth F. Judge, Daniel Gervais, Of Silos and Constellations: Comparing Notions of Originality in Copyright Law, *27 Cardozo Arts and Entertainment Law Journal*, 375, 2009.

言描述确定的字形。由于 TrueType 或 PostScript 指令都是描述性的指令，在描述的对象是客观确定的情况下，应当使用的指令和参数选择的余地不大。事实上，这一步还可以由计算机程序自动完成。由于只是客观字形的图案形式和计算机语言形式的机械转换，因此并不受制作者个性的影响，不会因为制作者的不同而产生表达上的差异。当然，就同一个字，不同程序员所制作的轮廓指令序列也可以有所不同，主要有以下三个区别。①描述轮廓的点的组合不同。描述相同的轮廓可以有多种点的组合形式，例如一条曲线，可以分成几段表示，分的段越多，实现越容易，但带来的后果是数据量增大；能用较少的点精确表现出同一轮廓，则字库数据量就会减少，也就是轮廓数据优化，相应的性能会有所提高。②闭合回路的先后顺序不同。例如方正北魏楷书中的"永"字有三个闭合回路，如果闭合回路的指令序列的顺序不同，在显示过程中，显示的顺序就会不同。需要注意的是，这种闭合回路显示顺序的差异只对机器有意义，对人没有意义，因为以人的观察能力来看，"永"字的全部笔画是同时出现的。③相同的闭合回路，可以选择不同的起点来描述。例如"永"字上面的一点，有好几个定位点。如果不按照习惯从上面开始，每个定位点都可以作为起点。起点不同，指令对应参数的顺序也会不同。但是，上述变化都只是技术上的区别，并不构成著作权法意义上的因制作者个性差异而导致的区别，因此，这些变化不足以使单字的轮廓指令序列具有独创性。

需要注意的是，虽然单字的轮廓指令不具有独创性，但并不等于单字的轮廓指令序列的运行结果即单字字形没有独创性。这涉及计算机软件与其运行结果的关系问题。计算机软件的运行结果中的图像、文字等是计算机软件的一部分还是相对独立的作品，世界上有两种立法例。有些国家认为是独立的作品，有些认为不是，但主流观点认为二者是相互独立的。WCT 第 4 条明确规定，计算机软件并不延伸到运行结果，因此计算机软件的运行结果并不是计算机软件的一部分，可能是相互独立的作品。欧洲的《计算机软件指令》也有相同的规定。在美国，输出对象和描绘该对象的程序代码被认为在著作权法上是相互独立的两个作品。❶ 输出对象没有独创性，并不必然导致计算机程序没有独创性。❷ 在字库这个问题上，应当按照主流观点来判断二者的关系。因为单字的轮廓指令序列的"作者"是负责编程的程序员，而单字字形的"作者"不可能是程序员，只可能是原始字稿的作者和修字的设计师。单字字形与单字的轮廓指令序列所体现的人的个性是不可能相同的。因此，单字轮廓指令序列没有独创性，不构成计算机软件著作权保护的对象，不应当影响其运行结果即显示屏上的单字字形的独创性。

但是，如果描述作品的计算机语言的表达形式是唯一的或有限的，二者就不是相互独立的作品，而成为同一作品的不同存在形式。在美国，相关判例确立的这一规则被称为融合规则（the Merger Doctrine）。❸ 这时，如果计算机程序的运行结果（可能为文字、图案、动画等）的作者有独创性贡献，对运行结果可以享有著作权。由于是唯一表达或有限表达，将运行结果转换为计算机程序的程序员的个性并不能影响计算机语言的表达，因此对计算机程序没有独创性贡献。虽然计算机程序不构成著作权法所保护的计算机软

---

❶ Jeffrey R. Benson, Copyright Protection for Computer Screen Displays, 72 Minn. L. Rev. 1123（1988）.

❷ Adobe Systems Inc. v. Southern Software Inc., 45 U. S. P. Q. 2d 1827, 1830（N. D. Cal., 1998）.

❸ Compare Kern River Gas Transmission Co. v. Coastal Corp., 899 F. 2d 1458, 1460（5th Cir. 1990）, Morrissey v. Proctor & Gamble Co., 379 F. 2d 675, 678 – 79（1st Cir. 1967）.

件作品，但却会因为运行结果构成作品而作为该作品的另一种存在形式受到著作权法保护。必须强调的是，这种情况下著作权法保护的对象只有一个，即作为作品的计算机程序运行结果，可能是文字作品、美术作品或其他作品，但不是计算机软件作品，计算机程序只不过是作为该作品的计算机语言表现形式而受到著作权法保护，并不是作为计算机软件作品受到著作权法保护。由于字形与轮廓指令序列在表达上是唯一对应的关系，或者说是有限表达的关系，因此二者是同一客体的两种存在形式。在方正公司诉文星公司案中，二审法院认为："需要指出的是，字库中的坐标数据、函数算法与相应的字型是一一对应的，是同一客体的两种表达。在著作权法上，应作为一个作品给予保护。"从轮廓指令与字形的对应关系来看，二审法院的意见是正确的，轮廓指令作为字形的唯一或有限表达并不构成独立于字形的另一个作品。当然，判决里所说的"两种表达"实质上是指"两种存在形式"。

四、显示控制指令的作用

显示控制指令的作用是防止字形在屏幕显示时失真，优化字的显示效果。显示控制指令防止字形显示失真的技术具体方法有很多种，下面举两个例子来说明用显示控制指令防止字形显示失真的方法及效果。

例一，在屏幕显示分辨率较低时，表现字形的点阵数较少，某些情况下汉字笔画会因出现点缺失而断笔，可以采用显示控制指令进行控制、调整，防止出现断笔。例如，在显示"全"字时，如果屏幕的显示率低到一定程度，屏幕上显示的"全"字就会缺少笔画，不能显示所有的横，如在屏幕上显示为"仝"等。在加入了点丢失显示控制指令后，就能够在屏幕的显示率较低时仍然显示完整的笔画，如图 5-11 所示。

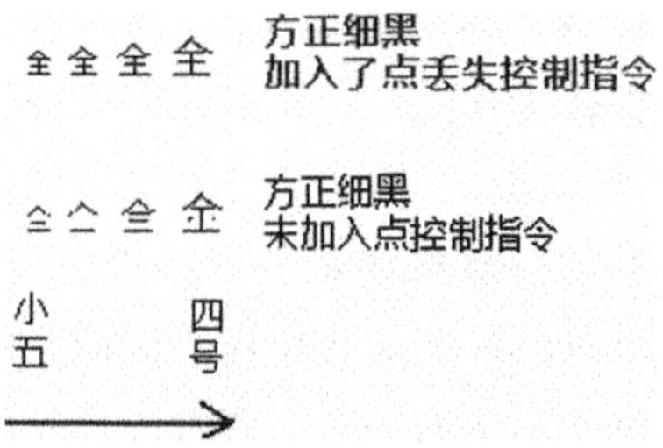

全 全 全 全　方正细黑
　　　　　　加入了点丢失控制指令

全 全 全 全　方正细黑
　　　　　　未加入点控制指令

小　　　四
五　　　号
→

图 5-11　方正细黑字库中"全"字是否加入控制指令效果对比

例二，有些显示控制指令可以在填充生成最终的字符图像之前对字形轮廓进行调整。例如在方正细黑字库中，显示"斯"字时，在字形缩小到一定程度并以点阵显示时，由于点不是整数而舍入时会产生误差，容易出现笔画粗细不均匀的现象。如果加入了显示控制指令，可以提高其显示效果，使其笔画粗细更加均匀。不同显示效果的差异，如图 5-12 所示。

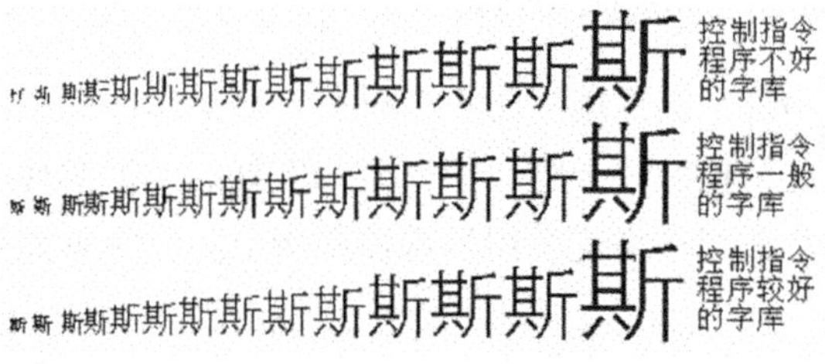

斯 斯 斯 斯 斯 斯 斯 斯 斯 斯　控制指令
　　　　　　　　　　　　　　　　程序不好
　　　　　　　　　　　　　　　　的字库

斯 斯 斯 斯 斯 斯 斯 斯 斯 斯　控制指令
　　　　　　　　　　　　　　　　程序一般
　　　　　　　　　　　　　　　　的字库

斯 斯 斯 斯 斯 斯 斯 斯 斯 斯　控制指令
　　　　　　　　　　　　　　　　程序较好
　　　　　　　　　　　　　　　　的字库

图 5-12　控制指令不同的效果对比

图 5-13 表示了实现这种效果的显示控制指令在"斯"字的代码化指令序列中的位置。图 5-13 表明，单字的显示控制指令在字形入口代码段的后面部分，与单字轮廓指令一起形成了该字的完整的代码化指令序列。虽然没有显示控制指令的单字的代码化指令序

列不具有独创性,但是包含单字显示控制指令序列的单字代码化指令序列却有可能具有独创性,这取决于单字显示控制指令序列是否具有独创性。

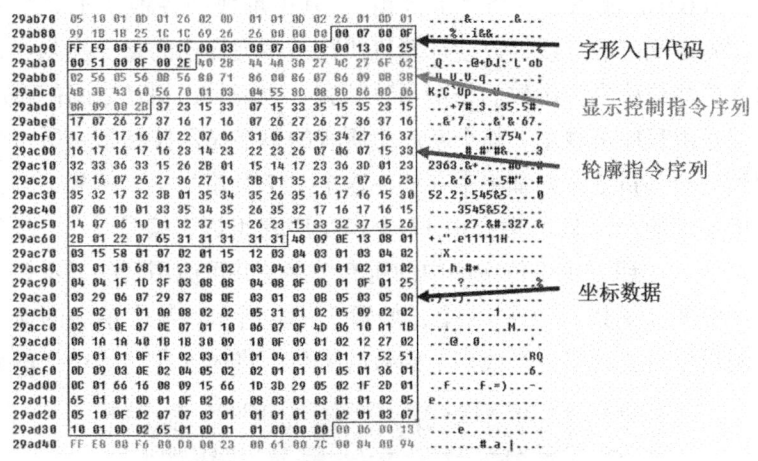

图 5-13 "斯"字在字库中的代码和数据

五、全局显示控制指令序列的独创性

事实上,单字显示控制指令与全局显示控制指令有密切的关系。因此要分析单字显示控制指令的独创性,就首先要搞清楚全局显示控制指令的内容及表达。下文以方正中倩字库的全局显示控制指令的十六进制代码序列为例分析其内容和表达。方正中倩字库的全局控制指令由 FPGM(font program)表、CVT(control value table)表、PREP(control value program)表组成。PREP 表是控制指令的入口,包含对全部字符起作用的指令。由于不同字形都需要的共同指令很少,因此一般这是一个很短的指令序列,可以选择用以表述其内容的指令非常有限,基本上不存在体现程序员个性的空间，因此不具有独创性。CVT 表只有参数，参数是由技术上的因素决定，程序员选择的空间不大，因此也不可能具有独创性。而全局显示控制指令是否具有独创性，取决于 FPGM 表的内容及表达。

FPGM 表相当于一个“工具箱”，其中堆放的各种“工具”就是预先定义好的一段可以使计算机执行一系列操作的指令序列，技术人员往往称之为函数。每个函数都有一个编号，相互之间的排序或编号由程序员规定。整个字库中所有的单字显示控制指令所可能用到的全部指令序列都集中存放在这个“工具箱”中。例如，方正中倩字库的全局显示指令由 12 个指令序列组成，编号从“0”到“11”，这表明方正中倩字库中的所有单字总共可能用到的显示控制指令序列（函数）只有 12 个，如图 5－14 所示。某个单字的显示控制指令需要的那一个或多个函数的编号，将体现在这个单字的显

```
2e7dc0  1F 8D 1F 90 B1 01 00 2C  00 20 58 B0 01 2A 1B 21
2e7dd0  59 01 20 58 B0 01 2A 1B  21 59 30 31 2D 2C 20 B0
2e7de0  03 25 4A 64 20 B0 40 50  58 21 B0 40 59 20 18 56
2e7df0  58 19 59 B0 20 63 8A 8A  20 47 B0 03 25 47 60 B0
2e7e00  20 63 68 18 20 B0 05 25  60 B0 04 26 23 48 8A 61
2e7e10  48 2D B8 00 02 2C 4B B8  00 09 50 58 B1 01 01 8E
2e7e20  59 B8 01 FF 85 B8 00 44  1D B9 00 09 00 03 5F 5E
2e7e30  2D B8 00 03 2C 20 20 45  69 44 B0 01 60 2D B8 00
2e7e40  04 2C B8 00 03 2A 21 2D  B8 00 05 2C 20 46 B0 03
2e7e50  25 46 52 58 23 59 20 8A  20 8A 49 64 8A 20 46 20
2e7e60  68 61 64 B0 04 25 46 20  68 61 64 52 58 23 65 8A
2e7e70  59 2F 20 B0 00 53 58 69  20 B0 00 54 58 21 B0 40
2e7e80  59 1B 69 20 B0 00 54 58  21 B0 40 65 59 59 3A 2D
2e7e90  B8 00 06 2C 20 46 B0 04  25 46 52 58 23 8A 59 20
2e7ea0  46 20 6A 61 64 B0 04 25  46 20 6A 61 64 52 58 23
2e7eb0  8A 59 2F FD 2D B8 00 07  2C 4B 20 B0 03 26 50 58
2e7ec0  51 58 B0 80 44 1B B0 40  44 59 1B 21 21 20 45 B0
2e7ed0  C0 50 58 B0 C0 44 1B 21  59 59 2D B8 00 08 2C 20
2e7ee0  20 45 69 44 B0 01 60 20  20 45 7D 69 18 44 B0 01
2e7ef0  60 2D B8 00 09 2C B8 00  08 2A 2D B8 00 0A 2C 4B
2e7f00  20 B0 03 26 53 58 B0 80  1B B0 40 59 8A 8A 20 B0
2e7f10  03 26 53 58 B0 02 26 21  B0 C0 8A 8A 1B 8A 23 59
2e7f20  20 B0 03 26 53 58 23 21  B8 01 00 8A 8A 1B 8A 23
2e7f30  59 20 B8 00 03 26 53 58  B0 03 25 45 B8 01 40 50
2e7f40  58 23 21 B8 01 40 23 21  1B B0 03 25 45 23 21 23
2e7f50  21 59 1B 21 59 44 2D B8  00 0B 2C 4B 53 58 45 44
2e7f60  1B 21 21 59 2D 00 00 00  B8 00 02 2B B8 01 FF 85
```

图 5－14　方正中倩字库中全局显示控制指令序列

示控制指令序列中，在运行单字显示控制指令序列时，将会通过函数的编号去"工具箱"中调用这个"工具"。

需要注意的是，"工具箱"中的每个"工具"或函数的代码化指令序列都比较长。例如，方正中倩字库中的 0 号函数包括了 19 个操作步骤，而 1 号函数包括了 39 个操作步骤。这些操作步骤如果转换为 TrueType 语言的符号化指令序列或中文，是较长的一段文字表达。表 5-5 为方正中倩字库中的 0 号函数的执行流程。

表 5-5　方正中倩字库中的 0 号函数的执行流程

序号	执行流程
1	使用 PUSHB 指令在栈顶压入两个参数 01 和 00
2	定义一个函数，函数编号为栈顶元素值，即：函数 0
3	设置当前测量的坐标轴为 Y 轴
4	复制栈顶元素，当前栈顶元素为 01
5	弹出栈顶元素并判断是否大于 0，即 01 是否大于 0，若判断结果为真，则继续执行，否则执行 ELSE 语句
6	由于第五步的判断结果为真，所以继续执行下面指令：压入参数 01 到栈顶
7	弹出 2 个栈顶元素，第一个表示函数编号，第二个表示循环次数。然后循环调用函数编号所标识的函数，由于当前栈顶元素为 01，01，所以循环调用函数 01。循环的次数为 1 次
8	下面为 ELSE 语句部分
9	弹出栈顶元素，此时弹出的是第 4 步复制的元素 01
10	IF – ELSE 语句结束
11	设置当前测量的坐标轴为 X 轴
12	复制栈顶元素，当前栈顶元素为 01
13	弹出栈顶元素并判断是否大于 0，即 01 是否大于 0，若判断结果为真，则继续执行，否则执行 ELSE 语句
14	由于第 13 步的判断结果为真，所以继续执行下面指令：压入参数 01 到栈顶

续表

序号	执行流程
15	弹出2个栈顶元素,第一个表示函数编号,第二个表示循环次数。然后循环调用函数编号所标识的函数,由于当前栈顶元素为01,01,所以循环调用函数01。循环的次数为1次
16	下面为 ELSE 语句部分
17	弹出栈顶元素,此时弹出的是第12步复制的元素01
18	IF－ELSE 语句结束
19	对于没有调整的点,根据已调整的点适当调整位置,X方向或Y方向对齐
20	函数0定义结束

全局显示控制指令的内容及表达表明,全局显示控制指令中每个函数的指令序列在表达上比较复杂,变化的可能性较多,因此会随程序员的不同而变化,换言之,程序员的个性会影响到表达上的差异。具体而言:首先,程序员不同,显示控制效果会有所不同,这正是单字显示效果因字库制作者不同而有所不同的原因;其次,即使是实现相同的显示效果,由于表达上比较复杂,存在多种变化的可能,不同程序员可以选择实现相同功能的不同方法,选择不同的具体指令,因此程序员的个性会对这一段较长的指令序列或函数的表达产生影响。或者说,这一段指令序列或函数能够体现程序员的个性特点。因此,这一段指令序列构成了有独创性的表达,属于著作权法保护的作品。

六、单字显示控制指令序列的独创性

单字显示控制指令序列由单字本身的参数和其需要调用的"工具箱"中的那个"工具"(函数,是一段指令序列)的编号组成。其所调用的 FPGM 表里的函数与参数共同发挥作用,对该单字的屏幕显示效果产生影响。比如方正中倩字库中的"飘"字,其十六进制的单字显示控制指令序列,如图 5-15 所示,由两个部分构成:一是其需要调用 FPGM 表中的两个指令序列或函数的编号,即"0"和"1",二是影响"飘"字本身显示效果需要调用的参数。由于参数本身以及参数的排列顺序均由技术因素决定,因此"飘"字单字控制指令中的指令序列的独创性主要体现为其调用的两个函数本身的独创性。前文的分析表明,函数本身因为能够体现程序员的个性具有独创性,所以单字显示控制指令在整体上也具有了独创性。

```
26f910  00 92 00 1A 40 17 00 38  3A 38 36 38 8F 67 69 67  ....@..8:868.gig
26f920  65 82 00 31 7B 91 7B 7D  41 0B 51 0A 00 2B 37 37  e..1{.{}A.Q..+77
```

图 5-15 方正中倩字库中"飘"的显示控制指令序列(阴影部分)

方正中倩"飘"的显示控制指令序列的执行流程,见表 5-6,表示了显示控制指令序列的实际执行过程。见表 5-6,第一个字节 0x40 是 NPUSHB 的代码,后面的 0x17 表示需要压入栈中的参数个数,后面跟了 0x17 个字节的参数,然后指令 0x2B 是 CALL 的代码。

表 5-6 方正中倩字库中"飘"的显示控制指令序列的执行流程

0x40   NPUSHB [ ] / * 23 values pushed */ //将 23(0x17)个字节数压入堆栈 0 56 58 56 54 56 143 103 105 103 101 130 128 49 123 145 123 125 165 11 81 10 0

0x2B   CALL [ ] //调用栈顶编号为 0 的函数

值得注意的是,不是所有的单字都有单字显示控制指令。例如,在方正中倩字库中,"永"字就没有单字显示控制指令。由于轮廓指令序列没有独创性,没有单字显示控制指令的单字指令序列在整体上也没有独创性,不构成著作权法保护的计算机程序。在汉字字库的计算机语言中,每个字的代码化指令序列都是相对独立的,按照国家标准进行排列,没有显示控制指令的单字指令序列跟

215

全局控制指令不会发生关系。由此我们可以得出以下结论：第一，有显示控制指令的单字指令序列具有独创性，并不能使没有显示控制指令的单字指令序列具有独创性；第二，汉字字库的计算机程序的独创性，体现在全局显示控制指令和有显示控制指令的单字指令序列上；第三，所谓的汉字字库的计算机程序是由相互独立的单字计算机程序按照国家标准"凑"在一起的集合，这种集合像一袋土豆，而不像一串葡萄，而全局显示控制指令只不过是有显示控制指令的单字指令序列的"工具箱"，因此，并不存在一个真正意义上的汉字字库计算机程序。只有搞清楚这些细节，才能够深入、准确地分析汉字字库著作权纠纷案中是否会侵犯计算机软件著作权。

七、单字字形与显示控制指令的关系

汉字字库的计算机程序是否属于著作权法保护的计算机软件作品，与汉字字库中单字字形是否属于著作权法保护的作品是没有直接关系的。在汉字字库著作权纠纷案件中，要分清楚诉争的事实是跟单字字形有关，还是跟单字的计算机程序有关。具体来说，可能分为以下几种情况。①如果未经许可将汉字字库中的所有代码化指令序列都复制，则会因为复制了有著作权的全局和单字显示控制指令而侵犯计算机软件著作权。②如果只是在显示时调用了个别单字的代码化指令序列，是否侵犯计算机软件著作权取决于被调用的单字是否含有显示控制指令。如果在具体案件中被调用的只是一些没有显示控制指令的字，则不会构成侵犯著作权。③如果案件中只涉及单字的字形，则不会涉及计算机软件著作权问题。

在案件中，是否侵犯计算机软件著作权需要根据该案的具体案情进行分析。例如，在方正诉宝洁案中，涉诉的只是字库中的"飘柔"两个字的字形，跟这两个字的计算机屏幕显示效果无关，因此

第五章　计算机字体著作权司法保护

不可能涉及字库的计算机软件著作权问题。在方正公司诉文星公司案中，法院认定："根据鉴定报告，涉案两个字库相比，存在基点相差四倍、纵向坐标整体上存在一定变量的差别。""文星2000V3.1大多数曲线段的线外控制点比方正V4.0的多，但这是由于文星2000V3.1字库增加了线外控制点以使曲线更加圆滑，从而导致两字库曲线算法不同。"❶ 这表明，原、被告字库中的轮廓指令因为基点变化和增加线外控制点而发生了变化，在轮廓控制指令改变的情况下，相应的显示控制指令也应当发生变化。换言之，由于轮廓指令不相同，文星公司不可能复制方正公司字库的显示控制指令序列，因此不会侵犯方正公司的计算机软件著作权。

在方正诉暴雪案中，从一、二审法院查明的事实来看，网络游戏《魔兽世界》的客户端软件或者相关补丁程序中似乎全部复制了方正公司的5套相关字库的计算机程序，❷ 而且，由于《魔兽世界》在显示过程中需要调用相关的字，需要显示控制指令在某些情况下发挥作用，因此，可以推测暴雪公司很可能是将涉案方正字库中包括轮廓指令序列和显示控制指令序列在内的全部代码化指令序列都进行了复制。在这种情况下，由于显示控制指令是具有独创性的计算机程序，应当认定暴雪公司构成了对方正公司的计算机软件著作权的侵犯。

八、小结

本节的研究表明，为了避免对计算机程序的著作权属性的错误

---

❶ 参见北京市高级人民法院（2005）高民终字第443号民事判决书。
❷ 参见北京市高级人民法院（2007）高民初字第1108号民事判决书；最高人民法院（2010）民三终字第6号民事判决书。

认识，应当修改《计算机软件保护条例》第2条的规定，明确著作权法保护的计算机软件作品是指具有独创性的计算机程序及其有关文档。本节的分析表明，不对汉字字库的计算机语言内容及表达进行深入分析，就不能准确对汉字字库计算机程序的著作权法属性进行正确认定。汉字字库的计算机语言由每个单字的代码化指令序列和作为"工具箱"的全局显示控制指令序列组成，由于单字的代码化指令序列相互独立，作为"工具箱"的全局控制指令中的每个"工具"都是一段独立的、有独创性的指令序列，因此整个汉字字库的计算机语言像一袋土豆，而不像一串葡萄。由于轮廓指令序列没有独创性，没有单字显示控制指令的单字代码化指令序列并没有独创性；而有显示控制指令的单字代码化指令序列在整体上有独创性，是因为其中包含了有独创性的显示控制指令序列。在学术研究中，泛泛地说汉字字库的计算机程序是否受到著作权法保护，并不准确，正确分析的起点是，每个单字的代码化指令序列是否受到著作权法保护。在司法实践中，笼统地认定汉字字库的计算机软件著作权是否被侵犯也不准确，正确判断的前提是，搞清楚该案是否涉及显示控制指令的使用。

第六章　网络不正当竞争纠纷的司法规制

第一节　非公益必要不干扰原则的起源和含义

近几年来，互联网领域的不正当竞争纠纷频发，其中，因为互联网产品或服务的冲突引发的不正当竞争纠纷成为主要的纠纷类型。早在2007年，笔者就承办了360安全卫士与雅虎助手的冲突引发的纠纷案件。❶ 2013年，笔者又承办了百度公司诉奇虎360公司插标和修改搜索提示词不正当竞争案❷。在审理此类案件的过程中，笔者一直在思考：互联网竞争应当遵守哪些基本原则，什么样的竞争规则可以避免常见的互联网产品或服务的冲突引发的纠纷。

在百度公司诉奇虎360公司插标和修改搜索提示词不正当竞争纠纷案中，笔者对互联网竞争的基本原则进行了探讨，并以此为基础提出了互联网产品或服务竞争应当遵守的非公益必要不干扰原则。下文结合百度公司诉奇虎360公司插标和修改搜索提示词不正当竞争纠纷案论述非公益必要不干扰原则的内涵，并分析如何具体

---

❶ 参见北京市海淀区人民法院（2007）海民初字第1873号民事判决书。
❷ 参见北京市高级人民法院（2013）高民终字第2352号民事判决书。

适用该原则，希望能够对同类案件的审理提供帮助。

一、互联网竞争的四项基本原则

《反不正当竞争法》第 2 条规定："经营者在市场交易中，应当遵循自愿、平等、公平、诚实信用的原则，遵守公认的商业道德。本法所称的不正当竞争，是指经营者违反本法规定，损害其他经营者合法权益，扰乱社会经济秩序的行为。"作为《反不正当竞争法》的一般条款，第 2 条除了可以被用于认定和制止法律没有列举的不正当竞争行为外，❶还具有抽象和概括不正当竞争行为、规定不正当竞争行为一般条件的作用。由于数字网络技术的迅猛发展，互联网经营活动中出现很多《反不正当竞争法》制定时难以预料的竞争纠纷，对于这些新类型的竞争纠纷应当如何规制，《反不正当竞争法》第 2 条应当发挥重要作用。这种规制的一个重要方面，就是结合互联网经营活动的特点，给《反不正当竞争法》第 2 条所规定的自愿、平等、公平和诚实信用原则注入新的内涵。

结合互联网经营活动的特点，根据《反不正当竞争法》第 2 条的规定，笔者认为，网络服务提供者在经营互联网产品或服务的过程中，应当遵守以下四项基本原则。

（1）公平竞争原则。为了维护互联网公平竞争秩序，确保互联网产品或服务的自由竞争，原则上，所有互联网产品和服务的地位应当是平等的，任何互联网产品或者服务都不能通过获取不正当竞争优势来改变公平竞争的地位。正如最高人民法院在北京奇虎科技有限公司、奇智软件（北京）有限公司与腾讯科技（深圳）有限公司、深圳市腾讯计算机系统有限公司不正当竞争纠纷案（以下简

---

❶ 孔祥俊：《商标与不正当竞争法：原理与判例》，法律出版社 2009 年版，第 679 页。

称3Q案）判决书中所述，市场经济是由市场在资源配置中起决定性作用，自由竞争能够确保市场资源优化配置，但市场经济同时要求竞争公平、正当和有序。❶

（2）和平共处原则。网络服务提供者未经其他互联网产品或服务提供者的许可，不得擅自干扰其他互联网产品或服务的正常运行，不得干扰互联网产品或服务在网络用户终端的共存。

（3）自愿选择原则。网络用户有自愿选择是否使用互联网产品或服务的自由，有自愿选择使用哪一种互联网产品或服务的自由。网络服务提供者不得强制网络用户使用其提供的或放弃使用其他网络服务提供者提供的互联网产品或者服务。正如最高人民法院在3Q案判决书中所述，网络用户的需求多种多样，不能简单地以某个或者部分网络用户的感受和选择，特别是不能以某个互联网经营者自己的标准来认定他人的互联网产品或服务是否具有侵害性。网络用户是其相关消费体验的最佳判断者，在给予全面正确的信息后，相关消费者会自行对是否选用某种互联网产品作出判断。❷

（4）诚实信用原则。互联网经营者应当真实地、全面地告之使用其互联网产品或服务的网络用户双方之间的权利义务，并且不得通过隐瞒或捏造其他互联网经营者的相关信息损害他人合法权益。正如最高人民法院在3Q案判决书中所述，互联网经营者对于他人的互联网产品、服务或者其他经营活动并非不能评论或者批评，但评论或者批评必须有正当目的，必须客观、真实、公允和中立，不能误导公众和损人商誉。互联网经营者为竞争目的对他人进行商业评论或者批评，尤其要善尽谨慎注意义务。

---

❶ 参见最高人民法院（2013）民三终字第5号民事判决书。
❷ 同上。

二、非公益必要不干扰原则的含义

由于互联网技术的发展日新月异，互联网产品和服务的更新速度很快，互联网产品和服务的竞争也非常激烈。在前述四项基本原则的基础上，对于互联网产品或服务的竞争，应当确定以下基本竞争秩序：互联网产品或服务应当和平共处，自由竞争，是否使用某种互联网产品或者服务，应当取决于网络用户的自愿选择。互联网产品或服务之间原则上不得相互干扰。确实出于保护网络用户等社会公众利益的需要，网络服务经营者在特定情况下不经网络用户知情并主动选择以及其他互联网产品或服务提供者同意，也可干扰他人互联网产品或服务的运行，但是，应当确保并证明干扰手段的必要性和合理性。否则，应当认定其违反了自愿、平等、公平、诚实信用原则，违反了互联网产品或服务竞争应当遵守的基本商业道德，应当承担相应的侵权责任或不正当竞争责任。前述规则可以简称为互联网产品或服务竞争的非公益必要不干扰原则。

按照非公益必要不干扰原则，无论是否出于恶意，只要不是为了保护公共利益之必须，互联网经营者不得干扰他人互联网产品或服务的正常运行。没有恶意的干扰行为是否应当允许，是一个值得讨论的问题。根据2011年工信部出台的《规范互联网信息服务市场秩序若干规定》第5条第1款规定，不得恶意干扰用户终端上其他互联网信息服务提供者的服务，或者恶意干扰与互联网信息服务相关的软件等产品的下载、安装、运行和升级。如前所述，该规定的最大特点是强调了"恶意"，从字面表述来看，如果没有恶意，互联网经营者似乎可以干扰其他互联网产品或者服务。笔者认为，这样的规定与前述互联网竞争基本原则中的和平共处原则是相悖的。如果允许没有恶意的干扰，就会引发进一步的争议。什么是恶意？按照和平共处原则，只要实施了干扰行为，就应当证明干扰行为的正当性，而不是由被干扰者来主张并证明干扰行为实施者有恶意。因此，从和平共处原则来看，没有恶意的干扰原则上也不应当被允许。

从非公益必要不干扰原则的定义本身也能解读出可以采取干扰措施的例外。大致上，采取干扰措施而不违反非公益必要不干扰原则的例外主要有以下三种情形。

（1）客观原因导致的冲突。例如，如果因为硬件或软件方面的客观原因导致互联网产品或服务之间不能同时并存，因此产生的互联网产品或服务之间的相互干扰，则不属于对非公益必要不干扰原则的违反。在技术发展的某个阶段，杀毒软件运行过程中对电脑硬件资料的抢占会导致同一台电脑上共存的杀毒软件相互干扰，不能正当运行。在这种情况下，用户只能选择在同一时期只安装一种杀毒软件。此时不能认定杀毒软件提供者违反非公益必要不干扰原则。

（2）用户知情并主动选择，但影响结果只能限于该用户，而且不能损害他人合法权益。在不损害他人合法权益的前提下，在网络用户自由选择的情况下，互联网产品或服务可以作为非实质性侵权用途的工具用以修改他人互联网产品或服务。即使网络用户对干扰手段知情并主动选择，干扰行为不能损害他人合法权益，而且干扰他人互联网产品或服务的影响结果也只能局限于该知情并主动选择的网络用户。否则，擅自干扰他人互联网产品或服务正常运行可能会侵害该互联网产品或服务提供者的合法权益，扰乱互联网经营秩序。在3Q案中，由于"上诉人为达到其商业目的，诱导并提供工具积极帮助用户改变被上诉人QQ软件的运行方式，并同时引导用户安装其 360 安全卫士,替换 QQ 软件安全中心,破坏了 QQ 软件相关服务的安全性并对 QQ 软件整体具有很强的威胁性",因此最高人民法院认为"一审法院关于上诉人并非给 QQ 用户提供技术中立的修改工具的认定,并无不当"。❶

(3) 用户不知情也未选择,但是为保护公共利益所必需。以用户安全为例,虽然杀毒软件普遍具有主动查杀他人提供的危害网络用户安全的病毒的功能,但由于这样的干扰功能是保护网络用户所必需的,因此不经病毒提供者同意,并不违反非公益必要不干扰原则。

三、插标纠纷的不正当竞争分析

(1) 百度公司诉奇虎 360 公司插标和修改搜索提示词不正当竞争纠纷案的主要案情。2012 年,奇虎 360 公司的 360 安全卫士在百度网(www.baidu.com)搜索结果页面上有选择地插入了红底白色感叹号图标作为警告标识,以警示用户该搜索结果对应的网站存在风险。奇虎 360 公司通过插标逐步引导用户点击安装 360 安全浏览器,通过百度搜索引擎服务对其浏览器产品进行推广。2012 年,奇虎 360 公司在其网址导航网站(hao.360.cn)网页上嵌入百度搜索框,改变了百度网在其搜索框上向用户提供的下拉提示词,引导用户访问本不在相关关键字搜索结果中位置靠前的,甚至与用户搜索目的完全不同的奇虎 360 公司经营的影视、游戏等页面,以获得更多的用户访问量,并且在网络用户仅设置搜索方向并未输入相关关键词时也进入奇虎 360 公司的相关网页。因此百度公司提起诉讼。北京一中院认定奇虎 360 公司的插标行为和修改搜索框提示词

---

❶ 参见最高人民法院 (2013) 民三终字第 5 号民事判决书。

第六章 网络不正当竞争纠纷的司法规制

的行为构成不正当竞争，因此判决奇虎360公司停止涉案不正当竞争行为、消除影响并赔偿经济损失40万元和诉讼合理支出5万元。奇虎360公司不服一审判决，向北京高院提起上诉，二审法院判决驳回其上诉，维持原判。本案的主要争议焦点为：涉案插标相关行为是否构成不正当竞争；涉案搜索框相关行为是否构成不正当竞争。

（2）涉案插标相关事实。360安全卫士默认开启插标功能，标注百度搜索结果（插入红色感叹号标记），修改百度页面，如图6-1所示。

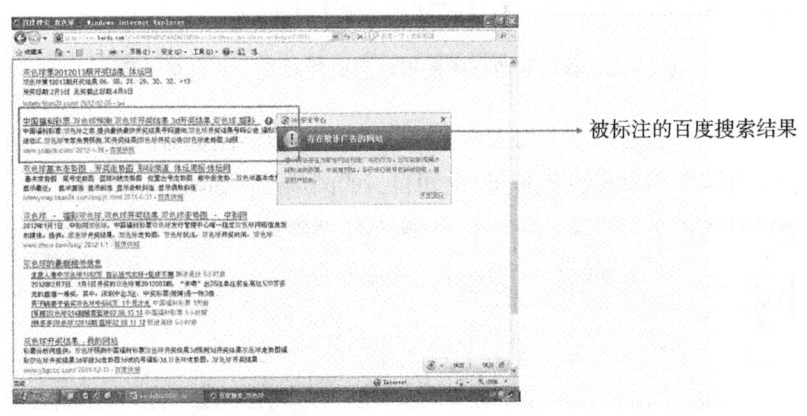

图6-1　360安全卫士在百度搜索结果插入标记

当用户点击被标记的红色感叹号的搜索结果时，奇虎360公司通过弹窗提示，将用户与百度搜索的正常会话跳转至奇虎360公司自身的域名及网页中，如图6-2所示。

数字网络知识产权司法保护

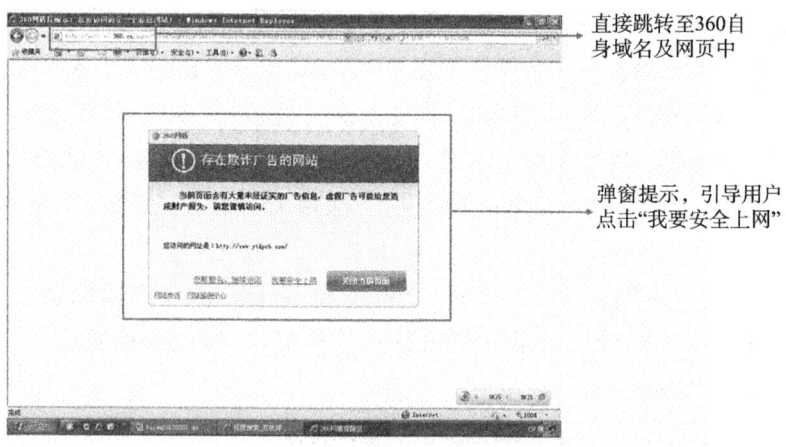

图6-2 点击被插标的搜索结果时跳转至360自身网页

用户一旦点击"我要安全上网",即进入360浏览器的官方推广页面,并引导用户安装奇虎360公司自身的浏览器,如图6-3所示。

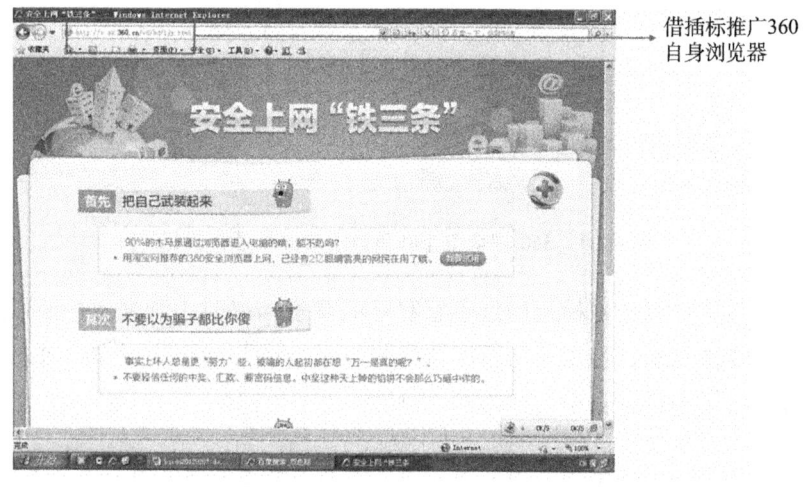

图6-3 点击"我要安全上网"进入360浏览器推广页面

通过查看网页代码可知，奇虎360公司是通过修改百度网页代码，并注入其自身代码，实现插标及修改百度页面的目的，如图6-4所示。

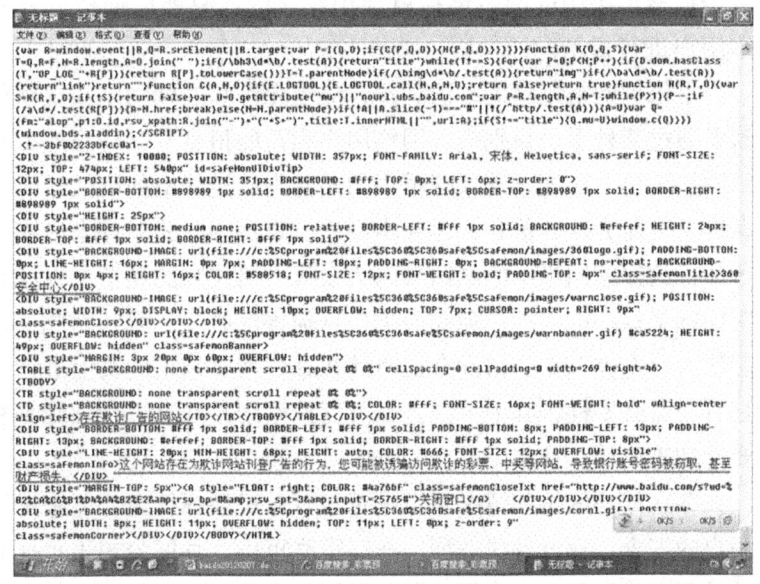

图6-4　奇虎360公司通过修改百度网页代码实现插标功能

对于同样的搜索结果，360安全卫士标注了百度，却没有标注谷歌；对于同样的链接，360安全卫士标注了百度，也没有标注谷歌。即使关闭插标功能，360安全卫士仍可实现弹窗拦截、提示等功能。

奇虎360公司在百度搜索结果网页中进行插标，是修改其网页的行为，干扰了百度搜索这一互联网服务的正常运行，按照非公益必要不干扰原则，应当经过百度搜索服务提供者的同意，除非该行为系保护公共利益之必要行为，否则构成不正当竞争。奇虎

360公司表示涉案插标行为确有必要，理由有二：一是搜索结果中的电话号码本身极有可能为欺诈信息，不以插标的方式难以警示网络用户；二是搜索结果可能为挂马网站的链接，只要网络用户点击搜索结果中的网站链接就会中毒，因此只能以插标方式对网络用户进行提示。

为了保护网络用户的合法利益，应当允许和鼓励网络安全软件经营者通过某种手段识别损害网络用户利益的信息并以适当的方式警示网络用户。在搜索结果网页中的某些网站链接中的电话号码等信息确有可能为欺诈信息，但在本案中，奇虎360公司并未证明其进行插标的搜索结果中的电话号码会损害网络用户的利益，也没有证明插标是保护网络用户免受此类信息损害的必要手段。因此二审法院认为，奇虎360公司没有证明其在百度搜索结果网页上进行插标具有公益必要性，其上诉主张在百度搜索结果网页进行插标具有必要性和正当性，证据不足。

在存在挂马网站的情况下，是否只有通过插标行为才能确保网络用户的安全，双方各执一词。在二审庭审中，百度公司表示挂马网站的恶意代码要发挥作用，需要经历三个阶段：一是用户数据从网络用户浏览器传递到挂马网站的服务器；二是挂马网站的服务器传递数据到网络用户浏览器；三是网络用户浏览器解析挂马网站提供的代码。在这三个步骤中的任意一步都可以通过拦截恶意代码而确保网络安全，不通过插标，通过其他手段同样可以保护网络用户不受挂马网站的侵害。百度公司的陈述与在案证据证明的事实基本相符，在这种情况下，奇虎360公司主张只有通过插标才能确保点击恶意挂马网站搜索结果链接的网络用户的安全，没有其他不干扰他人互联网产品或服务正常运行的手段保护网络用户的安全，应当对此主张举证。奇虎360公司提交的证据只能证明在没有安装任何网络安全软件的情况下，点击挂马网站会导致恶意代码运行，并不能证明除了插标以外不存在其他手段确保网络用户的安全。因此二审法院认为，奇虎360公司以挂马网站的存在为由主张插标行为具有必要性，证据不足。

　　关于插标的必要性和正当性，还有以下两点需要强调。①搜索服务提供者可以在自己的搜索结果网页插标，不意味着他人也可以随意在其搜索服务结果网页插标。正如前文所述，搜索结果网页属于搜索服务提供者自己的互联网产品，其有权自行决定和改变自己的互联网产品，但他人未经许可则不能随意改变其互联网产品。因此，奇虎360公司以有搜索服务提供者在自己的搜索结果网页上插标为由，主张其可以对百度搜索结果网页进行插标，无事实和法律依据，不应当予以支持。②如果允许他人以保护网络用户安全为由对搜索结果网页进行插标，那么，如何判断某个具体搜索结果应当被插标？如何判断插标的具体形式是否合理？如何保证插标行为不会被滥用？在没有网络用户知情并主动选择的情况下，只要允许对他人互联网产品进行干扰，以公益为名的干扰行为就有可能被滥用。正如最高人民法院在3Q案判决书中所述："上诉人作为与被上诉人平等的民事主体，无权以自己的标准对被上诉人的行为作出评判并采取措施。上诉人作为市场经营主体，难以代表广大消费者的利益，无权以为了广大消费者利益为名对被上诉人合法的经营模式等进行干预，因此这一上诉理由亦不能成立。"❶ 因此，对他人互联网产品采取干扰措施的一方应当承担证明责任，证明其采取的干扰措施确系为了保护公共利益而且具有必要性。在本案中，奇虎360公司并没有证明这一点，因此应当承担不利后果。

---

❶ 参见最高人民法院（2013）民三终字第5号民事判决书。

综上,二审法院认为,奇虎360公司在搜索结果网页上插标虽然具有一定的公益性,但奇虎360公司没有证明该行为的必要性。奇虎360公司在没有经过网络用户主动选择的情况下,通过插标行为改变了百度搜索结果网页的显示结果,干扰了百度搜索服务的正常运行。该行为影响了网络用户对百度搜索服务的正常使用,损害了百度搜索服务经营者的合法权益,违反了前文所述的非公益必要不干扰原则,构成不正当竞争。一审判决的相关认定结论正确,应当予以维持。

而且,在本案中,正如一审判决所强调的那样,奇虎360公司被诉的插标行为不仅仅限于在搜索结果网页上插标,还包括选择性地针对百度搜索结果网页进行插标、以插标为手段引导用户安装其经营的360安全浏览器产品等行为,上述行为干扰了百度搜索的正常运行。上述行为并非为了保护公共利益,而是为了实现奇虎360公司的经营利益。上述行为违反了前文所述的非公益必要不干扰原则,损害了百度搜索服务提供者的合法权益,扰乱了互联网经营秩序。一审判决认定上述行为违反了《反不正当竞争法》第2条的规定,构成不正当竞争,并无不当。

四、修改搜索框提示词纠纷的不正当竞争分析

涉案修改搜索提示词相关行为如下,360网址导航站使用百度搜索引擎的搜索框,修改、自行设置下拉提示词,详见图6-5的第一个下拉提示词。

当用户点击下拉提示词时,并非进入百度的搜索结果页面,而是被引导至奇虎360公司自身的网页、服务中。例如,如图6-6所示,用户被直接引导至奇虎360公司自身的视频服务。

第六章 网络不正当竞争纠纷的司法规制

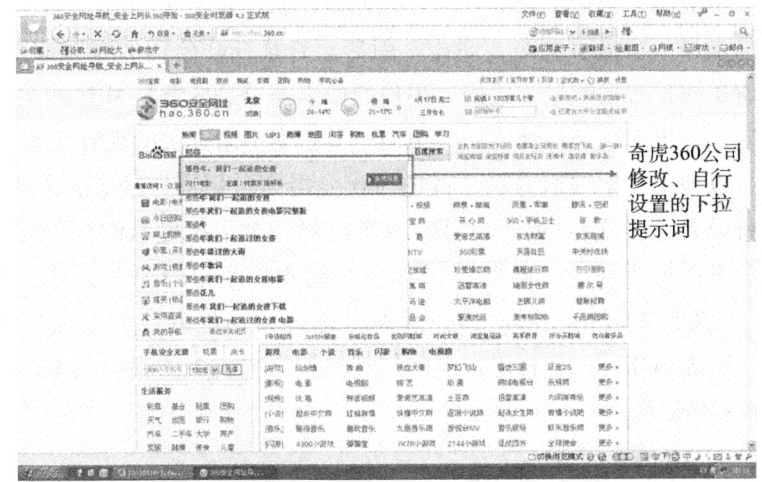

图6-5 奇虎360公司修改、自行设置百度搜索框的下拉提示词

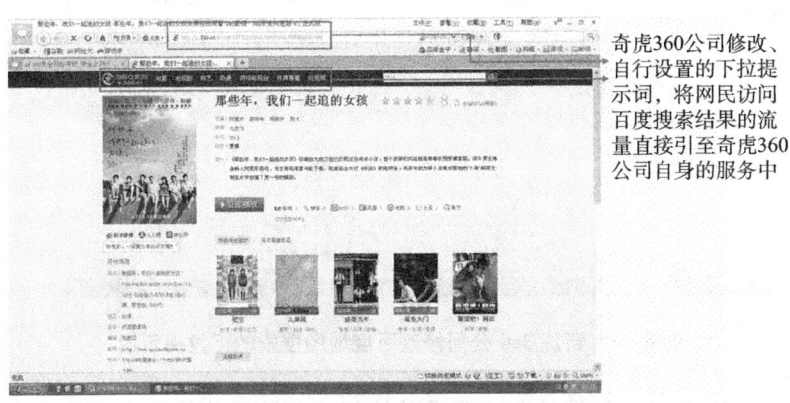

图6-6 用户被直接引导至奇虎360公司的视频服务

360网址导航站的上述流量劫持行为同时覆盖网页、新闻、MP3、图片、视频、地图多个频道,覆盖面广。以MP3搜索频道为

231

例,奇虎360公司采用同样的方式修改、自行设置下拉提示词。当用户点击下拉提示词时,同样被引导至奇虎360公司的视频服务,为360视频带来流量。此处,用户的搜索需求是搜索与MP3相关的内容,奇虎360公司却将用户引向与其搜索需求无关的视频服务。

以地图搜索频道为例,奇虎360公司亦采用同样的方式修改、自行设置下拉提示词,详见图6-7的第一个下拉提示词,当用户点击下拉提示词时,同样被引导至奇虎360公司的视频服务,为360视频带来流量。用户的搜索需求是搜索与地理位置相关的内容,奇虎360公司却将用户引向与其搜索需求无关的视频服务,如图6-8所示。

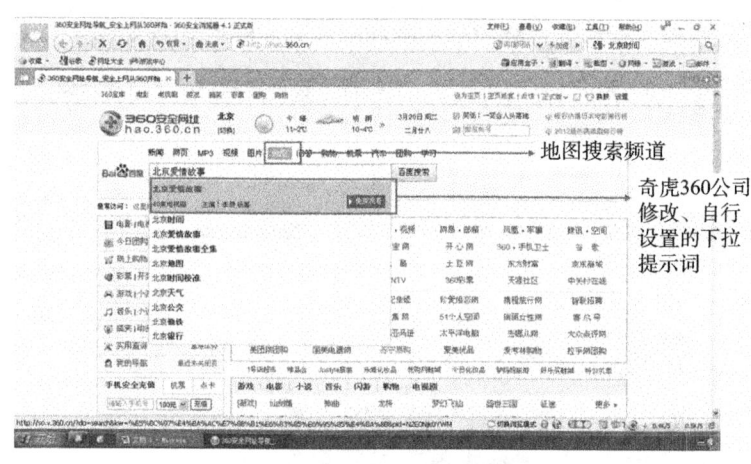

图6-7 奇虎360公司修改百度地图搜索的下拉提示词

360网址导航站的上述流量劫持行为,涉及将流量全面导入奇虎360公司的多个服务,包括奇虎360公司的视频(影视网站)、游戏(游戏中心)、软件(软件宝库)等服务。当用户在百度搜索框中输入视频类关键词时,360网址导航站将流量劫持至其视频服

图 6-8 用户搜索地图相关内容却被引向视频服务

务。当用户在百度搜索框中输入游戏类关键词时，360 网址导航站采用同样的方式，将本应由百度搜索结果页面获得的流量引导至奇虎 360 公司自身的游戏服务中。

对搜索服务提供者而言，允许其他网站嵌入其搜索框能够增加访问流量和市场占有率。搜索服务提供者在嵌入搜索框中提供下拉提示词，能够引导网络用户浏览其推荐的某些网站或信息，从而获得收益。在只嵌入搜索框而不使用搜索服务提供者提供的下拉提示词的情况下，因网络用户要进入搜索结果页面，搜索服务提供者同样能够通过访问流量的增加而获益。逻辑上存在这样一种可能，搜索服务提供者允许其他网络服务提供者只嵌入搜索框而不使用搜索服务提供者决定的下拉提示词。

搜索服务提供者允许任何人在网页上嵌入其搜索框，表明其公开发出了要约，实际嵌入搜索框的网络服务提供者以实际行动作出了承诺，二者之间事实上存在一种合同关系，双方的权利义务可以依据合同约定来确定。搜索服务提供者可以制定并公示允许他人嵌入搜索框的条件,这些条件可以成为确定双方权利义务关系的依据。如果搜索服务提供者给其他网络服务提供者提供了两种选择,只嵌入搜索框而不使用搜索服务提供者决定的下拉提示词,或者在嵌入搜索框的同时必须使用搜索服务提供者决定的下拉提示词,则其他网络服务提供者可以任选一种。如果搜索服务提供者只提供了一种选择,即在嵌入搜索框的同时必须使用搜索服务提供者决定的下拉提示词,基于前文所述的非公益必要不干扰原则,网络服务提供者无权擅自改变这一规则,不能既嵌入搜索框又修改或回避搜索服务提供者决定的下拉提示词。

在本案中,百度搜索服务提供者在允许他人嵌入其搜索框的同时,是否公示了其许可条件,是否允许嵌入搜索框而不使用其决定的下拉提示词,是判断奇虎360公司在搜索框中自行设置下拉提示词的行为是否具有正当性的前提。在二审庭审中,百度搜索服务提供者声称其只提供了一种选择,即在嵌入搜索框的同时必须使用其决定的下拉提示词,但并未证明该项主张。因此,百度搜索服务提供者的该项主张,证据不足,二审法院不予采信。在百度搜索服务提供者没有证明其他网络服务提供者只能使用其决定的下拉提示词的情况下,奇虎360公司在使用嵌入搜索框的同时不使用百度搜索服务提供者决定的下拉提示词,未违反双方的合同约定,也不构成对百度搜索框正常运行的干扰,而且可以给百度搜索服务提供者增加访问流量,不构成不正当竞争。奇虎360公司上诉主张百度公司并未限制其修改下拉提示词,有事实和法律依据,二审法院予以支持。

但在本案中,奇虎360公司被诉与修改下拉提示词和劫持流量的相关行为并不仅仅限于在百度搜索框中自行设置下拉提示词,其在自行设置下拉提示词的同时,还采取了以下行为:在用户设置其他搜索方向的情况下插入与用户设置的搜索方向关联性很小的下拉提示词；引导用户访问本不在相关关键字搜索结果中靠前位置的、甚至与用户搜索目的完全不同的奇虎360公司经营的影视、游戏等页面；点击奇虎360公司设置的下拉提示词，不进入百度搜索结果网页，直接进入奇虎360公司经营的影视、游戏等页面；网络用户在仅设置搜索方向，并未输入相关关键词时会进入奇虎360公司经营的相关网页。奇虎360公司的上述行为不仅干扰了网络用户对百度搜索的正常使用，还减少了使用百度搜索框的网络用户对百度搜索结果网页的访问。奇虎360公司干扰他人互联网产品或服务正常运行的上述行为并非出于保护公共利益的目的，也不产生保护公共利益的效果，明显违反了非公益必要不干扰原则，损害了百度搜索服务提供者的合法权益，扰乱了互联网的正常经营秩序。一审判决认定上述行为违反《反不正当竞争法》第2条的规定，并无不当。奇虎360公司上诉主张上述行为不构成不正当竞争，无事实和法律依据，二审法院不予支持。

五、小结

近年来，因为互联网产品或服务之间相互干扰而引发的不正当竞争纠纷越来越多。对于这些不正当竞争纠纷，非公益必要不干扰原则具有较强的适用性，能够用于判断是否构成不正当竞争。例如，在3721公司诉百度公司不正当竞争纠纷案中，"百度IE搜索伴侣"对"3721网络实名"软件进行了干扰，二审法院认为："百度公司为了其经营目的，在其软件中加入了屏蔽、阻止他人软件的正常安装、运行的有害源代码，该行为已经超出了自我保护范围。"❶ 在合一公司诉金山公司猎豹浏览器过滤视频广告不正当竞

---

❶ 参见北京市第一中级人民法院（2005）一中民终字第4543号民事判决书。

争纠纷案中，猎豹安全浏览器通过提供页面广告过滤功能对优酷网中视频播放前的广告进行了过滤。一审法院认为："互联网行业近年来发展迅速、竞争激烈，公平、自由的竞争环境有利于互联网企业获得最大限度的发展空间。而这种发展空间的边界应为'互不干扰'，即除非有显而易见的特殊合法理由，如杀毒等，互联网经营者自身业务的开发拓展不应影响其他互联网经营者在正当商业模式下的经营活动。"❶ 在3Q案中，最高人民法院认为，"上诉人针对QQ软件专门开发了扣扣保镖，该扣扣保镖运行后对QQ软件进行深度干预，相关用户按照扣扣保镖提示进行相应操作后，使QQ软件相关功能键的全部或者部分功能无法使用，会改变QQ软件原有的运行方式，破坏了该软件运行的完整性"，"上诉人专门针对QQ软件开发、经营扣扣保镖，以帮助、诱导等方式破坏QQ软件及其服务的安全性、完整性，减少了被上诉人的经济收益和增值服务交易机会，干扰了被上诉人的正当经营活动，损害了被上诉人的合法权益，违反了诚实信用原则和公认的商业道德，一审判决认定其构成不正当竞争行为并无不当"。❷ 在上述案件中，法院实质上都明确地或隐含地表达了与非公益必要不干扰原则相同的意思，即互联网产品或服务应当和平共处，平等竞争，是否使用某种互联网产品或者服务，应当取决于网络用户的自愿选择。互联网产品或服务之间原则上不得相互干扰。

第二节　网络不正当竞争中的公共利益考量

在讨论非公益必要不干扰原则时，有学者认为，非公益必要不

---

❶ 参见北京市海淀区人民法院（2013）海民初字第13155号民事判决书。
❷ 参见最高人民法院（2013）民三终字第5号民事判决书。

干扰原则中的"公益"标准,会导致不正当竞争案件司法裁判过程中价值判断和利益衡量方向的明显偏差。在认定企业的相关行为是否构成不正当竞争的时候,引入"公益"标准,实际上是对处理此类案件价值判断基准的偏离,与此类案件民事诉讼的本质不相吻合。❶ 但也有学者认为,在判断诉争的具体行为是否构成不正当竞争的时候,社会公共利益具有评价意义,可以作为衡量涉案行为是否具有不正当性的重要参考标准。❷ 学者们对上述意见存在一定的分歧,也提出了以下两个需要讨论的问题。①认定不正当竞争时是否应当考虑公共利益,或者说,公共利益对于认定不正当竞争行为是否存在影响。②非公益必要不干扰原则到底是如何看待公共利益的,非公益必要不干扰原则是否将公共利益作为认定不正当竞争行为的标准。笔者认为,有必要从以下三个方面来讨论上述问题:第一,认定不正当竞争时是否应当考虑公共利益;第二,认定不正当竞争时应当如何考虑公共利益;第三,非公益必要不干扰原则中"公益"对认定不正当竞争有什么影响。

一、公共利益的三个层次

什么是公共利益?公元4世纪的西方著名思想家奥古斯丁在其《忏悔录》中写道:"时间是什么?没人问我,我很清楚,一旦问起,我便茫然。"❸ 公共利益跟时间一样,让笔者感到茫然。《辞源》曰:"公共,谓公众共同也。""公共"这一概念本身,是不确

---

❶ 薛军:"质疑'非公益必要不干扰原则'",载《电子知识产权》2015年第1~2期,第66页。

❷ 黄勇:"论互联网不正当竞争的'新边界'",载《电子知识产权》2015年第1~2期,第61页。

❸ 赵峥:《物理学与人类文明十六讲》,高等教育出版社2008年版,第276页。

定的，因为人们无法知晓究竟多少私人之集合方能称为公共。如单用简单的二分法，将公共排除在当事人之外，使公益相对于私益而言，仍然无法使人清晰地了解公共利益的含义。因此，有学者在论及公共利益对认定不正当竞争的影响时非常警惕地说："社会公共利益并不具有主体意义，或者因为过于宽泛而难以界定。"❶

如果不对概念进行适当界定，那么在讨论本节问题时就会出现"关公战秦琼"的局面。就像虽然你和我都在说萝卜，但你心里想的是"白萝卜"，我心里想的是"胡萝卜"，越说越糊涂，双方都埋怨对方不能理解自己。公共利益太抽象了，无论对其进行什么样的界定都一定会招来砖头。但为了讨论的需要，有必要大致对"公共利益"作一界定。

早期德国公法学者洛厚德（C. E. Leuthold）于1884年发表了《公共利益与行政法的公共诉讼》一文，主张公益是任何人但不必是全部人的利益，并提出了在界定人群时应当考虑地域因素。❷

如果从法经济学或经济学的角度来界定公共利益，笔者认为，公共利益就是效率。经济学上的效率，包括帕累托最优意义上的效率和卡尔多－希克斯效率。帕累托最优意义上的效率是指，如果没有一个人可以在不使任何其他人的处境变差的前提下而使自己的处境变得更好，那么，这种状态就是"帕累托最优"，它被认为是一种最有效率的资源配置状态，所以也叫"帕累托效率"。能够朝着帕累托最优状态方向前进的行为，叫作"帕累托改进"，而只要存在"帕累托改进"的余地，那么，"帕累托效率"就还没有达到。

---

❶ 黄勇：《论互联网不正当竞争的'新边界'》，载《电子知识产权》2015年第1~2期，第61页。

❷ 陈新民：《德国公法学基础理论（上）》，山东人民出版社2001年版，第184页、第186页。

显然，帕累托最优意义上的效率是公平与效率的"理想王国"，是不容易实现的，因此经济学家一般都偏向于采用卡尔多－希克斯效率。卡尔多－希克斯效率是指，第三者的总成本不超过交易的总收益，或者说从结果中获得的收益完全可以对所受到的损失进行补偿，这种非自愿的财富转移的具体结果就是卡尔多－希克斯效率。卡尔多－希克斯标准实际上是总财富最大化标准。法经济学学者所指的效率，一般是指卡尔多－希克斯效率。

抛开法经济学对公共利益的理解，为方便进行讨论，笔者将公共利益按照主体范围的大小分为三个层次：第一层次，中国社会中多数人的利益，不考虑与诉争行为的关联性；第二层次，中国社会中与诉争行为具有某种关联的、数量不确定的某一类人的利益；第三层次，中国社会中与诉争行为具有更为紧密联系的、数量不确定的某一类人的利益。为什么三个层次的公共利益都需要"数量不确定"这个"必要技术特征"呢？因为如果主体的数量确定了，就难以满足"公共"或"公众"这一公共利益必要特征的要求。

二、是否应当考虑三个层次的公共利益

（1）如果公共利益被界定为第一层次，认定不正当竞争是否要考虑公共利益是一个伪命题吗？之所以会提出这个问题是因为，所有纠纷的解决，所有案件的审判，都必然会考虑公共利益。①法律制定者也是中国社会中多数人的一员，所有法律的具体规定必然隐含了对第一层次公共利益的保护，只要严格适用法律解决纠纷，就是在保护第一层次的公共利益。②法官也是中国社会中多数人的一员，第一层次公共利益同时也包含了法官的个人利益。法官在审理不正当竞争纠纷案件时不可避免地要考虑其个人利益，因此第一层次公共利益不可避免地要对认定不正当竞争产生影响。③《反不正

当竞争法》第 2 条的规定是否违反诚实信用原则是认定不正当竞争的重要因素。虽然诚实信用原则的内涵并不确定，但有学者认为，诚实信用原则的内涵是实现个人利益与个人利益、个人利益与集体利益、个人利益与公共利益之间合理的兼顾与平衡。❶ 诚实信用原则所要求的人的行为模式是成为一个具有社会性的理性个体，在追求自己利益的同时，要兼顾他人的合理利益和社会利益以及公共利益。❷ 因此，不正当竞争的认定，必然涉及对公共利益的考虑。当然，不正当竞争行为认定中对第一层次公共利益的考虑应当满足一些要求，例如，对公共利益的考虑应当符合法律适用方法，不能抛开法律分析直接进入价值判断和政策分析。笔者将在其他地方专门讨论这个问题。

（2）如果公共利益被界定为第二层次，相当于网络用户的利益，那么网络不正当竞争的认定应当考虑公共利益。①保护第二层次公共利益有实体法依据。《反不正当竞争法》第 1 条规定："为保障社会主义市场经济健康发展，鼓励和保护公平竞争，制止不正当竞争行为，保护经营者和消费者的合法权益，制定本法。"这表明《反不正当竞争法》的立法宗旨有两个方面，一是保护经营者的合法利益，二是保护消费者的合法利益。消费者利益相当于第二层次公共利益，因此，保护第二层次公共利益在《反不正当竞争法》第 2 条的规定中可以找到实体法依据。②保护第二层次的公共利益符合《反不正当竞争法》的立法目的。在我国，《反不正当竞争法》被放在知识产权法这个大类之中。从法经济学的角度来看，知

---

❶ 徐国栋：《民法基本原则解释：以诚实信用原则的法理分析为中心（增删本）》，中国政法大学出版社 2004 年版，第 72 页。

❷ 薛军：《批判民法学的理论建构》，北京大学出版社 2012 年版，第 219 页。

识产权制度的正当性并不来自于"天赋人权""劳动创造财富",知识产权制度的正当性来自于法经济学上的"效率"或"社会财富最大化"这个更加功利的目标。从这个角度来看,保护经营者利益并不具有天然的正当性,保护包括消费者在内的多数人的利益才具有天然的正当性。保护经营者的利益,并不是《反不正当竞争法》的终极目标,保护消费者的利益(相当于第二层次的公共利益)才是《反不正当竞争法》的终极目标。③消费者利益的保护相当于网络用户利益的保护。在互联网环境中,消费者主要表现为网络用户。千万不要说,光上网不买东西的网络用户不是消费者,因为没有花钱。互联网经济号称"眼球经济",因此网络用户的注意力成本和时间成本的付出就是消费,相当于传统消费方式中的"花钱"。在网络不正当竞争纠纷案件的审判中,对互联网经营者利益的保护绝对不是最终目的,而只是手段,其根本目的还是落在对网络用户即消费者利益的保护上,因此,保护网络用户的公共利益,实质上就是保护第二层次的公共利益。在互联网不正当竞争纠纷案件的审理中,我们可以理直气壮地说要考虑网络用户利益的保护。③最高人民法院已经明确表示,网络不正当竞争纠纷案件的审判应当考虑公共利益。最高人民法院在 3Q 案[1]的判决书中表示:"是否属于互联网精神鼓励的自由竞争和创新,仍然需要以是否有利于建立平等公平的竞争秩序、是否符合消费者的一般利益和社会公共利益为标准来进行判断,而不是仅有某些技术上的进步即应认为属于自由竞争和创新。"上述意见表明,在网络不正当竞争纠纷案件审理中对自由竞争和创新的保护,必须要考虑其是否符合第一层次公共利益和第二层次公共利益。

---

[1] 参见最高人民法院(2013)民三终字第 5 号民事判决书。

有学者在评价非公益必要不干扰原则时认为，在认定企业的相关行为是否构成不正当竞争的时候，引入"公益"标准，实际上是对处理此类案件价值判断基准的偏离，与此类案件民事诉讼的本质不相吻合。❶ 笔者认为这样的观点值得商榷。①此观点的主要理由之一是，按照《德国民法典》，不正当竞争行为的认定，本质上是私人主体之间的利益划界和平衡问题，与公共利益并无密切联系。但问题是，无论德国或其他国家的法律怎么规定，我国的《反不正当竞争法》第1条已经明确规定除了保护经营者的合法权益，还要保护消费者的合法权益。因此，德国的法律规定不能作为评价这一问题的充分理由。②非公益必要不干扰原则中提到的"公益"是有具体限定的，即"网络用户等社会公众的利益"，因此不可简单地将笼统的公共利益与非公益必要不干扰原则中的"公益"相等同。③非公益必要不干扰原则中的"公益"并不是认定不正当竞争的积极要件，更不是"主要标准"，不具有"主导地位"。

（3）如果公共利益被界定为第三个层次，相当于网络经营者的利益，那么网络不正当竞争的认定应当考虑公共利益。在互联网不正当竞争纠纷中，第三个层次的公共利益涉及的"数量不确定的其他利益相关人"可以指向相关互联网经营者。对互联网经营者的利益为什么要考虑呢？这是因为，法院在互联网竞争纠纷中确定的具体规则将会对互联网经营者产生引导作用。经济学的基本原理之一是：人们会对激励作出反应。这是因为"经济人"通过比较成本与利益作出决策，所以，当成本或利益变动时，人的行为也会改变。❷

---

❶ 薛军：“质疑'非公益必要不干扰原则'”，载《电子知识产权》2015年第1~2期，第66页。

❷ ［美］曼昆：《经济学原理（上册）》，梁小民译，机械工业出版社2008年版，第6页。

法律规定就是激励规则，法院在互联网不正当竞争纠纷中确定的裁判规则就是价格机制，互联网经营者对裁判规则的反应就像对价格的反应一样。在这种情况下，审理互联网不正当竞争纠纷时，怎么能不考虑相关互联网经营者的利益即第三层次的公共利益呢？

当然，如果将第三个层次的公共利益界定得更窄一些，窄到恐怕已经不符合"公共"的特征时，再讨论不正当竞争认定时是否要考虑公共利益，就文不对题了。例如，在百度公司诉奇虎360公司插标及搜索提示词案中，如果把"数量不确定的其他利益相关人"指向与百度公司或者奇虎360公司同类的网络经营者后，再讨论不正当竞争的认定对这些经营者利益的影响，就已经与公共利益不太相关了。

（4）前文的分析表明，讨论认定不正当竞争时是否要考虑公共利益，首先需要对公共利益进行界定，否则对这个问题的讨论将不会取得实质性进展。本节的分析表明，判断诉争行为是否构成不正当竞争时不可避免地会考虑第一层次的公共利益，或者说不可避免地、间接地受到第一层次公共利益的影响，而且，在网络不正当竞争纠纷中，应当考虑网络用户和网络经营者的利益。因此，认定不正当竞争时是否要考虑公共利益，是一个伪命题。本节的分析还表明，真正值得深入讨论的问题是，认定不正当竞争应当如何具体地考虑公共利益，或者说，公共利益是如何具体地影响法官对不正当竞争的认定的。笔者将继续撰文讨论上述问题。

三、需要保护的公共利益的范围

围绕非公益必要不干扰原则，笔者已经撰写过两篇文章，文中观点认为：认定网络不正当竞争时需要考虑公共利益，这是因为：从实然的角度来说，认定不正当竞争时法官不可避免地要考虑公共利益；从应然的角度来说，认定不正当竞争时法官应当考虑公共利益。但是，在认定不正当竞争时如何才能考虑公共利益呢？或者说，公共利益怎样才能在不正当纠纷案件审理过程中对不正当竞争的认定产生影响呢？这是一个值得讨论的问题。笔者认为，这一问题涉及以下四个方面：第一，什么样的公共利益才能被考虑；第二，不同层次的公共利益如何相互协调；第三，哪些法律规范可以引入公共利益的考量；第四，什么法律适用方法可以引入公共利益考量。本节先论述前面两个问题。

在讨论什么样的公共利益才能被考虑时，可以换一个角度来说，即什么样的公共利益不应当被保护。既然是作为法律人进行讨论，首先要排除的当然是不合法的公共利益。不合法的公共利益又可以分为两种情形，一是明显违法的公共利益，二是不明显违法的公共利益。所谓明显违法的公共利益，是指明显违反法律规定，损害他人合法权益的公共利益。公共利益的含义太模糊，为了讨论的方便，笔者需要先对公共利益进行界定和分类。在本节中，笔者根据主体的范围大小将公共利益分为三个层次：第一层次是中国社会中多数人的利益，不考虑与诉争行为的关联性；第二层次是中国社会中与诉争行为具有某种关联的、数量不确定的某一类人的利益；第三层次是中国社会中与诉争行为具有更为紧密联系的、数量不确定的某一类人的利益。无论是哪一个层次的公共利益，如果明显违法，无论是在不正当竞争纠纷案件审理过程中还是在其他案件审理过程中，都不应当予以保护。例如，互联网上的盗版音乐和盗版电影，毫无疑问对中国社会中的多数人、网络用户和部分互联网经营者都是有短期好处的，但由于盗版行为明显违反《著作权法》，因此基于盗版而产生的三个层次的公共利益，都不应当予以保护。当然，立法者可以讨论是否通过修改法律将盗版合法化，但法官却只能在遵守法律规定的前提下考虑问题。事实上，法律一定是要基于对长远公共利益的保护而限制短期公共利益的保护，除非法律本身是"恶法"，保护违法的公共利益一定是杀鸡取卵的短视行为，一定不利于保护长期的公共利益。

虽然不是明显违法，但如果不符合法律的立法目的和价值取向，这样的公共利益也是违法的，也不能在认定不正当竞争时予以保护。例如，在最高人民法院终审的 3Q 案❶中，"360 扣扣保镖"可以屏蔽 QQ 即时通讯软件的广告。表面上看，这样的行为对 QQ 软件使用者是有利的，维持了相当于第二层次公共利益的网络用户的利益。但是，最高人民法院认为："行为的后果将使原告损失广告收入、游戏收入和增值服务交易机会，给原告造成严重的经济损失；同时还将使原告的软件运行产生障碍，用户体验产生改变，给原告的企业和品牌声誉造成损害"，并认为这样的行为"偏离了安全软件的技术目的和经营目的，主观上具有恶意，构成不正当竞争"。在这个案件中，诉争行为虽然没有违反法律的明显规定，但通过分析可以发现其不符合相关法律的立法目的和价值取向，同样构成违法。在诉争行为基础上产生的公共利益，因为具有违法性，同样不应当得到保护。

损害长期公共利益的短期公共利益也不应当予以保护。在考虑保护某种公共利益时，必须要注意区分该公共利益是长期利益还是短期利益。在有些情况下，短期公共利益与长期公共利益没有冲突，但在有些情况下，短期公共利益与长期公共利益存在冲突。例如，允许网络传播盗版信息，虽然保护了网络用户的短期利益，但却会损害网络用户的长期利益。再如，在合一公司诉金山公司猎豹

---

❶ 参见最高人民法院（2013）民三终字第 5 号民事判决书。

浏览器过滤视频广告不正当竞争纠纷案❶中，表面上看，对视频广告的过滤能够为网络用户节省"注意力成本"，提高网络用户的福利，有利于保护第一层次和第二层次的公共利益。但是，这样的利益无法长久维持。因为，视频分享网站总要想办法将其购买视频播放权的成本转嫁给网络用户。如果视频分享网站在与该种浏览器经营者的技术战争中失利，视频分享网站无法继续播放广告加免费视频。视频分享网站为了支付视频的成本，只能要求网络用户付费观看视频。即使视频分享网站在与视频过滤浏览器经营者的技术战争中获得最终胜利，技术战争所承担的成本也必然会转嫁给网络用户。无论是哪一种结果，长期来看，都会损害相当于第二层次公共利益的网络用户利益。❷ 因此，为了保护长期的公共利益，与长期公共利益相冲突的短期公共利益不应当予以保护。

四、不同层次的公共利益如何协调

在网络不正当竞争纠纷中，公共利益可以被分为三个层次，对应的主体分别是中国社会的多数人、网络用户、网络经营者。在有些情况下，三个层次公共利益是协调一致的，但在有的时候，三个层次的公共利益，尤其是第二层次公共利益与第三层次公共利益可能产生相互冲突。因此，在认定不正当竞争时虽然要考虑公共利益，但也要注意协调这三个层次的公共利益。笔者认为，在协调这三个层次的公共利益时，要注意以下几个方面。

（1）多数人的利益要通过网络用户的利益来实现，不能脱离网

---

❶ 参见北京市海淀区人民法院审理的（2013）海民初字第17359号民事判决书。
❷ 石必胜："网络不正当竞争纠纷裁判规则的激励分析"，载《电子知识产权》2014年第10期，第51页。

络用户的利益来保护多数人的利益。这是因为，越来越多的多数人在变成网络用户，甚至可以说，多数人都是网络用户。相当于第二层次公共利益的网络用户的利益，与相当于第一层次公共利益的中国社会的多数人利益是紧密联系在一起的，损害网络用户的利益就会损害多数人的利益。由于对第一层次公共利益的保护是通过对网络用户利益的保护来实现的，因此，要避免脱离网络用户利益的保护来讨论第一层次公共利益的保护。

（2）网络用户的利益需要通过网络经营者的利益来实现，不能脱离网络经营者的利益来保护网络用户的利益。在现实社会中，网络用户的短期利益可能与网络经营者的长期利益发生冲突，网络用户的长期利益也可能与网络经营者的短期利益发生冲突。在竞争充分的市场经济条件下，市场能够自动地使资源以最有效的方式得到利用，能够使经营者的利益与社会中多数人的利益协调一致。只有那些能够维护网络用户长期利益的网络经营者才能长期得到网络用户的支持，而那些损害网络用户长期利益的网络经营者不能长期获得网络用户的支持，一定不能获得长期利益。因此，网络用户的长期利益与网络经营者的长期利益是协调的，对网络用户长期利益的保护，也是对网络经营者长期利益的保护。笔者认为，在网络用户与网络经营者的利益发生冲突时，应当以网络用户的长期利益是否得到保护为裁判标准。只要法律规定本身没有问题，公众的长期利益必定是合法利益，因此可以进一步说，法官可以通过网络用户的长期利益是否得到保护来判断网络经营者的诉争利益是否应当受到保护，进而判断网络经营者的诉争行为是否正当。

五、可以引入公共利益的法律规范

笔者认为，认定网络不正当竞争时是否要考虑公共利益，是一个伪命题。真正值得讨论的问题是，认定网络不正当竞争应当如何具体地考虑公共利益，或者说，公共利益是如何具体地影响法官对网络不正当竞争的认定的。围绕这个问题，本节从以下两个方面来论述：第一，哪些法律规范可以在认定网络不正当竞争时予以考虑；第二，什么样的具体法律适用方法可以使公共利益影响到网络不正当竞争的认定。

法律适用技术是支撑裁判合法性的重要因素，是维系司法的自治性和法官的职业化、防止法官滥用权力的重要手段。在审理不正当竞争纠纷案件时，法官不能跳过法律分析直接进入价值判断。价值判断、利益平衡和政策分析必须满足法律适用方法和技术的要求，否则，法官就不是适用法律在裁判。虽然认定不正当竞争要考虑公共利益，但审判的特点决定了公共利益的考虑不能"任性"，必须要符合法律规范适用方法和技术的要求。在知识产权审判中，公共利益的考虑可以分为以下三种情形。

（1）第一种情形，法律规范中对公共利益的考虑有明确规定，可以依法律规范直接引入公共利益。如果在法律、行政法规或司法解释中明确规定要考虑公共利益，而且对公共利益还进行了界定，那么在适用法律过程中当然要考虑公共利益。例如，在适用《商标法》第10条第1款第（8）项判断诉争商标是否属于"有害于社会主义道德风尚或者有其他不良影响的标志"从而不得作为商标使用时，应当根据最高人民法院的相关规定考虑诉争商标的文字、图形或者其他构成要素对我国政治、经济、文化、宗教、民族等社会公共利益和公共秩序产生的消极、负面的影响。因此，在适用类似于《商标法》第 10 条第 1 款第（8）项的规定时，有明确的规范依据可以导入公共利益的考虑。

（2）第二种情形，法律规定比较明确，没有明确规定要考虑公共利益，而且法律规范实际适用也不需要考虑公共利益。例如，法律规范规定得非常具体和清楚，直接适用于案件事实就能够得出比较明确的答案，在这种情况下，就没有引入公共利益的法律入口，因此也不能再考虑公共利益。例如，2008 年修正的《专利法》第 46 条第 2 款规定："对专利复审委员会宣告专利权无效或者维持专利权的决定不服的，可以自收到通知之日起三个月内向人民法院起诉。人民法院应当通知无效宣告请求程序的对方当事人作为第三人参加诉讼。"如果在诉讼中当事人对原告是否在法律规定的 3 个月期限内提起了诉讼有争议，只要查明原告是否是在收到通知之日起 3 个月内起诉，即可判断原告的起诉是否符合《专利法》第 46 条第 2 款的规定。对于这类纠纷的处理，法官一般只需要在查明事实的基础上直接适用法律即可，不需要再考虑公共利益。

（3）第三种情形，具体的法律规定是裁量性规范，法官在自由裁量过程中可以引入对公共利益的考量。法律对于某个问题或规则没有具体规定或法律规定不明确的情况下，有可能需要法官在解决纠纷的同时对法律立法目的、基本原则等因素加以明确或创设具体的裁判规则。换言之，如果纠纷的解决涉及裁量性规范的适用，法官可以在进行价值判断、利益平衡或政策分析时将公共利益因素考虑进来。《反不正当竞争法》第 2 条在性质上属于一般条款，其内涵本身就具有高度的不确定性。❶ 也可以说，《反不正当竞争法》第 2 条是典型的裁量性规则。所以，在网络不正当竞争纠纷中依照

---

❶ 孔祥俊：《反不正当竞争法原理》，知识产权出版社 2005 年版，第 80 页。

《反不正当竞争法》第 2 条的规定认定不正当竞争行为时，不可避免地要进行价值判断、利益衡量和政策分析，对公共利益的考量就很自然地能够引入进来。而且，为了实现《反不正当竞争法》保护消费者合法权益的根本目标，对公共利益的考量似乎必须要引入进来。

六、可以引入公共利益的法律适用方法

虽然裁量性规范为引入公共利益考量提供了法律条件，但是，什么法律适用方法才能利用好裁量性规范从而使对公共利益的考量对不正当竞争的认定发挥作用，也需要进一步研究。在笔者看来，激励分析无疑是可以很好地将对公共利益的考量引入裁量性规范适用的工具。

在确立具体的网络竞争规则时，法官需要运用多种裁判方法，其中最重要的裁判方法之一就是激励分析。激励分析的具体步骤为：①研究并明确相关法律的立法目的和价值取向；②分别考察可选择的裁判规则和裁判结果将会产生什么样的激励效果，即分析不同裁判规则和裁判结果对未来的行为将会产生什么样的激励和引导，分析哪一种激励和引导后果更符合相关法律的立法目的、价值取向和基本原则；③选择激励效果最符合立法目的和价值取向的裁判规则和裁判结果作出裁判，通过解释相关法律来正当化裁判规则或裁判结果。[1]

为了说明激励分析是如何将对公共利益的考量引入到对不正当竞争的认定中，下文以百度公司诉奇虎 360 公司插标和修改搜索提

---

[1] 石必胜："网络不正当竞争纠纷裁判规则的激励分析"，载《电子知识产权》2014 年第 10 期，第 51 页。

示词不正当竞争纠纷案为例来说明激励分析的实际应用。在该案中，涉及的一个争议焦点为，单独的插标行为是否应当准许。该案二审判决书表明二审法院对此问题的分析应用了激励分析。在二审判决书中，法院分析了如果允许涉案插标行为可能产生的后果后认为，单纯插标行为应初步推定为干扰行为即不正当竞争行为，除非行为人证明插标具有公益性和必要性。二审法院之所以确定这样的裁判规则，是因为充分考虑了这种裁判规则的激励效果。二审法院认为，如果无条件地允许插标行为，将会带来一系列的问题。例如，如何判断某个具体搜索结果应当被插标？如何判断哪一种插标的具体形式是否合理？如何保证插标行为不会被滥用？❶ 正是因为这些问题可能会导致更多纠纷的产生，损害网络用户和网络经营者的利益，所以二审法院认为，单纯插标行为的激励后果表明该行为不利于维护互联网正常经营秩序，应当被认定为不正当竞争行为。

最高人民法院在3Q案中，实际上也考虑了公共利益，而且是通过激励分析引入了对公共利益的考量。最高人民法院认为："竞争自由和创新自由必须以不侵犯他人合法权益为边界，互联网的健康发展需要有序的市场环境和明确的市场竞争规则作为保障。"在判断"是否属于互联网精神鼓励的自由竞争和创新"时，最高人民法院认为应当进行对公共利益的考量，"仍然需要以是否有利于建立平等公平的竞争秩序、是否符合消费者的一般利益和社会公共利益为标准来进行判断"。最高人民法院在认定不正当竞争时，隐含地使用了激励分析，而且在激励分析过程中引入了对公共利益的考量，认为："不是仅有某些技术上的进步即应认为属于自由竞争和创新。否则，任何人均可以技术进步为借口，对他人的技术产品或

---

❶ 参见北京市高级人民法院（2013）高民终字第2352号民事判决书。

者服务进行任意干涉，就将导致借技术进步、创新之名，而行'丛林法则'之实。"

在前面所述的案件中，法院在分析是否应当允许或禁止诉争行为时，实际上都考虑了不同裁判结果所对应的裁判规则的激励后果。如果允许诉争行为的裁判结果所表明的裁判规则或行为规则，更有利于实现《反不正当竞争法》第1条所述的立法目的和价值取向，即更有利于"鼓励和保护公平竞争，制止不正当竞争行为，保护经营者和消费者的合法权益"，则应当认定诉争行为不构成不正当竞争；如果禁止诉争行为的裁判结果所表明的裁判规则或行为规则，更有利于实现《反不正当竞争法》的立法目的和价值取向，则应当认定诉争行为构成不正当竞争。

在《反不正当竞争法》规定的"鼓励和保护公平竞争，制止不正当竞争行为，保护经营者和消费者的合法权益"的目标中，保护消费者合法权益这一目标相对于"制止不正当竞争行为"和"保护经营者的合法权益"则更具有根本性。因此，在运用激励分析方法时，对公共利益的考量对于不正当竞争的认定将会自然而然地起到决定性的作用。当然，这里要考虑的公共利益是有条件限制的。从这个角度来说，将对公共利益的保护作为认定不正当竞争的主导因素或根本性原因，恰恰是符合我国《反不正当竞争法》保护相当于第二层次公共利益的消费者利益的立法宗旨的。如果就像有些学者所说的那样，非公益必要不干扰原则明确地将公共利益作为认定不正当竞争的主要影响因素，那么非公益必要不干扰原则的这种观点似乎也没有什么不对。

前文的分析表明，虽然认定不正当竞争要考虑公共利益，必须要符合法律规范适用方法和技术的要求。如果法律规定得比较明确，不需要考虑公共利益，则不应当引入对公共利益的考量；如果具体的法律规定是裁量性规范，法官在自由裁量过程中当然可以引入对公共利益的考量。在确立具体的网络竞争规则时，激励分析方法非常有利于引入对公共利益的考量。在运用激励分析方法时，对公共利益的考量对于不正当竞争的认定将会自然而然地起到决定性的作用。因此，将对公共利益的保护作为认定不正当竞争的主导因素或根本性原因，符合我国《反不正当竞争法》保护相当于第二层次公共利益的消费者利益的立法宗旨。

第三节　网络不正当竞争纠纷的激励分析

近几年来，网络不正当竞争纠纷不断出现，不正当竞争行为的类型不断增多，给知识产权案件审判工作带来了一些挑战。由于我国《反不正当竞争法》的相关规定比较概括，网络不正当竞争缺乏具体规则予以规范，因此法官面对各种新类型网络不正当竞争纠纷时往往需要结合个案明确或创设具体的网络竞争规则。在确立具体的网络竞争规则时，法官需要运用多种裁判方法，其中最重要的裁判方法之一就是激励分析。激励分析有助于明确或创设具体的网络竞争规则，也有助于深入理解或评价网络不正当竞争纠纷裁判规则的合理性。激励分析是一种较为普适的裁判方法，下文结合网络不正当竞争纠纷的特点来说明激励分析对于确定网络竞争规则的作用。

一、激励分析的含义及特点

经济学观点认为，人们会对激励作出反应。❶ 因此，法经济学

---

❶　［美］曼昆：《经济学原理（上册）》，梁小民译，机械工业出版社 2008 年版，第 6 页。

主要对事前分析进行研究，将法律看成是一种影响未来行为的激励系统而进行事前研究。❶法经济学的上述基本思路启发我们，对司法裁判规则的确定可以进行激励分析。

司法裁判中的激励分析主要适用于以下情形：①在法律没有具体规定或法律规定不明确的情况下，需要法官明确或创设具体裁判规则时；②涉及裁量性法律规范的适用，需要法官从多个可供选择的裁判规则或裁判结果中进行选择时。激励分析的具体步骤为：①研究并明确相关法律的立法目的和价值取向；②分别考察可选择的裁判规则和裁判结果将会产生什么样的激励效果，即分析不同裁判规则和裁判结果对未来的行为将会产生什么样的激励和引导，分析哪一种激励和引导后果更符合相关法律的立法目的、价值取向和基本原则；③选择激励效果最符合立法目的和价值取向的裁判规则和裁判结果作出裁判，通过解释相关法律来正当化裁判规则或裁判结果。

例如，在适用《侵权责任法》第 36 条认定网络服务提供者是否应当"知道网络用户利用其网络服务侵害他人民事权益"时，法官具有一定的裁量权。在行使裁量权时，法官可以应用激励分析，考察哪一种裁判规则或裁判后果更符合《侵权责任法》的立法目的，更有利于兼顾著作权人、网络服务提供者及社会公众的利益，并且使网络服务提供者既承担必要的合理的预防成本，又不会承担过高的预防成本。❷

司法裁判中的激励分析主要具有以下四个特点：①不同于"寻

---

❶ ［美］理查德·A. 波斯纳：《法律的经济分析（上）》，蒋兆康译，中国大百科全书出版社 1997 年版，第 15 页。

❷ 石必胜："认定网络服务提供者侵害知识产权的基本思路"，载《科技与法律》2013 年第 5 期，第 79 页。

找大前提、认定小前提、判定法律效果"的三段论法律适用方法，而是将顺序倒过来，先考察裁判结果的法律效果和社会效果，根据激励效果来选择裁判结果和裁判规则，最后根据结果来解释法律以使之正当化。②直接将立法目的和价值取向作为出发点和落脚点，而不是间接地通过适用法律的具体规则来落实法律的立法目的和价值取向。③这种裁判方法在裁量性法律规范适用时，在法律具体规定缺乏或法律规定不明确时，在有多个裁判规则或裁判结果可以选择时，具有重要作用。而在法律规定比较明确和具体时，或者裁判结果和裁判规则比较明确和具体时，激励分析没有适用的空间。④这种裁判方法的根本目的不在于救济而在于预防，这种裁判方法重视的不是如何面对过去，而是如何面向未来。

二、激励分析的可行性和必要性

第一类，互联网产品或服务互相干扰引发的纠纷。我国目前的互联网行业处于激烈竞争状态，以网络用户为基础的网络流量成为网络经营者最重要的抢夺对象。网络经营者为了争夺网络用户，提高访问流量，在宣传和包装自己的互联网产品和服务的同时，可能会对与其有竞争关系的互联网产品或服务进行干扰。由于互联网产品或服务的相互干扰而引发的不正当竞争纠纷成为近年来较为常见的网络不正当竞争纠纷。例如，北京海淀法院审理的合一公司诉金山公司猎豹浏览器过滤视频广告不正当竞争纠纷案❶，北京高院审理的百度公司诉奇虎360公司插标和修改搜索提示词不正当竞争纠

---

❶ 参见北京市海淀区人民法院（2013）海民初字第17359号民事判决书。

纷案❶，最高人民法院审理的3Q案❷。在此类纠纷中，案件的争议焦点主要集中在被控干扰行为的正当性，或者说被控干扰行为是否应当准许上。

第二类，通过互联网传播商业诋毁信息引发的纠纷。这一类纠纷又分为两种情况，一种是非互联网经营者将互联网作为发布诋毁信息的途径，例如北京一中院审理的涉及慧聪汽车网上刊登的文章构成商业诋毁案❸；另一种是互联网经营者之间在互联网上的商业诋毁纠纷，例如最高人民法院审理的3Q案❹。这一类纠纷的主要特点是，与普通的商业诋毁纠纷相比，通过互联网公开传播商业诋毁信息的传播和影响范围较大，而互联网上自由发表言论的行为与故意发表商业诋毁信息之间的边界并不十分清晰，因此争议焦点往往在于被控商业诋毁信息是否具有合法性和合理性。

第三类，利用互联网传播虚假宣传信息引发的纠纷。此类案件的原告一般是传播虚假宣传信息者的同业竞争者，认为虚假宣传信息使行为人获得了不正当的竞争优势，扰乱了竞争秩序，损害了原告的合法权益。例如，北京一中院审理的大众点评诉爱帮网案❺，原告认为作为其竞争对手的被告在互联网上有关"最大""最全"等宣传内容构成虚假宣传信息，损害其合法权益。此类纠纷的争议焦点在于如何界定宣传信息的"虚假"性，难点在于如何在合理的夸张宣传与虚假的宣传之间确定边界。

第四类，因搜索引擎竞价排名使用他人字号或商标文字部分引

---

❶ 参见北京市海淀区人民法院（2013）高民终字第2352号民事判决书。
❷ 参见最高人民法院（2013）民三终字第5号民事判决书。
❸ 参见北京市第一中级人民法院（2012）一中民终字第9877号民事判决书。
❹ 参见最高人民法院（2013）民三终字第5号民事判决书。
❺ 参见北京市第一中级人民法院（2011）一中民终字第7512号民事判决书。

发的纠纷。互联网上的信息检索和引导主要通过搜索引擎，搜索引擎服务提供者的主要收入来源就是通过收取费用，把商品或服务提供者的网页链接放在特定关键词搜索结果页面的前面，使产品或服务提供者的网页更容易被网络用户访问。搜索引擎并不是严格按照单纯技术因素确定搜索结果的排列顺序，还根据商品或服务提供者支付的价格来确定其在搜索结果中出现的位置。一些商品或服务提供者可能会通过购买有较高知名度的竞争对手的字号、商标文字部分等来增加其访问量。这种行为对于网络用户而言，可能会产生误导；对于某些知名度较高的企业，其字号或商标文字部分可能被搭便车。此类纠纷的被告除了直接使用字号或商标的网络服务提供者之外，还包括搜索引擎服务提供者，现有案件中主要涉及百度公司，少量涉及谷歌公司。例如，北京一中院审理的四通搬家公司诉百度公司关键词纠纷案❶。此类案件的争议焦点在于，向搜索引擎服务提供者付费以将某个关键词用于引导网络用户访问其网站的网络服务提供者是否构成侵权或不正当竞争，搜索引擎服务提供者将他人的字号或商标文字部分以竞价的方式确定搜索结果排序是否有合法性和正当性。

第五类，利用网络技术手段进行其他不正当竞争引发的纠纷。例如，北京一中院审理的涉及垂直搜索的大众点评诉爱帮网案❷，以及百度公司诉奇虎360公司涉及ROBOTS协议纠纷案❸等。在此类纠纷中，争议焦点并不直接涉及对《反不正当竞争法》某项具体规定的违反，而在于被控不正当竞争行为是否应当准许。

上述五类网络不正当竞争纠纷的争议焦点，在《反不正当竞争

---

❶ 参见北京市第一中级人民法院（2013）一中民终字第3106号民事判决书。
❷ 参见北京市第一中级人民法院（2011）一中民终字第7512号民事判决书。
❸ 参见北京市第一中级人民法院（2013）一中民初字第2668号民事判决书。

法》中很难直接找到现成的裁判规则。第一类和第五类纠纷中的争议焦点,在《反不正当竞争法》中对应的法条主要为第 2 条,但第 2 条中的"自愿、平等、公平、诚实信用的原则"和"公认的商业道德"在互联网竞争纠纷中如何具体适用,在什么情况下应当认定被控不正当竞争行为"损害其他经营者的合法权益"或"扰乱社会经济秩序",都具有不明确性。在这种情况下,往往需要回到对《反不正当竞争法》的立法目的和价值取向的分析,准许或不准许被控不正当竞争行为所产生的激励效果和引导效果是否符合《反不正当竞争法》的立法目的和价值取向,从而确定此类纠纷的竞争规则。因此,激励分析对于此类纠纷所需要的具体竞争规则的确立具有很强的可行性和必要性。

第二类纠纷中的争议焦点,在《反不正当竞争法》中对应的法条主要是第 14 条。《反不正当竞争法》第 14 条规定:"经营者不得捏造、散布虚伪事实,损害竞争对手的商业信誉、商品声誉。"该条规定中的"虚伪事实"属于裁量性规范,因此此类案件的裁判可以适用激励分析。

第三类纠纷中的争议焦点,在《反不正当竞争法》中对应的法条主要是第 9 条。第 9 条规定:"经营者不得利用广告或者其他方法,对商品的质量、制作成分、性能、用途、生产者、有效期限、产地等作引人误解的虚假宣传。广告的经营者不得在明知或者应知的情况下,代理、设计、制作、发布虚假广告。"该条规定中,"引人误解的虚假宣传"和"明知"属于裁量性规范,因此此类案件的裁判可以适用激励分析。在具体案件中,认定某个公开传播的信息是否属于"虚伪事实"或者是否属于"引人误解的虚假宣传",应用激励分析可能会更加有效。激励分析要求法官思考,如果允许或禁止相同或类似的信息传播,会造成什么样的后果,这样的后果是否更加有利于维护消费者和经营者的合法利益,这样的后果是否更加有利于建立公平自由的竞争秩序,这样的考察将会更加有利于从本质上判断公开传播被控侵权信息行为的正当性和合法性。

第四类纠纷中的争议焦点,可能会涉及《商标法》的相关规定,在《反不正当竞争法》中可能涉及的法条主要为第5条。根据第5条第(2)项、第(3)项的规定,经营者不得采用下列不正当手段从事市场交易,损害竞争对手的合法权益:经营者擅自使用知名商业特有名称、包装、装潢,或者使用与知名商品近似的名称、包装、装潢,造成和他人的知名商品相混淆,使购买者误认为是该知识商品;擅自使用他人的企业名称或者姓名,引人误认为是他人的商品。在该条规定中,"知名商品""混淆""引人误认为"均属于裁量性规范,因此,激励分析也具有在此类纠纷的裁判中适用的可行性和必要性。

三、激励分析与非公益必要不干扰原则

在百度公司诉奇虎360公司插标和修改搜索提示词不正当竞争纠纷案❶中,北京高院在二审判决书中认为互联网产品或服务竞争应当遵守非公益必要不干扰原则。非公益必要不干扰原则的含义为:互联网产品或服务应当和平共处,自由竞争,是否使用某种互联网产品或者服务,应当取决于网络用户的自愿选择。互联网产品或服务之间原则上不得相互干扰。确实出于保护网络用户等社会公众的利益的需要,网络服务经营者在特定情况下不经网络用户知情并主动选择以及其他互联网产品或服务提供者同意,也可干扰他人互联网产品或服务的运行,但是,应当确保并证明干扰手段的必要

---

❶ 参见北京市高级人民法院(2013)高民终字第2352号民事判决书。

性和合理性。否则，应当认定其违反了自愿、平等、公平、诚实信用原则，违反了互联网产品或服务竞争应当遵守的基本商业道德，应当承担相应的侵权责任或不正当竞争责任。❶

运用激励分析来评价非公益必要不干扰原则，可以得知以下几点：①非公益必要不干扰原则的激励和引导效果是，网络经营者一般不会采取干扰他人互联网产品或服务正常运行的措施，因为一旦其采取了干扰措施，就要承担证明责任，证明干扰措施的必要性和合理性。这样的基本规则有利于网络经营者公平地竞争，通过提高自身的产品或服务的质量来吸引网络用户，而不是通过干扰竞争对手来吸引网络用户。②虽然非公益必要不干扰原则相对于《反不正当竞争法》第2条的规定而言，对于规范互联网产品或服务的竞争秩序更加具体，但非公益必要不干扰原则中的"公益""必要"和"干扰"都具有一定的裁量性，因此，在具体案件中具体适用非公益必要不干扰原则，同样需要从准许或禁止被控干扰行为的后果来分析被控干扰行为是否公益且必要，是否应当准许。

四、激励分析在搜索结果插标纠纷中的应用

在百度公司诉奇虎360公司插标和修改搜索提示词不正当竞争纠纷案中，涉及的一个争议焦点为，单独的插标行为是否应当准许。该案二审判决书表明二审法院对此问题的分析应用了激励分析。在该案判决书中，二审法院分析了如果允许涉案插标行为将可能产生的后果后认为，单纯的插标行为应初步推定为构成干扰行为，除非插标行为者能够证明行为的正当性和必要性。二审法院之

---

❶ 石必胜："互联网竞争的非公益必要不干扰原则——兼评百度诉360插标和修改搜索提示词不正当竞争纠纷案"，载《电子知识产权》2014年第4期，第30页。

所以采用这种裁判规则，是因为充分考虑了这种裁判规则的激励效果。二审法院认为，如果无条件地允许该行为，将会带来一系列的问题。例如，如何判断某个具体搜索结果是否应当被插标？如何判断插标的具体形式是否合理？如何保证插标行为不会被滥用？正是因为这些问题可能会导致更多纠纷的产生，所以二审法院认为，允许单纯插标从后果上来看，并不利于维护互联网经营秩序。相反，初步推定单纯插标行为构成干扰行为，除非行为人证明其插标行为具有正当性和合理性，这样的规则产生的后果更有利于维护互联网经营秩序。❶

该案二审判决确定的裁判规则是合理的，因为这样的裁判规则产生的激励效果符合《反不正当竞争法》的立法目的和价值取向。该案裁判规则产生的激励效果主要有以下三个方面：①杜绝了通过插标与其他行为相结合来实施不正当竞争行为的可能性，因为一旦将插标和其他不正当竞争行为相结合，就难以证明插标行为的正当性和必要性。②客观上并不会禁止杀毒软件经营者对搜索结果进行单纯插标以保护网络用户的行为，因为在不存在不正当竞争行为的前提下，搜索引擎服务提供者并不会对真正的杀毒软件经营者提起诉讼，即使提起诉讼，真正的杀毒软件提供者也是有机会证明其单纯插标行为的正当性的。③只要插标行为没有被滥用，杀毒软件提供者必然能够说明其对特定搜索结果进行插标的技术上的正当理由。这样一来，也有利于激励和引导杀毒软件经营者更加谨慎地确定插标对象，真正基于保护网络用户而不是出于其他不正当竞争目的进行插标。

---

❶ 参见北京市高级人民法院（2013）高民终字第2352号民事判决书。

五、激励分析在广告过滤纠纷中的应用

在北京海淀法院审理的合一公司诉金山公司猎豹浏览器过滤视频广告不正当竞争纠纷案[1]中,争议焦点为被告在猎豹浏览器上安装可以过滤优酷视频网站广告的软件的行为是否应当准许。正如前文所述,在《反不正当竞争法》中并不存在直接能够得到答案的具体规范,该案的裁判客观上需要法官从立法目的和价值取向出发,有针对性地明确相应的行为规则。

该案有两种可能的裁判规则和裁判结果:第一种,允许他人的软件对视频分享网站加播的广告进行过滤,认定该案中金山公司的行为不构成不正当竞争;第二种,不允许他人的软件对视频分享网站加播的广告进行过滤,认定该案中金山公司的行为构成不正当竞争。

第一种裁判规则和裁判结果可能产生的激励效果为以下两种:①损害网络用户的利益。虽然从短期来看,使用嵌入了广告过滤软件的浏览器的网络用户得到了好处,可以不用观看免费视频中的广告,直接观看视频,但这样的好处是无法长久的。因为,视频分享网站总是要想办法将其购买视频播放权的成本转嫁给网络用户。如果视频分享网站在技术战争中失利,视频分享网站无法继续播放广告加免费视频,视频分享网站为了支付购买视频的成本,只能要求网络用户付费观看视频,网络用户将丧失观看广告加免费视频的机会。如果视频分享网站在技术战争中获得最终胜利,技术战争所支付的成本必然将转嫁给网络用户,例如,通过延长广告时长的方式转嫁成本。无论是哪一种结果,从长期来看,都会损害网络用户的

---

[1] 参见北京市海淀区人民法院(2013)海民初字第17359号民事判决书。

利益。②浪费社会资源。如果法院允许嵌入广告过滤软件的浏览器的发行，广告过滤软件与视频分享网站之间的技术战争将会不可避免地升级，技术上的"丛林法则"将决定广告过滤软件与免费广告的生存。为了规避广告过滤技术的影响，视频分享网站将会采取技术措施防止广告过滤，例如，禁止使用嵌入了广告过滤软件的浏览器访问视频分享网站，而广告过滤软件设计者又会进一步强化广告过滤的技术措施。二者的竞争在"道高一尺，魔高一丈"与"魔高一尺，道高一丈"之间交替变化。技术战争需要支付的成本并没有转化为消费者的福利，这是一种对社会资源的浪费。

　　第二种裁判规则和裁判可能产生的激励效果为以下两种：①节约社会成本，避免技术战争。②维护网络用户的利益。在不允许广告过滤行为的情况下，广告加免费视频的经营模式得以保留，从长期来看，有利于维持网络用户的利益。由于其他经营者的自由竞争，广告的长度将会维持在边际成本等于边际收益的临界点，视频分享网站不会无限延长广告的时长。虽然视频分享网站有意无限延长免费视频之前加播的广告时长，但在自由竞争的前提下，广告长到一定程度以后，有一部分视频分享网站会主动缩短广告时长，甚至使用透明的广告视窗，改进用户体验，以争夺网络用户。因此，不会出现视频分享网站无限制地延长广告的结果。

　　《反不正当竞争法》的立法目的可以被解读为：通过维护自由、公平的竞争秩序，降低经营者的生产经营成本，提高消费者的福利。《反不正当竞争法》的价值取向是效率。❶ 前文的分析表明，允许嵌入广告过滤软件的浏览器的发行，并不会降低社会成本，提高消费者福利，而这是不符合《反不正当竞争法》的立法目的和价

---

❶ 孔祥俊：《反不正当竞争法的创新性适用》，中国法制出版社2014年版，第70页。

值取向的。允许广告过滤行为的真正受益者是嵌入广告过滤软件的浏览器的经营者，其能够从浏览器的短期推广过程中获得更多的网络用户，但其获得利益的前提却是损害网络用户和视频分享网站的利益。这样的激励效果不符合《反不正当竞争法》的立法目的和价值取向。因此，运用激励分析可知，第二种裁判规则和裁判结果更加合理。

六、激励分析在新技术使用纠纷中的应用

在网络不正当竞争纠纷中，很多争论围绕法院的裁判规则是否会影响技术进步而展开，但这样的讨论往往并没有触及问题的核心，因为法律并不关心技术的新旧，法律关心的是技术使用行为是否符合法律规定。而技术使用行为是否应当被允许，取决于特定技术使用行为所产生的激励效果是否符合法律的立法目的和价值取向。在不损害公平价值的前提下，法律的基本价值取向之一是效率。法经济学的观点认为，提高产品或服务的生产质量或效率，降低产品或服务的交易成本，都有利于实现效率目标。如果某项技术的使用行为会降低产品或服务的生产成本或交易成本，降低产品或服务的价格，则符合效率的价值取向。以此为基础可以推论出以下两种情况下的技术使用行为不符合效率价值取向。①特定技术使用行为提高了产品或服务的生产成本或交易成本，提高了产品或服务的价格，减少了消费者的福利。②特定技术使用行为没有降低产品或服务的生产成本或交易成本，只是将产品或服务的生产主体或交易主体应当获得的利益转移给其他经营者，这样的技术使用行为是否应当准许，取决于对平衡利益的考量，不涉及对效率的考量。

从竞争法的角度来看，经营者通过使用某种技术获得的某种竞争优势是否应当准许，取决于经营者是否因为使用该技术降低了生

产成本或交易成本从而获得了竞争优势，或者降低了其他社会成本从而提高了效率。如果经营者因为使用某项技术降低了生产成本或交易成本从而获得了竞争优势，则对这样的技术使用行为和竞争优势应当予以支持；如果使用某项技术的行为直接或间接提高了生产成本或交易成本，则因此获得的竞争优势不应当予以保护。在前文所述的合一公司诉金山公司猎豹浏览器过滤视频广告不正当竞争纠纷案中，没有因使用过滤技术而能提供成本更低的视频播放服务，只是阻止他人以某种方式回收播放成本。激励分析告诉我们，使用广告过滤技术的浏览器经营者获得了竞争优势，但却没有降低视频播放服务的成本，相反，其使用广告过滤技术的行为将会影响视频播放的正常进行，视频播放者为了确保广告的正常播放，必然会采取有针对性的技术措施来防止过滤技术的干扰，因此承担了更多的技术成本。对视频播放者来说，广告的时间长度对应向网络用户收费的价格，视频播放经营者必然会通过增加广告播放时间等方式将其负担的更多的成本转嫁给网络用户。视频广告过滤技术的使用为视频过滤技术使用者带来的竞争优势并没有降低社会成本，也没有增加产品或服务的数量和质量，只会间接地提高视频播放服务的价格，因此不符合效率的价值取向，不应当获得《反不正当竞争法》的保护。

网络技术的发展，可能不直接减少产品或服务的生产成本或交易成本，但会通过降低信息传播成本从而降低产品或服务的交易成本，这样的网络技术同样会降低社会成本，提高消费者福利。从竞争法的角度来看，网络经营者通过使用某种网络技术获得的某种竞争优势是否应当准许，不仅取决于网络经营者是否因为使用该网络技术降低了信息传播成本从而获得了竞争优势，还需要注意的是，在降低信息传播成本的同时，不能直接或间接地提高产品或服务的生产成本或交易成本。从激励分析的视角来看，如果降低了信息传播成本的同时，提高了产品或服务的生产或交易成本，将会损害生产者的利益。信息传播成本的降低获得的竞争优势固然值得保护，但如果损害到信息所承载的产品或服务的生产者的利益，则信息传播将成为无本之源。没有内容的信息，无论传播成本多低，都将失去传播的价值。

在深度链接纠纷中，以北京高院审理的泛亚公司诉百度在线公司、百度网讯公司侵犯著作权纠纷案❶为例，百度公司使用的深度链接虽然方便了网络用户获得音乐作品，降低了音乐产品的传播成本，但并没有降低音乐作品的创作成本，是否应当允许该链接技术的使用行为，取决于该链接技术的使用行为是否会损害作品创作者的利益。该深度链接通过损害拥有音乐信息网络传播权的经营者的利益，间接地损害了作者、表演者和录音制作者的利益，同时，将上述主体的利益转移给搜索引擎服务提供者。从长期来看，音乐产品的生产者不能有效控制音乐产品的网络传播，不能有效回收生产成本，最终会损害音乐产品生产者的积极性，不利于激励更多音乐作品的创作。❷ 运用激励分析可知，这样的激励效果不符合《反不正当竞争法》的立法目的和价值取向。如果音乐产品的传播权被许可者对使用深度链接的经营者提起反不正当竞争诉讼，应当准许要求法院禁止这样的深度链接使用行为。

七、小结

根据裁判规则或裁判结果将会产生的激励效果，来分析不同裁

---

❶ 参见北京市高级人民法院（2007）高民终字第118号民事判决书。
❷ 石必胜："论链接不替代原则——以下载链接的经济分析为进路"，载《科技与法律》2008年第5期，第62页。

判规则或裁判结果与相关法律的立法目的或价值取向的契合程度，从而对裁判规则或裁判后果的选择提供帮助，这就是激励分析在司法裁判中的重要功能。尤其是在裁判规则或裁判结果的选择难以通过三段论等一般的法律适用方法作出的情况下，例如当前讨论较多的《今日头条》知识产权纠纷、ROBOTS 协议相关纠纷等，激励分析更加凸显其价值。网络不正当竞争纠纷恰恰是缺乏具体规则的指引的，因此激励分析能够在其中大显身手。激励分析的思路源于经济学，强调"效用决定方案"，不同于传统的裁判思路，也许能够为当前的各类网络不正当竞争纠纷的处理打开一扇新的窗户。

第四节　自律公约对认定网络不正当竞争的影响

在近几年的互联网不正当竞争纠纷中，各种内容和类型的互联网企业或行业协会签订或制定的互联网行业自律公约（以下简称为自律公约）的法律性质，对认定不正当竞争行为有什么影响，成为此类案件的争议问题之一。这一问题的争议点在于，自律公约中的行为规则是否必然可以被认定为《反不正当竞争法》第 2 条所述的"公认的商业道德"。在 3Q 案中，最高人民法院认为应当有条件地认定自律公约的规定或约定属于公认的商业道德。❶ 在百度公司诉奇虎 360 公司涉及 ROBOTS 协议纠纷案中，北京一中院认为，自律公约反映了公认的商业道德和行为标准。❷ 到底应当如何看待这个问题，本节拟从以下四个方面来进行分析：第一，公认的商业道德或行为规则应当依据什么来判断；第二，是否需要对自律公约的内

---

❶ 参见最高人民法院（2013）民三终字第 5 号民事判决书。
❷ 参见北京市第一中级人民法院（2013）一中民初字第 2668 号民事判决书。

容进行甄别;第三,如何对自律公约的内容进行甄别;第四,自律公约是否具有合同效力。

一、公认的商业道德的判断依据

《反不正当竞争法》第 2 条中所述的"公认的商业道德"应当如何界定,在司法实践中是一个难题。无论是"道德""商业"还是"公认",都是很不容易界定的概念。如果单纯从道德的角度去追问公认的商业道德到底是什么,恐怕会陷入迷宫之中。笔者认为,应当紧紧围绕《反不正当竞争法》的立法目的和基本价值取向来建构"公认的商业道德",而不是在虚无缥缈的商业共同体中寻找道德共识。

《反不正当竞争法》的立法目的和价值取向是什么,离不开对《反不正当竞争法》第 1 条的解读。《反不正当竞争法》第 1 条规定:"为保障社会主义市场经济健康发展,鼓励和保护公平竞争,制止不正当竞争行为,保护经营者和消费者的合法权益,制定本法。"对于第 1 条的理解,在理论界和实务界都存在不同观点。笔者认为,《反不正当竞争法》是功利性的以效率即社会福利最大化为价值取向的法律,无论是保护公平竞争、制止不正当竞争行为,还是保护经营者权益,都是为了保护消费者的长期利益,即社会福利最大化。[1] 因此,在评判什么样的商业道德或行为规则是符合《反不正当竞争法》第 2 条所述的"公认的商业道德"时,首先要看其是否符合现有法律、行政法规等法律规范的规定,然后要看其是否有利于保护消费者合法的长期利益,是否有利于社会福利最

---

[1] 石必胜:"网络不正当竞争认定中的公共利益考量",载《电子知识产权》2015 年第 3 期,第 35 页。

大化。

正如最高人民法院在3Q案判决书中所表明的："在市场经营活动中，相关行业协会或者自律组织为规范特定领域的竞争行为和维护竞争秩序，有时会结合其行业特点和竞争需求，在总结归纳其行业内竞争现象的基础上，以自律公约等形式制定行业内的从业规范，约束行业内的企业行为或者为其提供行为指引。这些行业性规范常常反映和体现了行业内的公认商业道德和行为标准，可以成为人民法院发现和认定行业惯常行为标准和公认商业道德的重要渊源之一。当然，这些行业规范性文件同样不能违反法律原则和规则，必须公正、客观。"最高人民法院在判决中强调自律公约不能违反法律原则和规则，这其中至少包含了两层含义：第一，只有具有合法性的自律公约才能被认为是《反不正当竞争法》第2条所述的"公认的商业道德"，这意味着不是所有的自律公约都必然地具有合法性；第二，是否属于"公认的商业道德"，可以从法律原则和规则的角度去判断。《反不正当竞争法》的立法目的和价值取向，当然是判断是否符合《反不正当竞争法》规定的"公认的商业道德"的最重要依据。

《北京市高级人民法院关于涉及网络知识产权案件的审理指南》第34条第1款规定："在涉及网络不正当竞争纠纷中，公认的商业道德是指特定行业的经营者普遍认同的、符合消费者利益和社会公共利益的经营规范和道德准则。"很明显，这条规定不仅仅强调了"公认的商业道德"的"普遍认同"条件，还强调了其应当"符合消费者一般利益和社会公共利益"。"符合消费者一般利益和社会公共利益"正是《反不正当竞争法》的立法目的和价值取向的要求。这表明，该指南的起草者也认为要构成"公认的商业道德"应当符合《反不正当竞争法》的立法目的和价值取向。

二、是否需要对自律公约的约定进行甄别

既然是否符合《反不正当竞争法》规定的"公认的商业道德"需要依据法律规定和《反不正当竞争法》的立法目的和价值取向进行判断，那么对自律公约是否构成"公认的商业道德"，也需要进行甄别，自律公约不能当然地被认定为"公认的商业道德"，进而作为认定诉争行为构成不正当竞争行为的依据。

在 3Q 案中，上诉人称本案诉争不正当竞争行为发生于 2010 年 10 月底至 11 月初，该案涉及的工信部《规范互联网信息服务市场秩序若干规定》及互联网协会《互联网搜索引擎服务自律公约》分别颁布施行于 2011 年和 2012 年，因此一审法院适用《规范互联网信息服务市场秩序若干规定》和《互联网搜索引擎服务自律公约》属于适用法律不当。最高人民法院认为："这些行业性规范常常反映和体现了行业内的公认商业道德和行为标准，可以成为人民法院发现和认定行业惯常行为标准和公认商业道德的重要渊源之一。"从判决书的表述来看，最高人民法院并不认为自律公约必然反映和体现公认的商业道德和行为标准，也不认为自律公约是认定公认的商业道德的唯一依据。在该案中，互联网协会《互联网搜索引擎服务自律公约》系经互联网协会部分会员提出草案，并经包括本案当事人在内的多数互联网企业签署。即便如此，最高人民法院也认为"人民法院在判断其相关内容合法、公正和客观的基础上"，才能将其作为认定互联网行业惯常行为标准和公认商业道德的参考依据。❶

在百度公司诉奇虎 360 公司涉及 ROBOTS 协议纠纷案中，北京

---

❶ 参见最高人民法院（2013）民三终字第 5 号民事判决书。

一中院则认为,"《互联网搜索引擎服务自律公约》作为在互联网协会的牵头组织下,由搜索引擎行业内具有较高代表性且占有绝大部分市场份额的企业共同达成的行业共识,反映和体现了行业内的公认商业道德和行为标准",因此,"在本案没有明确法律规定作为判定双方当事人权利义务边界的情况下,本院对于《互联网搜索引擎服务自律公约》所体现出的精神予以充分的考虑"。从文字表述来看,该判决似乎认为自律公约不需要甄别,即可将其中的规定或约定当作认定公认的商业道德的依据。笔者认为这种观点是值得商榷的。事实上,并非自律公约中的所有规定或约定都必然符合《反不正当竞争法》的立法目的和价值取向,因此不能当然地作为认定《反不正当竞争法》第2条所述的"公认的商业道德"的依据。

三、如何对自律公约的约定进行甄别

在对自律公约的约定进行甄别时,有以下两个主要问题需要重视:第一,要区分自律公约的签订主体是部分经营者,还是所有同类经营者或相当于所有同类经营者;第二,要区分自律公约中的约定是否符合《反不正当竞争法》的立法目的和价值取向。

自律公约的签订主体可能影响其在认定不正当竞争行为时的作用。如果在3Q案中,涉案的工信部《规范互联网信息服务市场秩序若干规定》属于部门规章,或者属于工信部制定的规范文件,那么可以认为具有相当于同类所有经营者共同签订的自律公约的效力。如果涉案的互联网协会《互联网搜索引擎服务自律公约》的形成符合互联网协会制定公约的程序要求,那么《互联网搜索引擎服务自律公约》也可以被认为具有相当于同类经营者共同签订的自律公约的效力。对于所有经营者共同签订的自律公约,因其具有广泛的代表性,具有很强的"公认"性,除非能够认定相关约定违反法

律规定，例如违反《反垄断法》或者《消费者权益保护法》的相关规定，或者认定其不符合《反不正当竞争法》的立法目的或价值取向，一般情况下应当初步推定其构成《反不正当竞争法》第2条所述的"公认的商业道德"。如果诉争行为违反了此类性质的自律公约的约定，可以推定其构成不正当竞争。

《北京市高级人民法院关于涉及网络知识产权案件的审理指南》（征求意见稿）第34条第2款规定❶："信息网络行业的技术规范，行业的特定经营模式或运营方式，行业协会或自律组织根据行业特点、竞争需求所制定的从业规范或自律公约等，在不违背法律、法规等强制性规定的情况下，可以作为认定信息网络行业公认的商业道德的渊源，但应当以特定商业领域普遍认同和接受的经济人伦理标准为尺度。"结合前文的分析可以认为，上述规定至少包含了以下两层意思：可以初步推定相当于所有同类经营者共同签订的自律公约属于认定"公认的商业道德"的依据；该自律公约应当"不违背法律、法规等强制性规定"，而且应当"以特定商业领域普遍认同和接受的经济人伦理标准为尺度"。由此可见，该规定也强化了相当于同类经营者共同签订的自律公约在认定不正当竞争行为时作为依据的效力。

自律公约的具体约定是否符合《反不正当竞争法》的立法目的和价值取向，会影响其在认定不正当竞争行为时的作用。在百度公司诉奇虎360公司插标和修改搜索提示词不正当竞争纠纷案❷中，争议焦点之一为2011年12月29日工信部出台的《规范互联网信

---

❶ 上述规定在正式发布的《北京市高级人民法院关于涉及网络知识产权案件的审理指南》中没有采用。

❷ 参见北京市高级人民法院（2013）高民终字第2352号民事判决书。

息服务市场秩序若干规定》的相关规定是否可以作为判断诉争行为合法性的依据。根据《规范互联网信息服务市场秩序若干规定》第5条第1款的规定："不得恶意干扰用户终端上其他互联网信息服务提供者的服务，或者恶意干扰与互联网信息服务相关的软件等产品的下载、安装、运行和升级。"该条规定的最大特点是强调了"恶意"。从字面表述来看，如果没有恶意，互联网经营者似乎可以干扰其他互联网产品或者服务。笔者认为，按照非公益必要不干扰原则，原则上未经允许互联网经营者不得干扰其他互联网经营者的产品或服务，除非干扰行为是为了保护公共利益，而且干扰行为是必要的。❶ 按照非公益必要不干扰原则，只要采取了干扰行为，行为人就应当证明干扰行为的正当性。如果按照《规范互联网信息服务市场秩序若干规定》第5条第1款的规定，被干扰人应当证明干扰行为人具有恶意，否则不能认定干扰行为是不正当竞争行为。按照非公益必要不干扰原则来看，《规范互联网信息服务市场秩序若干规定》第5条第1款的规定不能作为判断诉争行为是否不正当的依据，不能作为《反不正当竞争法》第2条所述的"公认的商业道德"的认定依据。

四、自律公约是否具有合同效力

虽然自律公约中的规定或约定不能当然地作为认定《反不正当竞争法》第2条所述的"公认的商业道德"的依据，但是，如果当事人均是自律公约的签订者，当事人是否应当依照《合同法》的规定受到自律公约的约束呢？恐怕是的。因为，自律公约完全可以

---

❶ 石必胜："互联网竞争的非公益必要不干扰原则——兼评百度诉360插标和修改搜索提示词不正当竞争纠纷案"，载《电子知识产权》2014年第4期，第30页。

看作一个合同,自律公约的签订者都是合同的当事人。《合同法》第 8 条规定:"依法成立的合同,对当事人具有法律约束力。当事人应当按照约定履行自己的义务,不得擅自变更或者解除合同。依法成立的合同,受法律保护。"从《合同法》的角度来看,虽然自律公约的规定或约定不能当然地认定为《反不正当竞争法》第 2 条所述的"公认的商业道德",进而约束所有的同类经营者,但却能作为合同义务约束自律公约的所有签订者。

在百度公司诉奇虎 360 公司涉及 ROBOTS 协议纠纷案[1]中,争议焦点之一在于原告百度公司将奇虎 360 公司排除在可以允许抓取的白名单之外,是否构成不正当竞争。其中一个问题是,当事人都参与签署的互联网协会《互联网搜索引擎服务自律公约》第 8 条的约定是否对该案原告百度公司具有约束力。在该案中,被告奇虎 360 公司则主张百度公司违反了互联网协会《互联网搜索引擎服务自律公约》第 8 条的规定。互联网协会《互联网搜索引擎服务自律公约》第 8 条规定:"互联网站所有者设置机器人协议应遵循公平、开放和促进信息自由流动的原则,限制搜索引擎抓取应有行业公认合理的正当理由,不利用机器人协议进行不正当竞争行为,积极营造鼓励创新、公平公正的良性竞争环境。"在该案二审诉讼程序中,上诉人百度公司撤回上诉,二审法院没有对 ROBOTS 协议白名单的合法性进行评判。假设法院认为百度公司设置白名单的行为没有违反《反不正当竞争法》第 2 条规定的"公认的商业道德",百度公司设置白名单限制奇虎 360 公司的搜索引擎抓取,对于同样是《互联网搜索引擎服务自律公约》签订者的奇虎 360 公司,是否构成对作为合同的《互联网搜索引擎服务自律公约》第 8 条的违约,仍然值得进一步讨论。

---

[1] 参见北京市第一中级人民法院(2013)一中民初字第 2668 号民事判决书。

五、小结

前文的分析表明,在网络不正当竞争案件审理过程中,不能将自律公约作为认定《反不正当竞争法》第 2 条所述的"公认的商业道德"的当然依据,而是应当依据《反不正当竞争法》的立法目的和价值取向对相关内容进行甄别。只有符合《反不正当竞争法》的立法目的和价值取向的约定,才能作为认定"公认的商业道德"的依据,才能作为认定不正当竞争行为的依据。

在对自律公约的相关内容进行甄别时,首先应当区分自律公约是所有同类经营者共同签订的,还是部分经营者签订的。如果是所有同类经营者共同签订的,或者相当于所有同类经营者共同签订的,自律公约中的相关约定可以初步推定其构成"公认的商业道德",除非能够认定相关约定不符合《反不正当竞争法》的立法目的和价值取向,或者违反其他法律规定。如果只是部分经营者签订的,则不能初步推定自律公约的相关约定构成"公认的商业道德"。自律公约中只有有利于实现消费者长期利益且有利于社会福利最大化的行为规则,才能作为认定"公认的商业道德"的依据,否则,不能仅因为违反部分经营者签订的自律公约的约定就认定诉争行为构成不正当竞争行为。

虽然部分经营者签订的自律公约不能当然地构成"公认的商业道德"的依据,但对于签订者而言,自律公约是依法成立的合同,也受到法律保护,在签订者之间具有法律约束力。相对于其他自律公约签订者,如果部分自律公约的签订者违反了自律公约,可能因违约而承担违约责任。

前文的分析也表明,在审理法律规范比较缺乏的网络不正当竞争案件时,尤其是在面对新问题和复杂问题时,法官应当在正确理解《反不正当竞争法》的立法目的和基本价值取向的基础上，通过正确运用法律适用方法，灵活地对各种问题进行具体分析，通过自身的努力去探寻合理的裁判规则。

第五节　非公益必要不干扰原则的理解和适用

2014年，最高人民法院对百度公司诉奇虎360公司插标和修改搜索提示词不正当竞争纠纷案的再审申请作出了裁定，❶驳回奇虎360公司的再审申请，维持了该案二审判决。作为该案二审承办人和二审判决书❷的起草者，笔者很高兴看到该案二审判决所提出的非公益必要不干扰原则被最高人民法院所确认。2015年第1~2期的《电子知识产权》上有两篇文章对非公益必要不干扰原则进行了讨论，❸其中有些内容很有价值，有些内容值得商榷。在此之前，也有人对非公益必要不干扰原则提出了质疑和批判。因此对已知的和可能的质疑作一回应很有必要。笔者的回应主要分为两个方面：第一，对非公益必要不干扰原则的哪些质疑是不合理的；第二，非公益必要不干扰原则涉及的哪些问题值得讨论。

一、应当如何讨论非公益必要不干扰原则

非公益必要不干扰原则最早是在百度公司诉奇虎360公司插标和修改搜索提示词不正当竞争纠纷案二审判决书中出现的。随后，

---

❶ 参见最高人民法院（2014）民申字第873号民事裁定书。
❷ 参见北京市高级人民法院（2013）高民终字第2352号民事判决书。
❸ 黄勇："论互联网不正当竞争的'新边界'"，载《电子知识产权》2015年第1~2期，第61页；薛军："质疑'非公益必要不干扰原则'"，载《电子知识产权》2015年第1~2期，第66页。

第六章 网络不正当竞争纠纷的司法规制

作为该原则的倡导者，笔者发文对该原则进行了进一步解说。❶ 在百度公司诉奇虎360公司插标和修改搜索提示词不正当竞争纠纷案二审判决书中，非公益必要不干扰原则被表述为三句话：①虽然确实出于保护网络用户等社会公众利益的需要，网络服务经营者在特定情况下不经网络用户知情并主动选择以及其他互联网产品或服务提供者同意，也可干扰他人互联网产品或服务的运行。②但是，应当确保干扰手段的必要性和合理性。③否则，应当认定其违反了自愿、平等、公平、诚实信用和公共利益优先原则，违反了互联网产品或服务竞争应当遵守的基本商业道德，由此损害其他经营者的合法权益，扰乱社会经济秩序，应当承担相应的法律责任。

在论文中，笔者对非公益必要不干扰原则进行了整理，将其表述为四句话：①互联网产品或服务应当和平共处，自由竞争，是否使用某种互联网产品或者服务，应当取决于网络用户的自愿选择。②互联网产品或服务之间原则上不得相互干扰。③确实出于保护网络用户等社会公众利益的需要，网络服务经营者在特定情况下不经网络用户知情并主动选择以及其他互联网产品或服务提供者同意，也可干扰他人互联网产品或服务的运行，但是，应当确保并证明干扰手段的必要性和合理性。④否则，应当认定其违反了自愿、平等、公平、诚实信用原则，违反了互联网产品或服务竞争应当遵守的基本商业道德，应当承担相应的侵权责任或不正当竞争责任。

值得讨论的问题是，对非公益必要不干扰原则的质疑和批判，应当针对其名称还是针对其内容？能不能离开这一原则的具体内容来质疑它？笔者认为，"非公益必要不干扰原则"这个概念也许是

---

❶ 石必胜："互联网竞争的非公益必要不干扰原则——兼评百度诉360插标和修改搜索提示词不正当竞争纠纷案"，载《电子知识产权》2014年第4期，第30页。

生造出来的，但这个原则的具体内容却非横空出世。质疑者应当注意的是，"非公益必要不干扰原则"这个名称只是由三句话或四句话组成的具体内容的代称，只是一个符号。这个原则的名称并没有完全体现这个原则的具体内容。因此，对这个原则的质疑应当主要针对这个原则的内容而非其名称。遗憾的是，个别对非公益必要不干扰原则的质疑，似乎有些跑偏，不是抱怨这个原则名称太绕口，就是脱离该原则的具体内容对原则名称中的"干扰""公益"等词语进行质疑。这样的质疑容易让人怀疑质疑者是否真正了解其质疑的对象。无论是对三句话或四句话中哪一句话的批判，都远远比仅仅对名称的质疑更有意义。

在有些场合，有个别"非公益必要不干扰原则"的批判者隐晦地表示，只有学者、专家、教授才有资格提出原则或规则，认为法官没有能力和资格提出原则或规则。这样的观点让人难以接受，对此笔者有以下几点认识。

（1）法官在判决中明确或确立原则或规则是不可避免的。无论是在民法领域还是知识产权法领域，很多规则和原则都是由判例确定的，说到底，就是由法官确立的。比如，美国第二巡回上诉法院的汉德法官在1947年的Carroll Towing案中，对侵权法上的过失进行了新的界定，相应的规则被称为汉德公式。[1] 在知识产权法领域，同样有很多规则和原则由判例所确立。当然，拿美国来"说事儿"似乎有点文不对题。中国毕竟是成文法国家，跟判例法国家没有太多可比性。但即使在成文法国家，在判例中明确或创设法律适用的原则和规则，既是客观需要也符合客观现实。2014年年底，最高

---

[1] United States et al. v. Carroll Towing Co., Inc., et al., 159 F.2d 169 (2d. Cir. 1947).

人民法院根据《最高人民法院关于案例指导工作的规定》第9条的规定，对《最高人民法院公报》刊发的对全国法院审判、执行工作具有指导意义的案例进行了清理和编纂。经最高人民法院审判委员会讨论决定，将清理和编纂后的田某诉北京科技大学拒绝颁发毕业证、学位证案等7个案例，作为第9批指导性案例发布。笔者相信，这些案例之所以能够起到指导作用，必定是其中明确或创设了某些法律适用的原则或规则，而且，这些案例并不一定都来自于最高人民法院审理的案件。即使在中国，各级人民法院也都可能在个案判决中明确或创设法律适用的原则或规则。在互联网不正当竞争纠纷中，由于具体法律规则的缺失，更需要人民法院通过在个案中明确或创设法律适用的原则或规则为互联网经营者建立可以预期的行为规则。

（2）最高人民法院在驳回再审裁定书中已经明确地确认了非公益必要不干扰原则，学者在质疑该原则时似乎应当适度地表现出对司法的合理尊重。如果说高级人民法院的法官或者判决不足以支持非公益必要不干扰原则的合理性，那么在最高人民法院为了适用原则性较强的《反不正当竞争法》第2条而确认了非公益必要不干扰原则的情况下，这个原则还那么不值得学者慎重对待吗？有人说过大意是这样的话："最高法院不是因为正确所以是最终裁判者，而是因为最高法院是最终裁判者所以其是正确的。"这句话有多重含义，其中一层含义是，既然最高法院是最终裁判者，那么应当给予其裁判规则应有的尊重。在最高人民法院已经确认非公益必要不干扰原则的情况下，质疑这个原则时再拿这个原则的提出主体来作为理由并不合适。所以，笔者认为，对非公益必要不干扰原则的质疑和批判，应当将矛头直指这个原则本身，不宜对主体进行质疑。

还有学者对非公益必要不干扰原则提出质疑的理由之一是，这个原则是生造出来的,横空出世的,在外国找不到相同的说法。由于在外国没有相同的规则或说法,因此,这个说法的使用会导致在与其他国家司法界的同行交流时产生理解上的障碍。这样的质疑也不太能够让人信服,可以从以下三个方面来分析。

(1)讨论非公益必要不干扰原则有没有外国来源是没有必要的。言必称欧美,习惯性地依赖外国的学说、判例和立法来作为法律问题的评价标准,有一定程度上的合理性,也有一定程度上的不合理性。欧洲没有,美国没有,中国就一定不能有吗?我国现在使用的很多法律概念或规则不也是当初由外国人生造出来或横空出世的吗?为什么中国人就一定要用外国生造或横空出世的概念或规则才是正常的,让外国人使用中国生造的说法就一定会产生交流障碍?即使外国没有非公益必要不干扰原则这个概念,不等于外国没有与非公益必要不干扰原则的具体内容相同或实质相同的具体规则。笔者认为可能恰恰相反,外国法官遇到百度公司诉奇虎360公司插标和修改搜索提示词不正当竞争纠纷案这样的案件,不管说法如何不同,实质上适用的具体规则极有可能会与非公益必要不干扰原则相同或实质相同。有比较法学者早就说过,不同法域的法官在思维方式和具体规则方面的实际相似性远远超出人们的想象。

(2)讨论非公益必要不干扰原则是否有中国实体法层面上的依据才是真正有价值的问题。事实上,非公益必要不干扰原则有实体法的依据,即《反不正当竞争法》第2条。这一点笔者在百度公司诉奇虎360公司插标和修改搜索提示词不正当竞争纠纷案二审判决书和相关论文中都有非常详细的论述。需要强调的是,《反不正当竞争法》第2条在各种类型的不正当竞争纠纷尤其是互联网领域的不正当竞争纠纷中必须具体化才能适用于个案。《反不正当竞争法》第2条所规定的"自愿、平等、公平、诚实信用原则"和"公认的商业道德"太抽象了，在面对不同类型的不正当竞争纠纷时，必须通过司法判决的丰富和具体化才能解决纷繁复杂的不正当竞争纠纷。❶

（3）非公益必要不干扰原则只不过是对已有判例规则的归纳和提炼，有充分的判例规则作为基础，并非"横空出世"。为了证明这一点，下面再回顾一下笔者已发表论文的部分内容。例如，早在2005年的3721公司诉百度不正当竞争纠纷案中，二审法院认为："百度公司为了其经营目的，在其软件中加入了屏蔽、阻止他人软件的正常安装、运行的有害源代码，该行为已经超出了自我保护范围。"❷在与百度公司诉奇虎360公司插标和修改搜索提示词不正当竞争纠纷案几乎同时作出一审判决的合一公司诉金山公司猎豹浏览器过滤视频广告不正当竞争纠纷案中，一审法院认为："而这种（互联网）发展空间的边界应为'互不干扰'，即除非有显而易见的特殊合法理由，如杀毒等，互联网经营者自身业务的开发拓展不应影响其他互联网经营者在正当商业模式下的经营活动。"❸在最高人民法院对3Q案的判决中，最高人民法院认为："上诉人专门针对QQ软件开发、经营扣扣保镖，以帮助、诱导等方式破坏QQ软件及其服务的安全性、完整性，减少了被上诉人的经济收益和增值服务交易机会，干扰了被上诉人的正当经营活动，损害了被上诉人的合法权益，违反了诚实信用原则和公认的商业道德，一审判决认定其构成不正当竞争行为并无不当。"❹在上述案件中，判决中实际上都明确地或隐含地适用了与非公益必要不干扰原则基本相同的规

---

❶ 孔祥俊：《商标与不正当竞争法：原理与判例》，法律出版社2009年版，第683页。
❷ 参见北京市第一中级人民法院（2005）一中民终字第4543号民事判决书。
❸ 参见北京市海淀区人民法院（2013）海民初字第13155号民事判决书。
❹ 参见最高人民法院（2013）民三终字第5号民事判决书。

则,即互联网产品或服务之间原则上不得相互干扰,是否使用某种互联网产品或者服务,应当取决于网络用户的自愿选择。抛开上述司法判例规则不说,根据2011年工信部出台的《规范互联网信息服务市场秩序若干规定》第5条第1款的规定,不得恶意干扰用户终端上其他互联网信息服务提供者的服务,或者恶意干扰与互联网信息服务相关的软件等产品的下载、安装、运行和升级。这一规定与非公益必要不干扰原则的具体内容基本相同。这些都表明非公益必要不干扰原则只不过是对已有规则的归纳和提炼而已,并非"横空出世"。

  本节的论述表明,对非公益必要不干扰原则的质疑,应当针对这个原则的具体内容,而不必纠结于这个原则的名称;应当将矛头直指这个原则本身,而不是指向这个原则的提出主体;应当讨论其是否有中国法上的依据,而不必要求其一定要有外国来源。非公益必要不干扰原则的实体法依据是《反不正当竞争法》第2条,而且,非公益必要不干扰原则是对已有判例规则的归纳和提炼,有充分的判例依据。

  笔者并不是反对质疑和批判非公益必要不干扰原则的行为,而是认为质疑和批判应当建立在对批判对象充分理解的前提下,质疑和批判应当尽量讨论一些有价值的问题。希望本节能够对非公益必要不干扰原则的讨论做一些减法,排除一些无谓的争论,使讨论更加集中。笔者也将另外撰文对非公益必要不干扰原则涉及的有价值的问题进行讨论。

二、如何理解"公益"

  对非公益必要不干扰原则的名称中的"公益"二字,应当如何理解,存在不同的观点。有学者认为,公益是认定不正当竞争的

"主要标准",具有"主导地位",并认为非公益必要不干扰原则中的"公益"标准,会导致不正当竞争案件司法裁判过程中价值判断和利益衡量方向的明显偏差。❶ 笔者认为,提出上述观点的学者可能存在误解,因此有必要从以下三个方面来澄清"公益"在非公益必要不干扰原则中的作用:第一,除了名称中的"公益",非公益必要不干扰原则是如何论述公共利益的;第二,从文字表述来看,非公益必要不干扰原则是如何看待公共利益的;第三,公共利益对于网络不正当竞争的认定到底有什么作用,互联网产品或服务的竞争是否应当遵守"公益优先原则"。

百度公司诉奇虎360公司插标和修改搜索提示词不正当竞争纠纷案二审判决书中出现了"公益优先原则"。在论述《反不正当竞争法》所规定的"自愿、平等、公平、诚实信用"原则和"公认的商业道德"如何具体化时,百度公司诉奇虎360公司插标和修改搜索提示词不正当竞争纠纷案的二审判决书用了"公益优先原则"这一表述。❷ 考虑到这样的表述在《反不正当竞争法》第2条"自愿、平等、公平、诚实信用的原则"中没有对应的词语,因此笔者随后在论文中予以了修改,认为互联网经营者竞争应当遵守与"自愿、平等、公平、诚实信用"相对应的四项基本原则,没有再提及"公益优先原则"。❸ 虽然如此,但并不意味着公共利益对于网络不正当竞争的认定没有重要影响。笔者将另文论述公共利益对于网络不正当竞争的认定具有的决定性影响。

---

❶ 薛军:"质疑'非公益必要不干扰原则'",载《电子知识产权》2015年第1~2期,第66页。
❷ 参见北京市高级人民法院(2013)高民终字第2352号民事判决书。
❸ 石必胜:"互联网竞争的非公益必要不干扰原则——兼评百度诉360插标和修改搜索提示词不正当竞争纠纷案",载《电子知识产权》2014年第4期,第30页。

如"一、应当如何讨论非公益必要不干扰原则"部分所述,百度公司诉奇虎 360 公司插标和修改搜索提示词不正当竞争纠纷案二审判决书将非公益必要不干扰原则表述为三句话。公共利益在其中被表述为"网络用户等社会公众",对应于本节所述的第二层次的公共利益。从判决书的文字表述来看,非公益必要不干扰原则首先隐含地强调了不应当干扰,然后才强调在什么例外情形下,即使有干扰也可能不构成不正当竞争或侵权。从文字表述来看,公共利益并不是认定诉争行为"不正当"的积极要件,而是认定诉争行为"正当"的积极要件,而且仅仅是认定诉争行为"正当"的积极要件之一。

同样如"一、应当如何讨论非公益必要不干扰原则"部分所述,在论文中,笔者将整理后的非公益必要不干扰原则表述为四句话。从论文的文字表述来看,非公益必要不干扰原则首先明确地强调了不应当干扰,然后才强调在什么例外情形下,即使有干扰也可能不构成不正当竞争或侵权。公共利益同样不是认定诉争行为"不正当"的积极要件,而是认定诉争行为"不正当"的消极要件之一。

为了说清楚非公益必要不干扰原则是如何看待公共利益的,有必要再对该原则进行简要介绍。非公益必要不干扰原则可以被分为以下三个层次:①不干扰,即互联网产品或服务不得相互干扰,否则可能承担相应的侵权责任或不正当竞争责任;②非公益不干扰,即在有些情况下,为了保护公共利益而进行的干扰是可以免责的;③公益且必要的干扰才可能免责,即使为了保护公共利益才实施了干扰行为,如果干扰行为不是必要的,也要承担责任。可以看出,在非公益必要不干扰原则中,公共利益只是肯定"正当"或否定"不正当"的条件之一,不是认定"不正当"的积极要件。而认为

"公益"在认定不正当竞争时具有主导地位，是主要标准，提出这种观点的人可能对非公益必要不干扰原则有误解。这种误解首先可能源于非公益必要不干扰原则的文字表述本身并不清楚，其次可能源于过分重视非公益必要不干扰原则的名称。正所谓，文字使人理解，也使人误解。

对非公益必要不干扰原则的文字表述，以及将"公益"和"必要"作为否定"不正当"的要件，很大程度上受到了知识产权司法实践中一般侵权判定思路的影响。在知识产权司法实践中，一般先判断被诉行为是否有可能构成侵权，如果认为有可能构成侵权，然后就会考虑被诉行为是否有可能符合免责条件。例如，在著作权侵权案件的审判过程中，法官一般先看诉争行为是否可能侵害著作权，如果可能构成侵权，然后再考虑是否属于免责情形，比如，是否构成合理使用，是否构成法定许可。在专利侵权案件中，一般先看被诉技术方案是否落入专利权保护范围，如果有可能落入专利权保护范围，再看被诉技术方案是否构成现有技术，是否符合其他免责条件。在商标侵权案件中，一般先看是否在相同或类似商品或服务上使用相同或近似商标，然后再考虑是否有可能构成正当使用或其他免责条件。

三、对公益优先原则的评价

虽然在非公益必要不干扰原则具体内容的文字表述中，公共利益不是认定"不正当"的积极要件，只是否定"不正当"的消极要件之一，但是，这并不意味着公共利益对于网络不正当竞争的认定作用仅限于文字表述。前文也提及过，事实上，公共利益对网络不正当竞争的认定具有决定性作用。关于公共利益对网络不正当竞争认定的作用，由于笔者已经另文论述，在此不再详述。简要来说，公共利益对网络不正当竞争认定的影响主要体现在：诉争行为是否"正当"，不取决于该行为是否"诚实信用"，也不取决于该行为是否损害了竞争对手的利益，而取决于，诉争行为是否有利于长远地维护中国社会的多数人、网络用户和网络经营者的利益。只有符合中国社会的多数人、网络用户和网络经营者长远利益的行为规则所允许的竞争行为，才符合《反不正当竞争法》第 2 条所规定的"自愿、平等、公平、诚实信用的原则"和"公认的商业道德"，才不是"违反本法规定，损害其他经营者的合法权益，扰乱社会经济秩序的行为"。

在百度公司诉奇虎 360 公司插标修改搜索提示词不正当竞争纠纷案的二审判决书中，法院认为互联网产品或服务的竞争应当遵守公益优先原则，即"互联网产品或服务的经营不能损害网络用户等社会公众的合法权益。确实出于保护网络用户等社会公众的利益的需要，网络服务经营者在特定情况下不经网络用户选择和其他互联网产品或服务提供者同意也可干扰他人互联网产品或服务的运行"。上述表述所隐含的意思是多重的，其中一层意思就是，公共利益是评价诉争行为是否"正当"的最基本标准，即使诉争行为损害了其他竞争对手的利益，但如果诉争行为有利于长期地实现和维护包括网络用户在内的"公共"的利益，诉争行为也能够被认定为"正当"。例如，为了保护网络安全，网络安全软件可以主动采取删除、阻止等手段干扰网络病毒的正常运行，虽然损害了网络病毒"经营者"的利益，但长期来看，有利于保护公共利益，因此这样的干扰行为不应被认定为不正当竞争行为。百度公司诉奇虎 360 公司插标修改搜索提示词不正当竞争纠纷案的二审判决书中对公益优先原则的强调并无不当。

前文的分析表明，百度公司诉奇虎 360 公司插标修改搜索提示词不正当竞争纠纷案的二审判决书中对非公益必要不干扰原则的论述是为了应对该案的争议焦点之一，即诉争行为是否合理和必要，在那样的语境中，非公益必要不干扰原则的表述确实不够全面和准确。从二审判决和笔者的论文的文字表述来看，非公益必要不干扰原则中的公共利益不是认定"不正当"的积极要件，而是否定"不正当"的积极要件之一。非公益必要不干扰原则对公共利益的文字表述，显然受到了知识产权司法实践中一般侵权判定思路的影响。虽然从文字表述来看，公共利益并不是影响"不正当"认定的积极要件，但是，《反不正当竞争法》的法理却要求将公共利益作为认定网络不正当竞争的决定性因素。互联网产品或服务的竞争应当遵守公益优先原则。

四、如何理解"干扰"

在非公益必要不干扰原则中，除了"公益"外，另一个关键词就是"干扰"。对于如何理解"干扰"，本节拟简要从以下三个方面来分析：第一，为什么非公益必要不干扰原则会使用"干扰"一词；第二，在非公益必要不干扰原则中，"干扰"是什么意思，与"竞争"是什么关系；第三，在司法实践中适用非公益必要不干扰原则时，如何认定"干扰"。

有学者认为，"干扰"这个词汇完全多余，而且使得非公益必要不干扰原则变得不可理解，因此，没有必要生创一个术语。❶ 上述意见的出现有可能存在以下两个原因：第一，出于前面所述的对"干扰"的误解；第二，对网络不正当竞争领域的常见纠纷类型不

---

❶ 薛军："质疑'非公益必要不干扰原则'"，载《电子知识产权》2015年第1~2期，第66页。

了解。

（1）"干扰"不是非公益必要不干扰原则生创的，而是对他人经常用于概括和描述互联网产品或服务竞争纠纷的词汇的借用。在百度公司诉奇虎360插标和修改搜索提示词不正当竞争纠纷案明确提出非公益必要不干扰原则之前，2005年的3721公司诉百度公司不正当竞争纠纷案❶之后，很多论文都使用"干扰"一词来描述互联网产品或者服务之间"打架"的纠纷，很多学者也使用"干扰"来描述互联网软件"打架"的纠纷。例如，吴汉东教授在《论反不正当竞争中的知识产权问题》一文中表示："网络环境下与软件有关的不正当竞争行为主要有两类：一是通过'反向工程'获得信息而不正当利用的行为，二是利用软件技术手段干扰和损害竞争对手同类软件的行为。上述行为处于著作权法、专利法无力调整的'真空地带'，必须求助于反不正当竞争法的规制。"❷

（2）在表述互联网产品或服务的竞争规则时使用"干扰"一词具有针对性和必要性。为什么非公益必要不干扰原则的名称和具体内容中要使用"干扰"这个概念呢？这是因为，基于事实上的干扰而产生的不正当竞争纠纷是比例较高的一类网络纠纷，非公益必要不干扰原则正是针对这一类纠纷提出的规范，既有针对性，也有必要性。有学者对互联网兴起后至今在全国范围内所发生的互联网不正当竞争案件数量进行了数据统计，发现自2002年开始至2014年共有126件，其中，涉及软件的案件数量为34起，共占总数的31.48%。"在涉及软件的不正当竞争案件中，较多出现的情形是软

---

❶ 参见北京市第一中级人民法院（2005）一中民终字第4543号民事判决书。
❷ 吴汉东："论反不正当竞争中的知识产权问题"，载《现代法学》2013年第1期。

件之间的干扰和冲突，具体表现为冲突提示和安装失败、强制卸载、系统蓝屏、死机故障等其他各类影响用户电脑性能的情形。"❶ 值得注意的是，互联网产品或服务之间相互干扰（在这里是描述性概念而不是评价性概念）的纠纷数量之多已经使对此类纠纷的裁判规则产生了实际司法需求，而非公益必要不干扰原则正是针对互联网产品或服务的竞争纠纷进行规制，正是适应这种司法需求而产生的。

有学者认为，非公益必要不干扰原则"把企业之间展开的竞争行为界定为一种'干扰'行为"❷。笔者认为，这是对非公益必要不干扰原则的误解，非公益必要不干扰原则中的干扰行为不是指互联网经营者之间的竞争行为，这从以下对"干扰"的具体解读可以看出。

首先，在解读"干扰"前，应当区分事实描述性概念和价值评价性概念。事实判断是指对事件本身的描述和判断，而价值判断则是对事实作出的有关"好""合理"等评价。价值判断要以事实判断为基础，当价值判断产生分歧的时候，首先需要分析是否在事实判断上产生了分歧。为了分析对非公益必要不干扰原则中的"干扰"产生分歧的原因，需要进行事实判断，即分析一下非公益必要不干扰原则中的"干扰"到底是一个 thin 概念（单纯的描述概念或评价概念）还是一个 thick 概念（既包含了描述成分又包含了评价成分的概念）。❸

---

❶ 张钦坤："中国互联网不正当竞争案件发展实证分析"，载《电子知识产权》2014 年第 10 期。

❷ 薛军："质疑'非公益必要不干扰原则'"，载《电子知识产权》2015 年第 1~2 期，第 66 页。

❸ 冯琳："事实判断与价值判断"，载《才智》2012 年第 1 期。

其次，非公益必要不干扰原则中的"干扰"有时被当作事实描述性概念使用，有时被当作价值评价性概念使用。如"一、应当如何讨论非公益必要不干扰原则"部分所述，在百度公司诉奇虎360公司插标和修改搜索提示词不正当竞争纠纷案二审判决书❶中，非公益必要不干扰原则被表述为三句话。表述中的"干扰"应当放在"干扰他人互联网产品或服务的运行"中来理解，这里所述的"干扰"是指侵权法或竞争法上的被诉具体行为，是个事实描述性概念。

如"一、应当如何讨论非公益必要不干扰原则"部分所述，在对该原则进一步进行解释的论文❷中，笔者将非公益必要不干扰原则表述为四句话。这一表述三处出现了"干扰"，当"干扰"出现在"原则上不得相互干扰"中时，明显是个价值评价性概念，相当于不正当竞争行为；当"干扰"出现在"也可干扰他人互联网产品或服务的运行"和"干扰手段"中时，明显是指侵权法或竞争法意义上的被诉具体行为，是个事实描述性概念。

（3）不是所有对互联网产品或服务事实上的干扰行为都构成不正当竞争行为。前文的分析表明，当"干扰"被用作事实描述性概念时，就是指被诉具体行为，当"干扰"被作为价值评价性概念时，就是指已经被认定为不正当竞争的被诉具体行为。最为典型的情况是，杀毒软件对网络病毒的干扰行为虽然影响了网络病毒的正常运行，但并不构成不正当竞争。再如，有些"流氓软件"对他人互联网产品或服务有干扰行为，这些被干扰的产品或服务所采取的

---

❶ 参见北京市高级人民法院（2013）高民终字第2352号民事判决书。
❷ 黄勇："论互联网不正当竞争的'新边界'"，载《电子知识产权》2015年第1~2期，第61页；薛军："质疑'非公益必要不干扰原则'"，载《电子知识产权》2015年第1~2期，第66页。

避免干扰的行为，实质上也属于前文所述的干扰行为，但这样的反干扰的干扰行为，在满足一定条件的情况下属于合理的私力救济，不构成不正当竞争。当然，在什么情况下，反干扰的干扰行为属于合理的私力救济，不构成不正当竞争，还值得深入讨论。

有学者认为，非公益必要不干扰原则"把企业之间展开的竞争行为界定为一种'干扰'行为"，"将'竞争'的概念转化为'干扰'的概念，无论如何都是对我国《反不正当竞争法》立法宗旨的扭曲"❶。前文的分析表明，无论非公益必要不干扰原则中的"干扰"是价值评价性概念还是事实描述性概念，都不等同于竞争行为，因此上述观点是对非公益必要不干扰原则的误解。

五、如何认定"干扰"

前文的分析表明，非公益必要不干扰原则中的"干扰"有时是指针对互联网产品或服务的不正当竞争行为，有时是指对互联网产品或服务的具体干扰行为。当"干扰"是指事实描述性概念即具体干扰行为时，在司法实践中如何认定存在干扰行为呢？在认定存在"干扰"行为时应当注意以下几个问题。

（1）是否存在事实行为上的对互联网产品或服务的"干扰"，取决于在案证据和证据规则。当"干扰"是指侵权法或竞争法意义上的被诉具体行为时，"干扰"是否存在是个事实问题，取决于在案证据和证据规则。在互联网不正当竞争纠纷中，由于被诉具体行为的行为人在技术上容易对行为进行改变，而该行为的存在不容易被证明，因此当事人常常采用公证的方法来保全证据，固定事实。

---

❶ 薛军："质疑'非公益必要不干扰原则'"，载《电子知识产权》2015年第1~2期，第66页。

如果当事人没有及时通过公证的方式保全证据，就难以证明相关行为的存在。在互联网不正当竞争纠纷中，大量的事实都通过公证书来证明。

（2）是否存在事实行为上的对互联网产品或服务的"干扰"，应当依靠互联网领域的普通技术人员这一主体来判断，不能扩大化和泛化。在专利法中，无论是判断专利权有效性，还是判断专利侵权，都需要依靠所述技术领域的普通技术人员这个主体。在互联网不正当竞争纠纷中，是否存在事实上的干扰行为，也需要一个相对客观的主体标准，通常可以假定一个互联网领域的普通技术人员。如果从广义上来界定"干扰"，所有竞争行为都会对竞争对手产生"干扰"，竞争行为使竞争对手利润降低都是"干扰"，而没有对竞争对手产生"干扰"行为并不能称之为竞争行为，从这个角度来说，竞争行为就是广义上的干扰行为。但如果像非公益必要不干扰原则那样将互联网产品或服务的"干扰"界定为侵权法或竞争法意义上的被诉具体行为，那么竞争行为相对于干扰行为就是一个上位概念，竞争行为可能包括前文所述的具体干扰行为，但绝不仅限于干扰行为。

（3）对比分析方法可以认定具体干扰行为是否存在。对比分析方法是指通过对比有或没有干扰因素两种情况下互联网产品或服务的运行情况来判断被诉干扰行为是否存在。在没有干扰因素存在的环境中，互联网产品或服务能够按照经营者设定的方式和步骤运行，而在有干扰因素存在的环境中，互联网产品或服务的运行方式和步骤被改变，则可以认定具体干扰行为的存在。在百度公司诉奇虎360公司插标和修改搜索提示词不正当竞争纠纷案中，在案证据证明，在没有安装360安全卫士的情况下，百度搜索结果页面没有出现插标；在安装了360安全卫士的情况下，百度搜索结果页面会出现插标。因此法院认为，360安全卫士的经营者实施了被诉干扰行为即插标行为。插标是通过修改搜索结果页面上的源代码来实现的，从本领域普通技术人员的角度来看，修改他人互联网产品的源代码应属于干扰行为。

前文的分析表明，"干扰"不是非公益必要不干扰原则生创的，而是对他人经常用于概括和描述某一类型互联网产品或服务竞争纠纷的词汇的借用。使用"干扰"来表述互联网产品或服务的竞争规则具有针对性和必要性。在非公益必要不干扰原则中，有时"干扰"被当作事实描述性概念使用，有时"干扰"被当作价值评价性概念使用，无论哪一种情形，都不等同于竞争行为。在司法实践中认定是否存在事实上的干扰行为时，应当依据在案证据和证据规则，以本技术领域的普通技术人员的判断为准，可以采用对比分析方法。

六、如何理解"恶意"

有学者认为："针对互联网不正当竞争行为，法院需要在某种程度上根据诉讼中原被告双方所提供的证据，考察行为人实施不正当竞争行为时的主观意图，即行为人是否存在恶意。"[1] 有学者认为，《规范互联网信息服务市场秩序若干规定》关于"恶意干扰"的规定具有内在的合理性，而非公益必要不干扰原则的倡导者的主张才是错误的。[2] 上述意见引出了以下值得讨论的问题：第一，怎么认定网络不正当竞争，是否应当考虑过错，"恶意"是不是构成

---

[1] 黄勇："论互联网不正当竞争的'新边界'"，载《电子知识产权》2015年第1~2期，第61页。

[2] 薛军："质疑'非公益必要不干扰原则'"，载《电子知识产权》2015年第1~2期，第66页。

不正当竞争的要件；第二，非公益必要不干扰原则与《规范互联网信息服务市场秩序若干规定》关于"恶意干扰"的根本分歧在哪里，哪一种规则更合理。笔者在本节中将对上述问题进行简要分析。

想要说明网络不正当竞争的认定是否应当考虑过错，首先需要介绍一下认定网络不正当竞争的基本思路。

（1）认定不正当竞争的核心问题在于被诉行为应当被准许还是禁止。在不正当竞争纠纷案件的审判实践中，法官应当抓住的"牛鼻子"是：被诉行为应当被允许还是被禁止。法官要重点关注的是在未来的类似纠纷中应当确定什么样的行为规则，什么样的行为规则才会引导相关经营者公平竞争，什么样的行为规则才能产生合理的"社会经济秩序"，什么样的行为规则才能使"市场经济健康发展"，从而保护第一层次的公共利益和相当于第二层次的公共利益的消费者利益。

（2）在考虑被诉行为应当被准许还是禁止时，要特别注意裁判结果和裁判规则的引导后果和激励后果。法官应当面向未来，而不是纠缠于过去；应当超越本案，而不能局限于本案；应当重视裁判规则的激励后果，而不能局限于个案纠纷的解决。特别需要注意的是，网络不正当竞争纠纷案件中的裁判规则对网络经营者的激励作用和引导作用更加明显，这是因为，对网络经营者而言，几乎每个案件的裁判规则都不存在信息不充分的情形。相对于其他案件，网络不正当竞争纠纷案件的裁判结果和裁判规则公开传播的速度更快，范围更广，这充分体现了互联网作为信息传播渠道的特点。因此，一个裁判规则能够产生更加明显的积极效果或消极效果。法官应当更加重视网络不正当竞争纠纷案件的裁判规则对网络经营者的激励和引导功能。

(3) 在认定不正当竞争的过程中，法官并不会过分看重主观过错。前文也曾提及，法官认定网络不正当竞争的基本思路是：先进行法律分析，如果发现存在裁量性规范，则进一步进行价值判断和政策分析，综合考虑不同裁判规则的不同激励后果，确定什么样的裁判规则和互联网经营者的行为规则更有利于增进长期的社会福利，再根据行为规则对被诉行为进行合法性或违法性评价。如果需要认定行为人有过错，也通常是根据判断结论来反推行为人客观上是否有过错。如果认为被诉行为是正当竞争行为，并不应当因为行为人主观上具有"恶意"就当然地禁止被诉行为；如果认为被诉行为是不正当竞争行为，无论行为人心中怎么想，是否有主观"恶意"，都应当通过违法性评价来禁止被诉行为。

七、如何认定"恶意"

有学者认为："针对互联网不正当竞争行为，法院需要在某种程度上根据诉讼中原被告双方所提供的证据，考察行为人实施不正当竞争行为时的主观意图，即行为人是否存在恶意。"[1] 笔者认为，上述观点值得商榷。

（1）过错应当客观化，并采用客观标准进行认定。罗马法中的《阿奎利亚法》首次确立了过错责任原则，1804年《法国民法典》继受了罗马法的观念，过错责任原则由此得以重新确立。过错原则曾经以其强烈的时代精神与所有权神圣、意思自治一起被尊为私法的三大理论基石之一。20世纪以后，过错责任原则尤其是主观过错说开始受到来自严格责任制度、责任保险制度以及客观过错理论

---

[1] 黄勇："论互联网不正当竞争的'新边界'"，载《电子知识产权》2015年第1~2期，第61页。

的挑战。国内外很多学者都对传统的主观过错说的合理性提出了质疑。限于篇幅，本节不对此问题进行论述。但笔者坚定地认为，无论从过错的发展历程，还是从现代侵权法的目的和发展趋势来看，过错都应当是客观过错，其判断也应当采取客观的标准。

（2）被诉行为是否正当并不取决于主观过错，而取决于客观过错。①《反不正当竞争法》第2条并没有规定要考虑行为人的主观意图，而且，对不正当竞争的认定是否需要考虑过错，在学界也存在争议。有学者认为，对不正当竞争的认定不需要考虑过错。即使不正当竞争的认定应当考虑过错，这里的过错也不应当是主观过错而是客观过错。②法官认定被诉行为是否构成不正当竞争的根本原因不是存在主观过错。认定被诉行为是否构成不正当竞争的根本原因是，允许或禁止被诉行为所对应的裁判规则和互联网经营者的行为规则，哪一种更有利于增进中国社会的多数人、网络用户和网络经营者的长期利益。法官在法律没有规定具体行为规则的情况下，应当依据立法目的来确定行为规则，然后根据行为规则对被诉行为进行合法性或违法性评价。如果需要认定过错，再根据结论来反推行为人是否有过错。在司法实践中，这个顺序不能颠倒。把行为人的主观意图作为认定不正当竞争的根本原因，是对《反不正当竞争法》立法目的和价值取向的错误理解。在网络竞争纠纷中，可以说，每一个网络经营者在"商人以追逐利益为目的"的基本前提下，其主观意图可能都不会太"道德"，他们大都希望竞争对手赶快"挂掉"，自己好"独霸江湖"。没有这种想法的网络经营者，也许曾经存在，但肯定很快就会被这个"残酷的江湖"给淘汰掉了。网络经营者的主观意图不应当成为认定不正当竞争的理由，最多只能作为认定不正当竞争的借口。

有学者认为，《规范互联网信息服务市场秩序若干规定》关于

"恶意干扰"的规定具有内在的合理性,而非公益必要不干扰原则的倡导者不考虑"恶意"的观点是错误的。笔者认为这一观点值得商榷,因此作以下分析。

(1)《规范互联网信息服务市场秩序若干规定》中的"恶意"与"干扰"是否协调。根据《规范互联网信息服务市场秩序若干规定》第5条第1款的规定,不得恶意干扰用户终端上其他互联网信息服务提供者的服务,或者恶意干扰与互联网信息服务相关的软件等产品的下载、安装、运行和升级。该规定的最大特点是认为,"恶意"是对被诉行为进行否定性评价的主要理由。但是,如果该规定中的"干扰"既包含事实判断又包含价值判断,而"干扰"这个词本身已经表明被诉行为具有不正当性,那么否定"干扰"的理由已经足够,没有必要再要求行为人具有"恶意",这时"恶意"明显是多余的。笔者认为在《规范互联网信息服务市场秩序若干规定》中规定"恶意"不符合逻辑。如果《规范互联网信息服务市场秩序若干规定》中的"干扰"只是事实行为,按照前文所述的法官认定网络不正当竞争的思路,诉争的干扰行为是否构成不正当竞争并不以干扰行为人的主观意图为条件,干扰行为人是否有"恶意"并不必然影响是否构成不正当竞争的认定。《规范互联网信息服务市场秩序若干规定》中规定"恶意"条件不符合《反不正当竞争法》的立法目的。

(2)《规范互联网信息服务市场秩序若干规定》是否有利于减少干扰纠纷。非公益必要不干扰原则与《规范互联网信息服务市场秩序若干规定》的根本区别在于,非公益必要不干扰原则将证明干扰行为正当性的责任分配给了干扰行为人,而《规范互联网信息服务市场秩序若干规定》似乎将证明干扰行为具有"恶意"的责任分配给了被干扰者。《规范互联网信息服务市场秩序若干规定》会引发进一步的问题：什么是恶意？被干扰人如何能够证明干扰人有主观恶意？在非公益必要不干扰原则中，确实采取了类似于"有罪推定"的逻辑，这里面包含了以下两种情形：第一种情形，无论最终是否认定被诉行为构成不正当竞争行为意义上的"干扰"，行为人都应当证明干扰行为的正当性。如果诉争的干扰行为损害了被干扰人的合法权益，就应当认定诉争干扰行为构成不正当行为意义上的"干扰"。第二种情形，如果认定被诉行为构成不正当竞争行为意义上的"干扰"，应当由行为人主张并证明干扰行为符合"公益"且"必要"的条件，否则不能得到免责。就像在侵害著作权纠纷中，一旦行为人实施了《著作权法》第47条、第48条规定的行为，应当先"有罪推定"行为人构成侵权，然后再由行为人来主张并证明其行为可能构成合理使用等免责情形。❶ 很显然，非公益必要不干扰原则的上述主张和证明责任的分配目的非常明显：抑制互联网产品或服务之间在事实行为意义上的相互"干扰"，保障互联网产品或服务的正常运行，使网络用户可以自由选择使用任何一种互联网产品或服务。而且，在干扰行为不等同于竞争行为的前提下，非公益必要不干扰原则对责任的上述分配规则，有利于减少因互联网产品或服务相互干扰引发的纠纷。相对而言，《规范互联网信息服务市场秩序若干规定》要求被干扰人证明行为人有"恶意"，不利于减少因干扰行为而引发的纠纷。

---

❶ 石必胜："合理使用认定的有罪推定——评国内首例谷歌数字图书著作权纠纷案"，载《中国版权》2014年第3期。

第七章 网络著作权损害赔偿数额的确定

"知识产权侵权损害赔偿难以准确计算,是一个世界性的难题。"❶ 如果将知识产权损害赔偿的基本原则确定为弥补权利人的损失,那么著作权损害赔偿的最大难题就在于司法实践中的证据往往不能充分证明被诉侵权行为造成的具体损失。在网络环境中,侵害著作权的被告往往并不直接从侵权行为中获得经济利益,而是通过增加网络用户的访问量或者说通过吸引"眼球"而获得利益,这种情况下往往难以计算侵权人的获利数额,因此同样存在损害赔偿数额难以计算的问题。在本章中,笔者将讨论如何设定网络著作权损害赔偿的目标,如何从法经济学的角度来分析损害赔偿的合理方案,以及如何在现实情况下在司法实践中准确、有效地确定赔偿数额。

第一节 损害赔偿的实践难题与基本目标

由于缺乏有效地对作品市场价值的评价方法,著作权损害赔偿是司法实践中的难题。著作权损害赔偿数额主要按权利人损失或侵

---

❶ 参见时任最高人民法院副院长曹建明 2005 年 11 月 21 日在全国法院知识产权审判工作座谈会上的讲话。

权人获利来确定,然而在网络环境下权利人损失或侵权人获利同样难以确定,因此值得讨论的问题是,是否必须局限于权利人损失和侵权人获利来确定赔偿数额。本节将对网络环境下著作权损害赔偿的基本目标进行反思,分析如何确定合理的损害赔偿基本目标才能有效制止侵权。

一、损害赔偿原则和计算方法

《北京高院损害赔偿意见》中确定的损害赔偿原则和计算方法,同样适用于网络环境下的侵权损害赔偿计算,在实践中也被北京市各级法院所遵守。关于损害赔偿的原则,《北京高院损害赔偿意见》第5条规定:"确定的侵权赔偿数额应当能够全面而充分地弥补原告因被侵权而受到的损失。"在原告诉讼请求数额的范围内,如有证据表明被告侵权所得高于原告实际损失的,可以将被告侵权所得作为赔偿数额。

关于损害赔偿数额的计算方法,《北京高院损害赔偿意见》第6条规定:"确定著作权损害赔偿数额的主要方法有:(一)权利人的实际损失;(二)侵权人的违法所得;(三)法定赔偿。适用上述计算方法时,应将原告为制止侵权所支付的合理开支列入赔偿范围。并与其他损失一并作为赔偿数额在判决主文中表述。对于权利人的实际损失和侵权人的违法所得可以基本查清,或者根据案件的具体情况,依据充分证据,运用市场规律,可以对赔偿数额予以确定的,不应直接适用法定赔偿方法。"

关于权利人实际损失的计算,《北京高院损害赔偿意见》第7条中规定了八种方法,基本上都可以作为网络环境下侵权赔偿数额的计算依据。结合网络环境下的侵权特点,以及《北京高院损害赔偿意见》第7条的规定,在审判实践中计算权利人损失的方法有以下几种：①被告侵权使原告利润减少的数额；②被告转载他人文字作品的，可以参照国家有关稿酬的规定；③原告合理的许可使用费；④原告因网络传播导致复制品销量减少的数量乘以该复制品每件利润之积；⑤被告在网络中播放或下载作品的数量乘以原告每件复制品利润之积；⑥因被告侵权导致原告许可使用合同不能履行或难以正常履行产生的预期利润损失；⑦因被告侵权导致原告作品价值下降产生的损失；⑧其他确定权利人实际损失的方法。

对于侵权人违法所得的计算，《北京高院损害赔偿意见》第8条作出了规定，这一条同样适用于网络环境下的侵权损害赔偿计算。根据《北京高院损害赔偿意见》第8条的规定，侵权人的违法所得，包括以下三种情况：产品销售利润、营业利润、净利润。一般情况下，应当以被告营业利润作为赔偿数额。被告侵权情节或者后果严重的，可以产品销售利润作为赔偿数额。侵权情形轻微，且诉讼期间已经主动停止侵权的，可以净利润作为赔偿数额。适用上述方法，应当由原告初步举证证明被告侵权所得，或者阐述合理理由后，由被告举证反驳；被告没有证据，或者证据不足以证明其事实主张的，可以支持原告的主张。

关于法定赔偿的计算，《北京高院损害赔偿意见》第9条的规定，在网络著作权案件中也普遍得到了适用。在审判实践中，根据权利人损失或者侵权人获利计算赔偿数额的案件比较少，多数案件都是按照《著作权法》第48条第2款的法定赔偿方式来确定赔偿数额，而《北京高院损害赔偿意见》第9条为其提供了具体的考量因素。根据《北京高院损害赔偿意见》第9条的规定，应当根据以下因素综合确定赔偿数额：①通常情况下，原告可能的损失或被告可能的获利；②作品的类型，合理许可使用费，作品的知名度和市场价值，权利人的知名度，作品的独创性程度等；③侵权人的主观过错、侵权方式、时间、范围、后果等。《北京高院损害赔偿意见》第 10 条还规定，适用法定赔偿方法应当以每件作品作为计算单位。

二、实践中的难题

下文我们通过多名博士和硕士学位论文作者诉万方公司侵犯著作权纠纷案进一步分析有关网络著作权损害赔偿的问题。某法院受理了 500 多件侵犯著作权纠纷案。❶ 原告是 500 多名博士和硕士学位论文的作者，被告万方公司是将学位论文数字化并制作成数据库的数字图书经营公司。万方公司将大量的研究生毕业论文制作成数据库进行销售，并在互联网上提供收费查阅。原告以万方公司未经许可使用其毕业论文为由诉请法院判令被告停止侵权、赔偿损失。关于赔偿数额，有三种意见：按照互联网文字稿酬标准计算；按照被告使用学位论文的获利计算；按照法定赔偿，以稿酬标准乘以 2～5 倍计算。三种方案如何选择，争议较大。

虽然《著作权法》第 48 条规定了著作权损害赔偿数额的确定可以有权利人损失、侵权人违法所得和法定赔偿三种方案，但法律的规定比较抽象，著作权本身的无形性和侵权行为的多态性导致权利人损失和侵权人违法所得难以计算，因此相同或类似侵权案件中判决的赔偿数额往往有较大差异。

著作权侵权损害赔偿难以确定的另一个深层次原因是三种方案应当如何选择，侵权损害赔偿的目标应如何定位，这一问题在理论上和实践中都缺乏共识。一般认为，侵权损害赔偿的目标在于全面

---

❶ 李奎：“论文被侵权 三百博士告万方公司——179 名硕士起诉 原告每人索赔 1 万元到 3 万元不等 被告表示把文章收录入数据库属公益行为”，载《法制晚报》2008 年 4 月 14 日，A14 版。

弥补权利人损失，但按照侵权人违法所得计算损害赔偿难以再解释为弥补权利人损失。对此通常的解释是按照侵权人违法所得计算损害赔偿"具有阻止侵权人继续实施侵权行为的制裁作用"❶。问题是，弥补权利人损失与制止侵权这两个目标在理论上如何协调，是否能够统一于著作权制度的基本目标？何时按照权利人损失计算赔偿数额，何时按照侵权人违法所得计算赔偿数额？是否可以仅因为计算上的便利就变换损害赔偿方案？这些问题都值得深入研究。

三、著作权的三种交易方式

从实现情况来看，著作权的交易无外乎三种方式：第一，依法律规定取得授权，如法定许可、合理使用；第二，市场交易，通过谈判确定价格后由著作权人授权使用；第三，事后交易，未经授权违法使用作品后，在权利人追究的情况下，双方事后要么自行协商定价，要么通过诉讼由法院确定价格。著作权侵权损害赔偿的确定，是指权利人与侵权人在事后交易中就作品价格达不成一致的情况下，以司法定价的方式确定著作权许可使用的价格。

四、赔偿损害的基本目标

著作权制度的哲学基础，有洛克的"天赋人权"理论，也有黑格尔"财产的占有是自由人的一个标志"的观点，但是，法定许可制度、合理使用制度以及著作权转让制度在各国立法中的普遍采用，已经表明了著作权制度的根本属性是经济的而非自然法的，著

---

❶ 参见《加强知识产权司法保护 优化创新环境 构建和谐社会》，时任最高人民法院副院长曹建明2005年11月21日在全国法院知识产权审判工作座谈会上的讲话。另外，民法理论认为这种情况是侵权与不当得利竞合，原告可主张不利得利。

作权制度的根本属性是功利的而非道德的。因此我们对于著作权的非经济学理论是否具有更强的解释力或规范意义表示怀疑。❶从法经济学的角度来看，著作权制度的根本宗旨在于增加社会财富，实现社会福利最大化，保护著作权和促进作品传播只是实现社会福利最大化的手段。对于著作权制度的基本目的，本节不打算对此予以深究，在此处，预设著作权损害赔偿的基本目的在于效率。因此司法定价应当以效率（法经济学上的效率一般被界定为社会财富最大化❷）为基本目标。

司法定价要以社会财富最大化为目标，就要形成和维持作品传播与激励作品创作的有效率均衡状态。理论上讲，在保护著作权（激励创作）与鼓励作品传播之间，即"激励—接触"的交换之间，❸客观上存在一个均衡点（经济学上的均衡，是指边际成本等于边际收益的状态）。在这个均衡点左边，保护有余，传播不足，作品创作激励高，但作品供给过剩；在这个均衡点右边，传播有余，保护不足，作品传播的激励虽高，但作品创作的激励太低，作品供给存在短缺。只有在这个均衡点上，社会边际成本与社会边际收益相等，社会财富才达到最大化。形成和维持这个有效率的均衡，是著作权制度的根本目标，也是著作权侵权损害赔偿的根本目标。

制止侵权，客观上会减少作品的传播，限制作品需求；弥补权利人损失，客观上能激励作品创作，增加和维持作品供给。二者协

---

❶ [美] 威廉·M. 兰德斯、理查德·A. 波斯纳：《知识产权法的经济结构》，金海军译，北京大学出版社 2005 年版，第 5 页。

❷ [美] 理查德·A. 波斯纳：《法律的经济分析》，蒋兆康译，林毅夫校，中国大百科全书出版社 1997 年版，第 19 页。

❸ [美] 威廉·M. 兰德斯、理查德·A. 波斯纳：《知识产权法的经济结构》，金海军译，北京大学出版社 2005 年版，第 15 页。

调、统一于著作权损害赔偿的基本目标,即使作品的供给和需求达到有效率的均衡。损害赔偿的方案,也应统一于使促进传播与激励创作达到有效率的均衡状态的基本目标。在个案中,按照权利人损失还是侵权人违法所得计算损害赔偿,应当取决于两者哪个更有效率,而作品的交易成本将影响哪一个方案更有效率。

第二节 损害赔偿方案的经济分析

一、交易成本与损害赔偿方案选择

在作品的供给曲线和需求曲线交汇于有效率的均衡点上时,每件作品的不同使用方式和期限都对应一个均衡价格。这个有效率的均衡价格是如何形成的呢?当市场交易费用较低,如果某人认为他能够比作品权利人更有效地利用该作品时,效率就要求这样的法律救济,强制潜在的使用人与作品的权利人进行谈判,而不是直接使用权利人的作品,再由法院来决定他应当为此而强迫支付的价格(损害赔偿金)——后者是一种低效率的资源分配方式。这个关于普通法的经济分析的基本观点,对于知识产权也是适用的。[1] 合理的价格应当交由市场来决定,"看不见的手"通常会使市场有效率地配置资源,除非市场失灵。

在不存在市场失灵时,司法定价的基本目标就是尽量避免司法定价,或者说激励当事人通过市场交易确定价格,或者说有效地抑制侵权。这解释了确定侵权损害赔偿时为什么要以制止侵权为目

---

[1] [美] 威廉·M. 兰德斯、理查德·A. 波斯纳:《知识产权法的经济结构》,金海军译,北京大学出版社2005年版,第9页。

标,而且制止侵权可以统一在著作权侵权损害赔偿的基本目标之下。当然,弥补权利人损失在于激励作品创作,同样统一在著作权侵权损害赔偿的基本目标之下。

预期成本和收益的变化会对行为人产生激励。如果通过市场交易获得授权的作品使用成本比侵权使用作品的成本更高,必然会激励潜在使用者侵权。要制止侵权,就要使司法定价即侵权使用作品的成本高于通过市场交易使用作品的成本。

通过市场交易使用作品的预期市场成本包括两个方面,一是作品的市场价格,一是交易成本,可以表示为:

公式1:预期市场成本=市场价格+交易成本

交易成本是指市场机制运行的费用,即当事人双方在通过市场进行交易时,搜集有关信息、进行谈判、订立契约并检查、监督契约实施所需要的费用。❶ 侵权使用者要负担的预期侵权成本,主要包括两个方面,一是损害赔偿,二是侵权人应负担的律师费、权利人维权合理开支以及败诉后承担的案件受理费(总称为诉讼负担)。需要特别指出的是,著作权侵权引发的不仅仅是民事责任,可能同时引发行政责任和刑事责任,但由于种种原因,中国目前的实际情况是侵犯著作权导致承担行政责任和刑事责任的比例极低,因此本节不考虑行政责任和刑事责任导致的侵权成本。预期侵权成本可以用公式表示为:

公式2:预期侵权成本=损害赔偿+诉讼负担

如果要制止侵权,应当使预期侵权成本高于预期市场成本,结合公式1和公式2可以表示为:

---

❶ [美]理查德·A.波斯纳:《法律的经济分析》,蒋兆康译,林毅夫校,中国大百科全书出版社1997年版,中文版译者序言,第16页。

公式3：损害赔偿＋诉讼负担＞市场价格＋交易成本

公式3表示了制止侵权的基本条件。从公式3可以看出，交易成本的高低对市场成本的高低有重要影响，从而影响预期市场成本与预期侵权成本的比较结果，最终影响潜在侵权人的行为选择。损害赔偿要达到制止侵权的目标，应当考虑作品交易成本这一重要因素。变换公式3，制止侵权的损害赔偿方案可以表示为：

公式4：损害赔偿＞市场价格＋（交易成本－诉讼负担）

作品的市场价格，一般能够体现权利人损失。为了简化分析，下面以作品市场价格来表示权利人损失。

当交易成本高于诉讼负担时，按照公式4，损害赔偿应当高于市场价格。此时，如果市场价格高于违法所得，则损害赔偿按照违法所得计算不能满足公式4，损害赔偿既不能按照市场价格计算，也不能按照侵权人违法所得计算，应当适用法定赔偿，以高于市场价格的数额计算。但如果违法所得高于市场价格，在公式4中，损害赔偿按照违法所得计算，侵权成本高于市场成本。

当交易成本低于诉讼负担时，按照公式4，损害赔偿可按市场价格计算。如果违法所得低于市场价格，则按违法所得计算，不能满足公式4。如果违法所得高于市场价格，按照违法所得计算损害赔偿，能满足公式4。此时，可能出现较高的违法所得扣除侵权成本后仍然有剩余的情形，换言之，即使承担侵权责任，侵权人仍然有利可图。但同时由于侵权成本比市场成本高，理性的侵权人仍然更愿意通过市场交易方式而非侵权方式使用作品，此时按照违法所得计算损害赔偿，也能够实现制止侵权的目标。

在交易成本低于诉讼负担，且违法所得高于市场价格时，按照违法所得计算损害赔偿虽能满足公式4，但也可能产生无效率的激励。因为，这样实际上使权利人在侵权中的所得高于市场交易所得,因此权利人可能会提高市场价格预期,导致原本可以成功的市场交易失败,影响有效率的均衡价格的形成,出现"政策往往有一些使其设计者不想要或没有预见到的影响"的效果。但这种分析并不全面,因为,司法定价本身就存在不确定性和不稳定性,权利人并不能保证其在诉讼中所得的赔偿一定高于市场价格;而且,在作品使用者已经提出市场价格时,权利人再抬高价格,作品使用者可能转而使用其他替代作品。因此,按照违法所得计算损害赔偿,同样能满足著作权损害赔偿的基本目标。

综合以上分析,可以将作品交易成本对损害赔偿方案的影响表示如下,详见表8-1。

表8-1 作品交易成本对损害赔偿方案的影响

交易成本和诉讼负担的关系	市场价格和违法所得的关系	最终赔偿方案
交易成本>诉讼负担	市场价格>违法所得	法定赔偿方案(高于市场价格)
	市场价格<违法所得	违法所得方案
交易成本<诉讼负担	市场价格>违法所得	权利人损失方案
	市场价格<违法所得	权利人损失方案或违法所得方案

二、理想方案的应用示例

作品本身的独特性和权利的无形性,以及侵权行为的多样性,导致市场价格和违法所得的计算成为"世界难题"。上述损害赔偿方案的实际应用,缺乏实证统计数据支持,所以只能依靠定性分析而非定量分析。例如,交易成本与诉讼负担的比较,从侵权人的角度来看,相当于使用作品前与权利人市场交易的成本,与侵权使用后聘请律师在诉讼中与权利人事后交易的成本的比较。

下面以天中公司诉新浪公司侵犯著作权纠纷案❶为例进行分析。本案原告系《酸酸甜甜就是我》的曲著作权人，2006年出版的张含韵演唱专辑上注明了原告为著作权人。被告未经许可在其经营的新浪网上向移动通讯用户提供该歌曲无人演唱的"迪曲版"手机铃声有偿下载。原告以被告侵犯其对曲享有的著作权为由诉请法院判令被告停止侵权并赔偿经济损失50万元。经查，2006年8月公证处对新浪网提供的《酸酸甜甜就是我》手机铃声下载进行了证据保全，表明该歌曲的手机铃声"人气"（下载次数）为354 966次。铃声下载的费用为2元/次。

本案中歌曲的权利人已经在公开发行的专辑上公示，被告找到权利人进行交易并不难，而且，被告是国内有较大影响的网站经营者，原告与其合作能够大范围推广歌曲，原告也愿意与被告合作。定性分析表明，相对于诉讼负担而言，被告与原告合作的交易成本更低。

下载次数乘以下载费用为总营业额，达70多万元，无论按照违法所得的三种形式即产品销售利润、营业利润、净利润❷中的哪一种计算，比较起中国音乐著作权协会确定的同类付款标准（一般会给经营者留下赢利空间），都能定性判断违法所得高于市场价格。

基于上述原因，无论按照权利人损失还是违法所得计算损害赔偿，均可使侵权成本高于市场成本。但该侵权行为主观恶意较大（交易成本较低却不进行市场交易），且被告还侵犯了录音制作者等

---

❶ 原告北京天中文化发展有限公司诉被告北京新浪互联信息服务有限公司侵犯著作权纠纷案，参见北京市海淀区人民法院（2008）海民初字第5246号民事判决书。

❷ 参见《北京市高级人民法院关于确定著作权侵权损害赔偿责任的指导意见》第8条。

其他人的权利,为激励类似的潜在侵权人与权利人进行市场交易,促进有效率的均衡状态的形成,法院选择使侵权人无利可图的损害赔偿方案将更有效。

在该案中,法院实际判决被告赔偿 95 000 元。详细计算过程为,下载次数 35.5 万次乘以下载费用 2 元/次得出总收益 71 万元,扣除原告认可的人气数虚高 15%,扣除 15% 的移动运营商通道费和 5.5% 的营业税,再扣除下载付费呆坏账 10%,得到 386 950 元,考虑到涉案手机铃声包括了编曲、乐器表演者、录音制作者的贡献,确定作曲的份额约为 1/4,故以下载总收益 386 950 元乘以 1/4 得出约 95 000 元。从实际判决采用的赔偿方案可以看出这样的司法定价规则:只要该歌曲铃声的相关权利人全部向被告主张权利,被告侵权经营该歌曲的彩铃将无利可图。此定价规则将激励类似的潜在侵权人在取得授权后再使用作品,而不是侵权使用作品。这表明,审判实践中遵循的损害赔偿方案(司法定价规则)往往是暗合经济理性的。

三、追诉成功概率与交易成本

在现实中,并非所有的侵权行为都会被追诉,而且并非所有的追诉都会成功,所以,在考察侵权使用作品的成本时,应当将追诉成功的概率一并考虑进去,这样可能会修正前面的分析结论。追诉成功率较低的典型例子是剽窃,侵权人将他人独创性的表达以非独创性的方式使用,并称之为自己的创作,权利人一般难以发现,即使发现,也难以追诉成功。

考虑到追诉成功概率后,简单以权利人损失或侵权人违法所得确定损害赔偿,不能达到制止侵权的目标。举一个将多名博士和硕士学位论文作者诉万方公司侵犯著作权纠纷案简化后的案例来说明这一问题。侵权人使用了不同权利人的 100 件作品，每件作品获利 1 元。如果 100 个权利人全部追诉成功，被追诉后每件作品按照获利赔偿 1 元，侵权人无利可图；如果只有部分权利人追诉，假设追诉成功概率为 50%，侵权人的获利 100 元扣除侵权成本 50 元，最后还获利 50 元。

考虑追诉成功概率后，应当如何确定损害赔偿方案呢？考虑到追诉成功概率后，预期侵权成本变成损害赔偿加诉讼负担再乘以追诉成功概率 N。要使预期侵权成本高于预期市场成本，则需：

公式 5：（损害赔偿 + 诉讼负担）N > 市场价格 + 交易成本

变换公式 5，损害赔偿需要满足的条件为：

公式 6：损害赔偿 >（市场价格 + 交易成本）/ N – 诉讼负担

由于一般情况下 1/N 大于 1，由公式 6 可以看出，交易成本对损害赔偿的影响更加重要。而且，N 越小，交易成本对损害赔偿的影响越大。

在多名博士和硕士学位论文作者诉万方公司侵犯著作权纠纷案中，万方公司将未取得授权的毕业论文大量放在数据库中。如果万方公司被所有著作权人追诉，按照文字稿酬标准（市场价格）计算，在违法所得高于市场价格的情况下，经营者才有利可图；如果按照侵权人获利计算，经营者将无利可图，甚至亏本。现实中，只有极少数论文作者会起诉，除非像多名博士和硕士学位论文作者诉万方公司侵犯著作权纠纷案中那样由律师出面组织论文作者进行集团诉讼（规模生产能够降低单位产品的生产成本）。使用学位论文的数字图书经营者被追诉的概率很小，❶ 无论按照权利人损失还是

---

❶ 多名博士和硕士学位论文作者诉万方公司侵犯著作权纠纷案中的万方公司的研究生论文数据库中有几十万份毕业论文，其中 2001 年之前的有上万份。

按照侵权人违法所得计算损害赔偿,数字图书经营者的收益都大于成本从而有利可图。数字图书经营者正是预测到这一点,才会在未经授权的情况下大量使用毕业论文。但如果法院的判决早就确定了这样的规则,即在计算损害赔偿时将追诉成功概率考虑进去,损害赔偿方案为违法所得除以该经营者被追诉的概率 N(乘以 1/N,大于 1 的系数),将会使潜在侵权人的预期侵权成本大于预期侵权收益,这样潜在数字图书经营者将在取得授权后再使用作品,并会想方设法降低交易成本。法院的裁判规则是行为的价格规则,不同的损害赔偿方案决定数字图书经营者的不同经营策略。

在简化后的案例中,假设追诉成功的概率为 50%,要制止侵权,司法定价就需要从每件作品 1 元提高到 2 元。如果追诉成功概率为 25%,则司法定价需要提高到每件作品 4 元。这就涉及了当代侵权法中最复杂、最有争议的制度之一——惩罚性赔偿。目前的知识产权审判实践中,剽窃他人作品的侵权案件,损害赔偿一般都会按照稿酬标准的 2~5 倍计算。❶ 经济分析能够为惩罚性赔偿提供有说服力的论理,本节在此不进行深入讨论。

四、市场失灵与交易成本

在对多名博士和硕士学位论文作者诉万方公司侵犯著作权纠纷案的讨论中,主张按照稿酬标准计算损害赔偿的一方还提出了另一个主张,即本案中的作品交易成本已经高到了使上述毕业论文的市场交易不再有效率的状态,出现了市场失灵,因此,不能再以制止侵权作为损害赔偿的目标。这也提出了另一个问题:如果存在市场

---

❶ 《北京市高级人民法院关于确定著作权侵权损害赔偿责任的指导意见》第 25 条确认了实践中的裁判规则。

第七章 网络著作权损害赔偿数额的确定

失灵,作品交易成本对损害赔偿方案是否还有意义。

市场失灵是经济学的一个重要概念,其中有丰富的含义。此处的市场失灵,即作品以市场交易方式进行传播的社会成本大于作品以侵权方式进行传播的社会成本,作品作为一种社会资源通过市场配置不再有效率。这一问题也可以从另一个方面来理解:过高的作品交易成本会阻碍作品的传播,不利于社会公众使用作品,也不利于权利人通过传播作品收取费用,因此通过市场交易来传播作品会产生较高社会成本。如果作品的交易成本过高导致市场失灵,可能会使以侵权方式传播作品的行为产生的社会收益大于社会成本,使侵权导致的作品传播在客观上更有效率。在合同法上,当履行的成本超过各方所获利益时,违法履约更有效,这被称为"效率违约"。用相似的词语来描述著作权法上的类似现象,可以称之为"效率侵权"。

是否存在"效率侵权"是一个事实问题,只有充分考虑各方面因素的统计数据才能证实或证伪这个假设。正如霍姆斯大法官早就说过的那样,法学的未来属于经济学和统计学。❶ 在我国当前的社会环境中,确实存在一些导致作品交易成本过高的因素,有的也可能会导致"效率侵权"。例1,2000年的《最高人民法院关于审理涉及计算机网络著作权纠纷案件适用法律若干问题的解释》❷ 曾经

---

❶ Oliver Wendell Holmes, The Path of the Law. 10 Harvard Law Review 457 (1987), p. 469. 转引自苏力:《波斯纳及其他》,法律出版社2004年版,第54页。

❷ 法释〔二〇〇〇〕四十八号,《最高人民法院关于审理涉及计算机网络著作权纠纷案件适用法律若干问题的解释》第3条规定:"已在报刊上刊登或者网络上传播的作品,除著作权人声明或者上载该作品的网络服务提供者受著作权人的委托声明不得转载、摘编的以外,网站予以转载、摘编并按有关规定支付报酬、注明出处的,不构成侵权。但网站转载、摘编作品超过有关报刊转载作品范围的,应当认定为侵权。"该司法解释已经失效。

规定报刊上的作品被互联网转载无须经过许可，而2006年的《信息网络传播权保护条例》中却未规定类似法定转载权，这种短期内法律规则的变化极大提高了相关作品交易成本。例2，行政规章要求电影的制片者要有拍摄许可证和发行许可证，但市场投资人往往没有资质，只能通过合同将有资质的单位列入联合拍摄单位。这样一来，电影的著作权实际上由投资人享有权利，但表面上却由多个联合拍摄单位共同享有，常常造成交易混乱。例3，我国缺少文字作品集体管理组织，文字作品的交易分散化，整体交易成本较高。必须注意的是，由于认定"效率侵权"以社会成本的考察为前提，而社会成本不仅仅包括直接侵权损失，还包括社会中无法弥补的法律、行政及其他成本，社会成本的分析比较非常复杂，因此对"效率侵权"的判断应当非常谨慎。

如果存在"效率侵权"，应如何确定著作权侵权损害赔偿？法院不再以制止侵权为损害赔偿的目标，而应当以作品传播的社会成本最小化为目标。正如科斯指出的那样，各种法律（包括裁判规则）对行为产生影响的主要因素是交易成本，而法律的目的正应是推进市场交换，促进交易成本最低化。❶ 在给定的立法、行政管理等制度已经导致较高交易成本的情况下，裁判规则可以在确定损害赔偿数额时弥补制度缺陷，降低交易成本。此时损害赔偿应当为司法定价的社会成本加上作品的市场价格。这实际上是以社会成本更低的法律交易取代市场交易。

在多名博士和硕士学位论文作者诉万方公司侵犯著作权纠纷案中，数据库中的大量毕业论文在2001年之前完成，而2001年之前

---

❶ ［美］理查德·A.波斯纳：《法律的经济分析》，蒋兆康译，林毅夫校，中国大百科全书出版社1997年版，中文版译者序言，第6页。

《著作权法》未规定信息网络传播权。虽然毕业生大多授权学校在网络上使用数字化毕业论文，多数学校也与万方公司签订过授权合同，但2001年之前的授权合同中没有明确规定信息网络传播权，万方公司依据合同无法取得2001年前的毕业论文的信息网络传播权。如果认为本案中的作品交易成本过高，存在市场失灵，则损害赔偿按照稿酬标准加诉讼的社会成本计算就有了合理性。本案的三种损害赔偿方案，在无实证统计数据证明哪一种更有效率时，都有一定的形式合理性。最终如何选择，取决于法院综合考虑各种因素后对利益平衡和价值选择的判断。

第三节 对《北京高院损害赔偿意见》的评价

一、损害赔偿原则与交易成本

《北京高院损害赔偿意见》第5条规定："确定的侵权赔偿数额应当能够全面而充分地弥补原告因被侵权而受到的损失。在原告诉讼请求数额的范围内，如有证据表明被告侵权所得高于原告实际损失的，可以将被告侵权所得作为赔偿数额。"

《北京高院损害赔偿意见》第5条已经比《著作权法》第48条更加细化，更具有操作性，但第5条仍然以全面弥补损失为首要原则，而将制止侵权作为次要原则，而且以计算的便利作为变换赔偿方案的条件。前文的分析表明，如果以促进传播和激励创作的有效率的均衡状态为基本目标，损害赔偿的原则性方案应当这样规定：

"1. 在作品交易成本正常时，以制止潜在侵权为损害赔偿的目标，

315

1.1 如果作品交易成本低于诉讼负担,

1.1.1 且违法所得低于权利人损失,损害赔偿按照法定赔偿方案确定,应当高于权利人损失;

1.1.2 且违法所得高于权利人损失,损害赔偿按照违法所得计算;

1.2 如果作品交易成本高于诉讼负担,

1.2.1 且违法所得低于权利人损失,损害赔偿按照权利人损失计算;

1.2.2 且违法所得高于权利人损失,损害赔偿既可按照权利人损失计算,也可按照违法所得计算;

1.3 如果侵权人大量侵权使用作品或者剽窃他人作品,损害赔偿按照法定赔偿计算,即以违法所得除以被追诉概率 N(惩罚性赔偿)。

2. 在作品交易成本过分偏高时,损害赔偿不以制止侵权为目标,损害赔偿以司法定价的社会成本加上市场价格计算。"

二、作品类型与交易成本

在具体案件中如何判断交易成本的高低呢?《北京高院损害赔偿意见》第 9 条规定:"适用本规定第六条第一款第(三)项所称'法定赔偿'应当根据以下因素综合确定赔偿数额:(一)通常情况下,原告可能的损失或被告可能的获利;(二)作品的类型,合理许可使用费,作品的知名度和市场价值,权利人的知名度,作品的独创性程度等;(三)侵权人的主观过错、侵权方式、时间、范围、后果等。"实际上,《北京高院损害赔偿意见》第 9 条列出的几项,就是判断交易成本的考量因素。

作品类型这一损害赔偿计算的实际考量因素,也是交易成本的判断因素。交易成本包括权利人的信息搜集成本、谈判成本、订立契约并检查监督契约实施的成本等。作品类型不同，权利人的公示程度就不同，作品使用者获知权利人的信息成本也不同。交易成本往往根据作品类型而变化。例如，公开发行的图书一般都有作者的真实信息，即使署为笔名，也都标明了出版社，而出版社与作者有出版合同，所以已经出版的图书属于权利人的信息搜集成本较低的作品。相比较而言，网络小说的权利人信息搜集成本就高一些。在没有留下联系方式的情况下，由于一般的网络小说作者使用网名而非真实姓名，作品的使用者不容易与作者取得联系。即使是已经出版的图书，在作者并不知名且出版时间已经比较久远的情况下，权利人的信息搜集成本也比较高。在个案中，每个作品的权利人信息成本、谈判成本、检查监督成本等都有所不同，需要根据具体案情灵活判断。

三、过错程度与交易成本

在司法实践中，过错程度往往成为确定损害赔偿数额的考量因素。过错程度这一损害赔偿计算的实际考量因素，也是交易成本高低的判断因素。过错历来是侵权法的难点，侵权人的过错程度实际上可以从作品交易成本高低的角度来理解。如果交易成本较低，但侵权人不愿意付出交易成本获得作品使用权，而是通过侵权使用作品，就构成了一般意义上的过错程度较高。如果交易成本很高，出现了市场失灵，侵权人为了节省交易成本而不去取得权利人授权，就构成了一般意义上的过错程度较低。在交易成本较高的情况下侵权使用，可以按照权利人损失计算赔偿数额，这样更符合效率标准。在交易成本较低的情况下未经许可侵权使用作品，应当承担更大的赔偿责任，较高赔偿数额实际上是激励作品使用者通过市场交易取得权利人的许可。例如，在交易成本低于诉讼负担时，如果违法所得高于市场价格，按照违法所得计算损害赔偿；如果违法所得低于市场价格，按照市场价格计算损害赔偿。

追诉成功概率也与过错程度相对应。如果涉案作品只是侵权人未经授权使用的众多作品中的一件，而未被追诉的作品数量巨大，或剽窃他人作品，也表明侵权人主观过错较大，需要加重赔偿责任。此时，损害赔偿以违法所得除以被追诉的概率 N 计算，最终将使侵权人无利可图，达到制止潜在侵权行为的目标。

前文的分析表明：作品交易成本的考量，对于理解和解决著作权损害赔偿这个"世界难题"有重要意义；经济利益角度的思考加深了对法律和裁判规则的理解；审判实践中的现有裁判规则常常暗合经济理性。

第四节 以司法标准为参照的现实赔偿方案

从司法实践中的情况来看，网络环境下损害赔偿数额的计算主要存在以下几个方面的问题：①多数案件中缺少权利人在网络环境下许可他人使用的参考标准，难以参照权利人的合理许可使用费计算损害赔偿数额；②作品在网络传播中的价格形成机制尚不成熟，对于涉案作品的市场价格难以判断；③多数案件中，侵权人并不直接利用作品获利，因此，按照被告违法所得的方式难以计算损害赔偿；④在法定赔偿方式中，法官自由裁量权较大，缺少参照标准，容易导致不同法官和不同法院对相同作品的相同侵权确定不同的赔偿数额；⑤在侵权恶意明显、侵权性质严重的情况下，例如，在通知后故意不删除，或者故意重复侵权的情况下，是否应当适用惩罚性赔偿，意见并不统一。

结合前面的研究成果，为了有效实现著作权法的立法目的，在确定网络环境下的著作权侵权损害赔偿标准时，建议考虑以下两个意见。①关于损害赔偿原则，为了促进作品传播并激励作品创作，应当以促进著作权的市场交易为确定损害赔偿的目标，激励当事人通过市场谈判取得授权后再使用作品。为此，应当使赔偿标准适当高于市场价格，从而激励侵权人在取得授权后再使用作品。②考虑到审判实践中大量适用法定赔偿的实际情况，根据不同作品及不同侵权类型，制定较为具体的赔偿标准，以达到内部统一赔偿标准的目的，并且定期进行信息沟通，达到裁判标准的协调统一。下文将讨论如何根据司法实践中的赔偿标准确定相对统一的裁判标准。

一、文字作品的赔偿标准

通过汇总北京市各级法院大量相关案例，笔者发现在文字类作品法定赔偿数额方面，存在四个特点：第一，大部分案件的赔偿标准都按照国家版权局《出版文字作品报酬规定》计算，在20～80元/千字之间，比较稳定；第二，在网络环境下侵权，一般并不按照《北京高院损害赔偿意见》第25条的规定以国家稿酬标准的2～5倍来计算；第三，具体案件中的数额根据作品本身的特点和侵权行为的方式来确定，如果是汇编作品，则按照低标准计算赔偿数额，一般为20元/千字；第四，如果同时提供在线阅览和下载，则2倍计算赔偿数额。

司法实践中的主要问题在于，2000年《最高人民法院关于审理涉及计算机网络著作权纠纷案件适用法律若干问题的解释》曾经规定网络转载已发表作品不需要经过许可，只需要支付报酬，而《信息网络传播权保护条例》却明确规定在网络转载已发表作品同样需要经过许可，那么在两个规范文件生效的中间时段，是否应当认定法定许可？如果没有支付稿酬，是侵权纠纷还是债权纠纷？如何确定此期间的稿酬标准？此期间的稿酬标准与侵权赔偿标准之间的关系又如何？

结合司法实践中存在的问题，在确定赔偿数额时要注意：由于文字作品在线传播一般不加倍计算赔偿，有的案件中只有一个作品，而且单个作品字数较少，会产生赔偿总额较低的情况。例如，对于只有几百字的文字作品，在在线阅览的情况下，按照几十元/千字计算赔偿数额，只应当赔偿几十元。在这种情况下，是否可以设定最低赔偿数额，以弥补权利人维权的固定成本，防止权利人得不偿失。

二、摄影作品的赔偿标准

根据对北京市各级法院相关案件赔偿情况的统计，以摄影和绘画为代表的美术作品在网络传播的情况下的赔偿数额差异较大，多数案件的赔偿基数大致为1 000元。在确定赔偿标准时，一般还考虑以下四个因素。第一，如无特殊情况，赔偿总额应该控制在2万元每幅次以内。第二，同一作品被同一侵权载体在不同位置重复使用的，每多用一次的赔偿额，按照最终计算之单幅赔偿额减半计算。第三，作品本身满足下列条件者可在基准数额之上相应酌加：创作难度较大或投入人力、财力、物力较多的；作品尚未发表的；作者为知名美术家的。第四，侵权行为满足下列条件者可在基准数额之上相应酌加：使用在网站首页的，使用在页面显著位置或占页面比例较大的；用于网站广告的。

司法实践中的主要问题在于，有多种因素影响损害赔偿数额：①作品多样化，有摄影、绘画等等；②作者多样化，各种水平的作者都有；③使用方式多样化，有仅为网页使用，为网站上的广告使用,还有传统使用方式反映到网络上。因此,赔偿标准难以统一。针对司法实践中存在的问题,主要的解决方案为,加强同类案例的数据库的建立,通过对同类案例参考,达到判决赔偿标准的相对统一。

三、影视作品的赔偿标准

对于影视作品的损害赔偿数额,在审判实践中,一般会考虑以下三种基本规则。第一,考虑档期,如侵权行为处于档期,提高赔偿数额。第二,播放或下载次数,在数据真实性较强的情况下,可以作为参考,但不能作为决定因素,因为网站可以修改次数。第三,电影和电视剧的投资收益情况大致相同,赔偿标准基本相同。

根据《北京高院知识产权审判参考问答(3):提供网络下载或在线观看电影服务构成侵犯他人著作权的,应如何计算赔偿数额?》(以下简称《参考问答(3)》)的规定,在确定赔偿标准时,应考虑以下因素。①从技术上讲,网络服务商(通常为被告)应当能够提供自己网站涉案电影被下载的次数以及被在线播放的次数的证据,因此,应当令其提供相关证据。如果经过质证,上述证据能够认定的,可以根据下载、播放次数以及合理的利润率,计算出被告的非法获利。如果被告拒不提供证据的,由其承担不利的法律后果。②权利人(通常为原告)提交的与他人签订的电影(包括涉案电影及类似电影作品)网络播映权许可协议中,有支付许可使用费条款的,可以参考该许可使用费确定赔偿数额,但需要注意的是:对此类证据的真实性必须进行严格审查,一般应要求权利人提交两份以上类似协议,并提交协议得到履行的相关证据;对协议中其他电影与涉案电影在票房收益、上映档期、影响力、制作模式以及授权使用方式、地域、时间等方面进行比较,从而确定赔偿数额。③适用法定赔偿方法确定赔偿数额的,应当考虑电影的票房收益、影响力、上映档期以及侵权网站的规模、侵权行为时间、地域范围、主观过错程度等因素。在相当长的时间内,对于票房收益低、影响不大,以及侵权时间相对较短的侵权行为,相关案例中的赔偿数额大致掌握在5万元以下;对于票房收益较高、影响较大,且侵权时间较长、主观过错较为严重的侵权行为,相关案例中的赔偿数额大致掌握在5万元~10万元之间;对于票房收入高、影响大,且侵权时间长、主观过错严重、自电影处于院线放映阶段即开始的侵权行为,相关案例中的赔偿数额可掌握在10万元以上。对于网络服务商虽有过错,但其已尽到了一定的注意义务,却由于他人虚假授权或授权有瑕疵而造成侵权的,可适当从低确定赔偿数额。对于因侵犯著作权或邻接权,曾经两次以上被追究刑事、行政或民事责任的,应当从高确定赔偿数额。从实证研究的情况来看,基准赔偿数额大致为2万元。如无特殊情况,累计赔偿总额一般控制在15万元以内。

作品本身有以下情形的,可以酌减。①已经公映多年,知名度较低。②根据《北京高院知识产权审判参考问答(8)》(以下简称《参考问答(8)》)的规定,对于具体的赔偿数额,应当将原告的作品未公开出版发行的情况作为一个酌定赔额的重要因素予以考虑,比照已合法出版发行或已经行政审批的作品适当从低确定赔偿数额。

根据《北京高院知识产权审判参考问答(5):审理网吧被诉侵犯著作权纠纷案中需要注意哪些问题?》(以下简称《参考问答(5)》)的规定,适用法定赔偿方法确定赔偿数额的,应当考虑涉案作品的票房收益、上映档期、侵权持续时间、被告的经营规模及主观过错程度等因素。北京法院对此类案件的赔偿数额一般应掌握在5 000元~1万元之间（含合理支出），但对票房收益高、在涉案影片院线放映阶段即开始侵权且未及时停止、被告经营规模大的案件，应当从重确定赔偿数额。

从实际的判决统计情况来看，赔偿数额经历了由高到低逐步稳定的过程，早期判决赔偿数额较高，接近1万元，后期稳定的赔偿基准数额大致为3 000元，其中还包括诉讼合理开支。一般情况下，累计赔偿总额控制在1万元以内。

作品本身有下列情形，可在基准数额之上相应酌加赔偿数额。①获得过各种奖项的。②知名导演或者领衔主演为知名演员。③国内大制作影片或者进口"大片"。④票房成绩突出。

侵权行为有下列情形的，可在基准数额之上相应酌加赔偿数额。①同时提供在线观看和网络下载，赔偿数额可以加倍，但此类情况比较少见。②获得公映许可证后尚未首映之时侵权或者在首映3个月内侵权。③网吧上网终端数量较多，例如100个以上，可酌情增加。

司法实践中的主要问题：影视作品和侵权方式越来越多样化，新的传播方式不断出现。例如，定时在线播放，在学校等局域网内传播，在宾馆等闭路系统中传播等，赔偿数额标准难以统一，需要一段时间的摸索。

针对司法实践中存在的问题，主要有以下两点建议。①法官应加强与行业协会的沟通，及时了解最新的市场信息，这有利于准确定价。②法官应加强判例信息的沟通，这有利于相互参考以统一标准。正如《参考问答（5）》第4款规定的那样："不同法院受理的此类案件，如果涉及同一影视作品，其他因素基本相同的，各知识产权庭应主动互相协商，或报请上级法院知识产权庭进行协调，确定一个基本一致的赔偿数额。"

四、音乐作品的赔偿标准

网络环境中传播的音乐作品一般会涉及录音制作者权、词曲著作者权、表演者权这三种权利。北京各级法院在相当长时间的审判实践中，经常以录音制作者权被侵犯时的赔偿数额为基数进行计算，有案例认为，词作者、曲作者及表演者获赔为相应比照录音制作者权人之12％、18％和20％。

网络传播行为有三种常见的方式，即在线播放、手机铃声下载和歌曲完整下载。在审判实践中，可以以在线播放侵权方式为基准方式，手机铃声一般可以比照其2倍计算，歌曲完整下载比照其3倍计算。

基准赔偿数额每首歌曲1 000元，如无特殊情况，累计赔偿总额应控制在1万元以内。作品本身有下列情形，可以在基准数之上酌加。①获得过较大的奖项。②著名歌手演唱。③著名词曲作者。④曾进入国际知名音乐排行榜前十名。⑤同名专辑主打歌曲。

侵权行为有下列情况，可以在基准数上酌加。①自专辑或单曲首发之日起近日内侵权，例如3个月内侵权。②点击（播放或下载）次数较高，例如高于1万次。③通知后拒不删除，或者存在其他侵权故意明显的情节。

司法实践中的主要问题有以下两个。①在搜索链接相关的侵权案件中，被告一般没有直接获利，难以确定赔偿标准。②在收费下载或播放的案件中，点击数是否可以直接作为确定赔偿数额的依据。如果法院以此作为依据，会激励侵权网站对点击数进行人为修改。

针对司法实践中存在的问题，主要建议为：引入行业协会等的市场交易信息以帮助确定音乐作品的网络传播的市场价格，这有利于准确确定赔偿标准。

五、合理开支

根据《北京高院损害赔偿意见》第13条的规定,合理开支一般包括律师费、公证费及其他调查取证费用、审计费、交通食宿费、诉讼材料印制费、权利人为制止侵权或诉讼支付的其他合理开支。《北京高院损害赔偿意见》第13条还规定对上述开支的合理性和必要性应当进行审查。

在审判实践中的实际做法基本符合《北京高院损害赔偿意见》的规定。对于公证费,必要公证费全部支持,不必要的公证费不予支持。对于律师费,根据合理原则,按照各地律师收费办法,结合当地经济水平;串案应当合并计算;根据损失不扩大原则,赔偿很低,要求律师费过高的,不支持。对于交通费,必要和合理部分予以支持,超出部分不予支持。购买侵权产品费用,如果购买的数量合理,应当支持。

实践中的主要问题有以下四个。①律师费的数额,不同法院支持的情况不太一致,应按照标的确定数额,还是应按照难易程度确定数额,尚难以统一。②在串案的情况下,是按照串案统一确定律师费,还是按照个案确定律师费,做法并不统一。③个别案件中赔偿数额较低,如低于1 000元,律师费应如何确定数额?④有的案件中有律师出庭,却没有提交律师费发票,是否支持律师费?

针对司法实践中的问题,主要有以下两点建议。①参照司法部的规定确定律师费的支持标准。②公证费和律师费,一旦主张过的,法院可以在发票原件上注明已经在诉讼中主张过,防止当事人利用一张票据多次主张。

第八章　知识产权诉讼中的鉴定范围

不仅仅是涉及数字网络技术的著作权纠纷案件，在其他知识产权案件中，往往也会涉及一些专业技术问题，因此往往会有当事人申请鉴定。在司法实践中，哪些专门性问题的判断可以通过鉴定来解决，这一界限往往比较模糊，实践中的做法也比较混乱。下文笔者拟对此知识产权诉讼中的鉴定范围问题进行比较全面的分析。

第一节　确定鉴定范围的基本思路

一、鉴定的性质

法官不是万能的，只是擅长于解决法律问题，有些案件尤其是知识产权案件的审理往往涉及专门性问题的认定，超出了法官的能力范围，因此诉讼法中需要规定专门性问题的认定办法。鉴定无疑是最重要的专门性问题认定办法之一。我国 1991 年通过的《民事诉讼法》第 72 条第 1 款规定："人民法院对专门性问题认为需要鉴定的，应当交由法定鉴定部门鉴定；没有法定鉴定部门的，由人民法院指定的鉴定部门鉴定。" 2012 年修正的《民事诉讼法》第 76 条第 1 款规定："当事人可以就查明事实的专门性问题向人民法院申请鉴定。当事人申请鉴定的，由双方当事人协商确定具备资格的鉴定人；协商不成的，由人民法院指定。"根据 2005 年《北京市高级人民法院关于知识产权司法鉴定若干问题的规定（试行）》第 2 条的规定，知识产权司法鉴定，是指在知识产权诉讼过程中，为查明案件事实，鉴定人运用科学技术或者专门知识对诉讼涉及的有关知识产权问题进行鉴别和判断并提供鉴定意见的活动。根据《最高人民法院关于民事诉讼证据的若干规定》第 25 条的规定，当事人申请鉴定，应当在举证期限内提出。这表明，申请鉴定的期限与举证期限一样受到限制。❶ 鉴定是查明案件事实的活动，鉴定结论是用以认定事实的证据，鉴定规则是证据规则的重要组成部分。

二、鉴定的必要性

在确定鉴定范围时，首先应当考虑鉴定的必要性和可行性。鉴定的程序往往比较复杂，例如根据《北京市高级人民法院关于知识产权司法鉴定若干问题的规定（试行）》的规定，鉴定需要经过统一的鉴定管理部门委托鉴定机构。鉴定结论出来后，还有对鉴定结论的异议、质证以及对鉴定人的询问等后续程序。因此，有些鉴定周期长、效率低，严重影响审判进程。❷ 鉴定机构需要若干名具有相应资质的专家参与鉴定，因此费用较高，可能会增加当事人的诉讼负担。由于上述问题的存在，鉴定可能会降低诉讼效率，还有可能因为鉴定失误而增加案件审理的难度。

相对于鉴定而言，在诉讼中还有其他办法可以用于认定专门性问题。由相应的专家参与审判是认定专门性问题的办法之一。例

---

❶ 李国光主编：《最高人民法院〈关于诉讼证据的若干规定〉的理解与适用》，中国法制出版社 2002 年版，第 229～230 页。
❷ 北京市高级人民法院知识产权庭编：《知识产权诉讼实务研究》，知识产权出版社 2008 年版，第 400 页。

如，有的法院的知识产权庭在审理专利案件中，对于其中的专业问题，一般通过咨询专家、邀请专业人员作为陪审员参与案件审理或者邀请专家出庭说明等方式来解决。❶ 在商业秘密案件的审理过程中，有的法院的知识产权庭强调应当尽量通过证据认定、专家辅助等方式对专业性的事实问题自行作出判断，对于穷尽其他方法难以查明的专业问题才通过鉴定来判断。❷ 这种做法在国外也比较普遍。如果鉴定以外的其他方法对专业性问题的认定更有效率，或者准确性更高，应当采用其他方法。

三、鉴定范围的判断方法

鉴定范围应当是当事人确有争议且对案件裁判有影响的专门性事实问题，不能是专门性法律问题。法律问题的判断是法官的职责，不能交由法官以外的任何人去判断，这已经成为法学理论界和司法实务界的共识。有的版权鉴定机构明确表示，版权鉴定的主要内容是对作品异同性进行客观比对，从而对作品是否相同相似，以及相同相似的比例作出结论，是鉴定机构运用专业知识和技能对客观事实进行分析和确定的过程，并不对经济价值、法律性质等进行判定。❸

虽然鉴定的范围限于事实问题，但在知识产权诉讼中，专门性问题比较多，有的问题是事实问题还是法律问题往往难以区分，这就导致司法实践中对鉴定范围的认识比较混乱。❹ 在确定鉴定范围

---

❶ 北京市第一中级人民法院编著：《知识产权审判分类案件综述》，知识产权出版社2008年版，第118页。

❷ 孔祥俊主编：《商业秘密司法保护实务》，中国法制出版社2012年版，第42页。

❸ 刘华："版权鉴定常见程序性问题浅析"，载《中国版权》2009年第2期。

❹ 程永顺："技术鉴定——知识产权保护中亟待研究的新课题"，载《科技与法律》1999年第3期。

时，难点在于区分事实问题和法律问题。事实问题与法律问题的区分是法学理论与法律实践都面临的重要问题，也是一个非常困难的问题，对二者的区分，目前有两种方法可以提供帮助。

（1）第一种判断方法，根据待定事实的结论是否随法律规定而变化来区分事实问题与法律问题。有学者认为，事实问题与法律问题分别指纯粹的事实问题与需经法律规范适用而确定的事实问题。其划分标准为是否需经法律规范适用而确定事实，如无须适用法律规范可确认的事实为事实问题，须经法律规范的适用而确认的事实为法律问题。换言之，不论法律如何规定，一个待定事实的结论均不会发生变化的即为事实问题；如对事实的认定涉及法律适用或必须通过适用法律的规定方能作出即属于法律问题。[1] 当然，由于客观事实的不可再现性，在司法实务中认定的事实只能是符合证据规则的法律事实，而不可能是"原汁原味"的客观事实，因此事实问题的认定也受到证据规则的影响，并不存在完全不受法律规范影响的事实问题。

（2）第二种判断方法，根据争议问题是否专属于法官的权力范围来区分事实问题与法律问题。由于诉讼中的事实与法律彼此牵连、相互趋同，通过第一种方法区分事实问题与法律问题有时非常困难，因此我们可以退而求其次，结合司法权力的分配原则进行实用主义的思考：应当由谁裁判该问题？如果该问题可以由鉴定机构或普通法系中的陪审团认定，则属于事实问题；如果该问题应当由法官来认定，不能交给鉴定机构认定，则属于法律问题。这种区分

---

[1] 孙海龙、姚建军："知识产权民事审判中事实问题与法律问题辨析"，载《电子知识产权》2007年第11期。

方法与其说是分析性的，不如说是分配性的。❶ 如果争议问题的认定夹杂了法律、政策和政治的要素，需要进行价值选择或利益平衡，也需要考虑司法政策，则属于法官的权力范围，应当由法官来作出认定。典型的例子是商标案件中商品是否类似和商标是否近似的判断。根据《最高人民法院关于审理商标授权确权行政案件若干问题的意见》第15条和第16条的规定，商品类似和商标近似的判断应当综合考虑诸多因素，夹杂了对法律、政策的多重考虑，因此专属于法官的权力范围。下文应用这两种方法对知识产权诉讼中关于鉴定范围的常见争议进行分析。

第二节　著作权侵权纠纷中的鉴定范围

一、是否具备独创性的认定

独创性是作品的最重要构成要件，是否具备独创性是著作权案件中最为重要和最为常见的争议焦点。例如，在方正诉暴雪案中，计算机字库中单字字形是否具备独创性，是否构成作品，成为案件的主要争议点之一。❷ 是否具备独创性是否可以通过鉴定来判断，这也成为司法实践中常见的问题。

独创性是否可以交由鉴定机构来认定，取决于独创性是事实问题还是法律问题。虽然各国均要求作品必须具备独创性才能受到著作权法保护，但不同国家对独创性的界定有不同的标准。具体而

---

❶ 陈杭平："论事实问题与法律问题的区分"，载《中外法学》2011年第2期。
❷ 参见北京市高级人民法院（2007）高民初字第1108号民事判决书；最高人民法院（2010）民三终字第6号民事判决书。

言，按照从严格到宽松的顺序排列，有代表性的独创性标准可以分为以下五类：欧盟的标准，要求作品体现个性化的智力创造成果；美国 Feist 案的标准，要求作品体现少量的创造性；美国 Alfred Bell 案的标准，要求作品体现可以识别的而不是细微的差异；加拿大 CCH 案的标准，要求作品体现并非机械和琐碎的技能和判断；英国的标准，要求作品体现技能和劳动。❶ 这表明，在不同国家，是否具备独创性的结论完全有可能根据法律规定的变化而变化。例如计算机字体是否具备独创性，不同国家的具体认定标准不同，因此结论也不相同。按照第一种方法判断，是否具备独创性明显不属于无论法律如何规定该待定事实的结论均不会发生变化的问题。因此，是否具备独创性是法律问题而非事实问题，不能由鉴定机构来认定。

国内外历史上凡是对独创性具体认定标准有重要影响的案件，都体现了法官从法律逻辑、政策导向等多个角度的深入分析，这是对司法核心权力的运用，绝非鉴定机构可以分享的权力，也绝非鉴定机构能够完成的任务。因此，按照第二种方法也可以认定，是否具有独创性属于法律问题，不能由鉴定机构来认定。

二、是否抄袭的认定

著作权侵权纠纷涉及多种侵权方式，抄袭是基本的侵权方式之一。抄袭能否交由鉴定机构来认定，涉及认定抄袭的判断规则。衡量侵犯复制权与否的一条基本原则，就是看被诉侵权人的"作品"

---

❶ Elizabeth F. Judge, Daniel Gervais, Of Silos and Constellations: Comparing Notions of Originality in Copyright Law, *27 Cardozo Arts and Entertainment Law Journal*, 375, 2009.

中,是否以非独创的方式包含了著作权人原作品中的独创性成果。❶这条原则表明,虽然原、被告的作品中有相同的表达,但如果相同的表达是公有领域内的素材,而被告作品中有原告作品中的非独创性成果,也不构成对原告作品的抄袭。

是否构成抄袭的认定方法中,比较有名的是美国联邦第二巡回上诉法院1992年在计算机软件著作权侵权纠纷中确定的三步判断法。第一步,抽象法。首先把原、被告作品中,属于不受保护的思想本身,从思想的表达中排除出去。第二步,过滤法。把作品中公有领域中的内容排除在外。第三步,对比法。对比剩下部分的内容是否实质相同。❷ 这种认定方法实际上早在1991年我国审理的《末代皇帝的后半生》著作权纠纷案中得到了应用。在该案中,法官认为应当对比原、被告作品中既不属于思想、又不属于公有事实的相同点。❸

在司法实践中,可以先对原、被告的作品进行对比,将相同的内容确定下来,然后再将公有领域中的内容排除在外,最后再判断剩下的内容中是否有应当排除在外的思想、表达是否实质相同。在这几步中,思想与表达的区分和是否实质相同的判断在著作权法上是一个复杂的问题,其判断结论受到具体判断规则的影响,其判断结论的确定要考虑社会效果、司法政策等诸多因素,因此属于法官的权力范围,并非可以由鉴定机构认定的事实问题。至于对原、被告作品中相同的内容的认定,并不会因为法律规则的变化而变化,而且对这一问题的认定也不需要考虑社会效果、司法政策等各种因

---

❶ 郑成思:《版权法》,中国人民大学出版社1997年版,第203页。
❷ Computer Associates International, Inc. v. Altai, Inc., 982 F.2d 693 (2d Cir. 1992).
❸ 郑成思:《版权法》,中国人民大学出版社1997年版,第475页。

素，因此属于事实问题。如果原、被告作品涉诉的内容非常复杂，为了节省时间和精力，可以交由鉴定机构来认定。上述分析表明，是否抄袭是一个事实和法律的混合问题，抄袭的认定既有对事实问题的认定，也有对法律问题的认定，其中只有对事实问题的认定才能交由鉴定机构来判断。

三、计算机软件侵权的认定

如果原告方指控被告方软件 S1.0 侵犯了其软件 V1.0 的著作权，被告方否认侵权，是否能够委托鉴定鉴定机构对 V1.0 是否侵犯 S1.0 的著作权进行鉴定呢？一种观点认为，是否侵权涉及法律判断，不能进行鉴定。另一种观点认为，是否侵权的判断涉及对专业问题的判断，可以进行鉴定。

（1）第一种观点有一定的道理。是否侵权包含了法律判断。在双方软件源代码的异同性比较清楚的情况下，按照三步判断法，思想与表达的区分以及是否实质性相同的判断是法律问题，只有相同的表达是否属于公有领域的内容完全可以通过证据来证明，属于事实问题。如果具体案件中涉及的内容比较繁杂，可以交由鉴定机构来帮助法官进行认定。但对于侵权认定中涉及的法律问题，鉴定机构并不能取代法官作出判断。

（2）第二种观点也有一定的道理。是否侵权包含了对专业性问题的判断。虽然是否侵权包含了法律判断，但这个法律判断是以事实判断为前提作出的。这一问题的事实判断前提是，双方软件源代码的异同性如何。法官并不熟悉各种计算机高级语言，因此对高级语言写成的源代码的异同性的判断并不擅长，而源代码异同性的认定具有一定的专业性，可以通过鉴定机构交由熟悉计算机高级语言的专家来判断。随着软件功能、结构和代码的不断复杂化，通过鉴定来认定软件异同性可以为侵权认定打下坚实的事实基础。

上述分析表明,软件是否侵权的判断,并非单纯的事实问题或法律问题,而是以事实认定为前提并需要进行法律判断的混合型问题。其中事实认定可以委托鉴定机构进行判断,法律问题则必须由法官认定。

如果涉案计算机软件并不复杂,或者合议庭成员比较熟悉计算机软件的基本技术知识,那么计算机软件的异同性判断也可以由法官来直接认定。司法实践中有以下四个具体判断步骤和方法。①软件存储介质内容对比。对比分别存储双方计算机软件的光盘或软盘的内容,包括对比目录、文件的数量、名称及文件的大小。②软件安装过程的对比。分别安装双方的软件,对比二者在安装过程中的屏幕显示内容,如提示信息、安装流程、界面整体设计风格等。③软件安装目录对比。在软件安装成功后,对安装后的目录、文件建立(或修改)的时间、文件的属性信息等进行对比。侵权者容易在上述地方留下蛛丝马迹。④软件运行状况对比。在双方的软件安装成功后,分别运行,对比二进运行过程中的屏幕显示内容,如界面整体风格、菜单功能选项、运行提示、帮助信息等。⑤软件代码对比。即对比双方软件的源代码和目标代码。❶

在计算机软件侵权纠纷中,即使软件源代码相同,有的被告还会提出表达方式有限的抗辩。对于表达方式是否有限的认定,并没有更为具体的法律规则,也不需要进行利益平衡和价值选择,因此属于事实问题。但是,并非所有的事实问题都需要进行鉴定,如果并非专门性的事实问题,法官应当根据证据直接进行判断,不必委

---

❶ 北京市第一中级人民法院知识产权庭编著:《知识产权分类案件综述》,知识产权出版社2008年版,第55页。

托鉴定。在司法实践中，有法院就认为，对于表达方式有限、相同部分属于公有领域的抗辩是否成立，应当由被告举证证明，法院并不委托鉴定机构对表达方式是否有限进行判断。❶

第三节　专利权纠纷中的鉴定范围

一、专利权保护范围的认定

在司法实践中，认定是否侵犯实用新型或发明专利权，一般涉及以下四个认定步骤。①确定原告专利权的保护范围。②认定被控侵权产品或方法的技术方案。③判断被控侵权的技术方案是否落入专利权的保护范围。④被告的抗辩是否成立。如果要认定侵权成立，需要同时对上述问题进行分析。如果其中一个步骤不属于事实问题，就不能将整个认定过程交由鉴定机构来判断。在早期专利案件的审判实践中，由于对鉴定范围的认识不够深入，法院在相当大比例的专利侵权案件中将是否构成侵权的认定整体上交给鉴定机构进行。随着认识的深入，法院在后来的专利侵权案件中就很少将是否侵权的认定整体上委托鉴定机构进行。❷ 因此在专利侵权案件的司法实践中，鉴定范围的主要争议表现为专利权保护范围的认定、对是否落入保护范围的认定是否可以委托鉴定机构进行。

专利权保护范围的认定包含了对技术方案的理解，其中涉及的技术问题属于专门性的事实问题，可以求助于专家。无论是在专利

---

❶ 北京市第一中级人民法院知识产权庭编著：《知识产权分类案件综述》，知识产权出版社2008年版，第60页。

❷ 北京市第一中级人民法院知识产权庭编著：《知识产权审判分类案件综述》，知识产权出版社2008年版，第118页。

授权确权行政审判中还是专利侵权审判中,对专利权保护范围的认定也涉及很多具体法律规则的适用。例如,《最高人民法院关于审理侵犯专利权纠纷案件应用法律若干问题的解释》第2条~第7条就规定了很多认定专利权保护范围的具体法律规则,这些具体法律规则的变化必然影响对专利权保护范围的认定。按照前述鉴定范围的第一种判断方法可以发现,专利权保护范围的认定并非单纯的事实问题,而是包含事实问题和法律问题的混合型问题,因此不能将这个问题整体上交由鉴定机构来认定。按照第二种鉴定范围的判断方法来分析也可以发现,专利保护范围的认定,在具体法律规则的理解和适用层面上,受到法律、政策等诸多因素的影响,因此对这些问题的认定不应交由鉴定机构。例如,根据《最高人民法院关于审理侵犯专利权纠纷案件应用法律若干问题的解释》第4条的规定,对于权利要求中以功能或者效果表述的技术特征,人民法院应当结合说明书和附图描述的该功能或者效果的具体实施方式及其等同的实施方式,确定该技术特征的内容。这种功能限定特征保护范围的具体认定规则,实际上隐含了激励专利申请人尽量避免使用功能限定特征的政策导向,因此其理解和适用是专属于法官的权力。

二、是否落入专利保护范围的认定

在各国的司法实践中,是否落入专利权保护范围的判断一般分为相同侵权和等同侵权两个判断步骤。[1] 所谓相同侵权,也称为字面侵权,是指被诉侵权技术方案与权利要求中记载的全部技术特征

---

[1] Toshiko Takenaka, Interpreting Patent Claims: The United States, Germany and Japan, *IIC Studies*, Vol. 17 (1995). 转引自尹新天:《专利权的保护》,知识产权出版社2005年版,第371页。

——对应并且相同，落入专利权的保护范围。所谓等同侵权，是指被诉侵权技术方案中有一个或者一个以上技术特征与权利要求中记载的技术特征相比，从字面上看不相同，但经过分析可以认定两者是相等同的技术特征。在这种情况下，也可以认定被诉侵权技术方案侵犯了专利权。《最高人民法院关于审理侵犯专利权纠纷案件应用法律若干问题的解释》第7条的规定表明我国也认可等同侵权。无论是对相同侵权还是等同侵权的认定，都涉及很多具体法律规则的理解和适用问题，因此按照鉴定范围的第一种判断方法可以认定其不属于可以进行鉴定的事实问题。是否落入专利权保护范围的认定，实际上需要进行复杂的利益平衡、价值选择。在进行判断时，一方面要考虑为专利权人提供切实有效的法律保护，另一方面还要确保他人对专利侵权行为的判断有足够的法律确定性。❶ 因此从鉴定范围的第二种判断方法来看，是否落入专利权保护范围的判断中，法律的理解和适用是专属于法官的权力，不能成为鉴定的范围。司法实践中，不能对整体技术方案是否相同或等同，以及被告是否构成侵权等委托鉴定。❷

但是，是否落入专利权保护范围的认定往往需要以正确认识相关技术问题为前提，而这些技术问题有可能属于可以由鉴定机构来认定的专门性问题。例如，被控侵权产品是否具有某个化学成分之类的问题。这表明，是否落入专利权保护范围的认定在整体上既包含事实问题，也包含法律问题，属于事实和法律的混合型问题。因此在委托鉴定之前，应当具体分析其中哪些问题属于可以鉴定的事

---

❶ 尹新天：《专利权的保护》，知识产权出版社2005年版，第375页。
❷ 北京市第一中级人民法院编著：《知识产权审判分类案件综述》，知识产权出版社2008年版，第118页。

实问题，避免将法律问题委托鉴定。

三、专利创造性的判断

在专利授权确权行政审判中，是否属于鉴定范围的争议有时发生在对专利创造性的认定上。毫无疑问，专利授权确权行政审判中涉及大量专业技术问题，但并非都需要通过鉴定来认定。其中一种认定办法，是引入技术专家参加审判。例如，欧洲专利局上诉委员会审理的专利上诉案件如果涉及技术问题，合议组必须包括两个以上具备相应技术能力的技术专家。这一规定的实际执行还得到了欧洲专利局扩大上诉委员会的确认。[1] 在我国，即使专利有效性判断涉及的技术问题必须通过鉴定才能认定（例如，说明书中记载的某个实施例是否能够真实地实施，有时只能通过鉴定才能认定），也必须坚持鉴定机构只对专业技术问题作出判断而不对法律问题作出判断的原则。因此，专利创造性判断中的专业技术问题虽然可以进行鉴定，但是否具备创造性不能整体上交给鉴定机构判断，只能由法官或具有行政法官性质的审查员来判断。[2]

第四节　商业秘密侵权纠纷中的鉴定范围

一、是否构成商业秘密的认定

商业秘密纠纷案件中往往涉及复杂的专业技术问题，因此在商业秘密纠纷案件中委托专家或鉴定机构鉴定的情况比较常见。在司

---

[1] G 2/90，G 8/95，G 1/02，G 3/03（Annex I）。
[2] 石必胜：《专利创造性判断研究》，知识产权出版社2012年版，第190页。

法实践中，鉴定的范围比较混乱，不仅包括是否构成商业秘密、技术或经营信息是否实质性相同等问题，还包括商业秘密价值、经济损失数额等问题。❶ 这些鉴定范围是否合适，还需要深入的分析。

是否构成商业秘密是否属于事实问题，是否可以通过鉴定来判断？这些问题可以按照本节所述的两种判断方法来分析。根据我国《反不正当竞争法》的规定，商业秘密指不为公众所知悉、能为权利人带来经济利益、具有实用性并经权利人采取保密措施的技术信息和经营信息。法律规定表明，商业秘密应当具有保密性、实用性和秘密性。关于保密性、实用性和秘密性，《最高人民法院关于审理不正当竞争民事案件应用法律若干问题的解释》第10条、第9条、第11条分别进行了具体规定。这些具体法律规则的适用是认定是否构成商业秘密的前提条件，法律规则必然影响该问题的认定结论，因此，按照鉴定范围的第一种判断方法可以认定，是否构成商业秘密并不属于事实问题而属于法律问题。《最高人民法院关于审理不正当竞争民事案件应用法律若干问题的解释》第11条第1款认为"权利人为防止信息泄露所采取的与其商业价值等具体情况相适应的合理保护措施"应当认定为保密措施。这表明保密措施有程度上的要求，对"合理"保护措施的认定有较大裁量空间。这一规定的具体适用，必然要结合具体案件中的各方面因素进行利益衡量、价值选择，可能还会受到司法政策的影响。因此，按照前述鉴定范围为第二种判断方法也可以认定，是否构成商业秘密应当由法官进行认定，不可以通过鉴定来判断。

---

❶ 内蒙古自治区高级人民法院知识产权审判庭："关于商业秘密商标中的几个问题研究——以民刑事对比为视角"，转引自孔祥俊主编：《商业秘密司法保护实务》，中国法制出版社2012年版，第42页。

在司法实践中有人认为，技术信息是否属于《最高人民法院关于审理不正当竞争民事案件应用法律若干问题的解释》第9条第2款规定的六种"不为公众所知悉"的情形，属于可以鉴定的范围。❶有学者还进一步论述了可以鉴定的理由：《最高人民法院关于审理不正当竞争民事案件应用法律若干问题的解释》对"不为公众所知悉"进行了规定，并且对这一要件的具体表现予以类型化，即"某项信息是否不为公众所知悉"也成了法律问题。该司法解释列举的"为公众所知悉"的情形中，包括"该信息为其所属技术或者经济领域的人的一般常识或者行业惯例"，对于这一事实如何判断，法律没有作出进一步的规定，由此该项事实成为可以委托鉴定的事实问题。❷

《最高人民法院关于审理不正当竞争民事案件应用法律若干问题的解释》第9条第2款规定："具有下列情形之一的，可以认定有关信息不构成不为公众所知悉：（一）该信息为其所属技术或者经济领域的人的一般常识或者行业惯例；（二）该信息仅涉及产品的尺寸、结构、材料、部件的简单组合等内容，进入市场后相关公众通过观察产品即可直接获得；（三）该信息已经在公开出版物或者其他媒体上公开披露；（四）该信息已通过公开的报告会、展览等方式公开；（五）该信息从其他公开渠道可以获得；（六）该信息无需付出一定的代价而容易获得。"毫无疑问，是否构成上述六种情形属于事实问题而非法律问题，因此从这个角度来讲，对上述问题的认定可以由鉴定机构来完成。但正如本节前文所述，判断一

---

❶ 郎贵梅："商业秘密案件审判工作概况与难点"，见孔祥俊主编：《商业秘密司法保护实务》，中国法制出版社2012年版，第42页。

❷ 孙海龙、姚建军："知识产权民事审判中事实问题与法律问题辨析"，载《电子知识产权》2007年第11期。

个问题是否属于鉴定范围时，不仅要考虑是属于事实问题还是法律问题，还要考虑鉴定的必要性和可行性。

在诉讼中，民事抗辩可以分为法官可以主动援引的事实抗辩和法官不能主动援引的权利抗辩。❶ 很明显，对原告主张的技术信息构成上述六种情形之一的抗辩，不属于法官能够主动援引的抗辩。因此，如果被告没有主张，法官不能主动审理，更不能主动将这种抗辩是否成立交由鉴定机构判断。即使被告提出了其中一项或多项抗辩主张，由于该抗辩主张是否成立属于事实问题，因此需要依据证据规则来判断。需要强调的是，这种抗辩主张成立与否并不涉及专门性问题，法官依据常理和经验完全可以作出判断。如果由于证据不充分导致案件事实处于真伪不明的状态，法官也应当按照证明责任分配规则对其主张不予支持，而不是再交由鉴定机构判断。因此，对上述问题的认定并不需要专门性的知识或技能，没有鉴定的必要。

二、是否存在侵权行为的认定

是否构成侵犯商业秘密的认定比较复杂，其中常常涉及复杂的专业性问题，因此在认定是否存在侵权行为的过程中是否可以鉴定，哪些问题可以鉴定，就成为司法实践中的常见问题。❷ 侵权行为成立与否的认定，主要包含两个方面：被告的信息与原告的商业秘密是否相同或者实质相同；被告是否采取不正当手段。

如果涉案的商业秘密是技术信息，在判断被告的信息与原告的

---

❶ 尹腊梅：“民法抗辩权论”，厦门大学 2007 年博士学位论文。
❷ 孔祥俊：《商标与不正当竞争法：原理和判例》，法律出版社 2009 年版，第 833 页。

商业秘密是否相同或者实质相同时，专利侵权判定中技术方案对比的具体规则在一定程度上可以参考适用。双方的技术方案在技术层面上的对比情况，在双方的技术方案比较复杂的情况下，可以委托专门的鉴定机构对技术方案的对比情况进行初步认定，列明相同的、双方无争议的技术特征，并列明双方有争议的技术特征及鉴定机构的初步判断意见。至于双方的技术方案是否实质性相似，有争议的技术特征最终如何认定，正如专利权纠纷案件中技术方案是否落入专利权保护范围的判断一样，涉及技术方案的保护范围的确定，受到具体规则的影响，而且需要进行利益衡量和价值选择，是专属于法官权力范围的法律问题。因此，被告的信息与原告的商业秘密是否相同或者实质相同，不能全部交给鉴定机构，只有其中的技术问题可以由鉴定机构来认定。

认定被告是否采取不正当手段时，要考虑很多具体的法律规则。例如，《最高人民法院关于审理不正当竞争民事案件应用法律若干问题的解释》第12条第1款规定："通过自行开发研制或者反向工程等方式获得的商业秘密，不认定为反不正当竞争法第十条第（一）、（二）项规定的侵犯商业秘密行为。"这些具体的法律规则对是否采取不正当手段的认定有重要影响，按照鉴定范围的第一种判断方法可知，是否采取不正当手段的认定属于法律问题，不属于鉴定的范围。而且，所谓的"不正当"手段，实际上是一个裁量性规范，其理解和适用过程中往往需要进行利益平衡和价值选择，而且可能受到司法政策的影响，因此按照鉴定范围的第二种判断方法，这个问题也应当属于法律问题。综上，是否构成侵犯商业秘密的行为的认定是混合型问题，虽然其中的技术问题可以由鉴定机构来认定，但不能将整个问题的判断交给鉴定机构。

综上所述，在知识产权诉讼中要确定争议问题是否可以由鉴定机构来认定，首先要考虑的是必要性和可行性，如果争议问题不属于专门性问题，就没有必要交由鉴定机构来判断，然后还要考虑专门性问题是属于应当由法官认定的法律问题还是可以由鉴定机构来判断的事实问题。至于如何区分争议问题是事实问题还是法律问题，有两种判断方法可以使用。第一种判断方法，根据争议问题的结论是否受到除证据规则以外的法律规则的影响来区分其属于事实问题还是法律问题。第二种判断方法，根据争议问题的判断主体是否专属于法官来判断属于事实问题还是法律问题。结合上述分析方法，我们可以对著作权、专利权和商业秘密民事纠纷中最为常见的鉴定范围的争议作出正确的判断。本节的分析表明，知识产权诉讼中的很多问题是同时包含事实问题和法律问题的混合型问题，在委托鉴定时，应当将法律问题与事实问题剥离开来，尽量细化鉴定范围，避免将法律问题交给鉴定机构认定。

附　录

本书附录部分主要包括《信息网络传播权保护条例》《信息网络传播权司法解释》和北京高院关于网络知识产权问题的一些规范性意见以及本书相关论文。

附录一　《信息网络传播权保护条例》

信息网络传播权保护条例

（2006年5月18日中华人民共和国国务院令第468号公布 根据2013年1月30日《国务院关于修改〈信息网络传播权保护条例〉的决定》修订）

第一条　为保护著作权人、表演者、录音录像制作者（以下统称权利人）的信息网络传播权，鼓励有益于社会主义精神文明、物质文明建设的作品的创作和传播，根据《中华人民共和国著作权法》（以下简称著作权法），制定本条例。

第二条　权利人享有的信息网络传播权受著作权法和本条例保护。除法律、行政法规另有规定的外，任何组织或者个人将他人的作品、表演、录音录像制品通过信息网络向公众提供，应当取得权利人许可，并支付报酬。

第三条 依法禁止提供的作品、表演、录音录像制品，不受本条例保护。

权利人行使信息网络传播权，不得违反宪法和法律、行政法规，不得损害公共利益。

第四条 为了保护信息网络传播权，权利人可以采取技术措施。

任何组织或者个人不得故意避开或者破坏技术措施，不得故意制造、进口或者向公众提供主要用于避开或者破坏技术措施的装置或者部件，不得故意为他人避开或者破坏技术措施提供技术服务。但是，法律、行政法规规定可以避开的除外。

第五条 未经权利人许可，任何组织或者个人不得进行下列行为：

（一）故意删除或者改变通过信息网络向公众提供的作品、表演、录音录像制品的权利管理电子信息，但由于技术上的原因无法避免删除或者改变的除外；

（二）通过信息网络向公众提供明知或者应知未经权利人许可被删除或者改变权利管理电子信息的作品、表演、录音录像制品。

第六条 通过信息网络提供他人作品，属于下列情形的，可以不经著作权人许可，不向其支付报酬：

（一）为介绍、评论某一作品或者说明某一问题，在向公众提供的作品中适当引用已经发表的作品；

（二）为报道时事新闻，在向公众提供的作品中不可避免地再现或者引用已经发表的作品；

（三）为学校课堂教学或者科学研究，向少数教学、科研人员提供少量已经发表的作品；

（四）国家机关为执行公务，在合理范围内向公众提供已经发表的作品；

（五）将中国公民、法人或者其他组织已经发表的、以汉语言文字创作的作品翻译成的少数民族语言文字作品，向中国境内少数民族提供；

（六）不以营利为目的，以盲人能够感知的独特方式向盲人提供已经发表的文字作品；

（七）向公众提供在信息网络上已经发表的关于政治、经济问题的时事性文章；

（八）向公众提供在公众集会上发表的讲话。

第七条 图书馆、档案馆、纪念馆、博物馆、美术馆等可以不经著作权人许可，通过信息网络向本馆馆舍内服务对象提供本馆收藏的合法出版的数字作品和依法为陈列或者保存版本的需要以数字化形式复制的作品，不向其支付报酬，但不得直接或者间接获得经济利益。当事人另有约定的除外。

前款规定的为陈列或者保存版本需要以数字化形式复制的作品，应当是已经损毁或者濒临损毁、丢失或者失窃，或者其存储格式已经过时，并且在市场上无法购买或者只能以明显高于标定的价格购买的作品。

第八条 为通过信息网络实施九年制义务教育或者国家教育规划，可以不经著作权人许可，使用其已经发表作品的片断或者短小的文字作品、音乐作品或者单幅的美术作品、摄影作品制作课件，由制作课件或者依法取得课件的远程教育机构通过信息网络向注册学生提供，但应当向著作权人支付报酬。

第九条 为扶助贫困，通过信息网络向农村地区的公众免费提供中国公民、法人或者其他组织已经发表的种植养殖、防病治病、防灾减灾等与扶助贫困有关的作品和适应基本文化需求的作品，网络服务提供者应当在提供前公告拟提供的作品及其作者、拟支付报酬的标准。自公告之日起 30 日内，著作权人不同意提供的，网络服务提供者不得提供其作品；自公告之日起满 30 日，著作权人没有异议的，网络服务提供者可以提供其作品，并按照公告的标准向著作权人支付报酬。网络服务提供者提供著作权人的作品后，著作权人不同意提供的，网络服务提供者应当立即删除著作权人的作品，并按照公告的标准向著作权人支付提供作品期间的报酬。

依照前款规定提供作品的，不得直接或者间接获得经济利益。

第十条 依照本条例规定不经著作权人许可、通过信息网络向公众提供其作品的，还应当遵守下列规定：

（一）除本条例第六条第一项至第六项、第七条规定的情形外，不得提供作者事先声明不许提供的作品；

（二）指明作品的名称和作者的姓名（名称）；

（三）依照本条例规定支付报酬；

（四）采取技术措施，防止本条例第七条、第八条、第九条规定的服务对象以外的其他人获得著作权人的作品，并防止本条例第七条规定的服务对象的复制行为对著作权人利益造成实质性损害；

（五）不得侵犯著作权人依法享有的其他权利。

第十一条 通过信息网络提供他人表演、录音录像制品的，应当遵守本条例第六条至第十条的规定。

第十二条 属于下列情形的，可以避开技术措施，但不得向他人提供避开技术措施的技术、装置或者部件，不得侵犯权利人依法享有的其他权利：

（一）为学校课堂教学或者科学研究，通过信息网络向少数教学、科研人员提供已经发表的作品、表演、录音录像制品，而该作品、表演、录音录像制品只能通过信息网络获取；

（二）不以营利为目的，通过信息网络以盲人能够感知的独特方式向盲人提供已经发表的文字作品，而该作品只能通过信息网络获取；

（三）国家机关依照行政、司法程序执行公务；

（四）在信息网络上对计算机及其系统或者网络的安全性能进行测试。

第十三条 著作权行政管理部门为了查处侵犯信息网络传播权的行为，可以要求网络服务提供者提供涉嫌侵权的服务对象的姓名（名称）、联系方式、网络地址等资料。

第十四条 对提供信息存储空间或者提供搜索、链接服务的网络服务提供者，权利人认为其服务所涉及的作品、表演、录音录像制品，侵犯自己的信息网络传播权或者被删除、改变了自己的权利管理电子信息的，可以向该网络服务提供者提交书面通知，要求网络服务提供者删除该作品、表演、录音录像制品，或者断开与该作品、表演、录音录像制品的链接。通知书应当包含下列内容：

（一）权利人的姓名（名称）、联系方式和地址；

（二）要求删除或者断开链接的侵权作品、表演、录音录像制品的名称和网络地址；

（三）构成侵权的初步证明材料。

权利人应当对通知书的真实性负责。

第十五条 网络服务提供者接到权利人的通知书后，应当立即删除涉嫌侵权的作品、表演、录音录像制品，或者断开与涉嫌侵权的作品、表演、录音录像制品的链接，并同时将通知书转送提供作品、表演、录音录像制品的服务对象；服务对象网络地址不明、无法转送的，应当将通知书的内容同时在信息网络上公告。

第十六条 服务对象接到网络服务提供者转送的通知书后，认为其提供的作品、表演、录音录像制品未侵犯他人权利的,可以向网络服务提供者提交书面说明,要求恢复被删除的作品、表演、录音录像制品,或者恢复与被断开的作品、表演、录音录像制品的链接。书面说明应当包含下列内容:

(一)服务对象的姓名(名称)、联系方式和地址;

(二)要求恢复的作品、表演、录音录像制品的名称和网络地址;

(三)不构成侵权的初步证明材料。

服务对象应当对书面说明的真实性负责。

第十七条 网络服务提供者接到服务对象的书面说明后,应当立即恢复被删除的作品、表演、录音录像制品,或者可以恢复与被断开的作品、表演、录音录像制品的链接,同时将服务对象的书面说明转送权利人。权利人不得再通知网络服务提供者删除该作品、表演、录音录像制品,或者断开与该作品、表演、录音录像制品的链接。

第十八条 违反本条例规定,有下列侵权行为之一的,根据情况承担停止侵害、消除影响、赔礼道歉、赔偿损失等民事责任;同时损害公共利益的,可以由著作权行政管理部门责令停止侵权行为,没收违法所得,非法经营额5万元以上的,可处非法经营额1倍以上5倍以下的罚款;没有非法经营额或者非法经营额5万元以下的,根据情节轻重,可处25万元以下的罚款;情节严重的,著作权行政管理部门可以没收主要用于提供网络服务的计算机等设备;构成犯罪的,依法追究刑事责任:

(一)通过信息网络擅自向公众提供他人的作品、表演、录音录像制品的;

(二)故意避开或者破坏技术措施的;

（三）故意删除或者改变通过信息网络向公众提供的作品、表演、录音录像制品的权利管理电子信息，或者通过信息网络向公众提供明知或者应知未经权利人许可而被删除或者改变权利管理电子信息的作品、表演、录音录像制品的；

（四）为扶助贫困通过信息网络向农村地区提供作品、表演、录音录像制品超过规定范围，或者未按照公告的标准支付报酬，或者在权利人不同意提供其作品、表演、录音录像制品后未立即删除的；

（五）通过信息网络提供他人的作品、表演、录音录像制品，未指明作品、表演、录音录像制品的名称或者作者、表演者、录音录像制作者的姓名（名称），或者未支付报酬，或者未依照本条例规定采取技术措施防止服务对象以外的其他人获得他人的作品、表演、录音录像制品，或者未防止服务对象的复制行为对权利人利益造成实质性损害的。

第十九条 违反本条例规定，有下列行为之一的，由著作权行政管理部门予以警告，没收违法所得，没收主要用于避开、破坏技术措施的装置或者部件；情节严重的，可以没收主要用于提供网络服务的计算机等设备；非法经营额5万元以上的，可处非法经营额1倍以上5倍以下的罚款；没有非法经营额或者非法经营额5万元以下的，根据情节轻重，可处25万元以下的罚款；构成犯罪的，依法追究刑事责任：

（一）故意制造、进口或者向他人提供主要用于避开、破坏技术措施的装置或者部件，或者故意为他人避开或者破坏技术措施提供技术服务的；

（二）通过信息网络提供他人的作品、表演、录音录像制品，获得经济利益的；

（三）为扶助贫困通过信息网络向农村地区提供作品、表演、录音录像制品，未在提供前公告作品、表演、录音录像制品的名称和作者、表演者、录音录像制作者的姓名（名称）以及报酬标准的。

第二十条 网络服务提供者根据服务对象的指令提供网络自动接入服务，或者对服务对象提供的作品、表演、录音录像制品提供自动传输服务，并具备下列条件的，不承担赔偿责任：

（一）未选择并且未改变所传输的作品、表演、录音录像制品；

（二）向指定的服务对象提供该作品、表演、录音录像制品，并防止指定的服务对象以外的其他人获得。

第二十一条 网络服务提供者为提高网络传输效率，自动存储从其他网络服务提供者获得的作品、表演、录音录像制品，根据技术安排自动向服务对象提供，并具备下列条件的，不承担赔偿责任：

（一）未改变自动存储的作品、表演、录音录像制品；

（二）不影响提供作品、表演、录音录像制品的原网络服务提供者掌握服务对象获取该作品、表演、录音录像制品的情况；

（三）在原网络服务提供者修改、删除或者屏蔽该作品、表演、录音录像制品时，根据技术安排自动予以修改、删除或者屏蔽。

第二十二条 网络服务提供者为服务对象提供信息存储空间，供服务对象通过信息网络向公众提供作品、表演、录音录像制品，并具备下列条件的，不承担赔偿责任：

（一）明确标示该信息存储空间是为服务对象所提供，并公开网络服务提供者的名称、联系人、网络地址；

（二）未改变服务对象所提供的作品、表演、录音录像制品；

（三）不知道也没有合理的理由应当知道服务对象提供的作品、

表演、录音录像制品侵权；

（四）未从服务对象提供作品、表演、录音录像制品中直接获得经济利益；

（五）在接到权利人的通知书后，根据本条例规定删除权利人认为侵权的作品、表演、录音录像制品。

第二十三条　网络服务提供者为服务对象提供搜索或者链接服务，在接到权利人的通知书后，根据本条例规定断开与侵权的作品、表演、录音录像制品的链接的，不承担赔偿责任；但是，明知或者应知所链接的作品、表演、录音录像制品侵权的，应当承担共同侵权责任。

第二十四条　因权利人的通知导致网络服务提供者错误删除作品、表演、录音录像制品，或者错误断开与作品、表演、录音录像制品的链接，给服务对象造成损失的，权利人应当承担赔偿责任。

第二十五条　网络服务提供者无正当理由拒绝提供或者拖延提供涉嫌侵权的服务对象的姓名（名称）、联系方式、网络地址等资料的，由著作权行政管理部门予以警告；情节严重的，没收主要用于提供网络服务的计算机等设备。

第二十六条　本条例下列用语的含义：

信息网络传播权，是指以有线或者无线方式向公众提供作品、表演或者录音录像制品，使公众可以在其个人选定的时间和地点获得作品、表演或者录音录像制品的权利。

技术措施，是指用于防止、限制未经权利人许可浏览、欣赏作品、表演、录音录像制品的或者通过信息网络向公众提供作品、表演、录音录像制品的有效技术、装置或者部件。

权利管理电子信息，是指说明作品及其作者、表演及其表演者、录音录像制品及其制作者的信息，作品、表演、录音录像制品权利人的信息和使用条件的信息,以及表示上述信息的数字或者代码。

第二十七条 本条例自 2006 年 7 月 1 日起施行。

附录二 《信息网络传播权司法解释》

最高人民法院
关于审理侵害信息网络传播权民事纠纷案件
适用法律若干问题的规定

（法释〔2012〕20号，2012年11月26日最高人民法院审判委员会第1561次会议通过）

为正确审理侵害信息网络传播权民事纠纷案件，依法保护信息网络传播权，促进信息网络产业健康发展，维护公共利益，根据《中华人民共和国民法通则》《中华人民共和国侵权责任法》《中华人民共和国著作权法》《中华人民共和国民事诉讼法》等有关法律规定，结合审判实际，制定本规定。

第一条 人民法院审理侵害信息网络传播权民事纠纷案件，在依法行使裁量权时，应当兼顾权利人、网络服务提供者和社会公众的利益。

第二条 本规定所称信息网络，包括以计算机、电视机、固定电话机、移动电话机等电子设备为终端的计算机互联网、广播电视网、固定通信网、移动通信网等信息网络，以及向公众开放的局域网络。

第三条 网络用户、网络服务提供者未经许可，通过信息网络提供权利人享有信息网络传播权的作品、表演、录音录像制品，除法律、行政法规另有规定外，人民法院应当认定其构成侵害信息网络传播权行为。

通过上传到网络服务器、设置共享文件或者利用文件分享软件等方式,将作品、表演、录音录像制品置于信息网络中,使公众能够在个人选定的时间和地点以下载、浏览或者其他方式获得的,人民法院应当认定其实施了前款规定的提供行为。

第四条 有证据证明网络服务提供者与他人以分工合作等方式共同提供作品、表演、录音录像制品,构成共同侵权行为的,人民法院应当判令其承担连带责任。网络服务提供者能够证明其仅提供自动接入、自动传输、信息存储空间、搜索、链接、文件分享技术等网络服务,主张其不构成共同侵权行为的,人民法院应予支持。

第五条 网络服务提供者以提供网页快照、缩略图等方式实质替代其他网络服务提供者向公众提供相关作品的,人民法院应当认定其构成提供行为。

前款规定的提供行为不影响相关作品的正常使用,且未不合理损害权利人对该作品的合法权益,网络服务提供者主张其未侵害信息网络传播权的,人民法院应予支持。

第六条 原告有初步证据证明网络服务提供者提供了相关作品、表演、录音录像制品,但网络服务提供者能够证明其仅提供网络服务,且无过错的,人民法院不应认定为构成侵权。

第七条 网络服务提供者在提供网络服务时教唆或者帮助网络用户实施侵害信息网络传播权行为的,人民法院应当判令其承担侵权责任。

网络服务提供者以言语、推介技术支持、奖励积分等方式诱导、鼓励网络用户实施侵害信息网络传播权行为的,人民法院应当认定其构成教唆侵权行为。

网络服务提供者明知或者应知网络用户利用网络服务侵害信息网络传播权,未采取删除、屏蔽、断开链接等必要措施,或者提供技术支持等帮助行为的，人民法院应当认定其构成帮助侵权行为。

第八条 人民法院应当根据网络服务提供者的过错，确定其是否承担教唆、帮助侵权责任。网络服务提供者的过错包括对于网络用户侵害信息网络传播权行为的明知或者应知。

网络服务提供者未对网络用户侵害信息网络传播权的行为主动进行审查的，人民法院不应据此认定其具有过错。

网络服务提供者能够证明已采取合理、有效的技术措施，仍难以发现网络用户侵害信息网络传播权行为的，人民法院应当认定其不具有过错。

第九条 人民法院应当根据网络用户侵害信息网络传播权的具体事实是否明显，综合考虑以下因素，认定网络服务提供者是否构成应知：

（一）基于网络服务提供者提供服务的性质、方式及其引发侵权的可能性大小，应当具备的管理信息的能力；

（二）传播的作品、表演、录音录像制品的类型、知名度及侵权信息的明显程度；

（三）网络服务提供者是否主动对作品、表演、录音录像制品进行了选择、编辑、修改、推荐等；

（四）网络服务提供者是否积极采取了预防侵权的合理措施；

（五）网络服务提供者是否设置便捷程序接收侵权通知并及时对侵权通知作出合理的反应；

（六）网络服务提供者是否针对同一网络用户的重复侵权行为采取了相应的合理措施；

（七）其他相关因素。

第十条 网络服务提供者在提供网络服务时，对热播影视作品等以设置榜单、目录、索引、描述性段落、内容简介等方式进行推荐，且公众可以在其网页上直接以下载、浏览或者其他方式获得的，人民法院可以认定其应知网络用户侵害信息网络传播权。

第十一条　网络服务提供者从网络用户提供的作品、表演、录音录像制品中直接获得经济利益的，人民法院应当认定其对该网络用户侵害信息网络传播权的行为负有较高的注意义务。

网络服务提供者针对特定作品、表演、录音录像制品投放广告获取收益，或者获取与其传播的作品、表演、录音录像制品存在其他特定联系的经济利益，应当认定为前款规定的直接获得经济利益。网络服务提供者因提供网络服务而收取一般性广告费、服务费等，不属于本款规定的情形。

第十二条　有下列情形之一的，人民法院可以根据案件具体情况，认定提供信息存储空间服务的网络服务提供者应知网络用户侵害信息网络传播权：

（一）将热播影视作品等置于首页或者其他主要页面等能够为网络服务提供者明显感知的位置的；

（二）对热播影视作品等的主题、内容主动进行选择、编辑、整理、推荐，或者为其设立专门的排行榜的；

（三）其他可以明显感知相关作品、表演、录音录像制品为未经许可提供，仍未采取合理措施的情形。

第十三条　网络服务提供者接到权利人以书信、传真、电子邮件等方式提交的通知，未及时采取删除、屏蔽、断开链接等必要措施的，人民法院应当认定其明知相关侵害信息网络传播权行为。

第十四条　人民法院认定网络服务提供者采取的删除、屏蔽、断开链接等必要措施是否及时,应当根据权利人提交通知的形式,通知的准确程度,采取措施的难易程度,网络服务的性质,所涉作品、表演、录音录像制品的类型、知名度、数量等因素综合判断。

第十五条 侵害信息网络传播权民事纠纷案件由侵权行为地或者被告住所地人民法院管辖。侵权行为地包括实施被诉侵权行为的网络服务器、计算机终端等设备所在地。侵权行为地和被告住所地均难以确定或者在境外的,原告发现侵权内容的计算机终端等设备所在地可以视为侵权行为地。

第十六条 本规定施行之日起,《最高人民法院关于审理涉及计算机网络著作权纠纷案件适用法律若干问题的解释》(法释〔2006〕11号)同时废止。

本规定施行之后尚未终审的侵害信息网络传播权民事纠纷案件,适用本规定。本规定施行前已经终审,当事人申请再审或者按照审判监督程序决定再审的,不适用本规定。

附录三 《北京高院网络著作权指导意见（一）》

北京市高级人民法院
关于审理涉及网络环境下著作权纠纷案件
若干问题的指导意见（一）（试行）

一、网络服务提供者侵权责任的构成要件

1. 网络服务提供者构成对信息网络传播权的侵犯、承担侵权的民事责任，应具备违法行为、损害后果、违法行为与损害后果具有因果关系和过错四个要件。

二、信息网络传播行为的判断及其法律调整

（一）信息网络传播行为的判断及法律调整

2. 信息网络传播行为是指将作品、表演、录音录像制品上传至或以其他方式将其置于向公众开放的网络服务器中，使公众可以在选定的时间和地点获得作品、表演、录音录像制品的行为。

将作品、表演、录音录像制品上传至或以其他方式置于向公众开放的网络服务器中，使作品、表演、录音录像制品处于公众可以在选定的时间和地点下载、浏览或以其他方式在线获得，即构成信息网络传播行为，无需当事人举证证明实际进行过下载、浏览或以其他方式在线获得的事实。

3. 网络服务提供者为服务对象提供自动接入、自动传输、信息存储空间、搜索、链接、P2P（点对点）等服务的，属于为服务对象传播的信息在网络上传播提供技术、设施支持的帮助行为，不

构成直接的信息网络传播行为。

4. 网络服务提供者的行为是否构成信息网络传播行为，通常应以传播的作品、表演、录音录像制品是否由网络服务提供者上传或以其它方式置于向公众开放的网络服务器上为标准。

原告主张网络服务提供者所提供服务的形式使用户误认为系网络服务提供者传播作品、表演、录音录像制品，但网络服务提供者能够提供证据证明其提供的仅是自动接入、自动传输、信息存储空间、搜索、链接、P2P（点对点）等服务的，不应认为网络服务提供者的行为构成信息网络传播行为。

5. 网络服务提供者主张其仅提供信息存储空间、搜索、链接、P2P（点对点）等技术、设备服务，但其与提供作品、表演、录音录像制品的网络服务提供者在频道、栏目等内容方面存在合作关系的，可以根据合作的具体情况认定其实施了信息网络传播行为。

6. 提供信息存储空间服务的网络服务提供者对服务对象提供的作品、表演、录音录像制品的主题、质量、内容等进行审查或者对作品、表演、录音录像制品进行了涉及内容的选择、编辑、整理，以决定是否在网络上发布的，其行为构成直接的信息网络传播行为，但基于法律、法规和部门规章的要求对著作权状况之外的内容进行审查的除外。

7. 提供搜索、链接服务的网络服务提供者所提供服务的形式使用户误认为系其提供作品、表演、录音录像制品，被链网站经营者主张其构成侵权的，可以依据反不正当竞争法予以调整。

8. 网络服务提供者主张其仅为被诉侵权的作品、表演、录音录像制品提供了信息存储空间、搜索、链接、P2P（点对点）等服务的，应举证证明。网络服务提供者不能提供证据证明被诉侵权的作品、表演、录音录像制品系由他人提供并置于向公众开放的网络服务器中的，可以推定该服务提供者实施了信息网络传播行为。

9. 将作品、表演、录音录像制品上传至或以其他方式置于向公众开放的局域网中，使公众可以在其个人选定的时间和地点获得的，属于信息网络传播行为。

10. 网络服务提供者通过信息网络按照事先安排的时间表向公众提供作品的在线播放的，不构成信息网络传播行为，应适用著作权法第十条第一款第（十七）项进行调整。

（二）"快照"的性质及法律责任

11. 网络服务提供者在提供搜索服务时以"快照"形式在其服务器上生成作品、表演、录音录像制品的复制件并通过信息网络向公众提供，使得公众能够在选定的时间和地点获得作品的，构成信息网络传播行为。

12. 网络服务提供者主张其提供的网页"快照"服务属于《信息网络传播权保护条例》第二十一条所称的提供系统缓存服务、应当免责，如"快照"服务系网络服务提供者事先把被诉侵权作品、表演、录音录像制品存储在网络服务器中，或者其行为不符合《信息网络传播权保护条例》第二十一条规定的三个免责条件的，不能够援引该条款免责。

13. 网络服务提供者以提供网页"快照"的形式使用他人网站上传播的作品、表演、录音录像制品，未影响他人网站对作品、表演、录音录像制品的正常使用，亦未不合理地损害他人网站对于作品、表演、录音录像制品的合法权益，从而未实质性代替用户对他人网站的访问，并符合法律规定的其他条件的，可以认定构成合理使用。

三、网络技术、设备服务提供行为的法律性质、服务提供者的过错判断及其法律适用

（一）网络技术、设备服务行为的法律性质

14. 提供信息存储空间、搜索、链接、P2P（点对点）等服务的网络服务提供者通过网络参与、教唆、帮助他人实施侵犯著作权、表演者权、录音录像制作者权的行为，并有过错的，承担共同侵权责任。

15. 提供信息存储空间、搜索、链接、P2P（点对点）等服务的网络服务提供者构成侵权应当以他人实施了直接侵权行为为前提条件，即第三人利用信息存储空间、搜索、链接、P2P（点对点）等服务传播作品、表演、录音录像制品的行为系侵犯他人的信息网络传播权的行为。

（二）网络技术、设备服务提供者过错的标准及其判断

16. 判断提供信息存储空间、搜索、链接、P2P（点对点）等服务的网络服务提供者有无过错，应审查网络服务提供者对其行为的不良后果是否知道或者有合理理由知道。是否知道或者有合理理由知道应以网络服务提供者的预见能力和预见范围为基础，又要区别通常预见水平和专业预见水平等情况。

网络服务提供者对其行为的不良后果知道或者有合理理由知道，一般指网络服务提供者知道或者有合理理由知道他人利用其服务传播被诉作品、表演、录音录像制品构成侵权。

"知道"指网络服务提供者实际知道侵权行为存在；"有合理理由知道"指因存在着明显侵权行为的事实或者情况，网络服务提供者从中应当意识到侵权行为的存在。

17. 提供信息存储空间、搜索、链接、P2P（点对点）等服务的网络服务提供者对他人利用其服务传播作品、表演、录音录像制品是否侵权一般不负有事先进行主动审查、监控的义务。

依照相关法律及其规定应当进行审查的，应当审查。

18. 根据服务对象的指令，通过信息网络自动为被诉侵权作品、表演、录音录像制品提供信息存储空间、搜索、链接、P2P（点对点）等服务，且对被诉侵权的作品、表演、录音录像制品不进行编辑、修改或选择的，除非有网络服务提供者知道或者有合理理由知道存在侵权行为的其他情形，否则不应认定网络服务提供者有过错。

19. 在下列情况下，提供信息存储空间服务的网络服务提供者应当知道也能够知道被诉作品、表演、录音录像制品侵权的，可以认定其有过错：

（1）存储的被诉侵权的内容为处于档期或者热播、热映期间的视听作品、流行的音乐作品或知名度较高的其他作品及与之相关的表演、录音录像制品，且上述作品、表演、录音录像制品位于首页、其他主要页面或者其他可为服务提供者明显所见的位置的；

（2）被诉侵权的作品、表演、录音录像制品位于 BBS 首页或其他主要页面，在合理期间内网络服务提供者未采取移除措施的；

（3）将被诉侵权的专业制作且内容完整的视听作品，或者处于档期或者热播、热映期间的视听作品置于显要位置，或者对其进行推荐，或者为其设立专门的排行榜或者"影视"频道等影视作品分类目录的；

（4）对服务对象上传的被诉侵权作品、表演、录音录像制品进行选择、整理、分类的；

（5）其他。

20. 提供搜索、链接、P2P（点对点）等服务的网络服务提供者按照自己的意志，在搜集、整理、分类的基础上，对被诉侵权的作品、表演、录音录像制品制作相应的分类、列表，网络服务提供者知道或者有理由知道被诉侵权作品、表演、录音录像制品构成侵权的，可以认定其有过错。

（三）P2P（点对点）服务的法律适用

21. 提供 P2P（点对点）服务的网络服务提供者通过 P2P（点对点）服务参与、教唆、帮助他人实施侵权行为从而构成侵权的，应当适用《民法通则》第一百三十条规定和最高人民法院 2006 年 12 月修正的《关于审理涉及计算机网络著作权纠纷案件适用法律若干问题的解释》第三条的规定。

（四）网络技术、设备服务提供者的免责条件

22. 《信息网络传播权保护条例》第二十条、第二十一条、第二十二条、第二十三条针对提供自动接入、自动传输、系统缓存、信息存储空间、搜索、链接服务的网络服务提供者所规定的免责条件仅指免除损害赔偿的责任；网络服务提供者是否承担其他责任，应依据《民法通则》、《著作权法》等法律法规的规定予以确定。

23. 网络服务提供者主张其符合《信息网络传播权保护条例》规定的免责条件的，应对所依据的相关事实负举证责任。

24. 《信息网络传播权保护条例》第二十二条规定所称"改变"，是指对服务对象提供的作品、表演、录音录像制品的内容进行了改变。

下列行为不应视为对服务对象提供的作品、表演、录音录像制品进行了"改变"：

（1）仅对作品、表演、录音录像制品的存储格式进行了改变；

（2）对作品、表演、录音录像加注数字水印等网站标识；

（3）在作品、表演、录音录像之前或结尾处投放广告以及在作品、表演、录音录像中插播广告。

25. 网络服务提供者因提供信息存储空间服务，按照时间、流量等向用户收取标准费用的，不属于《信息网络传播权保护条例》第二十二条第（四）项所称的"从服务对象提供作品、表演、录音录像制品中直接获得经济利益"。

网络服务提供者因提供信息存储空间服务而收取的广告费，一般不应认定为直接获得的经济利益；网络服务提供者针对特定作品、表演、录音录像制品而投放的广告，可以根据案件的具体情况，在认定网络服务提供者是否存在过错时酌情予以综合考虑。

26. 根据《信息网络传播权保护条例》第二十三条的规定免除提供搜索、链接服务的网络服务提供者的损害赔偿责任的，应同时具备以下两个条件：一是提供搜索、链接服务的网络服务提供者对所链接的作品、表演、录音录像制品是否侵权不明知并且不应知；二是提供搜索、链接服务的网络服务提供者接到权利人的通知书后，根据本条例规定断开与侵权的作品、表演、录音录像制品的链接。

27. 权利人向提供信息存储空间、搜索、链接服务的网络服务提供者提交的通知应符合《信息网络传播权保护条例》第十四条的规定。

28. 权利人提交的通知未包含被诉侵权的作品、表演、录音录像制品的网络地址，但网络服务提供者根据该通知提供的信息对被诉侵权的作品、表演、录音录像制品能够足以准确定位的，可以认定权利人提交的通知属于最高人民法院《关于审理涉及计算机网络著作权纠纷案件适用法律若干问题的解释》第四条所称的"确有证据的警告"。

29. 对被诉侵权的作品、表演、录音录像制品是否能够足以准确定位，应当考虑网络服务提供者提供的服务类型、权利人要求删除或断开链接的文字作品或者表演、录音录像制品的文件类型以及作品、表演、录音录像制品的名称是否具有特定性等具体情况认定。

30. 接到权利人符合《信息网络传播权保护条例》第十四条规定的通知或者最高人民法院《关于审理涉及计算机网络著作权纠纷案件适用法律若干问题的解释》第四条所称的"确有证据的警告"后，网络服务提供者在合理期限内未及时删除权利人认为侵权的作品、表演、录音录像制品，或者在合理期限内未及时断开与侵权的作品、表演、录音录像制品的链接的，如权利人通知的内容属实，可以认定网络服务提供者存在过错，对损害的扩大部分承担相应的法律责任。

31. 网络服务提供者是否在合理期限内及时删除侵权的作品、表演、录音录像制品，或者断开与侵权作品、表演、录音录像制品的链接，应根据权利人提交的通知的形式、通知的准确性、通知中涉及的文件数量、删除或者断开链接的难易程度、网络服务的性质等因素综合认定。

四、技术措施

32. 《信息网络传播权保护条例》第二十六条规定的技术措施是指为保护权利人在著作权法上的正当利益而采取的控制浏览、欣赏或者控制使用作品、表演、录音录像制品的技术措施。

下列情形中的技术措施不应认定为应受著作权法保护的技术措施。

（1）用于实现作品、表演、录音录像制品与产品或者服务的捆绑销售的；

（2）用于实现作品、表演、录音录像制品价格区域划分的；

（3）用于破坏未经许可使用作品、表演、录音录像制品的用户的计算机系统的；

（4）其他妨害公共利益保护、与权利人在著作权法上的正当利益无关的技术措施。

33. 受著作权法保护的技术措施应为有效的技术措施。技术措施是否有效，应以一般用户掌握的通常方法是否能够避开或者破解为标准。技术专家能够通过某种方式避开或者破解技术措施的，不影响技术措施的有效性。

五、网站经营者的认定

34. 网站登记备案信息、网站中标示的信息载明的经营者，是网站经营者。网站登记备案信息、网站中标示的信息所载明的经营者不一致的，除有相反证据证明外，可以认定网站登记备案信息、网站中标示的信息所载明的经营者为共同经营者。

35. 域名持有者注册信息可以作为证明网站经营者身份的初步证据，但有相反证明的除外。

附录四 《北京高院电子商务解答》

北京市高级人民法院
关于审理电子商务侵害知识产权纠纷案件若干问题的解答

1. 什么是电子商务、电子商务平台经营者和网络卖家？

本解答所述的电子商务是指根据信息网络公开传播的商品或服务的交易信息进行交易的活动。以信息网络作为交流通道、支付通道或交付通道，但交易信息不在信息网络公开传播的交易活动不属于本解答所述的电子商务。

电子商务平台经营者，是指为电子商务提供交易平台，即为交易信息的公开传播提供网络中间服务的网络服务提供者。

网络卖家，是指利用电子商务平台经营者提供的网络服务提供商品或服务的交易方。

2. 审理电子商务侵害知识产权纠纷案件的基本原则是什么？

审理电子商务侵害知识产权纠纷案件，在依法行使裁量权时，应当兼顾权利人、电子商务平台经营者、网络卖家、社会公众的利益。

电子商务平台经营者应当承担必要的、合理的知识产权合法性注意义务。能够以更低的成本预防和制止侵权行为的权利人或电子商务平台经营者应当主动、及时采取必要措施，否则应当承担不利后果。

3. 如何认定自营型电子商务平台经营者的侵权责任？

电子商务平台经营者以自己的名义向公众提供被控侵权交易信息或从事相应交易行为侵害他人知识产权的，应当承担赔偿损失等侵权责任。

电子商务平台经营者未明确标示被控侵权交易信息或相应交易行为由他人利用其网络服务提供或从事的，推定由其提供或从事。

4. 电子商务平台经营者承担赔偿责任的条件是什么？

网络卖家利用电子商务平台经营者的网络服务提供被控侵权交易信息或从事相应交易行为侵害他人知识产权的，应当依法承担赔偿损失等侵权责任。

电子商务平台经营者知道网络卖家利用其网络服务侵害他人知识产权，但未及时采取必要措施的，应当对知道之后产生的损害与网络卖家承担连带赔偿责任。

5. 如何认定电子商务平台经营者知道？

知道包括明知和应知。明知指电子商务平台经营者实际知道侵权行为存在；应知是指按照利益平衡原则和合理预防原则的要求，电子商务平台经营者在某些情况下应当注意到侵权行为存在。

电子商务平台经营者对利用其网络服务公开传播的交易信息一般没有主动监控义务。不能仅因电子商务平台经营者按照相关管理要求进行交易信息合法性的事前监控，或者客观上存在网络卖家利用其网络服务侵害他人知识产权的行为，就当然认定电子商务平台经营者知道侵权行为存在。

6. 认定电子商务平台经营者"知道网络卖家利用其网络服务侵害他人知识产权"的要件是什么？

同时符合以下情形的，可以认定电子商务平台经营者知道网络卖家利用其网络服务侵害他人知识产权：

（1）明知或应知被控侵权交易信息通过其网络服务进行传播；

（2）明知或应知被控侵权交易信息或相应交易行为侵害他人知识产权。

7. 如何认定特定信息公开传播前电子商务平台经营者"知道网络卖家利用其网络服务侵害他人知识产权"？

符合以下情形之一的，可以推定电子商务平台经营者在被控侵权交易信息公开传播前"明知或应知被控侵权交易信息通过其网络服务进行传播"：

（1）电子商务平台经营者与提供被控侵权交易信息的网络用户合作经营，且应当知道被控侵权交易信息通过其网络服务进行传播；

（2）电子商务平台经营者从被控侵权交易信息的网络传播或相应交易行为中直接获得经济利益，且应当知道被控侵权交易信息通过其网络服务进行传播；

（3）电子商务平台经营者在交易信息公开传播前明知或应知被控侵权交易信息通过其网络服务进行传播的其他情形。

在上述情形中，如被控侵权交易信息或相应交易行为侵害他人知识产权，推定电子商务平台经营者"知道网络卖家利用其网络服务侵害他人知识产权"。

8. 如何认定交易信息公开传播后电子商务平台经营者"明知或应知被控侵权交易信息通过其网络服务进行传播"？

符合以下情形之一的，可以推定电子商务平台经营者在被控侵权交易信息公开传播后"明知或应知被控侵权交易信息通过其网络服务进行传播"：

（1）被控侵权交易信息位于网站的首页、各栏目的首页或网站的其他主要页面等明显可见的位置；

（2）电子商务平台经营者对被控侵权交易信息进行了人工编辑、选择或推荐；

（3）权利人的通知足以使电子商务平台经营者知道被控侵权交

易信息通过其网络服务进行传播；

（4）电子商务平台经营者在交易信息公开传播后明知或应知被控侵权交易信息通过其网络服务进行传播的其他情形。

9. 如何认定交易信息公开传播后电子商务平台经营者"明知或应知被控侵权交易信息或相应交易行为侵害他人知识产权"？

符合以下情形之一的，可以推定电子商务平台经营者在被控侵权交易信息公开传播后"明知或应知被控侵权交易信息或相应交易行为侵害他人知识产权"：

（1）交易信息中存在明确表明未经权利人许可的自认，足以使人相信侵权的可能性较大；

（2）知名商品或者服务以明显不合理的价格出售，足以使人相信侵权的可能性较大；

（3）权利人的通知足以使人相信侵权的可能性较大；

（4）电子商务平台经营者在交易信息公开传播后明知或应知被控侵权交易信息或相应交易行为侵害他人知识产权的其他情形。

10. 联系信息不明导致权利人无法通知应如何处理？

电子商务平台经营者未公开其名称、联系方式等信息，或公开的信息有误，导致权利人在发现侵权行为后无法发送通知的，电子商务平台经营者对因此导致的损害扩大部分承担连带赔偿责任。

11. 对权利人的通知有何要求？

权利人认为网络卖家利用电子商务平台经营者提供的网络服务侵害其知识产权的，有权以书信、传真、电子邮件等方式通知电子商务平台经营者采取删除、屏蔽、断开链接等必要措施。通知应当包含下列内容：

（1）权利人的姓名（名称）、联系方式和地址等信息；

（2）足以准确定位被控侵权交易信息的具体信息；

（3）证明权利归属、侵权成立等相关情况的证据材料；

（4）权利人对通知的真实性负责的承诺。

权利人发送的通知不符合上述条件的，视为未发出通知。

12. 权利人提交通知时是否需要提交实际交易情况的相关证据？

根据公开传播的交易信息足以对侵权与否进行判断的，权利人可以不提交实际交易的商品或服务的相关证据。

根据公开传播的交易信息不足以对侵权与否进行判断的，或者权利人主张交易信息与实际交易的商品或服务不一致的，权利人可以提交实际交易的商品或服务的相关证据。

13. 电子商务平台经营者如何处理通知？

权利人的通知及所附证据能够证明被控侵权交易信息的侵权可能性较大的，电子商务平台经营者应当及时采取必要措施，否则认定其有过错。

必要措施应当合理，应当与侵权情节相适应，否则电子商务平台经营者应当依法承担法律责任。

电子商务平台经营者在采取必要措施后，应当及时将通知及所采取措施的情况告知网络卖家，并及时将所采取措施的相关情况告知权利人。网络卖家联系方式不清楚导致无法通知的，电子商务平台经营者应当在网络上公告通知的内容。

14. 网络卖家是否可以提交反通知？

网络卖家可以在电子商务平台经营者告知的合理期限内提出要求恢复被删除的内容，或者恢复被屏蔽、被断开的链接的反通知。逾期不提出反通知的，视为认可电子商务平台经营者采取的必要措施。

反通知应当包含下列内容：

（1）网络卖家的真实姓名（名称）、联系方式和地址；

（2）足以准确定位交易信息的具体信息；

（3）不构成侵权的证明材料；

（4）网络卖家对反通知真实性负责的承诺。

网络卖家发送的反通知不符合上述条件的，视为未发出反通知。

15. 电子商务平台经营者应当如何处理反通知？

电子商务平台经营者收到网络卖家发送的反通知后，应当将网络卖家的反通知转送给权利人，并告知权利人在合理期限内对侵权是否成立进行确认。

权利人在合理期限内撤回本次通知，或者未对侵权是否成立进行确认的，电子商务平台经营者应当及时取消必要措施，恢复被删除的内容或者恢复被屏蔽、被断开的链接。

权利人在合理期限内确认侵权成立，且网络卖家提供的证据不能充分证明电子商务平台经营者采取的措施是错误的，电子商务平台经营者不必取消所采取的措施。

16. 如何确定错误通知或错误采取措施的法律责任？

权利人因错误发送通知，或者在接到反通知后错误确认侵权，损害网络卖家的合法权益的，应当依法承担赔偿责任。

电子商务平台经营者错误采取措施，或采取措施不合理，或错误取消必要措施，损害权利人或网络卖家的合法权益的，应当依法承担赔偿责任。

电子商务平台经营者因为权利人或网络卖家的错误行为而承担了赔偿责任后，有权依法向权利人或网络卖家追偿。

附录五 《北京高院视频分享审理指南》

北京市高级人民法院
关于视频分享著作权纠纷案件的审理指南

一、视频分享服务的判断及证明

1. 视频分享服务是指网络服务提供者为网络用户提供作品、表演、录音录像制品的存储空间服务。

网络服务提供者主张其提供视频分享服务,可以通过提交上传者用户名、注册 IP 地址、注册时间、上传 IP 地址等用户注册资料及上传信息等予以证明。

二、视频分享服务的法律性质及侵权认定要件

2. 视频分享服务不构成对他人信息网络传播权的直接侵犯,但同时符合以下条件,网络服务提供者与网络用户构成共同侵权,承担连带责任:

(1) 网络用户利用视频分享服务提供涉案作品、表演、录音录像制品系侵犯他人信息网络传播权的行为;

(2) 网络服务提供者知道或有合理的理由应当知道网络用户利用其视频分享服务提供涉案作品、表演、录音录像制品系侵犯他人信息网络传播权的行为,且未及时采取必要措施。

3. 网络服务提供者利用其服务模式诱导、鼓励网络用户提供侵犯他人信息网络传播权的作品、表演、录音录像制品的,构成教唆网络用户实施侵权行为。

4. 网络服务提供者接到权利人的通知后，未在合理期限内删除涉案作品、表演、录音录像制品，且同时符合以下条件的，应当对损害的扩大部分承担连带责任：

（1）网络用户提供涉案作品、表演、录音录像制品的行为系侵犯他人信息网络传播权的行为；

（2）通知中包含的信息足以使网络服务提供者准确定位涉案作品、表演、录音录像制品。

三、视频分享服务提供者过错的判断

5. 不能仅因视频分享网站上存在侵权作品、表演、录音录像制品，即认定网络服务提供者有过错。

6. 网络服务提供者同时符合以下条件的，可以认定其有合理的理由应当知道网络用户利用其视频分享服务提供涉案作品、表演、录音录像制品系侵犯他人信息网络传播权的行为：

（1）能够合理地认识到涉案作品、表演、录音录像制品在其存储空间传播；

（2）能够合理地认识到网络用户提供涉案作品、表演、录音录像制品未经权利人的许可。

7. 有以下情形之一的，可以推定网络服务提供者"能够合理地认识到涉案作品、表演、录音录像制品在其存储空间传播"，但有相反证据的除外：

（1）涉案作品、表演、录音录像制品位于视频分享网站中的"影视"或其他该类性质的栏目中；

（2）网络服务提供者对涉案作品、表演、录音录像制品进行了人工编辑、整理或推荐；

（3）涉案作品、表演、录音录像制品或与其相关的信息出现在

视频分享网站的首页、各栏目的首页或网站的其他主要页面；

（4）其他情形。

8. 有以下情形之一的，可以推定网络服务提供者"能够合理地认识到网络用户提供涉案作品、表演、录音录像制品未经权利人的许可"，但有相反证据的除外：

（1）网络用户提供的是专业制作且内容完整的作品、表演、录音录像制品，或者处于档期或者热播、热映期间的作品、表演、录音录像制品；

（2）网络用户提供的是正在制作过程中且按照常理制作者不可能准许其传播的作品、表演、录音录像制品；

（3）其他情形。

9. 网络服务提供者从网络用户提供作品、表演、录音录像制品中直接获得经济利益，且该提供行为未经权利人许可，推定其主观上有过错。

附录六 《北京高院损害赔偿意见》

北京市高级人民法院
关于确定著作权侵权损害赔偿责任的指导意见

为切实维护著作权人和与著作权有关的权利人的合法权益,有效制裁侵权行为,规范文化市场秩序,统一执法标准,根据《中华人民共和国民法通则》、《中华人民共和国著作权法》及《最高人民法院关于审理著作权民事纠纷案件适用法律若干问题的解释》的规定,结合北京市法院著作权审判工作实际,现就如何确定著作权侵权损害赔偿责任提出如下意见:

损害赔偿责任的认定

第一条 被告因过错侵犯著作权人或者与著作权有关的权利人的合法权利且造成损害的,应当承担赔偿损失的民事责任。

原告应当提交被告侵权的相关证据。被告主张自己没有过错的,应当承担举证责任,否则须承担不利的法律后果。

第二条 被告具有下列情形之一的,可以认定其具有过错:

(一)经权利人提出确有证据的警告,被告没有合理理由仍未停止其行为的;

(二)未尽到法律法规、行政规章规定的审查义务的;

(三)未尽到与公民年龄、文化程度、职业、社会经验和法人经营范围、行业要求等相适应的合理注意义务的;

(四)合同履行过程中或合同终止后侵犯合同相对人著作权或者与著作权有关的权利的;

（五）其他可以认定具有过错的情形。

第三条 被告虽无过错但侵犯著作权人或者与著作权有关的权利人的合法权利且造成损害的，不承担损害赔偿责任，但可判令其返还侵权所得利润。如果被告因其行为获利较大，或者给原告造成较大损失的，可以依据公平原则，酌情判令被告给予原告适当补偿。

第四条 共同被告构成共同侵权的，应当承担连带赔偿责任。

明知或者应知他人实施侵权行为，而仍为其提供经营场所或其他帮助的，应当承担连带赔偿责任。

商标许可人、特许经营的特许人，明知或者应知被许可人实施侵权行为，并有义务也有能力予以制止，却未采取有效措施的，应当承担连带赔偿责任。

二个以上被告均构成侵权，但不具有共同过错的，应当分别承担赔偿责任。

损害赔偿的原则及方法

第五条 确定的侵权赔偿数额应当能够全面而充分地弥补原告因被侵权而受到的损失。

在原告诉讼请求数额的范围内，如有证据表明被告侵权所得高于原告实际损失的，可以将被告侵权所得作为赔偿数额。

第六条 确定著作权侵权损害赔偿数额的主要方法有：

（一）权利人的实际损失；

（二）侵权人的违法所得；

（三）法定赔偿。

适用上述计算方法时，应将原告为制止侵权所支付的合理开支列入赔偿范围，并与其他损失一并作为赔偿数额在判决主文中表述。

对权利人的实际损失和侵权人的违法所得可以基本查清,或者根据案件的具体情况,依据充分证据,运用市场规律,可以对赔偿数额予以确定的,不应直接适用法定赔偿方法。

第七条　本规定第六条第一款第(一)项所称"权利人的实际损失"可以依据以下方法计算：

(一)被告侵权使原告利润减少的数额；

(二)被告以报刊、图书出版或类似方式侵权的,可参照国家有关稿酬的规定；

(三)原告合理的许可使用费；

(四)原告复制品销量减少的数量乘以该复制品每件利润之积；

(五)被告侵权复制品数量乘以原告每件复制品利润之积；

(六)因被告侵权导致原告许可使用合同不能履行或难以正常履行产生的预期利润损失；

(七)因被告侵权导致原告作品价值下降产生的损失；

(八)其他确定权利人实际损失的方法。

第八条　本规定第六条第一款第(二)项所称"侵权人的违法所得"包括以下三种情况：

(一)产品销售利润；

(二)营业利润；

(三)净利润。

一般情况下,应当以被告营业利润作为赔偿数额。

被告侵权情节或者后果严重的,可以产品销售利润作为赔偿数额。

侵权情节轻微,且诉讼期间已经主动停止侵权的,可以净利润作为赔偿数额。

适用上述方法,应当由原告初步举证证明被告侵权所得,或者阐述合理理由后,由被告举证反驳;被告没有证据,或者证据不足以证明其事实主张的,可以支持原告的主张。

第九条 适用本规定第六条第一款第(三)项所称"法定赔偿"应当根据以下因素综合确定赔偿数额:

(一)通常情况下,原告可能的损失或被告可能的获利;

(二)作品的类型,合理许可使用费,作品的知名度和市场价值,权利人的知名度,作品的独创性程度等;

(三)侵权人的主观过错、侵权方式、时间、范围、后果等。

第十条 适用法定赔偿方法应当以每件作品作为计算单位。

第十一条 原告提出象征性索赔的,在认定侵权成立,并查明原告存在实际损失基本事实的情况下,应当予以支持。

第十二条 被控侵权行为在诉讼期间仍在持续,原告在一审法庭辩论终结前提出增加赔偿的请求并提供相应证据,应当将诉讼期间原告扩大的损失一并列入赔偿范围。

二审诉讼期间原告损失扩大需要列入赔偿范围的,二审法院应当就赔偿数额进行调解,调解不成的,可以就赔偿数额重新作出判决,并在判决书中说明理由。

第十三条 本规定第六条第二款所称"合理开支"包括:

(一)律师费;

(二)公证费及其他调查取证费;

(三)审计费;

(四)交通食宿费;

(五)诉讼材料印制费;

(六)权利人为制止侵权或诉讼支付的其他合理开支。

对上述开支的合理性和必要性应当进行审查。

第十四条 本规定第十三条第一款第（一）项所称"律师费"是指当事人与其代理律师依法协议确定的律师费。可以按照以下原则确定予以支持的赔偿数额：

（一）根据案件的专业性或复杂程度，确实有必要委托律师代理诉讼的；

（二）被告侵权行为基本成立，且应当承担损害赔偿责任的，按照判决确定的赔偿数额与诉讼请求数额比例确定支持的律师费；同时判决支持其他诉讼请求的，应当适当提高赔偿数额；

（三）被告不承担损害赔偿责任，但被判令承担停止侵权、赔礼道歉等民事责任的，按照原告诉讼请求被支持情况酌情确定支持的律师费，但一般不高于律师费的三分之一。

第十五条 本规定第十三条第一款第（二）项所称"公证费"符合以下条件的由被告承担：

（一）侵权基本成立；

（二）公证证明被作为认定案件事实的证据。

第十六条 本规定第十三条第一款第（三）项所称"审计费"按照判决确定的赔偿数额占诉讼请求数额比例予以支持。

第十七条 被告因侵犯著作权或者与著作权有关的权利，曾经两次以上被追究刑事、行政或民事责任的，应当在依据本规定确定的赔偿数额的限度内，从重确定赔偿数额。

第十八条 判决书中针对赔偿数额所作论述的详略程度，应当根据案件的复杂程度、当事人的争议大小等具体情况分别确定。

第十九条 被告实施著作权法第四十七条规定的侵权行为，情节严重，并损害公共利益的，可以给予以下民事制裁：

（一）罚款。其数额不高于判决确定的赔偿数额的3倍；

（二）没收、销毁侵权复制品；

（三）没收主要用于制作侵权复制品的材料、工具、设备等。

第二十条　原告基于不正当目的，以提起诉讼为手段，虚构事实，被驳回起诉或诉讼请求的，可以判令原告支付被告为诉讼支付的合理开支，包括：

（一）律师费；

（二）交通食宿费；

（三）调查取证费；

（四）误工费；

（五）其他为诉讼支出的合理费用。

精神损害赔偿

第二十一条　侵犯原告著作人身权或者表演者人身权情节严重，适用停止侵权、消除影响、赔礼道歉仍不足以抚慰原告所受精神损害的，应当判令被告支付原告精神损害抚慰金。

法人或者其他组织以著作人身权或者表演者人身权受到侵害为由，起诉请求赔偿精神损害的，不予受理。

第二十二条　具有以下情形之一的，可以判令被告支付原告精神损害抚慰金：

（一）未经原告许可，严重违背其意愿发表其作品，并给原告的信誉、社会评价带来负面影响的；

（二）抄袭原告作品数量大、影响广，并使被告因此获得较大名誉的；

（三）严重歪曲、篡改他人作品的；

（四）未经许可，将原告主要参加创作的合作作品以个人名义发表，并使被告获得较大名誉的；

（五）没有参加创作，为谋取个人名利，在原告作品上署名的；

（六）严重歪曲表演形象，给原告的社会形象带来负面影响的；

（七）制作、出售假冒原告署名的作品，影响较大的；

（八）其他应当支付权利人精神损害抚慰金的情形。

第二十三条　精神损害抚慰金的数额应当根据被告的过错程度、侵权方式、侵权情节、影响范围、侵权获利情况、承担赔偿责任的能力等因素综合确定。

精神损害抚慰金一般不低于2 000元，不高于5万元。

第二十四条　著作权人或者表演者权人死亡后，其近亲属以被告侵犯著作人身权或表演者人身权使自己遭受精神痛苦为由，起诉请求赔偿精神损害的，应当受理。

常见侵权赔偿数额的确定

第二十五条　依据本规定第七条第一款第（二）项所述方法确定原告损失的，可以参考以下因素，在国家有关稿酬规定的2至5倍内确定赔偿数额：

（一）作品的知名度及侵权期间的市场影响力；

（二）作者的知名度；

（三）被告的过错程度；

（四）作品创作难度及投入的创作成本。

文字作品字数不足千字的以千字计算。

原告如证明类似情况下收取的合理稿酬标准，应予考虑。

第二十六条　在网络上传播文字、美术、摄影等作品的，可以参照国家有关稿酬规定确定赔偿数额。

第二十七条　以广告方式使用文字、美术、摄影等作品，包括用于报刊广告、户外广告、网络广告、店面广告、产品说明书等，可以根据广告主的广告投入、广告制作者收取的制作费、广告发布者收取的广告费,以及作品的知名度、在广告中的作用、被告的经营规模、侵权方式和范围等因素综合确定赔偿数额。

原告如证明类似情况下的合理许可使用费,应予考虑。

第二十八条 商业用途使用文字、美术、摄影等作品,如用于商品包装装潢、商品图案、有价票证、邮品等,可以根据作品的知名度、在产品中的显著性、被告的经营规模、侵权方式、范围、获利等因素综合确定赔偿数额,所确定的赔偿数额一般应高于按照本规定第七条第一款第(二)项及第二十五条确定的赔偿数额。

第二十九条 侵犯音乐作品著作权、音像制品权利人权利的,可以按照以下方法确定赔偿数额:

(一)原告合理的许可使用费;

(二)著作权集体管理组织提起诉讼的,按其许可费标准;

(三)商业用途使用的,可以参考本规定第二十八条确定赔偿数额的方法。

第三十条 提供图片、音乐等下载服务的,可以按照以下方法确定赔偿数额:

(一)原告合理的许可使用费;

(二)著作权集体管理组织提起诉讼的,按其许可费标准;

(三)被告提供侵权服务获得的利润。

第三十一条 软件最终用户侵犯计算机软件著作权的,可以按照以下方法确定赔偿数额:

(一)原告合理的许可使用费;

(二)正版软件市场价格。

第三十二条 依据本规定第二十六条至第三十一条的方法确定赔偿数额的,可以同时根据第二十五条第一款规定的因素,在上述数额的 2 至 5 倍内确定具体的赔偿数额。

第三十三条　被告在被控侵权出版物或者广告宣传中表明的侵权复制品的数量高于其在诉讼中的陈述，除其提供证据或者合理理由予以否认，应以出版物或广告宣传中表明的数量作为确定赔偿数额的依据。

第三十四条　图书、音像制品的出版商、复制商、发行商等侵犯著作权或者与著作权有关的权利的，其应当能够提供有关侵权复制品的具体数量却拒不举证，或所提证据不能采信的，可以按照以下数量确定侵权复制品数量：

（一）图书不低于 3000 册；

（二）音像制品不低于 2 万盘。

附　则

第三十五条　本规定自下发之日起施行。

附录七 本书相关论文

[1] 石必胜："论链接不替代原则——以下载链接的经济分析为进路"，载《科技与法律》2008年第5期。

[2] 石必胜："论著作权侵权损害赔偿方案的选择——以作品交易成本的考量为视角"，载《电子知识产权》2008年第12期。

[3] 靳学军、石必胜："信息网络传播权的适用"，载《法学研究》2009年第6期。

[4] 宋鱼水、石必胜等："盗版治理的对策分析——以海淀区盗版案件的审理为基础"，见周林主编：《知识产权研究》第十九卷，知识产权出版社2010年版。

[5] 宋鱼水、石必胜等："数字图书馆著作权纠纷的调研报告"，载《法学杂志》2010年增刊。

[6] 石必胜："知识产权诉讼中的鉴定范围"，载《人民司法（应用）》2013年第12期。

[7] 石必胜："电子商务交易平台知识产权注意义务的标准"，载《法律适用》2013年第2期。

[8] 石必胜："认定网络服务提供者侵害知识产权的基本思路"，载《科技与法律》2013年第5期。

[9] 北京市高级人民法院知识产权庭（执笔人陈锦川、石必胜）："《北京高院电子商务解答》起草情况说明"，载《中国专利与商标》2013年第2期。

[10] 石必胜："合理使用认定的有罪推定——评国内首例谷歌数字图书著作权纠纷案"，载《中国版权》2014年第3期。

[11] 石必胜："网络服务提供者的事前知识产权注意义务"，

载《电子知识产权》2013年第9期。

［12］石必胜："汉字字库中单字字形的独创性"，载《电子知识产权》2013年第5期。

［13］石必胜："汉字字库的计算机软件著作权属性"，载《电子知识产权》2013年第1期。

［14］石必胜："互联网竞争的非公益必要不干扰原则"，载《电子知识产权》2014年第5期。

［15］石必胜："网络不正当竞争纠纷裁判规则的激励分析"，载《电子知识产权》2014年第10期。

［16］石必胜："网络不正当竞争认定中的公共利益考量"，载《电子知识产权》2015年第3期。

（以上论文对于本书的形成具有重要贡献）

结尾与开始

百年江南·范小青中短篇小说集

范小青 著

四川文艺出版社

图书在版编目（CIP）数据

结尾与开始/范小青著. —成都：四川文艺出版社，2020.1
（百年江南·范小青中短篇小说集）
ISBN 978-7-5411-5526-0

Ⅰ.①结… Ⅱ.①范… Ⅲ.①中篇小说—小说集—中国—当代②短篇小说—小说集—中国—当代 Ⅳ.①I247.7

中国版本图书馆CIP数据核字（2019）第214832号

BAINIANJIANGNAN FANXIAOQINGZHONGDUANPIANXIAOSHUOJI
百年江南·范小青中短篇小说集

JIEWEI YU KAISHI
结尾与开始

范小青 著

出 品 人	张庆宁
策划统筹	崔付建 陈 武
责任编辑	徐 欢 宋 玥
特约编辑	罗路晗
责任校对	汪 平
封面设计	叶 茂

出版发行　四川文艺出版社（成都市槐树街2号）
网　　址　www.scwys.com
电　　话　028-86259285（发行部）　028-86259303（编辑部）
传　　真　028-86259306
邮购地址　成都市槐树街2号四川文艺出版社邮购部　610031
印　　刷　山东泰安新华印务有限责任公司
成品尺寸　149mm×215mm　开　本　16开
印　　张　20　字　数　223千
版　　次　2020年1月第一版　印　次　2020年1月第一次印刷
书　　号　ISBN 978-7-5411-5526-0
定　　价　38.00元

版权所有·侵权必究。如有质量问题，请与出版社联系更换。028-86259301

目　录

歧　义 …………………………………… 001
木樨园 …………………………………… 043
结尾与开始 ……………………………… 084
苍茫秋色 ………………………………… 141
独自去乡下 ……………………………… 193
平凡的爱情 ……………………………… 234
菜花黄时 ………………………………… 279

歧 义

一

现在的文化单位三钱没个两钱，日子总是紧巴巴，事情却是少做不得。其实那些事情便不做也罢，反正是软杠子，不做什么事情，一年混混也过去了。若你做事情便会越做越多，政府拨的款，三下两下就没了，得自己创，这就难，难也得做。就是这样，改作家协会的事情也得做，别人都改了，就你不改，对不起上面也对不起下面。核算会议经费时吓一跳，再打报告，批是要批一点的，但不会全给，另外的得自己谋去。都这行情，无非是讨点儿赞助什么的，有脸没脸也就这样了。说到底，文人就是穷，但是穷人也要过日子，富人有富人的活法，穷人有穷人的活法，也挺滋润。这么三拼两凑文协改作协的会倒也开起来了,从此以后,文协会员便成作协会员,听起来响亮多了。其实文人也不在乎这个,什么响亮不响亮,文人心想,那是空。

改作家协会的大会,因为经费问题,只开半天,不备饭。每人一件纪念品,是一只书写台灯,适合文人用,二十块钱。也好,大家看着互相笑笑,文人碰到一起是很能说的,但是他们不便对台灯发表什么。会议议程很简单,大会报告再大会发言,再选举,最后有短短的时间分组讨论,都是惯例。分组的时候起了点小小的波澜。游一掌站于会场中间四顾,道:"我是流浪汉。"便有小任几个人跟着他道,我们也是流浪汉。游一掌说得并不错。小说、散文、诗歌、散文诗、报告文学、杂文、儿童文学,他们都有固定的一圈,唯游一掌几个人没有归宿。大家笑道,游一掌,到我们组来吧。游一掌只是笑,也不作声,小任、小唐几个道,做什么要到你们组。后来大会结束,大家回家,一人提一只台灯,灯不算大,包装盒挺大,倒也显得有些壮观,会也算是比较圆满。

游一掌出门时和小任几个一道走,开自行车锁的时候,小任道:"游一掌,你出来做吧。"

游一掌侧脸看着小任,又看别几个,他们都笑,游一掌问道:"做什么?"

小任朝他挤眼,道:"我们也搞个什么会。"

游一掌再看另几个人都点头,便笑道:"叫作什么会呢?"

大家齐齐地说,叫方言文学学会。

游一掌道:"原来你们都已经想妥,抬我来做傀儡呀。"

小任几个便大笑,笑过一阵,小任道:"其实,你自己也想过了是不是？"

　　游一掌道："那是，英雄所见略同。"看到文联主席和新当选的作协主席一起出来，游一掌几个便慢慢地蹭上前。

　　小任说："这便是爷爷和爸。"

　　两位主席道，什么爷爷和爸。

　　游一掌笑，说："我们商量成立学会的事情。我们若成立学会，你们便是我们的爷爷和爸。"

　　作协主席道："什么爷，养不起儿孙的爷能称爷呀，给钱才是爷，拨款才是爷，政府才是爷。"

　　文联主席亦笑，道："我们鼓励大家开展各种活动，不过，钱是没有，做爷做孙子也就这样了。"

　　小任道："行啊，给一台造血机器我们就能活。"

　　作协主席看小任、游一掌说得认真，知道他们不开玩笑，便也认真道："真的成立学会？"把几个一一看过来，问，"你们几个，什么学会？"

　　小任道，方言文学学会，两位主席互相看一眼，不作声。

　　小任追道："怎么，不说话？没有态度？"

　　作协主席犹豫道："现在的方言，红是两头，南下广东，北上东北和北京，我们夹中间，奶奶不疼姥姥不爱，谁稀罕。"

　　文联主席不说话，看着他们。

　　游一掌道："奶奶不疼我们自己疼，姥姥不爱我们自己爱便是。"

　　小任几个道，正是这话。

　　作协主席向文联主席道："就这，文人的酸劲，自我感觉。"

　　文联主席仍是笑。

小任道:"本来,文人便是茅坑里的砖,又硬又臭,偏还要逆风臭十里。"

大家一起笑了一回。

作协主席道:"行啊,你们有兴趣便是好事。"

说着看文联主席,文联主席想了一想,道:"你们搞方言什么,我提一个人给你们,刘老,可以请刘老出来。"

游一掌点过头,文联主席和作协主席便走开去,游一掌向小任道:"爸和爷爷都许了,我们怎么,另找个时间商量?"

小任看看另几个人,道:"别另找时间了,就现在,我们找地方撮一顿。边吃边说说,怎么样?"

大家说好。

游一掌笑道:"谁请?"

小任道:"谁做会长谁请。"

游一掌道:"想得美。"

小任道:"看起来游一掌已经自认会长了。"

游一掌道:"那是,难道你行吗?"

小任道:"我不行。只是这饭怎么办?"

游一掌道:"劈硬柴。"

小唐道:"AA 制。"

游一掌道:"那是洋称呼。"

一群人便向饭店走去,不敢进上档次的,只拣个中不溜秋的进去,也没人过来招呼,便自己坐了。回头看柜台小姐低垂着头,似未见他们进来,小任便喊"小姐",柜台小姐抬了一下眼皮,复又垂下,道:"点菜到柜台来。"游一掌看大家,问:"点什么?"

小任道:"你做主便是。"

游一掌道:"我点菜是可以,但是说好劈硬柴,不许赖。"

小任几个笑,道:"谁赖啦。"

游一掌便过去点菜,不敢拣好的,只管看着菜价拣便宜的来几个,问饮料,游一掌道,酒,便回过来坐下,告诉大家,只有酒。小唐站起来道:"我不喝酒,我自己去要饮料。"小任几个起哄,道是谁喝饮料谁付钱,小唐竟真的不去拿饮料,复坐下,朝小任几个看看,道:"嘴凶是吧。"小任便求饶,道是知道小唐的酒量,不敢和小唐较,小唐才笑了。店里没什么生意,上菜倒是快,酒也上了,便喝开,三五杯下肚,都活泼起来,连不怎么开口的高书案也连笑带说,小任几个便要划拳,游一掌道:"怎么,真的喝酒来的?"

小任便笑,道:"游会长真的像会长了。"又问,"主席说刘老,谁呀?"

游一掌道:"原先的文化局长,现退了。"

小任咦唏一声,道:"虎落平阳。"

游一掌摇头,道:"不,刘老是有根基的。"

小唐道:"知道,搞地方戏的。"

游一掌道:"正是,所以对方言偏爱,主席提醒很有道理,是爱护我们。隔日我们便去拜访刘老。"

小任道:"就是说,名誉主席。"

游一掌点头。大家道,游一掌看你不出,心里早有打算,游一掌道:"那是,没个打算,这会长还不被你等篡了权去。"

大家笑道:"说得出,谁会长了,谁选你的,说你胖你就喘,已经会长似的了。"

游一掌道:"会长一职,非我莫属。你么,任飞翔?你么,唐小彬?你么,高书案?你么,季渊?"

大家道,不的,不的,我们不的,会长是你,游一掌。

游一掌道:"当仁不让。"

接着又喝,唐小彬不知为什么和任飞翔较上了,小任道:"越怕鬼鬼越缠,没办法。"

小唐只是朝他举着杯,也不说话。小任嘴说好男不和女斗,却见他一杯杯往下灌,游一掌道:"看看,成立会开不开?"

大家道,开,怎么不开,非开不可。

游一掌道:"注意了,把头脑搞清楚,我们可比不得人家,我们是晚儿子,比不得人家小说散文什么的,那是亲儿子,乖儿子,我们晚儿子,没人管的,要靠自己。"

小任道:"可别说,现在亲儿子也没人管了。"

游一掌道:"不管别人!倒是兴致很高似的,拿什么来开会,费用哪里来?"

大家道,会长想办法,要会长做什么,就是办事情的。

游一掌道:"除非把我卖了。"

大家又笑,把你卖了值几钱。撒泡尿照照自己,谁要,我们是不要。小任乘机反小唐一把,道:"除非卖小唐,还能值几个,开个会大概够了,还能赚一点,撮一顿。"

小唐道:"行啊。舍身救方言么。"

大家复又笑。

游一掌道:"没办法的事情,告诉你们,你们这几个,谁也逃不脱,我现封了,副会长,每人解决一部分。"

高书案急道:"我不行的,我到哪里解决,我们地方志,本来就是讨一口过一日的。"

游一掌道:"你道是向你自己的单位要呀,你道我们都在自己单位想办法呀。路子要野,找找,看有没有什么乡镇企业,哪怕乡下的小厂什么,越下面的越好哄,说几句好话,告诉他我们将在报纸上鸣谢,也算互利。"

小任道:"报纸鸣谢,套红半版,你谢得起,你知道要多少。"

小唐道:"打个招呼么,我和报社主任说说,文人碰文人,高抬贵手吧。"

小任一哼鼻子:"那你说去吧,不斩你一刀算你有面子,还高抬贵手,那贵手只对一件东西高抬。"

大家笑,小唐没了面子,也不怎么沮丧,只道:"那你说怎么办。"

游一掌道:"鸣谢什么也只是说说的罢了,到时候我们不登报,告诉他们我们登不起报,他们也不能把我们怎样,不定还可怜我们。"

高书案犹豫道:"哄骗呀。"

游一掌道:"你理解便是。"

季渊苦着脸,道:"说是越下面越好哄,现在也不了,现在下面也精了,厂长村长什么,他们玩一把就几万几十万,就不给你,你有何法。"

高书案道:"正是,跟你们说,我跟我们地方志主任去过,算什么,人家根本不明白你地方志是什么,只知道不经济不政治,人家也不怎么理你,饭倒是四菜一汤,有什么办法。"

季渊道:"四菜一汤算好的了。"

说得大家叹气。游一掌道:"别气,气是气不出什么来的,说我们的事情。我说,我们这几个一个也不得逃脱,成立会的费用就从我们这里出来。"

大家愣了一会,便齐齐地道,是,会长。

游一掌又说:"这是开始,如小任说的,先弄起一架造血机器来,哪怕先抽自己的血,也得把这造血机弄起来,弄起来就活了。"

大家默不作声,游一掌继续道:"我们办个执照,领营业证,自己干事情。"

小任道:"开饭店吗?"

小唐笑,指着小任道:"开饭店够你吃的。"

小任道:"哪能我一个人吃,大家吃。"

小唐道:"那店名就叫'大家吃'。"

一群人都笑,小任尤其愉快,季渊低声道:"开饭店,容易的事么,地方呢,资金呢,我弟弟为开个饭店跑了半年八字还未见一撇,苦死。"

游一掌道:"这话还早着点儿,开饭店还是开别的什么店,再说。先把事情一样一样做起来,先成立会。"

大家道,是了,黄泥萝卜,揩一段吃一段。酒也喝得畅了,事情也说得差不多了,呼小姐来结账,小姐道:"结账到账台来。"游一掌去结了账,道:"五个人,二百零八,八块算我的,二百五人平分,每人四十,不算多吧。"说着伸手向大家,小任摸摸口袋,突然"哎呀"了一声,道:"不好,钱包今天没带出来。"

小唐道:"你没带钱包,我没带提包,和你一样,空的。"

游一掌脸挂下来："怎么，想赖？"

高书案摸摸索索地掏钱，全是些零碎，数了半天，连分币都算上了，道："真是的，不够，三十块还差几角。"

小任道："老婆抠这么紧呀。"

高书案道："也无法，我本来就挣得少，不抠怎么办，还能让我胡花呀。这钱，今天二十四号吧，一星期的伙食在里边呢。"说得凄凄地。

小任回头看着游一掌笑，道："游会长，你忍心不？"

游一掌道："就你们紧巴，我不紧巴？就你们老婆凶，我老婆不凶？"

小任道："知你老婆凶的。"

游一掌道："既是知道，那就拿出来。"手已经伸得酸，却没有一个人拿出来，游一掌道，"赖。"

小任道："这样，算我们先欠着你，以后还就是了，我今天真的没带钱，又没说要吃，说要吃，我就多带些，请你们也是可以的。"

游一掌道："我知道，千年不赖万年不还。"

大家笑。

小任突然道："不如这样，发票先搁着，我们今天不是讨论成立会的事情么，算是工作餐吧，等有了进账，报销，大家说，怎么样？"

大家说，好。

游一掌道："还没做事情，先吃了。"

大家道，有道是，筷子一提，可以可以，许他们经济那样，就不许我们文化这般。

游一掌收起发票，道："我认了，被你们坑一回，也算长点儿见识罢了。"

大家笑道，到今天游会长才认得我们呀。

一群人喝得恰到好处。醉醺醺出来，夜风一吹，无比的惬意，小任哼起歌来，并朝小唐身上撞一下，小唐尖叫，任飞翔你要死。

回到家，游一掌看老婆的脸阴沉着，赔笑道："今天挺好吧。"

老婆哼一声，不予理睬。

游一掌凑近点儿，又道："对不起，回来迟了。商量点事情。"

老婆仍不给脸。

游一掌再说："今天，单位好吧，不累吧。"

老婆斜他一眼，终于道："人不累，心里累。"

游一掌见老婆开了腔，心里一松，连忙道："怎么，有什么不顺心的事？"

老婆道："下岗呀。"

游一掌一吓："下岗？不是已经结束了么，你不是不下岗么，那天我碰到你们厂长，跟他说了，他说这次没有你，厂长也很客气，他也知道我虽然不是什么大人物，但不管怎么说……"

老婆打断他道："不管怎么说，这次要叫我下岗了。"

游一掌道："不可能，不可能，已经说妥的。"

老婆道："名额又扩大了，就扩大到我了，看什么工作情况，下什么岗，比后台罢了。史文萍怎么啦，比我强还是怎么，就没有她，有我。我不错别人，就错她，她和我别的都一样，做活还不如我，就是男人比我的男人强罢了。"

游一掌低垂了头。过一会抬起来，道："我找你们厂长去。"

老婆道："屁用,你顶什么,顶屁。"

游一掌道："已经定了?"

老婆道："差不多了,你不是正中下怀么,我下了岗,可以天天在家做奴隶,你可以天天喝酒玩什么去,不归家也行了。"

游一掌叹气道："我没本事,我没用,我顶屁,老婆我都帮不了,我算什么。"

老婆并不被他的苦肉计感动,哼道："告诉你,没那么便宜的事情,我不跟他闹呀。"

游一掌这才明白老婆不过吓吓他罢了,下岗的事看起来并没有定夺,细细一想,也是,若真的定了,老婆不能有这么沉着稳定吧,便笑了一下,道："那是,跟他们闹。"

老婆也笑了一下："我有那么好欺,下岗,下岗我不活了,靠你那几个钱,养谁呢。"

游一掌道："那是。"

老婆追加道："连儿子不如,儿子今天又带菜回来了,在馆子里做,倒也不错。"

游一掌道："那是。"见老婆说到儿子情绪好了些,便笑了一下。

老婆道："笑,还不许儿子学烹饪,做厨子有什么不好,比你强。"

游一掌再说："那是。"

老婆指着道："那是个鬼,没用的东西。"

游一掌见老婆阴转多云,趁势道："我们马上成立方言文学学会。"

老婆道："别提了,能当饭吃呀。"

游一掌道:"不管怎么说,我们有自己的组织了,一群人也能凑到一起,让我当会长呢。"

老婆道:"找个借口喝酒罢了。"一语道破似的,一撇嘴。

游一掌道:"那是。不过,我们也要出成果的。"

老婆道:"出成果呢。独出一张嘴巴。"

游一掌道:"我们这一群,一直是散兵游勇,聚到了一起也能成个气候。我已经想妥,先要出本集子,方言文学集,把我们这些人的作品一一收进去,也展览展览,看看我们的实力。"

老婆道:"想得倒是好,钱呢。"

游一掌道:"成立了会,就能生钱,合法挣钱。"

老婆道:"能挣钱,不如自己挣,做什么要大家沾光。"

游一掌道:"那不成,开口向人求赞助,道是我自己要怎么怎么,怎么开得出口,道是我们学会要怎么怎么,那还能说上几句,别人也不至于把你看小了去。"

老婆道:"你以为现在别人都把你看得很大是吧。"

游一掌道:"那也不是,我心里有数。"

这么说说这一晚上也就过了去。游一掌想抽支烟睡觉,被老婆凶掉,也不怎么气愤,免了这支安眠烟,倒也很快睡去。

过了两天,游一掌、任飞翔带上小唐一起到刘老家拜访,商量见面礼时,小任和游一掌有些犹豫,不知道是朝多些去还是朝少些去,是朝俗的去还是朝雅的去,是朝贵重些去还是朝一般性的去,论了半天,没个结果。小唐道:"罢了罢了,你们这算什么,现在的人还有嫌多嫌贵的么,没见过。"

游一掌道:"刘老比较疙瘩的,小心些好。"

小唐道:"买了我提着,我给,成就成,若不成或者退回来什么,反正是我没脸,与你们无关,行吧?带回来,算我的,给错了,怪我便是。"

游一掌和小任给小唐这一说,倒是没脸,道,那也用不着你一个女的出面,就去买了礼,带了上刘老家。刘老正在家听一出地方戏,这戏还是老带子,声音已经不大好,想是放的次数多了。保姆开门引游一掌三人进来,刘老便迎出来,认得游一掌,握手道:"好久不见了,怎么想到来。"又看小任和小唐,对小唐自是多看几眼。

游一掌一一介绍,刘老一一与他们握手,道:"好,好,欢迎,欢迎,我退下来,也没有什么事,也难得有人来看看我。"说的恐怕倒是实话,见家中也冷冷清清,摆设什么也一般,挂着几幅字画,"难得糊涂"之类,刘老让游一掌他们坐了,吩咐泡上茶来,小任道:"刘老本地人吧,口音很浓呀。"

刘老道:"那是当然,若不是本地人,官也让我做大了去呢。我们这地,不出大官的,故以临到离休也不过副厅级,1946年的地下党呢。"看游一掌他们都严肃了,便笑道,"不当真,说说笑笑的。"

大家也跟着一笑。

地方戏还继续唱着,刘老过去关了录音机,道:"也没别的了,就爱听个戏。"

小唐道:"带子是不是旧了,音色好像不怎么好了。"

刘老道:"小唐好耳力,是旧带子。"

小任道:"什么戏,刘老说便是,我们给你另外搞新的来听。"

刘老一笑,有点苦涩,道:"这地方戏,已经绝种,没处买,这带子还是托了许多人找来的,听着实在舒心,句句方言土语,多少生动多少丰富，到哪里去找这样的高雅艺术。唉，没有人问了，现在都奔那一个字去了，唉，不说也罢，说了也无用。"说着便叹气。

游一掌便抓住话题，道："刘老，今日我们来，正是向您汇报我们的想法，我们正筹备成立方言文学学会，文联作协领导都已同意，想听听您的意见，并且想请您出山。"

刘老听了眼睛亮起来，朝游一掌、小任、小唐挨个看过来，最后道："你们，你们搞方言文学研究？"

游一掌点头："是这个意思，也振兴一下，弄点气候出来。"

刘老便有些激动，站起来，走了几步，搓着手，道："是好事，是好事，只是，只是……"

游一掌知道刘老想说什么，便道："经费的事情，我们自己想办法，现在的文人，只有靠自己。"

刘老一拍手，道："好，有志气，有出息，我支持，有什么事要我出面的，我一定尽力。"

游一掌道："我们不敢多劳刘老大驾，只请刘老担任名誉主席，刘老的意思……"

刘老点头，又沉吟片刻，道："我是外行，不过，找个什么领导之类，我还能办办，成立会如果要请谁，你们尽管跟我说，我退虽退了，这点面子还是有的。"

游一掌道："那是。"

刘老又朝小唐看，笑道："小唐，难得难得，年轻轻的姑娘，也做学问，让我们老头汗颜。"

小唐一笑，道："我是瞎混混。"

小任道："刘老，小唐的方言文学创作，很有成就的，只是不能引起广泛重视,不公。"

刘老喜道:"是吗,哪天拿来我看看。"

小唐道:"刘老你听他的,我是瞎弄弄的。"

刘老问道:"你在哪个单位工作?"

小唐道:"在中学教书。"

刘老道:"教语文吧?"

小唐摇头:"教地理,才有些空出来,教语文带做班主任,很忙的。"

刘老点头:"原来是学的地理,所以对地方的语言有兴趣。"

都觉得刘老这话似有些许偏差,却也不便说出,只点头。刘老兴致勃勃,开始向他们说明方言文学的意义、作用、过去、未来等等,正说着,敲门声又响起,刘老道:"来了谁,你们猜猜。"

保姆去开门时,游一掌几个努力猜着,却根本没能摸着头脑,待保姆引进来一看,却是一位和尚,小任识得,脱口说:"是药山大师。"

药山大师合十躬身道,各位施主好,竟是一口地道纯粹的方言。

刘老笑了,道:"看,又来了个知音,大师的方言可是比我纯得多了。"

小任回头向游一掌、小唐道:"这是灵峰寺的方丈,当家和尚,并且是佛学院院长。"

刘老笑着补充:"局级和尚。"

大师也笑,阿弥陀佛。

游一掌看着方丈,道:"大师高寿?"

大师道:"七十有六。"

游一掌道:"精神很旺健。"

小唐便笑,道:"是不是天天练功?"

大师道:"那是。"

小唐再道:"是武功么,拳打脚踢?"

大师道:"坐功。"

他们说着话,刘老已有些坐立不安的样子,道:"小游,你们那事,是不是就这样了。"

游一掌道:"还小游呀,都小五十了。"

刘老道:"怎么,你都小五十了,真快,我们也是该老了。"回头向大师道,"怎么样,开始?"

大师道:"你忙过再说。"

刘老道:"没什么忙,就这样,他们搞方言文学什么会,我支持,不就行了么。"

游一掌点头。

大师却有兴趣,问:"什么会?"

游一掌便简短地说了事情,大师听罢,竟有无限感慨似的微微一笑,刘老突然道:"对了,大师对方言可是深有体会的。"便说了大师的一些事情,以大师在佛学界的资历、学问、造诣,做个省级和尚也是没话说的,只是大师生来一口土语方言,怎么改也改不了口,外出讲学什么,便不能有很成功的效果,刘老有些不平,认为现在的禅,竟然只讲究口头禅了。刘老说话,大师只是微微笑,待刘老说完,大师道,你们成立学会,佛学院和灵峰寺都支持你们,赞助多少,你们自己说。游一掌、小任、小唐都觉意外,看大师也不是开玩笑的人,便认了真,游一掌道:"能有大师支持,那真是太好了。"

　　小任道："从来只有和尚化缘，现在我们文人化缘化到和尚头上，这真是……"

　　小唐便笑，只是笑出些辛酸的味道。当下便说定了大师给的赞助数，得到意外的收获，游一掌他们一时不知说什么，想来想去，说谢谢也说不出口。此时刘老已迫不及待地摆出棋盘，这才知道大师是刘老的棋友，三人便告退出来走到街上，心里却并不怎么开心，倒是有些沉沉的，也不知为了哪般。

　　游一掌几人忙过一阵，成立会的费用算是基本落实，好在有药山大师那一笔款，要不然事情恐怕还得再费周折。于是就筹备开会，刘老道能请来市里领导，若真如此，登报的事情也就自然解决，可不花一分钱。接着还有些琐碎事情，比如便饭与否，比如礼品怎样，虽说琐碎，却也是要害。算算经费，两头只能顾一头，给了礼品就不能吃饭，若想吃饭就拿不成礼品，按小任几个想法，是两头都要。游一掌道，我还想每人发个金娃娃呢，成吗？改作家协会不也没饭吗？我们做孙子辈的，没饭也罢，发件礼品，实惠，便定了。又是商量礼品，作协发的台灯，不能再发台灯，价格差不多的东西，有的是，因为多，便不知挑哪样好，这也好，那也好，恨不能都要，却不能，只得忍痛割爱。最后定下每人一只工艺笔架，很精致的，也适合文人用，价格超出台灯一些，也算长个脸。

　　到得开会那日，刘老请来了市里前任人大常委会副主任和前任政协副主席，游一掌同文联主席求得一辆车去接了来，入主席台正中坐。事先得知有市领导要来，记者也来了一帮，议论着不知何故成立一个方言学会会来那么多市领导，此时看却是三线领导，便支支吾吾地退去大半。无偿登报看来是没希望了，也罢，会还是要开的，刘老的面子也不算小了。两位三线领导，都不是本地人，听大家说话尽是方言，也不怎么明白，只记得刘老关照要来说好话，便说了一通，说道是本地的方言如何地好，也能听出来是刘老事先吩咐过的内容。如此这般一说，大家便鼓掌，领导一兴奋，便用他的家乡土话道，娘的，老子来这地方多少年了，四十年，还就听不懂一句方言，这方言，什么鬼名堂，妖里妖气。场子里哄堂大笑，倒也不失幽默。效果最好的是药山大师的讲话，大师一口纯正方言，听似平淡，细细辨味，却是饱含情感，浓郁无比，听得全场鸦雀无声，从台上看到台下，许多人竟有一种入痴入迷的状态，小任在游一掌耳边道，像气功师一般。

大师讲完话，全场鼓过掌，人方才醒悟过来，场里也有了窃窃议论之声，选举会长唱票时，竟有两张票是选药山大师的，报出来又引来一阵笑，结果游一掌以多数票当选为会长，任飞翔几个当选副会长，与商定的完全一致。最后由游一掌宣布请刘老任名誉主席，一致通过，会议主要议程至此算是进行完毕。下面的内容可有可无，随谈的，有人开始互相打听，有饭没饭，始终不见主持人宣布吃饭，知是希望不大，有人便开始收包做散会的式子。刘老看到大家心绪有些散，心中也明白，凑过来问游一掌："小游，晚上安排在哪里，几桌，也可以说一说了。"

游一掌道："没安排饭呀。"

刘老一愣，停片刻，道："怎么会，怎么没饭？"

游一掌苦笑："跟您汇报过的，钱不够。"

刘老想了一会，摇头道："我怎么不记得，没跟我说过，我只当是有安排的，跟主任主席都说了的。"

游一掌有些尴尬，不便说什么，肯定跟刘老汇报过的，或者刘老根本没想到开会会没饭。

刘老看游一掌犹豫，道："其实也是，这些人，谁也不至于差这么一顿饭，只是让大家这么散了，实在是……再说，成立以后，还得发展呢，得靠他们。"

游一掌没办法，刘老道："这主我做了，有饭，让小任马上联系，水平还不能差了，至于饭钱，我负责，小游，别愁眉苦脸了。"

游一掌说一声："也好。"转身同小任耳语，小任自是兴奋，立刻起身安排去，这边刘老已经敲着话筒，大家静下来，刘老道："会议结束后，留大家便饭，薄酒一杯，吃饭地点散会时通知。"会场有了些气氛，活跃起来，纷纷道，想不到这小小学会还真能办点事情，游一掌心中惭愧，无话。等了一会，小任来了，道："妥了，在大鸿运，六桌。"

游一掌点头，向小任道："待会你告诉大家。"

小任看看游一掌的脸，奇怪，道："怎么，安排饭你不高兴？反正有刘老负责。"

游一掌道："说是这么说，到时还不是在我们自己身上，刘老怎么负责。"

小任道："我们自己承担就我们承担，何必这么没精打采，不就六桌饭钱么，吓得死谁！"

会场已经分成一堆一堆的，大家说着话，就剩下等吃饭了，到时间，一群人便浩浩荡荡到了大鸿运饭店，果然都已安排妥。说是便饭，基本的规格却也不能低了，几冷盘几热炒什么的，都少不得的。酒是中档的,高档的一瓶酒便抵一桌饭,小任任是大胆也不敢自作主张。大家入了席,游一掌举杯说着祝词,大家便喝开,吃菜,热闹起来,酒是好东西,几杯下肚,人便全没了平素的拘谨。药山大师在游一掌这一桌,问道他喝不喝酒,大师摇头,菜倒是不避什么,都能吃。到差不多一半时,大家肚子里也饱了些,话越是多起来,游一掌便引大家朝学会的事情上说,主要总离不开钱的事情,说到申请执照什么,请大家帮着出主意看办些什么能挣钱。又说了出方言文学集的打算,一致称好,并且纷纷出主意,有让办贸易公司的,有的认为现时贸易公司挣钱也不易,不如下点功夫办个实体倒是正道,也有的觉得这些人里谁也不是个做生意的坯子,而且根本也没有个店面场地什么的,不如卖执照也好,多多少少有些收入。说来说去,游一掌也不知听谁的好,想到大话已经出口,出一本方言文学集,大赔本的买卖,两手空空,一无所有,心里便乱乱的。

在一片嘈杂声中,刘老突然站了起来,大声道:"大家静一静,药山大师有话。"

药山大师也站起身,微微一笑,对刘老道:"你说也一样。"

刘老道:"好,我说。"便告诉大家,灵峰寺有一处寺庙财产,在闹市区,三开间的门面,本是一座小庙,后来改过一下,现在租给一个个体户开饭店,但是经营不善正要中断合同,大师愿将店面转给方言文学学会,租金方面,大师说了,意思意思就行。刘老说到此,餐厅一片寂静,刘老自己也有些激动,道:"游会长,至于这店面,你们继续办饭店也行,不办饭店改作其他也行,任由你们。"

游一掌不知说什么才好,只是盯着药山大师,大师仍不说话,只是笑着,大家回头朝游一掌道,游一掌,你成了。

二

饭店取名为"大家帮",是由小唐的玩笑"大家吃"启发来的。其实"大家吃"也是挺好的,挺有特色,挺民俗,方言文学本来就是民间的东西,饭店的名字,就该俗一些,大众些。可是想来想去,"大家吃"总是有些那个,就在几个会长副会长中也通不过,别说名誉会长,还有许许多多的有关人员那里了。于是大家商议改成"大家帮"饭店,倒是获得了一致意见,刘老也觉得挺好,就这么定了。

"大家帮饭店"在大家的帮助下,经过两个月的努力,终于正式开张。为了开张的宴请,会长、副会长、秘书长、副秘书长坐下来专门讨论。大家回想这两个月的努力,都有一番感慨,从清盘估价,到全盘接受,再到里里外外重新装修,用了两个月的时间,算是很快的。大家一致认为这全靠众人撑帮,若没有大家的帮助,就凭方言文学学会这几个人,别说两个月,两年恐怕也弄不起来,冲这一点,开张的宴请就不能忘了帮助过他们的每一个人。排起名单,真是一长串,饭店并不很大,三个单间三桌,大厅十二桌,一共十五桌,小唐点着游一掌记下的人名,笑起来,道:"我说'大家吃'这名儿不错吧,你们看看,已经一百五十出头了。"

游一掌不信似的把名单接回去:"怎么,我还没怎么写呢,已经一百五十了?"

大家笑。

小任道:"不行,有几家关系户还没在名单上呢,那是非写不可的。"

游一掌问:"谁?"

小任道:"比如吧,城管方面的。"

高书案道:"怎么的,城管方面也要我们请,哪里搭到哪里?"

小任道:"我告诉你,开个后窗,才捅了墙,城管的人来了,罚两千,我打的招呼,我道这是文人开店,可怜巴巴地这么说了一番,人家倒也给面子,免了,不就给我们省了两千。跟你们说,这样的事情多得很,卫生防疫又来,又是多少,也给免了,都看我们面子,能不请?不是他们帮忙,这饭店没开张恐怕就得罚去多少钱……"

小唐笑道:"你面子大。"

小任一本正经:"你别说,人家还真买文人面子呢,看起来现在文人是不值钱,这些人倒还认的……"

小唐道:"什么呀,人家是可怜我们,你以为什么呢!"

小任道:"管他怎么看我们,让我少花钱就好。"

游一掌点着头道:"这倒是,并且,以后还得和他们打交道,是要请……"

于是再商量,坐了整整一下午,总算把名单排定,由游一掌、小任、小唐送到刘老家过目,刘老看了一下道:"铺张虽是铺张了些,但也是必要的。"他指着名单上的人名,又道,"这些人,你平时想和他们套近乎也不怎么好套呢,借这机会,请来一聚,以后会有更大的帮助。"

小唐道:"我们也是这样想的。"

刘老朝小唐笑,又对游一掌、小任道:"这些人,都交给小唐也行,让小唐去公关。"

他们一起笑了一回,最后和刘老一起商定主桌上的人,刘老一定要把小唐拉到主桌上，结果排来排去多一个人，游一掌道："我不坐主桌也行，有小唐足够。"

小唐道："那怎么行，你不坐我也不坐。"

刘老道："都坐，都坐，另加一个座位就是，稍挤一些，反觉得亲切，不是吗？"

这么定下开张宴请的事情，三人又回到饭店，和饭店承包人老三商量菜的档次，老三先说："我们把话说在前面，明天这饭，是记你们学会的账还是怎么？"

游一掌三人都一愣，随后小任道："那当然，不会让你赔的。"

老三松了一口气，道："那就好说，吃好吃差你们自己说便是。"

小唐道："我说的是吧，还没开张先开销，这饭店叫大家吃饭店是不错的。"

游一掌道："也就这么一次，以后，我们掌握得严一些就是。"

小任在一边笑，小唐也跟着笑，老三道："别，千万别什么严，你严了，我怎么办，我这市口也不算好，没你们介绍生意，我到哪里去挣那么多。游会长你也特狠心，你去打听打听，像这样的情况，人家承包一年才交几个钱，你要我交那么多，我到哪里去挣？"

游一掌道："这是前话了，合同也签了，你再说无用，我们只说往后的事情，我们有饭局，当然是往你这里来，但也不能为了你的生意，让我们天天来吃吧。"

小唐道："一年的承包钱够吃几顿？还指望用这钱出书呢。"

游一掌道："那是，这是我们办饭店的目的和宗旨，不能有错。"

小任道："什么呀，目的宗旨什么，一本正经似的，看着吧，这饭店就是大家吃。"

游一掌没有再说什么,只盯着老三把开张的菜说定了,便起身回家了。

一路骑着自行车,心里乱乱的,不知有些什么想法,只觉有些累,回想这两个月,自己搅在这个盘子里,也算是尝了一回梨子的滋味,方才知道这滋味并不是什么好滋味。早在清盘估价让他出面的时候,游一掌就犹豫,觉得自己走错了一步,本是不该接这事情的,也知道复杂,也预想有种种麻烦,弄一爿店,不容易,这游一掌也不是不明白,却又不得不做起来。小任几个道,你不做,谁做?叫别人来做,你能放心?总共那一点点东西,让人家和老秋穿了连裆裤,把你卖了你也不明白。

老秋是上一届的饭店承包人。游一掌无话,只得做起来,才知道事情真厉害。老秋反正是死狗一条,租了寺庙两年的房子,欠了一屁股债,眼看着要上法院,慌了,便要甩手,以为和尚好糊弄,不料时代不同和尚也是不同,灵峰寺的监院法源腰里也配 BP 机,对外一律称法总,经济头脑强老秋几倍,老秋聪明半世,到哪都是坑人的,如今和和尚沾上,不仅没有沾一分一厘的光,反倒是湿手沾面团,甩掉也不易,心中自不甘。后来便听说由下届承包人游一掌出面谈判,心中一喜,知是文人好捏,又吃准游一掌盘店心切,便拿他一把,两年里由他添置的硬件——把价开得高高的,让游一掌压去,他只不松口,眼看游一掌压得眼睛发绿,老秋心中阵阵快意。只苦了游一掌,小任几个请了事假。来做后盾,也是无用,只谈不下价格来,只得再回头求助药山大师,大师道,这类事情是法源负责,找法源便是。游一掌向法源说明缘故,法源道,寺庙之内,大小事等皆有方丈做主,只这经济工作,由我说话,饭店一事,已经是你和老秋之间的事，与我再无关系，这是事先都说明了的，若有什么不明白，我可再说一遍。游一掌知是无望，只回头再找老秋。如此谈了三天，双方让了一步，总算结束。游一掌走出店门，看着满街人流，心中竟是一片茫然，回到家里，见儿子在家，竟然问道："你怎么在这里？"儿子奇怪，我不在这里在哪里，这不是我的家么？游一掌仍是愣了半天。这样的日子一直过了两三个月，其中的每一天都是像打仗似的，到今天总算告一段落，只等明天把开张的宴席请过，以后便是老三的事情了。如果按原定计划，一年以后，方言文学集就能出版，游一掌一路理过去，慢慢地有了头绪，心里不再乱乱的，知道自己该往哪儿想了。便开始盘算方言文学集收辑本市哪些作者的作品。他把许多发表过的方言文学作品一一回想一遍，觉得很振奋，方言文学确实有许多精品，一本集子是不可能全部进去的。游一掌想，到时候，收谁的，不收谁的，得好好议论一下，得摆摆平。还有一些虽然不是专门从事方言文学创作，但是他们的作品有一些也是方言文学作品，也不能忘记他们，免得被人家说武大郎开店什么的，一路这么想着，心绪很好。文人毕竟是文人，一想到创作的事情就浑身来劲，要开个饭店什么的，弄虽然也是努力弄，但心里却是很勉强，至少不是心甘情愿的。游一掌颇有感慨，想起一句话，找到最适合自己的位子，才能发挥最大的才能，想这话说得很有道理。

第二天的开张宴请进行得很顺利，请的人基本上都来了，十五桌坐得满满的，大家济济一堂，如刘老所说，显得格外亲切，自家人似的，城管主任、派出所所长、饮食科长，喝了些酒都和游一掌称兄道弟，又和小唐闹酒，十分融洽。情绪最好的是刘老，站起来举杯祝酒,一再地说,我们这小店是大家帮出来的,以后也许还有事情麻烦各位,大家都说,好说,好说,只要你们开口,我们能办到的一定办,有了这话,游一掌心里也很熨帖了,虽然也知道是酒话,但总比没有的好,以后有了什么事,这些人,找他们说说看起来是没有多大问题的。于是想到这一顿饭实在是请得应该,请得合算。宴席结束前,游一掌代表方言文学学会再给大家祝一次酒,说道:"再一次感谢各位。"将酒一饮而尽。大家叫好,刘老又站了起来,道:"有些话,游会长不说我来说,既然这饭店是大家帮出来的,我们也应该对大家有所回报,别的东西我们也拿不出来,既然这饭店开着,我们非常欢迎大家常来我们的小店,有客人带来也行,亲戚朋友一起来也行,自己想喝几杯了,来,也行,自己能会账的最好,一时会不出的,记在我们方言文学学会账上便是……"

有人道那怎么行,你们不被吃空。

刘老道:"你们不来,是看不起我们,"回头朝游一掌看着,问,"游会长,我说得对不对,我没喝醉吧?"

游一掌道:"说得对,说得对,刘老怎么会喝……"发现小任、小唐正朝他做眼色,愣了一下,张着嘴不再往下说。

城管主任、派出所所长、饮食科长等齐齐地站起来,举着杯,七嘴八舌道,从前都听说文人不好相处,说什么文人尖酸刻薄,心胸狭窄什么的,看来都是屁话,这文人,我们能交,够朋友,够意思,说了一大堆,尽是好听的,酒也喝得差不多,舌头也有些大了,头也晕乎乎的。宴请至此,真是恰到好处,散席的时候,一个个拉着游一掌的手不肯放。

送走客人,游一掌长长地出了一口气,回头看,有小任、小唐、高书案几个等着他,游一掌道:"结束了。"

小任道:"怎么是结束,这是开始吧。"

小唐道:"是新的开始。"

游一掌说:"就这样了,找个时间,我们议一下候选篇目怎么样?"

大家说好,说只等游会长通知便来,问在什么地方,游一掌道:"我们能有什么地方去,只能在这饭店了。"

小唐道:"又是一桌。"

游一掌说:"不吃饭也行,只要把事情商量好。"

小任道:"工作餐总要的。"

游一掌说:"再说吧。"

会长、副会长们散了,游一掌回家去,老婆看他脸红红的,道:"又喝。"

游一掌说:"今天能不喝?今天我们饭店开张。"

老婆"唏"一声,说:"找借口吃就是。"

游一掌道:"你真是,把我看得也太……我是那样的人么?"

老婆道:"把你看得怎么样,太低么?你很高呀?吃吃混混。"

游一掌认真道:"我们这一次,是真的要办事情的,告诉过你,出一本集子,方言文学集,这一次我们是要出成果的。"

老婆道:"我等着看你们的成果呢。"说着便走开去。

游一掌坐下,安安心心地抽了一根烟,便摊开纸来,慢慢把该列出来的作者和作品篇名一一列出来,每写下一个名字,每写下一个篇目,游一掌心里就有一种亲切的感觉。

过了一天,游一掌在单位上班,接到小任的电话,说是报社的几位碰到小任,怪方言文学学会不上路子,开张时竟然不请他们,小任在电话里说:"游一掌,你看看,我说的吧,这方面的朋友少不得。"

游一掌道:"我也不是不明白,只是那一日已经坐得满又满,你也不是不知道。"

小任道:"不管怎么说,新闻界是要联络好感情的,我们补请就是,游一掌你定个时间。"口气好像他是会长而游一掌是副手似的。

游一掌稍一犹豫,小任便道:"还犹豫什么,有好处的,他们替我们免费宣传,你知道做一道广告多少钱?"

游一掌道:"就我们,做什么广告?"

小任道:"你不想得到社会更大的支持?"听游一掌仍没表态,口气便有些不乐似的,道,"游一掌,你也不是个死抠的人么,怎么了?报社的人可不仅仅是我的朋友呀,你若不肯,我自己请,但是一定要到我们饭店,你也得到场,就说是我们学会请的,怎么样?"

游一掌道:"真要请,哪能让你自己掏包,算了,就我们学会请吧。你说得也有道理,新闻界确实需要联络感情,将来即使会员有什么说法,我们也可以解释。"

小任笑了起来:"我就知道游会长好说话的。时间你定,定了我好去通知他们。"

游一掌看看日历,道:"就明天吧。"

小任道:"中午还是晚上?"

游一掌道:"当然是晚上,中午喝了酒,下午上班怎么办。"

就定下来,第二天请新闻界,小任提议,反正请也是一桌,不如多请几位,除了报社,再把电台、电视台的朋友各请一些来,凑满一桌,游一掌没有理由反对,挂下小任的电话,就给老三打电话,老三自是高兴,不提。

隔日晚上请了新闻界的朋友,大家酒足饭饱,小任道:"各位,都是我们的上帝……"

大家说不敢。

小任继续说:"今天只是一个开始,以后,你们有什么尴尬事情,比如请个客什么的,若不方便,就到我们这地方来,账挂在我们学会上。"

大家看着游一掌的脸,说这怎么行。

小任道:"这也是游一掌会长的意思,只要不嫌弃我们饭店,尽管来吃,你们来,是看得起我们。"一边说,一边过去叫了老三来给大家介绍过,让老三敬大家一杯,老三敬了,大家都干了,老三说着请多关照之类的话,小任道:"老三你放心,你有了这一帮朋友,你便能成了。"

大家推说不敢,但面有喜色,到散席时,小任拉游一掌到一边,低声道:"妥了。"

游一掌不明白:"什么妥了?"

小任道:"什么妥了,宣传方面的事情呀,全交给他们办了,三日内见报上电视。"

游一掌道:"那是好事。"

一行人意犹未尽,有人提出想唱歌,遗憾的是饭店没有配备卡拉OK,小任把老三拉来:"老三,下一步,卡拉OK得跟上。"

老三点头称是,说正在准备,各位下回来,一定能唱上。

小任低声问游一掌:"是不是乘兴请大家唱一唱?"

游一掌道："到卡拉 OK 厅？自己的饭店可以挂账，别人谁肯让你挂账！"他说着拍拍自己的口袋，"我们还不曾有一分进账呢。"

小任道："我可以先垫着，有了进账再还就是。"

游一掌笑道："这回你倒大方了。"

小任道："这点面子总是要的，人家不提也就算了，人家既然提出来……"

游一掌道："他们别搞错了，我们不是乡镇企业农民伯伯呀，他们敲的是穷文人呀。"

小任道："穷文人想富起来，也要出一点血本呢。"

游一掌无法，道："行了，你愿意垫着那是最好。"

于是一行人到一家卡拉 OK 厅唱到深夜，算是尽兴。

游一掌在三天之内一直留心着报纸和电视，却一直没看到关于方言文学学会的宣传，打电话问小任，小任叫他别急，答应了的事，总会办的，再说这事情是免费宣传，催不得的，游一掌便不好再多说，放下电话，就看到小唐站在他面前，游一掌说："咦，你怎么来了？"

小唐道："我刚从刘老那儿过来。"

游一掌看出小唐有事情，道："说吧。"

小唐道："吃饭。"

游一掌道："是刘老的客人？"

小唐道："是，他不直接找你，要我来和你说。"

游一掌道："什么客人？和方言文学有没有关系？"

小唐道："他说是同行什么，我看着也不像。"

游一掌道："怎么办？"

小唐道:"什么怎么办,我早说的,大家吃罢了。"

游一掌道:"别人好得罪,刘老却是不能,再说这也是第一次,下不为例吧。"

小唐笑,说:"那就下不为例吧。"

请过了刘老的客人,小唐对游一掌说,她也有人要吃一次,说是她的几个朋友,是搞群众文艺的,和下面乡镇企业挺熟,把他们的关系拉上了,以后出书什么,找家乡镇企业赞助,一句话。游一掌说,我不听你的,小任请了新闻界,说见报宣传的,到现在一个字也不见。小唐就不高兴道,怎么,只能你和小任请客人,还有刘老,我们就不能请客,告诉你,不光是我,高书案、季渊他们都有话要说呢。游一掌道,说什么话,我没有请什么人,都是你们的人。小唐道,虽然不是你的人,可是你次次在场。游一掌道,那以后我不在场就是,小唐道,那也由不得你,你不在场吃了谁签字,你还就得认账。游一掌苦笑一下,小唐的客也算是请定了,接下来高书案、季渊他们几个副会长、副秘书长也一一把自己的人带来吃过。一日老三看看挂账的本子,"啊哈"一笑,游一掌心中也是有数,再来这么几下,老三的承包费也就差不多了。游一掌回到家里,长吁短叹,老婆在一边冷眼相看,道:"叹什么气,本来你们就是弄着玩玩的么,你还真当回事儿呀。"

游一掌道:"不当回事儿怎么办,成立会的时候宣布的,一年之内要出书,说话不算数了。"

老婆道:"谁让你开饭店,你开个别的什么店,上哪去吃?"

游一掌一愣。

老婆继续道:"恐怕,也是你自己的主意呢,开个饭店,吃起来多方便，什么时候想吃，找个借口便是，其实，这样也挺好的，大家方便，我们做家属的也跟着沾沾光呢。"

游一掌看着老婆，不知她说的什么意思。

老婆道："没告诉你呀他们，我也到你店里去吃过。"

游一掌一惊："什么？"

老婆道："没有什么大惊小怪的，我一个小姐妹做生日，想找个便宜点的店，我就领着去了，正碰上你们那个小任也在吃，结果，没让饭店收钱，我也长一回脸呢，还有，我们儿子也去吃过一回的。"

游一掌说不出话来。

三

到大家坐下来正式讨论出书的问题时，一算账，第一年的承包费已经吃空，正开始吃第二年的了。游一掌情绪有些低落，大家说，低落什么，山不转水转，我们这几个月靠这饭店也打下了很好的基础，饭店的钱不指望，指望别的地方来钱就是。游一掌摇着头，那还不如指望天上掉钱下来，大家笑，说，这也不是不可能，哪里哪里天上不是掉下什么什么来的么。游一掌道，你们还说笑，书还出不出了？大家齐声道，出不出书不是大事。游一掌道，那就是说我们说话可以不算数？大家又笑，道，说话不算数的人多着呢，怎么也轮不到我们。我们又不欠着谁又不该着谁，我们出书不出书与别人何干。游一掌挨个看着大家，道，当初大家很起劲成立学会不就想是为我们的方言文学出点儿力，做点事情的么，怎么半年一过，都换了口气,早知今日这样,当初也不必那么起劲地成立什么学会。大家又齐齐地反对游一掌的说法,道,不的,成立学会还是对的,不管怎么说,我们比别的学会强,我们有个饭店,别人没有,现在我们这些人走出去,大家都对我们刮目相看了,说起来,都是说,他们有个饭店呢。游一掌道,那是骗来的,我们跟药山大师说要搞方言文学,药山大师才愿意赞助我们的,赞助了却不搞,这不是骗么。大家道,怎么不搞,要搞的。游一掌道,怎么搞,书也出不出来了,大家又笑,都朝小唐看,游一掌这才知道大家有什么好消息,都知道了,只是瞒着他的,便也朝小唐看。小唐道,我说的吧,我请的客人,不会白请的,有两家乡镇企业愿意赞助我们出书。游一掌不怎么相信,道,说定了?小唐道,当然说定了才来告诉,不说定了我敢自己做主?游一掌道,多少钱?小唐道,你别问多少钱,反正两家共同负责帮我们把书出出来就是。游一掌这才笑了,道,怪不得你们那么大胆地吃呀,大家道,那是。小任说,早着呢,我的关系还没有开始动用呢。

　　既然经费有了来源,大家也都觉得该讨论出书的事情了,说说议议,半天过去,到了吃饭时间,小任道:"工作餐啦。"

　　游一掌犹豫:"已经在吃明年的了,还吃?"

　　小任道:"饭总要吃的,再说,我们已经吃出成果来了么。"

　　高书案、季渊也称是,游一掌没话,便让老三准备,此时卡拉OK早已经配备,边吃边唱,很快活。

　　过了些日子。该收集到集子里去的方言文学作品基本收齐,由游一掌再全部看一遍,筛选一下。游一掌晚上在灯下读这些作品,真是越读越有味道,越读越觉得方言文学确实是很了不起的,越读越觉得学会所做的工作是很有意义的。游一掌读得很认真,每一个字、每一个词、每一句话,他都不轻易放过。他在读小任的一篇小说时,读到一个方言词语,感觉到有点别扭,再读一遍,还是别扭,再把前前后后的段落重读过,仍然是那种感觉。便想到要替小任重新换一个词用,一时却又想不出更合适的词,顿住了,拿出方言词典来翻找,找出许多近义词,看看意思都差不多,但仔细辨辨,却没有一个是完全相同的,换上去仍然不很确切。只得撂下这一篇,再看其他文章,心里却老是想着那一个词,分了心,文章就看不大下去,不像一开始那样看得津津有味了。

下一次碰头的时候,游一掌就向小任提出这个问题,小任好像已经不记得自己哪篇文章里用过这个词,经游一掌提醒,才想起来,挠了挠头,一笑,似是而非地道:"噢,那个词呀,是不很确切么?我也记不清了,我回去看看。"

游一掌道:"我把那篇文章带来了,你看看。"

小任接过文章,道:"游一掌,你还挺认真。"一边看自己多年前写的那文章,一边看着看着就笑了,道,"哎呀,不能看了,这叫什么文章,怎么会写出这样的文章。"

小唐笑道:"谦虚起来了。"

小任道:"我谦虚什么,你拿你几年前的文章看看,能读下去?"

游一掌道:"那是,这几年的进步是很快的,但是我们的集子要体现许多年的水平,所以前几年的也要收一些。你这一篇,还是不错的,只是我说的那一个词,像是有点……"

小任已经看到了那一段,自己把它念了出来,大家听了,也没有听出其中哪一个词用得不确切,小任说:"挺好么,挺顺的么。"

游一掌便把他觉得别扭的那个词指了出来。

大家反复体味，没有人说话，小任道："这个词呀，这个词本来就有几种含义，我用在这里是对的，没有错。"

游一掌道："我也没有说错了，只是觉得不够贴切罢了。"

小任道："我怎么觉得这文章中还就这一个词用得最贴切呢。"

游一掌朝小任看看，他听不出小任说的是真话还是戏话，小唐在一边笑着说："刚才还夸你谦虚，一会儿就自大起来了。"

小任夸张地道："我还自大呀，我说我的文章中只这一个词用得确切，这还自大呀。"

小唐道："你有意和游会长抬杠吧。"

小任笑，转向游一掌道："游一掌，你别听她挑拨，我跟你说，我是有根有据的，这个词，确实有几种含义，不信你回去看看方言研究。"

游一掌说："我也没有别的意思，只是提出来供你参考罢了，文章是你写的，词是你选用的，一切由你自己决定。"

大家都笑了，道，对，文责自负。

他们最后确定了应选的篇目，又在饭店用了工作餐，再唱几首歌，方才尽兴回家。

游一掌回家后，立即找出方言研究来看，可是方言研究上对这个词并未有明确定义，游一掌想小任会不会说错了书名，或者，是他自己听错了，也许在别的书上，于是把一些方言方面的书全部翻出来，一一看过，仍然没有找到小任的那一种说法。对方言中的这个词，大部分书上只有一种解释，认为这个词只有一种含义，游一掌不知道小任的说法从何而来，心里一直搁不下这个词。

游一掌把选定的篇目认真看过以后，就可以送厂排版了，钱的问题也就提到了议事日程，一日中午快到吃饭时间，小唐突然来了，看游一掌正准备回家，挡住了道："慢走，会长，中午你请客。"

游一掌道："怎么又请客？"

小唐道："我的那些朋友，马上下去替我们拉赞助，今天你不请一顿，不怕他们拆烂污？"

游一掌道："上回不是请过了么？"

小唐道："上回，哪年哪月的事情？"

游一掌仍是不松口，被小唐连拉带扯弄到饭店，一看，人都已经到齐，都等着他呢，小任、高书案几个也在，游一掌摇头，笑道："拿你们没办法，坐吧。"

大家笑着入座，小唐脸上放着光彩，给游一掌一一介绍她的那些朋友，说："小任他们都认识了，上次请客游会长正好有事情，没来，这次游会长出面请你们。"

小唐的朋友都说着感谢的话，便开了席，老三颠颠地来回跑着，脸上挂着一丝不怀好意的笑，不断地加菜，并且在菜上玩出许多花样，小唐的朋友指着那些花式花样，笑道："这都是钱呀。"

游一掌几个只点头称是，趁着酒兴，游一掌开口道："听小唐说，几位朋友，亲自下去帮助我们跑赞助？"

小唐的朋友都一愣，小唐连忙接过话题，道："我们游会长的意思，是感谢你们对我们方言文学学会的支持。"

小唐的朋友点头道，好说，好说。

游一掌狐疑地看着小唐，小唐笑道："游会长，他们这些人都是老板经理，时间是很金贵的。"

游一掌道："那是，不像我们，时间不值什么。"

小唐小声道："赞助的事情，我会跟他们直接说的，你放心便是。"

游一掌不好再说，只是心里不踏实，总觉得这些人吃吃喝喝，不像办正事的样子，抽个空子，把小唐拉到一边，问："算数不算数？"

小唐道："你怎么变成近视眼了，这些人，你和他们笼络了感情，不会吃亏的。"

游一掌道："这我也知道，可是我们的当务之急是筹款出书呀。"

小唐道："你真是急功近利呀。"

游一掌道："咦，你自己说的，他们下去替我们跑赞助，我们请他们吃一顿，这不是你自己说的么。"

小唐道："你也太把他们看小了，他们这些人，到哪里没得吃，要来吃我们这小破饭店呀。"

游一掌道："话不能这么说，小破饭店也是钱。"

小唐看着游一掌着急的样子，突然笑起来，道："游会长真急了，你急什么呀，是我的朋友，我自会负责的，游会长，不会白吃你的。"

游一掌道："也不是我的，是学会大家的。"

小唐道："既是大家的，就大家吃吧。"正笑着，里边喊起来："小唐，溜到哪里去了？"

小唐和游一掌重新进去，继续吃。

请客后过了几天，没见小唐的消息，游一掌忍不住给小唐打电话，小唐接电话就笑，道："我知道你会给我打电话。"

游一掌问:"他们下去了没有,结果怎么样?"

小唐反问道:"谁们下去,到哪里去?"

游一掌道:"你的朋友呀,不是说他们下去替我们跑赞助的么?"

小唐道:"游会长你好了得,他们都是些忙人,怎么可能帮我们下去跑,跑赞助的事情我们自己做。"

游一掌道:"什么?"

小唐道:"他们只给我们写张条子介绍下去就能解决问题。"

游一掌怀疑:"写张条子管用?"

小唐道:"怎么不管用,说了,都是他们的铁关系,写张条子就等于看了他们的人。"

游一掌道:"那就好,我们出书的希望就靠在这上面了。"

小唐道:"什么靠,谁靠谁呀?"

游一掌道:"靠你呀。"

小唐道:"你说得出,我一个人怎么行?"

游一掌道:"什么,弄到头还得我们自己去讨饭呀。"

小唐道:"能讨到就算不错了,你,还有小任他们,我们一起去。"

游一掌问道:"一起去,怎么去?"

小唐道:"当然得弄辆车,现在下面的人也挺势利,没有派头的人他们理也不理睬。"

游一掌道:"你有车?"

小唐道:"我哪来的车,当然是会长解决啦。好了,我下边还有课,你弄到车子,早点通知我,还有小任他们,你一起通知了。"说完挂了电话。

游一掌抓着电话，愣了半天。

游一掌借了两天车，也没能落实下来，有的单位是一口回绝，也有的地方并不一口回绝，只说得含含糊糊。游一掌心里却是明白，自知无望，最后求到文联，文联只有一辆车，主席听游一掌说了，同意借半天，游一掌算了一下时间，半天虽然够紧张，但抓紧点也能把事情办妥，落实下来，便给小唐、小任几个打电话，约好了出发的时间和地点。

到那一天，碰了头，小唐笑道："我说的吧，到底是会长，总会有办法，你看，车也弄来了。"

小任道："那当然，要不，让你做会长了。"

游一掌只有苦笑，一路过去，小唐、小任情绪很好。先到一厂家，说是厂长出门了，找副厂长，一看条子，说自己做不了主，厂里是厂长负责制，只厂长说了算。说这话的时候，有些复杂的表情，看起来不像是假话，无法，只得到第二家去，厂办的一个秘书样的人看了纸条，道："你们稍等。"起身到另一间屋去。

这边大家觉得有了希望，都看着那一扇门，希望从里面走出个财神来，谁知等了半天，秘书样的人出来，说："对不起，我们厂长出去了。"

大家很意外，一时想不到该说什么，秘书样的人脸上有一丝狡猾的笑意。

僵持一会儿，小任指指另一间屋，道："里边的人是谁？"

秘书样的人愣了下，随即道："是我们书记，可惜现在书记说话不算数。"

小任道："我怎么知道他是书记还是厂长？"

秘书样的人狡猾地一笑，道："那你自己去问问他也行。"

大家又没话说了，看着小唐，小唐道："我们走。"

一行出来，小唐拿出第三张纸条。

游一掌、小任都灰了心，司机道："还跑呀，来不及了，下午主席用车，一点半。"

小唐道："抓紧点，再跑一家。"

小任道："你以为会有收获？"

小唐不作声。

游一掌叹息一声，道："回吧。"就饿着肚子回家了。

游一掌到家一看，老三正等着他，问什么事，老三哭丧着脸说："大马带着人来捣乱，上午来过，说下午还来。"大马是老三的下手，和老三闹矛盾，被赶出饭店，从此不得太平。

游一掌道："你找我有什么用？"

老三说："你去找派出所所长吧。"

游一掌问："你自己为什么不找？"

老三说不出来，只支支吾吾，道："还是你出面，你是文人，好说话，再说，你和派出所所长有交情。"

游一掌说："我和派出所所长有什么交情？"

老三道："没有交情，开张时怎么一请就到？"

游一掌"咳"了一声，也不顾老婆横眉竖眼，和老三一起出来，到小店给派出所所长打电话，所长说："事情我已经知道，闹事是要处理的，不过，你们那个老三，也不是什么好东西，饭店管理上一塌糊涂，三教九流什么人都交，这样下去我看饭店也不得长久，游会长，你没有看准人。"

游一掌只得称是，放了电话就对老三说："你自己当经理的也得注意注意。"

老三说："所长定是得了大马的好处。"

游一掌道："你少说。"

老三这才离去，游一掌回家吃饭，少不得被老婆管教一番，当然是心服口服的。

下午憋着一肚子气去上班，又有什么事不顺领导的心，被批评几句，便和领导大吵一架，心里算是平衡了些。

书稿已经搁在印刷厂，那边是不见兔子不撒鹰，钱不到是不会给你做事情的。游一掌对小任、高书案、季渊几个说，事情就这样了，大家看着办吧，要出书呢，大家想法子，若说不出也罢，就算了。大家说，我们有什么办法，但书最好是要出，我们再等饭店的钱便是。游一掌道，等饭店的钱怕是没指望，老三说了，再吃，就吃过他的承包期了。小任道，怎么，他真的干两年就不干了？游一掌道，能撑到两年算好的，就说了派出所所长的话，大家都觉得对，觉得老三是不怎么地道，但也无法。游一掌最后又补一句道，我看是撑不到两年。

话就让游一掌说准了，不多久，老三那里就出了问题，闹了一次较大的食物中毒，小任先得到消息，奔到游一掌处来报信，道："要上法庭了。"

游一掌问什么事。

小任说了，最后道："法人代表的事情来了。"

游一掌问："谁是法人代表？"

小任咧嘴一笑："谁是法人代表，你说呢？"

游一掌慢慢地道:"哦,原来我是法人代表。"

法人代表游一掌为饭店的事情折腾了很长一段时间,才慢慢地平息下来。最后的结果是停业整顿,加以罚款。罚款的钱,老三死不认账,游一掌一提这事,老三就耍赖,道,我不给,你告我就是。游一掌无话,把不动产折价一部分作了赔偿,老三中断了承包合同,寺院也有收回出借房屋的意向,方言文学学会的钱已经全部花完,他们走了一年,走了一个大圆圈,又到了开始的地方,一无所有。那一日游一掌走出"大家帮"饭店,回头看着店名那三个大字,心中真是感慨万端。小任凑过来,也看着那几个字。笑了,从口袋里拿出一本书递给游一掌,道:"那个词的意义,这书上有,你看看。"

游一掌接过书一看,是一本《方言新解》。

"确实,这个词确实有几种解释。"

木樨园

一

秋天在木樨园办菊展的事定下后,肖科长就到木樨园走了一趟,把事情和谈老师说了。谈老师有些犹豫。肖科长知道谈老师是有些难处,谈老师平时也不说,其实肖科长都是清楚的。肖科长笑笑,他把一些情况向谈老师说明了一下。肖科长说,菊展已经有好些年不办了,也不好交代,别的一些名园,接待任务比较重,正如从前的人所说"游人如织",再增加展览的事,他们叫唤得凶,所以想到木樨园。木樨园小虽小些,但接待任务不重,办展览的条件虽然差些,但也不是不能办,再有,通过办菊展,也许能提高一些木樨园的知名度。肖科长这么说了,谈老师也能想通,便道,那就办。肖科长又说了一些话，说局领导的重视，说花木科的人一定全力以赴等等。肖科长走后，谈老师便将木樨园的另外三个职工唤来，把事情再向他们说，他们听了也没作什么声，只叶根问了一句："到时候会有人来帮忙吧？"谈老师道："会的。"大家就再无话说，便回到各自的岗位上去了。

这是发生在初夏时的事情，离菊展还早，木樨园依然如故。大家默默地等待着秋天，也或者根本没有等待，等与不等，秋天总会来的。

木樨园在一条僻静的小巷里，默默无闻。本地的人尚且很少有知道木樨园的，别说外人，因此它的门庭冷落也是正常。从前在每年秋天，桂花香时，附近居民会念叨一阵，设法进得园来，捧些桂花去，待桂花落后，香气殆尽，木樨园再复沉寂，一切如常。现在也不比从前了，园中的木樨树所剩无几，木樨园已经名不副实，大家也便离木樨园远远的。现在园中，还像点儿样子的木樨树真是看不见了，仅剩一棵老桂，还支撑着木樨园的名字，每年秋天也还能香一香，只是独木不成林，也算不得什么气候了。

木樨园只五六百平方米的面积，在造园艺术上也没有什么特别的地方，以水为中心，配以亭台楼阁，筑以粉墙花窗，砌以湖石假山，布置花丛树木，步步有景致，处处见匠心，算是比较典型的私家花园，因为典型，也就没有什么特色，被湮没在这座以园林扬名的古城的某一个小小的角落里，多少年来鲜为人知，多少年以后大概还是这样吧。

木樨园从前是吴中名门谈氏的私家花园，经过多少年的沧海桑田的历史变迁，谈氏直系如今都已迁居海外，门下无人。几经曲折，后来终于和海外那边的谈氏后人取得联系,得以沟通,问及花园事等。彼岸传过话来,希望能将花园稍事修理,对外开放,若真能办成此事,对于谈氏后人数典忘祖的罪孽多少也算作一些弥补吧,至于管理诸事,可请谈氏旁系的谈文梁老师代劳。按此意愿,拨得少许的款子,将木樨园稍事修理,本来也想有些较大的动作,但经费不足,并且谈老师似乎也不主张大动作,他认为亭台楼阁重新油漆过的园林再不是从前的园林,这样的想法得到许多专家的认同,省下一笔钱和一番手脚。

开放了的木樨园,倒有了一些古朴之意,风雨侵蚀,冰雪浸淫,剥落了些许雕凿与匠气,因为不是什么名园,又在小巷深处,平时少有游人光顾,在许多名园繁华热闹的背景之下,更显出木樨园的清静冷寂。谈老师原先在中学里做语文老师,退休以后,生活也不算枯燥,他喜欢独自地坐在什么地方读读书,偶尔也写些追忆旧时光的文化味浓浓的小文章发于报纸的副刊,空闲时也和人下下棋,但并不痴迷,不像他的一些棋友,谈老师总是可有可无的样子,再或者取一本碑帖,细细地看,细细地读,也不知那碑帖上的字,是花还是树,是鱼还是鸟,或者竟是什么更好看的东西,百看不厌的,若这样的晚年生活,在谈老师看来,实在也没有什么不好的。在开放木樨园之前的一些日子里,谈老师的生活规律有些不同往常,谈老师的心绪有些乱,好在木樨园一经开放,谈老师又恢复了往日的生活,但还是新添了一些事情,比如若有愿意了解木樨园过去的人来,谈老师便兼做向导。

在谈老师手下,有三个职工,其中只有一个是正式的,另两位都是临时聘用。清洁工叶根是外地的农民工,曾经在园林局做过些杂活，后来被介绍到木樨园来，工作也尽责，只是有些不安心似的，谈老师也能体谅，毕竟老婆孩子都在外地很远的乡下，自己一个人闯到陌生的世界，很不容易。叶根在乡下时弄过苗木栽培护养，在苗木卖得疯狂的时候，也曾显赫过，后来就败了，倾家荡产，把新房子抵押了，出远门来，因为懂一些花木的事情，才被介绍过来，扫落叶、捡垃圾，再浇灌护理花木，工资也不多，死板板，基本上没有外快，不比别的民工，四处出击，能捞能挣，叶根死守一处，不知前途在哪里，也不知要到什么时候才能挣足续还房子的钱，于这样的情形，要他安心，也是不易。看门收票的王师傅，是位退休工人，没有什么文化，也没有什么特别的嗜好，不抽烟，不喝酒，也不打麻将什么的，除了有些唠唠叨叨的习惯，别的也不怎么跟人计较长短，算是很省事的，工作上也说得过去，看门，收门票，颇尽责。王师傅最喜欢做的事情就是擦木樨园大门上的一副铜环，木樨园的大门并不很雄伟，普普通通的，有一个石库门洞，两扇黑漆大门，漆已剥落，门上一副铜环倒是锃亮，剥落的门与锃亮的门环看起来并没有什么不谐和的感觉。门前一对石狮，龇牙咧嘴，浑身光滑溜溜，王师傅常常忍不住过去抚摸抚摸，没人说话时，也和石狮子说说话，心里总是有些感受。木樨园唯一的正式职工小吴是个残疾青年，小时候得了小儿麻痹症，高中毕业后没有参加工作，后来经人推荐到木樨园来，谈老师问了他几个问题，便收下，没有更多的话。小吴在木樨园管的事情看起来是挺多的，茶室、摄影、小卖部的事情也是他管，好在木樨园从来门庭冷落，小吴那里基本没有什么生意，偶然也会有人来泡杯茶喝，一般都是些闲人，于坐春望月楼，看池塘莲花，鸳鸯戏水，听雨打芭蕉，风吹芦叶，思绪也不知云游到何处，一杯茶能从中午喝到下晚，待小吴说一声关门打烊，方知起身，别的小吴就没什么事可做。现在的人出来玩，随身带着相机的占了大半，或者大大半，即使不带相机，要留念什么，大概不会选木樨园这样的地方，估计早在一些名园留下倩影俊相了，管得多，做得少，小吴的工作就这样，也省心。谈老师带着这几个人管着一个木樨园，也不觉有什么不好的。

太阳每天升起又落下，木樨园每天开门又关门，夏天就这样过去，初秋的时候，掉了第一片落叶，谈老师道，菊展的事情要来了，大家心里也这么想，并不很着急，只是知道，菊展的准备工作该做起来了。

花木科派到木樨园来帮助办菊展的是新分配来的大学植物系毕业的小陶。小陶来的那天，由肖科长领着，初秋的时分，小陶穿一件长袖的连衣裙，显得很清纯，他们骑着自行车，在小巷口上就停下，肖科长道："车就停这里，里边不好停，地方窄。"

停好车，小陶跟着肖科长往巷子里去，这是一条长长的窄窄的巷子，仍是从前的石子路面，没有车辆来往，基本上也没有碰到什么人，只看见一个乡下妇女夹着个包，拖着个孩子在前面走，走得很慢，犹犹豫豫的样子，好像是外地来的不认得路。肖科长和小陶赶上她，侧脸看了一下，妇女年纪不大，脸上有些惶惶的神色，注意到肖科长、小陶看她，便低了头，看着小孩子，肖科长和小陶越过她向木樨园来，远远地王师傅就看到了他们，招呼道："肖科长来了。"

肖科长点头，笑，回头向小陶介绍王师傅，小陶叫一声"王师傅"，朝王师傅笑一下，看王师傅红光满面很健朗的样子，便说："王师傅身体好。"

王师傅一听小陶这话,眼神马上黯淡下去,叹息一声,嗓音也低了,道:"我的事情,肖科长知道的,谢谢你们关心,我其实,我其实是有病的,我身体一直不大好,我总是觉得我有病,肖科长知道的,肖科长你……"

肖科长打断王师傅的话,问道:"谈老师在吗?"

王师傅说:"在,这时候大概在小吴那里呢,肖科长,关于我的身体,我一直想向你说说。"

肖科长说:"你去医院检查过,不是查不出病么?"

王师傅道:"现在那医院,叫人不能相信的,什么呀,马马虎虎,那叫什么检查,我是不能相信的。"

肖科长道:"那总是科学呀。"

王师傅抚摸着自己的腰和手臂,道:"我自己的病,我自己知道,我知道我是有病的。"

肖科长说:"你现在做这事情,不很累吧?"

王师傅连连摇头,道:"不累,不累,一点也不累。"

肖科长说:"那就好,若是觉得不行,你就说。"

王师傅看肖科长要往里走的意思,连忙上前一步,说:"肖科长,我托你替我联系一家好一点的医院,我还要去彻底检查一遍,我真的不信查不出病来。"

肖科长有些想笑的样子,但忍住了,道:"好的,我替你联系,不过现在医院都很忙,可能要等一阵,待联系上了,你去查。"

王师傅道:"谢谢,谢谢,我不急,你慢慢联系就是。"

肖科长趁王师傅停下,赶紧领着小陶往园里去。进园,是一道走廊,乍一看显得闭塞些,但透过走廊漏窗、敞窗,园中景致早已隐约可见,错落有致,层次分明,这在造园艺术中算是一种典型的手法,穿过走廊,自是豁然开朗,小陶笑道:"移步换景。"

肖科长也笑笑,说:"那是,园林都这样。"

小陶看园中很少有木樨树,奇怪道:"木樨园原来不是因为木樨树得名的吗?"

肖科长说:"怎么不是呢,那是在从前,从前木樨园可不是现在这样,唉,没有了……"

小陶道:"那边有一棵。"

肖科长说:"也只有那一点点了,再过几日,便香了。"

小陶好像闻到了桂花香,嗅了一下鼻子,说:"这些年,桂花的大年很少了。"

肖科长说:"人为的破坏,每年折了桂枝去卖,还指望什么大年……"说着,指指前面,是一座小亭,叫作风来亭,有联对:晚色将秋至,长风送月来。小陶看了,有点儿想法,但没有说出来。

再往前走,看小径边蹲着一个人,肖科长道:"小陶,那人就是叶根。"

小陶点头,两人走近叶根,叶根发觉了,站起来,有些不好意思地对肖科长一笑,道:"肖科长来了。"

肖科长道:"这是小陶。"

小陶上前说:"听肖科长说,叶根师傅对花木很懂的,以后,请你多指点呢。"

叶根脸有些红,嗫嚅着,没有说话。

肖科长和小陶继续向前走,肖科长说:"叶根是我介绍来的,人还是很老实的。"

小陶道:"看得出。"走出几步回头看时,叶根并不看他们,只低着头发呆。

肖科长和小陶来到茶室,也是园中一景,叫作石听琴室,亦有联:素碧有琴藏太古,虚窗留月坐清虚。肖科长指着近处两石峰,道:"看,像两个老人埋头听琴吧?"

小陶仔细看,并不能看出来这样的意思,一笑,不说话。

两人进茶室去,这是小吴的管辖范围,小卖部也在这地方,只是里边冷冷清清,不闻人声,进去一看,果然空无一人。肖科长喊两声,也无人应答,和小陶一起出来,四处看,不见有人,肖科长想了一下,引小陶又往一处曲折通幽处去,斜坡上,有一小小的亭阁,飞檐翘角,结构精巧。

"是养心居。"肖科长说,"谈老师果然在。"

此时谈老师正坐在养心居看一本碑帖,旁若无人,微风吹拂,谈老师心意沉沉的,一只手执着帖子,听到肖科长的声音方才觉醒。连忙放下碑帖,起身道:"呀,是肖科长。"

肖科长道:"谈老师好。"转身让小陶走上前些,介绍道,"这是小陶,由她来帮助办菊展,她的大名叫陶李。"

谈老师和小陶握了握手,笑一下,道:"陶李,桃李不言,下自成蹊。"

小陶抿嘴一笑。

肖科长道:"小陶新来,有些事情请谈老师多指点。"

谈老师道:"哪里话,你们是专家。"

肖科长说:"倒是的,不过我不是,小陶是,她大学里学的是植物，很钻研的。"

谈老师道："到茶室坐坐，喝杯茶？"

肖科长说："不了，局里还有事，我是专门送小陶过来的。"

谈老师说："喝口茶就走。"

肖科长看看小陶，说："我不了，小陶留下也行，你们认得了，以后一起做事情。对了，刚才走过，没见着小吴。"

谈老师说："总在的，怕上厕所方便去了吧。"

肖科长点点头，道："怎么样，对象定了没有？"

谈老师道："大概，大概没有吧。"

肖科长叹息一声，道："也难。"

谈老师道："是。"

肖科长说："我也替他留心的，难，快二十七八了吧……"回身对小陶说，"说的是小吴。"

小陶点点头。

肖科长对小陶道："我先走，你慢慢熟悉起来，这一阵，你恐怕得往这里来上班，菊展的事，局里抽不出更多的人力来帮忙，这里全靠你了。"

小陶点了点头，仍不说话。

谈老师和小陶送肖科长走，肖科长突然问道："叶根怎么样，工作还可以吧？"

谈老师说："人挺老实，好像不怎么安心。"

肖科长道："那是，叫他安心也难。"

谈老师说："工作还是肯做的。"

肖科长说："那就好，有时间我再跟他说说，现在不比他做苗木专业户,称苗木大王那时,有什么办法。"

谈老师说:"那是,人总有背时和走运的时候。"

肖科长走后,谈老师带着小陶在园里四处看看,园太小,不经一看,过茶室时,仍不见小吴,谈老师道:"掉茅坑里了。"

小陶又笑。

谈老师道:"挺有才的,可惜残疾,一条腿不好。"

小陶说:"我听肖科长说过。"

他们一会儿就走到门口,王师傅见了,指着巷子一端,道:"叶根在那边,不知做什么,好像来了什么人,女的。"

过去一看,果然叶根在,那个在小巷里犹犹豫豫的乡下妇女和孩子也在,叶根正和她拉拉扯扯,谈老师上前道:"叶根。"

叶根猛一吓,脸通红,道:"我,我……"

妇女哭了起来,小孩子也哭了。

叶根说:"是我老婆。"回头对老婆说,"我叫你不要来,你偏来,算什么?"

老婆只哭着,不说话,叶根红着脸,不知如何是好。

叶根道:"你哭什么,有什么事情,非要出来?"

老婆仍哭。

叶根道:"你有事情你就说呀,你不说我怎么知道?"

老婆仍不说话。

叶根道:"那你就根本不应该来,你回去吧。"

谈老师说:"既然来了,也不能马上叫她走呀,先找地方住。"

叶根道:"我那地方,你们也知道,集体宿舍,怎么住,我跟她说了,她硬不信,以为我……我也不说了。"

谈老师犹豫着道:"我那里,也不怎么方便,不然……"

叶根说:"让她去,让她住大马路去。"

老婆听罢,又嘤嘤地哭一声,小孩子也跟着哼哼。谈老师有些尴尬,瞥了小陶一眼,张着嘴不知说什么好。叶根已经抱起孩子,拉着老婆说:"走吧。"

谈老师不放心,道:"去哪里?"

叶根说:"到我宿舍住,人家要骂,让人家骂去。"说罢拉扯着走去,老婆和孩子停了伤心,竟笑起来。

谈老师对小陶叹息说:"也是个问题,烦呀。"

小陶说:"现在是烦的。"

谈老师没再说话,复又引小陶进园,到办公室坐下,泡一杯茶给小陶。小陶看这办公室,也是园里一处景致,叫作不系舟,略有些船形,又不完全是船的样子,坐在这里朝外面看,园中景致亦是尽收眼底。小陶喝着茶,等谈老师说话,谈老师却不作声,挨了一会儿,小陶道:"谈老师,菊展的事情,怎么商量一下?"

谈老师说:"本来想让大家一起来商量的,刚才叶根走了,小吴又不在,这样吧,明天上午开门前,我们凑到一起商量,你说呢?"

小陶说:"好,明天上午我早点来。"

谈老师道:"也不用太早。"

小陶说:"好的。"看谈老师好像再没什么说的,便起身告辞,谈老师也没有很挽留的意思,小陶似感觉出谈老师有些心事,却又不知是什么东西,也不好多嘴,由谈老师陪着,出不系舟来,看到池边坐着一个男人,年纪很轻,脸色却不好,苍白,又瘦,头低垂着,也不看水,也不看别的什么。小陶虽然没看到他站起来,但已猜到这就是小吴了,转脸去看谈老师,谈老师说:"是小吴。"

小陶问:"他坐在那里做什么?"

谈老师道:"没什么,他就那样。"

小陶说:"是不是有心事,看起来好像……"

谈老师一笑:"有什么心事,也许吧,没有什么大事。"

小陶没作声,看出谈老师没有打扰小吴的意思,她说:"那我,走了。"

这时看到小吴抬起头来,朝这边看看,看到了谈老师和小陶,他站起来,一拐一拐地朝这边过来,走得沉着稳定,不急不忙。小陶看他拐得厉害,于心不忍,想迎上前去,可是看谈老师并没有这样的意思,也只好等着。小吴过来,谈老师道:"这是小陶,肖科长那边的。"

小吴道:"为菊展的事来的吧,刚才我听到你们喊的,我没应声,我在拉屎。"

谈老师道:"拉屎吗,还是在哪里睡。"

小吴道:"我能那样吗,上班睡觉。"

谈老师道:"夜里麻将到几点?"

小吴道:"别在领导面前害我,我不玩麻将的。"

小陶听小吴把她叫作领导,也知道他是调侃,但看他那一本正经样,忍不住一笑,想说几句客气谦虚的话,比如我是新来的啦,比如菊展主要得靠你们啦,等等,却说不出来了。

谈老师道:"可以醒醒了,要办菊展了。"

小吴说:"菊展好呀,菊花好呀,不是花中偏爱菊,此花开尽更无花。"

谈老师看看手表，道："也快到时间了。"

小陶说："那我走了，明天来。"

谈老师道："不送。"

小吴也说："不送。"

小陶一个人慢慢往外走，到门口，王师傅见了，道："走啦？小陶同志。"

小陶说："走啦，明天见。"走出几步，听王师傅在背后喊，又停下回头看着王师傅。

王师傅说："有件事情，不好意思，你刚刚来的，就托你，不好意思。"

小陶说："王师傅你说。"

王师傅说："就是到医院检查的事情，我虽是托了不少人的，但是他们都忙，像肖科长，也忙，不知什么时候才能给我联系上，我再托托你，你家里人或者亲戚朋友里有没有在医院工作的，给我开开后门，让我早一点检查了，知道是什么病，也好放个心。"

小陶说："你怎么一定认为你有病呢？"

王师傅说："那是，我自己知道，你信不信，不信我们可以打赌。"

小陶说："那你自己的感觉到底怎么样，哪里不舒服，哪里疼？"

王师傅说："要说感觉，我的感觉就是我有病，你要我说哪里疼，一时却也说不上来。"

小陶说："不过，我看你脸色挺不错的。"

王师傅摇头道："你不明白，这方面的事，你不太懂的。"

小陶无话可说，想了想，也没有什么熟人在医院工作，看王师傅急切的样子,便道:"你别着急,我替你想想办法。"

王师傅道:"谢谢,谢谢,查出是什么病就好了,我也放心了。"

小陶别过王师傅,一个人沿着小巷往前走,想着新结识的木樨园这些人,不由有些说不清的感受。

到得巷口,取自行车,看周围已经没有什么车子停着了,管车的老头过来看看她的脸,道:"上当了吧。"

小陶没有听明白,看着老头。

老头说:"那里边有什么看头的,屁眼大点地方,进木樨园的人,出来都大呼上当。"

小陶笑了,说:"也没有什么上当不上当的,有的人喜欢,有的人不喜欢,人的想法不一样的。"

老头道:"以我的想法,最好大家都喜欢木樨园才好,我这生意就好了,是不是?"

小陶说:"那是。"取了自行车,骑上回家去,一路又想着木樨园里那种说不清的气氛,心里想着日后的菊展会是个什么样子,有些激动,也有些担心,毕竟是工作以后第一次承担任务。

小陶回到家,进门时,母亲问怎么这么晚回来,说到木樨园去了,以后的一些日子要在那地方上班,离家很远。母亲想了一会,想不出木樨园在什么地方,说园林也走过不少,几乎走遍,却不知有个什么木樨园的。小陶说木樨园是很少有人知道,在城西北角上,很小的一个园,从前是以桂花得名的,但是现在桂花树很少了,只剩一棵老桂,小陶说着叹息了一声,母亲奇怪地看她一眼,正忙着准备晚饭,也没有来得及多说什么。

晚饭后,小陶搬出些专业书来,看了几页,心绪有些烦乱,看不下去，便把木樨园的大致轮廓构想了一下，以这么一个范围之内，菊展该怎么办，整体布置，局部安排，等等，胡思乱想一会儿，后来又想到小吴说的那两句诗，不是花中偏爱菊，此花开尽更无花，上学时读过，是唐代一位诗人的名句，由小吴平平淡淡地念出来，像有些特别的意味。

二

这一年好像凉快得早些，刚入农历八月，桂花就开了，虽然只一棵老桂，香气却也沁人，游人好像也多了些，木樨园突然就有了些生气活力的感觉了。小陶骑自行车过来，停车时，看到自行车多起来，看车的老头冲她笑，道："像是你带来的运气呢。"小陶也笑笑，往园里去，桂花香飘在小巷里，小陶打了个喷嚏。

没有见着王师傅，守在门口的是一位老太太，挡住小陶的路，伸手向她收门票，小陶说："我是这里工作的。"

老太太道："别骗我，老头子关照的，园里连他只有四个人，都是男的，哪来你这么个女的。"

小陶道："你是王师傅的爱人吧？"

老太太笑起来："老太婆。"

小陶说："我是园林局的，来弄菊展。"

老太太"噢"了一声，道："原来，你不早说呢。"

小陶问："王师傅呢？"

老太太说："到医院查病去了。"

小陶心里一跳，道："王师傅真的有病？"

老太太说:"我看他是有神经病,夜里不睡觉,天天嚷,不是这里疼,就是那里痛,又说是这个病,又说是那个病,烦死人。"

小陶道:"既然他自己感觉不好,查一查也有好处。"

老太太"哎呀"一声,道:"你才来的,你不知道,不知查过多少回了。查病又不是享福,也吃苦头的呀,什么胃镜的,吓也吓得死人,把那么长的东西塞到肚子里去,换了我,我是死也不查的,他倒好,像上电影院、书场似的,起了瘾头了,几天不查一查就不得过了。"

小陶想笑,忍住了,问道:"你以为王师傅到底怎么样,我们都觉得他挺好的,不像有病的样子。"

老太太说:"我也不知道,吃也吃得下,比我吃的一个抵三个,有病呀,有病那么能吃?"

小陶道:"那王师傅怎么一心像要查出个病来才放心似的?"

老太太一拍手,道:"你这话说对了,老头子不知犯了哪门邪,非说查出病来就放心了,哪有这样的,别人也不是不查病,查病的总说查出来没病就放心了,他偏反过来说,要查出来有病就放心,天知道。"

小陶终于忍不住笑了。

老太太也跟着笑起来,道:"半年时间里,查了几次了,每次查病,便叫我来替他……"正说着,看到谈老师从巷子头走过来,突然就收敛了笑意,等谈老师近来,老太太道:"谈老师,你是负责人,你要负责,你们把我们家老王怎么了,我们家老王,累坏了,天天夜里睡不好觉,浑身疼,你们到底叫他做了什么重活,把他累成这样?"

谈老师说:"没有什么重活呀,我们这里你也不是不知道,能有什么重活。"

老太太说:"不是什么菊展么,叫他搬花盆了是不是?"

谈老师道:"哪有的事,花盆根本还没有开始运送,就是运送,也不用王师傅搬,园林局专门有人来弄的,怎么会叫王师傅弄,不信你叫王师傅自己说说。"

老太太说:"你们的话我也不能全信,叫我们家老王说,他又不肯说,今天又查病去了,拿他没办法。"

谈老师道:"若真的感觉不好,我跟王师傅说过,就不一定来上班,我们再另外寻人,也行的。"

老太太有些生气,道:"怎么,还没查出病来呢,就要赶他走呀。"

谈老师道:"没有这个意思,没有这个意思。"一边朝小陶苦笑,一边朝里去,小陶看出来老太太有缠她的意思,也紧跟着往里去。

商量事情的会在不系舟开起来,小吴烧了开水提过来,大家往自己茶杯里加水,只小陶没有带杯子,小吴说:"我去茶室替你拿一只来,我有好茶叶。"

小陶觉得让小吴一拐一拐地过去十分不过意,要自己去,谈老师道:"你让他去,他坐不住,别看他瘸,走得比正常人不差。"

小陶赶紧去看小吴的脸,小吴笑道:"那是,我在中学参加竞走比赛,拿名次的。"

小陶听不出这是真话还是笑话,不好表态,总觉得拿一个人的残疾来说笑不很好,跟小吴虽然有了些交往,但也说不上很熟,一般的玩笑不敢随便开的。看着小吴拐着到茶室去,后来又拐过来,果然加的好茶，水一泡，碧绿，一股清香，拐着送到小陶跟前。小陶慌慌地站起来，想谢，小吴说："不用谢，我对女孩子天生有一种美好的向往，天生的愿意做牛做马，你问问谈老师叶根他们，我算不算会讨女孩子好？"

谈老师勉强地一笑，叶根却连勉强一笑也没有，满腹愁肠似的苦着脸。

谈老师说："就商量吧，看怎么办。"

大家沉默一阵，其实菊展的事情也不怎么复杂，规模是早就定了的，这不是木樨园的事情，也不是小陶本人的想法，木樨园和小陶只需按这个已经确定的规模做事情，也省心。经过商讨，菊展的总体布局大致上也确定了，以中等规模计，大约要运送千余盆菊花过来，这些菊花，现在尚在各家园林和盆景地置放着，生长着，开放着，到时候，统一将它们运到木樨园，放在一起，这就是菊展了。至于运输工具什么，人力物力什么，倒不用犯愁，会解决的，既然决定办展览，出钱出力，是计划中的事情，不会有错。小陶和木樨园的任务，就是考虑怎么样将许许多多的菊花置放得有些道理。看菊展也许是外行的多，但是来一两个内行就够他挑剔，这对小陶这样的新手，也算是一次不小的考验。好在木樨园有那么些人，可以一起做事情。木樨园虽然从来没办过什么展览，但木樨园的人多少懂一些，毕竟在这园里待过一阵，熟读唐诗三百首，不会吟诗也会吟，就是这样。

小陶在构思方面费了不少心思，根据菊花的种类、品质、档次、花期、形象、色彩等的不同，配以木樨园的建筑特色，使之浑然一体，精心策划出几个层次、几种色块。小陶已将草图画好，开会时小心取出，交给谈老师，谈老师接过去，说："小陶好快手。"

小陶说："也是个大体上的设想，请谈老师你们大家再看看。"

谈老师道："我也不怎么懂花，小吴你看看。"递给小吴。

小吴接了，看一眼，说："画得很细致、精巧，是木樨园的风格。"

小陶说："我第一次弄，不知该怎么搞，也不知对不对，好不好。"

小吴道："基本上不存在对不对的问题，也没有什么好不好的区别，大概只有一个被人认可或者不被人认可的问题。"谈老师转向叶根："叶根，你说说，你对花木什么，还是有发言权的。"

叶根惶惶不安地摇头，隔了好一阵才说："我不行，我说不出来。"

小陶感觉到气氛有些压抑，却不知是为了什么，感觉中好像木樨园的人不怎么欢迎到木樨园办菊展，犹豫一会儿，小陶道："是不是，在木樨园办菊展有什么不妥？"

谈老师看看小吴和叶根，没有说话，谈老师道："怎么不妥，妥的，妥的。"

小吴道："我们谈老师，好脾气，佛样的。"

小陶想王师傅的老太太怎么说谈老师，谈老师也不回嘴，也不生气，确实性子很好，便说了这事情。

小吴道："那是，涕唾在脸上，随他自干了。"

谈老师道："你说过头了，谁涕唾在我脸上？根本没有。"

小吴道："妙，'根本没有'，真是妙。"

谈老师喝着茶慢慢地说："小陶说得也有理，我们是有些想法。

大家都明白，木樨园知名度不高，地又偏僻，办菊展费的精力不少，但不一定能有好的效果，只是，只是，既然已经定下来，也只能往前走，办总是要办的。"

小吴"嘿嘿"道："那是，办总是要办的。"正说着，见王师傅的老太婆领着一个女孩子急冲冲地过来，一下跳起来，急道："说我不在。"出不系舟，不知躲哪里去了。

谈老师一见老太太，急道："你怎么进来了，门不要了？"

老太太一拍脑袋："呀，我倒忘了，这小姑娘哭哭闹闹，非要进来找小吴，把我闹昏了。你看看，开始还好好的，也没有哭，硬要进来，又没有门票，我不让，我当然是不能让的，跟她说，你别骗我，找什么小吴，不定是想混门票的，我可没这么好骗，到底活了这一把年纪，没有活到狗身上，这么说了她就哭起来，好像我说的她，我其实是说的我自己，这话也听不懂，现在的小孩子真不如从前聪明……"

谈老师道："哎呀，你别再说了，回门口去吧，真的混些坏人进来，你能负责呀。"

老太太还想说话，谈老师急忙打断，道："你家王师傅是很坚守岗位的，任有天大的事，他不离大门的。"

老太太笑道："那是，要不然，也别叫他王师傅，管我叫王师傅也行了。"这才重新往门口去，走出几步，又回头道，"咦，小吴呢？"

大家不说话。

老太太道："小姑娘急得，看起来真有事情。"

大家仍不说话。

老太太又道:"小鬼三,我明明看到他进来的,躲起来了是不是?"

这一说那眉清目秀的女孩子又要哭,谈老师皱着眉要说话,老太太连忙拔腿走,嘴里叽咕道:"我走,我走,不用你赶,我走就是,不就一扇破大门么,怕被人掮走还是怎的,这破门,掮回去也没得用,派什么用处,派不上用处,劈硬柴烧了太可惜……"慢慢走远去。

这边,小女孩睁着红红的眼求救似的看着大家,一一看过来,眼睛最后落在小陶身上,以小陶的感觉,那眼神里竟有一种警惕和敌对的意思,小陶被看得心虚起来,想回避,又觉得若回避不是更显得心虚么,便不知怎么才好,下意识朝小吴溜走的方向看了一眼,小女孩很敏感,随着小陶的眼光,也朝外面看看,没有说话,径直就往外面去了。

不系舟里谈老师先松了一口气,叶根也破例地露了一点点笑意出来,过不一会儿,女孩子又来了,没有进来,只站在门口,以很轻柔的声音向大家说:"请你们转告小吴,问问他,那个姓姜的到底和他是什么关系,没别的了,我走了。"

看女孩远去,小陶道:"是小吴的女朋友?"

谈老师笑了一下,道:"叶根你说是吗?"

叶根说:"算一个吧。"

正说着小吴就冒了出来,道:"说我什么坏话呢,在女孩子面前败坏我。"

叶根道:"没有呀,我们一句话也没说。"

小吴瞥一眼小陶,道:"你听见没有,不把你当女孩子。"

小陶笑。

小吴道:"你别以为叶根老实,叶根是假老实,我才是真老实,叶根这几天,你看他愁眉苦脸,假的,心里正快活,抗旱抗的。"

叶根的脸色立即有些灰暗,闷了半天不再说话。

谈老师说:"小吴,好好的,别这样。刚才那女的,姓丁吧?"

小吴道:"怎么姓丁,谈老师你真是,连我女朋友的姓也搞不清楚,她姓刘。"

谈老师道:"就算姓刘吧。"

小吴道:"怎么能就算,是姓刘就姓刘,什么叫就算,多难听,好像我的女朋友多得我连她们的姓也不记得了似的。"

谈老师道:"你知道她说什么?"

小吴说:"她让你们问问我,和那个姓姜的到底什么关系。"

小陶抿着嘴。

谈老师说:"到底什么关系?"

小吴道:"朋友关系,下次刘若再来,你就这么告诉她。"

谈老师说:"你好意思。"

小吴道:"我说过了,别在女孩前面诽谤我,小陶别以为我是条色狼呀。"说着做一个龇牙咧嘴的样子。

小陶笑了一下,有些不好意思。

谈老师道:"好了,好了,言归正传,菊展的事情,就按小陶这个构想怎么样?"

小吴说:"好呀。"

谈老师看看叶根,叶根重又沉浸到他的百般愁绪中去,没精打采地道:"好的。"

花香一阵阵地飘进来，小陶打了个喷嚏，小吴说："你过敏？"

小陶摇摇头，说："我就是吃这饭的，若过敏，还不完了。"

小吴道："也是的。"

小陶取回图纸，对谈老师说："既然你们没有什么意见，我到局里向肖科长他们汇报一下。"

谈老师说："好。"

小陶离开木樨园往局里去，到得局里，肖科长正在开会，小陶到自己办公室坐一会儿，等肖科长开完会出来。与小陶同办公室的同事和小陶也还不怎么熟，小陶分来没几天，就派到木樨园工作，偶尔回来坐坐，也谈不到深里去，此时见小陶一个人愣坐着，好像情绪不高，便主动说起话来，小陶便把木樨园的情况说了一下。大家听了，都道，木樨园就那样子，干什么都没兴趣的，并不是针对某个个别的人，整个情绪就是那样，也是从前的日子里太便宜他们了，什么辛苦的事也轮不着他们，养懒去了，现在要他们做点儿事，就这样。

小陶听同事这样说，心里很感动，但细想想，又有些差别似的，便说："要说懒，不像。"

同事说，那是惰性。

另一同事道，清闲惯了。

小陶再想一想，道："也不完全是，不知有没有什么原因，很可能有什么原因，只是我不知道，不了解情况。"

同事道："什么原因呀，就他们那几个人，什么原因，你还挺拿他们当回事，圈子里的人都不拿他们当什么，他们也不是什么，管那五六百平方米的地儿，四个人，还管不过来，弄得死气沉沉。"

另一同事道:"那是管事情吗,那是养老,福利院呢。"

大家笑。

小陶说:"也不是我拿他们当什么事,只是我要和他们一起做事,不合起来,怎么办?"

同事道:"又不是你一个人的事,你告诉肖科长就是了,怪不着你。"

小陶想这也好,向肖科长说说,让肖科长再去园里看看,指点指点。第一次工作若工作不出点成绩来,是不大好交代,好在局里大家知道木樨园的情况,自己只要尽心尽力也就行。

肖科长散了会,叫小陶过去,小陶将准备工作的情况大体说了,想来想去,没有把木樨园对菊展的冷淡说出来。冷淡只是一种感觉,不是事实,小陶不好说,和同事聊天时可以随便说说,一本正经汇报工作时,小陶便觉得不怎么合适,到底还是没有说。

肖科长听小陶汇报,和事先想的也差不多少,没有什么明显的毛病,也没有什么突出的优势,也就没有更多的话说,只说待局长有时间再向局长汇报一下就算通过。一般来说,这样的小型的展览,局长也不会有什么大的反对意见,到时候菊花运送过来,只管按小陶的设计摆放即是。

小陶的设计通过,心里轻松些,但也没觉得有什么愉快,在她的感觉上,不仅木樨园的人对菊展没什么大的兴趣,就是肖科长,局里,对这事情好像也是可有可无似的。小陶想这也对,若是件重大事情,能让我这样刚出校门的人来管么,当然是不能的,这样想着,虽然有些失落,但原先的一些负担也随之放下了。

三

　　进入九月,运送菊花的工作就开始了。因为巷子太窄,卡车进不来,到巷口,将菊花一盆一盆搬上小板车,推进来,到得门口,板车又进不得园去,再把菊花一盆一盆搬进去,一番事情三番手脚。局里请了些临时工来,手脚粗重,常有打碎花盆摔烂菊花的事情。菊花搬进来,按照小陶的指点,这一盆放哪儿,那一盆放哪儿,倒也进行得有秩序。叶根也参加了运送的行列,说好按临时工一样的标准另发一份钱给他。以这样小规模的行动,千余盆菊花,运送了很长的时间,眼看着秋风渐起,花期已近,活儿就有点紧迫感了。大家忙着,王师傅也来插手,不让他做,王师傅就不高兴,道:"我还没有查出病来,怎么就不让我做,等我查出病来,再歇也不迟呀。"谈老师仍是不允,王师傅道:"这样看起来,你们已经知道我得的是什么病啦,是不是,要不怎么不让我做事情。"说得别人不好开口,只得任由他去。

　　菊花阵摆好后,看看确实不错。叶根每天增加了护养千余菊花的事情,倒也做得心甘情愿,一时间像回到过去那时,做个苗木大王的感觉重新回来了。每天细细观察菊花结蕊情形,凡已结蕊的,都施以浓肥,这么护养了几日。小陶早知叶根是个行家,这么维持到菊展开始,看来是没有什么大的问题。谁知起了几天西风,风向突然变了。东南风一吹,小陶知道天要变,这期间的菊花,最怕狂风,狂风一起,菊花多半摇动伤残。小陶上了心思,夜里睡觉也不得安稳,每夜在家叽咕,怎么还不刮风,怎么还不刮风,家人听了,不知她是怕刮风还是希望刮风。一日夜间终于听得狂风大作，小陶坐立不安，听那风越刮越猛，实在等不下去，便骑了自行车直往木樨园去。走到一半折了又往叶根的住处去，到民工的集体宿舍一问，说是叶根不在，当天就没回来过。民工看小陶年纪轻轻，漂漂亮亮，和她打趣，道，找叶根不是时候，这些日子，叶根老婆在这里呢。小陶红了脸，问知不知道叶根在哪里，说不知道。小陶又问叶根老婆在不在，说也不在，怕是到哪儿开旅馆去了，说叶根这些日子馋极，看得到，吃不到，饿出病来了，等等。也有人说，什么开旅馆，说叶根老婆几年都不让叶根上身，在乡下有了人，被那家的女人打了，还要杀，吓逃出来，到城里又有了人，每天在那人处过夜什么的，说了一大堆。小陶连忙逃了出来，骑车到木樨园时，小陶不由"呀"了一声，木樨园黑黝黝的，那四人都蹲在菊花边，在叶根的指点下，将菊花一一用篱竹绑起来，小陶拣一把篱竹看，根根直挺，小陶眼眶一热，再看千余菊花，已绑扎大半，所剩无几，小陶也不说话，蹲下动起手来。

终于将菊花尽数扎妥，只听王师傅"哎呀"一声，道："站不起来了，到底是有病，没有病怎么就站不起来了。"

小吴根本就不站起来，坐在地上，笑道："老了就服老，老拿病来抵抗自己的老，算什么？"

王师傅急道："我真的有病，我还要去查，我不信查不出病来，我查出来就放心了。"

小陶看谈老师疲惫不堪的样子，一时不知说什么好，愣了半天，才说："这么多竹竿，哪来的？"

谈老师说："我叫他们事先准备着的，每人完成三百根。"

小吴说:"我不是表功啊,我削三百根竹竿,比别人削三千根的功劳还大呢。"

王师傅说:"怎么的呢,你腿不好,又不是手不好。"

小吴道:"这你就不明白,我这双手,可不是一般的手,你知道我这双手,一个夜晚能创造多少价值?"

王师傅道:"什么价值,拉女孩子的手,也算价值?"

小吴道:"冤枉哪,小陶,你是上面来的,你看看他们怎么欺负我这残疾人呀,你得替我申冤报屈。"

小陶笑。

谈老师道:"王师傅也没有说错你呀。"

小吴说:"我夜晚在家,看书,增长知识。怎么说来着,知识就是力量,你知道我每天能增长多少力量,还有,画画、练书法,都是有用的事情,这宝贵时间,用来削竹签,实在是一种天大的浪费。"

小陶看叶根在一边发愣,便过去说:"叶根师傅,我到民工宿舍找你。"

叶根"嗯"了一声。

小陶说:"他们说你爱人也住那里,不过我没看见她,也没见你小孩。"

叶根的脸复又阴沉,不说话。

小陶想民工说的那些话,不管真假,反正知道自己多嘴了,却不知怎么收场,有点难堪。小吴说:"小陶,我站不起来,你拉我一把。"

小陶便去拉他,感觉到小吴的手冰凉,看他脸色也是苍白,说:

"你很冷？"

小吴费了很大的劲站起来，说："我不冷，我一年四季都这样子，活的我和死的我差不多——这是说的体温，不是别的，别误会了以为我这也无能那也无能呢。"

小陶听出话里的含义，尴尬地笑一下，赶紧将身子稍稍偏一点，脸对着谈老师，谈老师捶捶腰腿，说："好了，回吧。"

大家摸黑往外走，一行人，谁也没有说话，只听得参差不齐的脚步声踩在石子小径上，很清脆，很悠深。到木樨园门口，走在前面的叶根"呀"了一声，大家随着往前面看，就发现有一个女孩子倚在木樨园的石库门框上，一看到小吴，眼睛在黑暗里立即闪闪发亮。走在小吴身边的小陶听到小吴偷偷地叹息一声，女孩子已经过来，小吴抢先道："小文，你怎么在这里？"

女孩子有些哀怨，轻声说："我一直在这里等，大门关着，我进不去。"

小吴说："你等我做什么？"

女孩子道："你真的忘了，本来约好，我晚上到你家去看你，说你到园里来了，你失约。"

小吴道："我可是因公牺牲呀。"

女孩子道："你总有理由。"

大家一起往前走，到得巷口，小吴指指大家，道："这么多人可以为我做证。"

女孩子一一看过来，把眼光停留在小陶身上，小陶又一次感觉到一种莫名其妙的心虚。

小吴问女孩子："你骑车了吗？"

女孩子点点头,手指指一辆漂亮的女车,小吴道:"走吧。"和女孩子各自上了自己的车子,一同骑去。这边的几个人,看着两辆自行车并排在马路上远去,没有人说话。

王师傅和叶根很快就走了别的路,剩下谈老师和小陶两人顺路,路上谈老师一直没有声息,小陶几次想和他说说话,但侧脸看谈老师的脸色,不怎么好,不想说话的样子。快到分手的地方,小陶说:"谈老师,明天上午我们商量一下预展的事。"

谈老师愣了一下,慢慢地道:"明天,明天上午,我可能,可能来不了……"

小陶看看谈老师:"有事吗?"

谈老师欲言又止,过了一会儿才说:"有点事情。"

小陶问:"什么事?"

谈老师又犹豫着,最后说:"上法庭。"

小陶一吓,看着谈老师,谈老师没有什么激动的样子,说道:"这桩官司缠了很长时间了,了结了也好。"

小陶道:"是民事案子?"

谈老师点点头,道:"一个亲戚,告我侵吞他家的祖传文物,调解不成,明天宣判。"

小陶有些担心:"估计会怎么判?"

谈老师摇了摇头:"很难说,反正,我也给缠得吃不消,就算判我输,我也认了,再说,法院判的,你不认也得认。"

小陶道:"若判输,你承担些什么?"

谈老师淡淡一笑:"赔偿呀,那可是一笔不小的数字,基本上要倾家荡产了。也罢,花钱买个太平,也值。"

小陶不好直言相问谈老师到底有没有拿亲戚家的文物,从小陶的个人感觉上,当然相信谈老师不会侵吞别人的什么东西,正胡乱想着,谈老师道:"小陶,你到了。"手向前一指,"是那里吧,再见。"

小陶发现已经到家了,奇怪谈老师怎么知道她的家,正要问,看谈老师却已调转车头,往回去了,小陶才明白谈老师是有心送她一程的,看着谈老师远去的背影,小陶想谈老师的官司输了怎么办呢。

菊花已经运来布置好,但菊展还没有开始,门票也不能加价,所以这期间到木樨园来的游客倒是沾了个光,门票还是老价钱,很少的钱看个小园还能欣赏那么多名贵的菊花,实在是让人占了大便宜。传来传去,来的人就多起来,尤其是木樨园附近的居民,看着大卡车往园里送去这么多菊花,又不加门票钱,乐得过来看看稀奇。人多了,管理上就很辛苦,要防止游客在菊展开始之前就把菊花破坏掉,木樨园四个人加上小陶都很着急,盼望着菊展提早开始算了。小陶向肖科长他们说了,肖科长答应请示局领导,一请示,二研究,日子很快过去了,离原定的菊展时间也差不几天了。在正式展览前,有个预展,到时局领导先来看一看,过过目,也没有什么大的意义,意思一下,也是个规矩。

预展那天,局里几位局长带着一些专家来转了一下,肖科长陪着,让小陶向大家汇报了一下筹备工作情况。看下来,还是比较满意的,专家们挑了一点小毛病,并且再三说是白璧微瑕,领导也提了一点小意见,看得出纯粹是为了体现领导的重视罢了。整个菊展准备工作基本上顺利通过,小陶和大家送走领导专家,都松了一口气。

局领导和专家们走了不久,大家就听得王师傅在门口大声吵吵,谈老师和小陶迎出来一看,原来有一个中年男人没有门票想进园,王师傅正和他认真,说道:"你别和我搅,我告诉你,我是有病的人。"

中年男人不明白王师傅的意思,愣愣地看着他,王师傅道:"怎么,你不相信我有病?"

中年男人笑了,语气很温和地道:"你有病我为什么不相信,现在的问题,不是讨论你到底有没有病,是我要进园去看菊展。"

王师傅道:"菊展三天后开始,到那天请早吧。"

中年男人道:"我三天后没有空,想今天提前看一看,不行吗?"

王师傅道:"不行。"

中年男人又愣了一会儿,转而道:"那我进园看看别的。"

王师傅说:"你一定要进?"

中年男人点点头。

王师傅把手一伸。

中年男人不明白:"什么?"

王师傅道:"门票呀。"

中年男人恍然大悟似的笑,连忙退到售票处买门票。

王师傅啰啰唆唆地道:"也不知到底是做什么事情的,看起来像个惯吃白食的,怎么连进园林要买门票这一事也不知道……"

中年男人买了门票过来交给王师傅,道歉道:"对不起,我忘记了。"说着便进了园门。

谈老师和小陶迎上前,谈老师道:"这位同志,我们看门的老师傅，性情有点儿躁，请多多包涵。"

中年男人看看谈老师，再看看小陶，向谈老师问道："你是木樨园的负责人？"

谈老师点点头，指指小陶，道："小陶是园林局的，菊展就是小陶操办的，您是……"

中年男人笑笑，道："我看看菊花。"一走近菊花，便低了头沉浸进去，再不和谈老师、小陶说什么话。他将每一盆菊花一一细看看，嘴里咕咕哝哝，小陶勉强能听到几句，好像是在报着每一个品种的名字，听出来是内行话，小陶对谈老师道："看起来是个菊花迷。"

谈老师点点头，他们一起忙别的事情去，也不知中年男人什么时候走的。

到这一天下午，园林局的李副局长和肖科长突然赶到木樨园来了，通知木樨园，将贴出去的关于举办菊展的海报统统收回。

小陶心下大惊，道："怎么，菊展不办了，是不是有什么问题？"

李局长笑道："不是不办，而是要办更大规模更高规格的，不是有什么问题，而是因为你们弄得太好了。"

大家面面相觑。

肖科长说："今天上午张市长悄悄地来看过菊花了，觉得这么好的菊展放在木樨园这样默默无闻的小园里实在是委屈了，提出来要换到名园去办……对了，你们怎么的，市长来也不告诉局里一下，弄得局里很被动了……"

谈老师和小陶同时想起了那位中年男人，相对苦笑一下。

李局长道："也不能怪他们，市长是微服私访，他们不认得市长，可能根本就不知道市长来过，是不是，小陶？"

小陶没有说是也没有说不是，只是说："那该怎么办？"

肖科长道："局里开过紧急会议了，菊展移到沈园去办，那里地方大，游人多，效果好。"

李局长道："由肖科长具体抓。"

肖科长补充："李局长亲自挂帅。"

李局长摇摇手："我不挂帅，市长说他自己亲自挂帅。"

小陶问道："市长怎么知道木樨园要办菊展的，木樨园不是默无人知的么？"

李局长和肖科长相对一看，李局长道："市长说是在哪一份报告上无意中看到一眼关于菊展的事情，就寻来了……听说市长原来的专业就是花卉，而且特别偏爱菊花，曾经在家里侍养过许多名品，后来从政，也没有时间侍弄菊花了，这一次又看到这么多名菊，哪能放过……"

肖科长道："刚才沈局长说，到市长家看见市长家墙上挂的都是菊，家中摆设也尽是……"

小陶再次打断他们津津有味的谈话，问道："那么，这些菊花，得重新搬走？"

肖科长点头："那当然，时间很紧，市长要求在三天内重新布置好新的菊展，第四天正式开展，不能再拖，再拖就拖过花期。"

李局长道："是内行话。"

肖科长看小陶默不作声了，便道："其实都一样，对我们园林局来说，菊展办在哪里都一样，不是吗？"

小陶说："那是。"

肖科长又说："搬运工马上就到，局里也有人过来帮忙。"

正说着,门口王师傅的嗓门又大起来,道:"你们哪来的?进去做什么?"

许多人嚷嚷:"叫我们来搬菊花的。"

又嚷:"限定我们时间的,你不让我们进,耽误了时间你负责!"

又嚷:"搬菊花!"

王师傅的声音完全被淹没了。

四

看到菊展的消息,慕菊花而来的游客倒也不少,可惜木樨园的菊花已经搬运一空。王师傅少不得再费一番口舌,向大家解释突然取消菊展的原因,并且介绍大家到沈园去看更大更好的菊展。大家说,我们不要看沈园的菊展,我们就是来看木樨园菊展的。王师傅道,那我也没办法变出菊花来了。大家说你说话不算数。王师傅道,我怎么说话不算数,我叫你们到沈园去看菊展,难道说错了么,你们别跟我闹,我是有病的人。游人再无话说,扫兴而归,搬空了菊花的木樨园又恢复了往日的宁静。

小陶是随着最后一盆菊花一起走的。沈园的菊展,虽然有肖科长亲自抓,但是科里所有的人都得扑过去,小陶到沈园忙过一阵,待菊展正式开始,也没她什么事了。开展那天,市长果然来了,还记得小陶,笑道:"在木樨园见过你。"

小陶点点头。

市长道:"怎么样,我这主意还行吧,这么好的菊,放在木樨园,不是可惜了么。"

大家说是。

市长看过菊展，沉思一会儿，道："基本满意，不过，好像不如在木樨园那边有整体感，是不是，时间太急促？"

园林局的局长们互相看看，再把目光投到肖科长身上，肖科长看着小陶，小陶说："时间紧当然也是一个问题，另外，木樨园那边的结构布置是根据木樨园的建筑特点整体考虑的，放在这边，因为园太大，不大可能从整体上加以考虑，所以显得有些凌乱的感觉，还有……"

市长一笑，道："其实，我也是随便说说，我是外行，依我看，弄到这水平实在是很不错了，我挺满意的。真的，能搞这么一个菊展，我很高兴，有些不足也是正常，时间短么，不能要求太高，对不对？"

大家都放松地笑了。

市长又说："从全局看，放在沈园办和放在木樨园办，效果对比是很明显的——"

大家等着市长的下文。

市长继续说："肯定是放在沈园要比放在木樨园好得多。"

大家说是，小陶没有说话，其实小陶心里，也是承认这一事实的。市长指着名贵菊花，一一报出它们的学名、特性等等，大家都感觉到市长是有真才实学的，不得不从内心感到佩服。

市长走过以后，菊展的事情大体也告一段落，下面就是正常工作了，主要由沈园负责。从实际效果看，菊展放在沈园，经济效益和别的一些方面的效果也确实要比放在木樨园好得多。

小陶空闲下来，想到木樨园看看，要说有什么事情真也没什么事情，心里老觉得有些什么放不下，细想想，又没有什么，找不到个理由似的，又觉得就这么什么理由也没有就过去，有些唐突似的，到那儿说什么呢，问问大家好吗，多此一举，说说沈园的菊展吧，也没什么好说的，也不想说。就这么犹豫了几天，每天在局里上班，并不很忙，同事们电话来来去去的很多，小陶也没什么电话往来，因为刚分配工作，老的关系都已到了新的地方，新的关系还没有开始建立，只看着大家忙公事私事，自己有些无所事事的感觉。突然同事叫道，小陶电话，小陶奇怪哪来的电话找她，起身慢慢地去接了，是小吴打来的，说是谈老师让打的，告诉她，王师傅果然有些问题。

小陶开始没有明白小吴说的问题是什么意思，还以为王师傅有些什么不对的地方呢，再一想，明白过来，心里一跳，愣了半天，才问道："怎么，怎么……是不是查出来……"

小吴说："详细情况还不知道，只说是有可能，今天下了班我们过去看他。"

小陶道："我也过去。"

小吴说："好。"告诉了医院和病房，便挂断电话。小陶将话筒在手里握了好一阵，有同事来用电话才放下。

下班后，小陶到店里买了些营养品，骑车到了医院，进病房一找，很快就找到了，一看，谈老师他们还未到，王师傅躺在病床上，红光满面，正和同房的病友说话，一眼看到小陶，便笑了起来，说："哎呀，小陶，你怎么来了？"

小陶走过去，放下营养品，考虑着话该怎么说，不能太露出伤感的样子，但也不能太轻松，慢慢说道："下班经过，来看看你。"

王师傅显得很兴奋,看着小陶笑,道:"小陶,我早说的吧,我早说我有病,你们都不信,你看看,不是查出病来了,我早说的吧,这下你们相信了吧……"

小陶不知说什么好,犹豫了半天,问道:"是什么……到底怎么样?"

王师傅两眼放光,正待往下说,老太太走了进来,大声嚷道:"又来了,又来了,医生叫你省省,少说话,你……"

王师傅道:"我没有多说话呀,我只是说,我早就知道我有病,我都敢打赌的,这不是,查出来了吧……"

老太太呸他一口,道:"还没有确诊呢,你又咒自己,医生说,是一个什么影子……"

王师傅纠正道:"可疑阴影。"

老太太说:"就算阴影,也不知是个什么东西呢,你又先咒起来。"

王师傅说:"奇怪,怎么说我咒自己,我的病是早就有的,是事实,又不是我自己咒出来的,我早说过,我有病……"

老太太笑起来,说:"知道了,知道了,知道你有病。"

王师傅也笑,道:"你现在承认了,查出来你才肯承认,就不相信我,我气死。"

老太太和王师傅说说笑笑,小陶在一边看着他们,心里有一种说不出的滋味,一时竟不知再向王师傅说些什么,正想着,谈老师三人也到了,大家上前问王师傅好,王师傅复又兴奋,嚷道:"你们来啦,怎么样,这下相信了吧,我早说我有病的,查出来了吧……"

大家看王师傅笑,也跟着一起笑,他们说了一些别的,看起来是想把话题扯开去,不让王师傅再说自己的病,可是王师傅除了自己的病对别的并没有什么兴趣,只待有机会,见缝插针地说:"那天医生拿了片子来,真的,我一看医生的脸,我就知道查出来了,其实我对自己的病早就明白,查不查也一样,病总是在那里的,只是不查出来,谁也不相信,现在好了,彻底解决了,我也放心了……"

大家想再把话题说开去,小吴问小陶:"沈园那边,菊展,还可以吧?"

小陶点点头:"还行,规模大了些,不过不如在木樨园有整体的感觉,市长也这样认为。"

小吴道:"什么时候抽空过去看看。"

谈老师说:"我已经过去看了,确实好,是比办在木樨园好得多,也像模像样了。"

王师傅仍然很兴奋,道:"是呀,我也听说办大了,要不是查出来有病,我也想去看看呢。"

小吴说:"你就开始装死啦?"

王师傅朝小吴挤挤眼睛,又朝小陶挤挤眼睛,看老太婆走一边去,低声道:"我是说给老太婆听的,什么时候老太婆走开了,我会溜出去的。"

老太太听到在说她,走过来,说:"我走开,我走到哪里去?"

王师傅道:"那你也不能把我当犯人呀,这多难受,闷也闷死了。"

老太太笑道:"这是你自找的,好好的日子你不过,非说自己有病,要查要查,查出来你就不得自由啦,现在尝到滋味了吧。"

王师傅道:"我要查病,只不过证实一下自己的感觉呀,我又不要住医院,我不要吃官司,我要出去。"

老太太"哈哈"一笑:"你是自投罗网,既进来了,还由得了你么,乖乖待着吧。"

旁人看王师傅老夫妻逗乐,不知往里插什么话才好,只小吴话多,道:"念首诗你听听,城外土馒头,馅草在城里,一个吃一个,莫嫌没味道。怎么样,该你做馒头馅儿了吧。"

王师傅刚要开口,老太太"呸"了小吴一口,笑骂:"你才土馒头,你才做馅儿,你个拐子。"

小吴不知从哪里掏出一张宣纸,皱巴巴的,展开来一看,是他画的一张画,上面是一只闭着眼睛的灰色的鸟,可怜巴巴地栖在一枝枯枝上,画得很稚气,像小孩子画的。小吴双手捧着送给王师傅,王师傅接了,笑道:"好,画的就是我,真像。"

大家看他们这么说笑,心里都有一种说不清的滋味。过了好一会儿,叶根走近王师傅病床边,道:"王师傅,我来向你道个别了。"

王师傅看着他,一脸迷茫,问:"怎么?"

叶根说:"我回去了。"

王师傅道:"回乡下?"

叶根点头不语。

王师傅问:"怎么,在木樨园做没有意思?"

叶根道:"也不是没有意思,只是我出来,乡下的家不像家了,老婆不肯在乡下待着,跑出来,住又没个住处,孩子也不得安稳,乡下家里,父母亲年纪大了,没人照顾……"

王师傅笑起来,说:"你老婆,不肯在乡下待着,怕你在外面花心吧。"

叶根的脸灰暗了，慢慢地道："她在乡下，受人欺，不好待，才出来的……我想来想去，还是回去，让一家人过得像样点吧，穷就穷了，再说了。"

王师傅想了一下，点头道："也好，不过，你什么时候想出来，想回木樨园来做，一句话。"

叶根听了，眼有点儿红，朝谈老师、小吴他们看看，王师傅说："谈老师，你说是不是？"

小陶插嘴道："其实，你这么回去有点儿……怎么说呢，有点那个，你有专业知识，有实践经验，你应该发挥自己的长处，是不是？"

谈老师说："小陶的话也不是没有道理，以现在的社会，穷确实是很不好的，你若真的决定回去，也好，只不过回去以后，希望能振作起来……"

又说了一会儿话，看时间也不早了，告别了王师傅，一行人出来，叶根走在最后，低声问小陶："沈园那边，菊展真的很不错？"

小陶点点头，道："你什么时候过去看看？"

叶根摇头："不了，我一两天内就走了，以后有机会再说，以后若能在木樨园办，我一定来的。"说着向谈老师、小吴告别，一个人走远去了。

小吴和谈老师开自行车锁的时候，小陶觉得气氛有点压抑，和小吴开个玩笑，道："小吴，你看有个女孩子等你。"

小吴笑了，说："我已看过了，在我的视力范围内，目前没有第二个女孩子，只有一个。"

小陶脸有些红，没有再往下说。

小吴摸摸索索又从身上哪里弄出一张画来,给小陶,小陶一看,画的是一片荷塘,有一只青蛙蹲在荷叶上,仍然是很稚气的,像小孩子的画,看上去东西都有些变形。小陶看不懂,道:"什么意思?"

小吴道:"什么什么意思,画张画还得有意思,我是想到什么就画什么,画下来是什么就是什么,没有什么意思,我不是说你是青蛙呀。"

小陶笑了,道:"我也不至于那么傻,你画什么我就自以为是呀,若你画个癞蛤蟆,我还自认呀?"小吴说:"我画个癞蛤蟆你当然不认,我若画个天鹅,你就认为是了吧?"小陶道:"也不至于。"他们一起笑了一会儿,分头走了。

看着小吴和谈老师骑上车远去,小陶突然想到忘了问问谈老师那官司的情况,到底是输了还是怎么,再一想,不问也罢,不知道也好。正想着,要跨上自行车时,见小吴调过车头回来了,小吴向她扬扬手,大声道:"谈老师让我回来跟你说一声,欢迎你有空到木樨园来。当然,也有我的意思。"

小陶也朝他扬扬手,说:"好的。"

小吴笑了一下,再调转车头,又远去了。

小陶站着看他的车子消失在车流人群中,小陶想,以后有时间,会到木樨园去的。

不过过了很多日子,小陶一直也没有到木樨园去。

结尾与开始

一

牛坟头村的牛福生进万康南酱店学生意,村上人都羡慕,很不易,在杨湾镇上且有许多人家的子弟愿意进万康的,轮不到乡下人去,这回偏却要了牛福生,好像和万小姐的舅舅有些关系。万小姐的舅舅说是年轻的时候和牛福生的母亲有些什么事情,挺美好的,就这样,荐了。万先生吩咐将牛福生领过来一看。大家都以为牛福生基本上没有希望,万先生给万康选人一直很严格,常常是百里挑一,万先生不做任人唯亲的事情,可是这一次好像例外。万先生看了一下牛福生,也没有多问他什么话,也没有考他一些什么,万先生点点头,说,留下吧。就这么留下了。

非常简单。

大家觉得有些奇怪，也是正常。

牛福生进了万康，改名叫作万福，这是万康的老规矩。万康是一家老字号的米酱行，规模很大，杨湾镇上没有比万康更老的店，也没有比万康更具规模的商行。万康米酱行是现在万先生的祖父万仲一先生在20世纪初创设的，当时从业人员就有六七十人，分作米作、酱作和酒作。米作工作的季节性强些，一般在秋收后收购乡人的稻谷，加工碾米，向本镇居民供应，或有部分运往外地，米作为图方便设在杨湾码头。酒作和酱作生产和出售黄酒、酱油、酱菜，建在杨湾镇的琵琶街，称作万康南酱店。

据琵琶街的老人回忆，在万康创设米酱行之前，琵琶街房舍很少，荒场、桑园，到处瓦砾土墩，万康米酱行在这里建了较大的作坊、仓库、店堂，后来又造了大批住房，供万康的员工居住或者向人出租，万康几乎占了琵琶街的大半房地产业。

万福进万康的时候，万康正遇上一点麻烦，有两件事情发生，这两件事情看起来和万福无关，这是在万福出现之前就有的事情，或者说事情早就开始酝酿，早就开始发展，只是到万福来的时候发作起来罢了。两件事情之间，也没有什么关系，只是让万福碰上了罢了。至于这两件事情，对万福日后在万康的发展是不是有什么影响，现在还不好说。

那时候杨湾镇上驻扎着一个班的日本人，刚来的时候是住在镇公所的，住了不久死了两个日本兵，也没得什么病，就看着他们慢慢地死去。日本人不知道怎么回事，总是疑心有人使的坏，却又查不出什么来，便不再住镇公所，看中了大地主刘枕白的房子。刘地主在杨湾镇的房子，基本是空着的，刘家的产业都在城里，家眷什么也不往乡下小镇来住，小镇上的家产，是祖上留下来的，一直给刘家的一个讨丫头住着。讨丫头是穷苦人家出身，从小给刘家讨了来，刘枕白很喜欢讨丫头。又似女儿，又似小老婆那样养着，用两个下人侍候，在小镇上过着也挺安逸。日本人刚来时，镇上的人还见到过讨丫头，后来就不再见，也不知去了哪里，或者死了也是可能，有人说是给日本人先奸后杀了，也有人说是自己跳了井死的，但说不出是哪一口井，总之都是说不清楚，那时说不清楚的事情也多，少个把人什么的，也算不了什么，刘枕白反正也不回来，别人也不好多管什么事。房子空下来了，日本人看得中，就进去住，讨丫头就再没有露过面了，两个一直跟着讨丫头的下人也没了，所以说是日本人害的讨丫头，也不是全无道理，只是没有证据，也没见着死尸，当然，话说回来，即使有什么证据，谁又能怎么样，日本人要杀谁，还不是随他杀去。

万福在乡下没有见过日本人，听是听说过的，心里总想着日本人青面獠牙，凶神恶煞的样子，他进万康第二天，就听小伙计万顺说，日本人来了，吓得两腿筛糠似的，站也站不住了，心里怦怦地跳，等到真见着了日本人，才知道日本人也就那样，和大家也差不多。万先生称作班长的那一位，会说中国话，还戴着很好看的眼镜，文文静静的，和万福家牛坟头村的私塾先生有点儿像的。万福想，原来是这样的呀。

日本人是来找一个失踪的日本兵，失踪好些日子，已经把全镇找遍，也没见，最后才到了万先生这里。日本人对万先生还是挺客气，班长先向万先生鞠了一个躬，万先生向后一退，班长阴沉地笑了一下。

班长的目光把在场的万康的伙计都打量了一回,以万福的感觉,班长好像盯着他看的时间比看别人的时间更长一些,眼睛里似有些疑问,只是没有说出来。看我做什么,万福想,他不会觉得我脸熟吧,他不会以为他认得我吧,莫名其妙的事情,不可能,也许事情正相反,店堂的伙计班长都见过,我是新来的,他当然多看我几眼,我有什么可以心虚的,我不心虚,万福想。

万先生领着班长把万康南酱店的店堂里外寻了一遍,班长说,没有。

万福在一边偷偷看着班长,怎么说中国话,万福想,说得还蛮像的。

酱作看不看?万先生问班长。

班长说,看。

班长跟着万先生往酱作去。

万康南酱店的酱作,在万康的后院,沿着河,很大的一块地方,冲天的酱作味熏得班长打了个喷嚏,班长看到满园的酱缸,满地堆着的萝卜,皱着眉头摇了摇头,目光再一次落到万福身上。

一直到很多很多年以后,万福还是没有明白:当时站在酱园那一大片场地上的人很多很多,他们是酱作的工人。班长进去的时候,他们都停下手里的活,一言不发地等着,他们并不知道等什么,但他们确实是在等着。班长不去看他们中间的任何一个人,却朝万福看了一下,万福不知道这是为什么。

如果在万康南酱店的店堂里,万福还可以用我是新来的这想法解释班长的另眼相看,那就是说班长有可能认得店堂里的其他的伙计，但是现在到了酱作坊，这么大的地方，酱作坊里这么多工人，班长是不可能一一认出他们的，谁早来，谁新来，班长是不会知道的，班长也可能出于某种需要确实对万康米酱行了解得比较透彻，但是班长毕竟不是万先生自己。万福想，我是新来的这想法已经失去了它的意义。班长确实又把目光落到万福身上。班长确实对我有什么想法，万福心跳得厉害。

班长会对我有什么想法？

他怀疑我是什么？

为什么？

怎么会？

我有什么值得怀疑的地方？

我错了，万福想。

当然，现在就对万福的想法作一个判断，好像还为时过早。

当班长透过玻璃镜片朝万福注视的时候，万福才发现他犯了一个很大的错误，站在这地方的都是酱作的员工，没有一个是店堂里的伙计，店堂的伙计，没有一个人跟着进来，万福想，我怎么办，他已经来不及了。

你，班长他指着万福，万福心里猛地跳起来，班长说，你，看到没有？

万福惶惶地摇头。

班长继续注视着他。

他是刚来的，昨天才到，万先生说。

班长又朝万福看了一会儿，研究什么似的，过了半天，班长好像微微地笑了一下，班长说，新来的，做小伙计？

万先生说，是。

班长终于把眼光从万福身上移开了，班长四顾一下，他的目光最后落在院东边的小楼上。

是家小住的地方，万先生说。

班长和气地点点头，有万太太和万小姐，班长说。

班长对万家真的很清楚，万福想，其实关我什么事，我想这些做什么。

万先生做一个动作，说，请。

万先生陪着班长往东边的小楼过去，谁也没有动弹，一直到他们走了好一会儿，酱园里大家才重新活动起来。他们看着万福，问他，你是新来的？

万福惊魂未定。

有人说，吓着了，也难怪。

大家都松口气，继续干着自己的活。

一位年长些的工人说，喂，看着点，你总是要来这里学做的。

万福点头，但是万福并没有心绪看他们做活，他朝后院的东边看看，他看不见什么，他们到那边去，是怎么样的情形呢，万福又想，管我什么事呢。

万福重新回到店堂，万先生已经陪着班长出来了，万福注意到班长脸色有些不同，好像有点儿红，又好像有点儿失望，也不知盘算什么东西。

班长看到万福，又注视了一下，你刚来？班长问。

已经问过了，怎么又问，万福想，他不敢说话。

万先生说，是的，刚收的学徒。

班长点点头,他的目光又在店堂里四射着,突然就停在账房先生万和的脸上了。

万先生注意着班长的脸色。

大家也都看到了班长的脸色。

他怎么了?班长说,脸上起了某种变化,万福不知道这意味着什么,是好的变化呢还是不好的变化,对万先生是有利呢还是不利。万先生的一切也就是万福的一切,万福就是这样想的,从万先生那一头,当然不是这样,但是不管万先生怎么想,万福十分为万先生担忧。

万福随着班长的目光也去看万和的脸,万福吓了一跳,万和的脸色铁青铁青,万福从来没有见过一个人的脸这么可怕。

万康南酱店的店堂恢宏气势,五大开间的门面,一字排开几乎占了琵琶街一半的街面,上等楠木的排门、梁檩,连柜橱账台也都是上好良木,与众不同的是万康店堂里的账台筑得很高,账房先生高高在上,目光却是低垂收敛,态度谦和,这也是万康的传统,万康从万仲一开始,便相信"信义通商",所以一直继承下来。

此时高高地坐在账台上的账房先生虽然一直微微笑着,但是他的铁青的脸,却给人一种可怕的感觉。

是不是,病了?万先生说,像是问万和,也像问自己。

班长一脸的怀疑,是什么病?

万先生看着万和,万和,你怎么了?

万和苦笑着摇摇头,我也不知道,就这样,说不清楚。

万先生说,你自己有病,怎么不重视,看过先生没有?

万和说,看过,也说不出什么,也是奇怪,几位先生谁也说不明白是怎么回事,也不好下什么药,也没什么好法子治的,就这么拖着,倒也没有哪里疼哪里痒,也吃得下也睡得着,就是这样,无法。

什么时候开始的?班长问,脸色也铁青,差不多和万和的脸一样。

有些日子了,万和小心地说。

班长重复一遍,有些日子?你敢肯定?不是最近的事情?班长说话时,目光又开始搜索,万福感觉到,班长的目光最后仍然停留在他的脸,万福心里一阵发慌,我慌什么,万福想,总不会是我让万和生病的吧,就算是我让万和生病的,和班长又有什么关系,万和又不是你爹,万和也不是我的仇人,我为什么要让他生病。

万和肯定地回答,是。

你,班长指了指大家,你和他们吃在一起?

万和说,是。

班长的目光从万福身移到了万先生身,看不出万先生是紧张还是放松,他沉着冷静,不说话,不多说一句话,只是注意着事情的发展。

班长终于不再提问,走,班长向其他的日本兵挥了一下手,班长走出万康南酱店的时候,班长说,他要死了。

万福听到班长的话,他回头看看高高地坐在账台上的万和,万和也听到了班长的话,但是万福看不出万和有什么异常的表情,万和沉着地面对死亡。

万和真的要死了吗?

难道班长真的很有本事?

万康的人都有些奇怪，万福想，我弄不懂他们是怎么回事，其实，我也不必去弄懂。

班长走到琵琶街当街站着，日本兵在他的身后站得笔挺，班长向万先生道别，并且没有忘了向万福示意，班长说，你新来的。

万福感觉到许多双眼睛都在看着他，只有万先生无动于衷，好像根本没有在意班长一而再再而三的对万福的关注。

班长终于走了，日本兵的皮鞋声越走越远。

万福长长地出了一口气，我的妈，他在心里叫喊一声。

站在他身边的万先生好像听到万福心里的叫声，他并没有向万福注目，但是从他沉着一笑的表情上，万福感觉出来，万先生也松了一口气，只是万福不知道，万先生这口气是为谁而松，或者是为万先生自己，或者是为万康米酱行，也或者为万康酱行的哪一个人吧，总之不会是为我，万福想，我没有什么可以让万先生为我担忧的。万福又觉得万先生也是有些多余，万先生若是和日本兵失踪这事情没有关系，万先生刚才也不必很紧张，现在也不必很放松，万先生若是和日本兵失踪有关系，万先生恐怕也松不了这口气呢。

万先生回进店堂，对万和说，你感觉怎么样？

万和说，日本人已经说了。

万先生请了医生来，医生给万和看过，医生仍然开不出药方，医生说，我没有碰到过。他指的是万和的病。

几天以后，万和死了。

这是万福进万康学生意碰到的第二件事情。

小伙计万顺对万福说，怎么你一来就出了事情。

万福说，什么？

死人呀，万顺看着万福。

什么意思，万顺难道以为是万福给万康带来了什么不好的运气，莫名其妙，万顺怎么想得出来，怎么说得出口？

万顺当然没有这样的意思，万福知道自己多心，却无法控制自己多心。

万顺说，你想想，万和师傅年纪也不大，身体也好好的，我们这许多人，谁也没有注意到什么脸色青不青，说是有些日子了，谁知道呢，谁知道从什么时候开始的呢，脸色发青，我们怎么都没有发现，倒是给日本人发现了，说是看了几回先生，也不知他是真的看过还是假的，反正账房一直坐在账台上，好好的，谁想到他竟然死了，你看看，也就那么几天时间，就看着他的脸越来越青，怕人，再后来，你看到的，他死了。

万福来的时候，等于看到万和最后一眼。

这和我有什么关系，万福想。

万顺并不知道万福在想什么，他若是知道，他一定会笑，他会笑万福神经，笑万福有毛病。

万福也知道自己有毛病，神经，万福只是不明白，从前在家的时候，没有的，现在怎么了，一到万康，万福就心虚，没来由的，见什么虚什么。万福想，都是因为日本兵，我怕日本兵，该死的。

万和的尸体停放在南酱店后院，班长带着几个日本兵又来了。万福听到日本兵的皮鞋声，心里就打鼓，万福想，日本兵怎么对万和的死这么关心，又觉得班长的话说得很准，不知道班长有什么本事，班长说万和要死，万和就死了，班长像医生似的，医生都说不来，班长倒说得出来。

班长带头日本兵进了后院，他撩起盖在万和脸上的白布，日本兵一一看过万和的脸，他们和班长交换着眼色，谁也不明白他们的眼神是什么意思，万先生在一边陪着，脸上有许多疑惑，但是他一直没有说话。

班长在大堂里坐下，接过万先生送上的茶水，班长喝了一口茶，他的眼睛四处寻找，他看到了万福，指着说，你。

万先生说，他叫万福。

班长点点头，万福，他叫了一声。

万先生示意万福走上前一些，万福抖抖地跨了一小步。

万先生说，他是新来的，才来了几天。

班长没有和万先生说话，他只看着万福，说，你，叫万福？

万福说，是。

原来叫什么？班长问

叫牛福生。万福说。

万先生给班长的杯子里加水，班长说，谢谢，他一直把目光盯着万福，万先生在一边很想说话的样子，但是班长没有让他说话的意思，万先生插不上嘴，班长又问万福，你到万康做什么工作？

还没有，还没有……万福胆怯地看着班长，又看看万先生。

万先生说，因为万和的事情，还没有来得及给万福安排。

班长点点头，脸上透出些松弛的意思，他没有再说什么，也没有再问万福什么话，万福一颗心始终提着。

万和的后事办过以后，万先生叫了万福来，万先生说，万福，你刚来，慢慢学，酱作有许多工作要做的，也有些事情，不是酱作本身生产上的事情，但是和万康有很大关系的，也差你去做做，怎么样?

万福说,好。

万先生说,给班长送些黄酒,这事情差你做。

万先生的口气,既不是商量,也不是命令,让万福很难捉摸。万福没有想到万先生会差他做这样的事情,万先生说是和万康有很大关系的,给班长送黄酒,和万康有很大关系,既然万先生这么说,想起来应该是这样的。万福稍稍一愣,随即点点头,我送,万福说。

万先生却显得有些犹豫起来,他默默地注视了万福一会,慢慢地说,你送?

我送。万福说。

万先生终于说,好吧,就差你去。顿了一下,万先生又补充,有些事情,你自己掌握。

我自己掌握?掌握什么?万福从万先生的脸色上,似乎看出些意味深长的东西,但是万福不明白那是什么,好像很复杂的内容,万福不懂。好的,万福说。

万福提了两瓮上好的陈黄酒给日本人送过去,班长看到万福,显得有些意外。你来送酒,班长说,新来的。

万福说,是的,万先生差我来送酒。

班长笑了一下,万先生,好,万先生差你来送酒,好,他一边说着,一边打开酒瓮闻了闻,又笑了一笑,好香,班长说。

万福说,是的。

为什么叫你送酒?班长突然说,顿了一顿,又说,为什么,差,你送?班长把"差"字咬得很重也很准。

你也会说"差"这个字呀,万福想,"差"是我们这地方的土语，日本人居然也跟着说我们的土话，真是，叫人很难相信日本人是不是真的日本人。万福知道班长在等他的回答，万福说，我是新来的。

班长说，再问一个问题，万和是怎么死的？

万福说，我是新来的。

班长古怪地笑笑，你回答得很好，班长的眼睛在镜片后面盯着万福，万福心里直发毛。班长又说，你们老板，知道万和是怎么死的吧？

万福摇摇头，我不知道。万福知道自己说得很含糊，他没有说清楚他不知道什么，是不知道万和怎么死的呢，还是不知道万先生什么，万福觉得自己真的被吓着了。

班长舀了一点陈黄酒来喝，咂着嘴，好酒，班长说，好酒，我本来是不喝黄酒的，班长盯着万福，你是新来的？班长又问了一遍。

万福点头。

班长说，你的家在什么地方？

牛坟头。万福说。

班长想了想，牛坟头，他摇了摇头，又问，家里还有什么人？

万福说家里还有什么人，班长又问了万福的年纪，万福说了；再问识字不识字，万福再说了；再问会不会算账，万福说不会；问能不能做账，万福说不能。班长研究似的看了万福半天，最后班长说，你知不知道圣战？万福茫然地摇头。

班长回头和日本兵说日本话，万福听不懂，他也不敢走开，等了半天，班长说，你回吧，谢谢万先生，万福才回去。

走出刘地主的家门，班长又追了上来，说，喂，问你件事情。

万福看着班长。

看得出班长是很想说什么的,可是忽然有点犹豫。他停了一下,说,你说你是新来的?

万福点点头。

班长又说,店里的事情你不清楚?

万福仍然点头。

班长想了想,挥了一下手,说,没什么,你回吧。

万福回到万康,向万先生报了告。万先生皱着眉头想了一会儿,也想不出什么来,眉头一直没有舒开来,万福不知道万先生要想些什么事情,他无法插话,只有等着。后来万先生和万福说起工作,万先生说,你来了也有几日了,还没有给你定工作,和你商量看怎么办,你自己有没有什么想法?

我没有想法,万福惶然。我怎么会有想法!万福知道,万康的事情从来都是万先生决定的。新来一个小伙计,万先生不可能和他商量工作的事情,万先生完全没有必要,即使万福的母亲和万小姐的舅舅真的有些什么事情,万先生也完全没有必要这么做,万先生也不可能这么做,但是现在万先生却真的这么做了,他和万福商量万福的工作。事情迷雾般摆在了万福面前,万福看不透。

你真的没有想法?万先生重新问了一遍。

真的没有。万福想,我怎么可以有自己的想法,这是不可能的事情。

万先生犹豫着,好像在考虑有什么话是不是该说。万福不明白万先生有什么可以犹豫的。他恨不得说,万先生,随你派我做什么,我是做好了准备来的,爹和娘都跟我说过,听万先生的。

终于万先生犹豫够了，说，万福，你会不会算账？

万福连连摇头，我不会，我只能认得几个字。

万先生不相信似的盯着万福看，这使万福联想起班长的目光，班长也是这样盯着他的，为什么万先生也这么看他，万先生和班长，一个日本人，一个万康的老板，为什么把他这么个小伙计很当回事呢，万福想着，心直跳。

你真的不会算账？万先生说，真的？

万福被万先生反复的追问弄得有点心惊，我怎么了，或者，万先生怎么了，是万先生出了什么问题，还是我自己出了什么问题。万福咬了一下自己的舌头，很疼。我没有糊涂，是万先生糊涂了。万先生会不会因为万和的死，或者因为日本人的打搅糊涂了呢，万福偷偷地看着万先生。

那么，万先生说，你不会做账，你就留在店堂，学做店堂的生意，不懂的，先学起来，你跟万良，万良是你师傅。

万福乐了，送万福来的路上，父亲说，你小子若熬到做个万康店堂的伙计也算给我长脸。

照规矩万福是要派到作坊去做酱工的，做几年，若是出息，才有希望往店堂上来学。万先生把新来的万福派在店堂，也是一次破例的做法。伙计们对万福挤眉弄眼，万先生一走，他们就说，万福，有个好娘。

万福只是脸红，也不知该说什么。

万和死了，由万泓顶了万和做账房，万泓坐上高高的账台的时候，万福在下边柜台上，他好像觉得万泓异样地看了他一眼，这一眼看得万福心又虚，万泓怎么也要多看我一眼，我怎么了，还是万泓怎么了。日本人也不对，还有万先生，你们都看我，我有什么好看的。

万先生又来问了万福一回，他问万福班长还说了什么没有，万福说只问我是不是新来的、别的再没有了，同时万福想，他怎么老是问我这个问题，万先生叹息一声，说，万福，以后给日本人送什么，还是由你去，万福说，是。

万福和万康米酱行的员工都是一样，住在万康南酱店的后院，吃的是万康，穿的也是万康，像万福这样的学生意，三年内没有工钱，三年以后，若满了师，再拿工钱。万福跟着万良学做伙计，先把南酱店出售的各类酒酱腌制品名目价格一一熟记于心，万福虽算不上怎么聪明伶俐，但是上进心强，幼时且上过私塾，有些底子，万良又是个肯教人的师傅，万福学得挺快。万先生很忙，除万康米酱行之外，还在外面开了一些产业，镇上也有些事情要他帮着做做，空闲时倒也记得过来问问万福怎么样。万良回万先生的话，赞的为多，万先生也满意。

也有的时候，万先生把万福叫到他的屋里，说一些让万福感到奇怪的话，比如万先生问万福以后打算怎么办。或者万先生犹豫着说些很含糊的话，比如说，账房只能有一个。这样的话，确实使万福感到奇怪，难道万福以后还会有别的想法，他唯一的想法不就是在万康做下去吗，还能有什么呢，这和账房又有什么关系。万康是用一个账房还是用十个账房，与万福实在是没有任何关联，万福想，万先生总不会以为我想做账房先生吧，这可是太奇怪了。万福茫然地看着万先生，万先生便挥挥手，没什么，你去吧，万先生说，神情显得有些失落的样子。

那时的南酱店，柜台伙计收铜板，将铜板叠起一堆，也或者根本不叠，就那么乱着，侍候罢顾主，回身随手便将叠在柜台上的铜板往账台下的银箱里撒过去，叫作撒铜板，是一种功夫，银箱离柜台很远，稍有些偏差，铜板就满地滚。万福开始看万良撒铜板，百发百中，看得万福全无信心，想自己怕是万万学不到万良这等的功夫，万良说，不难，让万福学，万福用了心，很快便学会了，撒得也是百无一失。后来到万良告老还乡时，万福已是万康撒铜板的一把手了，这是后话。

万先生隔些日子就差万福给日本人送去些陈酒豆酱之类，有一回班长让万福替他捎一封信给万先生的女儿万素琴小姐，万福没有敢把信直接交给小姐，先交了万先生，万先生脸涨得猪肝似的，说，万福，这事情只有你知道，别人不知道，小姐也不知道，你懂吗？

万福懂。

下次万福再送酒去，班长的目光透过眼镜片子闪烁着，直盯着他，说，你，没有替我送信。

万福两腿筛起糠来。

班长却笑起来，你很忠诚，班长说。

万福不敢回话。

班长说，你看了那封信？

万福说，我没有看。

班长说，我相信你。就没了后话，也不曾再叫万福替他送什么信。

万福回来仍然向万先生报告，万先生脸色沉沉的，不说话，万福惴惴不安，以为自己哪里错了，万先生说，没你的事。

万福每天往账台前的收银柜里扔铜板，扔了铜板，他朝高高在上的账房先生万泓看一看，万泓赞许地朝他笑一笑，万福慢慢地看出万泓脸上有青灰之色，万福联想到死去的万和基本上也是这样的脸色，只是万福见到万和那时，万和已病入膏肓，若是病可分三层，那么万泓此时的病且是一层模样，而万和那时，却已是三层。万福心存疑虑，就越发地要去看万泓的脸，越是看了，便越是疑虑，却不敢说。看店里别的人，像自己师傅万良等都不说话，不知是看不出什么东西来，或是看出来了不说，万福心中无数，想母亲叮嘱祸从口出之类的话，知是少说为妙，便不开口。

这么过了一阵，万泓的青灰气似已到了二层模样，万福忍不住，想告诉万泓，却开不出口，怕万泓说他触他的霉头，又想告诉万先生，可万先生有一阵一直不在家，没有人好说说的，便偷偷去和小伙计万顺说了，万顺朝万泓的脸看，摇着头，道，我不知道，什么青灰，我看不出来，万顺好像很害怕。

万福想，这么等到万先生回来，万泓不知会怎么样了，心里很不安生，终于忍不住，向万泓说了，万泓摸摸自己的脸，道，是吗，青灰色，我怎么没有感觉？回头问大家，你们看我，是不是有晦气，像万和一样？

店堂里的人面面相觑，谁也没有说出话来。万福从万泓的神态上，看出万泓已经相信了，但是万泓也和万和一样，很沉着。

万先生终于回来了，他过南酱店来看生意情况，仔细看过万泓的脸色，便急着去给万泓请了先生回来把脉。

先生来过两次，万泓的病已经速速地奔往三层去，先生摇了头。万泓死了，死的时候，和万和一样，脸色铁青铁青的，不知病因。

万泓的尸体也停放在后院。

万康酱行的后院分东西两落，东落是万家的家眷住，有小楼，院子里挺干净，有些花花草草，有几棵树，是当年万仲一先生种下的，已经长得很像样子了，能够遮阴挡雨了。再往后，还有一座屋子，原先是万家的家庵，是万仲一给自己的母亲建的，叫作静心庵。好多年以后，静心庵已不再是万家的家庵了，到万先生这时，静心庵已由远道而来的静玄、静能两位师太做了主持，庵中另有小师太两三人，因此封闭了静心庵与万康酱行的通道，静静心心地在里边念经侍佛。

万太太和万小姐都住在东后院楼上。万太太年轻时身体就一直不好，病歪歪的，白苍苍的脸，瘦瘦的身子，一直是这样。许多年过去，孩子也生了好几个，万太太的病却没有什么起色，不过也看不出有什么不好的征兆，用万太太自己的话说是不死不活，别人不这么说。万太太虽然有病，活着却不讨厌，挺宽厚的一位太太，小伙计并不很知道，年长些的都说，似这样的东家太太，难遇，他们大概是有些体验的吧。万太太就这么一年一年拖过来。万小姐是万先生的独女，三个哥哥均已外出或求学，或谋职，挺出息。万小姐本是一小家碧玉似的人物，在县城里念过县中，胆也大了起来，心也有些野起来，原来也是想外去看看世界，万先生和万太太都不赞成，再说外面兵荒马乱的情形，万小姐听也听得多，毕竟也是有点害怕，便回了家，守着个病歪歪的母亲和忙忙碌碌的父亲，又生出许多厌气来，左右不是。

后院的西落，比东落更大些，一排平房，供万康酱行的员工住，两落之间，一墙之隔，总是能通些信息什么，万太太和万小姐没事的时候也过西落来看看。也不知有什么好看的,只是看看罢了,看谁有空,就和谁随便地说说话。万福初来的那一阵,万太太见了他竟是有些亲近的感觉,也不知怎么回事,总来和他说说家长里短,也有意无意地问问万福母亲一些事,也没有什么大事,只是一些很琐碎的小事。待万太太走后,伙计们都拿万福寻开心,弄得万福有些脸红。母亲和万小姐舅舅的事情,万福也听人说过,总以为是随便瞎说说的,若大家认了真,说多了,万福父亲听到会怎么样呢,还是不说的好。下回见万太太来,万福脸红红的竟有些想回避似的,万太太笑笑,也就不再说起万福母亲的事情。万太太常常差万福给她做些事情,比如到街对面的烟杂店里买些日用品什么的,这一样就显出万太太对万福终是有那么一份情感在里面的。万小姐多半是在下晚时分,大家都歇下来,也洗刷过,余着些酱香,万小姐就过来,倚在门边,或者站在院当中,笑眯眯地看着伙计们。

众多的伙计里自然也有自以为出色些的,这些人中也不是没有人把心思往万小姐身上送去的,只是别的人一旦明白了,便会笑话,一笑话了,那动了心思的伙计便清醒过来,自知不配,退出去也罢,到时间讨个乡下大姑娘,生儿育女做成和和美美一家人,也挺好。

规矩人家出来的女孩子任怎么活泼,别人看着总是很规矩的,像万小姐这样的小姐,常常来后院和伙计们说说笑笑,却谁也不觉得万小姐轻佻了或者是怎么不得体了。万先生也没有什么不高兴的,况且万先生为人本来也不拘谨守旧,万太太也一样,善解人意,知道女儿闷在家中无趣,也随她自由去,在大人眼皮底下,当然也自由不到哪一步去。

自从万福把日本班长的信交给万先生后,万福就不敢和万小姐多说什么，他怕万小姐突然问些什么话，他就不知道该怎么回答，他总是觉得有些对不起万小姐似的，心虚。万福很想知道万先生有没有把这事情告诉万小姐，从万先生和万小姐的脸上，他是看不出的。万福心里老是不能踏实下来。有时想想，虽然很害怕万小姐问他什么，但若是真的问起来，他就如实说，说出来了，心里也许就能踏实些，只是万小姐一直没有问他。万福又想，若是班长再叫他送信，他怎么办呢，万福想来想去，也不知道自己该怎么办，唯一就是希望班长不叫他给万小姐送什么信，他想，班长和万小姐，这算什么。

万泓死后，万先生差人到他乡下家里去报丧。万先生正向报丧的伙计交代怎么说话，琵琶街上响起一阵整齐的皮鞋敲打石子的声响，万先生并没有抬头向外面看什么，日本人来了，万先生说。

日本人走进万康南酱店，万先生迎上去，班长看看万先生，眼睛里流露出一些怀疑，账房死了？班长问。

万先生点点头。

日本人全都阴沉着脸。

班长在店堂里绕了一圈，然后走近账台，他抬头看看高高的账台，又看看账台四周，再后来，班长绕着账台又转了一圈，班长始终一言不发，他的眼睛在眼镜的玻璃片后面闪烁着阴暗的光。

万康南酱店里一片寂静。

万福进了后院，万太太正守着万泓，万太太叹着气说，怎么的了，出什么事情了，好好的人一个接一个地去，像我这样，不死不活，活着也是添乱，早些去了也好，让他们好好的人多活几年……

万福走近万太太。太太，万福说，日本人来了。

万太太说，我知道，我听见了。

日本人已经往后院进来了，万福看班长的样子，神色很沉重，好像万泓不是万康店里的一个账房，倒是班长的什么亲人似的。万福想，没来由的，要你这样做什么。

班长掀开盖在万泓脸上的白布，班长"嗯"了一声，万泓的脸铁青铁青的，班长向后退了一步，让其他的日本兵上前看，日本兵上前看过，阴沉着脸退下来，班长开始用日本话和日本兵说话。

万先生用白布重新盖好万泓的脸。

这时候万小姐突然出现了，她倚着后院东西落之间的门框，朝这边看着。万福先看到了万小姐，他连忙朝班长看，万福看到班长的脸突然红了，万福想，你红什么。

万先生向班长做了一个请出的动作，班长却绕过万先生向万小姐走去，又向万小姐伸手，和她握手，你好，万小姐。

万小姐笑了，没有说话，也没有和班长握手。

万福想，不和他握手。

班长说，万小姐，你还记得我，我敢肯定，你还记得我。

万福看了万小姐一眼，原来你们早就认得。

果然万小姐点点头，你是高汉平的朋友。万小姐说，高汉平是我们班的高才生。

班长眼睛里的光彩亮起来，他的脸仍然有些红，我们在高汉平家里见过面，我对你，有很深的印象。

万小姐又笑了，笑得很自然，万福相信，后院里所有的人都会有这样的感觉。

万太太走过去拉起万小姐的手，素琴，万太太说。

万小姐对班长点点头，对不起，我得走了。

班长的目光追随着万小姐，万小姐，听高汉平说你回杨湾镇，班长在万小姐身后说，后来我就……

万小姐停下脚步，万福想万小姐也许会回头看看班长，可是万福想错了，万小姐并没有回头，她只是稍稍地停了一下，又朝前走了。

班长看着万小姐和万太太消失在后院东落的小楼里，班长不易觉察地叹息一声。万福注意到班长的眼睛在他身上停了一下，万福有些害怕，万福想，你盯我做什么，我又不是万小姐，我也不是万小姐她爹，你让我给万小姐送信，我是不送的。

班长和日本兵重新回到店堂里，班长用脚蹬了一下店堂的地板，没有人知道他这么做是什么意思，连万先生也不明白，班长又用手指敲敲账台，班长说，走了。

万先生叫万福到仓库提了陈黄酒，一路替班长送到刘地主家，万福放下酒，等班长发话让他走，班长却让他坐下，慢慢地说道，万福，万泓死了，你是很希望账房死的吧？

万福摇头，我为什么希望账房死，账房死了对我有什么好处，反正也轮不到我做账房，账房死了，对万康不好，对我也只有不好，我怎么会希望万泓死。

班长眯着眼睛看万福，又慢慢地问道，万泓死了，该谁做账房了？

你问我做什么，这你应该去问万先生，万福想，管他谁做账房呢，反正不是我，万福说，我不知道。

班长说，不会是你吧？

万福差一点想笑,但是他不敢,他木然地摇摇头。

班长微微点了一下头,道,大概不是你。

万福说,是。

班长笑眯眯地看着万福,过一会儿又说,万福,你说说,万小姐平时在家里做什么?

万福摇摇头。

班长说,你现在不能推说你是新来的了吧?

万福想,你到底是日本人还是中国人,中国话说得这么好,见鬼了。

班长说,平时有什么人来找万小姐?

万福说,没有。

班长笑,万福你答错了,班长说,你应该说,我不知道。

万福说,是,我不知道。

班长说,你不愿意我打听万小姐。

万福不敢吱声。

班长说,这没什么,你若是愿意,倒是奇怪了。

万福低垂着脑袋,等着班长叫他走。

班长却不叫他走,又说,万福,你说说,账房是怎么死的?

我不知道,我真的不知道,万福摇头。

班长说,毒死的。

万福吓了一跳,看着班长,班长眼睛里又发出些阴暗的光。

班长说,你们的万先生,很可疑。

万福心里抖了一下,他还想听班长再说些什么,可是班长却挥挥手,叫他走。

万福回来的路上，心里有些乱了。班长说万先生可疑，疑什么呢，他是不是说万先生下毒毒死了账房先生万和和万泓呢？万福在乡下就听说日本人有疑心病，真是有毛病，万先生为什么要毒死账房先生呢，没有道理，日本人，莫名其妙。

万福又想，就算班长是有根据的，但是班长把这事情告诉我做什么，我是什么，我算什么，万福想，班长是不是因为我没有替他送信给万小姐，要害我呢，万福胆战心惊。

其实万福也许多疑了，班长并没有想把他怎么样，事实上班长也没有把他怎么样。只是现在万福还不知道以后会发生什么事，万福的担忧也是正常的。万福想若是万先生第一次不让他给班长送陈黄酒，以后就不会有许多事情。

万福回到万康，万先生说，今天怎么回来迟了，班长和你说什么？

万福说，他问小姐。

还问什么？

万福说，没有。

还说什么？

没有。

万先生怀疑地看看万福，没有了？

万福说，没有了。

万先生狐疑地将万福看了又看。

万福不明白万先生为什么又用这样的目光看他，在万和死的那时，万先生和班长都这么看过他。后来有一段时间万福不再有这种感觉，现在，万泓死了，他们又这样看他。万福想着，突然地冒了一身冷汗出来，难道万先生和班长他们会以为万和、万泓的死和我有关吗？

万福，万先生叫了他一声，万福，账房又死了。

万福想，这叫什么话，什么叫账房又死了。

万先生说，你若有什么想法，你说出来。

万福说，我没有什么想法。

真的？万先生说，你真的不会做账？

万福说，我不会。

万先生沉默了半天，一字一顿说，那么，要找新的账房了。

万福没有出声，轮不到我说话，万福想。

二

万梅不是万康的老人马，是经人推荐来的，在别处也做过账房之类的事，有经验。万梅往高高的账台上一坐，店堂里大家就有些心悸，像看着个死人坐在那里似的，万梅笑道，你们是不是已经看到一个死鬼了。

大家胆战心惊。

万梅不是杨湾本地人，也不是附近乡下的，在万康说来，收这样的人入万康，也是不多的。万康有一条，就是不收身份不明的人。当然，说起来，万梅也算不上是身份不明，他是有人引荐的。谁是引荐人，万先生自然知道，万先生并没有必要告诉万康的伙计们，伙计是管不着万康的人事大权的。至于万梅为人到底如何，他们在以后的相交中自然会知道。

万梅是个很活泼的人,不像万和和万泓都是认认真真做账房先生。万梅做他自己的工作也不是不认真,只是不像万和、万泓他们那样从早到晚坐在高高的账台上,有账算也坐着,没账算也坐着。万梅不一样,有事情他就坐,没事情他就不坐高高的账台,下来和店堂的伙计一起做生意,空闲的时候就给大家讲他的经历。万梅的年纪,也不算大,顶多不过大万福几岁的样子,听他说说自己的经历,却是很多的了。像万福这样的,一直在乡下长大,基本上没出过远门的伙计,听听万梅说话,也挺有趣。

万梅做账的时候,或者说话的时候,万福总是忍不住要去看万梅的脸,被万梅发现,就笑他,说,怎么,你想看看我的脸是不是有了铁青色?

万福被万梅看破,挺不好意思,又想起班长说的毒死的话,心中不免有些异样。

万梅说,没事,我自己就是学医的。

万福想,万先生不再找万康的人做账房,去弄个学医的人,万先生对万和、万泓的死一定也是有些想法的。

万梅到万康做事的第二天,日本班长来了,班长问了万梅几个问题,班长倒是拿中国话来问,万梅却用日本话和班长说。班长听万梅说日本话,连连点头,大概认为说得不差呢,反正别的人也听不懂他们,干瞪眼便是。只看着班长对万梅大有兴趣,倒也没什么奇怪的,对新来的人班长总是有兴趣的,并且又是万康的人。班长对万康总是比对别的商行店家什么的更关注一些,在万福这样的小伙计看来,这并不是什么好事,对我他都要多看几眼,万福想,何况你是万梅,不知从哪里冒出来的,谁也不知道你有些什么背景,到底是个身份不明白的人呢，又会做医生，又会说日本话，又是远处来的，当然是要格外关心，还有的看有的问呢。万福想，我来了这些日子，现在大概算是过关了吧，好像不再特别多看我了。万福当然是知道，日本人，这个戴眼镜的班长看起来也是和和气气的，说话什么也是平平淡淡的，也没见凶的样子，其实只是不起杀心罢了。一起了杀心，那是了不得的事情，万福虽然没有亲眼见过，但听得多了，又都是这一带乡间事情，远不到哪里去。遭事的人中间，也有万福家认得和熟悉的人，也有万福家的远亲什么，总是假不了。在万康，大多数的人恐怕都像万福一样的想法，不希望日本人常常来，只不知万先生自己怎么想，若万先生觉得无所谓，别人也不好怎么他。

你在哪里学的日语？班长问。

万梅说，我念过你们在城里开办的日语学校。

你怎么想到要学日语？班长又问。

万梅说，我是学医的，学习外国语，也好多了解世界上的医学情况。

班长点头，看起来很满意的样子。

班长走了以后，店堂里的人谁也不说话。

万梅好像没有感觉到大家的情绪，我的那张日本学校的学生证，可是救了我的命呢，万梅说。

万福小心地看看大家的脸，他知道大家对万梅突然地有了别样的想法，万福想，你是活该，谁叫你摆显什么日本话呢，我也会对你有想法的。

万梅给大家讲故事，万梅说，有一次他走街串巷行医，碰到日本人大搜捕，见了年轻些的外地口音的人就抓，万梅拿出日语学校的学生证，日本人看了，对他敬个礼，放了他。

万福感觉到伙计们都不相信万梅的话。万福想，我也不会相信你，谁知道你说的是真是假。

万福每天往银箱里撒铜板的时候，仍然看一看万梅的脸。万梅冲他一笑，万福就想起万泓，万泓也是这么对他笑的。现在万泓已经不在了，万福想着，心里一紧一紧的，他不知道哪一天会轮到万梅。他也不明白自己为什么认定万梅也会和万和、万泓一样，中毒而亡。

万福被自己的想法吓了一跳，中毒，谁说中毒的，是班长说的，难道自己真的相信了班长的话。如果真是中毒，那么是谁下的毒呢，班长说万先生可疑，会是万先生么。

万福越来越被自己复杂的想法所惊扰，万先生过南酱店来，万福总是无法控制地在一边注意万先生的举动，但是万福怎么看，也看不出万先生是个下毒的人。

万梅的床和万福的床紧靠着。夜里上了床，万梅总要和万福说话。多半是万梅问，万福答，万梅再问，万福再答，到后来万梅也笑起来，说，怎么了，你就没有什么想问问我的。

万福说，没有。

万梅突然闭了嘴，过了半天，万梅叹息一声。

万福不知道万梅为什么叹息。

自从万梅做了账房以后，万先生往南酱店来的次数也多起来。有时到下晚，万先生就和万梅一起饮酒聊天，挺谈得来。万梅好像对万康的历史过去什么的也都很了解，所以能有许多话和万先生谈，也有的时候,万先生邀万梅到镇上的小酒馆去,那就不知他们谈些什么了。

一直到万梅在万康高高的账台上坐了几个月,万福仍然没有看出万梅脸上有青灰之色。万福觉得自己好像在等着什么,是等万梅中毒而亡吗,万福被自己稀奇古怪的念头吓坏了,他怎么也收不回自己的思绪,他的思想常常一奔就奔出很远很远去。

万康米酱行从万仲一老先生开始就在南酱店店堂内辟有专堂,专卖热酒,并备有家常小菜,荤素均有,价格很便宜,三几个铜板就能醉饱一回,最为四乡里出来办事情的农人所欢迎。时间长了,镇上各式人等也都习惯来万康坐坐,温一壶陈黄酒一喝,聊聊说说,有点像那些专业茶会似的了,如米业茶会,房产茶会的人也常来万康谈些生意上的事情,除业、码、催、数各行的常客外,还有别的许多人,便弄得人员复杂起来,镇上的绅士、纨绔少年、教员、无所事事的前辈老先生,店堂里常常座无虚席,十分热闹。

班长常常到万康的店堂来喝黄酒,见到万福,班长就对他说,我从前是不喝黄酒的,自从你给我提了黄酒去,我就喝上了,很喜欢。班长到店堂里一坐,别人说话的声音就低了,显得有些紧张,万梅从高高的账台上下来,走到班长身边,也坐了,陪班长喝一点儿,并且和班长说话。他们有的时候用日本话说,也有的时候用中国话说。凡用中国话说的时候,大家都很安静,大概想听听他们说什么,班长说到万和和万泓的死。班长说,以你的看法,他们是怎么死的?班长盯着万梅,大家也都盯着万梅,不知道万梅会怎么回答班长的问题。万梅说,据大家说的情形,我认为是毒死的。班长眼睛发亮,追问,是什么毒药?万梅摇摇头,我没有见到万和和万泓，我没有确实的依据，说不出来。班长赞许地说，你是严谨。班长说着看看大家的脸，大家的脸都阴沉着。

他们说一会儿话，班长的眼睛老是朝万康的后院瞄着，万小姐很少出来。班长说，万先生很忙，经常不在店里？万梅说，是，万康的产业还有很多。班长点头，班长走的时候有些失落，万梅把他送到街上，班长走远去，万梅回进来，大家松了一口气，店里的声音又嘈杂了。

万福常常听酱行的伙计和街上的人背后议论，觉得班长常常往万康跑是件奇怪的事情，万福也这么想，一个日本人，放着自己的事情不做，老是到南酱店来，做什么，必是心中有鬼。万福一想到班长心中的鬼，他的心就紧缩起来，其实，万福想，我紧张什么，班长肯定不是来看我的，班长对我的警惕已经解除了。但是万福仍然紧张，班长定是过来看谁的，或者来看万小姐，或者来看万先生，也或者是来看万梅的。万福无法确定班长到底要看谁，到底要从谁那儿得到些什么。万福只是知道，班长常常往万康来，实在不会是一件好事情。

关于班长常常到万康去的事情，一般的人似乎有两种想法：有人认为班长是去看万小姐的，也有的人认为班长是去看万梅的。只有在万福心里，以为班长是去看万先生，他很为万先生担忧。在万福心里，总觉得那个失踪的日本兵就在万康的什么地方藏着，不管是活的还是死的。万福又觉得，班长到万康来，和万和、万泓的死也是有关系的，万福觉得这是很明显的事情，只是不知道大家为什么看不出来，但有一点万福是能够感觉到的，就是大家都对班长很害怕。班长给万康里里外外带来一种压抑，大家都沉闷，只有万梅例外，万梅能和班长随便说话，谈笑自如。

失踪的日本兵仍然没有找到。

班长抓到一个走乡串村修伞的人，关在刘地主家的偏厢里。那是个远方来的人，问他的话他也听不懂。打他，便拼命哭，狼嚎似的，弄得满街人都听到，心惊肉跳。这么关一阵，也审不出个事情来，说要送城里宪兵队，也没见送去，仍然关着。街上大家都说，这是个替死鬼，班长也不好向上面交代。就这么弄个人放着，也是备一备的，若上面来追问，便把这个人推上去，若上面也不来问，这个人就这么放着。万福给班长送酒去，见过一面，是班长领他去看的。万福不明白班长为什么让他去看那个倒霉的人，万福印象中，那个人哭哭啼啼，很可怜，眼巴巴地看着万福。万福想，你看我有何用，我又不能救你。万福注意到班长在一边观察他的表情。万福又想，你能看出我什么来，看不出来的，我没有什么。

这事情一直在万福心里搁着，他不敢跟任何人说起。班长为什么让我看那个人，班长很阴险，我不知道班长到底要做什么。万福想，我只不开口，你也拿我没办法。

一日，店里空闲些，万太太差万福到烟杂店买些东西。烟杂店很近，就在街对面，万福常常过去看看，也和烟杂店的老板和老板娘说说话。开烟杂店的是一对中年的夫妻，不是本地人，因为来了也有一段时间了，也学着本地人说说本地话，又学不像，说出来让人发笑。万福一来二往和他们也有些熟了，见了万福，老板总是眯着眼睛笑，老板娘用夹生的话和他拉拉家常，问万福乡下的一些事情，牛坟头怎么样，别的村怎么样，现在收成怎么样，农民生活怎么样，还有别的一些零零碎碎。万福一五一十地说，心里却想，你问这做什么,牛坟头你又不认得,别的村你也不晓得,白问的。老板和老板娘认认真真听,若看到万福穿得少了,老板娘也会问问他冷不冷,若是看万福像瘦了些,也会关心他的身体什么的。万福一个人出门,虽然在万康这样一个大家庭里,也是有人关照他的,万太太对他也很不错,只是到了烟杂店这里,却更有一种亲热的意思,也不知怎么回事,像前世里有些什么缘分似的,有一种说不清的感觉。

万福过来买东西,跟平时一样,随便地和老板、老板娘说说话。他说班长刚走,老板眯着眼睛笑,老板娘说了一些很平常的话。后来老板娘问万福,说你见着那个人了?

万福从老板娘的脸色上看得出老板娘指的是哪个人,只是万福从来没有把他看到那个人关在偏房的事情说出来。万福的嘴也算是比较紧,老板娘却已经知道,万福本来是不能说出来的,但是在老板娘面前,万福却不由自主地点点头,见过了。万福说,我见到他的,关在偏房里。

老板娘说,是呀,怪可怜的,叫得惨呀,打得厉害吧?

也没见什么伤,没有什么血,万福想了想,又说,也许是内伤,身上脸上倒看不出来。

大家就不再说话了。

第二天,突然说日本人抓的那个修伞人逃走了,班长带一班日本兵在街上到处走,一片凶险,街上没有一个行人,班长来到万康的时候,万福的腿又开始筛糠。

班长盯着万福看。我不知道,万福说,我不知道。

我只让你一个人看过他,关在偏房里的事情只有你一个人知道,班长说，他是被人救出去的，在偏房的屋顶上，放下一根绳子，班长不动声色地说。

不是我，万福说。

班长仍然盯着万福，万福不敢看班长的眼睛。班长说，我知道不是你，如果是你，你现在已经没有了，我只问你，你看过他以后，跟谁说了这事情？

你别杀我，万福从班长的眼睛里看出了杀意，万福以为自己要死了。

万梅走过来，对班长说，小家伙，嘴不牢靠，说是说的，对我们大家说的，我们都听到他说的，关在偏房，救人他是不敢救的。

你敢救吗？班长回头问万梅。

万梅摇了摇头，谁也不知道他摇头摇的是什么意思。

班长突然认真地盯着万梅看起来，看了一会儿，班长说，你不好。

所有的人都以为班长要杀万梅了，班长却拍拍万梅的肩，叹息了一声，有些可惜地说，你和你的两位前任一样。

万福赶紧去看万梅的脸，果然觉得万梅的脸色有些发青。

万梅摸摸自己的脸，勉强地笑了一笑，我知道，万梅说。

你没有多长日子了，班长说，你们万先生呢，他知道不知道？

万梅说，万先生有好些日子没有回来了，在外面忙着呢。

班长说，他是挺忙。说完这话，班长带着他的兵走出门去，班长对万福说，你跟我去。

万梅好像想说什么，但是没有说出来。万福看大家时，觉得大家都有一种向他告别的意思了，万福心里一心酸，使劲忍着眼泪。

万福双腿软软的跟着班长在琵琶街上慢慢地走,街上没有人,但是万福感觉到有许多人在家里的窗口里朝他们看着,万福心里很难受。他们走过烟杂店的时候,班长停了一下,朝里边看看,万福也朝里看看,他没有看到老板和老板娘。万福来不及去想老板和老板娘的事情了。

班长走出琵琶街,放慢了脚步,来到万福身边,对万福笑了一下,说,吓着了吧。

万福不敢吱声。

班长又说,你并没有告诉账房他们,是不是?

万福抬眼看了班长一下,班长不怀好意地笑着。我不说,反正我是不说的,万福想。

但是你一定告诉了别人,肯定有人知道的,是你告诉的。班长看万福不想说话的样子,停了一下,又说,我其实并没有要你说什么,我只是问问,随便问问,真的,随便问问。

鬼才相信,万福想,谁相信你。

班长带着万福回到刘枕白的大院里,班长养的大狼狗朝万福吠了几声,但没有什么动作,班长领着万福来到偏房。你看看,班长手朝偏房一指,万福朝偏房里看,吓了一大跳,那个被抓来的修伞的人根本没有逃走,没有被人救走,仍然关在偏房里,可怜巴巴地看着万福。

班长在一边哈哈大笑,别的日本兵也笑,只有万福愣着,不知到底发生了什么事情。

班长说,这回不会告诉人了吧。

万福不吱声。

你回吧，班长叹了一口气，账房没有救了，可惜。

万福想，你别装模作样，你会可惜万梅？

万福回到万康，什么话也没有向人说。夜里他做了一个梦，梦见班长的大狼狗把那个修伞的外乡人咬死了。外乡人死的时候，脸色铁青，和万和、万泓一样。

万福醒来，屋里黑咕隆咚，什么也看不见，但在万福眼前，却分明有着一张铁青的脸，不是万和的，也不是万泓的，而是万梅的脸。

过了一两天的样子，镇上就传着许多的消息，都和那个逃走的或者是被救走的外乡修伞人有关的事情，说日本人在四乡沿湖沿河筑的竹篱笆都被大火烧了。那一阵日本人在四乡筑起竹篱笆，篱笆之外算是"匪区"。别说打日本人的游击队进进出出活动十分困难，就是一般的乡人，行动也是十分的不便。有的农民，人住在篱笆内，地却在篱笆外，生产也生产不起来了；也有的乡民，靠走村串乡卖什么东西为生，这也卖不起来了；或者有人生了病，连请个医生也请不成。游击队和乡民常常把篱笆拆了一段，日本人再修起来，再拆，日本人再修，也都不嫌麻烦似的。这一回干脆了，一把火烧个干净，等日本人再把这么长的篱笆线修起来，这仗恐怕也该结束了呢。班长那里也出了事情，有人在班长他们的饭菜里下了毒，被班长嗅出来了，没让吃，倒在野外，看几只野狗吃了，当场倒毙，等等许多，都说是那修伞的人逃出去以后带着游击队干的，又说修伞人是游击队的领导等等，反正说是那人出去以后，是做了不少事情。

再过几天，又说前边日本人的一个挺大的据点也被拔了，那可是了不得的事情，胆子够大的，说反正这命也是捡来的，从日本人手里,根本没指望着活着出来,既然出来了,就狠狠地做些事情吧。

大家这么传说的时候,唯万福不开口,忧心忡忡的样子,万福收铜板往银箱撒的时候,抬眼看一看万梅,他发现万梅正用异样的眼光看着自己,好像想让他说些什么。万福连忙低下眼睛,我不说,我为什么要说,我不说,万福想,管我什么事,万福心里有点紧张,他好像感觉到要出什么事似的,反正我不说话,万福想。

镇上的空气有些紧张,来万康喝酒的人也少了,买南酱货的人,买了就走,也不敢多留,店堂里有些冷清。万福偷偷地看着万梅的脸,万梅的脸上已经有了比较明显的青灰之气。这时候万小姐从里边出来,倚在一边看着店堂里的人,看着看着万小姐笑了起来,大家都盯着万小姐,等她说话,万小姐总是先笑了再说话。

班长真有意思,万小姐说,一笑。

大家一愣。

班长真有意思,万小姐又说,又一笑,他给游击队下战书。

谁也没有听明白。

万小姐说,你们和班长一样呆。

万小姐说班长呆,万福小心地朝万小姐看看,班长呆吗,万小姐怎么会以为班长很呆呢。

班长被游击队惹烦了,给游击队下战书,万小姐笑着说,就是写给那个修伞的外地人。

万福心里很虚,他偷偷地看了万梅一眼,他不知道自己为什么一心虚就要去看万梅的脸,这和万梅的脸有什么关系呢。

万小姐继续说,班长的信写得像个夫子。

什么夫子,有人不明白,问。

夫子就是老夫子呀，像个老夫子，万小姐笑，说游击队打仗不正规，不讲规矩，乱来，不让人睡个安稳觉，不让人吃顿安稳饭，不成体统。

大家都跟着笑起来，虽然有些勉强，但毕竟是笑了，那是冲着万小姐笑的，班长说的也不是没道理，游击队就是这样，让班长头疼了。

班长在信上写，要打，就像模像样正正式式打一仗，别这么偷鸡摸狗的，万小姐又说。

你看过班长的信？大家问万小姐。

万小姐笑，说，不看也想象得出。

大家又笑了一下，想象日本人的一本正经，走路也是笔挺，吃饭也是笔挺，说话也是笔挺，杀人也是笔挺，下封战书也下得笔挺。

万福并没有笑，他不觉得这有什么好笑，他想象班长的可笑之处一点也想象不出来，班长真的一点也不可笑。万福的心里很沉重，他再次偷偷看看万梅的脸，万梅也没有笑，你为什么不和他们一样呢，万福想，你知道什么，你不可能像我一样知道些什么呀。

接下去几天形势更加紧张起来，班长接到上面的命令，开出去打游击队，结果反倒中了游击队的埋伏，大败而归，手下十个兵死了五个伤了三个。有人看到班长回刘地主家的时候，泪流满面。

上面很快给班长重新增加了兵力，班长在镇上抓了一些人，其中两个就是烟杂店的老板和老板娘。班长把烟杂店的老板和老板娘送到城里的宪兵队去，过了几天，就被活埋了，日本人想叫老板和老板娘咬出镇上别的人来，可是他们没有咬。

在镇上形势紧张的一段日子里，万先生一直在外面，万先生回来时镇上重又趋于相对的平静。万先生给万福带来一个消息，万福的母亲病了，想见见万福，万先生让万福回牛坟头村一趟。万福临走时，听万先生说，万梅已经病入膏肓了。万先生责怪万梅自己没有注意自己的身体，万梅说，我自己感觉挺好，没有什么病。

万和、万泓也都是这样的，万福想。他心虚地看着万先生，他想起班长说的下毒的事情。

万福回到牛坟头村自己家里，才知道母亲是被吓出病来的。从镇上传到乡下的消息说万福做了游击队的地下，被日本人发现了，抓了，杀了。母亲有点神经，告诉她万福好好的在万康学生意，母亲偏是不信，万先生才让万福回家。万福只是不明白，万先生怎么跑到牛坟头去了呢，万先生不是在城里做生意么，也许，万先生并没有到乡下去，只是听人告诉的消息吧，万福胡思乱想。

母亲见到了万福，病情好了些，神志也清醒了，能和万福说说家里的事情，也问问万福万康店里的情况。不知怎么就说到万小姐的舅舅，万福始终没有见过万小姐的舅舅，但是在大家的嘴里，万小姐的舅舅是一个很好的人，母亲脸上浮起一些微笑。

万福见过父亲，父亲也问了万康店里的事情，万福一一都说了。父亲又问到那吓着母亲的消息是怎么传出来的。万福后怕地回想起来，他第一次见到班长，班长就特别关注他似的，也不知是自己疑心，还是真的如此，假如是真的，班长特别关注他，又是为什么。班长以前见过他吗，不可能的，那么万先生为什么又偏偏要让他给班长送酒，南酱店里那么多伙计，要灵活的也有，要老实的也有，怎么就专门缠上他一个新来的学生意的呢。万福想着，没有敢把心里的疑虑说与父亲听，他不想让父亲和家里人再跟着他一起过这种疑疑惑惑的日子。没什么事，万福宽父亲的心。万福说，万先生让我给班长送酒，班长常叫我过去给他帮帮忙，就这样，他们以为怎么了，其实没怎么，若真的有事，还能等到今日？父亲听了，显然不怎么相信，但他也无法，只朝万福疑惑地看看，叹口气，也没再追问。父亲后来问起账房先生的事情，万福只说了他看到的一些表面的现象，他不敢说班长说的话，中毒什么，那是不敢瞎说的。父亲听了，沉默了半天，问万福，你是说，账台高高的？

万福说，是，账台高得很奇怪。

父亲又沉默一会儿，说，地板是空的。

万福想了想，是的，地板应该是空的。

父亲再说，脸是青灰色的？

万福点头，他马上就想到万梅的青灰的脸。他想，我回去的时候，不知还能不能见到万梅了，会说日本话的账房先生。万福发现自己很为账房先生担心，万福怎么也待不住了，他急急地要赶回万康去，他要去告诉万梅，你是被毒死的。

万福赶回万康的时候，万梅已经躺倒了，万先生守在他的床边。万福到的时候，有人说了一声，万福回来了。万梅挣扎着要看看万福，万梅对万福笑了一下，说，你回来了。

万福鼻子酸酸的。

万梅说，我感觉，我是中了毒。

万梅没有力气把话说得很响，但是在场所有的人都听到了这句话。

万福心虚起来，班长说万先生很可疑，万福不敢去看万先生的脸，但是他感觉到万先生已经注意到了他的神情了。万先生朝万福关注地看了一下，他回身抓住万梅的手，不可能，不可能，万先生说，不可能，一个锅里吃喝，怎么毒死？

你们，万梅喘口气说，你们有没有闻到什么异味？

所有的人都显得有些茫然，没有人闻到什么异味。

万先生说，万梅，你是不是觉得哪里有异味？

万梅吃力地点头，是的，我坐在账台上的时候，总是觉得有一种异味，不知道从哪里冒出来。

万先生继续抓着万梅的手，慢慢地说，万梅，我一定要医好你，不管你是中毒还是别的什么。

万梅努力地笑了一下，说，最好是先把原因找出来，人不能这么不明不白地去呀。

万福偷偷地看了万先生一下，他发现万先生眼睛里有些泪花。万福心虚地低下头，万福想，我心虚什么，班长说万先生可疑，班长并没有说我可疑，但是，万福想，我是不会相信班长的，班长算什么。

三

班长到城里的日本医院给万梅请了日本医生来查病。日本医生给万梅检查了半天，最后说，没有化验设备，查不出来。

班长说，那好办，送到城里的医院去。就把万梅送到城里日本人开的医院。两天以后，消息就传来了，化验结果出来，说是血液里有毒，没救了，万梅死在日本人的医院里。

万先生带了人把万梅接回来，万康酱行一片沉静，大家去看过万梅,向万梅告了别,万梅就被埋了。万梅下葬的时候,没有一个亲人在身边,大家看着都很心酸,有人哭起来,压抑着哭声,班长也来看万梅的下葬,他自始至终一言不发,脸色铁青。

从墓地回来,万福照例提着黄酒送到刘地主的大院去,万福提着酒走出来的时候,他知道万先生远远地一直关注着他。

班长接过万福手里的黄酒,朝万福笑笑,万福,班长说,你很可靠。

万福惶然地看着班长。

班长说,我告诉你的话,你没有说给别人听,你的嘴越来越紧,是好事情。

万福想,你告诉我的什么事情,是说万先生可能下毒的事情吗,这样的事情我怎么敢跟万先生说,我不是嘴紧,我也不是可靠,我只是不敢说罢了。

班长说,现在看清楚了吧,万先生确实很可疑。

万福脱口说,是他毒死了三个账房先生?

班长没有说是,也没有说不是,但是他的脸色告诉万福他正是这样想的。

为什么?万福问,为什么要这样做?

这很简单,班长说,他对账房先生不满意。

对谁不满意就毒杀谁,这是万先生做的事情吗。万福想,这不是万先生做得出来的事情,这倒是你们日本人能做的事情。当然万福也只敢这么想想,说是万万不敢说的,你班长再厉害,我的思想你总看不见吧。

可是班长偏偏像是能看到他的思想似的,说,你一定不相信我的话，以为只有我们日本人才会做这样的事情，是不是？

万福张着嘴，不知如何是好。

班长却放松地笑了一下，说，这很正常。他停顿一下，又问万福，你知道不知道万先生为什么对账房不满意？

万福说，我不知道。根本不存在万先生对账房不满意的事情，万福想，是你们日本人要加害万先生。

班长说，他要自己做账，万先生要在账目上做文章。

奇怪了，万福想，万康是万先生的，账也是万先生的，万先生实在不必要在自己的店和自己的账上做什么另外的文章，就算他要做什么文章，他做就是了，万先生完全没有必要毒杀了账房自己来做，多此一举。万先生也不可能做出这种事情。班长告诉我这些奇怪的话，那是班长自己想做什么文章。班长到底想做什么文章，万福是不能明白的，万福同样觉得奇怪，日本人，想做什么就做什么，要抓谁，要杀谁，还不是随心所欲，也大可不必绕很大的圈子，也大可不必给人加些什么罪名，如果班长要治万先生的罪，随便治就是了，万先生有没有毒杀账房是无关紧要的。

你不会相信，班长又说，但是你看着，接下来就是万先生自己做账房先生了。

万福想，这有什么奇怪，账房先生老是不明不白地死，换了谁谁也不敢来做了，换了我，我也是不敢的，只能由万先生自己做。

班长又说，秋天到了，米作也要开始工作了。

班长对万康的情形了解得一清二楚，班长要干什么呢，班长若要抓万先生，早就可以抓，班长若不想抓万先生，也没有必要这么费心机，班长也许对万小姐有什么心思，那也可以，直截了当就行，若班长对万小姐没有心思,班长更没有理由这么关注万康的事情。

米作的账一定也是万先生自己管了,班长说。

这关你日本人什么事呢,万福想从班长那儿看出些什么意思,可是他看不出来,但是万福似有一种不好的感觉,万福心情很紧张。

万福从班长那里回来,他经过店堂没有停留,直接往万先生的屋里去了。

万先生显然被万福少有的紧张神情吓了一跳,万先生说,万福,出什么事了?

万福说,万先生,班长一直在怀疑你。

万先生微微一笑,沉着地点点头,我知道,万先生说。

你知道?万福小心地问,班长怀疑你……

万先生接过万福的话,我知道,班长怀疑我毒死了账房先生,万先生说话时一点不动声色。

万福突然有一种惭愧的心情,万先生,他支支吾吾的,不知该怎么说。

万先生说,万福,你不必说了,你没有什么错,日本人鬼点子太多,你不能明白他们的,还是少说为妙。万先生又补充道,祸从口出。

万福点点头,心里很感动,眼睛也有些湿润了。

万先生轻轻地出了一口气,说,其实,有一点班长并没有说错,万和、万泓和万梅确实都是被毒死的。

万福紧张地等着万先生下面的话。

不过,万先生说,班长以为是我干的事情,班长错了,万福,你也知道班长是错了,对不对?你现在一定在想,那么到底是谁毒死了账房先生,为什么要毒死他们,是不是,其实这也正是我要弄明白的事情。

万福不由自主地点点头。

毒从何来,万先生说,我百思不得其解,从万泓那时候开始,我就注意了吃食和饮水的问题,我可以保证没有一点点问题,再说,所有的人都在一起吃喝……万先生沉思着,最后他说,我相信总会弄明白的。万福想,希望能早一点弄明白,在班长那里,终是像埋着一颗定时炸弹似的,说不定几时就炸了,这一炸,万先生的命就很难说了。班长怎么会缠上万先生,万先生又怎么会被班长盯上,万福越想越后怕。

过了不多日子,酱作里突然就出了一件事情,是谁也没有料想到的,失踪的日本兵突然被发现了,他被浸在万康酱园的大酱缸里。

万康米酱行的酱园占地很大,沿河的一大片地方,排满了奇大无比的酱缸,这些酱缸一般是不翻缸的,除非在换季节换生产品种时,才可能将酱缸清除一遍,日本兵就是在清除酱缸的时候被发现的。

当然那已经看不出是个日本兵了,什么也看不出了,只是能够让人感觉到那是一些零散的人的骨头,因为酱的时间比较长了,红红的。

指挥小伙计翻酱缸的把作师傅在一开始翻缸时已经感觉到有些异样,他没有作声,他也不可能知道酱缸里居然酱了一个人,味道是闻不出来的,也许开始时会有些异味,但那时恐怕谁也没有注意,现在已经过了有异味的时候,一切都很正常了,在搅缸的时候,感觉到缸底有东西触着了,不知道是什么,再搅,又有些感觉,后来慢慢地看出些因头来了，出来一根酱红的骨头，又出来一根，最后看到的是一把军刀，只有日本人有的那种刀，却没有被酱成别的颜色，把作师傅低低地叫一声不好，小伙计吓坏了。

万先生赶来时，把作师傅在呕吐，小伙计呆立在一边不知所措。

万先生忍住反胃的难受，问，人都在这里？

把作师傅茫然地看着万先生。

万先生又说，没有人走出去？

把作师傅明白过来，紧闭着嘴摇摇头，脸色煞白。

万先生四处看着，谁也不知道他要看什么。其实万先生根本用不着看什么，这地方的一草一木，一砖一瓦都在万先生心里印着。南边东西两落的住宅，再前面气势非凡的店堂，酱园东边是河，北边也是河，西边是庵堂，守着两位老师太和三位小师太默默无声地过日子。这四四方方的一片，万先生应该是用不着看，也用不着想的，本来就一直在他的心底深处。

因为这把刀？万先生看着日本军刀，说，你们以为是那个失踪的日本人？

把作师傅不作声。

万先生仔细地看过那把刀，你去把万福喊来，他对酱作的小伙计说。

小伙计去喊万福来，后院出事情的消息已经传到店堂，店堂一片寂静，谁也不说话，谁也不知道这时候该说什么，大家只是互相看着。万福正在想，你们看什么，难道看看是谁把日本兵扔进酱缸的吗，能看出来吗，当然是看不出来的，看也是白看。万福听到小伙计说万先生喊他进后院去，万福的心抖了一下，腿软软的，他跟着酱作的小伙计走进后院,万福不敢看堆在地上的那堆酱红了的骨头,他只是瞄了一眼日本军刀,把作师傅判断得不错,这刀只有日本人才有。

万先生走近万福,低沉着声音,万福,你到刘家大院去一趟,万先生说。

万福好像没有听明白,他没有动弹,只是愣愣地看着万先生。

我想你是听明白了,万先生说。

万福摇了摇头。

把作师傅小心翼翼地看着万先生,让万福去告诉日本人?去喊他们来看?把作师傅自言自语,不知是在问万先生还是在问他自己。

万先生看看把作师傅,又看看大家,我不去告诉,自会有人去告诉。万先生苦笑笑,你们不会以为我不说日本人就不会知道吧。

万福感觉到万先生说这话的时候多看了他一眼。你看我做什么呢,你多看我一眼有什么意思呢,万福心虚起来,难道我会去告诉日本人,我会去告诉班长?我和班长有什么,我才不会去告诉他呢,我怎么会做这样的事情,万福想,我心虚什么,我不必心虚,可是他仍然感觉心里跳得异常。

万福,万先生叫了一声。

万福仍然没有动作。

万先生,把作师傅开口说,万先生,是不是再考虑考虑……

万先生其实知道把作师傅要说什么。

把作师傅说,说出去,不仅日本人那里不好过关,万康的牌子也砸了,万康的酱缸里竟然酱着一个人……把作师傅忍不住又要呕吐,酱作的所有的人也都忍不住。

万先生皱着眉，想了一会儿，也好，万先生慢慢地说，先不说。但是，万先生的目光很尖利地看看大家，最后停留在万福脸上，万福想，你又多看我，算什么。万先生说，这事情，不是小事，大家知道利害，谁说出去，谁负责。

没有人说话。

当然，万先生把话说回来，万先生说，我也不会完全相信这里所有的人，没有不透风的墙，这老话总是有道理的，只是这风透得早些还是透得晚些，那就要看我们这里的人了。

下晚南酱店关门以后，万先生把酱行所有的人叫到酱园来，大家看着地上仍然堆放着的那一堆骨头，心惊肉跳。万先生一一看过所有人的脸，说，为了不连累大家，干这件事的人若是在我们这些人中间，还是自己承认了的好，不承认是没有用的，班长很厉害，早晚会查出来是谁干的。

当然不会有人承认是自己干的，这万先生也是知道的，但是万先生还是要把话说透了，万先生犹豫了一会儿，说，或者，也不必说出来了，万先生叹息一声，好像做了个挥挥手的样子，你自己走吧，走得越远越好……

并没有人动弹，没有人会走开，不可能走得远，走不了多远就会被班长抓住的，谁心里都清楚。

万先生停顿了一会儿，又看每一个人的脸，万福觉得万先生的目光总是在他的脸上多停留一会儿。做什么呢，你看我有什么用呢，万福想，看人的脸是看不出什么的，这地方所有的人脸上都没有写着字呀，你为什么不多看看他们，偏偏要多看我呢，怎么会是我干的呢，那时候，日本兵失踪的时候，我还没到万康来呢，万福心里一阵轻松，我还没来呢，我心虚什么。

没有人承认，我们这里没有人干这件事？万先生再问一遍，没有得到回答，万先生说，那只剩下两种可能。

大家随着万先生的目光，先转到东落的小楼上，万太太和万小姐，再转到西边的静心庵，阿弥陀佛。

万太太和万小姐大概手无缚鸡之力，再来两个万太太和两个万小姐恐怕也杀不了一个日本兵，最后，唯一的可能就是阿弥陀佛的尼姑杀了日本兵，老师太和小师太，罪过罪过，万福突然想笑一笑，但是他看到万先生和所有的人都紧绷着脸，万福想，我怎么笑得出来，我怎么了，有什么好笑的，性命攸关的事情，我竟然想笑，阿弥陀佛。

在万福看起来是绝对不可能的事情，万先生却很认真地去做了，走，万先生向万福示意，万福，我们到静心庵去。

怎么又是我？万福终于鼓足勇气，硬着头皮问了一声，怎么又叫我去？

对万福的问题，万先生好像有些疑惑，他认真地看了万福一会儿，好像万福根本不应该提这样一个奇怪的问题，你不去谁去，万先生就是这样看着万福的。

万福跟在万先生后面到静心庵去，本来静心庵就是万康的家庵，连成一气的，后来封死了通道，得从外边绕路，在万先生和万福往静心庵去的路上，万福想，万先生到尼姑那里去有什么用呢，如果真是阿弥陀佛做的事情，她们也不会告诉万先生，如果不是她们做的事情，万先生也是白去。万福想象着两位老师太和三位小师太缠住一个日本兵的模样，他们纠缠在一起是个什么样子。

万福差一点又要笑了,万先生突然说,万福,有句老话,叫作酱里虫,酱里死,听说过吗?

万福没有听说过。

知道什么意思吗?万先生回头看看万福。

万福不知道是什么意思,但是他从万先生的语气中听出一些严重的内容,万先生好像给人一种将要诀别的感觉,万福突然有些心酸,是不是找不出酱杀日本兵的人,万先生就没有活路了呢,万福想,万先生给人的感觉就是这样,但是事情不应该是这样的。

万先生叹了一口气,没有再和万福说什么,他只是默默地走路。

他们到达静心庵的时候,天色已黑,庵堂里点着蜡烛,墙上晃动着尼姑的黑影,阿弥陀佛,万先生说。

一位老师太迎上来,阿弥陀佛,她说,这么晚了,万施主光临,定是有重大事情。

万先生说,静玄师太不在吗?

静能师太说,师姐身体有所不适,歇下了。

万先生说,能不能请……

静玄师太已经走了出来,我起来了,她说,阿弥陀佛,万施主不必烦恼,失踪的日本兵的事情,我静心庵可以承担。

万先生张着嘴,半天合不拢。

万福偷偷地注意着静玄、静能两位师太,也许她们会武功,万福想,要不然她们这么老了。能酱杀日本兵吗,不行的。万福想,我看到日本兵两腿都会筛糠的,她们怎么就不怕。

万施主不必烦心,请回吧,静玄师太又说,时间已经不早,庵堂佛地,俗人不宜多留。

万先生犹豫了一会儿,说,师太请不要误会,我来看师太,并没有要师太承认什么的意思,我只是……

静玄师太微微一笑,不必多说。

万先生还是得说,既然……他沉重地盯着万福看了一会儿……既然,他说,我们就到此为止。

师太仍然微微笑着,并不多话。

你这么老了,万福突然说,你杀得死那个人吗,你是不是有武功?

万先生责备地摇了摇头。

静玄师太笑着点头,小施主言之有理,说话间,静玄师太居然不知怎么一下就到了静能师太身边,快得连身影的移动也没让万福见着,万福吓了一大跳,看万先生时,万先生脸色很平静,但是,万福想,你心里也不平静的,静能师太和三位小师太都笑起来。

学武而摄心,静能师太说,摄心为戒。

静玄师太缓缓地点头,万福感觉到有一股什么气慢慢地弥漫开来,在他的身体的各个部位有了一种受到压迫的感觉。他看看万先生,万先生是不是也有如此的感受呢,从万先生脸上是看不出的,但是万福相信他能感觉到的东西,万先生也是会感觉到的,静玄师太,静心庵,阿弥陀佛。

那就告辞了,万先生向后退着,说。

静玄师太说,不送。

万先生和万福一起走到静心庵门,静玄师太突然叫住了他们,道,万施主,万康账房先生的事情,我等也都听说了,还望施主重视些个。

万先生疑惑地看着静玄师太,师太是不是对此事有所想法?

静玄师太沉思了一会儿,慢慢地道,天下毒分几种,有有形,亦有无形。

万先生说,以师太意思,账房先生确是中毒致死?

静玄师太默认。

万先生又说,以师太的意思,账房先生是被无形的毒毒死?

静玄师太无语。

无形之毒,那是什么,万福看看万先生,再看看师太,他想问问什么是无形之毒,但是他没有敢开口,静心庵里阴森森的,倒像是有毒气似的,万福只是这么想想,他是不敢说的,老师太一巴掌就能要我的小命,万福想。

万福跟着万先生离开静心庵回到万康南酱店,在西落院子里,万康的人都默默地等着万先生和万福回来,万福一跨进院子,就感觉到大家的目光一下子都盯在了万先生身上,万福也朝万先生看看,万先生沉着冷静,向大家挥挥手,该干什么干什么,没事。

万先生说完就回东落小楼去了,大家便围着万福。我不知道,万福说,我什么也没有看到,什么也没有听到。

大家怀着一腔疑惑走开了,谁也没有让万福难堪。

我不告诉你们,万福想,我怎么会告诉你们。

万康的人怀着惴惴不安的心情过了一段日子,失踪日本兵的事情一直没有传到班长那里去,班长来过几次,也没有提起,也没有往静心庵去找尼姑。看起来班长真的不知道,没有人把消息捅出去,但是万先生的话大家都是相信的,早晚会传出去,班长早晚会知道,班长知道以后,会怎么样,每个人都在想象着事态的发展。

万梅死后，万先生一直在为万康物色新的账房，但是再也没有人敢到万康来做账房，正如班长所预言，由万先生亲自管账，只是万先生并不坐到账台上，他只在店堂里转转，然后到自己屋里做账，店里的人，离账台远远的，走过时都绕着，不敢靠近，万先生有空闲的时候，也常常倚在店堂的一角，默默地看着账台，或者走到账台上坐一小会儿，谁也不知道万先生会从这里发现些什么。

终于有一天，万先生看出些什么意思来了，他走近账台，围着账台转了一圈，又转了一圈，他的脸色突然凝重起来，他对店里的人说，地板下面是空的。

万福想，父亲也说过这话，父亲说，账台下的地板是空的。

万先生让人找了些家什把账台下的地板撬开来，一股浓烈的异味冲了出来，店堂里的人都捂住了鼻子，胆小些的直往后退，有胆大的上前看过，也退了下来，店堂里突然静了下来。

原来是你，万先生的声音划破了寂静，是你害人。

一只巨大的异形王八，身上的壳甲全是软的，生了六条腿，两个头并排长在一起，口中吐着雾气。

王八生怪，有人在说，胆怯怯的，不敢大声。

在万福家乡这一带，确有这样的传说，家中养的乌龟王八，若逃走时被硬物挤破壳甲，就会生怪，这样的怪，发出的毒气，是能毒死人的。

万福走近万先生，低低地说，万先生，我去叫班长？

万先生说，不必叫，他会来的。

果然班长很快就来了，他远远地看着异形王八，过了一会儿，班长说，原来，是它毒死了账房。

万福觉得终于可以松一口气了。

班长又说，但是不能把所有死人的账都记在王八头上。

看起来班长是随口说的这句话，并无所指，但是每一个听的人都很紧张，万福刚刚松下来的一口气再次提了起来，班长是没有完的，万福想，不要指望班长会有结束的一天。

现在班长似乎需要重新再寻找一些借口，也相信这难不倒班长，班长好像生来就是做这些事情的，要想难倒他是很不容易的。

秋天的米作是很忙的，临时抽来的人没有经验，所以每年到秋天，酱作那边有经验的把作师傅都要去几人到米作去指导，万先生让万福也跟着过去学学。米作离琵琶街比较远，在河边码头，到了米作做事，一般和琵琶街的南酱店就没有什么来往了。每天很晚才回来睡觉，早晨很早就出发到米作去，和酱作这边的人，常常两头不见面，说不上几句话了。

万福到了米作，帮着过过秤，记记账。有一日正忙着，突然看到班长一个人站在不远处朝这边米作看着，一会儿又看看河上运输粮食的船只，万福悄悄地对把作师傅说，班长来了。

把作师傅没有动静，万福注意到他连眼皮也没有抬一下。我又多嘴了，万福想，班长来了关我什么事，并非只有我一个人看见班长，他们都比我先看见，却谁也不说话。

班长远远地看了一会儿，慢慢地踱了过来，看到万福，班长向他一笑，招招手，示意万福过去。

万福小心翼翼地走过去，等班长发问。

班长说，万福，有时间不给我送酒了。

万福说，我到米作来做事，万先生没让我再送。

班长点头，说，米作的活很忙？

万福说，是。

班长又说，米作的账是谁管的？

万福说，是万先生自己管的。

班长说，这正是万先生的想法。

万福想，你又来这一套，我不知道你到底要做什么，当然我也不想知道。

班长的眼镜片子在阳光下闪烁着，班长看着大家把大米运到船上，班长问万福，这些米运到哪里去？

我不知道。万福说。

班长说，你是新来的？

万福说，我不是新来的，但是万康有规矩，不该我问的事情我从来不问。

是吗？班长眼睛里露出一丝狡猾的笑意，怪不得，班长说，连在大酱缸里发现一堆人骨头这样的事情大家都瞒得紧紧地。

万福感觉到自己两腿又开始筛糠，我不知道，我真的不知道，万福说。

班长说，你跟万先生在尼姑庵里听老尼姑说的话，都忘记了？

万福知道班长无所不知无所不在，在杨湾镇上，什么事情要瞒过班长恐怕是不可能的，但是万福仍然喃喃地说，我不知道，我真的不知道。

班长笑笑，说，我没有让你说什么，你不必紧张，我只是想告诉你，你们弄的这些大米，都运往游击队去了。

万福差一点瘫倒了。

班长平静地说，他走不远的。说完班长沿着河边慢慢地走开去，他一路走一路仍然看着这边装大米的船只。

小伙计万顺突然跑到万福身边，说，万福，万先生让你现在就回去。

万福跟着万顺回来。万先生和万太太、万小姐已经上了后门沿河停着的一条船，万太太和万小姐在船舱里，万先生站在船头。看到万福，万先生跳上岸来，说，万福，太太病重了，我们送她到城里去看病。

万福突然涌出了眼泪，万先生，你能走得了吗，班长正在什么地方守着你。

万先生拉住万福的手，眼睛里含着眼泪。万先生说，万福，不管你是从什么地方来，也不管你以后将要到什么地方去。

万福不知道万先生说的什么，我从什么地方来，我当然是从牛坟头村来，我将来要到什么地方去，除了万康我还能到哪里去呢，万福呆呆地看着万先生。

万先生叹了一口气，道，我并不想要知道你的什么事情，我只是说，我走了，由万黎来做账房，也管些别的事情，大家都听万黎的。

万福说，是。

万先生用了点劲握住万福的手，说，万福，万黎会关照你的。

万福说，是。

万先生回头朝万康的房子最后看了一眼，眼泪慢慢地渗出眼眶，万先生吩咐开船。

船从岸边撑开了，慢慢地向开阔的河面驶去。

万先生的船刚刚开走,又一只船从远处驶来,船上坐着万康的新账房兼万康的总管万黎。

万黎来了。

或者,到这时候,故事才刚刚开始。

苍茫秋色

在黄梅天到来的时候，许多老人都发起老伤来，我虽然还不敢想象自己已经老了或者将要老了，但身上的老伤却也发得像个老人似的，竟有一种从头烂到脚的意思，许多年来我一直伏案写作，我不知道生活中还有别的快乐和轻松，我几乎将写作视为我的唯一，我在写字台前一坐就是一整天，又一整天，许多人对我说你要进行适当的体育活动，我却把这样的话当作耳边风，并且有些不以为然，不知从什么时候开始我得了颈椎病，我想这很正常也很合理，我并无很多的怨言，一个人付出什么就得到什么，他得到什么同样也就要付出什么，这道理我想得通，我的颈椎病已经有相当长的时间了，只是我从来没有把它当作是什么病，也不愿意去看看医生，也不曾去接受过什么治疗，我不知道这是惰性还是什么，我在忍无可忍和暗自担心的情况下，也向人说说我的颈椎病，大家听了，都说，哦，职业病,没办法的,或者说,颈椎病,我也有,谁也有,基本上不把颈椎病当一回事儿,我想,那是,本来我也知道它算不了什么事情,在阴雨连绵的天气里,它不客气地发作起来,我时而头晕,时而头疼,时而胸闷透不过气来,在夜晚我的肩和背疼得难以入睡,因为根本不能使用枕头,倒栽葱似的躺法让我觉得天旋地转,常常用安眠药帮助睡眠,并且像神经衰弱病人似的,以为黑夜是世界末日,而早晨又会感觉一片光明,可是颈椎病的早晨一样让人感到沮丧,在早晨起床时感觉到从后脑勺到背部整个就是一大块铁板,我的活跃不止的思维和它的外壳形成了强烈的反差,我若想回头看看窗外的景象,我必须带着我的背一起去看,我觉得我开始像个老人似的感到行动不便,多年前我在乡下做铁姑娘时,逞英雄,挑起自己本来承担不起的担子,又在寒冬腊月光着脚下河挖泥,努力表现出英勇气概,一直到许多年以后,我才知道那一段岁月把我的腰掏空了,现在我的腰间像两个空虚无底的深渊,我无法重新将它们填满,除非我有本事使时间倒流,倒流的时间也许能填满它们,当然也许不能,因为我好像从来没有为我过去的岁月后悔,即使能够还我一个从前,我想我大概仍然是那样度过;一年前我从家里的高高的桌子摔下来,我是为了往樟木箱里收纳毛衣准备过夏才爬上高高的桌子,我在家并不做很多的家务,但是像爬高这样的事情,我不能让年近七十的老保姆去做,我虽然生性懒惰,但自以为良心还是有一点儿的,那一天我爬上了高高的桌子,我收纳了由保姆洗干净的毛衣,我从桌子上摔下来,我毫无防备地让我的尾骨对准了水泥地,事后我丈夫以及许多关心我的人都认为我没有应变的能力,我对此颇为不服,我想我无论如何不可能在八十厘米的空间距离内来一个前滚翻或者后滚翻，然后双腿稳稳落地，得一个 9.95 分，正因为我无法做到，所以我的尾骨摔断了，只是在当时我并不知道尾骨已断，我在地上像死狗似的躺了一会儿，双手不是抱住屁股而是抱住了头，以至于听到沉闷落地声而赶来的保姆老太在一边连连问道，是不是摔着头了，是不是摔着头了，事后老太还常常说起，她大概不明白，我怎么不抱住断了的尾巴骨，却抱住头，我努力回想当时的情形，我想我抱住头而不抱屁股是有道理的，因为我的全部感觉都在我的头部，我在地上躺了一会儿，我爬起来，摇摇摆摆地走向我的电脑，那几天我正在赶写一篇稿子，我不知道在现代这样的社会，还有什么稿子是需要赶写的，也许赶写的并不是一篇稿子，而是一种习惯，是一种毫无价值的固执，我坐在断了的尾骨上继续写作，五天后，我赶写的稿子写完了，我到医院去拍片子，医生说，你的尾骨摔断了，医生为我做了复位手术，医生没有成功，医生说，你来得太迟了，尾骨只能永远让它断着了，我心里很害怕，医生安慰我，医生说幸好是尾骨，医生说尾骨是人身上最无紧要的一块骨头，即使割掉了也没有什么大的妨碍，医生最后说，也许，以后到了阴雨天，会酸疼，会有所感觉，医生的话说得不错，在黄梅天的时候，我的尾骨和着我身上的其他骨头一起来凑热闹；在折断了尾骨后不久，我的左脚踝扭伤了，大家都对我另眼相看，以为我这一年交了什么华盖运，我亦有同样想法，但是我毕竟走过了这一年，到来年的现在，我的左脚踝又开始发出嘎巴嘎巴的声响，我的脚筋酸痛，我走路的时候，脚踝软弱无力，经常左拐右扭，像跳秧歌；另外我还有许多别的不适，它们在黄梅天里都一起来了，我的自我感觉一败涂地，我像个老人似的老是追忆着什么，我思前想后，觉得自己似乎在生命的路上走得太快了一些,我大概性子太急,预支了我的生命的一部分,不然的话,我怎么像个老人似的在黄梅天里乱发老伤。

我终于有了一点危机感,我想到虽然我可能是预支了生命的一部分,但是我即使偿还了预支的部分,我的生命毕竟也还有很长的路要走,我为了在以后的日子里好好地走我的路,我想到我应该去治一治我的老伤了。

说起来我的时间是够多的,我不用每天去上班,我也不承包什么任务,但是我仍然觉得我没有更多的时间,我的紧迫感根本不知从何而来,也不知为何而生,我不上班,但是我对时间却掌握得很准确很精细,我想象不出世界上还有一个谁会像我这样把时间抠得这么紧,我每天都得把时间的分分秒秒把握得一丝不差。对于我来说生活中最重要的东西是手表和钟,我离不开它们,我不知道我一旦看不到手表和钟,一旦我觉得自己再也掌握不了时间,我会变成什么样子,在每一天我做的最多的事情好像就是看表看钟,除非在一种姿态下,那就是我的写作进行得非常顺利,若我一气呵成地写下两个小说的文字,在这个过程中我可能忘记了看表看钟,除此之外,我几乎每过半小时就会看一下时间,我根本不知道我看时间的目的是什么,我不赶去上班,也不赶火车赶飞机,我也不和人约会,我也不上电影院,我更没有别的限时限刻的重要事情要去做,但是看钟看表确实成为我生活中必不可少的一部分,我不可设想没有钟和表我将怎么生活,我实在是有一种莫名其妙的紧迫感,从前人常说一句话机不可失,时不再来,我就是这样感受着时间,弄得自己神经紧张,出于这种紧迫的感觉,我找了一家靠我家很近的小医院,别无他意，图个方便，再节省点时间，医院虽然离我家不远，但是我从来没进过这家医院，我记得我母亲被病魔折磨得无路可走的时候，她出入了许多家大医院，后来有一次，母亲走进在我家附近的这座小医院，医生给她开的药是食母生，母亲捧着食母生回来，母亲在她过去的许多年中，顽强地和病魔做斗争，母亲不知服用过多少食母生以及许许多多其他的药，母亲从小医院里捧回一小袋食母生的时候，像是捧着一袋救命丸，母亲说，也可能的，说不定大医院治不好的病，小医院的食母生就治好了，食母生到底没有能够挽救我母亲的生命，但是母亲在她的生命的最后几年里，她的对于病魔的不屈服，对于生命的渴求，我永远不能忘怀，现在我也走进了我母亲曾经满怀希望走进去又满怀希望走出来的区级小医院，我想我也同样满怀着希望。

　　医院的门廊昏暗而潮湿，我在平时无数个日子里经过医院，我偶尔也回头朝里看看，完全无目的，我看到的就是阴暗而潮湿的景象，我知道这类级别的医院不能指望它有多么好的医疗条件，门廊两边各有两个窗口，挂号、划账、付款、发药，我站在挂号窗口前，抬头看到墙上贴着满满的门诊指南，有许多专家门诊，但在专家门诊中我找不到伤科，也找不到和我的老伤多少有些关联的科室，我茫然地看着老专家们的名字，我突然想，这每一个名字都是一部厚厚的书，对我的这种想法我自己一点也不怀疑，我的思绪奔放激动起来，商人对着满街的人流感叹，呀，都是钱哪，虽然未免贪婪，思路却绝对正确，心理学家则说，你们每个人都能给我提供一份临床实例报告，虽然过于自信，却也得之无愧，和他们一样，我想我的职业病又犯了，我立即对自己的思想进行批判，我想到我是来看病的，我看病是为了今后更好更多的写作，我并不是来找写作素材，关于写作和写作素材，我应该将它们托付给来日方长这个词，我努力收回自己的奔放的激动的思绪，我怀疑在我对区级小医院尚未有一定的了解之前，我是否能够贸然把自己的病和自己的未来交给它，小医院的较差的医疗设备和条件，使人不能立即对它产生一种完全信赖的感情，我想这也是正常的，我犹豫再三，没有先挂号，按照就医指南的指示，我先在一楼转了一圈，又上了二楼，在贴对楼梯的地方，看到了一块伤科的牌子，我向里边探了探头，我记不清我当时看到了什么，到以后日子长了，我自然会知道，那天我看到的无非也是病人和医生，别的还能有什么呢，我只是记得并没有人和我说话，大概会有人向我看看，但是确实没有人同我说话，我退开来，又向走廊里头走去，我看到了内科、小儿科、针灸科等等，我心里越发地茫然起来，其实我并不知道我该看哪个科，我不知道是针灸更好呢，还是吃西药、喝汤药，或者是做牵引、做理疗、推拿，也或者还有别的更好的办法，那一时刻，我站在区级小医院的二楼走廊上愣了一会儿，最后我义无反顾地走向伤科，不知道因为什么，也许就因为它靠着楼梯，当我再度走到伤科门前探头探脑的时候，我终于引起了医生的注意，医生说，你看病？

我想是的，我点点头。

医生说，这是伤科，医生打量了我一下，又说，你看什么？

我说不出我看什么，我要看的地方似乎很多，从头到尾，发了许多老伤，一想起我的老伤，我心绪就烦乱起来，我尽量使自己的头脑不受烦乱心绪的影响，我镇定了一下，我想到我必须有所取舍，突出重点，所以我只是稍稍地犹豫了一下，我说，我看颈椎病，是这儿吗？

回想那一刻我义无反顾地抛弃了其他的老伤，突出我的颈椎病，我想我的意思再明显不过，这完全服从于我的写作事业，许多日子以来我已经感觉到我的颈椎病开始影响我的写作生活，我想我大概无法承受不能写作的打击，为了使我在生命的后半辈子仍然能够写作，我开始治疗我的颈椎病，别无他意，我这个人真是很简单，很专一，所以我对医生说，我看颈椎病，是这儿吗？

医生点点头，挂号去吧，医生说。

我重新下楼挂了号，就这样，我走进了伤科门诊，根据医生的吩咐，我在这里进行综合治疗，打针、吃药、牵引、理疗、推拿，每天需要两个小时，碰到病人多的时候，时间更长些，医生认为，第一阶段的治疗，至少需要三个疗程，整整三十天时间，以观后效，我心疼时间，但是我已经没有退路，我想，权作工作调节吧，我的这种想法很莫名其妙，但是我确实这样想，好像我花时间治病是浪费了我的生命似的，其实，我明明知道我已经预支了生命，我从来没有浪费过生命，但我的思想列车固执地坚持着它一贯的轨道，不肯有半分偏差，我无法控制我的思想列车，它有一种与生俱来的执拗，我无可奈何。

我每天上午到医院去接受治疗，在时间流逝的过程中，我不断地安慰自己，我对自己说，来日方长，我并且告诉所有关心我的人，我说我现在每天花整整半天的时间进行治疗，关心我的人都认为这很有必要，认为早就应该如此，我每天到医院去的时候，面容平静如水，步履坚定沉着，在每天的治疗过程结束后，我的头部、背部的感觉确实轻松多了，我慢慢地走回家去，相信没有一个人看到我的从容不迫的样子,他还会有别的想法,其实我内心完全不是这么回事,真正知道我内心是怎么回事的大概只有我自己,毫无疑问,我的内心一点也不平静,我焦虑不安、心情毛躁、思绪烦乱,我在半下午时打开电脑,但是面对着电脑我的头脑里竟然一片空白一片苍茫,我整个小时整个下午地面对电脑发呆,几篇文章开了头,我都写不下去,这在我来说是很少出现的悲惨情形,我写作许多年基本没有同时写几篇文章的习惯,我总是一篇一篇地来,写完一篇再写一篇,我的思路基本上是畅通的,不敢说行云流水,至少也是缓缓细流,虽无磅礴的气势,却也源源不断,现在我的思路终于堵塞起来,我情绪波动,忽而沮丧,忽而悲哀,忽而又很亢奋,我不会奇怪,我知道这是因为我的写作碰到了障碍,许多年来,我一直写作,我其实并不知道我写作的目的是什么,活着写着就是目的,除此好像再无别的目的,当然不能说在我开始的时候,我确实怀有种种目的,但是多年以后,我再回想那种种目的,我发现自己已经找不到它们,我曾经在一些文章中或者直接或者间接地谈到过写作的事情,我说我不知道为什么要这么拼命地写作,我也不知道我写到什么地方什么时候才是结束,我觉得我活得够不潇洒,可是有许多人认为我还是挺潇洒的,其实我知道不是这么回事,我从来没有把写作当作游戏或当作休息,也不是为生活作一些点缀,也不是为生命增加些色彩,我想我大概是太认真,我把写作看得太认真,做得也太认真,正因为如此,我不能把这个工作做得更好一些,年复一年,我生产出大量的作品,能让人记住的却很少很少,我被普遍认为是"可惜"了,对此一说,我亦有同感,就像我们平时经常能见到生活中有这样的人,他们多才多艺、能歌善舞、吟诗作画,书法也写得不错，文章也常常上报，自己又会修理电视机、录像机，玩古董也玩得内行，集邮票也集得专门化，总是无所不能似的，这样的人受社会欢迎，这里开会请去写会标，那里歌咏比赛又去做指挥，有时候我们看到这些人忙前忙后，觉得他们若是能朝专一的方向发展，也许能够成更大的气候，这想法大概是不错的，但事实上，多才多艺的人他们仍然是那样生活着，就像我一样顽固不化，我想我自己几乎是一年忙到头，一日忙到夜，我这样做的结果，大概使我的才能像细细的流水似的一点一滴流走，而不是将它们聚成某一种较强大的力量，我可惜了我自己，但是我并没有改变自己的想法，我一如既往，我的思想列车固执地沿着旧轨道向前开着，我依然如故生产大量的作品，其中有许多粗制滥造的东西，自己也不堪卒读，我不知道我到底算是对自己负责还是不负责，有时候我觉得自己有一种走火入魔的恐怖感，我无法做到使自己不去想写作的事情，我很害怕。

时光走到现在，我才慢慢地发现，我从前感觉的那种恐怖其实多少有些矫情，那害怕也显得造作，现在，当我面对电脑，整日犯呆的时候，我想，真正的恐怖大概从这里开始了。

也许我现在就说这是一种真正的恐怖仍然为时过早，也许人在他的一生中碰到许多次的恐怖，但没有一次可以算作是真正的恐怖，其实人也只是在想象恐怖的时候，心理上对恐怖更是畏惧，一旦真的感觉到恐怖，也就那样，能怎么样呢，像我，总以为万一有一天因为种种原因而不能写作，我会怎么怎么样，其实，真的不能写作，我又会怎样呢，我想一定不怎么样，至少不会去死，我会活下去，会好好地过日子，会找些别的同样适合我的工作来做，或者我能将那一份新的工作做得更好也是可能的，就像热恋中的男女都有非你不娶非你不嫁的痴迷，却不知任何一个正常的男人和女人都可以在婚姻和爱情问题上进行多种可能性的组合，谁也难说究竟哪一种组合更合适，如果有人告诉我说，写作对你来说并不一定就是最佳的选择，我想我也无法解释，因为我无从对比。

现在我唯一要做的事情就是认认真真地治疗我的颈椎病，我不应该再有多余的想法，我应该让我的活跃不止的思维休息一会儿，我每天按时往医院去，医生说，你很准时，门诊室里等着许多病人，像这样的门诊治疗，医生说，对每一个病人都应该约定时间，既不让病人等着，医生也可心中有数，医生说，可是我们这里做不到，时间是捉摸不定的，更多的人没有能力掌握自己的时间。

经过两三天的治疗，我开始对今后一段时间内的新环境有所了解，我先从我的医生了解起来，我知道了他并非科班出身，没有上过医学院，十四岁开始拜师学习武术，师傅是某镖局的伤科先生等等，医生常常在给病人（推拿）的同时，随口说起他的一些往事，他五十岁左右，我希望医生不停地说话，可是医生不可能不停地说话，医生他愿意说就说，他不愿意说了我也不能让他说，因为还不怎么熟悉，我也不能对医生做什么说话的诱导，我默默地等待着，只能寄希望于医生的兴趣，除了医生，我对每一个病人也都有浓郁的兴趣，我同样把他们随随便便说出来的话记在心里，我听他们叙说的时候，尽量保持不动声色的姿态，或者我觉得需要对某件事情进一步了解的时候，我在关键时候追问一句，医生和病人见我如此认真听他们说话，他们多少有些感动，他们倾其所有，因为他们的毫无设防，使我在较短时间内除医生之外又不同程度地认识了几位病号，我对我的新环境渐渐熟悉起来，门诊室灰暗而凌乱，理疗和牵引的器具、坐椅、床榻毫无规律地放置，床单和枕套又脏又旧，我注意到在门的背后排列着一套红缨枪之类的武器，有一次病人把话题扯到这上面，医生说，这是我师傅留下来的，只是其中的一小部分，我注意到那许多兵器上都积满了灰，和门诊室里许多别的东西一般，医生接着说我家里还有些，现在我下班回家，或者休息在家的时候，若有兴趣，我还是要动一动的，医生个子不高，也看不出怎么壮实，但是医生的筋骨一定很好，医生每天要给几十位病人推拿，医生说即使一天下来，到下晚我仍然精力充沛，我曾对此说法抱有怀疑，有一次我因为有事一直到下晚才去治疗，我果然看到医生精力充沛。医生的病人很多，病人们都一致称赞医生，我也渐渐地知道和我一样来这里进行综合治疗的大多数是工厂的女工，也有一些小学老师，有退了休的，也有尚未退休的，多在五十岁上下，也有更老一些，或者稍年轻些，过去岁月的艰苦，在她们身上留下了深深的痕印，她们有的面黄肌瘦，有的虚胖，她们坐在伤科灰暗的门诊室里，穿着最普通的服装，梳着最老式的发型，毫无光彩。在以后的一些日子里，她们开始和我交流病情，她们同情地看着我，她们说，你怎么，你还没到我们的年龄呢。我左想右想，我不知道该怎么回答她们。

由于医院的性质决定了病人的来源，他们大都是一些区级小厂和街道工厂的工人，被指定只能在这家医院治病才能报销，或者就是医院附近的几条街道上的居民，就近到小医院来就诊，还有就是医生的老病人，他们认定他们自己所依赖的医生，至于医院的大小规格级别什么他们并不在乎，这是对医生的信任，由于病人来源不是很广，所以许多病人都和医生熟悉，他们是医生的老朋友、老邻居、老病号，在病人和病人之间，也同样存在这样的关系，他们互相熟悉，互相了解，就在一个厂，或者就住同一条巷子同一个院子，有一次在某一个院子里居住的邻居一下来了四个人，医生也不由得笑起来，医生说，你们像是约好的，我在这里进行了一天又一天的治疗，我每天走进门诊室的时候，看到的再不是一张张陌生的脸，而是一张张向我微笑的脸，医生和病人都向我打招呼，来的时候他们说，你来啦，今天早，或者今天迟，走的时候，我向他们说，走啦，明天见，在他们谈天说地的过程中，我慢慢地听出其中一些人的一些基本情况，也有一些人印象比较深地进入了我的脑海，我一直不知道他们中的任何一个人叫什么名字，但是我却先知道了他们的绰号，或者也没有什么绰号，只是我在自己内心给他或她定的一种位置，有一位老太大家叫她阿弥陀佛，家庭妇女，以裹粽出售为生，在端午节的那几天，阿弥陀佛忙得没有时间到医院治疗，过了端午节她愁眉苦脸地来了，大家说，阿弥陀佛，歇歇吧，何苦这么想不开，阿弥陀佛说，阿弥陀佛，再想得开的人也要张嘴吃饭呀，阿弥陀佛常常宣传佛教的教义，在病人称赞医生时，阿弥陀佛则认为这是医生在积功德，她坚持认为积暗德要比积明德好得多，并且认为长辈积德会报在子孙身上等等，若是有人对她的宣传不以为然，阿弥陀佛就会念一声阿弥陀佛，另一个女工四十来岁，她说自己是做出来的病，女工在工厂上班辛辛苦苦，下班以后立即奔到菜市批发部批发了菜到市场上去卖，女工自己拼命挣钱并且省吃俭用，所有的生活用品都拣处理品买，女工脚上的皮鞋，女工手里的提包，无一不是削价商品，但是女工说，我做了也是白做，我节省了也没有用，我男人讲面子，穿要名牌，吃要高档，女工说，一对夫妻总是搭死的，大家便笑了，说，那是，要不然你家不发死了，钱往哪儿堆呀，女工叹息着说，现在我想通了，我再也不做了，我也不节省了，大家说，不会的，你仍然是要做的，你也仍然是要节省的，这才叫搭死，女工苦笑着默认了大家的话，一位退休多年的小学老师，有一天不知在什么话题里突然说了一句，她说，说我是修正主义急先锋，我教了几十年书一直只是教的小学一年级，从哪里修起来，说我是修正主义急先锋，她将这句话说了一遍，又说了一遍，再说一遍。

每天往医院去的路上我都指望这一天能够从医生和病友那儿听到更多的东西，我如饥似渴，我把医生病人所说的关于他们的每一段经历故事或者别的什么都在我的脑海里像筛子似的先筛一遍，我想一想，这能够成为小说吗，那能够写进文章吗，每天治疗结束回家我做的第一件事，就是把医生和病人说的事情记在我的本子上，我想我简直成了一个小偷，我悄悄地把医生和病人的话偷回来，在家里藏着，到哪一天，就搬进了我的小说，这真的有些走火入魔的样子，就这样我内心的焦躁似乎能够减轻一些，其实所有这些听到的和接触到的人与事情，并没有引起我的创作冲动，好像也没有更多的想法，我只能先将这些东西储存着，并不知道哪一天使用，也许永远也用不着，但这样的工作我却不能不做，我似乎是为了了却某种心愿才这么做的。

有一天上午，我连续听了两位病人和医生关于同一主题的三个故事，忽然就有了一些想法，我很难说清那是些什么想法，很烦乱，无规律可寻，回到家，我将医生和病人的故事记下来。

病人 A，女，五十多岁，知识分子，退休医生，文质彬彬。

病人 A 的故事是由医生提起的，医生和病人 A 是老同事，许久不见，寒暄几句，便问道，王医生，你儿媳妇最后怎么了？

病人 A 长叹一声，走了，病人 A 说。

以下是病人 A 的叙说。

我们这一家人，算得上讲道理，几十年也不和人争什么高低，谁想到碰上这么一个儿媳妇，真是没有办法，我儿子虽然话不多，但是对人真心，对自己老婆怎么可能不好，从我来讲也已经做到仁至义尽，像我这样，自己读书出身，也很懒惰，惬意人，年轻的时候，自己的孩子根本不是自己带的，现在倒好，带孙子成了我的主要工作，我也毫无怨言，我对儿媳妇也算是不错了，她自己也承认，她们单位的同事也一致认为我这婆婆算是做得道地的，现在有谁家的婆婆给媳妇买衣服，有谁家的婆婆关心媳妇的生活，我都做到了，但是仍然拉不住她的心，一个人的心若是变了，那是一点办法也没有的，她的心，就是跳舞跳坏了，真的，我并不是一个封建的婆婆，但这一切的发展我看得很清楚，她太轻松了，家里没有一点点家务的拖累，没有任何的责任，跳舞把心跳野了，不想过太平日子，在外面有花头，作骨头，要离婚，说我儿子对她不好，我苦口婆心地劝她，我说只要你回心转意，过去的事情就过去了，我们从此再不提起，她不，我说你就算和我儿子没有感情，作为一个母亲，你也该为孩子考虑一下，现在孩子还小，以后长大了我们怎么向他交代，母亲到哪里去了，怎么回事，我们开不出这个口，她也不，我再说，我说就算我儿子以后还能再娶，对孩子来说，总是晚娘，我讲得自己眼泪汪汪，她却毫不动心，真是铁石心肠，最后终于还是走了，在单位也待不下去，辞职，现在也不知在什么地方混，唉，好好的日子，不过……

病人 A 的话音未落，医生说，现在这样的事情，多。

以下是医生的叙说。

我有一个朋友，儿子从小是个残废，腿坏的，长大了一直找不到对象，后来有一次家中装修房子，请的工人里有一个四川人，年轻轻的，人挺老实，和他们家相处成了好朋友，便把自己的妹妹介绍过来，后来就和我朋友的残废儿子结了婚，我朋友费了很大的精力几乎花尽积蓄，帮助兄妹俩把户口迁来，工作也解决了，一切皆大欢喜，一段日子也过得好好的，不久孙子也生下来了，一切令人满意，好，事情开始了，也是跳舞，就开始作骨头，作了一两年，媳妇终于走了，我朋友一家人财两空，气得吐血。医生最后总结，现在的人，没良心的多。

医生的故事讲完后，病人叽叽喳喳，发表自己的看法，说，是，现在这样的事情，多，说，是，现在的人，没良心的多，说，跳舞实在不是件好事情，多少花头就是跳舞中出来的，说，人的素质很要紧，素质不好的，终究是要出花头的，在大家一片意见声中，病人 B 说话了。

病人 B，四十来岁，女工，脸有善相。

以下是病人 B 的叙说。

我妹妹的事情就更不能提了，我妹夫是法院的法官呢，怎么样，照样出花头，四十出头的人，儿子也已经上了初中，怎么样呢，要变心还是会变的，分来一个女大学生，相差十几岁，怎么可能，但偏偏就有了事情，坐在他的桌子对面，做他的徒弟，每天一起出一起进，一起出差，一起办案，不到一个月，就有了感情，互相已经离不开，先是带回来吃饭，我妹妹好菜相待，虽然心里也有些想法，但是想到我妹夫这么多年的法院工作做下来，总不会有什么别的心思，又总以为女孩子是同事，也不能出什么事情，再后来就带着去跳舞，起先也叫我妹妹一起去，但我妹妹不会跳，就看着我妹夫次次都和女大学生跳，我妹妹已经有了感觉，也提醒过我妹夫，我妹夫说，你想到哪里去了，我的徒弟，我只是带她工作呀，会有什么事情，不可能的，后来也不再带我妹妹一起去了，我妹妹虽然知道事情不太好，但也无能为力，劝劝说说，一点用也没有，事情就这么发展下去，风声也传了开来，单位领导也找他们谈过，仍然没有任何用处，终于有一天我妹夫突然向我妹妹提出离婚的要求，我妹妹根本就昏了，她大哭几天，也不能使我妹夫回心转意，我妹妹不愿意离婚，我妹夫向区法院起诉，我妹妹说，你们法院就是做这种工作的，你们若是袒护他，我撞死在你们这里，我们全家人，还有我妹夫全家人都劝我妹夫，可是谁也劝不过来，我母亲和我妹夫说了几个小时，我妹夫最后掉下两滴眼泪，说，事情已经这样了，我没有办法，法院开庭的时候，我妹夫的理由远没有我妹妹的理由充分，我妹妹虽然不怎么会讲话，但是一番话说得合情合理，连法官也点头称是，最后判下来，不准离，我妹夫从此不再回家，丢下妻子儿子和一个八十岁老母亲在家不闻不问，说是等半年，半年以后，再起诉，现在我妹妹就一个人过着，怎么办呢，碰到这种事情……

关于病人 B 的故事，大家一致认为，应该相信一句老话，现在怎么对旧人，以后就会怎么对新人，新人终究也会变旧人，完全是一片指责病人B妹夫的声音。

　　始终旁听着的我，不知怎么，心里突然地涌起一种说不清的悲哀的感觉，我想起一首流行歌曲的一句歌词：可是谁又能摆脱人世间的悲哀。这是台湾电视连续剧《包青天》的插曲《新鸳鸯蝴蝶梦》中的一句词，对于包青天唱爱情悲歌相信许多人会觉得有些滑稽，但是细想想在包青天所判的案子中确实有许多是爱情悲剧，为什么包青天不能有感而发唱一曲凄凉而忧伤的爱情悲歌呢，我的思绪走得很远很远，我思想着人类的永远的悲哀，思想着所谓爱情的误区，迷途，再生的情感，情感的转移，变化，更新，与道德，与责任的冲突，与良心的冲突，为了责任而扭曲感情，为了感情而伤害他人，老生常谈，老掉牙的东西，却也是永远无法解决的难题，又想起梁任公先生和他的学生徐志摩对于爱情的一点不同的看法，梁先生以为人生最快乐的事情莫过于把应尽的责任尽完，而徐志摩则完全相反，他以为真爱不是罪，必要时可以以身相殉……

　　这一天的中午，我休息了一会，我做了一个梦，梦中竟然见到了病人B的妹妹和妹夫，我能记得梦中是昏暗一片，我的梦总是灰蒙蒙的，不知是白天还是黑夜，我在昏暗的梦中，走进法院院长办公室，我看到病人B的妹妹正坐在院长办公室，我形容不出她的长相，只是知道她就是那位将被抛弃的妻子，接着她丈夫进来了，我心里正想看看这位庭长长得什么样子，却又不便面对面打量，从侧面看，是一个很踏实的男人，我听到院长对他宣布，免了你的职务，他说，免了我也没有办法，从院长手里接过一张纸就走了出去，病人B的妹妹跟了出去，我也跟着她走出来，已经不见病人B妹夫的人影，这时候病人B的妹妹走出法院的大门，她的儿子也来了，他们站在一起可怜巴巴地看着法院。突然病人 B 的妹妹对我说，我认得你，我们一起在什么地方治疗过，我觉得我也应该想起她来，我点点头，然后她就哭了，哭了一会儿，捂着脸奔走了，她的儿子呆呆地站着，看着母亲的背影，我觉得很心酸，我对他说，你不要难过，你去追上你的母亲，劝劝她，孩子默默地点点头，朝母亲奔走的方向去了，我也呆呆地站了一会儿，我觉得我应该到区法院去看一看庭长在做什么，我想这可以为我的小说增添些内容，我找了半天，才找到一个地方，以为那就是法院，走进去，印象中是一片破旧的平房，有一间屋里一位老人正坐着，我向他打听法院的民庭，老人说，你走错了，这是医院，法院还在另外一个地方，我从医院里出来，心里很茫然，于是梦醒了。

  我在那一天下午开始构思我的这一篇小说，我想大概有一个中篇的篇幅可以写起来吧，于是我按照中篇的结构来设置情节，抢先进入我的思路的并不是开头，而是小说的结尾，我考虑给小说来一个这样的结尾。

  一对告到法院打离婚的夫妇重新和好，为感谢区法院民庭的帮助，丈夫主动提出把单位的大客车借给区法院，让法院的同志去秋游，庭长因为自己的感情纠葛无法处理，毫无兴致，但是人家却主要是为了感谢他，那案子就是由他办的，结果硬被大家拖了去，从一开始他就有一种不怎么好的预感，后来车子果然在半山腰抛了锚，大家下车等着帮助，庭长站在山间，心里很懊丧，他放眼望去，只见苍茫一片秋色，庭长的烦乱的心竟然渐渐地平静下来。

  其实这个结尾也不是我自己想象出来的，而是受到医生的故事的启发，医生在他的许多叙说之中，曾经说过这样一件事，医生说，有一次一位厂长到我这里看病，病好了，为了感谢，非要问有没有什么事情要他帮助解决的，我说没有，厂长却不依，非要表示，后来别的医生就提出来秋游的事情，要一辆车，厂长一口答应，决定到杭州瑶琳去玩，那天一大早三四点钟我们就起床了，吃了点泡饭，出门来，看到车子已经来了，停在路边，我走过去，就有一种不太好的感觉，也说不上来是什么，看到前右灯坏了，一眨一眨地不肯停，我突然有一种预感，不想去，被大家拉上去，问为什么，我说前右灯怎么回事，眨得人难受，司机便把前右灯的线扯断，大家说，这下好了，心里踏实了，其实我心里仍然不踏实，根本不知怎么回事，后来果然出事了，在浙江境内撞倒一个人，死了，医生详细地描述了出事故以后一段经历，怎么帮着把人送往附近的县医院，县医院不治又让送往市医院，人怎么死在半路上，到了医院又送回来，怎么帮着一起抬死人等等。

  由结尾的启发，小说题目也很快确定下来，就叫作《苍茫秋色》，对这个题目我感觉良好，甚至有些得意，觉得有些深远的东西。

  我认真地结构了全文，在整个小说进展中，除了人到中年的法官产生了情感危机，和新来的女大学生同事有了一段感情这主要故事外，我还另外结构了两段情节，皆是我道听途说或者通过别的什么方法了解得来，一是某厂长发达之后，上宾馆，下舞池，另有新欢，喜新厌旧，出现婚姻危机，另一是机关干部的老婆状告丈夫，理由是男人太无能，要钱没钱，要权没权，要才没才，甚至连一点点志气也没有，整天浑浑噩噩耗日子，妻子认为难以共同生活下去，这两桩民事离婚案都由庭长处理，结构完毕，自鸣得意，以为这样结构使小说不显得单一,把当前婚姻危机的几种类型都包容进去,写起来内容应该很丰富,很扎实,既生动又典型,自我感觉良好,现在我终于可以开始写作了。

对了,我还得给我的人物一一起名字,为了名字我也费了一番周折,小说写得多了,人的名字常常会起重起来,为了避免犯这样的错误,我考虑再三,我让男主人公法院的民庭庭长叫作武怀清,武怀清的妻子叫梁燕,武怀清的那个新来的女同事叫汪小梅,起完名字之后,发现仍然有重复之嫌,我突然感到有些奇怪,我发现在相当长的一段时间里,我习惯于给年轻的家庭主妇起名叫燕,给年轻的未婚姑娘起名叫梅,我不知道这习惯从何而来,我从来不知道什么叫名字学,也不知究竟有没有这样一门学问,孤陋寡闻,我也不知道取燕和取梅这样的名字有没有什么心理暗示,思来想去,觉得是没有的,只是觉得燕这样的名字,比较适合年轻的妻子,而未婚的姑娘把她们叫作梅挺顺口的,别的好像再无什么更多的意义。

就这样,我构思了全文,我给人物都取了名字,随着名字的定位,我的人物一个个开始活动起,有血有肉,哭着笑着站到我的面前,我开始写作我的这一个中篇小说。

《苍茫秋色》

下班前,院长的情绪突然好起来,到各办公室看看,到民庭时,民庭一班人都在庭长办公室神吹瞎聊,等着下班,这是星期六,当事人,被告原告,像都有些人情味似的,半下午以后基本上没人再来,大家空下来,凑在一起说说想说的话，也是难得的松懈，做法院的工作，都知道是忙的，没头没脑。

院长进来，看看大家，道："说什么呢，这么投入？"

小伙子们嚷嚷，有什么好说的，除了说说女同事。

院长笑，说："女同事有什么好说的，对谁感兴趣了？我介绍，不过，可别是结了婚的，替我惹麻烦。"

大家都笑起来，小伙子沈榆木说："从来是把我们民庭打入另册的。"

院长起先没有明白，想了一想，明白了，区法院六庭二室，偏就民庭没有一个女的，院长高兴，便信口道："行，今年分来的大学生里，有个女的，给你们。"

民庭以为院长逗人，不信。

院长说："不信，跟我去看照片。"很认真的样子，又说，"九月二十号以前报到。"

看起来像是真的了，小伙子倒愣了，没了话，院长说："不好，沉默无语，是个危险的信号，警告你们，给你们的是一位女同事，不是老婆，更不是情人。"

小伙子复又笑，情绪好得厉害，说，九月二十号，快了，快了，有盼头了。

院长给浇一头冷水，道："什么盼头？"回头对武怀清说道，"看看，派个谁做监察局长。"

武庭长咧一咧嘴，要说什么的，却被沈榆木抢去，道："派我做。"

严力说："派黄鼠狼看鸡呀。"

小伙子又同声嚷道，派我做。

武怀清笑着说："这些人，派谁谁也看不住。"

院长说："那就派你了。"

大家朝武庭长看，武怀清说："看我什么，我有什么好看的。"

院长也研究似的看看武怀清，说："好看不好看，你太太说了算，别人看了有什么用。"

大家跟着说是，武怀清没那么多嘴跟大家辩，只是笑笑，也看不出什么意思。

这么随便说了一会儿，也差不多到了时间，大家收住话题，下班。

穿过阴暗的走廊，区法院是一座老式房子，有一个院子，不算大，三排长长的平房，还是20世纪50年代初造起来的区机关最早的一批办公用房，新的法院正在建造中，进展比较慢，但是大家都等得很有耐心。

民庭在三排平房的最后一排，走出长长的走廊，沈榆木回头问院长："院长，女大学生叫什么？"

院长说："怎么，激动起来了。"

沈榆木说："同事，激动什么。"

院长说："这就好。叫汪小梅。"

沈榆木赶上小伙子们，他们说，汪小梅，又说，以后好了，不再单一了，又说，每天可以赏心悦目什么的，一路笑声过去。

院长慢慢地落后一些，和武怀清走到一起，院长朝武怀清笑笑，西斜的太阳照在院子里的树上，已疲软无力，院里有些灰暗，院长靠近武怀清，说："武怀清，拨正的事，基本定了。"

武怀清点点头，庭长调到市法院后，民庭的位置一直空着，武怀清是副庭长，张建也是副庭长，排在武怀清后面，也等于是武怀清做了正的庭长，只是有些名不正言不顺，所以要履行正式的手续，拨一拨正，提武怀清做庭长，是正常的事情，别人也没有什么另外的想法，征求意见时，大家都说了武怀清的好话，至少是实事求是。因为是早就知道了的事情，院长说了，武怀清也没觉得怎么特别的激动，只是像等着一部电影或者电视开场似的，知道早晚要开场，现在终于等到了，像完成一个什么事情罢了。

院长和武怀清住的两个方向，一出区法院大门，他们就分了手，武怀清骑自行车回家，想到这是周末，路过熟食店，下车买些盐水鸭，到新村附近，又买了个西瓜，捧着上五楼去，觉得有些喘，手腾不出来，用脚踢踢门，儿子来开了门，看他手里捧着，没看见似的，并没有上前接一下的意思，武怀清说："也不知道帮着接一下。"

武唯一说："我在做作业。"返身进自己的房间。

武怀清探头看看正在厨房做饭的梁燕，说："回来了。"

梁燕没有马上作声，停了一会儿，说："听到了。"停片刻，又说："星期六也这么晚。"

武怀清说，"大家不走，我也不好先走。"

梁燕说："那是。"再不出声，只做自己的事情。

武怀清到水龙头边洗手，随口说："现在的孩子，真没办法，看我手里捧着，只当没看见。"

说了，看梁燕不说话，似没有什么反应，又说了一遍。

梁燕"啪"地关了排气扇，说："要教育呀。"

武怀清想说些什么，又觉得没什么可说的，看菜已出锅，便上前帮着把菜端到客厅饭桌上，客厅没有开灯，已经有些昏暗，武怀清正要拿勺子来盛饭，就听到有人敲门，起身去开门，梁燕过来，虽没说话，但脸上写着一个"烦"字。

武怀清已经将门开了，门外已是黑乎乎的一片，看不清来人的面目，只知道是个女的，武怀清顺手将灯打开，灯光照着了客人，三十多岁，很憔悴，眼眶发黑，神色沮丧，武怀清觉得她有点面熟，但记不起来是谁。

梁燕已经坐在饭桌上，摆出些不欢迎人来的样子，问道："谁，这时候。"

武怀清慢慢地道："你是……"

妇女忧郁地说："武庭长，我是吴慧珍。"

武怀清"哦"了一声，想起来吴慧珍是一桩民事案的被告，武怀清找她谈过一次话，武怀清稍稍欠身让了一下，说："是你。"

吴慧珍犹豫着，说："如果不方便……"

武怀清说："一般的，我们不在家接待当事人，有事情都到法院谈，不过……"他看着当事人的脸，慢慢地说，"既然已经来了，坐一坐。"

梁燕坐着，仍然没有任何表示，吴慧珍退后一步，说："那就，那就……你们还没有吃饭，或者，我等一会儿再来。"

武怀清说："没事，家里常有人来的，也习惯了。"

吴慧珍又后退了一下，快退到楼梯口，说："不了，我还是到法院找您吧。"说着勉强地笑了一下，慢慢地向楼下去。

武怀清一直等她拐下了四楼，才回进来关了门，对梁燕说："丈夫要离。"

梁燕"嗯"了一声，说："吃吧。"闷头吃饭。

武唯一也出来了，也闷头吃饭，并不知大人说什么，空气有些沉闷。过了一会儿，武怀清说："刚才那个女的，丈夫要离。"

梁燕没有作声。

武怀清又说："她不愿意。"

梁燕又"嗯"一声，淡淡地道："现在这类事，多的是。"

武怀清还想说什么，看儿子对他们的话有兴趣，道："你吃完了做作业去。"

武唯一说："我还没吃完，我们刘老师也离婚了，张老师说刘老师是第三者。"

武怀清说："你少说。"

武唯一走开后，武怀清一直想着吴慧珍忧伤的脸，觉得将她拒之门外有些不妥，忍不住说："刚才那个女的……"

梁燕瞥了他一眼，打断他的话："你已经说过了。"

武怀清说："感情的问题，是难，她的丈夫明明……"

梁燕已吃完了饭，并没有在意武怀清在说什么，将空饭碗轻轻推了一下，起身走开。武怀清也没有了说话的兴趣，把饭扒完，去洗碗，洗了碗，回头过来，梁燕已经捧一本杂志在看，武怀清去开了电视，将音量调小些，在他调音量的时候，梁燕看了他一眼。

一晚上也没有再多说什么，上床时，梁燕说："累死了，早点睡。"

武怀清也没有别的想法，倒头就睡。

到第二天晚上，上床前，武怀清试着向梁燕暗示了一下，梁燕淡淡地看了武怀清一眼，说："算了，没兴趣。"

武怀清讪讪地一笑。

梁燕说："别做出痛苦的样子，其实你自己，也一样没兴趣，不过是觉得间隔时间太长了，好像有些责任似的，好像有任务似的。"

武怀清张口结舌。

梁燕平静地笑了一下，道："其实不必，彼此都一样的感觉，谁也不欠着谁，不必勉强。"

武怀清尴尬地一笑，勉强地说："到底是做宣传干部的，能说会道。"心里却不能不承认梁燕的话是对的，武怀清觉得他和梁燕都不满意这样的状态，但是谁也没有能力去改变，也不能说没有试图改变的决心，但是双方都觉得疲惫，精疲力竭似的。

结婚十五年以后，许多夫妻都会有一些尴尬的状态，都会有一种低潮，武怀清是没有能力扭转人类的这一自然力量的，虽然他在民庭工作的十年中，曾经帮助许多夫妻渡过危机，也替爱情真正死亡了的婚姻判过死刑，但是武怀清无力解决自己的问题，他不知道这事情将会朝什么样的方向发展，是渡过低潮走向一个新的高潮，还是出现其他的结局，武怀清也许能够看清别人的婚姻，却看不清自己的婚姻。

度过一个乏味的星期天，武怀清在星期一上班的时候，觉得神清气爽，梁燕说，你只有在工作中是有情趣的，其实你也一样，武怀清想。

抹去星期天留下的灰尘，泡一杯茶，坐下来，点上一支烟，心里很安逸了，把一叠卷宗取来放在桌上，不知为什么，先挑出许一多诉吴慧珍离婚案来，眼前便浮出吴慧珍憔悴忧伤的脸，很简单的案情，丈夫做了经理，挣了钱，进宾馆，下舞池，有了外遇，要离婚，这事情现在实在是普通得很也普遍得很，妻子多半不愿意，舍不得孩子，不是没爹就是没妈，或者，割舍不下对丈夫的感情，再或者，为了赌一口气，你阔了就变脸，我偏不让你得逞，缠住你，缠死你，你不能重婚，以武怀清的经验，吴慧珍的情感似乎介于第一种情况和第二种情况之间，或者说是两种情形的缠合，既舍不得孩子，对丈夫也没有完全丧失信心。一般说来，这样的诉讼，第一次是不会判离的，半年之间，若丈夫能清醒过来，放弃那种"你是我的唯一""唯你不娶"之类的幻想，回心转意，事情便告结束，渡过一次危机，也有可能他们渡不过危机，丈夫的新情感，若经得起半年的考验，在半年后再度提出诉讼……

沈榆木突然站到武怀清面前，笑着说："院长来了。"

武怀清朝门口看看："哪里？"

沈榆木笑得很鬼，道："在路上。"

武怀清向窗外看，没有看到院长，又说："哪里？"

沈榆木继续鬼笑："走廊里。"说着武怀清果然听到了院长的声音，站起来时，院长已经出现在他的办公室门口，笑着让一让身子，身后闪出一个年轻姑娘，穿得挺素雅，淡蓝色的长裙，白色衬衣，虽然服装显得老气些，给人的印象却很清新，武怀清想，是汪小梅。

我的思路中断了。

怎么努力也续不下去，我想了想，是因为汪小梅。

写到汪小梅出现的时候，我觉得我很难再写下去，我的这篇小说，大概应该算作是爱情小说吧，其实，我写作多年来，基本上没有写过一篇正宗的爱情小说，一回我的一位编辑朋友主编一本当代女作家爱情小说选，嘱我自选一篇寄去，我找来找去不知自己哪一篇小说可以称为爱情小说，惭愧得很，想朋友一番好意却不忍拂了，也想到当代女作家爱情小说选，似乎是会有些影响，再说，多少也会有些稿酬发来，总之是好事一桩，推辞了怪可惜，便好歹挑了一篇寄去，朋友嘱写创作谈，便给他写一篇题为《不写爱情》的小文，文中说，这样的好事（指选编爱情小说），心下当然也是愿意挤一脚的，对于爱情和婚姻许多人会有许多自己的看法想法和切身的体验，我也一样有，也许把这些看法想法和体验写成小说就是爱情小说了，可是我却很少把我的关于爱情婚姻的看法想法和体验写成小说，真是不言爱情……

爱情很普通，我不屑写？爱情很神圣，我不敢写？

我很懂爱情？我不懂爱情？我的内心充满爱的力量？我的内心没有爱的活力？

曾经有人开我的玩笑，认为我是一个没有七情六欲的人，不食人间烟火的人。

我在文章最后说，哪能呢。

我觉得我真的应该写写爱情小说，可是我始终没有写。

这样的创作谈，其实等于没谈，但我还是将它作为一篇创作谈寄了出去，我并不很清楚自己为什么不写爱情小说，是写作能力问题，或是语言表达问题，或者，爱情太丰润，我一支秃笔却枯涩干瘪，如何能将爱情写起来，或者是生活感受方面的问题，没有爱情也写不出爱情，有了爱情却不敢写爱情，心理有什么障碍，思想有什么问题，也许，根本看透所谓的爱情，没写头，也许，根本不知道什么是爱情，没法写，总之是有什么东西在作祟，写不起来，也罢，心基本上也是平的，只是，当看到别人写出了上好的爱情小说，也难免痒痒，我也曾几度跨出一只脚去尝试着走走正宗爱情小说的路，却每每大败而归，终于泄气，想来想去，试来试去，知道自己既写不起爱情的全过程，也写不出爱情的细部，最多只能写出某一种状态，某一个结果，自知不是这块料，只看着人家酣畅淋漓大写爱情小说，虽然眼熟，也无奈，退避三舍，不写爱情。

当然我不能说我从来不写爱情这东西，也不能说我所有的文章都与爱情两字无关，不过那只在我许多不以爱情为主题的文章中不是直接而是间接，不是主要而是次要地表现出来，或打一个擦边球，或迂回曲折，如此写来，却也已满足，自我感觉良好，自我欣赏，以为含蓄，以为内敛，以为有品味，也以为有深度，若隐若现，若有若无，情意皆在言外，或在云里雾里，有时自己也怀疑到底有没有，或许根本就没有。

我在创作中篇小说《苍茫秋色》的过程中，文字进行到汪小梅出现，我再也写不下去了，无疑我是要写汪小梅和武怀清的爱情，我觉得自己完全能够理解这样的感情，我觉得自己应该能够把握住角度，我并不打算写谁是谁非，也不会去探讨那永恒的谜，更不会对爱情下什么判断，作什么结论，倒也不是不愿意，实在是无能为力，我只是想写出他们的爱的过程罢了，就如以往我写过许多小说一般，我经常只写事情经过的本身，而不是别的，到今天我仍然固执地认为，写小说很难对事情作什么判断，下什么结论，我想事情的一切都存在于事情的本身，并不要我们特别地将它们指出来，当然，我仍然要说，我的这种固执的想法，并不是与生俱来，而是因为我在较长时间的写作过程，发现自己已不可能成为一个思想家，于是退而求之，让事情自己说去吧，指点迷津也好，导入歧途也好，我无力承担我承担不起的东西，比如，像思想，像观点，像别的一些比较深刻的东西，也许我的固执的想法终有一天会被自己（一般说来不会被别人）所改变，但至少在现在，我仍然如此作想，若我不作如此想，若我打算在中篇小说《苍茫秋色》中写出一些有关爱情有关婚姻的警世恒言醒世通言之类，我知道我是失败无疑，但是我并没有这样的想法,我只是要写一写爱的过程,结果,我又失败了,至少,在现在看起来,我进行得不顺利,我设想了一遍又一遍,发现我根本就不知道他们的爱情怎么产生,怎么发展,大情节是怎么样,细腻部位又该是如何,我当然可以想象,可以虚构,可以编造,我也曾想象、虚构、编造了许多小说,可是我编造不出爱情小说,也是奇怪。

我的思路完全被堵塞了,我思来想去,明白自己面前有两条路,另辟蹊径,或者,硬着头皮往下磨,另辟蹊径,心有不甘,硬着头皮往下磨,恐怕也很难磨下去,即使能磨下去,也弄得全无兴致,味同嚼蜡,写小说写到这份上,罢了,罢了。

我继续到区医院去治疗我的颈椎病,在那里我几乎每天都碰到病人B,她的病显然比我的严重,我们每天见面时相视一笑,她向我诉说她的痛苦,她说她每天夜里都无法入睡,常常熬到天亮,医生给她推拿的时候,她叫唤得很厉害,她常常拿一种想交流的眼光看着我,我则非常希望她能重提有关她的妹妹、妹夫的故事,可是她始终没有再提起,我有时不敢直视她,因为我常常有向她打听她妹妹、妹夫的念头,我若果真问她,不知她会作何想法,她也许会对我产生怀疑,便从此对我闭口,也许她会很有兴致,滔滔不绝地向我继续讲述她的妹妹、妹夫的故事,我不知道她是否清楚我是一个靠听别人的故事写自己的小说挣钱的人,我似乎有些心虚,我怕我和她对视的时间长了,我会忍不住向她发问,我甚至有了一种想法,我想到区法院去看看病人B的妹夫,像我梦里做的那样,我看看他在做什么,看看他长得什么样子,看看他的同事们,如果可能,我会到另一个庭去看看他的那位女同事,我不会和她说什么话,我更不会去问她什么问题，我只是看看就行，这想法近日来一直徘徊盘旋在我的脑海，我反复动员自己，但是我很清楚我自己，不管这想法在我脑海里盘旋多久，我都不会将这件事情真正地做起来，我不会去。

结束治疗后我回到家仍然固执地打开我的电脑，我难以为继，写不出的时候不要硬写，我知道这是一句至理名言，很正确，可是我的固执的思想列车不愿意沿着正确的方向前进，写不出的时候硬要写，我的偏执，我的盲目，我的不可理喻，让我吃了许多苦头，我这完全是自作自受，并且我知道还将没完没了地继续作下去和受下去，每天到下晚总觉得心里空荡荡的，没处着落似的难受，不开电脑我的难受会更加厉害，我只能将电脑打开，翻到我正写作的这一篇《苍茫秋色》，我一遍又一遍地读着已经写就的这一段文章，我越读越觉得文章挺不错的，我没有理由对我已经写成的文章百般挑剔，我想我大概是不相信自己真写不下去，我总要将写不下去的原因找出来，分析清楚，随着汪小梅的出现，接着无疑应该较为细致地描写武怀清和汪小梅的初次见面，我没有写下去，是因为我不会写，定位是明确的，他们不可能一见钟情，他们的事情只能在以后的工作中慢慢地进行，慢慢地开始，慢慢地发展，这是没有疑义的，但是，尽管如此，武怀清和汪小梅的第一次见面仍然是一场重头戏，第一印象非常重要，这第一印象怎么写，写武怀清见了汪小梅觉得耳目一新，或者写汪小梅看到武怀清就有一种踏实感之类，埋下戏的种子，真正老调重弹，或者写他们见面时毫无感觉，本然相对，没戏，这欲擒故纵之手段，亦属惯用之伎俩，也不新鲜，思来想去，玩不出什么别出心裁、独辟蹊径的花样，也没本事做出骇人听闻、振聋发聩的文章，到哪去开一个独此一家别无分部的鲜花爱情店呢，别的东西，像故事，像群众语言什么的都可以道听途说，东拣西捞，爱情这东西却是偷它不到，走投无路，只有搜肠刮肚，找自己的麻烦，偷不着别人，便只有暴露自己，怎么办呢，要写作，没别的办法，努力回忆自己的关于爱的体验，有吗？想起来应该是有的，两相对望，有过电的感觉吗，当然是有的，什么滋味，麻痒吗，又不是荨麻疹，麻的哪门子痒，酸疼吗，又不是关节炎，酸的什么疼，或者有别的更丰富更强烈的感觉，只要不是白痴，当然是会有，只是事过境迁，时光流水般消逝，爱也一样，再难回忆起来，常说好了伤疤忘了疼，其实好过爱情忘滋味也一样，此路不通，回头再想想我自己创作的一些小说，虽不是什么正宗爱情小说，但其中也不乏写到一些爱情和情感问题的，在那些文章里，我常常是写到别的什么事情，带出些似有似无的爱情，用我们的方言土语说，叫作枪毙带豁耳朵，或也可称作是歪打正着，像我在一篇小说中写介绍给舅舅的对象，谈来谈去，话说了几大箩，最后却和不怎么说话的外甥有了些暧昧的情感，这真是有心栽花花不发，无心插柳柳成荫，自己自然是很得意，以为点到为止才是最好的写法，爱当然是要爱的，爱得怎么样都可以，爱到如何也无妨，写却是不能随便写的，似乎把爱情看得很特殊，不敢亵渎，不能随随便便就写起来，谈开来，不管这种古怪想法从何而来，是与生俱来或是后天培养，是变态还是畸形，总之我知道我的固执的思想列车始终沿着爱情可行而不可言的旧轨道向前，莫名其妙，明知可笑可悲，却也无法，无力改变，既如此，也罢，行动自是要行动，言论就不言论了，放弃写作爱情小说，虽有些山穷水尽的意味，然天地之大，柳暗花明，山不转水转，写别的也罢，一样挣稿费。

爱情小说《苍茫秋色》半途而废，我考虑着另起炉灶。

我的情绪继续因为写作而紊乱，我的思想总是不能平复，我虽然停止了写作《苍茫秋色》，但是我的心却仍然被它牵扯着，没有放松过，我摆脱不了，我的电脑就是《苍茫秋色》的一个具象，我魂不守舍地坐在电脑面前，我思想杂乱，毫无章法，我努力思考着，突然觉得自己变得像个思想家似的，我考虑着人类的永恒的悲哀的主题，考虑着许许多多的东西，各种各样的思想像走马灯似的在我脑海里轮转，我一会儿觉得这道理很充分，一会儿又觉得那种说法很精彩，我努力回忆我怎么会写作起《苍茫秋色》这样的爱情小说来，我想我听到的这个关于法官的故事或类似的故事若发生在别的什么人身上，我也许不会有什么创作冲动，这类事确实很多，俯拾皆是，为什么偏偏这一次我会有了创作欲望，看起来确实是因为主人公的身份比较特别，当然，我大概不至于幼稚地以为在法院工作的同志就是铁板一块或者木头一根吧，我当然也不会做出把在法院包括检察院、公安局这些司法机构工作的同志从正常人的范围中划开去这样的事情，但是当我开始有了创作《苍茫秋色》的想法时，我确确实实知道这起因就是因为武怀清这么一个人物，他似乎应该是而且事实上也确实是一个处理人类情感问题的专家，可是他处理不了自己，就是这样，我的一位女友来我家串门，她在市法院刑庭工作，她到我这里来坐坐，没有什么别的事情，她的家离我的家很近，平时大家都忙，也难得来往，有空闲时间便过来坐坐，或者我过去看看，她问我最近在写什么，我把我的《苍茫秋色》的故事告诉了她，我问她知不知道发生在某区法院的那一件事，女友说，我怎么知道，为什么我会知道，现在这类事多，我说，这是你们一个系统，你该知道，女友说，可惜我确实不知道，女友说，告诉你一些我知道的事情，前不久，公安局开除了一个，婚外恋，第三者，后果严重，另前不久，检察院一个跳楼自杀，感情纠葛，东方公寓十八层楼上跳下去……都是为这些事情，我听了，叹息一声，女友看着我，你叹息什么，我茫然，我不知道我叹息的什么，不应该是什么感叹感慨之类，似乎没有什么可感叹感慨的，也不是什么出乎意料，这些都应该是意料之中的事情，女友接着问我《苍茫秋色》进行得怎么样，我老老实实地说，我写不下去，我有障碍，我说我大概是把爱情这东西看得太不一般，我说我开始的时候进行得很顺利，可是写到汪小梅出现，我写不下去了，我在爱情开始的时候，不知如何下笔，女友想了想，突然笑起来，说，这有什么，什么不一般，中国人就那样子，我说，什么样子，女友又笑，她没有说什么样子，停顿了一下，说，说件事情你听听，我们庭刚分来一女同事，年纪很轻，面皮薄，带着去熟悉环境，到拘留所提审，问一溜犯人，你是犯的什么，第一个犯人说，我私刻图章，技能性犯罪，颇有些得意之情，轮到第二个，说，我偷盗，干干脆脆，虽知犯法，却也不乏一些理直气壮的意思，大家一起去偷的，我一个人承担，还稍有些义气呢，第三个，你是犯的什么，杀人，一刀就死了，想不到这么不经杀，居然回答得豪气十足，到第四个，问，你呢，犹豫着不肯说，我……你什么，你犯的什么，我……我……他终于说出两个字，我……幼女，他没有好意思说出强奸两个字来，脸却已经红透了，我注意到我的新来的同事也红了脸，居然不敢直视那个犯人，你说说，这叫什么，这叫性羞涩，连罪犯也不例外，在我们这社会，对其他的犯罪，往往都会有人同情，哪怕杀人，也总能替杀人犯找出些理由，唯独性犯罪，人人深恶痛绝，十恶不赦，我插嘴道，那是，恐怕连法院工作的人也一样有这样的想法吧，女友承认，她说，是的，当然，工作时间长了，会好一些，我刚到法院时，审强奸案，简直不知怎么开口，我笑着说，你大概和你的那位新同事一样，不敢看强奸犯的脸，女友笑了，说，是，也许我说的那个新同事就是我自己呢，我听了女友的一番话，觉得很有道理，可是这和我写作《苍茫秋色》有什么关系呢，我说，你说这些什么意思，难道你以为我写《苍茫秋色》写不下去也是性羞涩吗，真笑话，结婚也那么多年，儿子也老大的了，还羞什么涩，女友说，我可没有说你呀，我只向你提供一点材料罢了，女友最后说，其实你到法院来听听，事情多着呢，我知道法院有许多可以听的内容，过去的几年里，我先后曾经在两个区的法院民事庭和告诉申诉庭旁听过，在我的许多已经发表出来的小说里无疑有着从区法院听来了解来的事情，并且我知道在我过去的笔记本里还详细记载着许多听来的事实和自己的感受。

女友走后，我开始寻找我过去的笔记本，写作写了十多年，在使用电脑之前，我的手稿和笔记本堆起来也不算少，著作虽不能等身，草稿笔记加起来恐怕也是可以等身的了，我在寻找旧笔记的时候，突然有些为自己而感动，我发现我在过去的许多年里做下了不少的写作的准备工作，在我无数的笔记本里，记满了与写作有关的内容，这些笔记大都已经发黄，封皮已经破损，内里的字迹也有些模糊，我找出了两本记着区法院旁听内容的笔记，绿色的封面使我回想起当初的岁月，我记得第一次到某区法院告诉申诉庭去旁听的时候，法院的接待员以为我是来投诉的，问我，你怎么？有时候，因为我和接待员坐在一边，我便被当成了法院的工作人员，他们面向我倾诉着，我不断地点头，有一天我走出法院，在路上我被一位当事人认了出来，他热情地向我打招呼，并且向和他一起的人介绍，这是法院的，我的事情就是向她说的，几年以后的今天，我一一回想着过去的事情，我打开绿色封面的笔记本，一页一页翻看着从前记录下来的内容，确实有许多东西早已经进入我的小说，大概在当时和以后的很长一段时间里，凡是我觉得能够成为我小说中的内容的东西都已被我写尽，或者不能直接写进小说的，但是只要是可以引申开去的，也都一一加以引申发挥，总要到淋漓尽致的地步方能罢休，也或者本来只是一小小的事情，便将浓浓的原汁掺水稀释，将紧紧的面团加以膨松发酵，也或者改头换面，张冠李戴，重作打算，总之像是拿篦头发的篦子完完全全篦了一遍，能写能编的大概都无一漏网，靠这些故事挣的稿费大概也早已花去，剩下没有进入小说或其他文章的恐怕都是当初找不到感觉，实在启发不了灵感的一小部分了，现在再回头看这绿色的笔记，看看那些剩下的内容，会怎么样呢，会有新的感受，会启发新的灵感吗，但愿。

某月某日：

某强奸犯，当天晚上和老婆有过性生活，老婆上夜班去了，自己没事情，跑出去转转，玩玩，犯了强奸罪。

这算什么？

某月某日：

人们一边骂性描写，一边津津乐道地看。

许多人喜欢看性犯罪布告。

破案小说最受欢迎的是流氓强奸案。

中国人在性问题上心口不一。

有些女性，讨厌自己的性生活，却喜欢看写出来的性生活。

为什么？

某月某日：

一农民来询问离婚规矩，因乡下传说只要夫妻不同房达六个月就算自动离婚，现在儿媳妇已经回娘家六个月，男方害怕这已经算离婚。

某月某日：

某女提出离婚。从前有过外遇，被丈夫用刀刺伤，仍不悔改，丈夫经常打骂，并且有无休无止的性要求，若不同意，便破口大骂，有时能骂上大半夜，女方自诉身体不好，动过乳癌切除手术，受不了。

某月某日：

法院同志说，有许多女人，来诉离婚，问及同房问题，说已经几年时间不在一起了，叫了男方来问，两天前还有过性生活。

是否把人类本能的东西当成丑恶，当成罪恶？

某月某日：

法院找某离婚案的第三者谈话，"第三者"是一个二十刚出头的男青年，自称因为谈恋爱失败，找同厂一近四十岁的女工即离婚案原告倾诉苦恼，在女工引诱下（细节略去），和女工有了性关系，从此一发而不可收，女工起诉离婚。

"第三者"原话：我对家里人说，你们再啰唆，我就和老阿姨结婚。

某月某日：

一对小夫妻来离婚，说不出什么大事情，家庭琐事，女的省吃俭用，一个月只给男人几块钱香烟钱，男的要吃要用，并且嘴不饶人，一吵架就说，走，和你到法院去，女的真的来了。

问，你丈夫什么不好。

答，他要吃。

让人哭笑不得。

某月某日：

某男，中央美术学院毕业，北方人，二十年前，和同学一起到江南水乡实习，在船上碰见一江南水乡女子，一见钟情，回去后毕业分配留在北京，此后三年，通信往来，未曾见面，相思愈烈，两情若是长久时，又岂在朝朝暮暮，三年后结婚，两地分居，生有一女，开始往一处调，经过长达十年的努力，调到离女方所在的小县城不远的城市，接着再办女方的调动，再经过多年努力，女方终于也调来一处，全家团聚，此时女儿也已十八岁，从全家团聚的那一天起，他们开始闹离婚。

……

我的目光停留在这一段记载上，我不知道这么多年来，我怎么会遗漏了这一段故事，这是一段爱情故事，但是我觉得它很适合我的写作情调，在我的笔记上对这一段故事的记载比起别的事情的记录也显得更详尽更周全，我还记下了他们对女儿的态度，他们对家庭的看法，以及男方父母、女方父母对他们的婚姻的想法，他们在经济上的矛盾，他们在语言交流上的障碍，他们在地方习惯上的差别，他们在其他种种方面的合与不合，也许，在我当时的潜意识里正是准备着在许多年后的今天，把它找出来重新谱写一曲爱情的悲歌呢。

人大概都是这样，谁也逃不脱命运的规定，人经过多少年的努力，人克服无数的艰难困苦，人付出许多代价，人以自己坚强的意志，坚韧的品格，坚不可摧的毅力，坚定不移地向着一个明确的目标，人最后得到的是什么，是结束。

爱情也是如此。

算不算颓废情绪，或者，按流行叫法可是叫作世纪末，我想，大概不，我大概不会从此拒爱情于心之大门外，爱情它若来到了，我是不会拒绝的，我想，我不颓废，我也不世纪末，虽然世纪末的到来不可避免。

　　我继续到区级小医院治疗我的颈椎病,自我感觉病情有所好转,从后脑勺到背部不再是铁板一块,有些活络的意思了,我告诉医生,医生显得很高兴,医生说,你得继续,我当然继续,继续治疗,也继续在区医院拥挤而杂乱的门诊室里道听途说。

　　我虽然每天都能听到许多东西,并且持之以恒地将其中的一些自认为对今后的创作有用的东西记录下来,但是我的心绪仍然焦虑不安,我开始构思新一篇小说,我知道只有这样才能使我烦乱的情绪平静一些,但同时我也知道,这样会使我的不安情绪更加不安,成也萧何,败也萧何,就是这样,命中注定,我无力改变。

　　我构想我的新作品的题目可以叫作《浪漫的旅程》,或者可以叫作《离别的秋天》。

　　我照例得将所有的步骤进行一回,结构情节,设计细节,安排布局,完整故事,给人物定位,给人物起名,设想开头和结尾,从考虑通篇的合理,到咀嚼细部的合情,既要合乎情理,又要出乎意料,既要语言质朴,又要有言外之意,既要平实淡泊,又要力透纸背,既要扣人心弦,又要顺其自然,既要开宗明义,又要一波三折,既要一气呵成,又要一字千金,既要瞻前顾后,避免虎头蛇尾,又要天然浑成,不能平分秋色,既要这么这么,又要那么那么。

　　我知道一个人要提高写作水平是很不容易的事情,但我却不能不沿着这条路走下去,因为我的固执的思想列车不允许我开辟其他的道路。

　　我开始写作一篇新小说。

　　短篇小说:

《浪漫的旅程》或《离别的秋天》

　　北人周黎很早的时候就听说过，北人骑马南人乘舟，这句话，只是从来没有体验过，一直到他和他的同学们来到南人的地方，坐上南人的船，走在南方的河湾港汊，周黎想，原来，南人必须要乘舟，南人无法不乘舟，南方的路有大半是水路，南方的水路和城市的街巷一样，四通八达。

　　周黎乘坐的船是一艘航行在水乡运河河道内的中等班轮船，木质，柴油机，船上大约有四五十个人，以周黎的看法，大都是南方乡下的农民，周黎并不清楚自己这种看法从何而来，因何而得，周黎注意他们多半背着筐，也有的挽着个篮子的，周黎想他们大概是到小城镇上赶集去的吧，虽然周黎并不知道在南方乡下赶集该怎么叫法，南方乡下的农民默默地坐在航船上，并不多说什么话，他们只是抽着烟，或者不抽烟，低着头，有少数的人向周黎他们注意一下，并没有什么话，周黎和他美院的同学，带着简单的行李，背着画夹，他们坐在船头，看着河道里缓缓而流的水，南方的水很秀气，周黎想，他们一路观看着两岸秀丽的景色，一片碧绿，一片金黄，一片桃红，北人周黎想，我选择对了，我确实应该到南方来实习，分组的时候，周黎犹豫过，后来他作了决定，我到南方去，他说，周黎当然不会知道他的南方之行除了实习画画之外，另外还有什么样的收获。

坐在周黎旁边的小丁悄悄地推了一下周黎，周黎发现小丁向他暗示着什么，周黎随着小丁的目光方向看去，他看到在船的一角静静地坐着一位年轻的姑娘，她正在绣花，一副小小的圆圆的绷子，一根小得几乎看不见的绣花针在她手里上下起伏，周黎看不清姑娘的脸，她一直低着头，神情专注，好像这船上除了她自己再无别人。

女同学燕子走了过去，她刚走到姑娘旁边就"呀"地叫了一声，回头对小丁他们说，来看呀，她绣得真好。

小丁几个就过去看，他们看着议论着，姑娘始终没有抬头，她的脸微微有点红，周黎也忍不住过去，他看到姑娘正在绣一幅动物图，一只小猫、一只小狗正嬉闹着，绣得极其逼真，活泼可爱，栩栩如生，姑娘并没有图样照着绣，完全凭自己的想象，也或者是凭经验，周黎不由赞叹一声，他从侧面看到姑娘脸上有一丝羞涩，也有一丝兴奋，周黎的心突然异样地跳动起来。

后来燕子终于和姑娘说上了话，姑娘和燕子说话的时候，周黎和别的同学都竖起耳朵努力地听，但是他们又都装出一副不在乎的样子，姑娘告诉燕子，她叫许秀清，当周黎听到这个名字的时候，周黎想，你就应该叫这样的名字，姑娘告诉燕子，她是水乡小镇上的人，她的那个小镇就是本趟航船的终点站，周黎的心又异样地跳动了一下，我们的目的地也是终点站，周黎想，真巧。

你学过绘画吗？燕子问许秀清。

许秀清红着脸摇摇头,没有,许秀清说,我从小跟外婆学画样,我外婆做的小孩绣鞋很有名的。

班船到达古老而幽静的水乡小镇,许秀清提着自己的东西,随着人流一起上了岸,周黎跟在后面,他眼巴巴地看着许秀清消失在小镇的某一个拐角。

周黎和同学们来到小镇上的小客栈住了下来,他们早起夜归,在水乡小镇作画写生,他们将在这里度过半个月的实习生活。

周黎终于又见到了许秀清,那一天周黎正在石桥上作画,他看到许秀清提着一篮衣服,从小巷里走出来,一直走到小河边,许秀清用棒槌捶打着衣服,一下,又一下,再一下,水珠四溅,飞到许秀清的脸上、身上,周黎忍不住笑了起来,他不明白水乡小镇的人为什么要花这么大的力气去捶打衣服,以至周黎想起来,水乡小镇如此干净清丽,没有污染,没有一丝油烟灰尘,周黎注意到水乡小镇上的人他们的穿着都很朴素干净,什么样的衣服竟然要捶打才能洗干净呢,周黎的笑声,惊动了河桥下的许秀清,许秀清抬头朝桥上一看,她看到了周黎,许秀清的脸又一次红了。

喂,小许,周黎喊道,小许,你洗什么衣服?

许秀清不好意思地扬了扬手里的衣服,周黎看出来是几件女衫,周黎再次大声地笑了,他看着许秀清捶打衣服的侧影,周黎突然想,我应该给她画一张画。

周黎放下手里的风景画,他下到河边,蹲在许秀清旁边,他看出许秀清是愿意他过来的,虽然她有些不好意思,周黎说,小许,能不能请你帮我个忙?

许秀清忽闪着清亮的眼睛看着他。

周黎说,做一回模特,请你。

许秀清愣了一下。

周黎说,我想替你画一张画,洗衣也可以,绣花也可以,你看画什么好?

许秀清顿了一下,说,我回去,问问母亲。

周黎点点头。

第二天周黎在桥头作画时,许秀清又来洗衣服,周黎说,小许,问过你妈妈了吗?

许秀清笑了,她点点头。

就这样,周黎作了一幅水乡绣女画,后来作为周黎的毕业实习作品,得到老师的好评,同学说,周黎倾注了许多许多……

小说《浪漫的旅程》或《离别的秋天》进行到此,周黎和许秀清的爱情旅程好像还刚刚开始,或者还没有正式开始,我将前面已经写就的两千字读了一读,唯一的感觉就是两个字:俗套。

完了,我将再一次半途而废。

我想,记录在我的陈旧的绿色封面笔记本里的那一段从法院民庭得来的爱情故事,究竟是它的哪一处吸引了我的注意力,激发了我的写作欲望,启发了我的创作灵感?

无疑,是它的悲剧性,正如《苍茫秋色》一般。

一旦又想到《苍茫秋色》，我突然激动起来，我细细地将《苍茫秋色》写就的部分读一回，再读一回，我幡然猛醒，豁然开朗，《苍茫秋色》，挺棒的爱情小说，谁说这不是爱情小说，这才是真正的爱情小说呢，通篇只见一个爱字，只不过，这不是爱情的旭日东升之阶段，而是爱情的日薄西山的状态罢了，然日薄西山的爱情总也是爱情的一种吧，夕阳也是阳。

我似乎开始看清自己的写作，我只能写夕阳般的爱的结局（武怀清和梁燕的爱），我写不好初升旭日般的爱的开始（武怀清和汪小梅的爱），我写萌芽的新生的上升的爱情总是摆脱不了俗套（当然在南方水乡小镇，北方人周黎和南方人的许秀清肯定有一段脱俗的独特的感人至深的爱情戏），我写走向末路的心意渐灰的濒临死亡的爱情却有些得心应手的感觉，我不知道这是什么原因，若要追究文如其人的说法，是不是该作如下的判断：我自己的爱情已经日薄西山？

哪能呢，正如我的许多小说不言爱情决不意味着我自己对爱情没有体验一样，我写爱情的末路，同样不能证明别的什么。

或者，与我对人生的认识，与我对世界的看法，与我一贯的写作习惯，与我与生俱来的性格，等等，有关？

我找不到答案，不过我想并不需要我有什么答案，找到答案或找不到答案，都不影响我的继续写作。

我真的有些激动了，我想不光我的《苍茫秋色》可以继续往下写，《浪漫的旅程》或《离别的秋天》同样能够写下去。

关于《浪漫的旅程》或《离别的秋天》我应该从故事的后半段写起。

若我从故事的后半段写起,题目也许只能是《离别的秋天》。短篇小说:

《离别的秋天》

　　从街道办事处走出来,秋雨细细密密地落着,秋风吹来,几张枯黄的落叶在空中打了几个旋子,飘落在周黎脚下,周黎看着落叶,看它们很快被秋雨浸淫、浸透,周黎心里忽地有些茫然,一时竟不知该往哪里去。

　　街道办事处是周黎要跑的最后一个部门,从这里出来,关于调动工作、迁移户口的所有手续算是全部办完,从此,周黎和许秀清结束了二十年的两地分居生活。

　　周黎在街道办事处的门前站了一会,进进出出的人朝他看着,周黎想,我该回家了,他骑上自行车,慢慢地回家去,许秀清不在家,她回水乡小镇接她的父母亲,她要把父母亲接来和他们一起住,周黎说,能不能让我们先清闲几天,许秀清说,我接他们来就是为了我们的清闲,他们替我们烧饭、做家务、看家,不是吗?

　　周黎说不出话来,当然是的,清闲,许多年来,周黎和许秀清各自过着只属于自己的一块生活,够清闲的。

　　周黎上楼时,听到女儿在家里唱歌。

　　……是不是到了离别的秋天,我们已走得太远,已没有话题,只好对你说,你看你看,月亮的脸偷偷地在改变,月亮的脸偷偷地在改变……

周黎开门进去，女儿周红梅说，爸，你回来了，我的事情你考虑得怎么样了？

你不适合，周黎说。

妈同意的，妈支持我，女儿说。

周黎摇了摇头，叹息一声，那就等你妈回来再商量，他无力地说。

周红梅又唱歌，唱了一会儿，突然停下，说，爸，手续都办好了？

周黎点点头。

下晚时，许秀清一个人回来了，周黎有些奇怪，怎么，他们人呢？

许秀清说，他们不愿意来。

为什么？周黎问。

许秀清说，明知故问，他们不习惯和北方人一起过。

周黎苦笑一下。

许秀清说，我没有本事，我改变不了你。

周黎说，我也一样改变不了你。

许秀清说，人总应该朝好的方向改变。

周黎说，北方和南方的生活习惯，很难说哪样好哪样不好。

许秀清说，但是有一点你的改变是很大的，那就是你的嘴，越来越能说会道。

周黎说，我倒觉得在这方面你的变化比我更大，我记得那时候，你根本不怎么说话。

许秀清说，原来你是愿意娶个哑巴做老婆。

周黎摆了摆手，道，好了，至此为止吧，说下去没个完，想想，经过这许多年的努力，付出多少代价，才有今天，我们梦寐以求调到一起，难道是为了斗嘴。

许秀清说，是单口相声，你说，我听。

周黎说，好像应该反过来，你说，我听。

许秀清说，你总是一句顶一句，一句也不肯饶人，算什么男子汉，心胸狭窄。

周黎说，近朱者赤，近墨者黑。

他们的女儿突然插嘴说，够了没有，今天应该是我们一起庆祝的日子。

周黎和许秀清都闭了嘴，他们听清了女儿的话，发了一会愣。

（多少年的努力，终于有了结果，如愿以偿，他们想，我们本应该庆祝一番，可是，我们谁也没有如释重负的感觉，我们没有欢乐，没有愉快，没有兴奋，甚至也没有一点点庆幸，我们只有疲劳，只有厌倦，只有精疲力竭的感觉。

初恋时的激情，两地相思的渴望，久别重逢的疯狂，都已被岁月磨去，剩下的只有……只有什么，他们想了半天，好像什么也没剩下。

也许，我们可以从头再来，重新开始，许秀清说过，周黎也说过，他们也不止一次地想过，努力过。

何尝不愿意重新开始，从头再来，但是他们的感觉是相同的,他们再无回天之力。)

写到这地方,突然发现,以上四小节,纯属多余,与故事情节本无关系,且与我的一贯的直线叙事多人物对话而较少议论的创作习惯相悖,加上括号以提醒,写这一类警句不是我要做的事情,更不是我能做的事情。

我想,我得重新整理我创作的思路,调整我的创作习惯。

小说继续进行:

  周黎和许秀清从停顿中清醒过来。
  庆祝,许秀清说,庆祝什么?
  周黎说,庆祝我们新的开始。
  开始什么?许秀清盯注着周黎。
  周黎说,你说开始什么?
  许秀清平静地一笑,开始离婚。
  是的,周黎也淡淡地笑了一下,说,我正是这么想。
  周红梅惊讶地看看母亲,再看看父亲,你们说什么?
  周黎说,你听清楚了,你也听懂了。
  周红梅说,我不懂,为什么要这样?
  周黎和许秀清互相看看,你懂吗,我懂吗,你不懂,我也不懂,我们两人都不明白事情怎么会走到这一步。
  谁有第三者?说。周红梅很激动。
  (爱情和婚姻从来不是因为有了第三者才开始死亡,只有开始死亡或者至少是开始衰老的爱情和婚姻才让第三者有插足的机会。）

又多嘴多舌，说一些谁都明白的东西，自以为真理，自以为深刻，自以为能醍醐灌顶，能让人茅塞顿开，又以为对于爱情这东西，是世人皆醉唯我独醒呢，真正贻笑大方，加括号。我继续写作。

我重又恢复了往日的写作习惯，我头脑清醒，思路贯通，缓缓如注以水，飘逸如行云，我下笔有神，妙语连珠，淡而不平，哀而不伤，我的创作速度日见加快，我感觉到我又回到了我的老路上，我的固执的思想列车终于又把我拉了回来。

我一气呵成地往下写着，我为自己在多少时间内写下了多少字而快乐，我为自己冲破了写作的障碍而开心，我为自己恢复了写作的信心而兴奋，我知道自己也许仍然在生产着次品、庸品，甚至生产出一堆废物，但是我仍然一如既往地生产，我的固执的思想列车拉着我，我也曾与它进行过坚决顽强的斗争，但是我最终没有能够斗得过它，也罢。

我继续写作，一直到吃晚饭的时候，我才停止写作，我捂着右肩走出房间，我父亲看到了，说，怎么，肩又疼了？

我揉着我的肩，轻松而愉快地说，是的，肩疼，心不疼了。

又到了我去小医院治颈椎病的时间，现在我的心情已经比较平静，情绪平稳得多，在往医院去的路上，我的右肩疼得无处着落，我苦着脸皱着眉走进昏暗而凌乱的伤科门诊，我看到病人A、病人B以及其他许多熟悉的不熟悉的病人，我想今天我能从这里得到些什么呢，我期盼地朝病人B看了一眼，我想我一定会将病人B的关于爱情悲剧的故事《苍茫秋色》写下去，如果病人 B 能向我提供更多一些的内容，我将会很高兴，我满怀希望走进去，医生正在替病人推拿，医生朝我看了一眼，医生说，这几天感受怎么样？我说，这几天我的写作速度又快起来，医生说，你一边治疗疾病一边继续制造你的疾病。

医生说得对，我想，而且，不仅仅是肉体的疾病，还是精神的。

回到家里，接到一个长途电话，是一位刚刚接到我寄去的一篇小说的编辑打来的，说大作已经拜读，感觉挺不错，问我一个问题，说小说里通篇全是逗号，只在每一段结束时有一个句号，问我是有意为之呢，还是电脑出了毛病，我连忙将那篇小说从中调出来看，果然，念了几段，觉得通篇逗号也挺顺的，若将逗号改成句号，便不顺，明明事情没有完，画不起句号来，我又将正在写作的这篇《苍茫秋色》细细看过，也一样，通篇逗号，我也试图将这通篇的逗号改过来，一样别扭，改不过来了，我想，这通篇的逗号，既不是有意为之，也不是电脑毛病，就这么写下来的，并没有什么特别的意思，也没有什么心理暗示，更不是什么新潮探索，不改也罢。

独自去乡下

  天快亮的时候,保平模模糊糊做了个梦,他梦见乡下发生了一件什么事情,有一个面目不清的人对他说,乡下出了事情,你快到乡下来,保平醒过来,一丝太阳光从窗帘的缝隙中照进来,照在他的眼睛上,保平眯着眼睛看看身边的爱珠,爱珠还在酣睡,保平决定了他的行动。

  保平没有向任何人说起他的行动,爱珠也不知道保平将要出走一段时间,保平是个平淡安静的人,他在小学里教书,从来不做出格的事情,可是这一次,一个模模糊糊的梦,却可能促使保平做出一些事情来。

  正是清明时节,中小学幼儿园都组织学生去烈士陵园扫墓,保平带着自己班的学生,他们走在烈士陵园的山林中,就在这时候,学生找不到老师了,小学生向别的老师要自己的老师,别的老师都笑起来，他们说，保平走失了，保平成弱智儿童了，别的老师对保平的学生说，你们保平老师上厕所去了，学生便嚷嚷，我们去厕所找过了，没有，别的老师又说，你们的保平老师躲在什么地方偷吃东西吧，小学生说，没有，没有，到处都找过了，我们没有找到老师，别的老师仍然笑，说，有意思，老师走失，学生找，可是到后来他们都认真起来，因为一直到大家坐车回去的时候，仍然不见保平出现，别的老师问保平的学生，你们老师跟你们说了什么没有，学生说，我们老师什么话也没有说，保平没有留下什么话，就走失了，烈士陵园在一座不算高但也不算矮的山上，保平会不会从哪个角落掉下去了呢，大家紧张起来，让学生先回学校去，留下几个身强力壮的老师，他们在烈士陵园里上上下下到处寻找，可是始终没有找到保平。

保平真的走失了。

保平从来不做不告而辞的事情，但是这一回保平不告而辞了。

天下着大雨，清明时节雨纷纷，保平的走失是有计划有预谋的，可是别人并不知道，学校的老师冒雨到处寻找保平并且通知保平家属时，保平正沿着一个很明确的目标在向前走呢。

一

保平没有带伞，他在细雨中慢慢地向目标走去，保平的目标就是长途汽车站，长途汽车站是新建设起来的，投入使用后，保平还没有去过，从前在使用旧的长途汽车站时，保平倒是常常从汽车站出出入入，那时候保平下放在乡下，来来回回都坐长途汽车走，那时候的车站和汽车和去乡下的公路一样,都很破旧,只是谁也没有破旧的感觉,保平回城后做了小学老师,一年到头在学校里上课,基本上没有机会出门,新建成的长途汽车站,保平就是在他的那个奇怪的梦里看到的,保平沿着热闹的大街坚定地向前走着,大街上行人来来往往,谁也没有注意保平,从外表看,保平就是一个十分普通的人,而实际上保平也是一个十分普通的人,保平的衣着什么都是平平常常的,保平给人的印象总是很平静很文雅。

雨淋湿了保平的头发和肩。

保平沿着他确认的方向向前走,有一个中年的男人走过来,他打着伞,他看到保平在雨中淋着,便将伞靠向保平一些,替保平遮掉一点雨,说道,请问,长途汽车站怎么走,保平有些木然地看着他,中年男人身穿夹克衫,戴着眼镜,看上去不怎么协调,保平默默地看着他,不说话,没有任何表示,中年男人又问,去长途汽车站怎么走,保平依然平平静静地看着他,好像根本没有听到他的问话,行人在他们身边穿梭似的急急忙忙地走过来又走过去,车辆发着噪耳的声响开过去又开过来,中年男人有些奇怪地看了保平一眼,你不知道?他说,你不知道你就说不知道呀,他又看看保平,然后走开了,保平看着他走向另一个行人去问路,保平对着他的背影道,我知道长途汽车站怎么走,我自己就是到长途汽车站去,其实你可以跟我走,可是中年男人没有听见保平说的话,他已经走远了,保平想,奇怪,我明明知道长途汽车站怎么走,我为什么不告诉他呢,是不是因为我自己从来没有到过新建成的长途汽车站,所以我没有把握呢,保平看到那个中年男人在远处停下来,挡住一个行人,问话,行人抬起胳膊指了一个方向,中年男人点点头,他谢了那个路人，中年男人回头看了看保平，保平继续往前走，现在他和中年男人走在一条直线上，他们的目标和方向是一致的。

中年男人的步伐慢下来，他等到保平走近了，便将身子靠近保平，雨虽然不大，却挺细密的，他说，看了看保平身上的衣服，再这么走下去，身上要淋湿了，我的伞大，合着用一下吧，保平伸手摸了一下头上的雨，保平笑了一下，保平说，我喜欢淋雨，中年男人也笑了，他说，你原来不是哑巴呀，我还以为你是哑巴呢，你也是去长途汽车站，是吧，我看得出来，你为什么不告诉我长途汽车站在哪里呢？保平从中年男人的伞下走开，保平说，我一个人去，我一个人到乡下去，你也到乡下去？中年男人说，他也到乡下去，和保平一样，保平摇摇头，我到乡下去，我一个人去，那是，中年男人说，我们都是独自出门的，如果我们同路，我们做个伴不好吗？保平没有说话。

中年男人和保平并肩走了一段，他突然笑起来，保平侧脸看看他，中年男人说，保平，你真的不认得我？保平吓了一跳，在他的记忆库里，根本没有这么一个人的印象，模模糊糊的印象也没有，一点影子也没有，保平呆呆地看着，你认得我，他问，中年男人笑道，我不认得，我干吗来给你打伞，保平道，你一开始就认出我来了？中年男人说，那倒不是，一开始我并没有注意，只是想向你问个路，问路的时候，我基本上就知道你就是保平了，保平看着他，你怎么会认识我的，中年男人说，我们在一个学校里待过，想起来了没有？保平笑了，你一定记错了，我没有在别的学校教过书，我一直在我现在待的小学里教书，中年男人说，你再想想，你到底有没有在别的学校教过书，保平想了一会儿，保平说，你会不会认错人了，中年男人说，不会错，你再想想，在乡下，保平心里一动，在乡下，保平再看中年男人的模样，觉得是介于城里人和乡下人中间的一种感觉，保平说，你也是在乡下待过的？中年人道，我不仅在乡下待过，我现在还继续在乡下待着，你想起来了没有，在乡下的学校里，你有没有做过几天代课老师，保平突然地"呀"了一声，我想起来了，我是做过几天代课老师，在乡下的学校里，不过，保平没有将下面的话说出来，他是想说不过我并不认识你，中年男人道，我现在也在你待过的那个学校教书，不过我那时候还不在学校里，但是我和你的乡下学校的同事周老师认识，你记得起来吗，周老师结婚时，你有没有去吃喜酒，我就是在周老师那里见到你的，那一年过年的时候，你不记得了，我是你们周老师的连襟呀，想起来了吧？中年男人满怀希望地看着保平，保平勉强地点头，我想起来了，是过年的时候，在周老师家里，周老师结婚那一次，我是去的，中年男人说，我记得不错吧，你是保平，你的名字很好记，一下就记住了，巧了，今天正好同路，是不是，同路，保平愣了一愣，保平仍然没有说话，到乡下去，我们同路，中年男人又说了一遍，看着保平，他问道，你到乡下去做什么？保平说，我不知道，我只是要到乡下去，我不知道我到乡下去干什么，中年男人笑了，确实也有这样的事情，一个人并不知道自己到底要干什么，但是他仍然会去做这件事情，就是这样，保平说，是的，是这样的，保平想，我真的不清楚我到底要干什么，我现在只是沿着我的一个模模糊糊的梦向前走，保平记得很清楚，在梦里，那个车站很大很大。

在一群拥挤的人流走过之后，保平便离开了中年男人的视线，保平独自向车站走去。

保平终于走到了长途汽车站，排队买票的人很多，保平站在售票处长长的队伍旁边，他既不去排队，也不说话，只是站在那里默默地看着排队的人，保平的奇怪的行动引起一些人的警惕，他们用排斥的眼光看着保平，那些眼光的内容很丰富，你到后面排队去，你别想插队，你想动什么坏脑筋你是不会得逞的，我们都提高了警惕，等等，保平明白大家的目光，但他似乎很不愿意排那么长的队买一张去乡下的车票，保平正在犹豫，队伍里有人招呼保平，喂，你要到乡下去吧，我替你带一张票吧，保平看看说话的人，是个妇女，四十多岁，保平觉得自己并不认得她，保平犹豫了一下，你，你替我代买？妇女笑起来，你是保平吧，我没有认错吧，保平点了一下头，我是保平，你是？招呼保平的妇女道，你忘记了，保平你不认得我了，保平有些难堪，保平说，你是……妇女笑起来，保平你连我都不记得了，要不就是我的变化很大，要不就是你的记性很差，保平不好意思地笑，他仍然想不起来妇女是谁，妇女说，我是秋燕呀，和你一起插队的，你在红旗大队，我在新华大队，我们一河之隔呀。保平终于想了起来，是秋燕。保平说，真是对不起，我一时没有想起来，不过，脸上很熟的，你的名字其实就在我的嘴边，只是叫不起来，秋燕笑道，得了吧，你根本记不起我的脸了，你看到我就像看到一个陌生人一样，你根本没有想到我是谁，保平说，我是想到了，我是往乡下那地方想的，秋燕道，这倒是对的，来这里买车票的，都是往乡下去的，你没有想错，只是你根本不记得是谁，对吧，保平不好意思地点点头，保平说，时间很长了，真的有些记不清了，有十年了吧，秋燕道，什么十年，快二十年了，你想想，你们大部队是哪一年回城的，好像是七五年吧，保平说，是七五年，我记得我们回城那一天，就是大年夜了，秋燕道，那就是了，马上二十年了，是要认不得了，不过，保平，我一眼就认出你来了，真的，你站在那里一看，我就看出是你了，你倒没有什么变化，不像我，我们女的，这些年，一个个都老了，还是你们男的好，不变，保平笑道，不变，哪能呢，哪能不变呢，秋燕道，要不就是你这个人比较好认，保平摸摸自己的脸，好认吗，秋燕跟着队伍向前走两步，道，保平，你现在在哪里做，发了吧，保平说，发什么呀，小学老师，秋燕道，小学老师呀，那倒是，没有什么可发的，怎么做个小学老师呢，保平说，当初上来，就这么安排的，一直做到现在，秋燕道，也没有想变一变工作？保平道，想也不是不想，只是想了也没用，没用就不去想它了，也罢，就这么做做，退休也快得很，秋燕又笑了，保平说，秋燕你呢，你现在在哪里？你这是要到哪里去，也去乡下？秋燕说，我回家呀，保平说，你回家，回哪里的家？秋燕道，怎么，你不知道我，我不是在乡下结了婚么，秋燕这么一说，保平便把秋燕这个人的形象想清楚了，秋燕当时还是一个什么典型呢，扎根农村怎么的，保平说，想起来了，你是知青模范，做过讲用呢，秋燕道，现在好，死蟹一只，想回来，又丢不下下面那一大摊子的人，你知道，我生了三个，保平道，好福气，秋燕道，哪来的好福气，彻底做成一个乡下婆娘了，保平说，好多年了，大概也习惯了吧，秋燕说，开始几年，看你们一个个回去了，也难过呀，后来也想通了，乡下城里，一样过日子，还能有几年呀，保平看秋燕感伤，一时也说不出什么话来劝她，只是跟着叹息一声，秋燕却笑起来，我做乡下婆娘，要你叹什么气，保平说，是，要我叹的什么气，秋燕道，有天我碰到梅珍，梅珍你记得吧，保平说，梅珍我记得的，秋燕说，我就知道你们，男人，梅珍是个个都记得的，保平脸一红，秋燕道，我碰到梅珍，说现在是董事长了，说要出钱把当年的知青凑起来玩玩，跟你说过没有？保平说，没有，我从来没有碰到过梅珍，只是听几个说起，现在是女老板，秋燕道，人和人，真是不一样的，也没有办法，又问保平，保平，你到哪里去？保平说，我到乡下去，秋燕道，正好我们同路，我替你代买一张票，省得你去排队了，保平犹豫了一下，保平说，我今天不走，我今天只是过来看看，正好顺路，看看票好不好买，我要过几天才去，秋燕说，你是要到你们那个村去吧，你去做什么呢，你去看看老乡吗，保平没有回答秋燕的问题，保平想，这个问题我自己回答不出来，我到底要去做什么呢，秋燕看着保平道，保平，说好了，你到乡下，一定到我那里看看去，我在乡下这么多年，还没有接待过一个回了城的插青呢，你就算第一个吧，说好了啊，保平点点头，好的，保平说，我若是真的去乡下，我一定到你那里去，轮到秋燕买票，秋燕买了票，看开车的时间就要到了，和保平道声再见，就往检票口去了，保平站在外面，目送着秋燕，保平想，秋燕现在是这个样子了。

　　保平重新走到队伍最后，排在那里，保平想，我为什么要骗秋燕，我是不愿意和秋燕一起下乡去，我想独自一人下乡去，我要到乡下去做什么，一切的答案好像都在我的梦里，我到底梦见了什么呢，保平努力回想天亮前的那个奇怪的梦，保平能记得的只是乡下的一个很大的客堂间，很空旷，阴森森的，中间放着一口棺材，保平想起自己在梦中大声问道，谁死了？没有人回答，保平又问，棺材里是谁呀，还是没有人回答他的问题，保平再大声地说，不对，现在不允许土葬，怎么会有棺材，仍然没有人回答他，保平依稀有一种感觉，他的感觉告诉他，棺材里躺着的是一个女人，梦中的人个个面目模糊，保平看不清他们是谁，也记不得他们是男是女，只是知道有一群人在忙碌，因为有人死了，就这样。

保平想，我是不是觉得这个死去的人和我有什么关系，所以我要到乡下去看一看，我一定要去看一看。

所以，我只能独自下乡去，我不想和别人同行。

二

丁老师在烈士陵园的山上，上上下下爬了几个来回，别的老师说，算了，丁老师，不可能在这地方了，保平肯定走开了，不在这里，丁老师说，再找一遍，别的老师说，我们再也爬不动了，丁老师说，那就让我一个人爬。

丁老师一个人又往山上爬。

下着雨，山路很滑，丁老师小心翼翼，一步一停，他四处看着，希望能够发现保平。

其实丁老师心里，根本不相信保平会在烈士陵园里走失，他根本不相信在这山上山下能找到保平，他知道保平一定有什么想法才有意走开的，丁老师和保平搭档很多年，丁老师和保平的生活经历、年纪等都相差不多，丁老师觉得自己基本上还是了解保平的。

丁老师是在最后一次独自一人在山上寻找保平的时候，听到那一声鸟叫的，丁老师听到这一声鸟叫以后，他就停下来了，他不再往山上去找保平了，他根本就知道保平不在这山的任何一个地方，丁老师上山的目的，根本就不是为了寻找保平，而是要听一听鸟叫。

现在在城里养鸟的人也多，要听听鸟叫其实不是一件难事，丁老师自己就是一个养鸟迷，丁老师开始养鸟出于一个很奇怪的巧合，丁老师家一开始并没有养鸟的意思，也没有任何养鸟的条件和设施，在一个夏日的黄昏，有一只非常漂亮的鸟不知从什么地方飞来了，它停在丁老师家的阳台上，那时候丁老师一家人都在阳台上乘凉，鸟飞来的时候，他们正在大声地说话，鸟却像听不见看不见似的，鸟不害怕丁老师一家人的声音和形象，它悄悄地停在阳台的竹竿上，默默地看着丁老师一家人，丁老师的女儿惊喜地叫了一声，她想上前去抓鸟，丁老师说，别动，你一动，它就飞走了，可是丁老师的女儿爱鸟心切，并没有听从丁老师的劝告，当丁老师一家人都担心地看着女儿去抓鸟，准备着"啊呀"一声叹息鸟飞走的时候，丁老师的女儿却顺顺当当地将鸟抓到了手里，鸟非常乖顺地缩在丁老师女儿的小手里，发出很轻很轻的鸣叫声，丁老师说，奇怪，怎么不飞走，丁老师接着又回答了自己的问题，一定是受了伤，飞不动了，女儿小心地呵护着鸟，道，爸爸，怎么办，爸爸，怎么办，把它放在哪里，把它放在哪里，丁老师说，放了它吧，女儿道，不放，为什么放，丁老师说，是哪家养的鸟，逃出来的，人家也会心疼的，女儿搂紧了鸟，我要的，我要，它自己飞来，不是我偷的，我要的，丁老师道，你会养鸟？你别把它养死了，女儿说，我会的，我会，明天我就去买鸟食，买鸟笼，丁老师笑了，道，那今天晚上呢，今天晚上，让它睡在你的床上，丁老师说话的时候，无意中看了鸟一眼，他看到了鸟的眼睛，丁老师心里突然一颤，他发现鸟的眼睛和人的眼睛一样，鸟的眼睛正充满渴望地看着丁老师。

丁老师家的人一开始都很喜欢鸟，每天大家下班放学回来都要去看看鸟，逗逗鸟，喂点儿食，或者和鸟说几句话，那一段时间，丁老师看鸟的眼睛，总是充满欢乐，充满喜悦，可是时间一长，大家的兴趣便没了，也难得再有人提起鸟来，再过些日子，根本就把鸟忘记了，有一回几天也忘了给鸟喂食，丁老师下班回来，去看鸟的时候，他看到鸟睁着一双哀怨的眼睛盯着他，丁老师的心再一次震动了，那一天的黄昏，丁老师在鸟笼前站了很久很久，一直没有离开。

丁老师就是这样养起鸟来的，丁老师也就是这样爱起鸟来的，当家里的人包括当初最喜欢鸟的女儿都对鸟开始嫌弃的时候，丁老师对于鸟的偏爱却越来越强烈，养鸟基本上成了丁老师业余生活的全部内容，在丁老师的脑海里、心里，到处都是鸟的眼睛，鸟的眼睛说着各种各样的话，表达着各种各样的感情，丁老师能够理解。

丁老师先后养了许多鸟，鸟都被丁老师养乖了，即使将鸟笼打开，鸟飞出去，仍然会飞回来，后来有一次却发生了意外。

那一天丁老师从学校回来，便发现那只鸟不在鸟笼里了，可是鸟笼却关得好好的，家里没有人承认是自己开了鸟笼放了鸟走，丁老师也相信家里人不会这么做，也许他们对丁老师养鸟入迷会有些看法和想法，但是他们绝对不会做这样的事情，而且，如果家里人真的对丁老师养鸟有意见，他们会把丁老师的鸟全部放走，不会只放走一只，所以，关于这一只鸟是怎么走出来的，丁老师一直想不通，不能明白，丁老师连续好多天，耳边天天回响着那只鸟的鸣叫声，在丁老师的记忆中，那只鸟的鸣叫声和别的任何鸟都不一样的，是特别的，丁老师惋惜地在家里狭窄的空间里走来走去，丁老师说，可惜呀，可惜，丁老师说，这是一只叫得最好听的鸟，为什么别的鸟不走，偏偏走了它呢，家里认为丁老师的这种说法有所偏颇，他们认为家里的鸟叫声都是差不多的，没有哪一只比哪一只更强的意思，只是因为那一只走了，丁老师才会觉得它特别的好，叫声特别的动听，如果它仍然和别的鸟一样在家里，在鸟笼里好好地待着，丁老师是不会觉得它的叫声特别好听的，对于家人的这种说法，丁老师不置可否，丁老师也许觉得家人的说法不无道理，但是，飞走一只鸟，这对丁老师来说，确实很使他沮丧，丁老师不愿意听人说鸟逃走了，丁老师说，鸟没有走，它只是出去玩玩了，它会回来的，丁老师充满耐心地等了一天又一天，丁老师每天将鸟笼打开，放在阳台最显眼的地方，丁老师希望哪一天他下班回家，鸟重新又站在鸟笼里了，丁老师坚信会有这样的情形出现，丁老师只要一想到鸟的眼睛，一想到鸟在听他说话时的神态，丁老师就会有一种坚定的信念，家里人觉得丁老师的想法太不切合实际，不过，他们没有打击丁老师的信念，丁老师一般很少对什么事情有这样的信念，丁老师唯独对鸟会有这样的信念。

但是鸟始终没有回来。

现在丁老师在烈士陵园的山上，突然听到了鸟叫，这不是一般的鸟叫，丁老师认为这一只鸣叫着的鸟，就是从他的鸟笼子里飞出去的那一只鸟，丁老师停下了脚步。

四处静悄悄的，丁老师沿着鸟叫的方向向前看着，他没有看到树上或别的什么地方停着一只鸟，丁老师对着空旷的四周说，是你吗，没有回答，只有丁老师自己的声音在空间回荡，丁老师充满感情地说，我知道，是你，你出来吧，你如果不肯回去，我也不勉强你回去,你出来,哪怕让我看一眼也是好的。丁老师说过之后,静静地听着,除了他自己声音的回音,仍然一片寂静,丁老师叹息一声,道,我知道你不肯出来,那么你就叫一声给我听听,我听到你的叫声我就知道是不是你,丁老师入神地朝山林看着,他又说了一遍,你叫一声给我听听,丁老师说完这句话的时候,肩上突然被人拍了一下,丁老师吓了一跳,回头一看,是同事李老师,你怎么了,李老师惊讶地看着丁老师,问道,丁老师不知道李老师的话是什么意思,什么我怎么啦,你说我怎么啦,李老师道,你怎么搞的,上山老半天也不下来,我们以为你和保平一样走失了呢,一个走失了还没见踪影,再走失一个,我们学校可以上新闻了,丁老师说,我怎么会走失呢,你说得出的,我怎么会走失,李老师道,那是,谁都不会走失,但是保平确实是走失了呀,丁老师说,保平是保平,我是我,李老师道,你倒好,我们在下边等你,等得心焦,你在山上做什么?丁老师朝四周看看,我做什么,你说我做什么,李老师说,你自说自话,丁老师道,我怎么自说自话,李老师笑,说,我听到你在说话,你和谁说话呢,这里连个鬼影子也没有,丁老师也笑了,我和鸟说话呢,我们家的一只鸟飞出去好些日子了,我在这里碰到了它,李老师"啊哈"一笑,丁老师你说什么笑话,丁老师一本正经地道,我不说笑话,这是真的,就是我们家飞出去的那只鸟,李老师看看丁老师,李老师说,丁老师你上山来是找保平还是找你家的鸟呀,丁老师说,保平,保平怎么会在山上,奇怪了,保平根本不可能在这山上,李老师说,你知道保平到哪里去了,丁老师说,我不知道保平到哪里去了,但是我知道保平绝对不可能在烈士陵园的什么地方走失,李老师道,你山上山下爬了几回根本不是找保平的，丁老师说，当然，因为保平不在山上呀，李老师看着丁老师，不知为什么忽然有些紧张起来，李老师说，好吧好吧，就算你碰到了你们家的鸟，它是不是愿意跟你回去呢，丁老师说，我不知道它愿意不愿意，它现在不肯出来见我，它若是肯出来看看我，它一定能认出我来，它一定肯跟我回去，李老师说，丁老师，别说梦话了，你看看几点钟了，你再不走，大家又要上山来找你和我了，走吧，丁老师无奈地看着山林，依依不舍地跟着李老师下山去了。

留下来寻找保平的几个老师在山下碰了面，李老师说，丁老师认为保平根本不可能在这里，李老师也没有说丁老师找鸟的事情，大家说，丁老师说得对，保平看起来是走了，我们也走吧。

大家回到学校去，校长正在等着他们的消息，说没有找到保平，校长说，我也没有办法了，大家看有什么办法没有？

我们也没有办法，谁知道保平怎么回事，大家说，如果走失的是个孩子，或者是个弱智者，或者是个精神病患者，都可以去报案，偏偏走失一个正常的成年人，有什么案可报呢，报什么呢，说不定和家里人怄气走开了吓一吓人，说不定有什么解不开的情结，走开去静心想一想怎么办，说不定有什么要紧事情，来不及说明情况，校长听大家议论，头涨，挥了挥手，你们走吧，也到下班时间了，回吧，有事情再找你们，大家说，那保平怎么办，不找他了，校长道，要找的，我再想办法吧。

大家走出来，说，保平这家伙，玩什么花招，害人。

又说，平时看不出他会做这种事情。

又说，只有平时看不出的人才会做呢，平时看得出的人便不会做了。

大家说笑着，走出办公楼。

李老师和丁老师在开自行车锁的时候碰了面，李老师朝丁老师笑笑，丁老师也朝李老师笑笑，他们一起推车出来，天下着雨，他们披上雨披，骑车回家去。

丁老师到家的时候，他掏出钥匙开门，就在开门的那一刻，丁老师突然听到一声鸟叫，丁老师心里一震，开了门直接到阳台上去，丁老师果然看到飞走的那只鸟飞回来了，它正在鸟笼里安详平静地看着丁老师，看着丁老师激动的神情，好像从来就没有发生过什么事情，好像它根本就没有飞走过。

三

保平坐在通往乡下的长途汽车上，车上挤得满满的，现在乡下的人到城里办各种各样的事情很多，没有事情的人也从乡下到城里去看看，走走，在保平身边的位子上坐着一位农村老太太，老太太随身带着大包小包许多东西，她将每一件湿漉漉的东西都紧紧地搂抱在自己胸前，把自己压得喘不过气来，保平说，老太太，你可以把东西放到头顶上的架子上去，那样不是轻松一些吗，老太太说，不用，我就这样，这样好，老太太隔着大包小包向保平看看，说，你也到乡下去，保平说，是，我也到乡下去，老太太说，你是城里人，保平说，算是城里人吧，不过我在乡下也待过，老太太一笑，我知道，插青，保平说，你也知道插青，老太太说，插青谁不知道，插青哪个队里没有，我们队的插青，都走了，保平说，是，都走了，老太太说，走的时候，都说得好好的，一定回来看看，谁还来呀，没有人回来呀，保平说，现在大家也都忙，老太太道，其实，便是不忙，也没有什么看头的，乡下，有什么好看的，保平说，想还是常常想着乡下的，想着从前的许多事情，老太太说，那是，忘不了，也只能想着了，老太太困难地侧头看看保平，你到乡下去做什么，老太太问，保平犹豫了一会儿，支吾着说，我也没有什么事情，我只是走走吧，随便走走，老太太的脸上呈现出不相信的样子，老太太搂紧了大包小包，扭过脸去，不再和保平说话。

路面不太平，汽车颠簸着，保平迷迷糊糊地有一种想入睡的感觉，他很想重新再回到天亮前的那个梦里去，他想看一看清楚，梦里他到的那个地方到底是什么样子，保平闭上眼睛，但是他不能入睡，梦是不可能再回来，保平一再地回忆他的奇怪的梦，他的回忆总是迷迷糊糊的，保平只记得自己走到乡下的一个人家，那人家的客堂间很大，很空旷，阴森森的，空旷的屋中央搁着一口棺材，保平在梦中竭力想知道棺材里躺的是谁，可是他到底没有弄清楚，保平只是依稀有一种感觉，他的感觉告诉他，棺材里躺着的是一个女人……保平听到身边的老太太嘴里咕咕哝哝的，听不清说的什么，保平看了一眼老太太，老太太也正侧过脸看他，老太太说，我想起来了，我想起来了，我认识你，你是保平，保平仔细地看老太太，想她是不是自己插队那村的什么人，可是保平没有想出来，保平断定自己并不认得这位乡下老太太，保平说，你怎么知道我是保平，老太太笑起来，没牙的嘴像一个空洞，老太太说，我是菊芳的姨奶奶呀，你忘记了，保平你的记性真不好，我那时候常常到你们村里去，我的老姐姐就是菊芳的奶奶呀，菊芳的奶奶你记得吧，你现在想起来了吧，菊芳的奶奶就是我的姐姐，你想到菊芳的奶奶就想到我了,是不是,保平说,是的,菊芳的奶奶,我记得,你是菊芳的姨奶奶,我也想起来了,老太太说,那是,别人你可以忘记,菊芳你大概是不可以忘记的,是吧,老太太笑得意味深长,老太太说,保平,我们那时候,都以为菊芳要跟你了呢,我们都是反对的,我们跟菊芳说,插青不可靠的,插青迟早要走的,菊芳不相信,嘿嘿,我们说中了吧,幸亏菊芳没有跟你吧,跟了你就没办法了,是不是,老太太没牙的嘴笑得老大的,保平说,是的,插青总是留不长的,留下来的只有很少几个人,老太太说,菊芳要是跟了你,你现在拿她怎么办,保平有些尴尬,保平想,我怎么不记得我和菊芳有什么事情,也许老太太把我和别的什么人搞错了,菊芳的脸我都已经记不很清了,是圆脸、长脸、方脸、扁脸,保平一点也想不起来了,只有那么一个印象,那就是有菊芳这么一个姑娘,乡下姑娘,至于她的音容笑貌,保平已经很模糊了,老太太见保平不说话,又咧嘴一笑,再问道,保平,我问你呢,如果菊芳跟了你,你现在拿她怎么办呢,保平说,我也不知道我会怎么办,因为菊芳并没有跟我,菊芳也根本不可能跟我,老太太撇了一下嘴,说道,兰英的事情你听说了吧,兰英,保平说,兰英,谁是兰英,老太太有些不满意地说,保平你真的对乡下一点也不知道了,你连兰英的事情也不知道呀,保平有些不好意思,没有说话,老太太说,其实兰英你也不应该忘记呀,兰英是我们村上的,从前常常跟着我们村的插青跑到你村上和你们插青一起玩的兰英呀,我们叫她不要跟插青一起,她不听呀,不像我们菊芳那么听话,现在也没得说了,保平说,怎么?老太太道,怎么,苦呀,死了,保平吓了一跳,死了,怎么死的,老太太说,怎么死的,谁知道怎么死的,反正是死了,保平沉默了，一直没有再说话，他努力回想兰英是什么样子，他不能确切地想起兰英的样子来，但是在他的感觉里已经找到了那个常常随着别的村子的插青到他们村里来玩的乡下姑娘，保平正在想象着那个叫作兰英的死去的姑娘应该是个什么样子，老太太奋力地勾过头来，眼睛直盯盯地看着保平，你在乡下的时候，听说过僵尸吗？老太太突然问，保平吓了一跳，保平说，僵尸是没有的事情，在乡下什么样的鬼都听说过，吓也吓过，但见是没有见过，谁见过，老太太说，我知道你不相信，可是事情是真的，兰英变成僵尸了，这是真的，保平看着老太太的眼睛，不由打了个寒战，老太太说，在兰英家田里看到的，拜月亮呢，就是她，又在自家门口拜门神，有人亲眼看到的，后来村上的人就到兰英家去捞蜘蛛网，果然没有了，是真的，保平听不懂老太太说的什么，保平说，这叫什么事情，老太太说，就是出僵尸呀，从前听老人讲，出僵尸要有三凑巧才能出得来，出生、结婚、死，要在同一时辰，埋也要埋在僵地上，才会出僵尸，兰英怕就是凑了巧呢，保平被老太太直盯盯的眼睛盯得心里有些发毛，他避开老太太的盯注，应付着说，有这样的说法呀，我没有听到过，老太太说，你一定不会相信的，我知道你不相信。

　　汽车到一个站，停了，下去一些人，又上来一些人，都是湿淋淋的，天还在下着小雨，清明时节，总是这样，小雨不断，老太太说，我到前面一站就下了，保平说，你怎么，已经到了？老太太说，我要到我的一个小姐妹那里去看看，走动走动，保平你要坐到底呢，是吧，保平说，是，心里松了一口气，上车来的人找不到座位了，挤着，老太太突然用胳膊支了保平一下，保平侧脸看她，老太太朝上车来的一个人努了一下嘴，老太太说，看那个人，保平说，怎么？老太太说，怎么，他就是兰英的弟弟呀，保平说，兰英的弟弟怎么？老太太对保平消息闭塞的不满越来越强烈，老太太说，你们插青，回了城，大概再也不想起乡下了吧，我们乡下，倒是常常说起你们插青的，我们知道你们中的谁谁谁现在在哪里，谁谁谁现在怎么样了，谁谁谁离了婚，谁谁谁发了财，我们都知道，保平说，那我现在怎么样，你们知道吗？老太太说，那是，我们知道你在学校里教书呀，保平突然有些低落，那是，我最没有意思，老太太说，各人头上一方天，什么叫有意思，什么叫没意思，说的。

　　保平听老太太说话，就看到老太太所说的兰英的弟弟慢慢地向他这里移过来，他移动得很慢，不急不忙的，像是有个目标，又像是没有目标，车子开出好一段路，基本上快到下一站的站头了，兰英的弟弟才移到保平的位子边上，和老太太说，你也出来？老太太说，是呀，你从哪里来，兰英的弟弟说，我从前村来，老太太说，还是兰英的事情，兰英弟弟说，还是的，老太太点点头，道，这个人，你认得吗？兰英的弟弟看看保平，道，我认得他，是保平，保平笑了一下，兰英的弟弟接着说，你不认得我了，是吧，保平点点头，觉得有些内疚，乡下的人他们都记得他，他却想不起他们来，兰英的弟弟说，也是应该的，本来你们插青在乡下的时候就是我们认得你们的多，你们认得我们的少，现在你们都回去，更是这样了，保平说，是，乡下人多，我们记不太清，再加上时间长了，真不好意思，兰英弟弟还要说什么，汽车便停了，老太太费力地站起来，背着大包小包，对兰英弟弟说，我的位子，你坐吧，兰英弟弟说，我正是冲你的位子来的，老太太说，你正好和保平同路，你们一起说说也好解解闷，兰英的弟弟说，正是，说着坐下来，对保平说，你不认得我，你们在的时候我还小呢，不过我都认得你们，我们自己村里的插青，还有别的村的插青，像你们村的，我都叫得出名，保平说，不好意思，兰英弟弟说，不过我姐姐兰英你大概认得的吧，保平说，刚才老太太说起的，我想起来了，兰英，我知道的，兰英弟弟说，你知道我姐姐的事情？保平说，听老太太说，说是死了，兰英弟弟说，若真的死了倒也好了，保平一愣，怎么，你姐姐没有死？兰英弟弟道，死是死了的，却不太平，保平笑了一下，兰英弟弟说，我知道你不会相信，我开始也是不相信的，可是后来由不得我不相信了，我是亲眼看见的，不能不相信，保平说，什么，你亲眼看见什么？兰英弟弟盯着保平的眼睛，保平被他的眼神弄得有些心寒，保平说，你看见什么，兰英弟弟说，一堆白骨跑到棺材外面来了，保平心里突然一跳，棺材，怎么会呢，保平说，现在不是不许土葬了么，兰英弟弟说，是的，可是我姐姐临死时说过，一定不要火葬，要睡棺材，我们才想方设法，偷偷地将她土葬了，谁知道她不肯火葬却是为了出来做人呀，早知道这样，我们也不会偷偷地给她土葬，保平说，真有这样的事呀，兰英弟弟说，是有的，千真万确，是叫贼大胆进棺材去的，保平不由"哈"了一声，再看兰英弟弟，却一点没有笑意，一脸寒气，道，我说的都是真的，你不信你可以跟我回去看看，保平道，看什么，兰英弟弟说，看看大家怎么说的，真是叫外村的一个贼大胆，夜里乘我姐姐出来时，爬到棺材里，到天亮了，我姐姐进不去棺材，就变成一堆白骨倒在地上了，保平说，棺材呢，兰英弟弟道，连棺材连白骨一起烧了，没了，成一堆灰，保平摇了摇头，兰英弟弟说，我知道你不会相信，你其实可以跟我回去，你就相信了，保平想了想，保平说，我得到我要去的地方去，兰英弟弟说，你到乡下来，做什么，保平摇了摇头，我自己也不知道，保平想，大家都问我同样的问题，可是我回答不出，保平想，我的答案在我自己的梦里，可是梦已经过去，再不会回来，也许我永远也找不到答案，可是我既然已经按照梦的暗示走到乡下来了，我一定会走下去，走到底，看一看。

兰英的弟弟在汽车到达他们村子的那一站下了车，下车的时候，兰英的弟弟说，保平，你如果有时间，到我们村里来看看，我们村里的人都记得你，保平说，好的，我有时间我一定来。

保平在车上目送着兰英弟弟向远处的乡下走去。

雨仍然密密地下着。

四

爱珠在下班之前接到保平学校校长的电话，爱珠笑起来，爱珠说，开什么玩笑，我儿子也走失不了，保平怎么会走失，校长说，走失是真的，中午到现在我们一直在找他，一直没有找到，到你家里也去过了，也没有人，所以打电话告诉你，保平是个很安分的人，平时从来不出什么差错，今天怎么了，这么小的学生他扔下不管了，自己走失了，怎么回事，你们家里有没有出什么事情，他有没有和你说过什么话，爱珠想了想，爱珠说，什么事情也没有，好好的，今天早晨起来，他说他做了个梦，别的什么也没说，校长说，他做了什么梦，有没有和你说说，爱珠说，没告诉我，只说做了一个奇怪的梦，他没有告诉我他梦见了什么，我也没有问他，他这个人你们知道的，平时话不多，今天也一样，没有任何反常，校长说，事情告诉你,我们再找找,你也一起想想,他会到哪里去,爱珠说,不会到哪里去的,他平时连朋友亲戚家也难得跑一次,校长说,就是奇怪在这里了,他是在烈士陵园走失的,我们大家坐车回来他就没有回来,我们留下老师在烈士陵园找了半天也没有找到,他一定是走开了,不知道走到哪里去了,爱珠说,我再想想,校长道,你若找到了他,他若回来了,告诉我一下,我的电话,你记一下,爱珠记下了校长的电话,校长就把电话挂断了。

爱珠坐在办公室里愣了一会儿,下班的同事走到门口又回头,爱珠,同事关心地问,爱珠,出了什么事?爱珠说,奇怪,保平这么大个人,怎么会走失,同事笑了出来,什么,保平走失了,说着笑起来,保平又不是孩子,又不是弱智,怎么会走失,谁说出来的,笑人了,爱珠也忍不住笑了一下,真是,爱珠说,笑人,同事看着爱珠,意味深长地一笑,爱珠,有没有什么事情,爱珠说,什么事情,同事笑,什么事情,问你呀,你们保平走失,怎么问我呢,爱珠说,有什么事情,什么事情也没有,同事道,不会是你有什么事情,被你们保平知道,又不好说,便走了,生气了,爱珠说,没有的事情,再说,保平那人,你也不是不知道的,即使有什么不开心,也不会走失的,不会的,同事点头,这倒也是,保平不是那样的人,爱珠说,所以我说保平不会走失。

同事临走时说,爱珠,要有什么事,来找我就是,我能帮的,就帮一下,爱珠道,若是有事,自然要找你们帮忙,只怕不知道是什么事,就不好办,保平这个人,怎么了。爱珠和同事一起出门,下着雨,他们披上雨披,骑上车,到街口分头而去。

爱珠到家时,儿子正在做作业,头上有些潮湿,爱珠说,淋湿了怎么也不擦一擦,儿子说,功课多,来不及,爱珠没有再说什么,到房间里看看,有没有保平留的条子什么,或别的东西,没有找到,出来问儿子,你知道你爸爸到哪里去了?儿子说,不知道,又说,不是上班去的么,会到哪里去,爱珠说,说你爸爸走失了,儿子"啊哈"一声,爸爸走失?爱珠说,说是在烈士陵园走失了,笑话了,怎么会走失,又不是小孩子,儿子笑起来,啊哈,爸爸成弱智儿童了,爱珠说,就是,又不是弱智儿童,怎么会走失,他们学校,也说得出的,儿子将手中的笔放下,回身看着母亲,过了一会儿道,你没有感觉到吗?爱珠说,什么,感觉到什么?儿子说,我爸是有点不对头,会不会真的退化成弱智儿童?爱珠说,你说得出,有这种事情,儿子说,怎么没有,我看到过这样的报道的,是有这样的事情,大人退化成小孩子,爱珠说,别瞎说,一起想想,你爸爸会到什么地方去,儿子道,爸爸是不是和你吵架了,爱珠说,吵吵说说是常有的事情,再说这一阵,一直好好的,没有事情,儿子说,那我就不知道了,就算你们吵架了,也该是你走失,比如躲到娘家去之类,怎么倒是爸爸走失呢,奇怪了,爱珠说,会不会到哪个亲戚家去了,儿子说,你去找找看,我要做作业,没时间。

爱珠坐下来,歇了口气,将保平有可能去的亲戚朋友家一一想过来,爱珠觉得简直没有保平可去的地方,正想着,有人来叫爱珠去接传呼电话,爱珠站起来的时候,感觉到儿子的目光在她的脸上盯了片刻,爱珠想,今天我不会去了,我得找到保平呀。

去接电话的路上,爱珠希望电话是保平学校的人打来的,告诉她保平找到了,或者保平根本没有走失,只是和什么人一起到哪里玩去了,也或者电话就是保平自己打来的,告诉她什么事也没有,根本没有走失的事情，保平是个大人，怎么会走失呢，爱珠也想到可能会是老电话，但是爱珠希望别是老电话，如果是老电话，爱珠就比较为难。

电话还是麻将老搭子打来的，叫爱珠吃过晚饭就去，爱珠说，今天不行了，今天不能去了，保平走失了，要找保平，电话里笑起来，开什么玩笑，电话里说，保平又不是弱智儿童，保平怎么会走失呢，爱珠说，是的，保平是不可能走失的，但是保平确实是走失了，怎么办呢，不能扔下他在一个不知道什么地方的地方去呀，总得找到他呀，电话里笑得咯咯咯的，电话里说，天晓得是怎么回事，不定是爱珠你不想来了，找个借口吧，哪个找借口哪个不是人，保平真的走失了，是在烈士陵园走失的，带了小学生去扫墓，小学生倒没有走失，倒走失个老师，电话里又在笑，道，那爱珠你就去找走失的老师吧，爱珠说，我要找不到，会来找你们的麻烦，要你们一起帮着找的，电话里道，没问题，只要你们保平没有像烈士那样躺在陵园里，我们一定能找到他，爱珠"呸"了一声，你才躺在烈士陵园里呢，想想不对，道，你也不配躺在那里呢，电话里又一阵笑，搁了。

爱珠回家去，儿子已经将作业做完，儿子说，饿了，爱珠道，饿了，可是你爸爸怎么办，他现在不知在哪里挨饿呢，儿子笑了一下，你以为爸爸是呆子呀，说不定爸爸正在哪里吃香的喝辣的呢，倒叫我们在家里为他担惊受怕，忍饥挨饿，爱珠道，什么时候你也会为大人担惊受怕了，倒是好事儿，儿子道，那我忍饥挨饿不假吧，爱珠和儿子一起吃晚饭，儿子说，妈，今天晚上你们那伙人要换新手了，你们老搭子准输，爱珠看儿子一眼，你懂，儿子道，那当然,爱珠道,你功课若也能这么精,就好了,儿子道,我的功课也不差呀,爱珠道,那要看怎么说了,比上不足比下有余,那是不差了,儿子道,那就行,吃饱了,一推饭碗,碗等会儿洗吧,爱珠道,又有什么借口,儿子奇怪地看着爱珠,怎么,不找爸爸了?爱珠道,你找爸爸,别把自己找丢了吧,儿子道,你也把我看得太差劲了,爱珠道,那也好,我们分头到几个朋友家亲戚家去,若找不到,就早点回来,别在外面混,等会儿你爸倒先回来了,再去找你,儿子道,那是。

爱珠看儿子兴冲冲出门,一点不像去找走失的父亲,倒像是去唱卡拉 OK 的样子,爱珠想,他若是去唱卡拉 OK,我也无法,只是保平怎么到现在还不回来,难道真的走失了。爱珠收拾了一下,抹了一把脸,出门前,小雨继续下着,爱珠又返回来拿了雨披,披上,骑了车子往亲戚朋友家去。

爱珠在亲戚朋友家绕了一圈,没有保平,大家都问爱珠,保平怎么了,爱珠说,走失了,大家都笑,爱珠也跟着笑,爱珠说,真是的,找也不用找,保平怎么会走失呢,亲戚朋友道,爱珠你喜欢打麻将,你回去打麻将就是,等你一圈麻将下来,保平就回来了,爱珠想,我麻将是不能打了,我总要找到保平的,只是再让我找保平,我也不知道到哪里去找了,爱珠道,现在我走了,只是如果我一直找不到保平,我是要来烦你们的,你们别怕烦呀,你们要帮我一起找保平的,亲戚朋友笑道,只要保平不是私奔了,我们一定帮你找到保平,爱珠"呸"道,你们才私奔呢,就保平那人,还私奔呀,大家一笑,爱珠出来了。

爱珠再回到家里,儿子也已经回来,儿子说,没有,人家都笑,说爸爸走失是不可能的事，爱珠说，我想想也是不可能的，烈士陵园又不算太远，就算在陵园里真的走失了，这么大个人自己不会回来呀，儿子道，除非就是他自己不想回来了，爱珠道，笑话了，不想回来，他到哪里去，他有什么地方可去的？儿子说，大概没有吧，我也想不出爸爸有什么地方可去的，爸爸也真可怜，走也没个走处，所以索性走失算了，爱珠说，你乱说什么，家不是最好的地方呀，人总是要回家的，人若连家也不要回了，那算什么？儿子说，你这是说的正常的人的想法，正常人的总是要回家的，但是也许爸爸的想法和正常人不一样呢，也许爸爸异想天开了呢，爱珠道，什么异想天开，你爸爸你也不是不知道，儿子道，是，我知道，安分守己，老老实实，没有幻想，没有浪漫色彩，爱珠笑了一下，就这么个东西。

儿子走到沙发前坐下，开了电视，爱珠道，怎么，看电视了？儿子朝爱珠看看，那我能做什么呢，你说吧，你吩咐，我就做，再到亲戚朋友家找一圈，或者，到街头去搜索，或者，到公安局去报案，爱珠道，我说一句，你就是一大串，你小时候不是这样的，你小时候根本没有什么话的，和你爸爸一样，儿子说，幸亏我及时改正了，要不然，我也会和爸爸一样走失了，爱珠道，我们还是想想办法，怎么找你爸爸，儿子道，我是没有本事想了，想不出来，你想吧，我边看电视边等，等你想出来了，我行动。

爱珠眼睛盯着电视屏幕，想保平到底到哪里去了，碰到熟人被拉去叙旧，上错了车拉到别的什么地方去了，躺在烈士陵园了，私奔了，爱珠的眼睛模糊起来，电视上正在放一部农村题材的电视，爱珠朦朦胧胧感觉到自己也走到了一个陌生的乡下，那地方有一片农田,中间有一个高起来的土墩,土墩上有个坟堆,坟堆上竖着一块碑,爱珠正想上前看看碑上写的什么字,突然醒过来,才知道自己迷迷糊糊地打了个瞌睡,心里有些奇怪,保平走失了,自己居然能够睡得着,怎么一点不着急呢,难道我知道保平到哪里去了吗,爱珠想,不然我怎么会不着急呢,我虽然到处找保平,我虽然一直在想保平到底会到哪里去,可是我的心里似乎并不惊慌,也不焦急呀,难道,我希望保平走失吗,爱珠看看儿子,儿子也靠在沙发上睡了,爱珠怕儿子着凉,正想把儿子喊醒叫他到屋里去睡,儿子自己已经睁开了眼睛,儿子看着爱珠,道,我做了个梦,我梦见我到了乡下,一个陌生的地方,有一片农田,有一个女的在种田,爱珠道,你看见她是谁?儿子摇摇头,我没有看见她的脸,她背对着我。

爱珠说,我也做了一个梦,也是在乡下,奇怪,我们都没有去过乡下呀,是不是刚才那部电视剧的原因。

儿子说,原来乡下那样子的呀。

爱珠说,我没有看清石碑上写的什么。

五

保平在汽车的终点站下了车,他发现自己到的完全是一个陌生的地方,他从来没有来过这个地方,保平在车站向人打听了一下,才知道,他走过头了,终点站已经从原来地方又向前延伸了一大段,保平要到自己的那个乡下,就得往后再退一大段路回去,这一段路,没有车可坐,保平或者就是步行,或者看看有没有顺车搭一搭,保平站在路边,细细的雨淋在他的头上、身上,有人过来问保平要不要太阳镜,保平笑起来,保平说,天上正下着雨,卖太阳镜的人也笑了,说,但是天总是要晴的,过了清明,春天的好天气多着呢,保平想这话也对,但是他不要买太阳镜,他说,我不要买太阳镜,我要搭一段车子,不知有没有车子过去,卖太阳镜的人说,搭什么车?保平说,我要往那边去,汽车坐过头了,得往回走一段,保平手指公路,卖太阳镜的人朝保平看,说,你怎么了,忘记这条路了,这条路就是村东头的空地呀,从这边一条小路插过去,就到你们湾头村了,保平奇怪地道,你怎么知道我是要到湾头村去呢,卖太阳镜的人笑着说,保平,别逗了,你逗我做什么呢,我老虽然老了些,但也不至于老到连你也认不得了呀,保平张着嘴,你也是我们一个村的?卖太阳镜的人说,我是代销店的老马呀,那时候你们有事无事都跑代销店来,有钱没钱,看看也是好的,保平"啊哈"一声,你是老马,对了,我想起来了,老马,真是的,好多年不见了,老马你怎么在这里卖起太阳镜来,代销店不做了?老马道,你还不知道呀,一把大火,烧了,家财全赔进去了,再开店也没得本钱了,出来走走,做些小本生意无本小生意罢了,保平说,从前我们常常在你店里垂涎三尺,老马说,现在不是从前了,现在轮到我看着别人垂涎三尺了,保平说,也是不幸,怎么会火烧了呢,老马说,天火烧,查不出原因,天火烧,保平说,没有办法的事情,重头再来吧,老马笑起来,从头再来,你以为很容易呀,保平看看老马手里的劣质太阳镜,被雨淋得模模糊糊的,保平说,老马你就打算一直卖卖太阳镜?老马扬了扬手里的太阳镜,就这样,也挺好,真的,不定你的日子不如我呢,保平叹息一声,那倒也是,我们做老师的,能有什么,老马说,现在乡下都来事得很呢,保平,乡下人现在比你们城里人来事呢，保平说，那是，我知道，我们不行，老马说，保平，素琴的事情你知道吧，保平说，素琴，我知道，听说她现在是企业家了，老马说，大概，保平，你这次回来，就是来看素琴的吧，保平一愣，张着嘴没有说话，老马鬼鬼地一笑，保平你得了吧，保平说，老马你什么意思？老马笑着说，保平，谁不知道你和素琴有一段，保平说，有一段或者没有一段，又怎么样呢，都这么些年过去了，老马说，过去不过去，你们自己知道，素琴现在做大了，做大了的人，喜欢念旧情的，早就听说，素琴要把当年的插青都请来看看，以为她说着玩的呢，想不到真的做起来了，素琴现在，可真是做大了，有气派呢，有魄力呢，你去看了就知道，大老板了，保平笑着说，看起来，我还不如辞了职，到这里来做小工了，老马说，啊哈，素琴要请你们来，怕正是有这个意思呢，保平说，当真呀，老马说，说了，城里的人，或愿意到她的企业来做的，一人给买一套房子，就买在城里，给你们住，保平说，当真呀，老马说，当然真的，保平想了想，笑了，道，大概，不会有人来的，老马说，你说对了，真的没有人愿意来，奇怪，城里就那么好呀，一套房子也买不动，还有高工资、高奖金呢，没有，素琴所以想想也有点泄气的，保平说，她泄什么气，她做她的事情就是，为什么非要城里人，城里的人也不见得比乡下的人会来事呀，老马说，说是这么说，但是到底城里人的眼光远一些，见识多一些，水平也高些，保平说，但是事情是干不起来的，老马说，我也是不明白，白白送一套房子，也不要，怎么的呢，保平又想一想，道，也说不清楚，反正，我也不知道为什么，以我想，大概是这样的吧，该你的东西总会是你的，不该你的东西白送了也没有什么意思，老马说，你们的想法也是古怪，保平说，我觉得也没有什么古怪的，老马说着话，看到又来了一辆汽车，老马说，保平你自己去吧，就那条小路，不远的，我得做生意去，我可不是素琴，做一天算一天，说着自己笑起来，不过素琴也得做呀，也是做一天算一天的，老马朝保平挥挥手，向下车的乘客走过去，喊道，太阳镜，太阳镜，天仍然下着小雨，老马的太阳镜被雨水打着淋着，乘客都朝老马笑。

保平看着老马走远，回身沿着老马指的方向，果然看到一条小路，但是在保平的印象中，已经记不得这条小路了，路上泥泞，保平慢慢地向前走，一直想着老马的话，想见到素琴应该是个什么样子，素琴的事情保平也断断续续听人说起过，从前一起插队的，偶而碰到了，共同的话题总离不开一起生活过的地方和人，后来有一次，保平在电视上也看到关于素琴的报道，只是没有来得及看清素琴的样子，起先保平听到播音员说女企业家素琴的名字，根本还没有想到就是素琴呢，后来才觉悟过来，再看屏幕，只看到素琴的侧影，没能看得很清楚，只是感到素琴比以前丰满了许多，从前素琴是很瘦的，若还是那样瘦，素琴作为一个出了名的女企业家，风度就没有现在这样好了，保平想着，不由笑了一下，素琴的风度好不好，和我有什么关系呢，保平想，老马显然是弄错了人，素琴那时候是和李强生好的，关于李强生到底有没有占素琴的便宜这个问题，他们一直争论了很久呢，到大家回了城，后来碰了面，还说起这个事情，李强生自然是赌咒发誓，说没有，可是谁也不相信他的话，说哪次碰到素琴，要三当六面地问一问，想不到眼睛一晃，素琴就成了企业家了，再见面时，怕谁也不好开口说这事情了，更不可能三当六面地去问素琴了，过去的事情怕是再也唤不回来了呢，保平在泥泞的小路上走着，想着过去的和现在的许多事情，也不觉得乡下的烂泥路怎么难走，走出一段，保平听到身后有摩托车的声响过来，保平回头看，果然有一辆大红颜色的摩托车远远地过来了，保平侧身想让一让摩托车，谁知摩托车却停下来，停在他的身边，保平看到车轮和车身都粘了泥，车手摘下头盔，笑着对保平说，我带你一段，保平说，你认得我？车手说，我怎么不认得你，你们偷我家的狗，是不是，我都记得的，保平说，你是猫猫呀，车手猫猫说，你们偷了我家的狗，打死了，吊在你们屋里，到半夜放下来想杀着吃，是不是，保平说，谁知道狗没有死，一放下地，便大叫起来，猫猫道，我家的狗聪明，装死的，嘿嘿，保平说，狗一叫，你一秒钟就冲进来了，我们怎么也想不通，你像是等在我们屋门前似的，猫猫说，我当然就是守在你们屋门口的啦，是我奶奶教我的，我奶奶说，狗死不了，你等着，半夜里定准会叫起来，果然，我奶奶真神了，保平说，是的，你奶奶是很神，许多事情到她嘴里一说，就灵，她老人家，好吧？猫猫说，早几年就过世了，保平说，我就想到，怕是有些老人都不在了，猫猫说，上车吧，雨下得挺密，保平看看红摩托车的后座，保平想，我还没有坐过摩托车，也是应该，在城里哪来的机会，每天上班下班，自行车，反倒是在乡下坐一回摩托车了，想着便跨上去，坐稳了，猫猫开了就走，虽然小路泥泞，但车子开得还是很快，迎面有人过来猫猫也不减速，保平说，你的车技很好吧，猫猫没有听见，保平就没有再说第二遍，当保平刚刚开始感觉到两耳生风的时候，听到猫猫大声说，到了，保平朝前一看，当然就认不出从前的地方了，满眼都是新造的房子，在原来老房子的地方都翻了新房，原来的空地、自留田里，都新造了房子，保平下车，站在那里张望了一会儿，保平说，不认得了，猫猫说，保平你要到哪家，我指给你看，保平愣愣地看着猫猫，过了半天，保平说，我自己走走，猫猫看了保平一眼，也好，你自己走走，看看，猫猫重又跨了摩托车，保平说，你怎么，还要走？猫猫说，回家去，我家在村那头，走半天呢，说着摩托车便往前去了，一阵风似的，没了，留保平一个人站在村头，天下着雨，村里没有人在外面溜达，保平想，我现在必须得确定我的具体目标了，保平走到一棵大树下避雨，他努力回忆自己的梦，保平记得梦里乡下有一家人家，有一个很大很空旷的客堂间，阴森森的感觉，客堂间中央，搁着一口棺材，保平说，现在不是不许土葬了么，没有人回答保平的话，保平又说，棺材里是谁，仍然没有人回答，许多人忙碌着，保平记不清他们的脸，只知道他们是为了谁的丧事在忙着，保平想，这个人死了，我得下乡去看看。

但是保平始终不知道死的是谁。

六

派出所的民警小纪看到有三个人走进来，是校长、李老师，还有爱珠。小纪说，你们做什么，爱珠说，我们报案，小纪道，报什么，校长说，报走失，走失了，小纪看看三个人，示意他们坐下说，校长先坐下来，爱珠和李老师也跟着坐下，校长说，我是学校校长，我们学校一个老师走失了，小纪"哈"了一声，走失，老师走失？校长说，是的，是老师走失，小纪说，说说经过，校长看看李老师，李老师说，是这样的，今天我们学校组织学生去扫墓，小纪挥了一下手，等一等，你说什么，今天？校长说，是今天，今天上午去的，小纪说，今天上午到现在才大半天，就来报案了？这么急做什么，校长和爱珠及李老师互相看了看，没有说话，小纪道，是不是，知道有什么可能？是不是知道可能到什么地方去了？大家摇头，校长道，知道也不必到你这儿报案来了，李老师说，我们找不到他，校长说，我们组织学生，小纪说，中学生？校长说，是小学生，小纪又笑了一下，小学生走失没有？校长摇摇头，没有，幸好没有，我们每年扫墓，春游秋游，都提心吊胆，不过我们学校从来没有发生过任何事情，小纪说，现在走失了一个老师，校长说，是的，我们在烈士陵园找了大半天，没有找到，校长回头朝爱珠看看，家属也到处找过了，亲戚朋友家，还有别的有可能去的地方，都找了，找不到，我们很着急，家属，校长再朝爱珠看看，看不出爱珠很急的样子，但是校长还是说，家属也很急，所以我们一起来报案，小纪看看爱珠，再看看校长和李老师，小纪说，说说，事先有没有什么迹象，有没有说过什么话，有没有什么反常的行为举止和言谈，校长朝爱珠看看，再看看李老师，校长说，你们说说，爱珠摇摇头，没有，一点也没有，李老师也摇摇头，没有，真的什么也没有看出来，小纪说，那就是说，并不像是有计划有预谋的，真的是走失了，校长说，保平这人，也不是个有计划有预谋的人，小纪说，吵过架？大家说，没有，小纪说，有什么矛盾？大家仍说没有，小纪想了想，用笔敲敲纸，问，身上带钱多不多，校长和李老师看着爱珠，爱珠说，不多，不会有很多钱的，小纪又问，有没有很多值钱的东西随身带着，比如金器之类，爱珠说，没有，小纪记下他们说的话，看了一遍，交给校长，你看看，是不是这样的情况，校长看了一遍，说，是的，小纪又让爱珠看，爱珠也看一看，道，是的，小纪说，好吧，你们回去继续找，校长道，那你们呢，小纪说，我们有我们的办法，我们有我们的规矩，你们既然报了案，我们会当回事处理的，如果你们找到了，或者他回来了，你们来撤案，校长说，好，起身，另两人也跟着起身，三人一起走出去，小纪看着他们的背影，想了想，拿过记录本，觉得还应该再加一句话，便写上去，报案者三人并无紧张神色，写下了，看看，觉得不顺，又画去，心想，写这个做什么，这时另一个值班民警小刘进来了，道，刚才出去三个人，做什么的？小纪说，报案的，说学校的一个老师上午在烈士陵园走失了，找不见，也不知到哪里去了，这事情，也来报案，不接待也不行呀，小刘说，哈，一个老师走失，笑话了，怎么学生不走失，老师走失，小纪道，谁知道呢，小刘说，在烈士陵园，怎么会，那地方又不大，山上山下绕一圈也没多长时间呀，小纪道，就是，说是在烈士陵园走失，我想怎么会有这样的事情，小刘道，怎么到我们派出所报案呢，小纪说，就是，应该到郊区派出所报，人是在郊区走失的么，或者，到他们家所在派出所报，小刘说，你没和他们说？小纪道，他们是根据学校所在地来报的，也行，我没有说话，记下了，你看看，怎么办？小刘看了一遍，又看了看小纪画去的那句话，笑起来，他们不着急，那我们也不用着急，说不定和家里闹闹玩玩的，或者和同事领导不和，吓吓人的，小纪说，我也这样想，问过了，说是一个老好人，也没有闹什么矛盾，平时也从来不做什么吓人的事情，只有人家吓他，没有他吓别人的，小刘说，你别说，根据什么心理什么精神分析，还就这样的老好人会做出这种事情，上次精神病院的专家来做报告，你忘记了，说了几个例子，小纪一笑，道，你听他的，走失的事情很多很多，理由千奇百怪，专家用一条规律就解决，那真是个专家呀，小刘也笑了，那是，小刘说，谁相信，小纪道，我们只能相信我们办案子的事情，小刘说，那个事情怎么办，小纪反问道，你说呢，怎么办，小刘张了张嘴，不知说什么好，突然电话铃响了，急促的叮铃铃的一串，把小纪、小刘一震，像预感有什么事发生似的，小纪接电话的时候，手都有点抖，什么，小纪说，出人命，哪里，大马路，好，我们马上就到，挂了电话，起身对小刘说，走，小刘也不问什么事，跟着就往外走。

  小纪开动双人摩托，小刘跨上边座，小刘道，怎么又是大马路打架？小纪点头，发动了摩托，开出去，说道，说是出人命了，不知是真是假，小刘道，怎么办，这两帮人，弄不好了，小纪说，总得有个彻底解决的办法，这样拖下去，要出大事情的，小刘说，早就应该下决心了，头为什么总是不肯下决心，不动手解决？小纪道，不太清楚，大概背景比较复杂，小刘道，复杂也得解决呀，小纪道，是得解决，这样下去，我们也要奔死了，三天两头赶场子，小刘道，光赶赶场子还是小事呢，别出什么事才好，小纪道，谁知道呢，说话间摩托车已经来到大马路，打架的两帮人正斗得分解不开，小纪和小刘上前去，小纪道，停下，却没有人听他的，吵闹声很大，远远的围观的人也很多，有人说，警察来了，也有人说，警察来了也没有用，他们这帮人，不怕警察，又有人说，每次打，警察都来的，怎么呢，还是照打，现在的人，狂呀，没有办法，小纪听着大家说话，又朝打架的人堆里靠近一些，再大声喊了一下，停下，小刘也跟着喊，住手，仍然没有听他们的，似乎谁也没有把警察放在眼里似的，小纪和小刘一起掏出手枪，小纪说，再不停下，我开枪了，小刘也将枪扬了一扬,说,停下,停下,打架的人突然停了,大家一起看着小纪和小刘,看着他们手里的枪,冷场片刻以后,有人喊了一声,枪里没有子弹,吓人的,大家重又哄闹起来,黑暗中有人叫道,老派拿枪吓我们,一起打,横竖横了,说话间顿时一片混乱以后,小纪倒下去,小刘抢上前拉住小纪,却拉不住,有人惊恐地叫道,不好了,出大事了,老派被打死了,快跑呀,可是却没有一个人逃跑,围观的人群也惊慌失措地乱叫乱喊,没有远离,却纷纷拥近过来,没有人敢动,大家停止了殴斗,呆呆地看着小刘去扶起小纪来,小纪的后脑勺被打了一个大窟窿,血流如注,小刘的衣服很快被小纪的血染红了,小刘大声道,快打电话叫救护车,人群一片寂静,有人问,救护车怎么叫,有人说,打"110",也有说打"119",也有的说是"114",一片混乱,小刘抱着小纪,喊道,小纪,小纪,你醒醒,小纪小纪,小纪慢慢地睁开眼睛,小纪看了看小刘,又看了看周围围着的人,再看看夜空,小纪说,小刘,刚才报案的事情,你别忘记,看怎么处理,小刘说,什么,小纪说,刚才不是来了三个人,报案,一个老师走失了,我做了记录,在桌子上放着,小刘说,你放心,我会办的,小纪笑笑,血顺着脑袋往下淌,大家都是很惊慌,只有小纪自己一点不知道,他笑着,道,我想想也是奇怪,一个老师,带着学生扫墓,学生不走失,老师倒走失了,小刘看小纪有点喘,小刘说,小纪,你别说了,小纪道,没事,我没事,我是觉得奇怪,到后来,不知是个什么样的故事呢,小刘道,你别说了,小纪却仍然说,小纪说,我们的案子多的是,故事也多的是,这个走失案,也不见得会超出那几种原因吧,也不见得会有什么特别的意思吧,小刘担心地看着小纪,说,大概没有吧,小纪正要再说什么,救护车的呜呜声传来了,小刘说,救护车来了,大家帮着抬小纪上车,一切都进行得非常快,无声无息,车子开动时,一震,小纪又有些迷糊,嘴里仍然嘟嘟囔囔,道,小刘,别忘了那个老师的走失案。

七

保平站在村头的大树下,天下着雨,已是下午,保平没有看到村里人出来溜达,保平沿着小路慢慢地往前走,保平终于看到有人在房子门口朝他张望了一下,保平觉得那个人的脸很熟,保平停下来,向他笑了一下,保平想起来,他是赤脚医生水泉,保平说,水泉,你还记得我吗?水泉道,怎么不记得,怎么会忘记,不会的,你胃穿孔,差点死在进城的船上,是我救的你呢,保平说,真是,救命恩人呀,水泉你好吧,水泉说,好也好不到哪里,差也差不到哪里,就这样,保平说,看你还是老样子,水泉说,你也没怎么变,一回我在城里碰到张忠,可是不认得了,变化大了,你倒还好,我认得出你,保平说,你还在合作医疗站?水泉说,还做做,不过现在不像从前了,从前独此一家,现在看病的地方多,不一定找我,也罢,清闲些,养养老了,保平道,你怎么老呢,早着呢,水泉道,也不早了,也快了,保平说,时间是过得很快,村里的人都好吧,水泉说,好的好,不好的也不怎么好,也有的走了,也有的死了,保平说,有谁死了,最近有人死吗?水泉道,死人的事情常常有,你们在那时的一些老人,如今当然是更老了,一个接一个地走,不急不忙,但速度也不慢,最近呢,最近有谁死了吗,保平想到了他的梦，梦里的那口棺材，也许暗示着村上的什么人，和保平有密切关系的人死了，保平看着水泉，水泉说，最近没有人死，水泉想了想，又说，最近确实没有什么丧事，没有，保平想，那就是说和我的梦没有关系，那么我是为什么而来呢，天色渐渐地有些暗了，水泉看看手表，说，时间差不多了，你可以去了，保平看着水泉，什么，保平说，你说什么，水泉也看看保平，有些不明白，什么什么，我说时间差不多了，你看看表，保平看了一下表，四点五十分，保平说，四点五十分，什么时间差不多，水泉说，你说什么时间呢，保平说，我不知道什么时间，水泉似有些不高兴，水泉说，保平你怎么呢，喝喜酒就喝喜酒，有什么不好意思，我说喝喜酒的时间，是不是差不多了，保平说，谁家的喜事？今天谁家办喜事？水泉奇怪地看着保平，保平，你不是来喝喜酒的，你不知道今天谁家办喜酒？保平摇了摇头，水泉说，那你今天来村里做什么呢，保平再次摇摇头，我不知道我来做什么，保平想，但是他没有说，他若说了水泉也许会害怕，以为他得了精神分裂症呢，保平问水泉，谁家办喜事，水泉说，是红妹，本来是在五月一号的，红妹的奶奶到时候了，想冲一冲喜，就提前办了，就在今天，保平你真的不是请来喝喜酒的？保平说，不是的，水泉点点头，又说，不管怎么说，红妹的喜酒你还是应该喝的，保平说，为什么，水泉古怪地一笑，你自己说呢，水泉的老婆走出来，站在水泉背后，看着保平，谁呀，说了半天话，怎么不进屋坐，水泉说是保平，水泉的老婆说，是保平呀，来喝喜酒是吧，水泉说，他说不是，他说不知道红妹结婚，水泉老婆笑道，保平也变了，从前保平是老老实实的，现在也变了，保平说，我变了吗，我哪里变了，水泉老婆说，反正你变了，好了好了，去吧，去迟了，红妹知道你和我们说话耽搁，要怪我们的，水泉和老婆一起进屋去，保平站着看他们关上门，保平有一种奇怪的感觉，保平感觉到自己好像不是从这个地方离开了二十年没有回来过一次的一个人，好像这二十年来，他仍然每天生活在这里，并没有离开过，保平正为自己的这种感觉奇怪，突然听到不远处响起了鞭炮声，有人急急地走过来，并没有注意到站在一边的保平，上前便敲水泉的门，水泉出来，问，怎么样？来人道，奶奶去了，水泉说，去了，来人说，鞭炮一放，就去了，都在计划中的，水泉说，你先走，我这就去，来人又匆匆离去，保平看着他的背影，突然想，我的梦，难道就是预示红妹奶奶的死吗，梦中的那一口棺材，是留给红妹奶奶的吗，保平觉得有些不可理喻，红妹以及红妹一家包括红妹奶奶，和村里别的农民比起来，对于当年的插青并没有什么特别的关系。

保平在村头站了很久，他看见水泉急冲冲地向村里走去，过一会儿水泉的老婆也去了，保平想了又想，他最终还是没有向着一幢幢新造的房子走去，他从相反的方向，走向另一头，这是一条很窄的小路，通往村里的老坟地，只是保平不知道现在的老坟还在不在，保平印象中，他在乡下的时候，就已经开始把坟头扒了种田，现在怕是派了更多的用场了，但不管怎么样，保平觉得自己想到坟头上看一看，保平想这和我的梦也许有些关系，我梦见有人死了，死人总是和坟地相连的。

保平走上通往坟地的小路，迎面过来一个孩子，保平走到孩子身边时，孩子停下来，侧身让了一下，保平说，你好，你是湾头村的孩子吧，孩子点点头，孩子看看保平，说，你是谁，你不是我们村的人，保平说，现在可以这么说，不过从前我就是这个村的人，不过从前，还没有你，所以你不认得我，我叫保平，孩子说，保平，我是不认得你，保平说，不过你爸爸妈妈肯定知道我，你是谁家的孩子，孩子说，我爸爸妈妈认不认识你和我没有关系，我不认识你，我不知道你是谁，保平笑起来，保平说，你这个孩子还挺顶真的，你从哪里来，你要到哪里去？孩子说，我回村里去，我刚从我妈妈的坟地上来，今天是清明，我去给妈妈扫墓，保平说，你妈妈是谁？孩子说，我不知道我妈妈是谁，我爸爸说，我生下来的时候，我妈妈就死了，一直埋在这里，我每年都来给我妈妈扫墓，保平说，你妈叫什么名字你不知道吗，你爸爸没有告诉过？孩子说，我爸爸告诉我，我妈妈是插青，她死了，保平心里突地一跳，孩子问道，你知道什么是插青吗，保平说，我就是插青，孩子笑了，说，你骗我，我爸爸说，插青都在很远很远的地方，保平心里又震动了一下，保平看着孩子清晰明亮的眼睛，保平说，你能不能带我到你妈妈坟上去看看，你再去一趟，好不好？孩子说，好，我带你去，孩子往前走，保平跟在后面，他们一起走到了坟地。

  天色渐渐暗下来，孩子指着一块石碑告诉保平，那就是我妈妈，保平借着微弱的光亮，看到石碑上刻着一行字，这是一个陌生的名字，保平不记得在这一带的村子里有这么一个插青，保平想，也许是从别的地方来的插青，也许是我们回城以后才来的，保平看着孩子，保平自言自语地说，你妈妈，就睡在这地底下，孩子却摇了摇头，说，其实，我知道我妈妈不在这地底下，这下面是空的，保平吓了一跳，保平说，你说什么，孩子说，我妈妈不在这底下，这底下是空的。

保平重复了一遍孩子的话，空的？

孩子坚信不移地点头，空的。

保平醒来时，发现自己睡在烈士陵园的玻璃暖房里，外面仍然下着小雨，春寒逼人，暖房遮风挡雨，暖气沁人，保平怎么也想不起来，自己是怎么睡到这地方来的。

保平走出来，迎面碰上一队扫墓的小学生。

平凡的爱情

一

在县城里有一些头面人物这是正常的，比如有权的，像县委领导的子女吧，总是蛮神气；或者是有钱的，地方首富、二富、三富之类，也是很光彩的。现在不像从前，谁穷谁光荣，现在是谁有钱谁是老大的时代。再或者，爹妈给的相貌，长得好的，男的潇洒，女的美妙，成为县城里异性的追逐对象，大家都能叫得出他们的名字，并且能够把许多风流韵事和他们的名字联系在一起，也是蛮有滋味的，再有，凭拳头蛮横不讲理一碰就动武成为地方一霸的，这样的人现在你也惹不起他，也算他是个头面人物了，这种人三教九流，县委书记、公安局长、小流氓他个个认得，当然也就是在小县城里，这些头面人物还算个人物，若是拿到外面大地方去真是算不得什么，山外有山天外有天，这道理大家都知道，何况现在外面的人常说到了北京方知官有多小，到了东北方知酒量有多孬，到了深圳方知钱有多少，到了海南方知身体有多不好，这样的民谣全国各地到处有人唱，挂在嘴上一串一串的。

贾经理在县城里大家承认她是一个人物，是县城里最早下海并且最早富起来的人物之一，在一般老百姓的心里，想女人下海多半是要靠一靠自己的色相罢了，老百姓现在对这样的事情也都习惯了，认为这也是正常的，男人凭自己的本事做事情，女人也凭自己的本事做事情，那么女人的色相，又是上天送给你的好东西，你不用白不用，不靠白不靠。

但是贾经理却不是这样，贾经理名叫贾玉珍，今年五十八岁，下海那年也已经四十好几，贾经理又不是那种徐娘半老风韵犹存的女人，她在年轻时就长得一般化，上了年纪更是人老珠黄，看起来实在没有什么能够从性别上去吸引异性的优势，但是贾经理照样把生意做得火红，做得叫那些精明过人的男人们看了都不明白贾经理是怎么做的。

那么贾经理到底是怎么做的呢？这倒也没有谁去问过贾经理，贾经理自己也未必有写一本《女人经商指南》之类的书的念头，好像大家更多的关注是在已经富起来的贾经理以及她的一家，而不在于她是怎么富起来的。

贾经理下海之前在县供销社工作，最早是在供销社的门市部上做营业员，后来进步到科室里做会计，再后来做了供销社的副领导。在贾经理做供销社副主任的时候，供销社的正主任年纪也已经不小了,和贾经理相处得也不错,大家以为贾副主任做正主任的事情是迟早的,迟也迟不到哪里,最多迟到现在的正主任退休,可是就在这时候,贾经理下海了,她还没到退休年龄,却退了职,自己一个人成立了一个叫作兴吴纺织品公司的单位,自任经理,那时候还不能叫总经理,因为她的公司还没有具备称总公司的条件。

贾经理的公司主要是做纺织品的贸易,也就是打听到谁家有什么纺织品,价格是她可以接受的,就买下,再打听到谁家需要这一种纺织品,而买进的价格呢,也是她盘算中的,就这样,一进一出,她就来钱了,也或者贾经理先知道了谁谁谁家需要什么什么纺织品再去进货,也就是先联系下家再联系上家,这种方法对贾经理也很合适,所以贾经理做生意看起来简直简单极了,易如反掌。可是,你去试试呢,叫你焦头烂额,人家愿意卖给你,你却嫌他太贵,人家愿意买你的,你又嫌人家出价太低,一进一出,你出了大力费了大神,还牺牲了好多人情关系,最后却不来钱,帮了你的忙的朋友却都以为你这一票赚大了,也不向他们表示表示,觉得你太不够哥们儿,太不讲义气,他们要的并不是钱,只是朋友与朋友间的交情而已。他们开始在背后议论你,认为你怎么的不地道,这时候你哭笑不得,你向朋友解释说我这一笔生意差点赔了,真是没来什么钱,他们却不大相信你了,你钱也没有来,却失去了朋友的信任,真是有点得不偿失的意思。

许多人下海下得上不上下不下的,苦不堪言,但是贾经理却如鱼得水,不出几年,贾经理就是县城里屈指可数的富婆了。贾经理并没有躺在自己的成绩上停滞不前,她一如既往,继续努力做生意,这使她的生意越来越兴旺。这期间,贾经理的大儿子阿康高中毕业了，分配到县城里一个一般性的单位，效益也不好，他争取念了两年电大，想有个转机，调个效益好一点的单位，可是转机一直没有来，而贾经理的生意却做大起来，急需要可靠的人来做帮手，贾经理对阿康说，阿康呀，不要抱住那个吃不饱的铁饭碗了，跟妈一起做吧，做得好，以后，妈老了，事业就是你的。

阿康很听母亲的话，这和母亲的能干也是有关系的，再说阿康也是个有志的青年，在年轻时总是有很多美好远大的理想，他看到了兴吴纺织品公司的未来，所以阿康就毅然决然地向母亲学习，辞了公职，做了兴吴公司的副经理。

阿康的性格和贾经理不大相同，是属于内向型的，但是他有他的长处，遇事沉着冷静，眼光也比较远大，这样阿康和贾经理母子配合得恰到好处，取长补短，相得益彰。

贾经理的家庭也是一个很好的家庭。从前在贾经理没有下海的时候，就一直被居委会或者别的什么部门评为五好家庭的，贾经理下海以后，有人以为一个人家突然改变了生活轨道，有了钱，说不定家庭就会发生什么变化。这种担心也不是凭空的，也是看了许多人家的变化才有的。但是十多年过去了贾经理的家庭仍然如故，和和睦睦。贾经理虽然自己很繁忙，但是家里的事情有时间做的还是她做，她还有一个高龄的老婆婆，和他们住在一起，逢人就说贾经理是个好媳妇。贾经理的丈夫是个老实人，也是个没有什么是非的人物。再就是贾经理的两个儿子阿康和阿兵，阿康稳重，阿兵活泼些，但是在工作的选择上两个人正好选择与自己的性格不太吻合的工作，阿康做生意，而阿兵从职大毕业后，就进了机关，贾经理在两个儿子结婚之前，一再教育儿子找媳妇要找贤惠的，要找孝顺的，这是贾经理择媳的重要条件，这可以看出贾经理虽然做生意做得很开放，但是在某些问题上还是蛮传统蛮保守的呢。

阿康的对象是阿康高中的同学，叫吴秀云，在县城里虽然不敢说是最美的一个，但确实是个漂亮姑娘。也是同学啦，或者是县城里青年常常拿来挂在嘴上说说的人物。阿康刚开始对秀云有意思的时候，并不敢告诉谁，后来发现秀云也和他有相同的意思，阿康就激动起来了。但那时候还都在学校里，也不敢告诉谁，只是两人心里偷偷地喜欢着，反正在一个班级，每天都能见面，倒也考验不出什么特别的感觉。等到高中毕了业，都参加了工作，不在一处了，那种思念，那种挂记，便考验出真正的爱来了。他们开始约会，一约了会，家里就会发现情况，下了班怎么不直接回家呢，晚上出去到哪里去呢，阿康就把事情告诉了母亲，贾经理呢，按照她的传统的想法，并不希望儿子娶很漂亮的媳妇，老思想总是有点问题，觉得女人太漂亮总不是件好事情，就算她自己很争气，永远也不做红杏出墙的事情，但是古来常说红颜薄命，这多不好，所以认为女人的长相只要说得过去就行，不要太出众才好，但是贾经理也没有马上说出自己的反对意见，她对阿康说，阿康，既然你们双方都有这样的意思，几时领回家来看看。

阿康就把秀云带回家来，贾经理和秀云谈了谈，还是满意的，特别是秀云不仅自己正在考电大，也鼓励阿康再念点书，这一点贾经理很喜欢，很看得中，秀云走后，阿康也看出母亲对秀云是满意的，阿康一高兴，就和母亲开玩笑，说，妈你不是认为女人不能太漂亮嘛，贾经理说，漂亮和漂亮是不相同的，同样是一个漂亮姑娘，她们之间的差别可能会很大的，秀云是漂亮的，可是她漂亮里没有妖气,没有怪气,只有正气,这是很难得的。

再问父亲的意见,那是没得说,老公公见儿媳妇,不好也是好的,老太太也在一边赞扬,说这个姑娘长相好,下巴圆圆的,说明她的一生会很圆满。

这样贾经理一家人基本上是将秀云认可了,从这以后的一段日子,阿康和秀云一同上电大,相亲相爱,两个家庭也互相来往。秀云的家庭和贾经理家也是门当户对的,秀云父母都是县城里机关干部,从钱财上讲当然是比不过贾经理家,但是多少有点地位,也算扯平了。

阿康和秀云电大毕业以后,秀云仍然在原单位工作,阿康呢,辞职下海了。关于阿康下海的问题,也曾经和秀云商量过,秀云说,妈叫你下海,你就听妈的,妈的话是对的。秀云对贾经理的印象很好,贾经理对秀云也很亲热,贾经理说,我只有两个儿子,没有女儿,你就像我的女儿一样。秀云很感激这个未来的婆婆,心想以后不管碰到什么样的事情,我都要对婆婆好。

阿康下海一年,一切都上路了,他们开始筹备婚事,却出了一件事情。

这时候贾经理的公司比从前已经扩大了许多,生意往来频繁,已经不可能只由贾经理和阿康母子两人做了,贾经理就开始雇人,雇人当然要雇优秀的人,经过贾经理挑选的人大都是很优秀的,即使开始的时候他们还不很优秀,但是一到贾经理的公司,跟着贾经理做事,耳濡目染,很快就被贾经理带出来,成为优秀的经商人才。在雇用的人中间,有个女孩子,大学生,学财经的,被雇来管理财务,人很聪明,事业心也强,不多几天,就将公司的财务搞得很熟,应付自如。贾经理很欣赏她的才干，就是这个大学生，来到公司不久，就暗暗恋上了阿康，在阿康和秀云准备办婚事的时候，大学生找到秀云那里，告诉秀云，她要和阿康结婚，她说只有她和阿康才是最相配的一对，秀云当时就傻了，掉下眼泪来，不知说什么，后来她连大学生说的话也听不见了，耳朵好像聋了，只是呆呆地看着大学生的嘴一张一张的。

晚上阿康照例来到秀云家，秀云的母亲说，秀云自下班以后就一直关在自己屋里，不肯出来，也听不到她在里边做什么，也没有哭声。阿康不知出了什么事，他很心疼秀云，在外面敲门，秀云只不开，阿康后来急了，说，秀云，我到底做错了什么事，你这么对待我？秀云仍然不吭声。

阿康拿她没有办法，回家告诉贾经理，贾经理也来到秀云家，她轻轻地敲了敲秀云的房门，轻轻地说，秀云，有什么事情，不能跟妈妈说吗？

秀云开了门让贾经理进去，她不肯告诉自己的母亲，却把事情告诉了贾经理。

贾经理将阿康叫回家，问了阿康，阿康说，冤枉呀，我根本不知道有这回事情，贾经理说，那么大学生有没有向你表示过什么？阿康想了半天，他也没有想出有些什么超出工作的事情发生，他摇头，痛苦起来，贾经理说，既然是大学生单方面的事情，你就去和她说清楚，既然你和大学生没有什么事，那么你和秀云的婚事这个月就办了吧，阿康说好，我这就去找大学生说话。

阿康去找大学生，问她说，你怎么想得出来，你怎么能够去找秀云说那样的话，大学生说，我爱你，阿康说，可是我不爱你呀，我也根本不了解你,大学生说,你要是不和我结婚,我就死给你看,阿康听了她这话愣了一愣,说,我不能和你结婚,我只爱秀云一个人,我心里只有她,从前如此,现在如此,将来也永远如此,我决不会再爱上秀云以外的第二个女人,我不能和你结婚,大学生却笑起来,说,你真是个值得信赖的好男人,秀云找到你这样的男人,是她的福气,但是你不是我喜欢的那种男人,你没有男子气,这件事情,到此结束吧,就当我从来没有说过什么,也没有想过什么。

他们的这番对话,都被秀云听到了,秀云是贾经理叫来的,他们一起在隔壁房间听着,听到后来,秀云哭了,她想,阿康对我这么好,这么爱我,我一辈子也不会做对不起他的事情。

大学生虽然可以说过就算,但是贾经理觉得这样的人物放在自己公司,放在阿康身边,到底不是好事情,她想办法给大学生介绍了一个更好的工作,大学生走的时候,高高兴兴的。

阿康和秀云结婚了,经过大学生的这个事情,他们的心贴得更紧,双方都觉得对方是唯一,是永远,这世界上如果只有两个人是最相配的,那就是他们两个。

婚后不久,秀云就有了身孕,秀云的妊娠反应比较严重,贾经理和阿康都叫秀云不要再上班,请假在家里休息,秀云开始有些不好意思,想休息几天等反应轻一点就去上班的,哪知在家歇了一段时间,也就习惯了家里的闲适日子,早上也不必早早地爬起来赶去上班,白天也不必挤在同事之间的复杂的人际关系中闹来闹去,所以等反应轻些后,贾经理和阿康也没有再要她去上班的意思,觉得保住胎儿最重要,秀云就一直歇下来了,到了一定的时候,单位来说再不上班就要停发工资,钱的问题对秀云来说也不成为问题,仍然歇着，再过一段单位又说，再不上班不光工资不能再发，名也要除掉了，又说倒不是存心和贾经理过不去，主要是单位其他人反映大，说她吴秀云怀孕能歇这么久，我们怀孕为什么不能歇，如果每一个女同志怀孕都像秀云那样休息，单位还像什么单位，贾经理也是通情达理的，说，既然这样，就叫秀云自动退了职吧，把孩子平平安安生下来，再带大些，现在的生活条件都好了，也不必太苦了自己，到时候，愿意在自己公司里做做事情也行，再想办法物色单位也行。

秀云就一直待家里，到孩子出生，又带孩子，家里也请了保姆，所以秀云的负担也不重，这期间阿康对秀云一如既往，恩爱有加，有时候秀云也难免担心，阿康在外面做生意越做越好，难免会有像那个大学生那样或者其他各种各样的女孩子主动进攻，秀云自己老是待在家里，阿康会不会厌烦她？这样的话秀云一般不好意思说出来，但是有时候阿康回来晚了，秀云忍不住也会问问阿康，阿康就笑，疼爱地拍拍她的脸颊，说，我早就说过，我心里只有一个人，从前如此，现在如此，将来永远如此，秀云心里万分感动，总是不敢相信自己能有这么好的运气，想到老太太第一次见面时说她下巴圆满，一生圆满的话。

小孩渐渐地大起来，不怎么烦人了，秀云也没再去物色什么新单位，就在自己家的公司里做事情，其实秀云做生意也蛮行的，她聪明，又肯钻研，吃得来苦，很快就熟悉了业务，成了贾经理和阿康的得力助手。

县城里的人都羡慕阿康这一对小夫妻，阿康和秀云简直要成为后来的年轻人的楷模了。

但是事情并不是永远一帆风顺的，做生意的风险总是很大。有一年贾经理出发到广东去谈一桩比较大的生意，时间稍长些，贾经理出门期间，就由阿康代理经理的职位，一切进出由阿康做主，那几天阿康得到可靠的行情分析情报，涤纶丝在近期大幅度上涨，如果能在上涨之前，大量购进涤纶丝，不出多久，一转手就是钱。

阿康虽然生性比较谨慎，但面对大好的生意机会也是不会放过的，他和秀云再三商量，秀云也同意他的意见，于是他们在短短的时间里购进了大批涤纶丝，暂时压在仓库里，等着上涨，却不料一等没有动静，二等没有动静，再等，就感觉到事情不大对了，等他们最后确认行情时，涤纶丝已经大幅度下跌，一直跌到公司无法承受的水平，还没有刹住下滑的车。

再有实力的公司也不堪这么大的打击，此时贾经理还在广东没有知道具体情况，阿康走投无路，情绪低沉，夜里在床上辗转反侧，唉声叹气，说，想不到我这么浑，妈一出门我就出这么大的纰漏。秀云说，这不能怪你，我也认为我们应该进这批货，我想，即使妈在，想法也会和我们一样的。阿康痛苦地揪自己的头发，说，妈常常说，做生意总是有亏有赚，可是我这一亏，亏得再也没有可能让我去赚了呀，妈十年的努力，在我手里一夜就泡汤了。阿康越想越难过，在半夜里就跑了出去，秀云在后面追，一会儿就追不上他了，眼看着阿康消失在黑暗中。

秀云也不知道阿康会怎么样，她自己也慌了，乱了阵脚。正如阿康说的，做生意总是有亏有赚，但是这次亏得太惨了，还不仅是惨，简直就是全军覆没了，秀云在黑夜里看不到阿康的身影，心慌意乱，但是她没有往回走，她仍然一直往阿康消失的方向追着。

不知走了多少路，从县城走出来，一直走到城郊，终于秀云在一条河边看到有一个烟头在黑暗中一闪一闪，秀云胆战心惊地叫了一声阿康，没有回答，秀云鼓足勇气走过去，果然是阿康。

阿康盯着脚下隐隐约约闪着夜光的河水，向秀云说，秀云，你不用来找我。秀云过来紧紧抱住阿康，边哭着边说，阿康，阿康，我们还没有走到绝路。阿康说，怎么没有走到绝路，到绝路了。秀云说，阿康，你想，涤纶丝跌价的风是从南边刮过来的，刚刚刮到我们这一带，也许，往北边一点，还没有到跌价的时候，如果我们现在立即赶往东北去，也许能够将涤纶丝出手。阿康说，你说得方便轻巧，现在出发到东北去，找谁，到大街上卖涤纶丝？秀云说，我原先的单位里，有个人，叫建国，你也认得，他不是下海了吗？一跑就跑到东北做生意去了，那次回来，好像给了我个名片的。阿康的眼睛渐渐亮起来，他们一起赶回家，家里老老小小都已经安睡，秀云果然找到了建国的地址，简单地拿了几件换洗衣服就出门了，他们给家里留了个字条，说出门做生意去了，让家里人放心，好好带着孩子。

阿康和秀云租了一辆车连夜赶到市里，上了一列路过的长途火车，火车上满员，阿康和秀云找不到座位，只能一直站着，到快天亮的时候，秀云实在支持不住了，靠着阿康的肩膀睡了，阿康心里很难过，喃喃地说，秀云，我对不起你，秀云却没有睡死，睁开眼睛说，阿康，只要和你在一起，什么样的苦我都不觉得苦。阿康很感动。

他们及时赶到东北，将涤纶丝的事情解决了。

事后，阿康向秀云说，秀云，那天晚上，我在河边，胡思乱想呀，忽然就听到哪里有孩子的哭声，我一下子想到你和儿子，我才有勇气活下来。秀云和阿康自是抱头痛哭，庆幸没有出事，庆幸渡过了难关。阿康说，秀云，我永远永远爱你。秀云也说，阿康，我也永远永远爱你。

从这件事以后，阿康和秀云的情意更深，秀云每天在公司上班，常常看到有各种各样的女人向阿康表示各种各样的意思，也有长得特别漂亮的，又年轻，又有才能，秀云注意观察阿康的言行，秀云是比较放心的，凭女性的直觉，秀云觉得阿康对别的女人没有兴趣，没有心思。时间长了，周围的人也都能感觉到，他们对秀云说，秀云啊，你真是好福气，阿康心里果然只有一个你，现在像阿康这样的男人真是打着灯笼也找不到了呀。阿康若是听到这样的话，阿康就笑一笑，说，是的，我对别的女人永远也不会有兴趣，我永远也不会背叛与我患难与共的妻子，有秀云，才有我的今天。

贾经理家真是人心齐泰山移，事业越来越兴旺，他们家造起了县城里最漂亮的小别墅，买了车，再过些日子，贾经理对阿康说，阿康呀，你也跟着我做了好些年了，你有没有想法自己独立做点事情呢？阿康说，好的。于是就给阿康另外注册了一个公司，阿康和秀云从母亲的公司分出来，独立做事情了。

阿康和秀云不愧是贾经理带出来的，他们独立做公司，也一样做得兴旺，好像这一家人和财神爷是有亲属关系的，财神爷总是很关照他们。

就在贾经理一家财源茂盛合家欢乐的日子里，迎来了阿康的儿子十周岁的生日。

二

儿子是他们家的长子长孙，家里人人宝贝，十周岁的生日当然是要好好庆贺一番。儿子上三年级，聪明听话，成绩也好，老师喜欢，同学间也相处不错，一般说来聪明的孩子都不大肯听话，但是阿康的儿子不这样，他既聪明又听话，又有人说有钱人家的小孩子不懂事，任性的多，可是阿康的儿子很懂事，一点也不任性，有自制力，上了三年学，做了三年三好学生，人们都很奇怪怎么天下的好事情都让贾经理一家占去了呢。

十周岁的生日晚宴一共二十桌，放在县城最豪华的酒家，包了整个二楼的一个层面，气势宏大，县城里有头有脸的人物都一一请到了。被请的人，无论他的官有多大，无论他的钱有多多，无论他的事情有多忙，都准时来到豪华酒家，说，贾经理请我们，我们当然来。

二十桌坐得满满的，这也多少证明了贾经理在县城的人缘和关系，显示出贾经理生意兴旺的一个基本条件，每个桌上都放置着十个牌子，每个牌子上都写着来宾的姓名，这样客人一到，只要找到自己的名字就对号坐下，没有引起一丝丝的混乱，这种大场面搞活动常常会带来的混乱和种种麻烦，在贾经理家的宴会上没有发生。

客人到齐后，贾经理开始致祝酒词，贾经理的话说得很到位，所有的来客听了心里都很熨帖，贾经理真心诚意地向大家说，我们的生意能够有今天的成功，离不开在座的各位领导各位朋友的支持，在此，我借孙儿十周岁生日的机会，向大家表示诚挚的感谢。

贾经理说的是真心话，给孙子做生日晚会是个好机会，借这个机会把县城里方方面面的人物请到，联络感情，增加交流，为的是什么呢，当然是为了今后更好地做生意。

贾经理致过辞，高举起酒杯，一口干了杯中的酒。贾经理工作能力强，酒量也不小，人又豪爽，在她干杯的一刹那，许多人都为她鼓起掌来，更多的人也像贾经理那样，脖子一扬，头一昂，将自己的杯中酒一口干了，宴会的热烈的气氛开始走向高潮。

阿康和秀云的任务是挨桌子——向来宾敬酒，他们是小寿星的父母，小寿星自己不会喝酒，也不能向人敬酒，当然是由父母代敬。阿康的酒量好像是遗传了母亲因子，也能喝，秀云则一点不行，做生意来来往往请客吃饭是家常便饭，也总有人要灌秀云的酒，有的男人也不是出于坏意，但他看见女人喝酒就高兴，自己的酒量就会增大一倍甚至几倍，就像有的男人喜欢敬女士烟一样，看见女士吸着他为她点上的烟，比自己吸烟还惬意舒服，有的时候，女人在酒席上喝两杯酒，吸一根烟，其效果，比你千山万水千辛万苦说不定更好些呢，有的老板甚至会半开玩笑地和你说，你喝呀，喝下这杯，我就和你签下这张合同等等，所以秀云常常难逃这一关。开始的时候，为了做生意，为了推却不了的情面，她也喝一二杯酒，阿康怕她不行，想叫她别喝，可是秀云说，酒虽然是辣的，喝下去烧嗓子烧胃，但是总比做生意过程中的许多困难要容易对付得多吧，喝辣酒也不过是个勇气问题罢了，有勇气的，一咬牙，一吞，再高度数的酒也就下去了。基于如此的想法，秀云曾经硬逼着自己喝下酒去，也没难受到难以忍受的地步，但是很快秀云就知道自己即使有足够的勇气她也不能喝酒，因为她有严重的过敏症，喝一次酒，哪怕只喝一点点，一杯两杯，都不行，回家以后浑身就起出一个个奇痒无比的小红疙瘩，吃扑尔敏，吃息斯敏，吃什么抗过敏的药也不管用，少则折腾半个月，时间长的有时一个月也不肯退的。开始几次，秀云也没有想到酒精过敏，折腾得受不了了，到医院去看，医生问有没有什么过敏，都说没有，问有没有酒精过敏，秀云也没有在意，只说没有，如此三番五次地发作，待医生再问时，秀云才想起喝酒的缘故。医生说，行了，病源找到了，就是酒精过敏，像你这样的过敏体质，绝对不能再喝酒，秀云说，我也没有喝多少，我又没有多少酒量的，也是在场面上没有办法时应付一下，只喝一点点。医生板脸说，一点点也不能喝，一口也不能喝，一滴也不能喝。从此秀云和酒彻底告别。有时候，她看阿康被敬酒人和闹酒人围追得无处躲藏苦不堪言，实在忍耐不住，刚要挺身而出时，便被阿康坚决阻挡，阿康说，想想吧，想想你夜里痒得睡不着觉白天不得安神的滋味，你还喝？秀云不喝了，让阿康独当一面，秀云常常为自己在这方面帮不了阿康而深感遗憾，内心不安，说，要是我能喝酒就好了，阿康笑着说，你能喝也不让你喝，生意场上，男人不来事，才叫女人帮忙，你是不是以为我不行了，秀云也笑了。

　　在儿子十周岁的酒宴上，阿康和秀云一桌子一桌子地向来宾敬酒，来宾当然有各种各样的人物，有的随和，你来敬他，他就喝了，干杯，你干不干杯，他对你没有过分的要求，也有的人呢，自己也是愿意干杯的，但是希望你敬酒的人自己先干了，再有的人呢，自己是不干杯的，最多装模作样地抿一口，却是缠着你敬酒的人，说，你既然敬酒，就要喝掉，表示敬意呀，你敬酒的不干杯，这是半心半意，我们被敬的人心里也不高兴的呀，或者说，你刚才敬谁谁谁你都干的,我看得清清楚楚,你现在来敬我你倒不肯干了,你是把我和他不一样对付啦,如此的话,在酒桌上可以说很多很多,酒量大的敬酒者,或者敬酒任务不重的敬酒者,或者脾气直爽的敬酒者,听了这话,多半再无二话,头一仰,就干了杯,但是敬酒者的情况也是各不相同,也有敬酒者明明是不能喝酒的,但是出于需要也来敬酒,这时候你叫他干杯,他就为难了,也有的敬酒者虽然自己有些酒量,能抵挡一阵,但是因为敬酒任务过重,敬酒对象太多,若和每一个被敬对象都干杯,那是万万做不到的,碰到这样的情况,或者呢,就自己赖皮,死活不喝,敬呢是要敬的,我自己呢是干不了杯的,被敬的你呢,最好是你喝下去,如果你不肯喝呢,我也没有办法,也或者,就请人代敬,比如有些结婚喜宴上,伴郎伴娘代新郎新娘敬酒就是这样,现在的阿康呢,几桌酒敬下来,有闹酒的,也有文静些体谅些不闹的,但是酒也没有少喝,转到国平他们这一桌,阿康已经有了几分醉意了。

  国平也是县城里的一个知名人物,他是一家承包大厂的厂长,成功的青年企业家,那生意当然要比贾经理阿康他们的个体公司大得多,也气派得多,但是他是集体的厂长,他拥有的资产实力呢,就比较难说,理论上呢,肯定是公家的,作为厂长,他只是拿自己该拿的一份工资和一份奖金,但事实上呢,只要国平继续做一天厂长,支配权都是他的,所以对于国平这样的人物,他的钱啦,他的力量啦,就看你怎么想他。国平和阿康差不多年纪,但是性格和阿康不太一样,比较张扬,当然张扬也和他的比较大的事业有关系,如果国平只是一个小小的烟杂店的小老板,他的张扬就要小得多,也有人看不惯国平的张扬,觉得张扬的人事业做不长的,可是国平的厂偏偏越搞越兴旺,在别的厂都不景气的情况下,国平的厂年年进步。

在国平这一桌上除了国平其他人也都是县城里年轻一辈中的佼佼者,以国平为首,其实是五个人,因为每人都带了他们的妻子,这种家宴性质的宴请,总是请夫妻两人,如果这种场合,谁不带妻子出场,县城里人会议论的,当然年轻的企业家和老板们也不见得怕别人议论,但是也不愿意无端地被别人当作下饭小菜嚼来嚼去,所以都将妻子带了来,妻子们的穿着打扮什么,也都是经过精心考虑的,如果丈夫愿意替她们做参谋,当然是最好,但是企业家和老板一般没有时间也没有心思告诉妻子她们最好怎么打扮自己,妻子们也都习以为常,她们自己有水平也有能力把自己打扮得很得体,跟着有头有脸的丈夫来到了阿康的宴席上。

阿康和秀云来到这一桌时,国平也已经喝了不少,似醉非醉的样子,看起来是要把阿康秀云他们揪住一回的。

阿康过来,说,我这一杯,敬这一桌的哥们和嫂们。

国平说,你在那边桌上,可是一个一个挨着敬的呀,我一一都看在眼里的啊。

阿康舌头也有点大了,说,不来事了,不来事了,我已经不来事了。

秀云也说,就让他少喝一点吧,他已经喝多了,这么多桌,一桌一桌敬下来。

国平说,也行,本来呢,我的意思,阿康你到我们这一桌已经迟了,态度已经不好,应该罚酒的,至少一人三杯,既然秀云求情,看秀云面子,你一人敬我们一杯,够意思了吧。

阿康说，不来事了，不来事了，再这十杯下去，我肯定灌倒了。

秀云呢就眼巴巴地盯着国平看，这一桌，主要是国平说了算，国平呢，笑了一笑，又退让了，说，那就减半，女士你别敬了，我们五个男的，你一人一杯。

另一个人插嘴说，也就是说，我们五对夫妻，一对夫妻你敬一杯。

国平说，也对，这你总可以接受了吧。

阿康暗暗估量了一下自己的酒量和已经达到的酒意，觉得五杯也不行了，僵持着。

国平的脸就有些不太好看，说，你实在不肯喝，秀云喝。

阿康说，秀云不能喝，她过敏，你们都晓得的。

国平说，既然你晓得秀云不能喝，你就喝，要不然，我们就要怀疑你请我们来做什么的，是戏弄我们呀。

到这样的时候，阿康就不能不喝了，以阿康这样的性格，是最怕对不起别人，最怕弄得别人不高兴的，所以就算杯里有毒药，阿康也是要喝的了，阿康说，好，我喝，五杯，你们替我倒满五杯，我喝。

国平高兴起来，把五只杯子排好，一一加满酒，阿康喝一杯，大家叫一声好，声音极响亮，引得别桌的人都往这边看，说，是国平在那边闹。

阿康再喝一杯，大家又是一声叫好，阿康两眼通红，脸色呢，已经红过一阵，现在开始转青，秀云心疼坏了，抢过第三杯酒要喝，阿康去夺，酒泼了出来，洒了一半，国平说，不行，不行，半杯子酒，重新加满，重新加满，立即再往杯子里加酒，嘴里还催着，喝呀喝呀，你们夫妻到底谁喝呀。

其他一桌子的人，包括邻近几个桌的人都笑着看热闹，一时没有谁说话，阿康和秀云仍然执着那只第二次加满的酒杯，相持不下，这时候，有人说话了，是国平的妻子艾珠。

在精心打扮的五位妻子中间，艾珠最不显眼，她人有些瘦弱，穿着打扮也比较普通，不怎么说话，和国平的性格有些反差，她说话的声音也不响亮，但是因为这是她坐到阿康家的宴席上第一次开口，所以大家都静下来，听她说话，她说，别再逼阿康了吧，阿康不能喝了，秀云也不能喝，一边说，一边轻轻地将那只酒杯从阿康和秀云的手里取了出来，放到桌上。

艾珠稍稍有点让国平下不了台，国平很不高兴，说，我们难得在一起热闹的，你算什么呢，算你好心肠，你善良，我们都是狠心人，坏人，看人家好戏的人？

艾珠说，闹酒也不是什么坏事情，但是也要看实际情况，你看阿康，脸都发青了。

国平说，阿康脸发青，轮得到你心疼？小心秀云扇你。

大家哄堂大笑。

阿康有些尴尬，秀云却感激地看着艾珠，国平在厂里甚至在县里，许多事情都是他说了算，没有人打回票的，今天只是几杯酒的事情，自己的意见，被一改再改已经有点意气，又冒出个自己老婆替人家说话，一股意气涌上心来，也不管谁是谁了，向艾珠说，还有这三杯酒，今天是一定要喝下去的，你心疼阿康，你替他喝也行。

大家又笑了，哪有叫自己妻子代人家男人酒的，都以为艾珠不会理睬国平，谁知艾珠一声不吭，就抓起一个酒杯一口喝了下去，国平"哎"了一声，还没有来得及说话，第二杯又下去了，轮到大家惊讶了，艾珠在取第三杯酒时，被阿康死死抓住，两个人的手死死地搅在一起，阿康在慌乱之中，感觉到艾珠的手冰凉冰凉的，阿康心里忽然像被什么东西牵动了一下，不能这样，阿康说，不能这样。

再下去也不知事情会发展成怎么样，国平突然笑了起来，说，算了算了，这杯酒我代阿康喝了，阿康一听这话，真是有些急了，用力一夺，一甩手的时候，把瘦小的艾珠拉了个趔趄，阿康着急，又要去扶住艾珠，又要夺了酒杯来自己喝下这最后的一杯酒，弄得手忙脚乱，很狼狈，不如国平沉得住气，国平抓到了最后的这一杯酒，喝了下去，大家有些尴尬，国平却笑着指指餐厅门口。

这时候宴会已经进入尾声，其他桌上有些年纪大的，不胜酒力的都开始起身告辞，贾经理和阿兵到餐厅门口送客，国平说，怎么，阿康，今天的好日子也不安排一次舞会？

阿康还没有完全从斗酒的气氛中脱出来，有些发愣，秀云连忙说，你们想跳舞？当然安排，当然安排。说着就跑到贾经理跟前和贾经理说了，贾经理听了，便向这边桌上笑，贾经理是高兴的，出钱请人吃饭的，一般都希望能够热闹起来，酒是越多越好，喝过酒跳舞更好，说明大家把他们的宴会放在心上，当回事情，只怕你辛辛苦苦出钱出力请了人吃，人家吃得冷冷清清，一声不吭地开路走人，这是最叫人伤心失落的了。所以贾经理知道有人意犹未尽，很高兴，大声说，有舞会，愿意跳舞的到四楼，四楼的舞厅今天我们包了。

一些想走的人都退了回来，坐下来，等着，贾经理和阿兵赶紧上四楼联系，其实四楼的舞厅贾经理事先并没有包场，这时候已经对外开放，贾经理并未预料有人喝过酒想跳舞，现在突然来联系包场，舞厅当然是愿意有人来包场的，而且来的是贾经理，出手不会小，但是已经进舞厅的散客却也不好赶他们走，舞厅经理向贾经理一说，贾经理说，这好办，散客也算我们的客人就是，他们的门票钱，一会儿你退还他们，他们的饮料什么也算在我们头上，舞厅经理自然高兴，去和进来的几个散客打招呼，散客能够不出钱享受一场，也是愿意的。

阿兵赶紧下楼招呼大家进舞厅，坐下，上饮料，上高档的小吃做零嘴，舞曲响起来，脚痒的就抢着下舞池了。

因为孩子要睡，秀云要带孩子回去，阿康说，我也不想去跳舞，可是秀云说，你不能不去，你要去的，阿康，你就辛苦一点吧，贾经理也认为阿康夫妻两人至少得有一个人陪着客人，否则像国平那样个计较人，臭嘴，又要有话说，阿康便把秀云和孩子送上车，自己上了四楼。

阿康进舞厅的时候，大部分人都在跳舞，少数人坐着说话，虽然有舞曲声，但是给人的感觉蛮安静的，光线比较暗，阿康随意找个位子坐下，坐下后，才发现坐在艾珠旁边，艾珠见阿康坐下，说，阿康，你喝口水，今天够累的，阿康说，还好，停了停，又说，艾珠，不好意思，叫你代酒，艾珠笑了一下，在暗淡的光线中眼睛闪烁着。

下一曲的时候，阿康想请艾珠跳，可是心里很慌，他不怎么会跳舞，如果是和自己很熟悉的舞伴，勉强走几步还可以，一旦碰到不怎么熟悉的人，就会乱了阵脚，他向艾珠说，艾珠，我，我不太会跳的，但是不请你又不好意思。

艾珠说，我们跳过一次舞的。

阿康不好意思，说，我倒忘记了。

艾珠说，好像是在昌华公司开张那次。

阿康一只手握住艾珠的手，艾珠的手冰凉的，又细小，阿康心里又触动了一下，有什么东西在搅动，也说不清那是什么，另一只手去搂了艾珠的腰，就有一种很特殊的感觉，艾珠瘦，弱小，身体很轻，走舞步的时候，轻盈得像一片羽毛，一张树叶，阿康便是搂着一片羽毛一张树叶跳舞，根本用不着费一点点精力，你走到哪里，她就跟着你飘到哪里，阿康平时跳舞怕带不好舞伴怕踩着舞伴的脚的那种紧张心情自然而然就没有了，那是一片羽毛一张树叶，根本就没有脚可让你踩的，也有的时候，舞伴的水平特别高，充满主导意识，男的带起来就有些别扭，你要东，她偏偏觉得往西更好，但是艾珠却不是这样，她的舞跳得非常好，但是没有什么主观意志，完全是以阿康为主，并且又对阿康的意思把握得十分准确，所以，始终认为自己没有跳舞才能的阿康，这时候竟然也有了翩翩起舞的享受。

停下来的时候，阿康说，艾珠，你很轻。

艾珠摸摸自己的脸，说，我瘦。

阿康关切地看看她，你身体怎么样？

艾珠说，还好，也没有什么病，就是吃了不长肉。

阿康笑了一个，说，这正好，现在别人都一心想减肥，你反正不愁。

艾珠说，我最好能够再胖一点，停一停，笑，又说，人就是这样，胖了想瘦，瘦了又想胖。

阿康看看舞场里，没有看到国平，向艾珠说，咦，国平呢？

艾珠说，大概打牌去了吧。

阿康说，不是他提出来要跳舞的么？

艾珠说，他哪里喜欢跳舞。

阿康说，你喜欢跳舞？

艾珠说，我也说不上喜欢。

阿康说，我本来真是不大会跳的，常常要踩人家的脚，今天你带得好。

艾珠说，哪有这事，总是男带女，哪有女带男的。

阿康说，那我和别人跳总是找不到感觉，和你跳，就觉得自己有点味道了。

艾珠说，那是我们配合得好。

一直跳到很晚，阿康基本上没有请别的人跳，一直和艾珠做伴，艾珠跳得有点累了，但是手仍然是冰凉的，阿康便忍不住想把那冰凉的细弱的手焐暖过来，将手握得紧，更紧，艾珠也有些轻微的让阿康能够感觉到的却又不是太明显的回应，冰凉的手在阿康温暖有力的大手掌中微微伸动着。

阿康还想说什么，一时却找不到下文，愣着，觉得心里的什么东西搅动得更厉害些了，有些发慌，竟然不敢正面去看艾珠的眼睛。

回到家，秀云还没有睡，炖了汤焐着，见阿康回来，便把汤取出来，让阿康喝，阿康喝不下去，秀云说，你太累了，喝点汤补一补，阿康说，我酒喝多了，实在喝不下汤了，秀云也没有再劝，就把汤端走，回过来向阿康看看，问阿康晚上的活动顺利不顺利，有没有人不高兴，阿康说，没有人不高兴，蛮好的，大家都很尽兴，秀云说，这就好，我等你一直不回来，我还以为国平心里不开心，找什么岔子呢，没有，阿康说，国平一会儿就走了，秀云松了一口气，没什么事就好，阿康洗了脚，上床，关了灯，过了一会儿，突然说，哎，艾珠好像比我们低一届，是不是？秀云愣了一愣，说，哪里，她比我们高一届，阿康不吭声了，又过了一会儿，没听到秀云的声音，以为秀云睡了，不料秀云却又说话了，艾珠的事情你不晓得？秀云问，阿康一怔，问什么事情？秀云说，我也不太清楚，我也是听人家说的，艾珠的生活作风好像不大好，和国平结婚前，谈过好几个对象，后来认得了国平，就把人家甩了，阿康说，这有什么，未结婚前，人人都可以有自己的选择。

　　第二天仍然和平常一样，阿康呢，骑摩托车先到公司上班，秀云呢，稍微晚一点，她先把孩子送到学校再到公司去，阿康在路上碰见了艾珠，停下来，说，艾珠，艾珠说，阿康，你早，阿康说，艾珠，你走这条路，到哪里去？艾珠笑起来，说，我上班呀，阿康说，你上班怎么走这条路，艾珠说，我上班天天走这条路，其实我常常看到你骑摩托车，我们常常交叉走过的，你不认得我，阿康有些不好意思，挠挠头皮，说，是吗，我平时走路是不怎么注意路上的人，艾珠笑着说，今天注意了，阿康脸有点红，想了想，说，你是先送小孩上学，再上班，才走到这条路的吧，艾珠说，是的，你们小孩一直是秀云送的，阿康说，是的，艾珠说，其实你可能不知道，我们小孩和你们小孩同班，阿康说，噢，也是十岁？艾珠说，他大两岁，十二了，阿康愣了一愣，说，读书读得晚？艾珠神情有些黯然，摇了摇头，说，不是，小孩子功课不好，阿康说，小男孩，总是皮的，大些会好的，艾珠的眼睛有点红了，说，到医院看过，医生说他的智力有些问题，阿康说，可以开发的，艾珠再又摇摇头，他们互道了再见，阿康心里有点难过。

很快就到了夏天，学校放暑假了，旅行社来做生意，组织参加旅游，阿康早就答应儿子，只要功课考得好，暑假里肯定让他出去玩，儿子便都报了名，但是旅行社要求至少有一位家长带着，阿康叫秀云去，秀云也答应了，可是到了临出发前，秀云来了例假，秀云来例假量特别大，反应也特别重，大夏天的，实在不方便出门，只好叫保姆带了去，保姆当然是求之不得，正在打点行装，乡下家里却来人叫她回去，说家里闹矛盾，要分家，叫她回去一起商量，又去不成，儿子伤心得哭起来，秀云向阿康说，阿康，你就带儿子去一趟吧，反正也只三四天时间，公司的事耽误不了，阿康平时一直忙于公司的生意，对儿子照顾关心很少，现在秀云这么说了，心里也有些过不去，就带了儿子参加旅行社的旅游活动去。

到了集合地点，才发现艾珠也来了，阿康一眼看到艾珠，心里突然一阵紧张，好像预感到要发生什么事情了。

他们的旅游点在海边，白天带着孩子在沙滩上玩，在浅海游游泳，晚上呢，孩子累了，睡得香，大人们组织各种活动，也有舞会，阿康握着艾珠的手跳舞，大夏天，艾珠的手仍然是冰凉的，阿康说，艾珠，夏天你的手也是凉的，艾珠说，我一直是这样，暖不起来的，这时候阿康心里就不可控制地想将艾珠的手握得紧些，更紧些，想把艾珠轻弱得像一片羽毛的身体全部搂进自己怀里，艾珠呢，也非常非常想把自己的头依靠到阿康宽宽的胸前，他们跳过舞，就在海边散步，走累了，坐在海滩上，夜色使他们再也不能抑制自己的欲望,先是阿康说,艾珠,夜里气温低,你的手凉不凉,艾珠说,我的手一直是凉的,阿康忍不住抓起艾珠的手来,先是捏着,他们同时感觉到对方的慌乱,突然,阿康急促地把艾珠的手送到自己脸颊边,紧紧贴着,接着,他们的脸和脸紧紧贴在一起,最后,他们的嘴唇也紧紧地粘在一起了。

三

阿康和艾珠的爱情闪电般地发生,但是他们算不上一见钟情的那一种,他们早就认得,早就知道有对方这么个人存在,但是他们从前好像根本就没有在意过对方的存在,他们呢,也没有那种在长期共同的工作中日积月累增进情感的情况,他们从接触到爱,简简单单,没有什么大的风浪,也没有什么惊心动魄,起于舞场生发于海边,按从前的眼光看也许算是比较浪漫的,但是现代的人对浪漫的含义有了新的要求,所以阿康和艾珠这种浪漫也真是算不上什么浪漫,平平凡凡。

问题是热恋中的人他们从来不认为自己的爱情是平凡的,没有人会这样想,阿康和艾珠觉得自己是世界上最最幸福的人,他们觉得今生今世是没有谁没有什么力量能够把他们分开,他们相见恨晚,他们恨不得为对方去死,所以开始他们还偷偷摸摸遮遮掩掩,后来也就有些光明正大任你说的意思了,也算是比较勇敢的。

县城地方小,有个什么事情,不消几天时间,整个县城便家喻户晓,阿康和艾珠好的事情,也一样,三五天便在城里沸沸扬扬,人人谈论,因为双方都是县里的头面人物,大家议论起来,更加有滋味。

　　贾经理家的人呢，当然要比外人晚知道一点，先是阿兵听到朋友间的议论，决不相信，说，我哥不会的，我哥不是那种人，大家笑他，说，不是什么人？阿兵就说不出话来，大家说，你哥呀，会捉老鼠的猫不叫，就是你哥，阿兵说，不会的，我不相信，我哥要找情人，不会找个年轻漂亮的？据我晓得，追我哥的漂亮小姐多的是，我哥一个也看不上眼，我哥心里只有我嫂子，艾珠算什么，又不好看，又不年轻，又干瘦，一点也不性感，我哥不会这样没眼力的，大家继续嘲笑阿兵，他们说了阿康和艾珠的海边之行，说了他们从海边回来后形影不离的种种事情，最后说，阿兵你是不是非要哪天在床上捉到他们你才相信？阿兵的信心也动摇了，先偷偷去把侄子叫来一问，小孩嘴里吐真言，果然问出些问题，虽然不是很确切，但是以阿兵的考虑，这就是问题了，阿兵便去告诉母亲，贾经理呢，也已经有些风言风语在她耳边刮来刮去的，开始她还不清楚对方是谁，后来听说是艾珠，多少放心了些，以贾经理对大儿子的信任，她也和阿兵一样以为不会有事情，但心里总有些疑疑惑惑，正打算留心阿康的言行，阿兵把事情说了出来，贾经理听了，过了好一会儿才说，阿兵，不管怎么说，千万不要让秀云知道，阿兵说，我知道，我不会说的，贾经理说，再有，不管外人怎么说，你都坚持说阿康不会的，阿兵说，我是的，但是他们摆了许多事实，甚至有人亲眼看见的，他们背后已经议论得一塌糊涂了，我就有些坚持不住，我也不敢保证阿康到底怎么样了。

　　贾经理开始注意阿康的言行，贾经理的眼光是很厉害的，她是生意人，看人也是能看得很准的，所以只要她稍稍加以注意，很快就得出结论，阿康和艾珠真的好上了。

贾经理要做的第一件事情就是和阿康谈话，贾经理没有绕什么圈子直截了当把事实抛到阿康跟前，叫阿康不好抵赖，其实阿康一点也没有想抵赖，在贾经理找他之前，他正在考虑，怎样向秀云说明这件事情呢，听了阿康的傻话，一向沉得住气的贾经理不由也有点着急了，她说，阿康你怎么这么傻，人家有了这种事情，总是能赖就赖，能滑就滑，实在赖不掉了，再想办法，现在秀云都根本还不知道，你倒要向她去坦白，你是个什么头脑，我不明白你，阿康说，我不想把纯真的爱情弄得鬼鬼祟祟，像阴谋诡计，我要爱就正大光明地爱，贾经理知道阿康钻了牛角尖，贾经理自己也是过来人，对这种爱与不爱的事情看得也比较多，知道这时候阿康整个人是糊涂的，无理可讲的，两只眼睛等于是瞎的，即使眼前是个大陷阱，他睁着眼睛就会往里边跳的，但是贾经理并不是个无能的人，什么样的对手她自会有什么样的方法对付，阿康既然现在犯糊涂，可以不和他辩论真爱情和假爱情的是非曲折，贾经理对儿子是明白的，她知道阿康心地善良，便抓住这一点，向他说，阿康呀，就算你和艾珠是真心相爱的，但是你不能伤害秀云吧，这许多年来，秀云对你怎么样，你自己说，阿康说，我承认秀云对我好，我也确实说过没有秀云就没有我阿康的今天，但是那不能代表爱，我和秀云之间，没有过真正的爱情，现在我才找到了人的一生中只能产生一次的唯一的真正的爱！贾经理说，那你怎么面对秀云呢，你告诉她，你不爱她了，你爱另外一个女人？阿康说，我是打算这样说的，贾经理说，阿康，你从前不是个自私的人，你若是这样对秀云说，你是不是太自私了一点？阿康承认，阿康说，我最痛苦的地方就在这里呀，贾经理说，既然这样，我的意思，你得先瞒住秀云，再说。

在所有的人当中，秀云确实是最后一个知情者，但是秀云的知情并不是别人告诉她的，没有谁告诉她阿康和艾珠的事情，这和秀云工作性质也有关系，如果秀云在别的一个什么单位工作，难免会有要好的或者不要好的同事将这事情转弯抹角地说出来，而秀云的工作一直和阿康在一起，别人也没有什么机会可以去说这种事情，事情完全是秀云自己感觉出来，然后凭自己的力量去证实的。

阿康公司的客人，一般的秀云都知道，也有的不怎么重要的客人，秀云也不一定过问，她是分管财务的，有时候有重要客人，阿康叫她一起出来陪，她也出来，有时候一般的客人，就阿康自己陪，让秀云早点回家休息，管管孩子的功课，所以时间长了秀云也是习惯的，但是自从阿康从海边回来后，晚上常常不在家，总是跟秀云说有客人，开始几次秀云也没怎么在意，后来就慢慢地有些奇怪，说，怎么天天有客人，什么客人呢，怎么我不知道？我们在同一个公司做事，我们又是夫妻，你的客人不就是我的客人么？阿康说，秀云，你也不要追得太紧好吗，男人总也有点男人的活动，秀云说，阿康，不是我追你追得紧，这一阵你也晓得，我的身体不大好，浑身没有力气，阿康点点头，说，我晓得，走了出去，不一会儿又进来了，手里提着几盒太太口服液，交给秀云，说，秀云，我听说这个效果不错，你先吃着试试，好的话，再买，秀云说，你今天晚上在哪里陪客人，阿康说在哪里，到了晚上，秀云就到那地方，在门外看看，不看见阿康，但不知在不在里边包厢里，又不好意思问服务员，常来的几个地方，饭店经理服务员都认得，如果秀云查阿康的事情被他们说出去也不好听，秀云一直站在外面等着，等到饭店关了门，仍然不见阿康和什么客人从里面出来，知道阿康是说了谎。

秀云回家，阿康仍然没有回来，一直到半夜，回来了，闻不出什么酒味，秀云说，回来了，今天酒喝得多不多，阿康说，还好，今天几个客人酒量都不怎么样，所以也没有灌人，秀云说，现在那个店的菜做得怎么样？阿康说，不错，他们又从外地请来个一级厨师，菜做得更好了，秀云当时也没有戳穿他的谎言。

开始的时候，秀云也没有往别的地方怀疑，她始终是信得过阿康的，只是以为阿康和朋友们一起玩玩，唱唱歌，跳跳舞，也说不定有个不大不小的赌博，玩玩麻将之类，怕自己不高兴，才说谎的，后来呢，如此的谎言重复了好几次，秀云也证实了好几次，秀云就难免要朝别的方向去想了，但是秀云仍然没有说穿这谎言，秀云便回忆这许多日子以来的情形，秀云的感觉是准确的，她想到了阿兵和贾经理起先都不肯相信的艾珠。

秀云把一连串的事情连起来一想，想通了，她骑自行车，来到艾珠家附近，她并不知道艾珠家是哪一幢楼，但是知道哪个新村，秀云在新村里到处转着，她看到了阿康的摩托车。

秀云没有直接到艾珠家去当面揭穿他们，她回到自己的家，先给国平厂里打个电话，那边厂办的人说国平出差了，大约一个星期才能回来，问她是谁，有什么事情，秀云没有说，把电话挂断了，后来到贾经理屋里，把事情告诉了婆婆。

贾经理听秀云把事情的前前后后一说，又知道秀云证实了国平不在家，知道纸已经包不住火了，所以她干脆不包了，但是贾经理也有些慌乱了，她也不知道到这个时候，最明智的做法是什么。

贾经理说，秀云，你先不要急，我不会饶过他的。

秀云一直到这时候，才扑到婆婆怀里哭出来。

贾经理等秀云哭够了，再也流不出眼泪了，才说，秀云，你在家等着，我去把他叫回来。

贾经理其实也是很犹豫的，以她的身份，这样冲到艾珠家去，是不太合适的，但是为了儿子，为了家庭，贾经理也没有别的更好的办法了，贾经理突然出现在阿康和艾珠面前时，阿康呆住了，说，妈，你怎么来了？

贾经理说，秀云找到了你，告诉我的。

阿康脸色煞白，说不出话来。

贾经理看着艾珠，说，艾珠，你也不是个小姑娘了，怎么会做出这种不顾后果的事情。

阿康紧紧握住艾珠冰凉的手，感觉到艾珠在颤抖，阿康说，妈，你别多说了，我回去就向秀云摊开来说清楚，我爱艾珠，她也爱我，我们决不能分开！说着向艾珠看，艾珠眼含热泪，说不出话来，光是点头。

贾经理说，阿康，你先回去好不好，一切的问题，先回去再说。

阿康说，也好，说着便紧紧搂住艾珠，贾经理无法再看下去，先走一步，阿康搂着艾珠，艾珠也紧紧抱住阿康，好像生离死别，阿康反反复复喃喃地说，艾珠，我爱你，我爱你爱得心都碎了，艾珠也反反复复喃喃地说，阿康，我和你一样，我们永远不要分开。

阿康跟着贾经理回家，秀云正在替他熨烫洗干净的衣服，一绺头发披在秀云额前，阿康看了，心里很是感激秀云，但是他再也燃不起什么激情了，有了艾珠的对比，阿康想，从前和秀云的那些感情，真是算不了什么呀，贾经理说，秀云，别做事情了，三当六面地，坐下来一起谈谈，阿康说，秀云，我对不起你，秀云眼圈就红了，说，只要你知道错，就算了，阿康说，我错就错在和艾珠相见晚了，贾经理说，阿康，你现在是昏了头了，你到全县城问问，哪个会说艾珠比得上秀云的，秀云要相貌有相貌，要能力有能力，又孝顺，又体贴，哪一方面都比艾珠强十倍百倍，我不明白，艾珠到底有什么好，人家背后都笑你笑掉大牙了，阿康你的眼真瞎了，艾珠还比你大两岁吧，小孩也比你的儿子大了，你怎么就被这么个人弄昏了头呢，我看来看去，看不出艾珠有什么吸引男人的地方，阿康说，你们都这么看，这才证明我和艾珠的感情是真实的纯洁的，不掺任何杂质的，贾经理忍不住冷笑一声，说，也许从你来讲你觉得你是真情的，纯洁的，可是你能保证她吗，阿康，我告诉你，如果你不是阿康，如果你没有你的公司，你看看她怎么对待你，阿康说，不会的，艾珠爱我绝对不是为钱，她们家有钱，不比我们家少，他们家的条件绝对不比我们家差，国平比我更能干，她要什么都能有，她是爱我，真心爱我，就像我是真心爱她一样。

  一直没有说话的秀云说，可是当初你也说你是真心爱我的，你也对我说过我是你一辈子中唯一的一次爱，你说你永远不会爱上别的女人，你说你一辈子心里只有我一个人，你忘记了？阿康愣了一下，说，我是说过那样的话，一直到遇见了艾珠，我才发现从前的那些感觉是我的错觉，我现在刚刚明白，我这辈子只有艾珠一个人，只有艾珠才是我要找的唯一的真正的爱人，秀云听了阿康的话心如刀割，秀云说，阿康，就算你对我的感情都是错误，但是你难道连儿子也不要了，对儿子的爱你总有的吧，对儿子的爱你不会错吧，难道艾珠真的能让你连亲生儿子都不要了？阿康痛苦地抱着头，说，秀云，你不要再逼我了，好不好，你们别以为我不痛苦，我的痛苦你们又有谁能体谅？

贾经理气愤起来，也激动起来，指着儿子说，阿康，你真的昏大了，你的痛苦，你竟然有脸说你的痛苦？你就算有痛苦也是你自找的，你活该，你的痛苦就是你太自私，自私到不要脸了，你不想想你给别人带来的痛苦，却要别人体谅你的不负责任的行为，阿康，你完全变掉了，你再也不是从前那个善良的、有责任心、有良心的阿康了。

阿康仍然抱着头，说，我知道，我自私，我为了自己的爱伤害别人，我是不应该，可是，你们说，叫我怎么办？贾经理说，怎么办，这还用说，断绝和艾珠的一切来往，阿康说，我办不到呀，我爱她，我没有办法，我不能没有她，你们说我该怎么办。

秀云再也忍受不了这种刺激，哭着跑了出去。

贾经理的脸都变了色，对阿康说，别以为你是我的儿子，我会站在你一边，告诉你，现在全家人，都看不起你，包括你的儿子，也看不起你，你奶奶听说了这事，气得发抖，阿康，我告诉你，在这件事上，我们全家，全部站在秀云一边，还有，你别以为你可以下决心离婚，我今天郑重地告诉你，你离不成婚，秀云决不和你离婚！说完扔下阿康转身离去。

阿康为艾珠燃烧起来的爱之烈焰，并没有因为贾经理的气愤，秀云的伤心，以及几乎所有人的反对而熄灭，在众手共同泼水浇火的情形之下，这火燃烧得更厉害起来，阿康干脆不再回家来住，到外面租了房间，艾珠那头呢，也早已经后院起火，国平的态度正好和秀云死不离婚相反，他毫不犹豫地将艾珠赶出家门，艾珠也是背水一战的态度了。

接着是阿康来求秀云，他说了许多好话，求秀云高抬贵手和他离婚，又说了许多丑话，说秀云赖住他不放，太不自重，但是不管他好说歹说，秀云决不同意离婚，这也是贾经理教导她的一着棋，阿康虽然狠狠地伤害了秀云，但是一日夫妻百日恩，秀云对阿康仍然是有割不断的情意，有时看阿康实在走投无路的可怜样子，又想，弄成这样，再做夫妻还有什么意思呢，心一软，差点就想答应离婚算了，可是一想到阿康说他一辈子只有一个爱人是艾珠这话，气就不打一处来，便死死坚持住，阿康急了，说，你再不签字，我就告法院，秀云说，我没有告你重婚罪已经算对你客气了，阿康想不到秀云会说这样的话，他说，秀云，我没有看出你原来是这么厉害的人，秀云说，我是被你逼出来的。

阿康到底是心虚的，没有去打官司闹离婚，但是事情一直这么拖着也不是个事情，和艾珠一起住的那间租来的房子，条件很差，阿康和艾珠商量，决定拿公司的钱去买一套新公寓房住，艾珠搂着阿康掉眼泪，说，阿康，我不是为你的房子，我不是为你的钱，你哪怕一分钱也没有，我也仍然爱你！阿康说，这我相信，但是既然你是我唯一的爱人，我不能让你跟着我受苦。

公司的钱是秀云管的，阿康去向秀云讨钱，秀云说，你要多少？阿康说，我要二十万，秀云说，你无缘无故要二十万干什么，阿康说，我有一笔生意要做，秀云说，生意的往来，都是从公司的账号上走的，两千块以上就不用现金，这是你规定的，从来都是这样的，现在你一下子要拿二十万，我怎么能给你，阿康说，你真的不给？秀云说，我不能给。

秀云回家告诉贾经理，贾经理马上就猜到阿康是要去买房子了，秀云说，我也猜到他是要买房子，所以我不能给他，贾经理说，秀云你这个做得对的，钱你不能松手，艾珠那样的女人，没有钱，就不会坚持很长时间，秀云，你也不要太伤心，再忍耐几天，秀云说，我现在已经不太难受了，我已经不把这事情看得太重，只是当它是一件工作来做了。

阿康没有办法从秀云这里拿到钱，就到银行去商量，银行说，你疯了，你手续不全我怎么能给你钱，阿康说，你又不是不认得我阿康，银行说，我认得你是谁也不行呀。

阿康回头再来求秀云，说，秀云呀，看在多年夫妻情分上，你就放一放手吧，给我二十万，我只要二十万，多下来的随你怎么花，秀云说，我呢，也不会随便花公司一分钱，你呢，也不能花这二十万，公司的钱是大家一起苦来的，要花，得花在生意上，阿康说，秀云，我以前一直认为你是个善良的人，软心肠的人，想不到你这么狠心，秀云心里委屈得不得了，但是她表面上不动声色，说，阿康，做人也要讲个公道，我们两人到底是谁狠心呢，现在不是有道德法庭么，如果你认为是我狠心我们可以到道德法庭上叫大家辩论辩论看看我们之间到底怎么回事，阿康就走了，但是过了一天，他又来，每天到秀云这里来软硬兼施，一会儿说说软话好话骗骗秀云，一会儿又说难听的话刺激秀云，秀云告诉贾经理，她说再这样下去她有点支撑不住了，她不想再斗了。

贾经理知道情况不妙，经过两天考虑，贾经理想出一个好主意来。

四

　　贾经理多年来走南闯北做生意，在外面也结交了一些比较要好的朋友，贾经理就在这些朋友那里想主意，终于想到一个合适的人，是位大学老师，教心理学的，是个女的，中年，十分通情达理，因为教心理学，对人的心理情况当然要比别人多了解一些，也了解得透一些，贾经理和大学老师事先通了电话，把事情的前前后后说清楚了，最后说想让秀云到那里住几天，大学老师认为这个主意不错，非常欢迎秀云去，贾经理不太放心，本来是想陪秀云一起去的，但是怕事情被阿康发现，就狠狠心让秀云一个人悄悄地走了，秀云坐上火车，看到贾经理在站台上向她挥手，突然就想起几年前的那次难关，她和阿康互相依靠着在火车上站了一夜，想着，秀云就掉下辛酸的眼泪。

　　秀云早晨出门，在晚上到达了大学教师所在的城市，大学老师在出口处接到了她，领回家去，大学老师家里人不多，只有夫妻两人，女儿在外地上大学，秀云就住女儿的房间，干干净净。

　　秀云再把事情的经过向大学老师详详细细说了，大学老师一边听，一边插嘴问几个问题，比如秀云说到阿康从前对她怎么怎么好的时候，大学老师说，在你们结婚前前后后的许多年里，有没有发生过其他女人追求阿康的事情，她说以阿康这样的条件也许应该有的吧，秀云说，是有的，还不止一个，但是阿康根本没有一点点歪心思，秀云举了女大学生的例子说了，又说了另外一个女孩子的事情，大学老师听了，点点头，秀云就继续讲事情，讲了一会儿，大学老师又问，那么，阿康和艾珠好了后，对你怎么样？

秀云说，他就是口口声声说艾珠是他真正的唯一的爱人，其他也没有什么，我说我身体不好，他还给我买营养液吃，大学老师说，噢，秀云终于说到了事情的最后，就是贾经理出了主意让她住到老师这里来，但其实秀云心里仍然是有许多话要说的，远没有到结束的时候。

老师想了一想，便向秀云提出几点，老师是做老师的，条理性强，就像给学生上课，教学提纲上也总有一二三四五，老师说，秀云呀，第一，事情既然已经发生了，谁碰到这样的事情，都会很伤心很委屈，我也不可能做到让你不伤心不委屈，我只是希望你，尽量看开些，这也是套话，但我是真心的，秀云你想想，在现在社会上，遇上这样的事情的人多不多？秀云说，我知道，很多的，我们县城里就有好多，老师说，这也许是个时代病了，不是我们个人的意志能够扭转的，所以秀云你首先要保重你自己的身体，一切以身体为本，秀云感动地点头，老师说，第二，你婆婆，贾经理在电话里跟我说，让我给你出出主意，我有什么好主意呢，也说不出来，但是这样的事情，有一点我想我是明白的，在他们自称的真正的唯一的爱情背后，无非也就是一种新鲜感，一种新鲜的性的互相吸引，刺激，对于这样的情况，我的意见，就是能拖则拖，新鲜其实也就是一个时间度，过了一定的时间，新鲜就会过去，一切都成为陈旧，厌倦就会再次产生，而这种厌倦，和夫妻间的厌倦本质不一样，夫妻间的厌倦，其中还夹有夫妻感情、家庭、子女、伦理道德等等因素，它们会将生活安排在厌倦而不至于破裂的界限上，而这种短暂的情人行为的厌倦，一旦产生，就根本没有一点可以使之继续维系下去的力量，我说的这话，你听得懂吗？秀云说，我懂，我能拖则拖，老师说，对了，第三，在拖的过程中，可以采取不温不火的行为，人呢，多多少少都会有一点逆反心情和对抗情绪，尤其人陷在爱情这个大迷坑里的时候，这种情绪更为强烈，所以外界如果采取高压政策，有可能反而引起更厉害的反弹，土话叫作狗起劲，什么叫狗起劲呢，就是一只狗，你越是不理它，它倒也没趣，也不会主动进攻来咬你，但若是你去撩它，去把它当回事，它就来劲了，反而会来咬你，说到这里秀云忍不住笑了起来，老师说，是的，秀云你别不高兴，我没有把阿康比作狗的意思，我是说的一种现象，人呢，处在这种状况下，你越是压他，他越是不服，特别是那种一根筋吊住的人。秀云说，我婆婆说，阿康就是一根筋吊住的人，老师说，这就对了，你采取软拖的办法，是对的，老师说这些话的时候，心里说不出是个什么滋味，她想我在教唆她什么呢，我这教唆是有道理还是没道理呢，老师自己也不明白自己在干什么。

　　老师说过以后，秀云又把话题引到艾珠身上，讲到艾珠是个什么样的人物，秀云虽然有点不好意思，但她还是向老师说了，她说县城里的人都认为艾珠各方面都比不过她的，秀云说，老师，我妈和我婆婆都说艾珠是看上了阿康的钱，老师你说艾珠是不是。

　　大学老师心里感慨万端，她差一点向秀云说，秀云呀，你别看我人到中年，走向老年，我其实也会碰到像你们家这样的事情呀，当然老师只会把事情埋在心里，不会像秀云和贾经理这样找个人说说，感情这种东西，是说不清楚的，别说教心理学，即使有一门感情学课程，相信教感情学的老师也会有纠缠不清的感情问题，他绝对讲不清楚，老师陷入深思的时候，秀云以为老师是在为她的事情伤神，秀云说，老师，我现在其实已经好多了，老师，我婆婆对我说，只要把钱抓在自己手里，艾珠就会走开，阿康就会回来，老师，您说是不是。

老师笑了一下，笑得很苦，但是在秀云看起来，老师的笑，就是对她的一种宽慰，有了老师的笑，秀云的心踏实了，晚上在老师女儿的干净的床上睡了许多日子来的第一个安稳觉。

家里那边呢，为了把戏做得像，做得天衣无缝，滴水不漏，贾经理口风非常紧，咬紧牙关没有向任何一个人透露事实真相，丈夫、阿兵以及秀云娘家的人都被蒙在鼓里，秀云走的这一天下午，孩子放学回来，没有见到母亲，就问，妈妈呢，大人说，你妈还在公司，一会会回来的，到了晚上，仍然没有回来，贾经理说，会不会回娘家去了，打了电话过去，说没有，一家人都乱了，一起拥进秀云的卧室，看到秀云将平时戴的金首饰全部摘下来放在床头柜上，贾经理说，不好，声音沉闷得叫人心里发慌，阿兵发现母亲两眼含着眼泪，这是阿兵第一次看到坚强的母亲掉眼泪，阿兵二话没说，跑到阿康和艾珠住的地方，一脚踢开了门，看见阿康和艾珠相依相偎在一起看电视，阿兵怒吼一声。

阿康跟着阿兵回来，果然看到秀云的金首饰什么都摘下来了，也是这地方的一种风俗习惯似的，想不开的人在走上绝路之前，总是将金首饰摘下来，也不知出于什么目的，但可以肯定这是善良之举，自己是不想活下去了，但是值钱的东西还舍不得带走，要留下来，给子女，给亲人，秀云的母亲守着一堆金首饰哭着，看见阿康进来，并没有吵闹，只是极鄙夷地盯了他一眼，那眼神像是在看一个最最无耻的无赖，阿康一颗心许多日子以来一直是提着的，准备战斗的,这时候,被丈母娘这么一眼,一颗心突然就沉了下去,一直沉到底,还在继续往下沉,阿康也不知道再往下心会沉到哪里去,懂事的儿子一声不吭,含着眼泪站在一边默默地看着他,好像要从他的脸上看到妈妈在哪里。

阿康呆呆地站在屋中央,头脑里一片空白。

电话铃突然心惊肉跳地响起来,阿康冲过去接电话,急不可待地问,是秀云吗?艾珠在电话那头愣了一愣,阿康想到是艾珠了,说,是艾珠?艾珠慢慢地说,是我,说了两个字就哭起来,阿康说,艾珠,你别哭,艾珠,你别哭,抓着电话感觉到一屋子的人都在盯着他,浑身发烧似的,不知道怎么办,艾珠说,阿康,我害怕,我浑身冰凉冰凉的,阿康说,艾珠,你别哭,你哭了我的心里就更乱了,我现在不能过来,秀云不见了,要去找秀云,艾珠哭着说,阿康,我没有叫你过来。

贾经理脸色凝重,紧锁眉心,神情焦虑,说,我们分头去找,阿康,你排一排秀云有哪几个比较要好的同学和朋友,到他们家找,我呢,到几个亲戚家去,车子给阿兵用,阿兵到乡下去,把乡下亲戚家都找一找。

当然他们找不到秀云,这时候秀云正在千里之外的大学老师家干净柔软的床上睡觉,她做了一个梦,梦见自己爱上了一个人,她在梦中体会那种刻骨铭心深入肺腑的爱的滋味,但她始终没有看清楚她爱的人是谁。

早晨醒来,已是上午八点多,大学老师夫妻已经上班去了,给她留了个条,告诉她早点在哪里等等,秀云心情平静,洗漱过后,还化了化妆,镜子里出现了一个与昨天到达时几乎完全不一样的秀云,秀云吃着早饭的时候,电话便响了,秀云心里突然抽搐了一下,这时候她才明白,镜子里焕然一新的她原来是假的,她仍然是昨天的秀云,她已不可能回到从前,电话是贾经理打来的,向秀云报告了昨天一夜的情形,着重说了阿康的情况,贾经理说看得出阿康真的很紧张,他没有到艾珠那边去,夜里下了一夜的雨,阿康找秀云找了大半夜,浑身淋得透湿,一直到后半夜才回来打了个瞌睡,天一亮又出发了,秀云听了,心里很舍不得阿康,又问了问自己母亲父亲的态度,贾经理叫秀云放心,以贾经理的观察,秀云的母亲很可能猜测到秀云是躲出去了,秀云说,我妈血压高,我怕她急出病来,嘴里是这么说,心里更不放心的却是阿康,秀云问贾经理,她大概什么时候回去比较适合,贾经理说,再等一天。

秀云又等了一天,老师下班回来,仍然开导秀云,说了许多类似的已婚男女发生情感问题的事情,最后秀云对老师说,老师,我婆婆让我明天回家了,老师说,家里情况怎么样,秀云把贾经理的电话内容告诉了老师,老师说,也好,两三天时间,该急的也都急到位了,火候也差不多了,下一天替秀云买了火车票送上车,车到这边时,贾经理在车站接秀云,告诉秀云连续三个晚上,阿康没有住到艾珠那边去,秀云就很紧张,不知道自己回家了,阿康会不会又跑到艾珠那边去,贾经理看出她的紧张心情,就教她,说,秀云,你到了家,见了阿康,他问你什么话,你都不要开口,不要告诉他你到哪里去了。

秀云回到家,阿康不在,儿子扑到她怀里紧紧抱住她不放,秀云哭了,正抹眼泪,阿康推门进来了,一看到秀云,阿康愣住了,两眼圈慢慢地泛红,秀云听婆婆的教导,不管阿康问什么,她什么也不说,只是紧紧地搂住儿子。

一个晚上阿康和秀云就呆呆地坐在房间里,贾经理吩咐家里谁也不要去打扰他们,将电话插头也拔掉了,电视也不开,家里鸦雀无声。

最后,阿康说,秀云,一个月前订购的塔夫绸到货了,秀云说,我明天就去汇钱,阿康说,秀云,你把家里人急坏了,你到哪里去了,你想干什么?秀云又不说话,这样撑到后半夜,秀云支持不住了,和衣躺在床上睡着了,阿康呢,和秀云一样,和衣往沙发上靠着也睡了。

第二天上午阿康和秀云一起到公司处理积压了几天的事务,公司的人看到阿康秀云一起来处理事务,都面露喜色,其实阿康和秀云的内心都十分紧张,阿康尤其坐立不安,快到中午的时候,来了几个客商,谈着生意,阿康请他们稍等,说上个厕所,就溜出来骑上摩托车飞快地来到和艾珠一起住的地方,开门进去,艾珠却不在,看了看日历,才想起这天是法院开庭宣判杨国平起诉的离婚案,心里一下子紧张得不得了,又不能跑到法院去看,又不能守在这里等艾珠回来,公司里客人还在等着签合同,心慌意乱,骑上摩托车又回公司,于是像许多故事里写的那样,由于心神不宁,开车思想不集中,半路上就出了事故,被一辆大卡车撞了,但是奇怪的是,阿康却没有受伤,所有眼看着事情发生的路人都认为摩托车手不死也得重伤,可是他们却发现他从地上爬了起来,摩托车呢,飞出去几丈远,而阿康却只是手臂上擦伤一点皮,连血也没有流,他慢慢地摘下头盔,认得的人认出他是阿康,卡车司机跳下驾驶室的时候,双腿软得支撑不住,差点倒在地上,却眼睁睁地看着阿康好好地站在他的面前，惊讶得张大了嘴，盯着阿康，慢慢地惊讶竟变成了惊恐，也许以为遇上了外星人呢。

阿康定了定神，才发现摩托车远离自己孤零零地倒在马路上，阿康想走过去把摩托车扶起来，就在刚刚跨出步子的短短的时间里，突然有一种说不清的疲倦乏力遍布了全身，他望着被撞得浑身是伤躺在地上的摩托车，奇奇怪怪地想，我怎么躺在地上呢？

在大卡车撞倒阿康的时候，秀云正在公司里向客人说谎，编了个理由说阿康临时有要紧事出去了，一会儿就来，这时候秀云的心已经凉透了，她下决心，不再听婆婆的话，也不再听别的任何人的话，等阿康回来，她就告诉他，她同意离婚了，在同一时候呢，艾珠那边也出现了意想不到的情况，原来以艾珠和阿康的分析，既然是国平坚决要离婚，而像国平这样的头面人物，与法院的关系肯定是很好的，也许早已经和法院谈妥了，一定会判离的，谁知他们估计错误，偏偏法院认定国平和艾珠感情并没有彻底破裂，判决不准离婚，当艾珠走出法院大门，向她和阿康住的租来的房子走去的时候，只觉得一阵头晕眼花，她突然感觉到很累很累，走不动了。

贾经理是一直关注着国平和艾珠的离婚案的，当法庭一宣判，她马上就得到了消息，立即打电话给秀云，秀云也正要给贾经理打电话，一听到贾经理的声音，也不等贾经理说话，她就说，妈，我决定和他离婚了，贾经理说，秀云，你别傻了，你已经坚持到今天，再有一步就胜利了，秀云说，我胜不了，他又说谎，把客人扔在这里，到那边去了，贾经理说，国平和艾珠的事情，法庭刚才已经判了，不准离，秀云听了，抓着电话发愣，贾经理说，秀云，你听我的，他们坚持不了几天。

贾经理的话是对的，阿康和艾珠在这一天下午又回到他们共同的住处，阿康说，艾珠，我爱你，艾珠说，阿康，我爱你，阿康说，艾珠，我爱你是真的，艾珠说，阿康，我爱你是真的，阿康说，艾珠，秀云出了这样的事情，我怕她再……我可能要回去住了，艾珠说，法院判了，不准离，我也要回去住了，阿康说，艾珠，虽然我们分开了，但是我们的心永远在一起，艾珠说，是的，阿康，我们的心永远在一起，他们退了房子，各自搬回家去住了。

也许他们的心确实是永远在一起的，但是也许并不是这样，心这东西别人是看不见的，从此以后，艾珠和阿康再没有来往，一场常见的平平凡凡的婚外恋就这样结束了。

贾经理没有忘记把事情的结果告诉她的大学老师朋友，大学老师听了，在电话那头沉默了一会儿，说，这就好。

半年以后，学校组织了一场由家长和子女一起参加的智力游戏活动，要求父母一齐参加，阿康和秀云都去了，碰见国平和艾珠，阿康和秀云向国平和艾珠打招呼，说，国平，艾珠，你们好，国平艾珠也向阿康和秀云打招呼，说，阿康，秀云，你们好。

他们和自己的孩子一起在老师的指点下参加了各项比赛，艾珠的儿子比从前聪明多了，艾珠告诉秀云，她和国平带儿子到城里大医院去看了，吃了一种药，果然见效，秀云也很为他们高兴，更为孩子高兴。

休息的时候，国平和阿康一起抽烟聊天，国平问了问阿康公司的情况，阿康也问了问国平厂里的情况，他们都干得不错，在大气候不太景气的背景下，县城里所剩福将不多，国平和阿康是其中的两个。

活动结束以后,他们互道了再见,阿康和秀云向国平和艾珠挥着手,阿康心里十分奇怪,他想,那个瘦瘦弱弱的女人是不是艾珠呢,我怎么觉得很陌生呢,这就是我当初认定永不能分离的女人吗,这就是我以为一旦离开了她我的生命就会消亡的女人吗?

国平和艾珠回头向阿康和秀云挥手告别,艾珠看着阿康,艾珠想,我当初向他说,离开他我就死,我怎么没有死呢,我活得好好的呀。

菜花黄时

一

菜花黄时，乡下的老太婆就要出去烧香。

这在从前是不可能的，从前田里的活很多，一年做到头也做不完，再说乡下老太婆她们也没有钱，到镇上交粮交蚕茧也舍不得吃一碗阳春面什么的，出去烧香是要用很多钱的，光光路费说出来就吓老太婆一跳。

现在跟从前确实是大不一样，现在乡下老太婆她们都有些钱，即使不向儿子要，她们自己也能攒一些。现在乡下寻钱的办法很多，她们随便怎么做做就能赚到不少钱，有时候做得好，连在厂里做的儿子媳妇也比不上她们。所以现在乡下的老太婆腰也比从前挺了一些，人也比从前硬气一些，她们要做什么事情，或者说要到哪里去，儿子媳妇也不能拿她们怎么样。

开了年不久，三婶婶就说要到杭州烧香的事。三婶婶反复地在儿子媳妇面前说这样的话，听起来好像是要想向儿子媳妇要一些资助似的，其实不是这样，这一点三婶婶的儿子媳妇也知道，三婶婶这么说，无非是她自己心理上的一种需要。她也不仅仅是跟儿子媳妇说，跟别的人她也是要翻来覆去地说，这样三婶婶心里会很开心，她大概认为到杭州烧香这是一种光荣。三婶婶的想法也不是没有道理，从前是没有人会把乡下的老太婆放在眼里的，现在不一样，城里人看到成群结队的乡下老太婆在城里的大街上逛，大家说，看，现在乡下，真是很有钱，这些老太婆多么得意。

这是事实。

所以三婶婶在很早的时候就开始说这件事情，说得家里人也有些烦了，她的儿子说："你又要去，去年不是去过了么？"

三婶婶说："去年是去年，今年是今年，今年去了，我明年还要去呢。"

媳妇做出一种不屑的脸色来，说："现在老太婆真是起劲。"

三婶婶笑起来，说："就是要起劲。"

儿子说："有钱还不如买点好东西吃吃，买点好衣服穿穿。"

媳妇说："就是，猪头三才会把钱拿去打水花。"

三婶婶说："怎么是拿钱打水花，我们是去敬佛的。"

媳妇说："敬佛也不一定非要出远门。"

三婶婶听儿子媳妇一起说反对的话，虽然那些话也不是很难听，但是三婶婶总有点不大开心，三婶婶说："我出门又不用别人的钱。"

儿子朝媳妇看看,媳妇说:"那当然,你就是想用别人的钱恐怕也用不到。"

三婶婶也朝儿子看看,说:"我是要去的,随便别人说什么闲话,我是要去的。"

儿子说:"我们也只是随便说说,又没有强迫你不去,你要去你就去,谁会说闲话呢!"

三婶婶说:"不说闲话就好。"

三婶婶是有她的脾气的,三婶婶如果要是想做一件事情,做不成,或者由于别的什么原因不能去做,她会很难过,心里会闷气,何况是烧香敬佛,想去又不去,菩萨知道也会不高兴的。从前三婶婶是苦于没有条件,现在既然什么条件都有,三婶婶当然是要做她想做的事。

从三婶婶他们这里到杭州,如果是那些厂里的供销人员,他们平时天南海北地跑,到杭州在他们眼里恐怕只不过是在家门口罢了,但是在老太婆想起来,坐机船要坐整整一天时间,那真算是出一次远门了。所以老太婆一般决不会单独行动,总要约了一批人一起走,现在在乡下像三婶婶这样有一些钱的,又是很相信菩萨的老太婆真是很多,而且是越来越多。三婶婶要想约几个人,那实在是很容易的。以往出门一般也都是由三婶婶出头组织,大家也都听她的,三婶婶虽然跟别的老太婆一样没有文化,但是因为她比较热心又比较能干,什么事情都愿意出头,所以大家也就习惯于听从她的指挥。性子慢一些的人,一般都是等三婶婶上门约,也有性子很急的,等不到三婶婶上门,她们自己会找到三婶婶门上,生怕三婶婶到时候忘记她们。

出门的最好时间是在清明以后，谷雨以前，那时候菜花正黄，小麦抽穗，过了春寒，也过了清明雨，太阳暖暖，一切都是欣欣向荣的，大家的心里也是这样。

现在还早，还在清明之前，三姆姆虽然心里已经有一点兴奋有一点激动，但是她不会在家里坐等到出门那一天的，该做什么，三姆姆还是要做的。

一年前，三姆姆和另外三个老太婆合买了一条水泥船。那是一条很小很旧的船，是从前刚刚有了水泥船的时候队里买的，后来过了一二十年，就分给了新根家。新根家用这条小船发了财，重新买了一条很大很好的船，这条小船就不用了，要卖。新根娘说，你要卖给别人，不如卖给自己人。新根说谁是自己人。新根娘说，我是自己人。原来新根娘早已经有了打算，约几个老太婆一起买下这条船，出去捡废铜烂铁卖到钢厂，听说这事情很能赚。新根娘就找了三姆姆，还有玉妹、黑妹，她们一起凑了钱，买下了这条小船。

四个老太婆在农闲的时候，摇了船到四乡捡破烂。她们有时候并不是捡破烂，而是连偷带拿，看到人家厂里有什么东西堆在外面，顺手牵羊就牵走了。人家看到她们这些老太婆就头疼，对她们打当然是不能打的，骂几句她们也不在乎，脸皮厚得很，或者就做出一种很可怜的样子，要是做出可怜样子没有用，就耍耍无赖什么的，反正别人拿她们也没有办法，没收了偷的东西下次她们又来，总不能抓了这些老太婆去吃官司。

老太婆们这样做做，不仅经济收入很好，还有一些特别的乐趣，这种偷偷摸摸的事情，虽然做的时候很紧张，但是事后想想，还是很刺激的，也就觉得很有意思。

这样做了几个月，别的都很好，只是新根娘的身体有点不好，也查不出什么病来，只是说没有力气，做不动。开始三婶婶她们还叫她一起出去，不要她做什么，只叫她看看船，可是后来新根娘连看船也看不动，只好回去休息。

到了冬天，新根娘的身体还是不怎么好。

过了年后，三婶婶她们又去看新根娘，似乎好了许多，问她能不能跟船出去，新根娘说："好了，能出去了。"

这样她们几个又一起出去做活。可是她们的活是越来越难做，能捡的东西越来越少，许多单位都把围墙围得紧紧的，也不再把废料到处乱扔，这样三婶婶她们就断了不少财路。不过老太婆们也不怎么着急，现在她们做活实在也是可有可无的，能捡一些卖钱最好，弄不到也无所谓。在太阳好的时候，她们就把船停在河边，在船上晒太阳，说话。

三婶婶一说就要说到去杭州的事上，别的老太婆也乐意听，三婶婶看新根娘好像没有什么精神，问道："新根娘，你怎么样，今年去不去？"

新根娘说："自然要去的。"

玉妹朝新根娘看看，说："你身体怎么样？"

新根娘想了想，说："我也说不清楚，有时候觉得蛮好。有时候就觉得不好，自己也弄不清了。"

三婶婶她们都笑起来，三婶婶说："越是这样越是要去的，去烧了香，拜了佛，回来就会好的。"

新根娘说："这也是的。"

黑妹说："反正时间还早，再等几日看，不用急的。"

大家想想是太急了一点。

到下昼时分，她们就摇着船回去，路上不知不觉地又说起去杭州烧香的事，不知是谁先提了一个头，大家就跟着说，说了好一会儿才发现怎么又说这事，好笑了一回。三婶婶说："其实说说也好，说了就可以准备起来，还有哪些事情不能忘记的，大家说说就不会忘记。"

新根娘笑着说："怪不得人家都说你喜欢管事，你真是喜欢。"

玉妹和黑妹也跟着笑。三婶婶说："我不管你们谁来管？真是的，总是要有一个人出头的么。"

大家又笑，三婶婶说："我倒是要排一排人头了，哪些人要去的，心中也好有个数。"

新根娘说："文凤不去了，跟我说过的。"

三婶婶问："为什么？"

新根娘说："她媳妇那几天恐怕要养。"

三婶婶说："真是拣个好日脚。"

玉妹也想起一个来，说："玉珍大概也不去了。"

三婶婶说："玉珍为什么不去，去年就跟她说好的，今年一定要一同去的，不好赖皮的。"

三婶婶的口气，有一点急起来，好像去的人少了她的脸上没有光彩似的，其实去的人多还是少，跟她实在是没有什么大的关系，要说有关系恐怕还是去的人少一点，三婶婶也好轻松一点。可是三婶婶不这样想，照她想起来，要去就大家一起去，热热闹闹。

玉妹说："玉珍说，开了年要出去做人家了。"

三婶婶问："到哪里做人家？"

玉妹说:"我也没有问她,总是上海或者哪里吧。"

三婶婶说:"做什么人家呀?这一把年纪,乐得在屋里歇歇。"

玉妹说:"玉珍恐怕也是小辈里叫她去的吧。"

三婶婶说:"玉珍也是的,现在还要听小辈的话,不听又怎么样。"

这时候黑妹插嘴说:"其实做人家也是蛮好的,我倒也想出去做做,拣一家好点的人家,比自己小辈还贴肉呢。"

三婶婶"哼"一声说:"你说的,帮人家还想怎么样,免讨饭罢了。"

新根娘说:"那也不一定,你们大婶婶呢,不是做到一家好人家么。"

黑妹说:"就是,我就是听大婶婶说了,心思也活了。我一个小姐妹在上海做,要帮我介绍人家,现在上海人家要寻保姆的多的是。他们不相信小保姆的,相信老的,老的可靠。"

玉妹说:"倒是的,听说远地方来的小保姆,不规矩的很多,也有手脚不干净的,有的黑心要工钱乱开口,还有不讲道德的,卷了东家的钱财逃走,什么都做得出来,所以他们是说相信老的,老的现在还不好找呢。"

三婶婶说:"黑妹你当真要去啊。"

黑妹说:"我还没有拿定主意,不知道到底好不好。"

三婶婶说:"我看是没有什么好的,还是在自己屋里自由,到人家去,不管人家对你怎么好,你总归是要听别人的。一个小人也要差你东差你西的。"

黑妹说:"话是这么说,不过在屋里也不见得能做多少大,孙子差你,你能不听?儿子叫你做什么,你能不听?还有媳妇呢,你敢不睬她?"

三婶婶说:"那是你!我是没有这么好差的?"

新根娘她们都笑三婶婶,说她是嘴硬骨头酥。三婶婶也跟她们一起笑。

笑了一会儿,玉妹说:"对了,说起你们家大婶婶,到时候你不要忘记叫她一声。"

三婶婶说:"叫她做什么?"

玉妹说:"一起到杭州呀,她关照过我的,我倒差一点忘记了,忘记了倒要怪我了。"

新根娘说:"你有没有搞错,大婶婶在城里住了这么多年,她还要去呀。"

三婶婶说:"就是,不要叫她,不要她去了。"

玉妹说:"那不行的,她要去,还是叫她一起去好。再说,大婶婶在外面住的时间长,到底比我们见识多一点的,在外面万一碰上点事情,大婶婶会有办法的。"

三婶婶说:"每年都是我出头弄的,不是都蛮好的么,也没有碰上什么困难呀,你是多操心了。"

玉妹说:"就算什么困难也没有,一路上我们听大婶婶讲讲也是很好听的么。她讲的东西真有劲呢。"

三婶婶说:"啊,这样说起来,肯定是你叫她一起去的啦。"

玉妹说:"我也没有叫她去。那天碰到她,我只是随便问了一句,她说去就去,一起出去看看,好多年不跟老姐妹一起出门了。"

三婶婶"嘘"了一声,没有再说什么。

其实三婶婶不希望大婶婶去是没有什么道理的。大婶婶和三婶婶是嫡亲妯娌，她们的男人是嫡亲兄弟。不同的是大婶婶的男人，也就是他们家的老大过世得早，那时候小孩还没有长大，大婶婶一个拖了三个儿子，吃辛吃苦把他们一个一个拉大了，结了婚，反而都听了女人的话，谁家也不要老娘住。大婶婶一气之下，就走了，出去找了一家人家帮佣。

大家都说大婶婶真是命苦，谁也想不到，许多年以后大婶婶反而比谁都好了，大婶婶做的那家人家，既有钱又有良心。大婶婶帮他们领大了小孩，那一家人真是不知怎么感谢大婶婶才好。等小孩子大了，不需要人照顾了，大婶婶提出来要回家。她们开始是坚决不同意的，说你帮了我们这么大的忙，现在你老了，理应该我们来照顾你了，就在我们家里养老吧。他们说得实在是真心诚意的，但是在大婶婶想来，在人家家里养老，那是万万做不得的事情。人家都有很忙的工作，不能再让他们为她分担什么，所以她坚持要回家。东家没有办法说服她，送大婶婶回家来，专门叫了一辆车子，一起送来一台电视机和一台洗衣机，都是全新的。还给了大婶婶一笔很可观的养老费，另外，说好每个月还要给大婶婶寄几十块钱零用。

大婶婶回来，大家看她耳朵上也戴了金耳环，手上也有金戒指，这些在大婶婶当年出去做人家之前是想也不敢想的。大婶婶的儿子媳妇看大婶婶这样回来，也都不大敢再怎么她了。大家说，大婶婶看她不出，真是有后福的。

大婶婶回来，好多人都到大婶婶那里去看她，听她说说城里的事情。据说大婶婶在人家帮佣，东家也曾经带着她跑了好多地方，汽车火车什么都坐过了，连很大很大的大海轮也乘过。本来东家一定要带大婶婶坐一次飞机的，是大婶婶坚决不要，一张飞机票几百块钱，大婶婶坚决不肯浪费钱。东家说不动她，也就作罢了。村里的人听大婶婶这样说，都很可惜，说大婶婶其实应该乘一回飞机的。

大婶婶回来那一阵，很是热闹过一段时间。大婶婶本来是要到亲戚家走走，可是来的人多，她一时走不开。一直到来看她的人渐渐少了些，她才抽出空来到亲戚家看看。

大婶婶到三婶婶这边，大婶婶说："真是的，本来早就要过来的，人实在是走不开，这些东西，是带给你的，不要嫌少啊。"

三婶婶说："你现在是大人物了，还记得我们呀。"

大婶婶说："你说笑话，我算什么大人物，不过一个免讨饭罢了。"

三婶婶说："免讨饭回来还这么威风啊，要是做别样回来，这地方都是你的天下了。"

大婶婶知道三婶婶心里有点酸溜溜的，也不跟三婶婶计较什么，只是笑着说："你还是这脾气。"

三婶婶说："我的脾气是改不了的。我们没有你的功夫好。"

大婶婶只是笑，一点也不把三婶婶的话往心上去。三婶婶说说也没有什么意思。

她们说了几句，就有几个老太婆也过来，说说话，她们看大婶婶的脸，都说大婶婶见年轻了，说大婶婶比三婶婶大四岁，现在一点也看不出来，看上去好像还是大婶婶嫩一些呢。

三婶婶说："那是，从前都是黑皮色的人不见老么，白皮色的人见老。"

大家又说，大婶婶的皮色现在也看不出黑，本来大婶婶是很黑的，到底在城里过的日子好，风吹不着雨淋不着，太阳也晒不着的，黑皮居然也变成白皮了。

三婶婶朝大婶婶看了又看，说："你是用的香粉吧。"

大婶婶说："是的，你们看，是这一种，东家帮我买的，说是用了减少皱纹的。我已经用惯了，回来想不用也不成了，不用就觉得脸上不舒服。"

大家看，也不认识上面的字。大婶婶告诉说是什么珍珠人参一起做出来的，这一小瓶好几块钱呢。

过了一天三婶婶也到镇上的百货公司去买了一瓶珍珠霜，洗过脸擦在脸上，确实是感到很好的。媳妇那几天老是在家里抽鼻子，又是朝三婶婶脸上看。三婶婶心里好笑，但就是不说。最后媳妇终于忍不住，问起来，三婶婶才说了，还问媳妇看上去她的脸是不是白了一些。媳妇听说老太婆也用香粉，她朝三婶婶的脸看了又看，哈哈笑起来，说："像个老妖怪。"

三婶婶很生气，但又不能把媳妇怎么样。她要是和媳妇吵，儿子定是要站在媳妇一边的。三婶婶明白这一点，所以她平时也不和媳妇吵，免讨气。她倒是有点生大婶婶的气，好像不愉快的事情都是因为大婶婶回来的缘故。

现在玉妹她们提出要叫大婶婶一起去杭州烧香，三婶婶心里就有一些疙瘩。当然尽管三婶婶对大婶婶有一些想法，如果大婶婶真的想跟大家去杭州烧香，三婶婶也是会约她一起走的，这一点不用怀疑。

这一天三婶婶到家,时间还早,过一会儿,就听见外面有人在叫卖香烛锡箔。三婶婶出去看,是邻村的一个妇女。三婶婶说:"你倒是有本事,做这种生意,很好赚吧。"

那妇女说:"一般性吧。"

三婶婶说:"现在买的人肯定多的,我来带个头,大家就会跟上来的。"

三婶婶就进去拿了钱来买,买了一大堆香烛什么的,果然有好多人都来买了。那妇女笑着对三婶婶说:"真是要谢谢你呢,你这把香,会有好运的。"

一些人正在讨价还价,三婶婶的儿子媳妇厂里下班回来。媳妇看三婶婶买了那么一大堆香烛,脸上很不屑,说:"买这么多,发神经。"

三婶婶听见媳妇的话,但是只当没有听见,或者只当是听见一只狗在叫了几声,三婶婶这样一想,心里也不气了。她笑眯眯地和别人说话谈天。媳妇见气不着老太婆也觉得没有什么意思,就不说了。

三婶婶抱着一大堆香烛回去,把香烛放在一个安全的地方。现在三婶婶觉得很定心,好像一切都已经安排定当,只等上路的日子。

二

到时候,船就来了。

船一来,大家就知道要上路了,都准备起来。由三婶婶她们几个去和船老板打交道。也有些年纪轻的人要一起去的,他们倒未必是要去烧香拜佛，春暖花开，杭州的景色好，年轻人去，多半是玩玩的。把辛辛苦苦挣来的钱用去一些，这样他们心里会很舒服。

这船是一种不大不小的船，平时很少见的，只是在这时候就来了。这船比一般的水泥船大一些，但是比船运公司的客轮要小一些，有船篷，舱里也有座位，最重要的是方向盘在前面。看到这一点，老太婆就觉得这和乡下的船是不一样的。早几年她们出门都是用的自己的船，省一些钱，但是路上很辛苦，日晒雨淋风吹，上了年纪的人有的吃不消，也有在路上就病起来的。后来有船来兜生意，大家也有了些钱，就坐人家的船了。

船有好几只，几乎是同时过来的，停在河边，船老板和船工就用电喇叭喊。

"杭州。"

"苏州。"

"周庄。"

"辛庄。"

每只船都有不同的目的地。三婶婶她们是一心要到杭州去，所以只往最大的一只船上去。

船老板见老太婆过来，笑着说："去杭州。"

三婶婶说："不去杭州过来做什么。"她一边和船老板说话，一边打量这只船，看了一会儿，看不出什么不好的地方，三婶婶问船老板，"你们船是哪个单位的？"

船老板说："交通公司的。"

三婶婶说："噢，交通公司，大单位吧。"

船老板笑，说："那是，我们单位，几百只船呢。"

三婶婶说:"钱怎么算法?"

船老板说:"老规矩。"

老规矩三婶婶是知道的,包括来去的船钱,包括到了杭州的交通费,还有在杭州两夜的住宿费,也就是说除了吃,其他的船上都包下。

三婶婶说:"那是多少?"

船老板做了个手势,说:"便宜的。"

三婶婶说:"不好了,已经到这个数了,还便宜呀,比去年又多了许多。"

船老板说:"比去年是加了一些,可是你不见今年的物价比去年又加了多少,你想想我们船上用的哪一样东西没有涨价,哪一样开销不要多用钱的。"

三婶婶说:"这倒也是的,不过,你们再贵下去,我们也出不起门了。"

船老板笑起来,露出发黄的牙齿,说:"你说笑话,谁不知道,你们乡下人!上次报纸上也登了,你们这里农民的人均储蓄是多少,比城里人多几十倍呢。"

三婶婶也笑了,说:"你倒关心。"

船老板说:"我当然是要关心的。哪里好,我们就往哪里来。你看今年你们这里来了好多条船,说明你们好么。"

三婶婶听了这话,觉得很有点自豪感,她也没有再跟船老板讨价还价,只是说:"你是老规矩,我们也是老规矩,夜里不住栈房,栈房钱我们不出的。"

船老板说:"那当然,你们不住栈房,是不好收你们栈房钱的,不过我想想你们这些老太婆也真是不会享福,为什么有地方不睡,要在船上坐一夜,真是想不穿的。"

三婶婶说:"我们习惯的,夜里在船上,几个人一起说说话,念念佛,也蛮好,好多年都是这样。"

船老板说:"省这几个钱,真是不值得。你不知道你们的小辈出门,那种开销,说出来吓坏你们老太婆。"

三婶婶说:"他们是他们的想法,我们是我们的想法。"

船老板说:"真是拿你们老太婆没有办法。"

三婶婶和船老板谈妥了,回过去跟几个老太婆说了。她告诉她们船是交通公司的,是很大的单位,公家办的,可以放心。

玉妹她们几个对大婶婶说:"交通公司,是大单位吧。"

大婶婶想了想说:"交通公司,我倒没有听说过,只知道有交通局,或者有汽车公司,轮船公司什么,好像没有听说过交通公司。"

大家看三婶婶。三婶婶说:"这有什么,你不知道的事情多呢,不见得外面的事情你都知道吧。"

大婶婶说:"那倒是的,说不定现在是有了交通公司的。"

三婶婶说:"当然是有的,要不然,那船总不会是天上掉下来的。"

玉妹想了想,说:"会不会是私人弄的,出来拉生意。"

三婶婶说:"不会的,我都问清楚了,船上船下我也都看过了,很好的,私人弄的,不会有这样规矩的。"

大婶婶说:"其实就算是私人的,也不要紧,私人弄的有些也不一定比公家的差。"

三婶婶说:"我说不是私人就不是私人,我就是不问我也看得出来，船老板和那些船工的样子，我有数的，这一把年纪，这点眼光还是有的。"

玉妹她们听三婶婶说，都笑起来，三婶婶说："笑什么，你们哪回不是跟着我的，哪回让你们吃了亏的。"

玉妹她们笑着说："我们又没有说不相信你，我们还是要跟着你的呀。"

三婶婶看了大婶婶一眼，说："那就是了。"

船只在河边等半天，到第二天一早就出发的。三婶婶回去，跟儿子说了，儿子朝她看看，说："你真是起劲，去过了还要去。"

三婶婶说："烧香拜佛是每年都要去的。"

儿子说："你现在也凶起来了，我也说不过你，你要去我又不能不让你去。"

三婶婶说："这一阵家里没有什么事情。"

儿子说："我这一两日可能要到苏北联营厂去看看生产情况，凤英厂里要加班。"

三婶婶说："你就是拣了这一两日出门，你不可以过几天去。"

儿子"哼"了一声，说："你真是，烧香比生产还要紧，为什么不可以你错开几天。"

三婶婶说："那不行的，我船已经全说好了。我们一帮老太婆要一起走的。她们几个都不大拎市面的，要我带她们的。"

媳妇说："现在大婶婶不是回来了么？说起来，大婶婶总要比你见识多一点吧，大婶婶总要比你拎市面吧，也用不着你这样起劲呀。"

三婶婶说："那也不一定，她不过是在外面待了几年，有什么了不起的。"

儿子和媳妇都笑,儿子说:"你在家里,也好照顾照顾,烧烧饭,凤英加班回来还要弄饭弄别样,多少辛苦。"

媳妇说:"我是没有福气吃人家的照顾,自己的孙子也不知道照顾照顾。"

三婶婶听儿子媳妇冷嘲热讽,不觉有点伤心。她过了一会儿说:"我也是难得的,一年一次,就这一点快活。"

三婶婶这样一说,儿子媳妇倒不好再说她什么。大家闷了一会儿,儿子说:"你去你的,不过,有一件事情我要跟你说的。你自己去就去了,不要到处去拉人家老太婆,人家要怪到我们头上的。"

三婶婶说:"谁会怪我,我是做好事的。"

儿子说:"新根已经来找过我了,要我跟你说,叫你不要约新根娘一起去。"

三婶婶说:"为什么?"

儿子说:"为什么你还不明白,新根的船放出去,家里只有老人小孩,老的一走小的怎么办。"

三婶婶说:"我过去看看。"

三婶婶到新根家,看到新根娘,说:"怎么,你不能去了?"

新根娘说:"我去的。"

新根见三婶婶来,说:"主要是她自己的身体,吃不消的。"

新根娘说:"我自己的身体自己有数的。"

三婶婶说:"那小人怎么办?"

新根娘说:"我去跟亲家母说好了,我出去,她过来帮几天忙,到时候她出去,我也可以去帮她的。"

三婶婶笑起来，说："对，互相帮助。"

新根在一边只是看着两个老太婆叹气，后来他对三婶婶说："我娘的身体说不大准的，路上相帮照顾一点。"

三婶婶说："新根你放心，保你老娘活蹦活跳回来。你看看她这几日，要去烧香，面色也好得多了，烧香转来，就更好了。"

新根苦笑着说："拿你们老太婆没有办法。"

一切说定当，第二天就上路了。

一群乡下老太婆都穿上最好的衣服，满面红光，浩浩荡荡走出村子。她们穿过田野，田野上菜花正黄，新根娘先摘了一朵菜花往头上插，别的老太婆都笑她。笑着笑着，她们也都摘了菜花戴起来，花白的头上立刻有了生气。一路上不断有骑自行车上班的年轻人超过她们。年轻人看着老太婆这样子，他们笑骂，说她们是一群疯老太婆。

老太婆越听他们这样说，越是笑得厉害。

这边船老板和船工都已经做好开船准备，等人一上齐，就开船。

船上除船老板外还有三个船工，两男一女。船是老板自己驾驶的，那三个人主要是负责安全啦，卫生啦，还有售票等等。船上也有烧饭的设备，但是一般都不在船上吃，到吃饭的时候，找一个小镇，沿河停下来，大家上岸去吃饭，这就像长途的汽车一样。这办法也是最近的改革，从前吃饭都是坐船的人自己随身带一些干粮，那样比较艰苦，吃不上一点热汤热水，一整天下来，也是很够呛的。

快到中午时，船经过越溪镇，停下了，这是浙江农村的一个水乡小镇。大家上了岸，看看市场上，很丰富的，什么都有，就是小吃东西也是很齐全的。大家问三婶婶吃什么，三婶婶说："我是老规矩，一碗面。"

玉妹说："加不加浇头。"

三婶婶想了想，说："加。"

新根娘说："我不加了，我喜欢吃阳春面的，加了浇头不好吃。"

大家笑她，说她舍不得吃浇头。新根娘也不争辩，只是要了阳春面，其他的人都说要加浇头，店老板问吃什么浇头，大家又朝三婶婶看，三婶婶说："我吃焖肉面。"

大家又朝大婶婶看，大婶婶想了想说："我来一碗爆鱼面。"

玉妹她们几个也说："我们也要爆鱼面，老是吃焖肉面，也吃厌了，还没有尝过爆鱼面呢。"

三婶婶说："我是喜欢吃肉的。"

吃面的时候黑妹被一根鱼刺卡了，弄了半天才弄出来，已经吓出了一身汗。三婶婶说："叫你吃肉面还不听，你现在知道谁的话有道理了吧。"

黑妹笑笑。

吃过了面离开船时间还早，她们又一起往镇上去看看。市场上摆摊的小贩子，看到她们这些老太穿着打扮还有口音都和他们那里不一样，问起来，才知道是外地到杭州烧香的。那些小贩子都说，现在杭州的香都被你们外省的人烧去了，本省的人去烧香不如从前灵了，口气里好像有点怪她们这些老太婆的。

三婶婶说："怎么怪我们呢？菩萨又不分你家我家的。菩萨是大家的，你可以拜，我也可以拜。你拜的不灵，说明你自己心不诚，菩萨有数。"

小贩子笑了，说："你这老太婆还蛮会说话的，你当什么真呀，跟你们说说玩的。"

三婶婶说:"说说玩说别的可以,说菩萨不灵我们不让你过门的。"

别的老太婆也说是。

小贩子说:"闲话少说吧,我倒是劝你们每人买一点橘子,橘子是吉利的,你们去烧香也要讨个吉利。"

三婶婶说:"你这橘子太贵。"

小贩子说:"要拜佛烧香怎么能嫌贵。"

三婶婶说:"这倒也是有道理,我买一些,不要多,两斤就有了。"

三婶婶一买,别人也都买了些,只有新根娘不买,说她的牙怕酸。别人说橘子不酸,她又说是怕凉。

到了时间她们回船上一看,发现多了几个人,是在这个小镇上搭船的,多半带着货,是要到杭州去做生意的,东西多上不了汽车,就搭船去。船其实已经满载了,但是船老板还是同意他们上来,也不知收了多少钱。上了船的浙江人,把货物放在船头上,几个船工和他们说话,问是什么货,浙江人说是海参。大家看那些海参很大,问是哪里来的,浙江人说是海边弄来的。

三婶婶说:"这一筐要值好多钱呢,海参可是好货。"

大婶婶说:"其实现在海参也已经不算是很高档的东西了。"

浙江人说:"是这样的,海参现在也不稀奇了,我们做海参生意做做也没有什么大劲头了,再过些日子,想换生意做。"

玉妹问大婶婶:"你在东家那里,肯定吃过海参的。"

大婶婶说:"吃过的,吃得也不想吃了。现在请客,吃的什么,你是想也想不到的,那种叫什么虾的,说一百多块钱一斤。"

浙江人说:"是用手剥壳吃的,我们这里叫扒虾。"

大婶婶说:"大概就是,煮一煮,也不放什么料,煮得也不很熟的,开始我真是一点也吃不惯的。"

三婶婶说:"哎哟,虾子不煮熟,怎么吃呀,恶心死了。"

浙江人笑了,说:"你洋盘了,就是这种吃法,外国那边传过来的,广州人先吃起来,觉得好,就传到这边来了,比什么油爆虾什么盐水虾好吃多了。"

大婶婶也说:"就是,我后来吃惯了,真是很好吃,蘸蘸味料,再吃别的虾,就没有味道了。"

浙江人说:"这位老太倒是内行。"

他们一起说话的时候,新根娘就愣愣地盯着说话的人看。三婶婶看看她,说:"新根娘,你是不是也想尝尝那种什么虾。"

新根娘咽了一口唾沫,说:"我哪有福气吃那种东西。"

三婶婶说:"就是我们福浅呀。"

大家说,三婶婶你的福也不算浅的了。

三婶婶说:"总是比不过人家呀。"

浙江人插嘴说:"这世界上,不能往好的比,若往好的比,气死你也不够。"

三婶婶说:"就是。"

新根娘说:"你总要比我好一些。"

大家又说新根娘也没有什么不好的。

一路说说闲话,一天时间过得也是很快的,到了杭州,已经是下晚,天也有些黑了。要住旅馆的人都下了船,准备跟着船老板他们去。船老板回头看看三婶婶她们几个,又问一遍:"你们到底怎么,住不住?"

三婶婶看看玉妹她们,说:"说好了的。"

船老板说:"其实还是住栈房吧,明天要走一天,你们一夜不得好好睡,明天怎么走得动。"

大婶婶说:"是这样,夜里歇不好,明天没有精神的。"

玉妹也说:"要不,今天就到栈房睡一晚上,明天就不一定睡栈房,反正后天就回去。"

船老板说:"就是。"

三婶婶看看新根娘,问道:"新根娘,你说呢。"

新根娘说:"原来说好不住栈房的,怎么又要改变。"

船老板说:"你不要说,我看你是最需要住栈房好好休息的,她们几个倒还好。"

新根娘说:"她们能一夜不睡我也能的,我又不比她们差什么。"

三婶婶看大部分的人都想去住栈房,自己从内心来讲也是想到旅馆住一夜,多少安稳,多少舒服,所以三婶婶最后还是动员大家一起去住栈房。

他们跟着船老板走了不多远,就到了一家旅馆,不很大,但外表看上去还是蛮干净蛮正规的。船老板领着大家进去,就有一个中年的妇女迎出来,笑着对船老板说:"老板来啦,多少客?"

老板报了住旅馆的人数,那妇女说:"哟,今年多了,老板生意兴呢。"

船老板说:"我生意兴,你生意也不错。"

玉妹在一边看着,后来她把三婶婶拉到这边,说:"看上去不像是公家的。"

三婶婶说:"你说什么?是船不像公家还是这旅馆不像公家?"

玉妹说:"都不像。"

三婶婶想了一下,她也有这种感觉。三婶婶过去问旅馆的那个女人,那女人听了,说:"你问这栈房是谁开的?当然是我开的啦,不是我开的,我在这里做什么呢。"

三婶婶说:"那是私人旅馆啦?"

那女人说:"当然是私人旅馆啦。你也不想想,要是公家的,你十块钱能住这么好的房间?"

三婶婶回头看看船老板,船老板说:"就是。"

三婶婶说:"那你的船也是自己的?"

船老板说:"那当然,要是公家有我们这样周到的么,还上门兜生意啊,不要想了。"

三婶婶说:"那你怎么说是交通公司,要做生意也不作兴骗人的。"

船老板说:"我没有骗你呀,是交通公司,交通公司就是由个体户的船凑起来组成的么。"

三婶婶看了看玉妹她们,她们脸上有一种上了当的神色。

大婶婶看玉妹几个有一点责怪三婶婶的意思,就说:"其实个体的也不一定不好,还要看他们服务得怎么样。"

船老板说:"对了,你这位老太有见识的,我们的服务要是比不过公家,你们退钱我也没有意见。"

船老板这样一说,大家想想也是的,到现在为止,实在还说不出这船老板的服务有什么不好的地方,当然最主要的活动还在明天,一切要看明天的安排。

　　分下房间，三婶婶几个在同一间住。这是四人一间的客房，看看床单什么的，都比较干净，房间虽然说不上怎么的高档，但也说得过去。还有电视机，出了门，走廊里就有卫生设备，很方便的。三婶婶脱了鞋，坐了一天的船，浑身都坐僵了。她去打了一盆热水来洗脚，脚往热水里一泡，只觉得浑身舒服，她对大家说："你们也去弄水来泡泡脚，就有精神了，等会吃晚饭怎么办，大家说说。"

　　玉妹几个也都学着三婶婶去打了热水来泡脚，只有新根娘躺在床上不动。三婶婶说："新根娘累了，我倒是一点也不累。"

　　玉妹也说："我也不累。"

　　新根娘坐起来说："我也不累。"

　　三婶婶说："不累就好，晚上我们还可以到外面转转。"

　　大家都说是，说杭州变化也是很快，一年不来，许多地方就有点不认识了。

三

　　早上起来，三婶婶的感觉很好，精神饱满，梳头的时候，她觉得有什么东西，拿下来一看，是昨天插上去的菜花，已经枯萎，夜里睡觉又被压着，烂糟糟的，不像样子。三婶婶把菜花丢在地上，笑着说："真是，没有花戴，拿菜花来戴。"

　　她们在旅馆的食堂吃过早饭。老太婆们总是拣便宜些的吃，吃饱肚子就行，她们中间最能吃的是新根娘，一口气喝了三大碗稀饭还说没有饱。三婶婶说:"你尽是喝稀的,当然不饱,等会儿一泡尿就没有了,还是来两只肉包子。"

新根娘没有听三婶婶的,又喝一碗稀饭,喝过了直说肚子胀。大家笑她,她也不恼,只说是吃得很开心。

吃过早饭,等了一会儿,就来车了。船老板没有来,只来了一个船工,负责带大家出去。车子开出后,船工就告诉大家,中午饭可以有几种吃法,可以到西湖宾馆包桌子,每人交二十块钱。

三婶婶问西湖宾馆怎么回事。船工说那是一家很高级的宾馆,外国人也是进进出出的。

三婶婶说:"我们这样能进去?"

船工笑起来。

大婶婶说:"现在不讲究的,只要有钱,哪里都可以进去。"

船工说:"是的。"

三婶婶说:"那,要是我们交二十块钱,那种虾,那种叫什么虾的,有没有得吃。"

船工说:"你是说竹节吧,那是不可能的,在宾馆里,二十块钱大一点的恐怕只能吃到几虾呢。"

玉妹说:"我是不去什么宾馆。"

新根娘说:"我也不去。"

三婶婶说:"我们都不去,有没有便宜一点的。"

船工说:"有的,到另外一家饭店,交十块钱。"

三婶婶说:"十块钱我们也不吃。"

船工说:"那样你们也可以自己到外面吃,反正我们这里很随便,不勉强,你们愿意怎么样就怎么样。只是你们到外面吃,要注意两个事情,一是时间,要早一点去找地方,现在是旅游旺季,吃饭很拥挤;还有是当心被小老板斩冲头,敲你们一笔。你们要拎拎清的。"

三婶婶说:"我们知道的。"

车是直放西湖灵隐寺的,到了那边人就散开了,约定时间还在下车的地方上车。三婶婶带着玉妹、新根娘还有大婶婶等七八个人一起走。三婶婶关照大家看着一点,人太多,万一挤散了,找不到自己人就麻烦。

虽然是关照过了,但是因为人实在是很多,只走了不多远就发现新根娘不见了。三婶婶叫另外几个人坐在路边等,她和玉妹来回找了一圈,没有找到。回过来,大婶婶说:"反正就是这一条路,说不定新根娘已经走上前了,先到大雄宝殿去了,我们不如上前找。"

一群人就一起往山上去,爬得气吼吼的,到了大雄宝殿,里里外外找了一圈,还是没有新根娘的影子。三婶婶就有点发慌了,不管怎么说,新根娘是她动员出来的。三婶婶还向新根作了保证的,那是叫新根放心他娘的身体,现在新根娘连人也不见了,还保证什么身体。三婶婶汗也流下来了。

三婶婶问玉妹她们:"新根娘知道不知道住的地方。"

玉妹说:"她怎么可能知道,她要是知道也不会这样走散了。她这个人就是有点不灵清。"

三婶婶说:"那怎么办,那怎么办?"

玉妹说:"都是你,一定要带她出来,我说不要叫她的。"

三婶婶张了张嘴。

大婶婶说:"现在怪来怪去也没有用,慌也不要慌,想一想,新根娘是来做什么的,当然是来烧香的,要烧香自然是要到这里来的。她可能走得慢一点,我们在这里等,一定能等到的。"

玉妹说:"还是大婶婶,遇事不慌的。"

三婶婶说:"就是,我是不行的,我一遇事就要慌的,我当然是不如人家的。"

大婶婶说:"我在这里等着,你们要烧香拜佛先进去好了。"

三婶婶想这么多路来了,就是为了来敬一支香的,现在新根娘不见了,真是搅得人不安,烧香也没有心思了。她到大雄宝殿门口看看,里面简直是人山人海,菩萨前的蒲团上挤满了人。

三婶婶退了出来,不知为什么,她叹了一口气。

玉妹她们进去烧香了。三婶婶和大婶婶坐在门前的台阶上等着新根娘。眼前尽是人,三婶婶望得眼睛都发酸,发花,都看不清人了,后来她听见大婶婶说:"新根娘来了。"

三婶婶定眼一看,果然新根娘挤在一群人中间一起过来了。三婶婶连忙迎上去,生气地说:"你怎么搞的,把人急死了。"

新根娘却是一副泰然自若的样子。她看看三婶婶,说:"什么急死了,谁急死了。"

三婶婶说:"还问呢,你到哪里去了,我们找了你好半天,找不到你。"

新根娘说:"我到哪里去,我到菩萨那里去。"

三婶婶越发生气,说:"你这个人真是后悔带你出来,人家为你急,你还有心思寻开心。"

新根娘笑起来,笑得很开心。

大婶婶对三婶婶说:"好了,新根娘也来了,你进去敬香吧。"

三婶婶这才定了些心,到大雄宝殿上了香,跪下来,念南无阿弥陀佛。

刚念了一会儿三婶婶就听见有人在旁边骂人。三婶婶抬头看时,却是在骂新根娘。新根娘也是不好,正当中地坐在大雄宝殿的高门槛上,进进出出的人被她挡得不好走路,有的人也不跟老太婆一般见识,绕过去算了,但也有人不肯饶人的,就骂起人来。

新根娘被人家骂了"瘟老太婆",好像没有听见,还是坐在门槛上不动。骂人的人更加来气,说的话也更不好听,说新根娘不是来烧香敬佛,是来作死的。

三婶婶在一边听不过去,上前说:"喂,这位同志,说话不要太难听,在菩萨面前怎么好骂人。"

那人朝三婶婶看看,说:"关你什么事,我又不是骂的你。"

三婶婶说:"她是我们一起出来的。"

那人说:"一起出来正好,你自己说说,她这算什么,贴当中坐在门槛上,又不是十三点。"

三婶婶说:"你也不要骂人。"她一边就去把新根娘拉起来,说,"哎呀,你出来怎么总要惹点事情。"

新根娘也不说什么,只是看着三婶婶笑。

三婶婶本来还要再念一会儿佛的,可是看新根娘老是要惹事,也没有心思念什么佛,就坐在新根娘一边,看着她,等玉妹她们出来。

玉妹她们倒是什么也不往心上去的,过了好半天才出来,一个个眉飞色舞,如愿以偿的样子。三婶婶说:"你们倒好,也不管新根娘的事情。"

玉妹说："你自己说的，有什么事情你来负责。"

三婶婶没有话说。

这一天大家不仅到灵隐寺烧了香，还玩了西湖，下午又玩了其他几个风景点，因为有专车，方便得很，一天下来就把杭州主要的地方跑过来了。

晚上三婶婶她们就宿在船上。第二天一大早就要开船，回去和来的时候不一样，船老板也要抓紧时间，要赶在天黑之前到家。船老板他们还要拉第二天的生意，要是天黑了，拉生意就难，所以好多人怕一大早赶不过来，也都在船上过夜，坐的坐，靠的靠，说话的说话，打瞌睡的打瞌睡，别有一番情景。

三婶婶她们走了一天，这时候都很累了，只有新根娘精神特别的好，口中念念有词，听得出是在念佛。

夜里四周很安静，河里有一点轻轻地流水声，这样的环境休息是很好的，三婶婶她们一会儿就要入睡了，可是新根娘的念佛声音在夜里听起来十分的清楚，搅得大家睡不着。

三婶婶说："新根娘，你歇歇吧，也不晓得省点力。"

新根娘说："菩萨叫我不要歇。"

三婶婶"嘘"她一声，又去睡。

后来大家就都睡着了，也不知道新根娘后来有没有睡。

到第二天天刚亮，三婶婶醒了，看到新根娘还是那样子，嘴里还在念佛，三婶婶说："你真有道理，一夜不睡，你不困啊。"

新根娘笑着说："不困。"

天一亮船就动身了，一路上加大马力，速度很快。三婶婶她们夜里睡过了，现在也有了说话的精神。她们都有点兴奋，就像是出门办了一件很大的事情就要回到家一样,那种心情自然是有点激动的。

后来新根娘对三婶婶说:"我先在你肩上靠一会儿,等一会儿你累了,再换过来,你靠在我身上。"

三婶婶说:"我是不累了,夜里歇过了,谁叫你夜里不歇的。"

新根娘说:"不累最好,要是累了你就叫醒我,我让你靠。"

三婶婶说:"你歇吧,不过我们说话,会不会影响你。"

新根娘说:"你们说好了,不会的。"

三婶婶说:"那就好。"

新根娘就把头靠在三婶婶肩上睡一会儿。

果然不管三婶婶她们怎么大声说话,新根娘照睡她的。过了好一会儿,三婶婶对玉妹她们说:"你们看看,开始说是放一个头在我肩上的,现在越来越沉,整个身体靠到我身上,我怎么吃得消。"

玉妹她们都笑,说:"你是该应。"

三婶婶推推新根娘,说:"喂,你醒醒,你这样要把我压倒了,换个人靠靠吧。"

新根娘不说话。

大家说,新根娘真是累了,一夜不睡谁撑得住。

三婶婶又推新根娘,还是推不动。三婶婶回头看新根娘,三婶婶突然明白了。

新根娘死了。

三婶婶最先的感觉是心里一刺,她本是要把死了的新根娘猛地推开的,可是她好像听到一个声音在说,这没有什么。

三婶婶突然地就冷静下来,她抱住新根娘,对大家说:"新根娘死了。"

玉妹她们几个听三婶婶突然说新根娘死了,先是吓了一跳。她们回头朝新根娘看,只看到新根娘安安稳稳地靠在三婶婶身上,睡得好好的。玉妹"呸"了三婶婶一下,说:"你张嘴。"

三婶婶用力把压在她身上的新根娘扶住,看着大家说:"她真的死了。"

大婶婶看三婶婶很沉重的样子,一点不像寻开心,她凑过来看新根娘。玉妹她们也觉得事情不对头了,紧张起来,等大婶婶回头对大家说"新根娘去了",玉妹和几个老太吓得叫起来。

玉妹指着三婶婶,说:"你怎么还抱着,快放下来呀,叫我是吓也吓死了,我是最怕死人的。"

三婶婶其实也是最怕死人的,平时村上死了什么人,三婶婶也是不敢去看的,总是要避得远远的。可是现在死了的新根娘就在她身上,三婶婶并不觉得害怕,她自己也很奇怪。

大婶婶相帮三婶婶把新根娘放在长椅上,说:"怎么会,刚才还好好的呀。"

三婶婶看着新根娘平和的脸,说:"真是快。"

船工都在船头上,听这边吵吵闹闹,过来看,看到一个死人,一个个都心惊肉跳,大概从来还没有碰上过这种事情,又奔上船头去告诉了船老板。船老板听说死了人,连忙停了船,下船舱来问要不要去医院。

三婶婶探了探新根娘的鼻息。摇了摇头,说:"已经去了。"

船老板说:"怎么回事,是不是什么急病?"

三婶婶说:"没有,没有什么病呀。"

玉妹说:"就是,刚才还好好的,和我们说话呢。"

船老板"呸"一口,说:"倒霉的,拉了你们这帮老太婆,真是倒霉。"

三婶婶说:"话不能这么说,我们又不知道她这时候会去,谁也想不到她会在船上就走了,连到家也等不及了。"

船老板也看了看新根娘,他也确认新根娘是死了,说:"你们说不要送医院的啊,到时候不要怪我不肯送医院,我担当不起的。"

三婶婶说:"怎么会。"

船继续开,老太婆们围着新根娘,胆子大的靠近一些,胆子小的离远一点。她们说起新根娘的死,一个个心有余悸。玉妹说:"叫她买橘子她不肯买,不吉利的。"

另一个老太说:"她到了灵隐寺,是不是没有烧香?"

玉妹说:"就是,人也不知到了什么地方。"

三婶婶看看她们,说:"这不管的。"

玉妹说:"那你说怎么搞的。"

三婶婶摇摇头,她不好说。在她们那里乡下有一种说法,说是人出去烧香的时候,心里有不好的念头,在回来的路上就要出事情,难道新根娘这一次去烧香真的有什么不好的心思?现在新根娘已经去了,再也不会说话,要不然三婶婶是一定要叫她起来问一问清楚的。她不相信像新根娘这样的人会有什么不好的心思,会对菩萨有什么不敬。

船老板大概想想又不放心,过了一会儿又下到船舱来,对三婶婶说:"到家怎么向她家里人交代,是你们的事情,跟我没有关系啊。"

三婶婶点点头。

船老板又说:"你们看看她身边有没有什么值钱的东西,到时候不要找不见了。"

三婶婶说:"新根娘也不会有什么值钱的东西。"

大婶婶说:"老板说得有道理,还是找一找。"

他们就在新根娘身上找了一下,除了有一个瘪瘪的钱包,里面只有两三块钱,其他是一无所有。

船老板看了,叹了一口气,说:"真是的。"

三婶婶说:"我们乡下老太婆出来都不带什么东西的,钱么,够用也就行了,多带了做什么。"

船老板说:"那也是。"

船老板走后,玉妹对三婶婶说:"新根娘她会不会知道自己要去了?"

三婶婶想了想,说:"她大概知道的,她大概在灵隐寺的时候就知道了。"

玉妹点点头,说:"是呀。"

大婶婶说:"新根娘这一世也真是可怜的。"

大家都说是。

可是三婶婶不同意,她说:"也很难说,到底谁可怜,谁不可怜,新根娘这样死法,是很安逸的。一点也不难过,至少她的死是好死,别的人像我们大家,还不知道呢。"

玉妹愣了一会儿,瞪眼看看三婶婶,说:"你怎么说这种话,触我们的霉头啊。"

三婶婶没有接玉妹的话头,她看到新根娘头上有什么脏东西,去给她拿下来,原来是一朵菜花,还是第一天出门时在地里摘了戴在头上的。这几天新根娘不知是一直没有梳头,还是梳头的时候没有舍得扔掉,三婶婶把那菜花拿下来,有一股烂糟糟的异味,玉妹也探头看了看,说:"是菜花。"

三婶婶想起那一天新根娘带头摘了菜花戴的情景,一一还在眼前,三婶婶不由长长地出了一口气。

她想,一个人,就是这样。

船开得很快,到这一日下昼,太阳还老高的,就到家了。船进入河湾放慢了速度,三婶婶对大家说:"新根娘怎么办,我们相帮弄回去吧。"

玉妹说:"你们弄,我不敢的,我胆小。"

大婶婶说:"去叫新根吧。"

三婶婶说:"新根不在家。他的船早几天就出发了,家里只有新根娘的亲家母在,叫她来她也弄不动的。"

大婶婶说:"我们相帮是可以相帮的,但是没有东西抬,怎么弄呢?"

玉妹说:"还是先回去叫几个男人家来吧。"

三婶婶说:"好的。"

船靠了岸,三婶婶说:"你们在这里等一等,我去叫人。"

三婶婶就跨上了岸。

坐了一天的船,腿脚都发硬,路也不大会走了,三婶婶在岸边站了一会儿,她朝前面看,眼前是一大片菜花田,三婶婶突然觉得有一种很陌生的感觉,好像她已经离开这里许多年了,一切都已经不是从前的样子。

其实,连头带尾三婶婶她们只出去了三天,现在回来,一切依旧,菜花还是那样黄。

可是新根娘却不在了。

三婶婶想,人,就是这样。